ŒUVRES

DE

WALTER SCOTT.

TOME III.

IMPRIMERIE DE E. DUVERGER,
rue de Verneuil, n° 4.

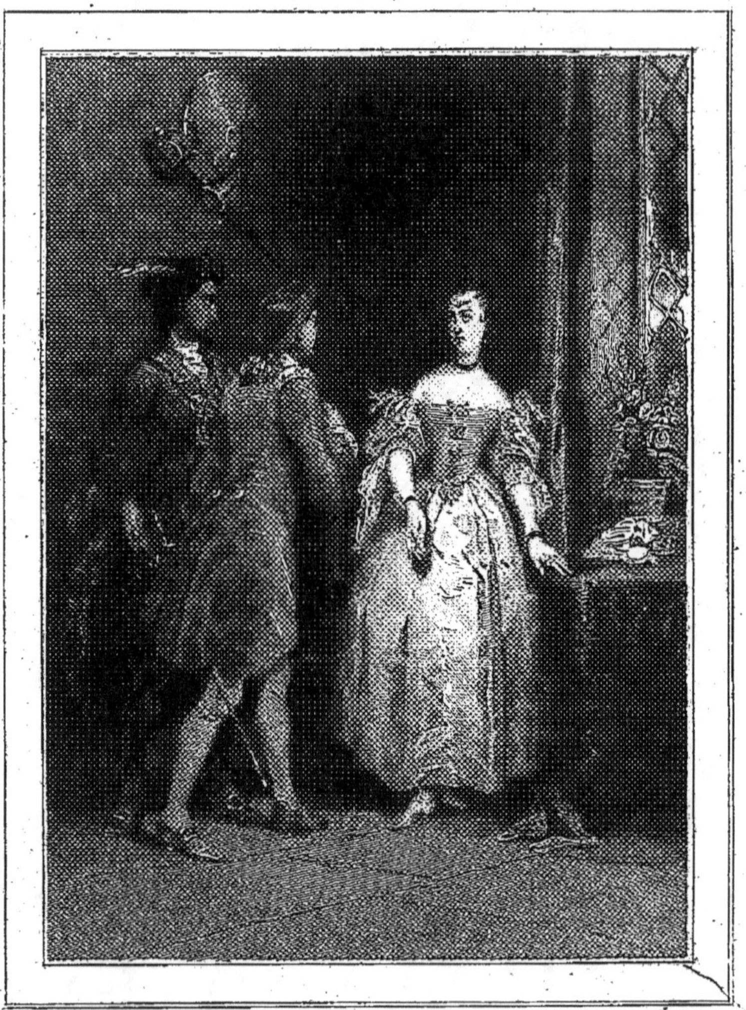

Tony Johannot pinx. Cousin sc.

WAVERLEY

CH. XXI.

Publié par Furne, à Paris.

WAVERLEY,

ou

IL Y A SOIXANTE ANS.

(Waverley, or sixty years since).

TRADUCTION

DE M. DEFAUCONPRET,

AVEC DES ÉCLAIRCISSEMENS ET DES NOTES HISTORIQUES.

PARIS.

FURNE, LIBRAIRE-ÉDITEUR,

QUAI DES AUGUSTINS, N° 39.

M DCCC XXX.

PRÉFACE

DE LA TROISIÈME ÉDITION DE WAVERLEY [1].

Cette légère esquisse des anciennes mœurs de l'Écosse a reçu du public un accueil plus flatteur que l'auteur n'osait l'espérer ou l'attendre. Il a vu avec un mélange d'humble reconnaissance et de satisfaction son ouvrage attribué à plus d'un écrivain distingué. Des considérations particulières l'empêchent de placer son nom en tête de son livre pour faire cesser de fausses suppositions; de sorte que pour le présent il restera incertain si Waverley est l'œuvre d'un poète ou d'un critique, d'un homme de loi ou d'un ecclésiastique; ou si l'auteur, pour me servir de la phrase de mistress Malaprop [2], est comme Cerbère, — trois personnes à la fois. —

Ne voyant rien dans l'ouvrage lui-même, si ce n'est sa frivolité qui l'empêche de trouver un père consentant à le re connaître, je laisse à la candeur du public le soin de deviner parmi les différentes considérations particulières aux différens états de la vie, celles qui peuvent m'engager à supprimer mon nom. Je puis être un débutant dans la carrière littéraire, et peu désireux d'avouer un titre auquel je ne suis pas accoutumé. Je puis être un auteur usé, honteux de m'être montré trop souvent, et qui ai recours à ce mystère comme l'héroïne de l'ancienne comédie se servait de son masque pour attirer l'attention de ceux à qui son visage était devenu trop familier. Je puis appartenir à une grave profession et craindre que la

(1) La première édition de Waverley date de 1813. Nous avons cru nécessaire d'être un peu moins sobre de notes dans ce roman qui transporte le lecteur pour la première fois au milieu de l'Écosse. Il est important de se familiariser, avant de lire ceux qui l'ont suivi, avec une infinité de mots qui appartiennent spécialement aux localités de l'Écosse et qui seront reproduits dans la série de romans destinés à faire connaître les usages et les mœurs quelquefois étranges des habitans des hautes-terres (*Highlands*) et des basses-terres (*Lowlands*). — Éd.

(2) Personnage ridicule des *Rivaux*, comédie de Shéridan. — Éd.

réputation de romancier me fasse tort. Je suis peut-être un homme du monde de la part de qui toute prétention d'écrire paraîtrait pédantesque. Je puis enfin être trop jeune pour prendre le titre d'écrivain, ou si avancé en âge qu'il serait convenable d'y renoncer. — J'ai entendu faire l'objection que dans le personnage de Callum Beg et dans le compte rendu par le baron de Bradwardine de ces petits attentats contre la propriété dont il accuse les Highlanders [1], j'ai traité sévèrement et injustement leur caractère national. Rien ne pouvait être plus loin de mes intentions. Callum Beg est un personnage enclin naturellement au mal et poussé par les circonstances de sa position à un genre particulier de méfaits. Ceux qui ont lu les curieuses *Lettres écrites des Highlands* [2], publiées en 1726, y ont trouvé des exemples de ces caractères atroces observés aussi par moi-même; il serait toutefois souverainement injuste de considérer de tels misérables comme les représentans de tous les Highlanders de cette époque, pas plus que les assassins de Marr et de Williamson [3] ne peuvent représenter les Anglais d'aujourd'hui : quant au pillage qu'exercent dans WAVERLEY quelques-uns des insurgés de 1745, on doit se souvenir que bien que le passage de cette malheureuse armée ne fût marqué ni par le sang ni par la dévastation, et qu'on ne puisse au contraire qu'admirer le bon ordre de sa marche, cependant aucune armée ne traverse hostilement un pays sans quelques dégâts. Plusieurs des méfaits que le baron reproche en riant aux montagnards rebelles leur furent réellement imputés dans le temps. C'est ce dont on trouve la preuve dans plusieurs traditions, et surtout dans celle qui nous a été transmise sur le Chevalier du Miroir.

(1) *Habitans des hautes-terres*; nous emploierons quelquefois ce mot local au lieu de celui de montagnards écossais. — ÉD.

(2) *Letters from the Highlands*. Ce titre n'est pas le titre exact de l'ouvrage dont parle ici l'auteur. Il s'agit des *Lettres du capitaine Burt*, dans lesquelles il est fait mention du fameux chef Barasdale qu'on suppose avoir servi de modèle au portrait de Fergus Mac Ivor. — ÉD.

(3) Tous les membres des familles de *Marr* et de *Williamson* furent assassinés à Londres peu avant l'époque où parut cette préface. — ÉD.

WAVERLEY,

ou

IL Y A SOIXANTE ANS,

(Waverley, or sixty years since.)

CHAPITRE PREMIER

SERVANT D'INTRODUCTION.

Le titre de cet ouvrage n'a été choisi qu'après les graves et profondes réflexions que doit faire l'homme sage dans une affaire importante. J'aurais pu, à l'exemple de plusieurs de mes devanciers, m'épargner des recherches pénibles en me contentant de choisir dans l'histoire d'Angleterre le nom le plus sonore et le plus harmonieux pour le donner à mon héros. Mais hélas! qu'est-ce que mes lecteurs auraient pu attendre des noms chevaleresques de Howard, Mordaunt, Mortimer, Stanley; ou d'un son plus sentimental et plus doux, tels que les noms de Belmour, Belville, Belfield, Belgrave? N'auraient-ils pas eu raison de craindre qu'on ne leur offrît un de ces livres frivoles baptisés de ces noms depuis un demi-siècle? J'avouerai franchement que je me méfie trop de mon mérite pour aller contre des préventions reçues. A l'imitation de ces jeunes chevaliers qui se présentaient pour la première fois dans la lice avec un bouclier sans devise, je me suis contenté de donner à mon héros le titre simple de *Waverley*, nom sans tache, auquel le lecteur attachera l'épithète que bon lui semblera.

Mais le choix de mon second titre, qui est le supplément du premier, était une affaire bien autrement difficile. Ne devait-il pas me faire contracter l'engagement de suivre un plan déterminé, de dessiner tel et tel caractère, et de décrire tels et tels événemens? Si, par exemple, j'avais intitulé mon livre : *Waverley, histoire du temps jadis*, quel est le lecteur de romans qui n'eût dit de suite : — Nous allons trouver un autre château d'Udolphe[1], dont l'aile de l'orient n'aura pas été habitée depuis près d'un demi-siècle; les clefs auront été égarées ou confiées à une vieille femme de charge ou au sommelier qui, marchant d'un pas mal assuré au milieu du deuxième volume, devaient nécessairement servir de guide au héros ou à l'héroïne à travers les appartemens en ruines? — Le hibou et le grillon n'auraient-ils pas chanté dès la première page? — Ne me serais-je pas imposé l'obligation de n'égayer mon récit que par les plaisanteries d'un serviteur rustique, mais fidèle, ou par le caquet d'une femme de chambre racontant les histoires d'horreur et de sang entendues dans l'antichambre? — Si j'avais mis : *Waverley, histoire traduite de l'allemand*, quel eût été le lecteur assez borné pour ne pas se représenter un abbé sans mœurs, un duc oppresseur, une association mystérieuse entre les Rose-croix et les Illuminés, des draps mortuaires, des ombres sanglantes, des cavernes, des machines électriques, des chausses-trappes, des lanternes sourdes, etc.? — Si je m'étais avisé d'appeler mon ouvrage une *histoire sentimentale*, etc., n'aurais-je pas fait deviner une héroïne avec de nombreuses boucles de cheveux châtains, et une harpe, douce consolation de ses heures solitaires, qu'elle trouve toujours heureusement le moyen de transporter dans les châteaux et les chaumières, quoiqu'elle soit elle-même obligée de sauter quelquefois par une fenêtre, ou qu'elle s'égare souvent dans ses voyages à pied sous la conduite d'une jeune

---

(1) Allusion au roman bien connu des *Mystères d'Udolphe*. — Éd.

paysanne dont elle peut à peine entendre le jargon? — Si j'avais intitulé mon Waverley, *Histoire moderne*, quel est le lecteur qui ne se serait empressé de me demander un tableau du monde *fashionable*, quelques anecdotes scandaleuses et légèrement gazées, ou peut-être dans toute leur nudité, ce qui réussit encore mieux avec une héroïne de Grosvenor-Square[1], un membre du club des *Barouches*[2], ou de celui des carrosses à quatre chevaux[3], et une bande de personnages secondaires choisis parmi les élégans de Queen-Anne-Street-East, ou les héros brillans de Bow-Street-Office[4]?

Je pourrais avec plus de détail encore démontrer l'importance d'un titre, et en même temps faire parade de ma vaste science sur la composition des romans et des nouvelles de tous les genres; mais c'est assez; et je dédaigne de fatiguer plus long-temps mon lecteur, impatient sans doute de connaître le choix d'un auteur si versé dans son art.

En fixant l'époque de cette histoire soixante ans avant celle où j'écris (1er novembre 1805)[5], je préviens le lecteur que je ne veux lui donner ni un roman de chevalerie, ni une nouvelle sur les mœurs du jour. Mon héros n'aura point de cuirasse sur son corps comme c'était l'usage il y a plusieurs siècles, ni de fer à ses bottes comme c'est la mode à Bond-Street[6]; mes demoiselles ne seront ni enveloppées d'un manteau d'écarlate comme la lady Alice d'une ancienne ballade, ni réduites à la nudité primitive d'un fashionable moderne dans un *Rout*[7].

(1) Quartier du *beau monde* à Londres. — (2) Espèce de voiture. — Éd.

(3) Le club des *Barouches* et surtout celui des *Four-in-hand*, (voitures à quatre chevaux) réunissent l'élite de tout ce qu'il y a de plus *fashionable* à Londres parmi les *dandys*, amateurs de chevaux et de carrosses. On ne compte guère que douze membres du club des *Four-in-hand*. — Éd.

(4) *Bow-Street-Office*, les bureaux de police où les filous sont conduits et jugés, etc. — Éd.

(5) Nous avons déjà remarqué que Waverley, composé en 1805, n'a été publié qu'en 1813-14. — Éd.

(6) Rue marchande du beau quartier de Londres. — Éd.

(7) Grande soirée du beau monde, où il est du bon ton de réunir une foule ou plutôt une cohue. — Éd.

L'époque que j'ai choisie annonce que je m'appliquerai plus à peindre les hommes que les coutumes. Une histoire de mœurs, pour intéresser, doit nous transporter dans un siècle assez reculé pour que ces mœurs soient devenues vénérables, ou bien être comme le miroir des scènes qui se passent chaque jour sous nos yeux et qui nous amusent par leur nouveauté. C'est ainsi que les cottes de mailles de nos ancêtres, et les pelisses à triple fourrure de nos *Beaux*[1] modernes, peuvent convenir également à tous les personnages d'une fiction ; mais quel écrivain désireux de faire impression par le costume de son héros voudrait le parer de l'habit de cour du règne de Georges II, sans collet, à larges manches et à poches basses? Nous en pouvons dire autant des châteaux gothiques qui, avec leurs sombres vitraux peints, leur toit élevé et leurs vastes tables de chêne couvertes de hures de sanglier, de faisans, de paons, de grues, de cygnes, peuvent produire un grand effet. On peut en produire beaucoup encore en décrivant une fête moderne, comme celles que nous trouvons journellement racontées dans cette partie d'un journal intitulée *Mirror of Fashion*[2]. Si l'on fait contraster l'une ou l'autre de ces descriptions avec la froide magnificence d'un repas donné il y a soixante ans, on reconnaîtra combien le peintre des coutumes antiques ou celui des coutumes modernes ont d'avantages sur l'écrivain qui retrace celles de la génération précédente. Comprenant donc combien peu mon sujet prêtait aux descriptions, j'avertis que j'ai voulu les éviter autant que possible, pour exciter l'intérêt en m'occupant plutôt des caractères et des passions de mes personnages. Ces passions sont les mêmes dans tous les états de la société : elles ont également agité le cœur humain sous le corselet d'acier du seizième siècle, sous les habits à brocards du dix-huitième, comme sous le frac bleu et le gilet de basin blanc de nos jours. Sans doute ces passions reçoivent une couleur nouvelle de l'état différent des mœurs et des lois; mais pour emprunter le langage du blason, l'em-

---

(1) Mot français devenu anglais et signifiant un petit-maître, un *dandy*. — Éd.
(2) Le *Miroir de la Mode*. Éd.

preinte de l'armoirie reste la même, quoique les couleurs soient non-seulement changées, mais presque contradictoires. La colère de nos pères, par exemple, était fond de *gueules*[1], éclatant contre les objets de leur inimitié par des actes de violence et de sang. Notre haine à nous qui cherche à se satisfaire par des voies détournées et à miner les remparts qu'elle ne peut renverser ouvertement, peut bien être représentée par la couleur *sable*[2]; mais le sentiment d'impulsion est le même. — Le pair orgueilleux, qui de nos jours ne peut plus ruiner son voisin que selon la loi par un procès traîné en longueur, est le vrai descendant de ce baron qui ne craignait pas de mettre le feu au château de son rival, et l'assommait de sa main s'il cherchait à s'échapper à travers les flammes.

Mon livre est un chapitre du grand livre de la nature, toujours nouveau, malgré les mille éditions qu'on en a faites, — soit en caractères gothiques, soit en caractères modernes sur papier satiné. — J'ai trouvé des sujets heureux de contraste dans l'état de société qui régnait dans le nord de cette île à l'époque où j'ai placé mon histoire. J'en profiterai pour varier et faire ressortir la morale de mes récits que je voudrais bien considérer comme la partie la plus importante de mon plan; je sais toutefois que ce but utile serait manqué si je ne parvenais à amuser en même temps qu'à instruire; — Tâche bien plus difficile à remplir dans cette génération critique qu'elle ne l'était *il y a soixante ans*[3].

(1) Couleur rouge. — Éd. — (2) Noire. — Éd.

(3) Ce premier chapitre est remarquable, comme étant une imitation des chapitres préliminaires de l'auteur de *Tom Jones*. Quant aux doctrines littéraires qu'il contient, elles ne s'appliquent qu'à *Waverley*. — Éd.

CHAPITRE II.

Le château de Waverley-Honour. — Un coup d'œil sur le passé.

Il y a soixante ans qu'Édouard Waverley, le héros de cet ouvrage, quitta sa famille pour joindre le régiment de dragons dans lequel il venait d'obtenir une commission d'officier. Ce fut un jour de tristesse au château de Waverley-Honour, que celui où le jeune militaire prit congé de sir Everard, l'oncle affectionné dont il était l'héritier. Une différence d'opinion avait brouillé le baronnet avec son plus jeune frère Richard, père de notre héros. Sir Everard avait hérité de tous les préjugés de Tory ou d'Anglican, par lesquels s'était toujours fait remarquer la maison de Waverley depuis la grande guerre civile. Richard au contraire, plus jeune de dix ans, se trouvant réduit à l'humble fortune de cadet, jugea qu'il n'y avait pour lui ni honneur ni avantage à jouer le rôle de Wil Wimble [1]. Il s'aperçut de bonne heure que pour faire son chemin dans le monde il ne devait se charger que de peu de bagages. Si les peintres trouvent beaucoup de difficultés lorsqu'ils ont à représenter plusieurs passions en même temps sur une même figure, les moralistes ne seraient pas moins embarrassés pour analyser les motifs de la plupart de nos actions. Richard Waverley, après avoir formé son opinion par l'histoire et des argumens plausibles, se dit dans les termes de la vieille chanson :

> Métier de dupe est cette obéissance :
> Fi ! c'est d'ailleurs de la non-résistance.

(1) C'est-à-dire de *complaisant*. William Wimble est un des caractères les plus originaux de la création d'Addisson. Voyez le n. 108 du *Spectateur*. — Éd.

La raison n'aurait pas suffi sans doute pour détruire entièrement ses préjugés héréditaires, si Richard avait pu prévoir que son frère, par suite d'un premier amour malheureux, se piquerait contre le sexe jusqu'à garder le célibat pendant soixante-douze ans. La perspective d'un brillant héritage, quelque éloigné qu'il fût, l'aurait déterminé sans doute à se contenter durant la majeure partie de sa vie d'être désigné comme Master Richard du château, le frère du baronnet, dans l'espoir d'être un jour avant de mourir sir Richard Waverley de Waverley-Honour, propriétaire d'un noble domaine, l'homme le plus important du comté. Mais comment aurait-il pu faire ce calcul, lorsque sir Everard était encore à la fleur de l'âge, et sûr de pouvoir choisir une épouse dans presque toutes les familles, soit qu'il recherchât la fortune, soit qu'il préférât la beauté? Le bruit même de son mariage amusait les voisins une fois l'année régulièrement. Son frère ne vit d'autre moyen d'indépendance que dans son projet d'être tout par lui-même, et d'adopter une croyance politique plus d'accord avec sa raison et ses intérêts que la foi héréditaire vouée par les Everard à l'épiscopat et à la maison de Stuart. Il commença en conséquence sa carrière par une rétractation, et entra dans le monde comme un whig déclaré et un partisan de la maison de Hanovre [1].

(1) On emploie assez fréquemment les mots *whig* et *tory* sans en connaître l'étymologie, et cela, non-seulement en France mais encore en Angleterre. Il est cependant à désirer dans l'intérêt de l'histoire que l'étymologie des sobriquets de parti ne se perde pas : et ce serait un dictionnaire fort curieux que celui de ces noms qui se sont tant multipliés en France depuis la révolution. *Whig*, contraction de *whig a more*, est un mot dont se servent les paysans de l'ouest de l'Écosse pour faire avancer leurs chevaux dans ce sens que *to whig* signifie aller vite : *whig a more*, aller plus vite. Les paysans de ces cantons furent ainsi nommés dans une insurrection qu'ils firent en 1648, et leur surnom depuis fut appliqué aux covenantaires, aux mécontens et à l'opposition anti-royaliste. Ce surnom n'est plus tant démocratique depuis que les *whigs* ont aussi leur aristocratie.

On appelle aussi whig en écossais une espèce de petit lait ou crème aigre.

Les voleurs en Irlande ont les mots *torie me*, donnez-moi (c'est-à-dire donnez-moi la bourse), d'où l'on fit *tory*, voleur; et ce titre, qui rappellera celui de brigand dont on fut naguère si libéral en France, fut donné aux partisans de Jacques II, parce que parmi ses partisans se trouvaient nécessairement beaucoup d'Irlandais, comme catholiques. Nous tenons cette double étymologie de sir Walter Scott lui-même.—Éd.

Le ministère à cette époque s'occupait prudemment d'affaiblir les rangs de l'opposition. La noblesse tory, redevable de son éclat au soleil de la cour, se réconciliait peu à peu avec la nouvelle dynastie ; mais les riches gentilshommes de province, classe qui avec un reste des anciennes mœurs et de l'intégrité primitive, conservait aussi beaucoup de préjugés et d'obstination en affectant une opposition boudeuse et hautaine, jetaient plusieurs fois un regard de regret et d'espérance sur Bois-le-Duc, Avignon et l'Italie[1]. L'avancement du parent d'un de ces chefs inflexibles était considéré comme un moyen de multiplier les conversions. Richard Waverley fut donc accueilli des ministres avec une faveur bien au-dessus de son mérite et de son importance politique : on reconnut cependant qu'il n'était pas sans talens pour les affaires publiques, et sa première admission au lever du ministre ayant été négociée, son succès fut rapide.

Sir Everard apprit par la Lettre sur les nouvelles publiques[2] 1° que Richard Waverley, esquire, était envoyé à la chambre par le bourg ministériel de *Barter faith*[3] ; 2° que Richard Waverley, esquire, s'était distingué dans la discussion du bill sur l'excise en faveur du gouvernement ; 3° enfin que Richard Waverley, esquire, venait d'être nommé à l'une de ces places où le plaisir de servir son pays est accompagné de gratifications importantes et d'autant plus agréables qu'elles arrivent régulièrement chaque trimestre.

Ces événemens se succédèrent avec tant de rapidité, que la sagacité de l'éditeur d'une gazette moderne aurait pu prédire les deux derniers en annonçant le premier ; cependant ils ne parvinrent que graduellement à sir Everard, et pour ainsi dire distillés goutte à goutte par le froid et tardif alambic de la *Lettre hebdomadaire de Dyer*. Nous ferons observer en passant au lecteur qu'à cette époque, au lieu de ces malles-

---

(1) Suivant la résidence des Stuarts sur le continent. — Éd.

(2) Journal désigné de nouveau quelques lignes plus bas : *Dyer's Weekly letter*. — Éd.

(3) Mot à mot *foi-troquée*, nom imaginaire ; petite épigramme anti-ministérielle que l'auteur tory se permet en passant. — Éd.

postes qui donnent la faculté au plus pauvre ouvrier de comparer chaque soir vingt gazettes contradictoires dans son club de *six-sous*, et de se mettre au courant de toutes les nouvelles de la veille, la poste de Londres n'arrivait qu'une fois par semaine à Waverley-Honour ; elle n'y apportait qu'une gazette hebdomadaire qui devait d'abord satisfaire la curiosité du baronnet, celle de sa sœur et du vieux sommelier, passait ensuite régulièrement du château au rectorat, du rectorat à la grange habitée par le Squire Stubbs, de chez le Squire au Steward du baronnet dans sa maison blanche sur la bruyère, et enfin à travers un cercle nombreux d'honnêtes dames et de leurs compères à mains dures et calleuses, elle parvenait généralement en lambeaux au bout d'un mois, de chez le Steward chez le Bailiff[1].

Cette lente gradation de nouvelles fut dans cette occasion un avantage pour Richard Waverley. Si le baronnet eût appris à la fois tous ces méfaits, il n'aurait guère eu sujet de se féliciter du succès de sa politique. Sir Everard, quoique le plus doux des hommes, n'était point impassible et sans avoir sa part de susceptibilité ; la conduite de son frère le blessa donc vivement. Le domaine de Waverley n'était grevé d'aucune substitution, parce qu'il n'était jamais entré dans l'esprit d'aucun des anciens possesseurs de Waverley, qu'un jour un de leurs descendans pourrait se rendre coupable de toutes les atrocités dont la *Lettre de Dyer* accusait Richard. La substitution eût-elle existé, le mariage du propriétaire actuel aurait pu être funeste à un héritier collatéral. Ces diverses idées agitèrent long-temps sir Everard avant d'amener une détermination concluante.

Il examina son arbre généalogique, qui, blasonné d'em-

---

(1) Nous avons dans cette phrase presque toute la hiérarchie d'un canton de province : le *baronnet*, le seigneur du pays et seigneur héréditaire ; le *recteur*, que nous appellerions un curé de première classe, et le *squire* (mot dérivé d'écuyer), qui serait le premier propriétaire s'il n'y avait pas de baronnet, et qui ici habite la grange, c'est-à-dire une ferme qu'il fait valoir lui-même (c'est un *gentelman-farmer*). Le *steward* est l'intendant et l'homme d'affaires ; et le *bailiff*, bailli, est le receveur des rentes. — Éd.

blèmes d'honneur et d'exploits héroïques, ornait la boiserie bien vernie de la salle. Les plus propres descendans de sir Hildebrand Waverley, à défaut de son fils Wilfred dont sir Everard et son frère se trouvaient les seuls représentans, étaient les Waverley de Highley-Park, avec lesquels la branche principale ou plutôt la souche de la famille avait rompu tout rapport depuis le grand procès de 1670. Ces rejetons des Waverley s'étaient encore donné un grand tort aux yeux du chef et de la source de leur noblesse, par le mariage de leur représentant avec Judith, héritière d'Olivier Bradshawe de Highley-Park, Com. Hantz[1] dont les armoiries, les mêmes que celles de Brandshawe le régicide, avaient été écartelées avec l'ancien écusson des Waverley. Cependant sir Everard, dans la chaleur de son ressentiment, avait effacé toutes ces circonstances de son souvenir; et si le procureur Clippurse, qu'il avait envoyé chercher par son valet d'écurie, était arrivé plus tôt, il aurait eu les profits d'un acte de transfert destiné à priver Richard de la seigneurie de Waverley et de ses dépendances; mais une heure de froides réflexions est beaucoup lorsque nous l'employons à peser les inconvéniens de deux projets dont aucun ne nous plaît au fond du cœur.

Le procureur Clippurse trouva son patron plongé dans des méditations profondes, qu'il était trop respectueux pour troubler autrement qu'en produisant son écritoire de cuir et son papier, pour annoncer qu'il était prêt à minuter les volontés de Son Honneur. Cette petite manœuvre embarrassa sir Everard, comme si c'était un reproche sur son indécision. Il se tourna vers le procureur, dans l'intention de lui dire qu'il ne le ferait pas attendre plus long-temps; mais le soleil qui venait de se dégager d'un nuage répandit subitement dans le sombre cabinet les couleurs variées de ses rayons à travers les vitraux peints. Quand le baronnet leva les yeux, ils rencontrèrent son écusson où était gravé le même emblème que son ancêtre portait à la bataille d'Hastings, trois hermines passant, argent, en champ d'azur, avec la devise : *Sans tache.* — Pé-

---

(1) Du comté de Hantz ou *Hampshire*. — Éd.

risse le nom de Waverley, dit sir Everard en lui-même, plutôt que de voir cet emblème de l'honneur et de la loyauté souillé par les armes déshonorées d'un traître de Tête-Ronde[1]!

Tel fut l'effet du passage d'un rayon du soleil qui donna tout juste au procureur le temps de tailler sa plume; sa peine fut inutile : on le renvoya en l'invitant à se tenir prêt à se rendre aux ordres qu'on lui transmettrait.

L'apparition de l'homme de loi chez le baronnet avait donné lieu à mille conjectures dans cette partie du monde dont le château de Waverley était le centre. Mais les plus avisés politiques de ce microscome augurèrent encore pire pour Richard Waverley d'un événement qui suivit de près son apostasie. Ce ne fut rien moins qu'une excursion que fit le baronnet en voiture à six chevaux, suivi de quatre laquais en grande livrée, pour aller rendre une visite assez longue à un noble pair habitant à l'extrémité du comté, d'une race sans mésalliance, tory prononcé, et père heureux de six filles accomplies, et à marier.

On devine aisément que sir Everard fut très bien accueilli; mais par malheur pour lui il fixa son choix sur lady Emily, la plus jeune des sœurs. Elle reçut ses soins avec un embarras qui annonçait tout à la fois qu'elle n'osait le refuser, mais qu'elle n'éprouvait pas beaucoup de joie de la préférence qu'il lui donnait. Sir Everard ne put s'empêcher de remarquer quelque chose de contraint et de singulier dans la manière dont ses avances étaient reçues; mais la comtesse l'ayant assuré en mère prudente que c'était l'effet naturel d'une éducation faite loin du monde, le sacrifice eût pu s'accomplir, comme cela est arrivé dans mainte circonstance semblable, sans le courage d'une sœur aînée qui révéla au riche prétendu que sa sœur avait fixé son choix sur un jeune officier de fortune, de ses parens. Sir Everard parut très ému en apprenant ces détails, qui lui furent confirmés dans une entrevue parti-

---

(1) Sobriquet donné aux républicains à cause de leurs cheveux coupés ras sur les oreilles. — Éd.

culière par la jeune lady elle-même, que la crainte du courroux de son père rendait toute tremblante.

L'honneur et la générosité étaient des attributs héréditaires dans la famille des Waverley : aussi sir Everard s'empressa t-il de renoncer à lady Emily avec une grace et une délicatesse dignes d'un héros de roman. Il eut même l'adresse, avant de quitter le château de Blandeville, d'obtenir du père qu'elle serait unie à l'objet de son choix. Nous ne connaissons pas exactement les argumens dont il se servit dans cette occasion; mais aussitôt que cet arrangement eut été conclu, le jeune officier s'avança dans l'armée avec une rapidité qui est bien rare quand le mérite est sans protection ; et en apparence le jeune homme n'avait d'autres titres que son mérite [1].

Quoique rendu moins pénible par la conscience d'avoir agi en homme d'honneur et généreusement, ce premier échec influa sur le reste de la vie de sir Everard. Son projet de mariage avait été adopté dans un accès d'indignation ; les démarches d'un soupirant ne s'accordaient guère avec la gravité de son indolence naturelle ; il venait d'échapper au risque d'épouser une femme qui ne l'eût jamais aimé ; son orgueil ne pouvait guère être flatté de la conclusion de ses amours, supposé même que son cœur n'en souffrît pas. Le résultat de toute cette affaire fut qu'il reprit le chemin du château de Waverley-Honour, sans avoir fait un autre choix. Il ne se laissa séduire ni par les soupirs et les regards langoureux de cette belle confidente qui n'avait révélé l'inclination de sa sœur que par pure affection, ni par les allusions indirectes, les coups d'œil significatifs et les demi-mots de la mère, ni par les éloges que le comte ne cessait de faire de la sagesse, du bon sens, du caractère admirable de sa première, deuxième, troisième, quatrième et cinquième filles. Le souvenir de son amour malheureux suffit pour le préserver à jamais d'une mortification nouvelle, et du désagrément de perdre ses pei-

---

(1) Nous devons expliquer cette phrase en rappelant que les grades dans l'armée anglaise sont chose vénale. — Ed.

nes ; ce qui arrive à plus d'une personne du caractère de sir Everard, qui était à la fois timide, fier, susceptible et indolent. Il continua à vivre au château de Waverley dans le style d'un vieux gentilhomme anglais, aussi riche que noble. Sa sœur, miss Rachel Waverley, présidait à sa table, et ils devinrent peu à peu, lui vieux garçon, elle vieille fille, en se soumettant de la meilleure grace du monde aux ennuis du célibat.

Le ressentiment de sir Everard envers son frère s'affaiblit avec le temps ; mais si son antipathie pour le whig et l'homme en place ne put jamais le décider à faire des démarches qui auraient été nuisibles à son frère, elle entretint entre eux une continuelle froideur. Le hasard enfin les rapprocha. Richard avait épousé une jeune personne d'un rang élevé dont la fortune et les relations de famille devaient également servir à son avancement. Du chef de sa femme, il devint possesseur d'un domaine de quelque valeur, qui n'était éloigné du château de Waverley que de quelques milles.

Le petit Edouard, le héros de notre histoire, alors dans sa cinquième année, était leur seul enfant. Il arriva qu'en se promenant avec sa gouvernante, il s'écarta de plus d'un mille de Brere-Wood-Lodge, où habitait sa famille. Son attention fut vivement excitée par une voiture dont la ciselure et la dorure auraient fait honneur à celle du lord-maire, et attelée de six superbes chevaux noirs, à longues queues. Cette voiture était arrêtée en attendant le maître qui inspectait près de là les travaux de construction d'une ferme nouvelle. Je ne puis dire si l'enfant avait eu pour nourrice une Galloise ou une Écossaise [1], et comment il associait un écusson orné de trois hermines avec l'idée d'une propriété personnelle ; mais il n'eut pas plus tôt aperçu ces armoiries de famille, qu'il s'obstina à faire valoir ses droits sur la riche voiture où elles étaient blasonnées. Le baronnet arriva au moment où la bonne de l'enfant voulait inutilement lui défendre de s'emparer du car-

---

[1] Allusion aux *idées aristocratiques* des nourrices de ces deux contrées, qui entretiennent volontiers les enfans de la gloire de leurs ancêtres, et surtout de leurs titres nobiliaires. — Ed.

rosse doré. La rencontre ne pouvait être plus heureuse pour le petit Édouard, car son oncle n'avait pu s'empêcher de regarder avec complaisance et presque avec envie les enfans jouflus du robuste agriculteur dont il faisait bâtir la maison. Quand il vit ce petit marmot frais et vermeil, portant son nom, et réclamant les droits héréditaires qu'il avait à sa parenté, à son attachement et à son patronage, par un lien que sir Edward estimait aussi sacré que la jarretière ou un manteau bleu [1], — il lui sembla que la Providence le lui envoyait exprès pour remplir le vide de ses affections et de ses espérances. La voiture ramena l'enfant et sa gouvernante à Brère-Wood-Lodge, avec un message qui ouvrit à Richard Waverley une voie de réconciliation avec son frère aîné. Il y eut pendant long-temps dans leur commerce plus de civilité et de cérémonie que de cordialité fraternelle ; mais cet état de choses suffisait à l'un et à l'autre. Dans la société de son petit neveu, sir Everard trouvait à bercer son orgueil aristocratique de l'idée de perpétuer son noble lignage, et pouvait en même temps satisfaire son besoin de bienveillance et d'affections douces. De son côté Richard Waverley voyait dans l'attachement mutuel de l'oncle et du neveu les moyens de s'assurer, sinon pour lui, du moins pour son fils, un héritage dont il eût craint de compromettre la succession en cherchant à vivre plus intimement avec un homme du caractère et des opinions de son frère.

Ainsi par une espèce de compromis tacite le jeune Édouard passait presque toute l'année au château, également choyé des deux familles, quoiqu'elles se contentassent de s'envoyer des complimens de politesse, ou de se faire des visites cérémonieuses. L'éducation de l'enfant était dirigée tour à tour par le goût et les opinions de son oncle et de son père. Mais nous en parlerons plus amplement dans le chapitre suivant.

(1) Le *manteau bleu* appartient spécialement aux chevaliers de la jarretière. La *jarretière* est de velours bleu bordé d'or, avec la devise historique *honni soit qui mal y pense*. Cet ordre n'est accordé, comme on sait, qu'à la plus haute noblesse et à la plus haute illustration. — Ép.

CHAPITRE III.

Éducation.

L'ÉDUCATION de notre héros Édouard Waverley éprouva beaucoup de vicissitudes. Dans son enfance l'air de Londres nuisait à sa santé, ou du moins paraissait lui nuire (ce qui est la même chose). Aussi lorsque les devoirs de sa place, la convocation du parlement ou le besoin de poursuivre ses plans d'ambition et de fortune appelaient son père à Londres, qui était sa résidence huit mois de l'année, Édouard était transféré au château de Waverley, où il changeait de maîtres et de leçons aussi bien que de résidence. Son père aurait pu remédier à cet inconvénient en lui donnant un précepteur permanent; mais il pensait qu'un précepteur de son choix serait sans doute mal reçu au château de Waverley, et que si c'était sir Everard qui le choisissait, il risquait d'introduire dans sa maison un hôte désagréable, sinon un espion politique. Il fit donc consentir son secrétaire particulier, jeune homme de goût et de talent, à consacrer une heure ou deux à l'éducation d'Édouard pendant qu'il restait à Brere-Wood-Lodge; et il laissait son oncle responsable de ses progrès en littérature pendant son séjour au château. A certains égards il n'y manquait pas de moyens d'instruction. Le chapelain de sir Everard, de l'université d'Oxford, et qui y avait perdu sa fellowship [1] pour avoir refusé de prononcer le serment à l'avénement

---

(1) *Fellowship,* droit ou titre d'associé; les *fellows* sont les *membres-associés* d'un collége qui partagent avec le chef la direction de leur *société*, l'administration des biens et des revenus, etc. C'est parmi eux qu'on choisit les officiers du collége. — Éd.

de George Ier, était non-seulement très versé dans les études classiques, mais il avait des connaissances étendues dans les arts et dans les sciences, et possédait plusieurs langues vivantes ; mais il était vieux et indulgent. L'interrègne pendant lequel Édouard était entièrement soustrait à sa discipline amena un tel relâchement de son autorité, que son élève avait à peu près la liberté d'étudier lorsqu'il voulait, comme il voulait et ce qu'il voulait. Ce défaut de discipline aurait été funeste pour un enfant d'une conception lente qui, sentant que c'était un pénible travail que d'apprendre, aurait tout négligé loin de l'œil de son maître : ce n'eût pas été moins dangereux pour un élève en qui le tempérament eût été plus puissant que l'imagination ou la sensibilité, et que l'irrésistible influence d'Alma[1], quand il aurait été libre de ses bras et de ses jambes eût appelé à la chasse et aux autres plaisirs de la jeunesse depuis le matin jusqu'au soir. Mais Édouard Waverley n'avait aucun de ces deux caractères ; son esprit était si vif et sa conception si prompte, que, comme dirait un chasseur, son maître n'avait autre chose à faire qu'à l'empêcher de dépasser le gibier, c'est-à-dire de l'empêcher d'acquérir des connaissances d'une manière légère, vague et sans méthode. Avec lui le précepteur avait encore à combattre une autre disposition non moins grave, qui ne se trouve que trop souvent jointe à l'imagination la plus brillante et à l'esprit le plus heureux ; je veux parler de cette indolence de tempérament qui ne peut être stimulée que par de puissans attraits, et qui renonce à l'étude aussitôt qu'elle a satisfait sa curiosité, goûté le plaisir de vaincre les premiers obstacles et épuisé le charme de la nouveauté.

Edouard se livrait avec ardeur à chaque auteur classique dont son précepteur lui proposait la lecture. Il se familiarisait assez avec son style pour comprendre le sujet du livre qu'il finissait si l'ouvrage l'amusait. Mais vainement essayait-on de fixer son attention sur la différence des idiomes, sur les remar-

---

(1) *Alma*, *alma mater*, vénérable mère. Mot devenu anglais, et synonyme d'université. — Éd.

ques critiques et philologiques, la beauté d'une expression ou les combinaisons artificielles de la syntaxe : — Je sais lire et comprendre un auteur latin, disait-il avec la présomption et la légèreté téméraire d'un écolier de quinze ans : Scaliger ou Bentley [1] n'en savaient pas davantage. — Hélas ! pendant qu'on lui permettait ainsi de ne lire que pour son amusement, il ne se doutait pas qu'il perdait à jamais l'occasion d'acquérir l'habitude d'une application constante et régulière, et l'art de diriger, modifier et concentrer la facilité de son esprit pour les études sérieuses, — art bien plus précieux que cette science, objet principal de l'enseignement.

On me rappellera sans doute la nécessité de rendre l'instruction agréable à la jeunesse, et le miel du Tasse mêlé à la potion préparée pour l'enfant; — mais un siècle comme le nôtre, où les enfans apprennent les sciences les plus arides par la séduisante méthode *des jeux instructifs*, n'a guère à redouter les conséquences d'un enseignement trop austère et trop sérieux; l'histoire d'Angleterre est aujourd'hui réduite à un jeu de cartes [2], les problèmes de mathématiques à un jeu d'énigmes, et l'arithmétique s'acquiert au bout d'une semaine par quelques heures d'exercice sur une méthode nouvelle et plus compliquée du jeu royal de l'oie. Encore quelques pas de plus, et bientôt on n'apprendra plus que de cette manière la morale et la religion, sans avoir besoin de la gravité, du ton modeste et sage, et de l'attention précise qu'on exigeait jusqu'ici de l'enfance bien gouvernée de ce royaume.

Ce pourrait être toutefois un sujet de considération sérieuse de savoir s'il n'est pas à craindre que ceux qui n'ont acquis l'instruction que sous la forme d'un amusement n'en viennent à repousser tout ce qui aurait l'air d'une étude; ceux qui apprennent l'histoire avec des cartes n'en sont-ils pas exposés à préférer les moyens à la fin? et si nous devions enseigner la

---

(1) Richard Bentley, bibliothécaire du roi Guillaume, et éditeur de plusieurs éditions d'auteurs classiques avec commentaires. — Éd.

(2) Nous avons aussi en France une collection de *jeux historiques* dont M. de Jouy est l'auteur. — Éd.

religion sous la forme d'un jeu, nos élèves ne pourraient-ils pas petit à petit être tentés de se faire un jeu de leur religion?

Quant à notre jeune héros, on lui permit de ne chercher l'instruction que suivant ses goûts, et naturellement il ne la cherchait que tant qu'il y trouvait de l'amusement. Cette indulgence de ses maîtres fut suivie de funestes conséquences qui influèrent long-temps sur son caractère, son bonheur et ses progrès dans le monde. L'imagination vive d'Édouard, son goût ardent pour la littérature, loin de remédier au danger ne firent que l'accroître. La bibliothèque de Waverley-Honour, vaste salle gothique, avec de doubles arceaux et une galerie, contenait une collection variée. Ces livres avaient été rassemblés comme c'est l'usage, pendant le cours de deux siècles, par une famille qui, ayant toujours été riche, s'était naturellement imposé comme une marque de splendeur l'obligation d'acquérir toutes les productions de la littérature du jour, sans trop de choix et de discernement; Édouard eut la liberté d'errer à son gré dans ces immenses régions. Son précepteur avait ses études à lui, la politique ecclésiastique et les controverses théologiques, et de plus un amour d'aisance classique; il ne se dispensait pas d'inspecter aux heures fixes les progrès de l'héritier présomptif de son patron, mais il saisissait très volontiers toute espèce d'excuses pour ne pas exercer une surveillance sévère et régulière sur les études générales de son élève.

Sir Everard n'avait jamais lui-même été un homme studieux. Il croyait que la lecture est incompatible avec l'oisiveté des riches; miss Rachel Waverley partageait avec lui cette opinion vulgaire. Ils étaient persuadés l'un et l'autre que c'est bien assez de parcourir des yeux les lettres de l'alphabet sans chercher à suivre les idées de l'auteur. Tandis qu'une meilleure éducation aurait pu convertir en soif d'instruction son désir de s'amuser, le jeune Waverley se trouva donc au milieu de cet océan de livres comme un vaisseau sans pilote ou sans gouvernail. On contracte aisément l'habitude de lire sans ordre ni plan, lorsque surtout l'occasion en est si favorable.

Je crois qu'une des causes qui font que l'on trouve dans les derniers rangs de la société tant d'exemples d'érudition, c'est que le pauvre étudiant qui avec les mêmes dispositions n'a qu'un petit nombre de livres pour satisfaire sa passion de lecture, est forcé de graver dans sa mémoire tous ceux qu'il possède avant de pouvoir en acquérir d'autres. Édouard au contraire, comme ces gourmands qui daignent seulement mordre une fois sur la pêche du côté qui est doré par le soleil, cessait de lire un volume dès qu'il n'excitait plus sa curiosité ou son intérêt. Il arriva donc que son habitude de ne chercher que ce genre de plaisir le rendit de jour en jour plus difficile à contenter, jusqu'à ce que sa passion de lecture, comme mainte autre passion, lui causa à la longue une sorte de satiété.

Cependant avant de parvenir à cette indifférence, il avait enrichi sa mémoire, qui était des plus heureuses, d'un mélange varié de connaissances curieuses quoique mal classées dans sa tête. Dans la littérature anglaise il s'était rendu familier avec Shakspeare, Milton et nos vieux auteurs dramatiques ; il possédait aussi plusieurs des passages pittoresques et intéressans de nos vieux chroniqueurs ; mais il connaissait surtout Spencer, Drayton, et les autres poètes qui se sont fait un nom dans la carrière des fictions romanesques. Ces ouvrages sont de tous les plus séduisans pour une imagination jeune encore, avant que les passions se soient éveillées et demandent une poésie plus sentimentale.

Sous ce rapport la littérature italienne lui offrit un champ plus vaste encore. Il avait parcouru les nombreux poèmes romantiques qui depuis ceux du Pulci ont été les exercices favoris des beaux esprits de l'Italie. Il avait lu tous les nombreux récueils de *novelle* produits par le génie libre mais élégant de cette contrée, en imitation du *Décaméron*. En littérature classique, Waverley avait acquis les connaissances ordinaires, et lu les auteurs à l'usage des classes. La France lui avait fourni une collection presque inépuisable de mémoires qui ne sont pas plus véridiques que des romans, et de romans si bien écrits qu'on pourrait les faire passer pour des mémoires. Les pages brillantes de Froissard, ses descriptions enthousiastes et éblouissantes des combats et des tournois étaient au nombre de ses lectures favorites; et dans Brantôme et De Lanoue il avait appris à comparer le caractère franc, loyal, quoique superstitieux, des fauteurs de la ligue, avec l'âpreté, la rudesse sauvage et quelquefois l'esprit inquiet des huguenots. Les auteurs espagnols avaient largement contribué à ses souvenirs de prouesses chevaleresques et de romanesques passions. La littérature primitive des peuples du nord ne devait pas être indifférente à un jeune homme qui cherchait plutôt à exciter son imagination qu'à satisfaire son jugement. Cependant, quoique sachant beaucoup de tout ce qui n'est connu que du petit nombre, on pouvait sans injustice regarder Édouard Waverley comme un ignorant, puisqu'il n'avait presque rien appris de ce qui peut ajouter à la dignité de l'homme et le mettre à même de tenir un rang honorable dans la société.

La moindre attention de la part de ses parens aurait pu le préserver du danger de dissiper ainsi les facultés de son esprit par un cours de lecture si vague et si mal ordonné. Mais mistress Richard Waverley mourut sept ans après la réconciliation des deux frères; et Richard Waverley lui-même, qui depuis cet événement fit plus habituellement sa résidence à Londres, était trop occupé de ses plans de fortune et d'ambition pour ne pas se contenter d'entendre dire qu'Édouard aimait beaucoup les livres, et qu'il pourrait parvenir à être évêque. S'il avait pu découvrir et analyser les rêveries de son fils, il aurait tiré une conclusion bien différente.

CHAPITRE IV.

Châteaux en Espagne.

J'ai déjà donné à entendre que devenu d'un goût capricieux, difficile et dédaigneux par une surabondance de lectures frivoles, notre héros était non-seulement incapable d'études sérieuses et profitables, mais encore dégoûté jusqu'à un certain point de ce qui lui avait plu d'abord. Il était dans sa seizième année, lorsque son amour pour la solitude et son caractère distrait et rêveur commencèrent à donner de tendres inquiétudes à sir Everard. Il essaya de tirer son neveu de cette apathie en l'invitant à se livrer aux exercices de la chasse, qui avait été jadis l'amusement principal de sa jeunesse. Édouard pendant une saison éprouva un plaisir assez vif à manier le fusil; mais lorsqu'il fut parvenu à s'en servir avec adresse, cet amusement cessa d'en être un pour lui. Le printemps d'après, le livre si attrayant du vieil Isaac Walton[1] détermina Édouard à devenir un confrère de l'hameçon; — mais de toutes les distractions inventées ingénieusement pour l'usage des oisifs, la pêche est la moins propre à amuser un caractère non moins impatient qu'indolent. La ligne de notre héros fut bientôt mise de côté. La société et l'exemple de ses égaux, qui plus que tout autre motif répriment et modifient nos penchans, auraient pu avoir leur effet ordinaire sur notre jeune rêveur; mais le voisinage offrait peu d'habitans, et les jeunes squires du canton, élevés chez leurs parens, n'étaient pas d'une classe à former les compagnons habituels d'Édouard, et encore

(1) *The complete angler*, le parfait pêcheur. — Éd.

moins étaient-ils propres à exciter son émulation dans ces exercices qui étaient l'affaire sérieuse de leur vie.

Depuis la mort de la reine Anne, sir Everard avait renoncé à mesure que ses années allaient en augmentant et le nombre de ses contemporains en diminuant, à siéger au parlement, et il se retira peu à peu de la société; de manière que lorsque Édouard se trouvait avec quelques jeunes gens de son rang dont l'éducation avait été soignée, il sentait qu'il leur était inférieur, non faute d'instruction, mais parce qu'il ne savait pas faire valoir celle qu'il avait acquise : une grande susceptibilité vint ajouter à ce dégoût du monde. L'idée réelle ou imaginaire d'avoir commis le plus léger solécisme en politesse était pour lui une angoisse ; car peut-être un tort bien constaté cause à certains caractères un sentiment moins vif de honte et de remords que celui qu'éprouve un jeune homme modeste, susceptible et sans expérience, quand il croit avoir négligé l'étiquette ou mérité le ridicule. Là où nous ne sommes pas à l'aise, nous ne saurions être heureux; il n'est donc pas surprenant qu'Édouard Waverley supposât qu'il n'aimait pas la société, et qu'il n'était pas fait pour elle, seulement parce qu'il n'avait pas contracté l'habitude d'y vivre avec aisance et bien-être, de s'y plaire et d'y faire plaisir.

Tout le temps qu'il passait avec son oncle et sa tante était rempli par les récits cent fois répétés de la vieillesse conteuse. Cependant, même alors, son imagination, faculté prédominante de son âme, était fréquemment occupée. Les traditions de famille et les histoires généalogiques, texte fréquent des discours de sir Everard, sont l'opposé de l'ambre qui, subtance précieuse par elle-même, renferme ordinairement des insectes et des fétus de paille, tandis que ces études, toutes insignifiantes et frivoles qu'elles sont, servent néanmoins à perpétuer la mémoire de ce qu'il y avait d'estimable dans les anciennes mœurs, avec maints détails minutieux et curieux qui n'auraient pu nous être transmis autrement. Si le jeune Édouard bâillait quelquefois au froid catalogue des noms de ses illustres ancêtres et au récit de leurs mariages; s'il déplorait secrètement la longue et impitoyable exactitude avec laquelle le respectable sir Everard remémorait les divers degrés d'alliance qui existaient entre la maison de Waverley-Honour et maints nobles barons, chevaliers et écuyers; si (*malgré toutes ses obligations aux trois hermines passant*) il maudissait au fond du cœur tout le jargon du blason, ses griffons, ses taupes, ses dragons, avec toute l'amertume d'Hotspur[1] lui-même, il y avait des momens où ces récits intéressaient son imagination et le dédommageaient de sa patience attentive. Les exploits de Wilibert de Waverley dans la Terre-Sainte, sa longue absence et ses périlleuses aventures, sa mort supposée et son retour inattendu, le soir même où la fiancée de son cœur venait de s'unir au héros qui l'avait protégée des insultes et de l'oppression pendant son absence; la générosité avec laquelle ce noble croisé renonça à ses droits pour aller chercher dans un cloître cette paix qui n'est jamais interrompue; ces récits et d'autres semblables enflammaient le cœur d'Édouard et appelaient les larmes dans ses yeux. Il n'éprouvait pas une émotion moins vive lorsque sa tante miss Rachel lui racontait les souffrances et le courage de lady Alice Waverley pendant la grande guerre civile. Il régnait une expression de majesté dans les traits si doux de cette respectable demoiselle lorsqu'elle racontait comment Charles, après la bataille de Worcester, avait trouvé un asile d'un jour à Waverley-Honour, et comment, lorsqu'une troupe de cavalerie s'approchait pour visiter le château, lady Alice envoya son plus jeune fils et ses domestiques, leur ordonnant de se faire tuer s'il le fallait, et d'arrêter les ennemis du roi au moins pendant une heure pour que Charles eût le temps de se sauver. — Que Dieu lui soit en aide! s'écriait miss Rachel en arrêtant ses regards sur le portrait de cette héroïne : elle

---

[1] MORTIMER. Fi! cousin Percy, comme vous contrariez mon père! — HOTSPUR. Je ne puis faire autrement : — il me met plus d'une fois en colère avec ses taupes, ses fourmis, son dragon, ses poissons sans nageoires, etc., etc. — SHAKSPEARE. *Henry IV*.

Henry Percy, surnommé Hotspur (éperon-chaud) à cause de sa bouillante impatience, un des héros favoris de Shakspeare. — ÉD.

acheta assez cher le salut de son roi au prix de la vie de son fils chéri. On le transporta au château prisonnier et blessé; vous pouvez voir encore les traces de son sang depuis la grande porte, le long de la petite galerie, jusqu'au salon où il fut déposé pour mourir aux pieds de sa mère. Il y eut à ce dernier moment entre la mère et le fils un échange de consolations; car il apprit par un regard de sa mère que sa défense désespérée avait eu le succès qu'il en attendait. — Ah! je me rappelle très bien avoir vu une personne qui avait connu et aimé ce brave jeune homme. Miss Lucy Saint-Aubin vécut et mourut fille pour lui, quoiqu'elle fût une des plus belles personnes et un des plus riches partis du pays. Tous les hommes la demandèrent en mariage; mais elle ne cessa jusqu'au dernier jour de sa vie de porter le deuil pour son pauvre William (car ils avaient été fiancés). Sa mort arriva...; je ne puis me rappeler la date précise, mais je crois que ce fut dans le mois de novembre de l'année où, se sentant très mal, elle demanda instamment qu'on la portât encore une fois à Waverley-Honour. Elle parcourut tous les endroits où elle s'était trouvée avec mon grand-oncle; elle voulut qu'on levât les tapis pour contempler une dernière fois les traces de son sang. Ah! si les larmes eussent été capables de les effacer, on ne les verrait plus aujourd'hui; tous les yeux en versèrent! Vous saurez, mon cher Édouard, que les arbres parurent partager la douleur générale, car sans qu'il y eût le moindre souffle de vent, les feuilles tombèrent autour de Lucy. Helas! tout en elle annonçait qu'elle ne les verrait plus reverdir.

Après avoir entendu ces légendes, Édouard se retirait à l'écart pour se livrer aux sentimens qu'elles avaient fait naître en lui. Dans un des coins de la bibliothèque éclairée par la faible lueur des derniers tisons du vaste foyer, notre héros aimait à jouir d'une espèce de fantasmagorie mentale; son imagination se montait par degrés, et finissait par lui rendre sensibles les objets dont il était occupé. Il voyait les riches préparatifs de noce qui se faisaient au château de Waverley, la taille haute et majestueuse de son ancêtre en costume de pèlerin, tranquille spectateur de la félicité de son héritier supposé et de sa prétendue ; la surprise occasionnée par la scène de la reconnaissance ; le mouvement tumultueux de tous les vassaux qui couraient aux armes ; la stupeur du fiancé ; la confusion de la malheureuse épouse ; le désespoir muet et concentré de Wilibert ; son air plein de noblesse et de dignité lorsqu'il jeta sur le parquet son épée à demi tirée, et sa fuite précipitée loin du château de ses pères.

La scène changeait ensuite au gré de l'imagination d'Édouard qui lui offrait la représentation de la tragique histoire racontée par sa tante Rachel. Il voyait lady Waverley assise dans son boudoir, tressaillant d'une double angoisse à chaque bruit, d'abord pour écouter l'écho de plus en plus faible des pas du cheval du roi ; et quand elle ne pouvait plus l'entendre, croyant distinguer dans le moindre souffle qui agitait les arbres du parc le bruit lointain du combat. Soudain s'élève un murmure sourd comme la marche d'un torrent, — ce murmure devient de plus en plus proche, — Edouard peut reconnaître le galop des chevaux, les cris et les acclamations des soldats, les coups de pistolet. — Les voici. — Lady Alice se lève en tressaillant. — Un vassal effrayé se précipite dans le château. — Mais pourquoi achever cette scène douloureuse !

Plus notre héros se complaisait dans ce monde idéal, plus toute interruption lui était désagréable. On donnait dans le pays le nom de *Chasses de Waverley* aux domaines dont le château était environné, parce qu'ils étaient d'une étendue beaucoup plus considérable que le parc le plus spacieux ; ce n'était dans l'origine qu'une forêt qui, quoique coupée par de vastes clairières où venaient folâtrer les jeunes daims, conservait toujours un caractère sauvage ; elle était traversée en tous sens par de larges avenues dont plusieurs étaient embarrassées de broussailles touffues, mais où les beautés d'autrefois venaient assister à la chasse au cerf, pour le voir forcer par les lévriers, ou pour essayer elles-mêmes de l'atteindre d'une flèche. Dans un lieu remarquable par un monument gothique couvert de mousse, qui avait reçu le nom de *Halte de la reine*, Élisabeth elle-même, disait-on, avait tué de sa propre main sept chevreuils : c'était le rendez-vous favori d'Édouard. D'autres fois, avec son fusil et son épagneul qui lui servaient de prétexte aux yeux des autres, et un livre dans la poche qui peut-être lui servait de prétexte pour lui-même, il suivait une des longues avenues qui après une montée de plusieurs milles se rétrécissait peu à peu, ne formant bientôt plus qu'un sentier inégal et escarpé à travers le défilé rocailleux et boisé appelé *Mirkwood-Dingle*[1], et s'ouvrait tout à coup sur un petit lac profond et sombre, nommé à cause de cela *Mirkwood-Mere*[2]. Dans les temps reculés une tour solitaire s'élevait sur un rocher presque entièrement entouré d'eau, et nommé la *Forteresse de Waverley*, parce que dans les temps de péril elle avait été souvent l'asile de cette famille.

Là, dans les guerres d'York et de Lancastre, les derniers partisans de la Rose Rouge avaient osé résister aux vainqueurs, et continuer une guerre d'escarmouches et de pillage, jusqu'à ce que la forteresse fût réduite par le fameux Richard de Glocester[3]. Là encore se maintint long-temps un parti de Cavaliers[4] commandé par Nigel Waverley, frère aîné de ce William dont miss Rachel célébrait la mort héroïque. Dans ces lieux Édouard aimait à

Se livrer au charme tour à tour mélancolique et doux de son imagination (5);

là, semblable à l'enfant au milieu de ses joujoux, il faisait un choix des figures et des emblèmes incomplets, mais brillans, dont son imagination était meublée pour en composer des visions aussi éclatantes et aussi fugitives que celles d'un soir d'été. Nous verrons dans le prochain chapitre l'effet d'un tel caractère et de cette habitude de rêverie.

(1) *Mirk*, dans le dialecte des comtés du nord, signifie sombre. (*Mirk wood*, bois sombre.) *Dingle* signifie vallon entre des rochers. — Éd.

(2) *Mere*, lac. Dans les comtés de Cumberland, de Westmoreland, etc., ce mot, dérivé du saxon, est synonyme de *lake*; en Ecosse, c'est le mot *loch* qui le remplace. *Grass-Mere*, *Loch Lomond*, etc. — Éd. — (3) Richard III. — Éd.

(4) *Les Cavaliers*, nom des royalistes dans les guerres de la république. — Éd.

(5) *Chewing the cud of sweet and bitter fancy*. Littéralement, *ruminer sa rêverie douce et amère*.

CHAPITRE V.

Choix d'un état.

D'après tous ces détails minutieux sur la jeunesse de Waverley et la direction inévitable que ses premières habitudes avaient dû imprimer à son imagination, le lecteur croit peut-être que je vais lui offrir dans l'histoire suivante une imitation du roman de Cervantes : mais il ferait tort à ma prudence par une telle supposition. Mon intention n'est pas de marcher sur les traces de cet inimitable auteur et de peindre comme lui cette perversion totale de l'intelligence qui dénature les objets au moment même où ils frappent les sens ; je cherche à décrire cet autre égarement d'esprit bien plus commun, qui laisse voir les choses dans leur réalité, mais avec les couleurs romanesques qu'il leur prête lui-même.

Édouard Waverley était si loin de s'attendre à retrouver dans les autres sa manière de voir et de sentir, il était si loin d'espérer que les illusions flatteuses auxquelles il s'abandonnait avec tant de plaisir pourraient un jour se réaliser, qu'il ne craignait rien tant que de laisser percer les sentimens qui étaient le fruit de ses rêveries. Il n'avait jamais désiré d'avoir un confident, et il sentait si bien le ridicule auquel il s'exposerait, que s'il avait eu à choisir entre une punition qui n'eût rien d'ignominieux et la nécessité de rendre lui-même un compte exact du monde idéal dans lequel il passait la plus grande partie de ses jours, il n'aurait pas balancé à se soumettre de préférence au châtiment. Son secret et son isolement lui devinrent doublement chers lorsqu'avec le cours des années il sentit l'influence des passions naissantes. Des créatures d'une grace et d'une beauté parfaites commencèrent à jouer un rôle dans ses aventures idéales, et il ne tarda pas à regarder autour de lui pour comparer les femmes du monde réel avec celles de son imagination.

La liste des belles qui chaque dimanche déployaient leurs atours hebdomadaires à l'église paroissiale de *Waverley* n'était ni nombreuse ni choisie. La plus passable de beaucoup était miss Sissly, ou comme elle préférait d'être appelée, miss Cecilia Stubbs, fille du squire Stubbs, à la Grange. Je ne sais si c'était — par le plus grand hasard du monde — (phrase qui, sortie des lèvres d'une femme, n'exclut pas toujours la préméditation), ou si c'était par une conformité de goûts, que miss Cecilia fut souvent rencontrée par Edouard dans ses promenades favorites à travers Waverley-Chase. Il n'avait pas eu encore le courage de l'aborder, mais la rencontre produisait toujours son effet. Un amant romanesque est un idolâtre étrange qui assez souvent ne s'inquiète pas de quel bois il forme l'objet de son adoration; et si la nature a donné quelques charmes à cet objet, il joue aisément le rôle du joaillier et du derviche du conte oriental [1], et trouve dans les trésors de sa propre imagination de quoi ajouter à ses véritables attraits une beauté céleste et tous les dons de l'esprit. Mais avant que les charmes de miss Cecilia Stubbs l'eussent positivement élevée au rang de déesse ou placée au moins de pair avec la sainte de son nom, mistress Rachel Waverley, d'après plusieurs indices recueillis par elle, crut qu'il était temps de prévenir le moment de l'apothéose. Les femmes les plus simples et les plus ingénues ont toujours (Dieu les bénisse!), dans ces sortes d'affaires, une pénétration d'instinct qui à la vérité leur fait supposer quelquefois ce qui n'existe pas, mais qui leur fait découvrir ordinairement ce qui existe. Mistress Rachel s'attacha avec une grande prudence à éluder le danger plutôt qu'à le combattre ouvertement. Elle insinua à son frère la nécessité de faire voyager l'héritier de la famille, afin qu'il acquît la connaissance d'un autre monde que celui que lui

---

(1) Le conte des Sept Amans.

offrait sa résidence continuelle à Waverley-Honour. Sir Everard se refusa d'abord à une proposition qui tendait à le séparer de son neveu. — Edouard était un peu entiché de bouquins, il en convenait, mais il avait toujours entendu dire que la jeunesse était le temps de l'étude, et sans doute lorsqu'il aurait satisfait sa fureur pour les lettres et garni sa tête de connaissances, — Edouard se livrerait aux amusemens et aux occupations de la campagne. — Quant à lui, il avait souvent regretté de ne pas avoir consacré à l'étude une partie de sa jeunesse, parce que, disait-il, — il n'en aurait pas manié le fusil ni chassé avec moins d'adresse, et aurait pu faire retentir la voûte de Saint-Etienne [1] de discours plus longs que ces Non! Non! pleins de chaleur avec lesquels il accueillait toutes les mesures du gouvernement, lorsque, sous l'administration de Godolphin, il était membre de la chambre des communes [2].

Cependant la tante Rachel eut assez d'adresse pour parvenir à son but. Elle rappela que tous les membres de la famille avaient, avant de se fixer au château de Waverley, visité les pays étrangers, ou servi leur pays dans l'armée; et pour prouver la vérité de son assertion, elle en appela à l'arbre généalogique, autorité que sir Everard n'avait jamais récusée. Bref, on proposa à M. Richard Waverley de faire voyager son fils sous la conduite de son gouverneur, M. Pembroke, avec une somme convenable que le baronnet se chargeait de lui fournir. M. Richard ne vit pas d'obstacle à ce projet; mais en ayant parlé par hasard à la table du ministre, le grand homme devint sérieux, et il en expliqua ses motifs en particulier. D'après les opinions politiques de sir Everard, il serait très imprudent, dit le ministre, qu'un jeune homme qui donne de si flatteuses espérances parcourût le continent sous la surveillance immédiate d'un gouverneur du choix de son oncle,

(1) C'est dans la chapelle de Saint-Etienne que se tiennent les séances de la chambre des communes. Les Non! Non! les Oui! Oui! les *hear, hear* (Ecoutez! Ecoutez!) y sont les monosyllabes à l'usage des membres à qui le ciel a refusé le don de la parole. — Éd.

(2) Godolphin (Sydney, comte de), grand trésorier d'Angleterre, fut ministre sous les Stuarts, qu'il abandonna depuis pour le prince d'Orange. — Éd.

qui le dirigerait par ses instructions. — Quelle serait la société du jeune Edouard à Paris? quelle serait sa société à Rome, où le prétendant et ses fils lui tendraient toutes sortes de piéges? M. Waverley devait peser avec soin de telles considérations. Pour lui, ajouta-t-il, il croyait pouvoir dire que Sa Majesté appréciait trop les services de M. Richard Waverley, pour que son fils, s'il voulait entrer au service pendant quelques années, n'obtînt pas une compagnie dans un des régimens de dragons revenus récemment de Flandre.

On ne pouvait impunément négliger une telle proposition sur laquelle le ministre appuya; et malgré la crainte de heurter les préjugés de son frère, Richard Waverley crut devoir accepter la commission qui lui était offerte pour son fils. Il est vrai qu'il comptait beaucoup, et avec raison, sur la tendresse de sir Everard pour son neveu, et il n'était pas probable qu'il pût la perdre, parce qu'il se serait soumis à l'autorité paternelle. Il écrivit aussitôt au baronnet et à Edouard pour leur faire part de cette détermination. Dans la lettre à son fils il communiquait simplement la chose, et lui indiquait les préparatifs qu'il fallait faire pour joindre son régiment; mais dans la lettre adressée à son frère il était plus diffus, et n'arrivait au fait que par des circonlocutions; il adoptait son avis de la manière la plus flatteuse, en disant comme lui qu'il était convenable que son fils vît un peu le monde, et il exprimait presque avec humilité sa reconnaissance pour ses offres généreuses; mais il était désolé qu'Edouard fût dans l'impossibilité de suivre exactement le plan qui avait été tracé par son meilleur ami et son bienfaiteur; il voyait depuis quelque temps avec peine l'inaction de ce jeune homme, à un âge où tous ses ancêtres avaient déjà porté les armes. Sa Majesté elle-même avait daigné s'informer si le jeune Waverley n'était pas en Flandre, à un âge où son grand-père avait déjà versé son sang pour son roi dans la grande guerre civile; et cette question avait été suivie de l'offre d'une compagnie. Que pouvait-il faire? Il n'avait pas eu le temps de consulter l'inclination de son frère, quand même il aurait pu penser qu'il trouverait quelque objection à laisser suivre à son neveu la glorieuse carrière de ses ancêtres. Enfin pour conclure, Edouard après avoir sauté avec une rapidité extraordinaire par-dessus les grades de cornette et de lieutenant, était maintenant le capitaine Waverley dans le — régiment de dragons qu'il devait joindre dans ses quartiers au bout du mois à D — en Ecosse.

Sir Everard Waverley reçut cette nouvelle avec une certaine émotion. A l'époque où la maison de Hanovre monta sur le trône, il s'était retiré du parlement, et sa conduite dans l'année mémorable de 1715[1] n'avait pas été exempte de soupçon. On parla de revues secrètes de tenanciers à cheval faites au clair de la lune, dans Waverley-Chase, et de plusieurs caisses de fusils et de pistolets, adressées de Hollande au baronnet, et interceptées par la vigilance d'un officier à cheval de l'accise[2]; cet officier, en punition du zèle qu'il avait déployé dans cette circonstance, avait été berné pendant la nuit dans des couvertures par une bande de robustes paysans. Bien plus : on disait que lorsque le chef des torys, sir W.— W.— fut arrêté, on avait trouvé dans la poche de sa robe de chambre une lettre de sir Everard; mais il n'y avait pas là d'acte positif de rébellion, et le gouvernement, content d'étouffer l'insurrection de 1715, avait cru qu'il n'était ni prudent ni sûr d'étendre sa vengeance sur d'autres que ceux qui avaient pris les armes. Sir Everard ne manifestait pas des craintes personnelles qui parussent justifier les bruits qui circulaient sur son compte parmi les whigs du voisinage. C'était une chose bien connue qu'il avait aidé de son argent les malheureux habitans de Northumberland et d'Écosse qui, faits prisonniers à Preston, avaient été renfermés dans les prisons de Newgate et Marshalsea; son solliciteur et son conseil ordinaire s'étaient chargés de la défense de ces infortunés pendant leur procès; aussi l'on était généralement persuadé que si les

---

(1) La première tentative de révolution en faveur du Prétendant. — Éd.

(2) L'excise ou accise était dans l'origine un impôt sur la consommation, qui n'avait d'abord lieu que sur la bière et le cidre, mais qui s'est beaucoup étendu depuis 1643, époque de son établissement. — Éd.

ministres avaient eu quelque preuve réelle de sa participation à la révolte, il n'aurait pas osé braver le gouvernement de fait, ou du moins qu'il ne l'aurait pas fait impunément. Mais les sentimens qui dans ce temps de troubles avaient dirigé sa conduite étaient ceux d'un jeune homme; et depuis lors, le *jacobitisme* de sir Everard avait été en diminuant, comme un feu qui s'éteint faute d'aliment. Il trouvait, il est vrai, aux élections et aux sessions de chaque trimestre de quoi entretenir et manifester ses principes comme tory et anglican de la Haute-Église. Mais ses opinions sur le droit d'hérédité étaient peu à peu tombées en une sorte de déshérence. Cependant il lui en coûtait de voir son neveu servir sous la dynastie des Brunswick; d'autant plus qu'indépendamment de l'importance qu'il attachait à l'autorité paternelle, il eût été impossible, ou du moins très imprudent de s'en mêler pour l'empêcher. Cette contrariété dont il fut forcé de contenir l'expression lui fit pousser plusieurs *pouahs!* et plusieurs *pshaws*[1]*!* qui furent mis sur le compte d'une attaque de goutte commençante; jusqu'à ce que s'étant fait apporter l'*Annuaire militaire*, le baronnet se consola en y trouvant les noms des descendans des maisons d'une loyauté éprouvée, tels que les Mordaunt, les Granville et les Stanley; il évoqua toute son ambition de famille et de gloire militaire pour conclure avec un argument analogue à celui de Falstaff[2], que lorsque la guerre va s'allumer, n'y aurait-il qu'un seul parti que l'honneur ordonnât de suivre, il serait encore plus honteux de rester oisif que d'embrasser le plus mauvais parti, quelque noir que la rébellion puisse le rendre. Quant à miss Rachel, les choses n'avaient pas exactement tourné comme elle l'espérait; mais elle sut se résigner et se conformer aux circonstances. Elle eut la ressource de faire diversion à ses regrets en s'occupant de l'équipage de campagne de son neveu; et se consola aussi par l'espoir de le voir briller en grand uniforme.

(1) Interjections anglaises de mauvaise humeur. — Éd.
(2) Dans l'*Henry IV* de Shakspeare. — Éd.

Édouard lui-même éprouva la plus vive émotion et la plus grande surprise en lisant la lettre de son père. Ce fut chez lui, pour me servir des expressions d'un de nos anciens poëmes, comme un feu mis à une bruyère qui couvre un coteau de fumée et l'éclaire en même temps d'une sombre flamme. Son précepteur, ou pour mieux dire M. Pembroke, car il prenait rarement le titre de précepteur, trouva dans la chambre d'Édouard un fragment poétique qu'il paraissait avoir composé dans les premiers momens de son trouble et de son agitation. M. Pembroke était grand amateur de toute pièce de vers composés par ses amis, et copiés en lignes régulières qui commencent par une majuscule et ne vont pas jusqu'au bout de la marge. Il communiqua ce précieux trésor à la tante Rachel; elle les lut avec ses lunettes humides de larmes, les plaça dans son *common-place book*[1], parmi des recettes de cuisine et de médecine, de textes tirés de l'Écriture sainte, et des chansons d'amour ou jacobites qu'elle avait chantées dans sa jeunesse. Ce fragment en fut tiré lorsque ce volume manuscrit, ainsi que plusieurs autres titres authentiques de la famille Waverley, furent confiés à l'éditeur indigne de cette mémorable histoire. Si ces vers n'offrent point un grand intérêt au lecteur, ils serviront du moins, mieux qu'aucun récit, à lui faire connaître le trouble et l'agitation qui régnaient dans l'esprit de notre héros.

Les rayons du soleil couchant
Doraient encor le paysage;
Le lac limpide et transparent
De ses bords répétait l'image,
Les dernières clartés du jour,
L'or et la pourpre des nuages,
Le rocher et la vieille tour,
L'arbre touffu, les fleurs sauvages.
Le doux éclat de ce tableau
Semblait tenir de la magie;
C'était comme un monde nouveau
Dans le sein de l'onde assoupie:

(1) Mot à mot *livre de lieux communs*; espèce d'album des dames anglaises de l'ancien régime. — Éd.

Mais soudain d'aigres sifflemens
Du lac réveillent le Génie :
Le chêne altier gémit et plie
Sous les coups répétés des vents.
Tel qu'un guerrier qui, des batailles
Entendant soudain le signal,
Court à d'illustres funérailles
Dans son appareil martial,
Le Génie aux cris de l'orage
Répond par des cris effrayans.
De son manteau les plis flottans
Couvrent à demi son visage ;
L'éclair étincelle en ses yeux ;
De sa couche il se précipite :
Sur son front un flot écumeux
Tel qu'un fier panache s'agite....
Adieu le charme de ces lieux ;
Adieu, songes délicieux !
Près la vieille tour je m'arrête....
Pour mon cœur, dans cette tempête,
Il est un étrange plaisir
Que je ne saurais définir :
Comme aux approches d'une fête,
Je le sens palpiter, frémir.
Ainsi la Vérité sévère,
Brisant la glace mensongère
Que nous présentait le bonheur
Sous la forme d'une bergère,
De notre jeunesse légère,
Vient troubler le rêve enchanteur.
Adieu le doux désir de plaire ;
Adieu l'amour !... Au champ d'honneur
M'appelle la troupe guerrière.

En simple prose, car peut-être ces vers ne le disent pas aussi clairement, l'image de miss Cecilia Stubbs s'effaça du cœur du capitaine Waverley, au milieu du trouble que ses nouvelles destinées y excitèrent ; il est vrai que le dimanche où il assista pour la dernière fois au service divin dans la vieille église de sa paroisse, miss Cecilia Stubbs se montra dans toute sa splendeur au banc de son père. Et dans cette occasion Édouard, à l'invitation de son oncle et de sa tante,

(et sans se faire beaucoup prier, à dire vrai,) se présenta en grand uniforme.

Il n'y a pas de moyen plus sûr pour ne pas avoir une trop haute opinion des autres, que d'en avoir une encore plus haute de nous-mêmes. Miss Cecilia avait employé tous les secours que l'art peut offrir à la beauté ; mais hélas ! les jupes à baleine, les mouches, les cheveux frisés et une robe neuve de vraie soie française, furent choses perdues pour un officier de dragons qui portait pour la première fois son chapeau galonné, ses bottes et son épée. Je ne sais si, semblable au champion d'une ancienne ballade,

> Il ne brûlait que pour l'honneur.
> Vainement les yeux d'une belle
> Auraient voulu toucher son cœur :
> Il était de glace pour elle.

Ou peut-être les brandebourgs brillans d'or brodé qui couvraient sa poitrine défiaient les traits brûlans que lui décochaient les yeux de miss Cecilia ; aucun de ces traits ne put l'atteindre.

> Mais je vis où tomba le trait de Cupidon :
> Certes, ce ne fut pas sur une fleur champêtre,
> Mais sur Jonas, la fleur des galans du canton,
> Fils de Culbertfield, intendant de son maître (1).

Demandant pardon de mes vers héroïques, car il est des cas où je ne puis résister à ma verve, j'ai le regret d'annoncer qu'il nous faut dire adieu à la belle Cecilia qui, comme mainte autre fille d'Ève, après le départ d'Édouard et la perte de certaines illusions flatteuses dont elle s'était bercée,

---

(1) Pour comprendre ces vers, il est bon de savoir qu'ils sont la parodie de ceux où Oberon, interprète d'une des flatteries les plus adroites de Shakspeare, raconte que la flèche de l'amour ne put atteindre le cœur chaste de la reine Élisabeth, et alla tomber sur une modeste fleur des champs, espèce de violette (*viola grandiflora*) appelée en anglais *love-in-idleness* (l'amour-en-loisir, ou l'amour-en-oisiveté). Cette fleur, blanche jadis, est tachetée de rouge depuis cette époque.

Yet did I mark where Cupid's shaft did light, etc.

Voyez le *Songe d'une nuit d'été*, acte II. — Éd.

se contenta tranquillement d'un *pis-aller*. Au bout de six mois elle donna sa main au susdit Jonas, fils de l'intendant du baronnet, héritier de la fortune d'un intendant (avenir séduisant!), et qui avait de plus l'agréable perspective de succéder à son père dans son emploi. Tous ces avantages ébranlèrent M. Stubbs, et sa fille trouva un motif puissant d'accepter l'offre qu'on lui faisait dans les formes mâles et l'air de santé du prétendant. On fut donc moins scrupuleux sur l'article de la naissance, et le mariage fut conclu. Personne n'en ressentit un plaisir plus vif que la tante Rachel, qui jusqu'alors, malgré son bon naturel, avait toujours regardé de travers cette présomptueuse. Mais lorsqu'elle vit les deux fiancés à l'église, elle daigna honorer la jeune épouse d'un sourire et d'une révérence profonde, en présence du recteur, du desservant, du sacristain et de tous les dignitaires des paroisses réunies de Waverley et de Beverley [1].

Je demande pardon, une fois pour toutes, à ceux de mes lecteurs qui ne lisent des romans que pour s'amuser, si je les fatigue si souvent de cette vieille politique de *wighs* et de *torys*, de *jacobites* et d'*hanovriens* [2]; mais la vérité est que je ne puis leur promettre que cette histoire serait intelligible sans cela. Mon plan veut que j'explique tous les motifs d'après lesquels marche l'action. Or ces motifs prenaient nécessairement leur source dans les sentimens, les préjugés et les opinions des divers partis. Je n'invite pas mes belles lectrices à qui leur sexe et leur impatience donne tous les droits de se plaindre des détails, je ne les invite pas à prendre place dans un char traîné par des hippogriffes, ou volant dans les airs par enchantement; ma voiture est l'humble chaise de poste anglaise, à quatre roues, et ne s'écartant pas de la grande route royale. Ceux à qui déplaira cette société pourront la quitter dès la première halte, et y attendre le tapis merveil-

(1) La paroisse de Beverley dépendant du rectorat de Waverley est desservie par un *curate*. On comprend la différence qu'il y a entre le *rector* et le *curate* (desservant par procuration). — Éd.

(2) *Jacobites*, partisan de Jacques (Jacobus). *Hanovriens*, partisans de l'électeur de Hanovre. — Éd.

leux du prince Hussein, ou la guérite volante de Malek le tisserand[1]. Ceux qui se contenteront de venir avec moi seront parfois exposés à l'ennui inséparable d'une longue route, où l'on éprouve tous les inconvéniens des côtes à gravir, des fondrières à traverser, et autres retards de ce bas monde. Mais graces à des chevaux passables et à un conducteur honnête, (style des avis au public), je m'engage aussi à arriver dans un pays plus pittoresque et plus romantique, si mes voyageurs veulent bien patienter pendant mes premiers relais.

CHAPITRE VI.

Les adieux de Waverley.

Le soir de ce dimanche mémorable sir Everard entra dans la bibliothèque. Il faillit y surprendre notre jeune héros s'exerçant à l'escrime avec la vieille épée de sir Hildebrand, qui, conservée comme un précieux héritage, restait habituellement suspendue au-dessus de la cheminée sous le portrait équestre du chevalier; son visage était presque entièrement caché par son immense perruque, et le Bucéphale l'était par l'ample manteau de chevalier du Bain dont sir Hildebrand était décoré. Sir Everard entra ; et après avoir jeté un coup d'œil sur le portrait et un autre sur son neveu, il commença un petit discours que bientôt cependant il continua avec la simplicité naturelle de sa conversation ordinaire, mais ému par des sentimens inaccoutumés : — Neveu, dit-il, neveu!....
Il se reprit aussitôt pour dire : Mon cher Édouard, vous nous quittez pour adopter la profession militaire où plusieurs de vos ancêtres se sont distingués; c'est la volonté de Dieu et celle de votre père à qui c'est votre devoir d'obéir après Dieu.

(1) *Mille et une nuits.* Éd.

J'ai fait toutes les dispositions nécessaires pour que vous puissiez entrer en campagne comme il convient au descendant et à l'héritier probable des Waverley. J'ose espérer, monsieur, qu'au champ d'honneur vous vous rappellerez quel nom vous portez.... Édouard!.... mon cher enfant! rappelez-vous que vous êtes le dernier de cette race; que c'est sur vous seul que repose l'espérance de la voir se perpétuer. Évitez donc les dangers autant que l'honneur et vos devoirs vous le permettront; je veux dire tout danger non nécessaire. Fuyez la société des libertins, des joueurs et des wighs, dont il est à craindre que vous ne trouviez qu'un trop grand nombre au service. Votre colonel, m'a-t-on dit, est un excellent homme pour un presbytérien. Mais vous n'oublierez jamais vos devoirs envers Dieu, — envers l'église d'Angleterre... —Ici il allait ajouter, selon la rubrique, ces mots *et le roi*, — mais comme par malheur il en reconnaissait deux, l'un de *fait*, l'autre de *droit*, le chevalier termina autrement sa phrase :— l'église d'Angleterre et *toutes les autorités constituées*.

Sans se jeter dans un plus long discours, il conduisit Édouard dans les écuries pour lui montrer les chevaux qu'il lui avait destinés pour son entrée au service. Deux étaient noirs, d'après l'uniforme du régiment; c'étaient de superbes chevaux d'escadron; trois autres également vifs et forts étaient pour la route ou pour les domestiques. Deux laquais du château devaient l'accompagner; et s'il avait besoin d'un valet de plus, il pourrait le choisir en Écosse.

—Vous vous mettrez en route, dit le baronnet, avec une suite bien modeste, comparée à celle de sir Hildebrand lorsqu'il passa en revue devant les portes du château... un corps de cavalerie plus nombreux que votre régiment entier! J'aurais bien désiré que les vingt jeunes gens de mes domaines qui se sont enrôlés dans votre compagnie eussent fait route avec vous jusqu'en Écosse, c'eût été quelque chose au moins, — mais on m'a dit que ce serait manquer à l'ordre établi de nos jours, où l'on cherche par tous les moyens possibles à briser les liens de dépendance qui attachent le vassal au seigneur,

Sir Everard n'avait rien négligé pour obvier à la coutume contre nature du temps. Il avait en quelque sorte doré la chaîne qui devait unir les recrues et leur jeune capitaine, non-seulement par un copieux repas d'adieu, où le bœuf et l'ale ne furent pas ménagés, mais encore par un don pécuniaire plus propre à entretenir le goût de la bonne chère pendant la route que la discipline. Après avoir inspecté les chevaux, sir Everard reconduisit son neveu dans la bibliothèque, où il lui remit une lettre pliée avec soin ; elle était entourée, suivant l'usage ancien, avec un ruban de soie, et scellée par le cachet portant l'écusson de la famille de Waverley. Cette épître était adressée avec toute l'étiquette du temps : — *A Cosme-Comyne Bradwardine, esq. de Bradwardine, en sa principale demeure de Tully-Veolan, dans le Perthshire, North-Britain*[1]. *Cette lettre lui sera remise par Édouard Waverley, neveu de sir Everard Waverley-Honour, bart.*[2]

Le gentilhomme à qui cette énorme épître était adressée, et dont nous aurons occasion de reparler dans la suite, avait pris les armes en 1715 pour les Stuarts exilés, et fut fait prisonnier à Preston, dans le Lancashire. Il était issu d'une famille très ancienne, mais d'une fortune un peu embarrassée ; c'était un lettré à la manière des Écossais, c'est-à-dire qu'il avait beaucoup appris, mais sans méthode : c'était plutôt un *liseur* qu'un critique ou un grammairien. — Il avait donné, disait-on, un exemple rare de son amour pour les auteurs classiques. Sur la route de Preston à Londres, il était parvenu à s'échapper de ses gardes, mais le lendemain on le retrouva errant d'un air de nonchalance non loin de l'endroit où il avait couché la veille ; il fut reconnu et arrêté de nouveau. Comme ses camarades et même les gens de son escorte lui témoignaient leur étonnement de ce qu'il n'avait pas profité de l'occasion pour se mettre au plus vite en lieu de sûreté, il leur répondit naïvement, — que c'était bien son projet, mais que de bonne foi il était venu chercher son *Tite-Live* qu'il avait oublié dans le trouble de son évasion. — Ce trait de simplicité

(1) Écosse. — Éd. — (2) *Bart.*, abréviation de *baronnet*; *esq.*, abrév. d'*esquire*. — Éd.

frappa le gentilhomme qui, comme nous l'avons dit, était payé par sir Everard et peut-être par plusieurs autres pour se charger de la défense des malheureux prisonniers. Il était lui-même grand admirateur de l'historien de Padoue, quoique probablement son admiration n'aurait pas été si loin, eût-il été question de découvrir le Tite-Live de Sweynheim et de Paunartz (qui passe pour être l'*editio princeps*); mais il n'en estima pas moins l'enthousiasme de l'Écossais, et s'évertua si bien pour écarter ou atténuer les preuves de sa culpabilité, pour découvrir des vices de forme dans la procédure, et *cætera*, qu'il réussit à sauver Cosme-Comyne Bradwardine de certaines conséquences très désagréables d'une action portée devant notre souverain seigneur le roi, aux cours de Westminster.

Le baron de Bradwardine, comme on l'appelait généralement en Écosse (ses amis lui donnaient ordinairement le nom de Tully-Veolan, et plus souvent celui de Tully), ne fut pas plus tôt *rectus in curiâ*[1], qu'il se rendit en poste au château de Waverley-Honour, pour présenter ses respects et ses remerciemens à sir Everard. Une même passion pour la chasse et les autres amusemens de la campagne, et une conformité générale d'opinions politiques, cimentèrent leur amitié, malgré la différence de leurs habitudes et de leurs études sous d'autres rapports. Après un séjour de plusieurs semaines, Bradwardine prit congé de sir Everard, n'épargnant pas les expressions de son estime et de son affection, et pressant avec instance le baronnet de lui rendre sa visite, pour chasser avec lui la grouse[2] dans ses bruyères du Perthshire. Peu de temps après M. Bradwardine envoya d'Écosse une somme en remboursement des frais de son procès devant la haute-cour du roi, à Westminster. Quoique cette somme, réduite en valeur d'Angleterre, ne parût plus aussi forte qu'elle l'était en sa forme

---

[1] C'est-à-dire *hors de cour*, justifié au tribunal. — Éd.

[2] Espèce de gélinotte ou coq de bruyère particulier à l'Écosse et aux comtés du nord de l'Angleterre. — Éd.

primitive de pounds, shillings et pences d'Écosse[1], elle fit une impression si terrible sur Duncan Macwheeble, le facteur confidentiel du laird[2], son baron-bailli[3] et son homme de ressource, qu'il en eut un accès de colique qui dura cinq jours, et occasionné, dit-il, uniquement par la douleur d'être le malheureux instrument destiné à faire sortir tant d'argent d'Écosse pour être versé dans les mains de ces perfides Anglais. Si le patriotisme est le plus beau des sentimens, il est souvent un masque très suspect; plusieurs personnes qui croyaient bien connaître le bailli Macwheeble étaient persuadées que ses regrets n'étaient pas tout-à-fait désintéressés, et qu'il aurait moins regretté l'argent payé aux coquins de Westminster, s'il n'était pas provenu du domaine de Bradwardine, dont il était accoutumé à regarder le revenu comme sa propriété plus particulière; mais le bailli protestait de son désintéressement absolu:

Je gémis pour l'Écosse et non pas pour moi-même.

Quant au laird, il se réjouissait d'avoir remboursé les sommes que son digne ami sir Everard Waverley de Waverley-Honour avait passées au compte de la maison de Bradwardine; il y allait de l'honneur de sa maison et de la gloire nationale, s'il avait mis le moindre retard à payer cette dette. Sir Everard, habitué à ne traiter qu'avec indifférence des sommes bien plus considérables, reçut 294 liv. 13 s. 6 d.[4], sans se douter que l'honneur des deux nations était entré pour beaucoup dans la prompte rentrée de cette avance; et même l'aurait-il entièrement oubliée si le bailli Machweeble avait pensé à soulager sa colique en interceptant ce subside. Depuis lors, il s'établit entre Waverley-Honour et Tully-Veolan l'échange annuel d'une courte lettre, d'un panier et d'un baril ou deux

(1) La livre d'Écosse n'est que la vingtième partie de la livre sterling ou d'Angleterre : un pound d'Écosse ne vaut donc qu'un shelling.

(2) Laird. Ce mot est évidemment le même que celui de lord. Mais il est devenu spécial pour désigner un propriétaire seigneurial d'Écosse. — Éd.

(3) Le baron-bailli est l'agent d'un propriétaire baron, un véritable vice-baron par ses fonctions dans le bourg-baronnie. — Éd.

(4) 294 livres 13 shellings et 6 deniers *sterling*. — Éd.

des productions des deux pays. L'exportation anglaise consistait en énormes fromages, en bière excellente, en faisans et venaison. L'Écosse en retour expédiait des grouses, des lièvres blancs, du saumon salé et de l'usquebaugh[1]. Tous ces dons étaient envoyés et reçus réciproquement comme des gages d'une amitié constante entre ces deux nobles maisons : il était donc naturel et convenable que l'héritier présomptif de celle de Waverley ne partît pas pour visiter l'Écosse sans lettres de créance pour le baron de Bradwardine.

Cette affaire une fois réglée et terminée, M. Pembroke manifesta le désir d'avoir une entrevue particulière d'adieu avec son cher élève. Le brave homme mêla ses préjugés politiques aux exhortations qu'il adressa à Édouard pour lui recommander une conduite pure, une morale sévère, la constance à ses principes de religion, et le soin d'éviter la compagnie profane des railleurs impies et des latitudinaires[2], qui n'étaient que trop nombreux à l'armée. — Le ciel a voulu, dit-il, en punition sans doute des péchés de leurs ancêtres en 1642[3], que les Écossais restassent dans un état plus déplorable de ténèbres que même ce malheureux royaume d'Angleterre. Ici du moins, ajouta-t-il, quoique le candelabre de l'église anglicane ait été en quelque sorte ôté de sa place, il fournit encore une lumière vacillante ; il existe encore une hiérarchie, quoique très ambiguë, et s'écartant des principes maintenus par ces illustres pères de l'Église Sancroft[4] et ses frères ; il existe une liturgie, quoique cruellement pervertie dans quelques-unes des principales prières ; mais en Écosse tout est ténèbres, excepté quelques tristes restes épars et persécutés des fidèles ; les chaires sont toutes abandonnées aux

(1) L'usquebaugh ou whisky est une eau-de-vie d'orge fermentée. — Éd.

(2) Sectaires protestans auxquels on attribuait des principes peu sévères, et qui croyaient qu'on pouvait se sauver dans toutes les sectes. — Éd.

(3) Les Écossais sont accusés d'avoir trahi et vendu Charles Ier. — Éd.

(4) Sancroft, archevêque de Cantorbéry en 1677. En 1678 ce prélat et six de ses suffragans furent envoyés à la Tour pour avoir présenté au roi une pétition contre la prétendue déclaration de conscience de Jacques II, dernier acte de la politique jésuitique qui acheva la ruine de ce prince. Mais après la révolution de 1688 Sancroft refusa d'adhérer à l'usurpation du prince d'Orange. — Éd.

presbytériens, et je le crains même, aux sectaires de toutes sortes. C'est donc mon devoir de munir mon cher élève des moyens de résister à tant de doctrines impies et pernicieuses en fait de gouvernement et de culte, qu'il sera forcé malgré lui d'écouter de temps à autre.

Ici M. Pembroke lui présenta deux énormes paquets qui semblaient contenir chacun une rame entière de papier manuscrit. C'était le travail de toute la vie du digne homme, et jamais temps et peine ne furent perdus d'une manière plus inutile et plus désagréable. Il avait fait une fois le voyage de Londres dans l'intention de publier ce manuscrit par l'intermédiaire d'un libraire de la Petite-Bretagne[1], très connu pour vendre ces sortes d'ouvrages ; on lui avait appris à l'aborder avec une phrase particulière et un certain signe qui, à ce qu'il paraît, étaient alors compris des jacobites initiés. A peine M. Pembroke eut-il prononcé *Shibboleth*[2] avec le geste convenu et présenté sa lettre, que le bibliopole le gratifia, malgré ses réclamations modestes, du titre de docteur, s'empressa de le conduire dans son arrière-boutique ; et après avoir inspecté tous les coins où il était possible et ceux où il était impossible de se cacher, il commença ainsi : — Eh! docteur ! — Eh bien ? — Tout est ici sous la rose. — Bien caché[3]. — Je ne laisse pas ici un seul trou dans lequel pourrait se fourrer même un rat hanovrien. — Et de grace.... — Eh bien ! quelles bonnes nouvelles de nos amis de l'autre côté de

(1) On appelle *Little-Britain* un des plus anciens quartiers de Londres dans les environs de Saint-Paul ; c'est sur les limites de la *Petite-Bretagne* que sont les rues de *Pater noster row* et l'*Ave Maria*, où de temps immémorial ont résidé les libraires de Londres dont plusieurs aujourd'hui ont émigré, il est vrai, dans de plus beaux quartiers.

(2) Mot hébreu signifiant *épi de blé* et aussi *torrent*. Pour reconnaître les hommes d'Éphraïm, ceux de Gilead leur faisaient dire ce mot, et s'ils prononçaient le *sh* comme *s* ils étaient égorgés. Dans un sens figuré *Shibboleth* signifie donc un *mot d'ordre*. — Éd.

(3) Chez les anciens la *rose* était consacrée à Harpocrate, le dieu du silence ; on l'employait donc souvent dans les sculptures et les plafonds des chambres où l'on recevait les hôtes, pour signifier que tout ce qui se disait dans ces lieux était tenu secret. *Être sous la rose* veut donc dire être dans un lieu retiré où l'on peut parler à cœur ouvert. — Éd.

l'Océan? Comment se porte le digne roi de France? — Ou peut-être venez-vous de Rome? car c'est Rome qui doit un jour terminer tout enfin. — Il faut que l'Église rallume sa chandelle ou la vieille lampe. — Eh bien? — Quoi! encore sur la réserve? Je ne vous en aime que mieux. Mais pas de crainte. —

Ici M. Pembroke interrompit, non sans quelque difficulté, un torrent de questions accompagnées de signes de tête, de gestes et de coups d'œil significatifs. Ayant enfin convaincu le libraire qu'il lui faisait trop d'honneur en le prenant pour un émissaire du prétendant, il lui expliqua sa véritable affaire.

L'homme des livres, avec un air plus calme, procéda à l'examen des manuscrits. Le premier avait pour titre : — *Dissidence des Dissidens, ou la Compréhension réfutée, démontrant l'impossibilité d'aucune composition entre l'Église et les puritains, presbytériens ou sectaires quelconques; avec les preuves tirées des Écritures, des saints pères et des meilleurs théologiens controversistes.* — Après avoir lu ce titre, le libraire dit : — Bonnes intentions, — traité savant sans doute; — mais le temps est passé. — Imprimé en *philosophie* [1], il ferait au moins huit cents pages et ne rendrait jamais les frais. Veuillez donc m'excuser..... J'aime et je respecte la véritable Église du fond de mon ame, et si c'était un sermon sur le martyre, — un petit pamphlet à 12 pences, je hasarderais quelque chose pour l'honneur de votre robe. Mais voyons l'autre..... *Le droit d'hérédité justifié.* Ah! il y a quelque sens à celui-ci. Hum, hum, — hum! — Tant de pages; — papier, tant; — impression, tant. — Ah! — Je veux vous dire, docteur; vous devriez élaguer un peu les citations grecques et latines; car c'est lourd, docteur, c'est diablement lourd! — Je vous demande bien pardon, docteur, — il faudrait aussi y mettre un peu plus de chaleur, quelques grains de poivre, comme nous disons. — Je n'ai jamais aimé à critiquer mes auteurs. — J'ai imprimé Drake et Charlwood-Lawton, et le pauvre Amherst, ah! Caleb : pauvre Caleb! c'était une honte de laisser mou-

(1) Nom d'un caractère d'imprimerie.

rir de faim le pauvre Caleb ! Et nous avons parmi nous tant de gras recteurs et de squires riches ! Je lui donnais régulièrement à dîner une fois par semaine ; mais qu'est-ce qu'un dîner par semaine, quand un homme ne sait pas où aller pendant les six autres jours ? — Eh bien! docteur, je montrerai votre manuscrit au petit solliciteur Tom-Alibi ; il est chargé de toutes mes affaires. — Il ne faut pas aller contre le vent. La canaille fut dernièrement très peu polie dans la cour du vieux palais. — Ce sont tous des Whigs et des Têtes-Rondes, des Guillaumistes et des rats d'Hanovre [1].

Le lendemain M. Pembroke retourna chez le libraire-éditeur, qui lui dit franchement que Tom-Alibi lui avait conseillé de ne pas faire cette entreprise. Soyez bien assuré, lui dit-il, que je me laisserais volontiers condamner à — Qu'allais-je dire ? — à aller planter du tabac en Virginie! Mais, mon cher docteur, j'ai une femme et des enfans à nourrir. — Tenez, je recommanderai votre affaire à Trimmel, mon voisin ; il est célibataire et va se retirer du commerce ; de sorte qu'un voyage dans un navire des colonies occidentales ne sera pas un grand mouvement pour lui. Mais M. Trimmel fut aussi intraitable ; et peut-être ce fut un bonheur pour M. Pembroke d'être obligé de retourner à Waverley-Honour en remportant sain et sauf, dans ses sacoches, sa défense des principes fondamentaux de l'Église et de l'État.

Comme selon toute apparence le public était menacé d'être privé du bienfait de ses élucubrations par la lâcheté égoïste des libraires, M. Pembroke se mit à transcrire ces formidables manuscrits pour l'usage de son élève. Il sentait qu'il avait été indolent comme précepteur, et de plus sa conscience lui reprochait la faiblesse qu'il avait eue en cédant à la recommandation faite par M. Richard Waverley de ne pas inculquer à son fils des principes opposés à ceux du gouvernement actuel. — Maintenant qu'il n'est plus sous ma tutelle, se dit-il, je puis, sans manquer à ma parole, lui fournir les moyens de se conduire lui-même d'après des règles sûres. Si j'ai quelque re-

---

(1) Expression dont le squire Western se sert souvent dans *Tom Jones*. — Éd.

proche à craindre ou à me faire, c'est d'avoir caché si longtemps sous le boisseau la lumière que cette lecture va faire jaillir à ses yeux. Pendant qu'il se livrait tout entier à ces rêveries d'auteur et de politique, son cher néophyte ne trouvant rien de bien attrayant dans les titres des deux traités, — effrayé d'ailleurs de la masse compacte et des lignes serrées de ces manuscrits, les déposa tranquillement dans un coin de sa malle.

La tante Rachel fit ses adieux en peu de mots, mais très affectueusement. Elle se contenta d'inviter son jeune Édouard à se tenir en garde contre les charmes séducteurs des belles de l'Écosse. — Je sais, lui dit-elle, que dans le nord il se trouve quelques anciennes familles; mais hélas! elles sont presque toutes whigs et presbytériennes, si l'on en excepte les Highlanders. Je suis même obligée de vous dire que je n'ai pas une très haute idée de la délicatesse des dames de ces contrées; car on m'a assuré qu'elles souffrent que les hommes portent un costume très singulier, pour ne rien dire de plus, et nullement convenable. Elle termina ses adieux au jeune officier en lui donnant sa bénédiction avec une touchante bienveillance, et lui remit en même temps une bague enrichie de diamans et une bourse remplie de ces larges pièces d'or qu'on voyait plus communément à cette époque que de nos jours.

CHAPITRE VII.

Garnison de cavalerie en Écosse.

Le lendemain dès le grand matin, Édouard, agité de mille sentimens opposés, mais parmi lesquels dominait une inquiétude presque sérieuse en se voyant entièrement abandonné à lui-même, partit du château au milieu des bénédictions et des larmes de tous les vieux domestiques et des habitans du village ; on lui remit aussi quelques pétitions adroites pour obtenir des grades de brigadiers, de maréchaux-des-logis, etc. Les pétitionnaires déclaraient qu'ils n'auraient jamais consenti à laisser partir et Jacob et Giles et Jonathan, si ce n'eût été pour accompagner Son Honneur [1], comme c'était leur devoir. Edouard, comme *c'était aussi son devoir*, se débarrassa des pétitionnaires avec des promesses ; mais il en fit moins cependant qu'on aurait pu en attendre d'un jeune homme qui connaissait si peu le monde. Après avoir fait une courte visite à Londres, il continua sa route à cheval (manière de voyager alors générale) jusqu'à Édimbourg, et de là à D***, port de mer sur la côte orientale du comté d'Angus [2], où son régiment était alors dans ses quartiers.

Il entrait dans un autre monde, où tout lui parut d'abord charmant, parce que tout était nouveau. Le colonel G***, qui commandait le régiment, était lui-même une étude pour un jeune homme non moins curieux que romanesque ; il était grand, bien fait et très actif, quoique déjà d'un âge avancé ; il avait été dans sa jeunesse ce qu'on appelle par manière de palliatif un jeune homme fort dissipé. En religion, il avait vécu dans le doute, sinon dans l'incrédulité, avant d'être devenu un esprit sévère et même enthousiaste ; il circulait plusieurs contes étranges sur sa conversion subite et sur le changement extraordinaire qui s'était opéré en lui. On se disait à l'oreille qu'il avait eu une révélation surnaturelle, quoique visible aux sens extérieurs ; mais s'il passait généralement pour exalté, personne n'osait le taxer d'hypocrisie. Cette circonstance mystérieuse fit une profonde impression sur l'esprit du jeune officier, et le pénétra d'un sentiment particulier d'intérêt pour le colonel G***. On s'imagine aisément que sous un tel chef les officiers du régiment doivent former une société

---

(1) On dit *Votre Honneur*, *Son Honneur*, en Angleterre, dans le même sens qu'en espagnol on dit *Votre Grace*, *Vuestra Merced*. — Éd.

(2) Dundee est la ville désignée par cette initiale. — Éd.

plus calme et plus régulière que ne l'est ordinairement un corps d'officiers, et que Waverley se trouva préservé de beaucoup de tentations qu'il aurait rencontrées dans tout autre régiment.

Il s'occupa des soins de s'instruire des devoirs de son grade; il connaissait depuis long-temps l'art de l'équitation ; il s'appliqua à celui du manége qui, dans sa perfection, semble réaliser la fable du centaure, puisque les évolutions du cheval paraissent plutôt l'effet de la volonté de son guide que l'effet d'un mouvement ou d'une impulsion extérieure. Il se fit instruire dans tous les détails des obligations qu'il avait à remplir; mais lorsque sa première ardeur fut passée, ses progrès furent moins rapides qu'il ne l'avait espéré. Les devoirs d'un officier paraissent d'une importance extraordinaire à ceux qui ne les connaissent pas, à cause de l'appareil extérieur qui les accompagne; mais dans le fait, ce n'est qu'une routine sèche et aride, une espèce de calcul qui ne demande que de l'attention, une tête froide et le simple bon sens.—Notre héros fut sujet à des distractions qui firent rire ses camarades à ses dépens, et lui attirèrent des réprimandes de la part de ses chefs. Il éprouva la conscience pénible de son infériorité dans celles des qualités de sa nouvelle profession qui semblaient surtout mériter et obtenir les éloges : il se demandait en vain pourquoi son œil ne jugeait pas aussi bien les distances que ceux des autres officiers; pourquoi il ne réussissait pas aussi bien qu'eux à calculer tous les mouvemens des diverses évolutions dans un espace donné; pourquoi sa mémoire naturellement si fidèle ne pouvait retenir les mots techniques ni les détails de l'ordre et de la discipline. — Edouard était modeste : il n'avait donc point la sotte présomption de croire que ces détails minutieux fussent indignes de lui, et qu'il était né général, parce qu'il ne faisait qu'un médiocre subalterne. La vérité est que son habitude d'étudier sans ordre et sans plan avait augmenté sa distraction naturelle, et l'avait rendu incapable d'une application sérieuse et soutenue.

Cependant le temps s'écoulait rapidement, mais sans profit

et sans plaisir pour lui. Les officiers étaient mal vus par les gentilshommes du voisinage qui, étant mal disposés pour le gouvernement, montraient peu d'hospitalité aux militaires; et les bourgeois de la ville, uniquement occupés de leurs intérêts mercantiles, menaient un genre de vie qui n'engageait pas beaucoup Waverley à se lier avec eux. L'approche de la belle saison et le désir de mieux connaître l'Écosse le portèrent à demander un congé pour s'absenter pendant quelques semaines. Il se décida à commencer ses excursions par une visite à l'ancien ami de son oncle, se proposant de régler son séjour dans cette famille d'après les circonstances. Il partit à cheval, accompagné d'un seul domestique; il passa la nuit dans une mauvaise auberge dont l'hôtesse ne portait ni bas ni souliers; et l'hôte, qui prenait le titre de gentilhomme, était loin de regarder notre officier de bon œil parce que celui-ci ne l'avait pas prié de lui faire le plaisir de partager son souper. Le lendemain Édouard traversa un pays tout-à-fait découvert, et s'approcha insensiblement de ces montagnes du Perthshire qui de loin ne lui paraissaient qu'une ligne d'azur au milieu de l'horizon, mais dont les masses gigantesques s'élèvent avec un air de menace et de défi au-dessus de la contrée plus égale qui s'étend à leurs pieds. Au bas de cette barrière majestueuse, mais encore dans les Lowlands, habitait Cosme-Comyne Bradwardine de Bradwardine; et si l'on doit ajouter foi à la vieillesse en cheveux blancs, c'est là que ses ancêtres avaient constamment fait leur résidence héréditaire depuis le règne du gracieux roi Duncan [1].

(1) Le roi Duncan (le prédécesseur de Macbeth) régnait en 1034. — Éd.

CHAPITRE VIII.

Manoir d'Écosse il y a soixante ans.

Ce fut vers l'heure de midi que le capitaine Waverley entra dans le village à maisons éparses, ou plutôt dans le hameau de Tully-Veolan, auquel était contiguë l'habitation du propriétaire du manoir de ce nom. Les maisons annonçaient une misère extrême, surtout pour des yeux accoutumés à la riante propreté des cottages de l'Angleterre. Elles étaient placées, sans égard pour la régularité, de chaque côté d'une rue non pavée, où les enfans, presque dans leur état de nudité primitive, se roulaient sur la terre au risque d'être écrasés par les premiers chevaux qui viendraient à passer. Parfois, il est vrai, lorsque cet événement semblait inévitable, quelque vieille grand'mère qui les surveillait, avec son bonnet étroit, sa quenouille et son fuseau, s'élançait comme une sybille en fureur d'une de ces misérables huttes, s'arrêtait au milieu du chemin, s'emparait de son marmot à tête blanche, le saluait d'un soufflet vigoureux et le transportait dans son réduit. Le petit varlet tirait des cris aigus et perçans du plus profond de ses poumons pour répondre aux reproches grondeurs de la matrone en colère. Une vingtaine de mâtins hargneux et vagabonds faisaient leur partie dans ce concert, ne cessant de japper et de hurler, et cherchant à mordre les jambes des chevaux. On était tellement habitué autrefois à ce désagrément en voyageant en Écosse, qu'un *touriste*[1] français, qui comme tant d'autres voyageurs voulait trouver une cause raisonnable de tout ce qu'il voyait, a consigné parmi les choses cu-

(1) *A Tour*, excursion, voyage. — Éd.

rieuses de la Calédonie, qu'on entretient dans chaque village un relai de mâtins appelés *collies* [1], et destinés à harceler les *chevaux de poste* qui sont tellement maigres que sans le secours de ce puissant *stimulus* on ne parviendrait jamais à les faire marcher. Les choses ne sont point changées ; le mal et le remède existent ; mais cet épisode est étranger à notre histoire ; je n'en ai parlé que pour les gens chargés de lever l'imposition mise sur les chiens, d'après le *dog-bill* [2] de M. Dent.

En avançant Waverley trouvait de loin en loin un vieillard courbé sous le poids de la fatigue et des ans, qui, les yeux éteints autant par l'effet de la fumée que par la vieillesse, s'avançait en chancelant vers la porte de sa hutte pour examiner le riche habillement du voyageur et la belle encolure de ses chevaux. Il se rendait ensuite avec ses voisins à la forge du maréchal [3] pour se faire part réciproquement de leurs conjectures sur le but du voyage de l'étranger. Trois ou quatre jeunes filles qui revenaient du puits ou du ruisseau, portant sur la tête leurs seaux ou leurs cruches, offraient un coup d'œil plus agréable : à les voir avec leurs simples jupons courts et légers, les bras, les jambes, les pieds nus, et leurs longs cheveux qui tombant en tresses formaient toute leur coiffure, on les eût prises pour un de ces groupes charmans que l'on rencontre si fréquemment en Italie. Peut-être un amateur de peinture eût hésité avant de décider quel costume méritait la préférence, soit pour la forme, soit pour l'élégance. Sans doute un Anglais à la recherche du *confortable*, mot particulier à sa langue, aurait désiré que leurs vêtemens fussent moins rares, leurs pieds et leurs jambes un peu mieux protégés contre l'intempérie de l'air, et leur tête et leur teint contre le soleil ; ou peut-être eût-il pensé encore que les personnes et les habillemens auraient beaucoup gagné par une application abondante d'eau de source et d'une quantité suffisante de savon. L'ensemble de ce tableau était triste, parce

---

(1) Chiens roquets, chiens de berger. — Éd.
(2) Bill sur les chiens. — Éd.
(3) Un des rendez-vous des oisifs et des politiques dans les villages. — Éd.

qu'il semblait annoncer la stagnation de l'industrie, et peut-être celle de l'intelligence. La curiosité elle-même, la passion la plus active des hommes oisifs, semblait être indifférente dans le village de Tully-Veolan ; les mâtins déjà mentionnés en donnaient seuls des preuves bruyantes : chez les villageois elle était en quelque sorte passive. Ils fixaient bien les yeux sur le jeune officier et sur son domestique, mais sans aucun des mouvemens animés ou des gestes d'empressement avec lesquels ceux qui vivent habituellement dans une paresse monotone courent après les distractions hors de chez eux. Cependant la physionomie du peuple examinée de près n'avait rien qui annonçât l'indifférence de la stupidité ; les traits des visages étaient durs, mais remarquables par une expression d'intelligence ; graves, mais l'opposé de stupides. Parmi les jeunes femmes, un artiste aurait pu aussi choisir plus d'un modèle qui par ses formes et son visage ressemblait à Minerve. Les enfans, dont la peau était noire et les cheveux blanchis par l'influence du soleil, avaient encore par momens un regard expressif et intéressant. Bref, on eût dit que la pauvreté, et l'indolence qui n'est que trop souvent sa compagne, unissaient leur influence pour dégrader le génie naturel et moral d'un peuple robuste, intelligent et réfléchi.

Waverley se livrait à toutes ces pensées en suivant au pas le chemin rempli de cailloux ; il n'était tiré de ses méditations que par les soubresauts que faisait son cheval lorsqu'il était assailli par ces cosaques de la race canine, les *collies* dont nous avons parlé. Le village avait plus d'un demi-mille de longueur, parce que les chaumières, placées irrégulièrement à droite et à gauche du chemin, étaient séparées par des jardins et par des cours (pour me servir du terme du pays), chacune de forme différente. A cette époque, car il y a soixante ans, la pomme de terre, aujourd'hui si commune, y était inconnue ; mais on y trouvait des choux gigantesques, appelés *kails* dans le pays, et entourés d'un rempart circulaire d'orties. Çà et là la ciguë ou le chardon national ombrageait un quart du petit enclos. Jamais le terrain sur lequel le village était bâti n'avait été nivelé ; de sorte que ces enclos présentaient des inégalités de toute espèce, s'élevant ici en terrasse, et là s'affaissant comme des fosses de tanneur. Entre les murailles en pierre sèche qui protégeaient, ou pour mieux dire qui avaient l'air de protéger ces jardins en amphithéâtre de Tully-Veolan (tant les brèches étaient nombreuses), un étroit passage conduisait au champ communal. Là, réunissant leurs travaux, les villageois cultivaient du seigle, de l'avoine, de l'orge et des pois, dans des sillons alternatifs d'une si petite étendue que la surface de cette plaine, d'ailleurs peu productive par cet excès de variété, ressemblait de loin au livre d'échantillons d'un tailleur. Dans quelques endroits plus favorisés on remarquait derrière les chaumières un misérable wigwam [1] construit avec de la terre, des cailloux et de la tourbe, où les riches du lieu pouvaient peut-être loger soit une vache mourant de faim, soit quelque cheval malade ; mais presque toutes les huttes étaient défendues sur le devant par un énorme tas noir de tourbe d'un côté de la porte, et de l'autre par le fumier qui rivalisait de hauteur.

A une portée de trait hors du village, on apercevait des clôtures pompeusement nommées le parc de Tully-Veolan ; elles consistaient en plusieurs champs carrés qu'entouraient et partageaient des murs en pierre de six pieds de haut. Dans le centre de la barrière extérieure était la première porte de l'avenue qui s'ouvrait sous un arceau crénelé par le haut, et orné de deux larges blocs ou piliers massifs, antiques et mutilés, qui, selon la tradition du hameau, représentaient autrefois ou étaient destinés à représenter deux ours rampans, supports des armes de la famille de Bradwardine. Cette avenue était droite dans sa moyenne longueur, et se continuait entre un double rang de vieux marronniers alternant avec des sycomores dont les rameaux touffus s'entre-croisaient de manière à former une voûte impénétrable. Derrière ce double rang d'arbres vénérables régnaient deux grands murs parallèles non moins antiques, couverts de lierre, de chèvrefeuille

(1) Ce mot signifie généralement une hutte de sauvage. — Éd.

et autres plantes grimpantes. L'avenue était peu foulée, et ne l'était guère que par des gens à pied. Aussi comme elle était très large et constamment à l'ombre, il y croissait partout un gazon abondant, excepté dans le milieu, où un étroit sentier avait été pratiqué par le petit nombre de piétons qui allaient de la première porte à la seconde. Cette seconde porte, comme l'autre, s'ouvrait au milieu d'un mur orné de quelques sculptures grossières et crénelé, par-dessus lequel on apercevait à demi-cachés par les arbres de l'avenue les toits en pente escarpée et les pignons étroits du manoir avec des espèces de dentelures en escalier et des tourelles aux angles. Un des battans de la seconde porte était ouvert; et comme les rayons du soleil tombaient perpendiculairement dans la cour, une longue trace de lumière en jaillissait jusque sous la sombre avenue. C'était un de ces effets qu'un peintre aime à représenter, et cette clarté éclatante se fondait merveilleusement avec les rayons égarés qui trouvaient une issue entre les branches de la voûte de verdure formée par les arbres de l'allée.

La solitude et le calme de cette scène avait quelque chose de monastique; et Waverley qui avait remis son cheval à son domestique à la première porte s'avançait avec lenteur, jouissant de la fraîcheur de l'ombre, et si charmé des idées de repos et de retraite que faisait naître ce lieu paisible, qu'il oublia la misère et la sale boue du village qu'il laissait derrière lui. L'intérieur de la cour pavée correspondait parfaitement à ce qui précédait. La maison qui paraissait consister en deux ou trois corps de logis très hauts, très étroits et à toits escarpés, projetés l'un sur l'autre à angles droits, formait un côté de la clôture. Elle avait été bâtie dans un temps où un *château* n'était plus nécessaire, mais lorsque les architectes écossais ne connaissaient pas encore l'art de distribuer une maison. Les fenêtres étaient peu nombreuses et très petites. Le toit offrait de singulières projections appelées *bartizans*[1], et à chaque angle était une petite tour qui ressemblait plutôt à une poi-

---

(1) Bartizans ou bertazenne, espèce de créneaux circulaires où en galerie.—Éd.

vrière qu'à une tourelle gothique. La façade n'annonçait pas une sécurité absolue contre une attaque. Il y avait des meurtrières et des étançons aux fenêtres d'en-bas, sans doute pour repousser les bandes errantes d'Egyptiens[1], ou pour se dispenser de recevoir la visite des Caterans[2] des montagnes voisines. Un autre côté de la cour était occupé par les étables et les offices. Les premières étaient des voûtes basses avec des fentes au lieu de fenêtres. Ces étables en forme de cachot — ressemblaient (comme le remarqua le valet d'Edouard) plutôt à une prison pour des assassins et des voleurs, ou tout autre individu jugé aux assises, qu'à un abri pour du bétail chrétien. — Au-dessus étaient les greniers appelés en Ecosse *girnels*, et autres offices auxquels on avait accès par des escaliers extérieurs en maçonnerie grossière. Deux murs crénelés, dont l'un était en face de l'avenue et l'autre séparait la cour du jardin, complétaient l'enclos. La cour avait aussi ses ornemens. A un angle était un pigeonnier en forme de tonneau, circulaire et très vaste, assez semblable à un édifice curieux, appelé *le four d'Arthur*, qui aurait tourné la tête de tous les antiquaires anglais, si le respectable propriétaire ne l'avait mis à bas pour réparer le mur d'une écluse voisine. Ce colombier, — *columbarium*, comme le nommait M. Bradwardine, — n'était pas une médiocre ressource pour un laird écossais de ce temps-là, dont les revenus étaient augmentés par les contributions en nature que ces fourrageurs ailés levaient sur les fermes, et par la conscription à laquelle ils étaient soumis à leur tour au profit de sa table.

Dans un autre angle de la cour était une fontaine où un ours énorme en pierre dominait un large bassin dans lequel sa gueule versait l'eau. Ce chef-d'œuvre faisait l'admiration de la contrée, à dix milles à la ronde. Nous ne devons pas oublier que des ours de toutes les façons, grands et petits, des ours entiers et des moitiés d'ours étaient sculptés sur les fenêtres et à l'extrémité des pignons, terminaient les gargouilles

---
(1) Que nous appelons Bohémiens en France.
(2) Mot local pour désigner les voleurs de bestiaux.

du toit, et supportaient les tourelles, avec cette devise Prenez
garde a l'ours (*beware the bear*). La cour était vaste, bien
pavée et très propre, parce qu'il y avait probablement une
autre issue derrière les écuries pour emporter la litière des
chevaux. Le silence profond de cette solitude n'était interrompu que par le bruit de la fontaine, et l'imagination de
Waverley continuait à lui représenter un cloître abandonné.
Avec la permission du lecteur nous terminerons ici ce chapitre consacré à la description de choses inanimées.

CHAPITRE IX.

Encore quelques mots sur le manoir et ses environs.

Après avoir satisfait sa curiosité en contemplant pendant
quelques minutes tout ce qui l'entourait, Waverley saisit l'é-
norme marteau de la grande porte dont l'architrave portait
la date de 1594 ; mais il eut beau frapper, aucune réponse ne
lui fut faite, quoique le bruit retentît au loin dans tous les
appartemens et fût répété par l'écho de la cour, effrayant les
pigeons dans leur vénérable rotonde, et même les chiens du
village qui s'étaient endormis chacun sur son fumier. Fatigué
de faire inutilement tant de tapage et pour obtenir de si
bruyantes réponses, Édouard commençait à croire qu'il était
comme le victorieux Arthur dans le château d'Orgolio, lorsqu'il fait retentir le château de ses cris :

> Nulle voix ne répond à cette voix tonnante,
> Un silence de mort règne sous ces lambris,
> Et personne à ses yeux ici ne se présente.

Notre héros avait presque l'espoir de rencontrer

> « Un vieillard chargé d'ans, à la barbe de neige, »

qu'il pourrait interroger sur cette habitation déserte, lorsqu'il fit un détour et s'approcha d'un petit guichet en chêne, bien garni de clous, qui était pratiqué dans le mur de la cour à l'angle qu'il formait avec la maison. Cette porte malgré son apparence de fortification n'était fermée qu'avec un loquet. Édouard le leva et entra dans un jardin qui lui présenta un coup d'œil agréable. La façade du midi, couverte d'arbres fruitiers en espaliers et de plusieurs espèces d'arbres toujours verts, s'étendait, irrégulière mais vénérable, le long d'une terrasse pavée en partie et en partie sablée ou bordée d'arbustes et de fleurs. Cette terrasse descendait dans le jardin proprement dit par trois escaliers, dont l'un au centre et les deux autres à chaque extrémité. Elle était entourée d'un parapet de pierre avec une lourde balustrade ornée de distance en distance par de grotesques figures d'animaux accroupis, parmi lesquels l'ours se montrait plusieurs fois. Au milieu de la terrasse, entre une porte à châssis et l'escalier central, un énorme animal de cette espèce supportait avec sa tête et ses pattes de devant un large cadran sur la circonférence duquel étaient gravées plus de diagrammes que les connaissances mathématiques d'Édouard ne le mettaient à même d'en déchiffrer.

Le jardin, qui paraissait entretenu avec le plus grand soin et qui abondait en fruits, offrait une profusion de fleurs et d'arbres taillés en figures grotesques. Ce jardin était disposé en plusieurs terrasses qui se succédaient de rang en rang depuis le mur de l'occident jusqu'à un large ruisseau, dont l'eau pure et paisible était comme une limite, mais qui un peu plus loin franchissait avec bruit une forte écluse, cause de sa tranquillité momentanée, et là formait une cascade auprès d'une serre octogone avec une girouette sous la forme d'un ours doré. De là, reprenant la rapidité naturelle de sa fuite, le ruisseau échappait à la vue dans un vallon boisé. Sur la verdure du taillis se détachait une tour en ruine qui avait été la première habitation des barons du Tully-Veolan. La rive opposée au jardin formait une plaine étroite ou un *haugh*[1]

---

(1) Ce mot signifie un bord de rivière ou de ruisseau sujet à être inondé. — Éd.

comme on l'appelait, qui était une petite pelouse de lavoir. Le second plan de ce bord était couvert de vieux arbres.

Quelque agréable que fût ce jardin on ne pouvait le comparer à ceux d'Alcine ; — on y trouvait cependant les *due donzelette garrule*[1] de ce paradis enchanteur. En effet, sur la pelouse deux jeunes filles à jambes nues, placées chacune dans une cuve spacieuse, faisaient avec leurs pieds l'office d'une machine à laver, d'invention nouvelle ; elles ne restèrent point comme les nymphes d'Armide pour saluer leur hôte avec la mélodie de leur voix : alarmées à l'aspect d'un bel étranger, elles laissèrent retomber leurs vêtemens (ou pour mieux dire leur seul vêtement) pour couvrir leurs jambes, que leur occupation exposait à être par trop en évidence : — *Eh, sirs*[2] ! s'écrièrent-elles avec un accent qui exprimait autant la modestie que la coquetterie, et elles se mirent à fuir avec la rapidité du daim.

Waverley commençait à désespérer de pouvoir pénétrer dans cette maison solitaire et comme enchantée, lorsqu'un homme s'avança dans une des allées du jardin. Pensant que c'était ou le jardinier ou quelque domestique, Édouard descendit les escaliers de la terrasse pour aller à sa rencontre ; mais avant d'être parvenu assez près de lui pour être à même d'examiner les traits de son visage, il fut frappé de la singularité de son extérieur et de ses gestes. Quelquefois cet individu croisait ses mains sur sa tête comme un Indien qui s'impose une pénitence ; quelquefois il laissait tomber ses bras perpendiculairement, imitant le mouvement d'une pendule, ou bien il les croisait rapidement sur sa poitrine en se frappant sous les épaules, comme le fait un cocher de fiacre pour suppléer au défaut d'exercice lorsque pendant un temps froid ses bêtes sont oisives sur la place. Sa démarche n'était pas moins extraordinaire : tantôt il allait à cloche-pied alternativement sur le pied droit et sur le gauche, et tantôt il sautait à pieds

---

(1) *Ariosto* : Les deux fillettes *causeuses*.

(2) *Eh, sirs ! eh, messieurs !* Cette exclamation est toute de surprise. Nous disons en français, dans un autre sens, *oh dame !* etc. — Éd.

joints. Son costume était aussi antique qu'extravagant : il avait une espèce de jaquette grise à manches tailladées, avec des manchettes, et une doublure écarlate ; ses souliers étaient de la même couleur, ainsi que sa toque fièrement surmontée d'une plume de dindon. Édouard, qu'il ne paraissait pas avoir remarqué, s'aperçut bientôt que les traits de son visage confirmaient ce qu'avaient annoncé de loin ses gestes et sa démarche. Ce n'était en apparence ni l'idiotisme ni la démence qui donnait cette expression vague et égarée à sa physionomie naturellement agréable, mais c'était plutôt un composé des deux, un mélange de la simplicité de l'idiot et de l'extravagance d'un cerveau fêlé ! Il se mit à chanter avec feu et non sans goût le fragment d'une vieille ballade écossaise.

> Quoi ! me tromper, amant volage,
> Dans le printemps, parmi les fleurs !
> Quand viendront l'hiver et l'orage,
> Je saurai payer tes rigueurs.
>
> Reviens, reviens à ton amie,
> Reviens, reviens et hâte-toi,
> Pour punir celui qui m'oublie, —
> Un autre amant aura ma foi.

Ici il leva les yeux qu'il avait tenus attachés sur ses pieds pour observer s'ils battaient bien la mesure. Apercevant Édouard il s'empressa d'ôter sa toque, et témoigna par des gestes grotesques sa surprise et son respect. N'espérant guère obtenir une réponse satisfaisante aux questions qu'il pouvait faire, Waverley lui demanda néanmoins si M. Bradwardine était chez lui, ou s'il pourrait parler à quelqu'un de ses domestiques. Ce bizarre interlocuteur lui répondit, et

« Tous ces discours étaient en chants, »

comme l'aurait fait la sorcière de Thalaba :

> Le chevalier sur la montagne
> Cherche le plaisir des chasseurs,
> Et la dame dans la campagne
> Tresse sa guirlande de fleurs.

> Dans le boudoir secret d'Hélène
> La mousse couvre le plancher;
> William vient lui conter sa peine,...
> On ne peut l'entendre marcher.

Cette chanson n'apprenait rien à Édouard qui, répétant ses questions, reçut une réponse prononcée si vite et dans un dialecte si particulier, qu'il ne put saisir que le mot de *sommelier*. Waverley demanda donc à voir le sommelier. Cet homme alors le regardant d'un air d'intelligence, lui fit signe de le suivre, et se remit ensuite à danser dans l'allée.—Singulier guide que celui-ci, pensa Edouard, et très semblable aux *clowns*[1] à demi-fous de Shakspeare : je ne suis pas très prudent de le prendre pour pilote; mais de plus sages ont été guidés par des fous. — Cependant ils arrivèrent au fond de l'allée; et là, faisant un léger détour, ils entrèrent dans un petit parterre protégé contre les vents d'est et du nord par une haie d'ifs serrés. Édouard y trouva un vieillard occupé à bêcher la terre, et qui avait mis son habit bas. Son extérieur laissait douter si c'était un domestique du premier rang ou un jardinier. Son nez rubicond et sa chemise à jabot appartenaient à un homme de la première des deux professions; mais son teint hâlé par le soleil, et son tablier vert semblaient indiquer

> Un second père Adam cultivant ce jardin.

Le majordome, car c'était lui, et sans contredit le second officier de la baronnie (ou même, en sa qualité de premier ministre de l'intérieur, il était au-dessus du bailli Macwheeble dans son département de la cuisine et de la cave); le majordome donc laissa sa bêche oisive, et passa promptement son habit en jetant un regard de colère sur le guide d'Édouard, sans doute parce qu'il avait introduit un étranger pendant qu'il était occupé à ces travaux pénibles et qu'il pouvait re-

---

[1] La signification primitive de *clown* est *paysan*. Le *clown* des pièces de Shakspeare étant un paysan comique ou bouffon, avec un mélange de malice, de simplicité et de folie, et un *clown* de cette espèce étant un des personnages obligés dans beaucoup de pièces anglaises, comme le niais de nos mélodrames, le gracioso des Espagnols, etc.

garder comme au-dessous de sa dignité. — Quels ordres le gentilhomme avait-il à lui donner? demanda-t-il. Waverley s'empressa de lui dire son nom, et de l'informer qu'il désirerait présenter ses devoirs à son maître. Le vieillard prit de suite un air de respect et d'importance en disant : — Je puis assurer sur ma conscience que le baron sera enchanté de voir Votre Honneur. — M. Waverley aurait-il besoin de rafraîchissemens après son voyage? Son Honneur est avec les ouvriers qui abattent la *Sorcière noire*. Il s'est fait accompagner par les *deux* jardiniers. (Il appuya avec emphase sur le mot *deux*.) — Je m'amusais en attendant son retour à arranger ce jardin à fleurs de miss Rose, ne voulant pas m'éloigner pour recevoir au besoin les ordres de Son Honneur ; j'aime beaucoup le jardinage, mais j'ai peu de temps pour me livrer à cet amusement.

— Il ne peut à aucun prix y travailler plus de deux jours la semaine, ajouta l'étrange conducteur d'Édouard.

Un coup d'œil chagrin punit l'indiscret interrupteur ; et le majordome lui commanda, en l'appelant Davie Gellatley d'un ton qui n'admettait point de réplique, d'aller chercher Son Honneur à la Sorcière noire, et de lui dire qu'un gentilhomme du sud était arrivé au manoir.

— Ce pauvre garçon est-il capable de remettre une lettre? demanda Edouard.

— Très fidèlement, monsieur, aux personnes qu'il respecte. Je ne lui confierais pas sans doute une commission verbale... quoiqu'il soit plus fripon que fou !

Waverley remit ses lettres de créance à Gellatley, qui parut confirmer la dernière observation du sommelier, en lui faisant la grimace pendant qu'il tournait la tête d'un autre côté. En ce moment il ressemblait à la grotesque figure de certaines pipes venant d'Allemagne. Après quoi, prenant congé de Waverley avec un salut bizarre, il partit en dansant pour faire sa commission.

— *C'est un innocent*, monsieur, dit le sommelier : il y en a dans presque toutes les *villes* du pays; mais le nôtre est en grande faveur. Il travaillait comme un autre et assez bien; mais il secourut à propos miss Rose, poursuivie par le nouveau taureau anglais du laird de Killancureit, et depuis ce temps-là nous l'appelons Davie Do-little[1], et ma foi, nous pourrions tout aussi bien l'appeler Davie Do-nothing[2], car depuis qu'il a revêtu ce joyeux habit pour amuser Son Honneur et ma jeune maîtresse (les riches ont leurs caprices), il ne fait autre chose que de parcourir en dansant tous les coins et recoins de la *ville*, sans autre peine que de polir la ligne du laird, ou de mettre une mouche à l'hameçon, ou bien de prendre lui-même un plat de truites. Mais voici miss Rose : et je me rends caution pour elle qu'elle sera charmée de voir un des membres de la famille de Waverley au manoir paternel de Tully-Veolan.

Mais Rose Bradwardine mérite bien que son indigne historien l'introduise dans un chapitre particulier.

En attendant, avant de finir celui-ci, nous ferons observer au lecteur que Waverley avait appris dans ce colloque qu'en Écosse une maison seule était appelée une *ville*[3], et un fou naturel un *innocent*.

CHAPITRE X.

Rose Bradwardine et son père.

Miss Rose Brandwardine n'avait que dix-sept ans. Cependant, aux dernières courses de chevaux de la ville de ***, sa santé ayant été proposée avec celle d'autres beautés écossaises, le laird de Bumperquaigh[4], porteur de santé et croupier perpétuel du club de Bautherwhillery, ne dit pas seulement *encore!* à cette proposition, à laquelle il s'agissait de répondre

---

(1) Davie *Fait-peu-de-chose*. — Éd. — (2) Davie *Fait-rien*. — Éd.
(3) *A Town*. — Éd. — (4) Mot à mot, *coupe pleine*. — Éd.

en vidant un verre contenant une pinte de bordeaux, mais il appela la divinité à qui s'adressait cet hommage, *Rose de Tully-Veolan*[1]. Dans cette séance mémorable, trois acclamations furent poussées par tous ceux des membres présens de cette respectable société à qui le vin avait laissé la force d'élever la voix. Bien plus on m'a assuré que ceux qui étaient endormis applaudirent en ronflant, et que, quoique graces à de fortes libations et de faibles cerveaux deux ou trois buveurs fussent étendus sur le plancher, ceux-là même, tombés comme ils étaient de leur haut rang, et se vautrant, — je ne pousserai pas plus loin la parodie — firent entendre quelques sons inarticulés, pour exprimer leur assentiment.

Ces applaudissemens si unanimes ne pouvaient être arrachés que par un mérite reconnu; non-seulement miss Rose en était digne, mais elle eût obtenu le suffrage de personnes beaucoup plus raisonnables que celles qu'eût réunies le club de Bautherwhillery, même avant la discussion du premier *magnum*[2]. C'était en effet une très jolie fille en fait de beauté écossaise, c'est-à-dire avec une abondance de cheveux or-pâle, et la peau blanche comme la neige de ses montagnes. Cependant son visage n'était ni pâle ni mélancolique, sa physionomie comme son caractère avait une aimable vivacité; son teint, sans être coloré, était si pur qu'il semblait transparent, et l'émotion la plus légère appelait la rougeur sur son visage et son cou. Sa taille était au-dessus de la moyenne, mais élégante, remplie de grace et d'aisance dans ses moindres mouvemens. Elle venait d'un autre côté du jardin pour recevoir le capitaine Waverley, qu'elle aborda avec des manières qui exprimaient à la fois un mélange de timidité et de courtoisie.

Après les premiers complimens, elle apprit à Édouard que la *Sorcière noire* que le baron était allé visiter n'avait ni chat noir ni manche à balai, mais que c'était tout simplement une

---

(1) Ce qui obligeait les convives à boire autant de fois qu'il y avait de lettres dans les noms. — Éd.

(2) On appelle *magnum*, *magnum bonum*, ou *scotch pinte*, pinte écossaise, une bouteille contenant une demi-pinte de vin. C'est un terme de l'argot des buveurs. — Éd.

portion d'un antique taillis qu'on faisait couper. Elle lui offrit avec une politesse un peu embarrassée, de lui montrer le chemin jusque là. Mais ils furent prévenus par le baron de Bradwardine en personne, qui, averti par Davie Gellatley, et

« Tout occupé de soins hospitaliers, »

accourait à grands pas avec une vitesse qui rappela à Édouard les bottes de sept lieues du conte des fées : c'était un homme grand, mince, taillé en athlète, avancé en âge et ayant les cheveux blancs; mais dont un exercice continuel avait conservé toutes les fibres fermes et souples. Il était habillé avec une espèce de négligence, et ressemblait plutôt à un Français qu'à un Anglais de cette époque. A ses traits prononcés, à sa taille droite et raide, on l'aurait pris pour un officier des Cent-Suisses qui, ayant vécu quelque temps à Paris, aurait copié le *costume*, mais non l'aisance des Parisiens. Son langage et ses manières n'étaient pas moins étranges que son extérieur.

D'après le goût qu'il avait montré pour l'étude, ou peut-être par un système d'éducation généralement adopté en Écosse pour les jeunes gens de qualité, on l'avait destiné au barreau; mais les principes politiques de sa famille ne lui permettant pas de prétendre s'illustrer dans cette carrière, M. Bradwardine avait voyagé pendant plusieurs années : il avait même fait avec éclat plusieurs campagnes au service d'une puissance étrangère. Après son démêlé avec les tribunaux en 1715 pour crime de haute trahison, il avait pris le parti de se retirer à la campagne, n'ayant d'autre société que celle de ses voisins, dont les principes étaient les mêmes que les siens. Cette alliance de la pédanterie du légiste et de l'amour-propre du guerrier pourra rappeler à plus d'un membre zélé de la garde bourgeoise de nos jours, le temps où la robe de nos avocats était souvent endossée par-dessus un brillant uniforme[1]. Ajoutez à cela les préjugés d'une famille an-

---

(1) Allusion à l'époque où l'Angleterre se croyait menacée d'une invasion de la France.

cienne, sincèrement attachée aux Stuarts; l'habitude de se regarder comme indépendant dans sa retraite, et d'exercer sans appel son autorité dans toute l'étendue de ses terres à moitié cultivées. Cette juridiction, il est vrai, n'était pas très étendue, mais elle était d'un droit aussi incontestable qu'incontesté ; car, comme il le disait souvent, les terres de Bradwardine, Tully-Veolan et dépendances avaient été érigées en baronnie franche par David Ier, *cum liberali potestate habendi curias et justicias, cum fossâ et furcâ, et saka et soka, et thol et theam, et infang-thief, et outfang-thief, sive hand-habend, sive bak barand*[1], — mots cabalistiques dont peu de personnes pouvaient expliquer le sens particulier, mais qui signifiaient en somme que le baron de Bradwardine pouvait emprisonner, juger et faire exécuter ses vassaux et tenanciers selon son bon plaisir. Comme Jacques Ier cependant, le baron aimait mieux parler de son autorité que d'en faire usage. Excepté l'emprisonnement de deux braconniers dans la vieille tour de Tully-Veolan, où ils furent cruellement effrayés par les revenans et presque dévorés par les rats, et la mise au *jougs* (ou pilori écossais) d'une vieille femme qui s'était permis de dire que Gellatley n'était pas le seul fou qu'il y eût dans la maison du laird, je ne sache pas que le baron eût jamais été accusé d'abuser de ses grands pouvoirs. Cependant l'idée de posséder des droits aussi étendus augmentait beaucoup l'importance de ses discours et de ses manières.

A la façon dont il accueillit d'abord Waverley, on s'aperçut que le plaisir de voir le neveu de son ami avait un peu troublé la dignité un peu raide du baron de Bradwardine, car les larmes vinrent aux yeux du vieillard lorsqu'ayant d'abord serré cordialement la main d'Édouard à la manière anglaise, il le baisa sur l'une et l'autre joue à *la mode française*, tandis que l'étreinte de sa main et le nuage de tabac d'Écosse que fit voler son accolade suffisaient pour tirer également des larmes aux yeux de son hôte. — Sur l'honneur d'un gentilhomme ! lui dit-il, je rajeunis en vous voyant ici, monsieur

[1] Droit de haute et basse justice, de geôle, de pilori. — T$_R$.

Waverley. Je reconnais en vous un digne rejeton de l'antique souche de Waverley-Honour, *Spes altera*, comme a dit Maron [1]. Et vous avez un air de famille, capitaine Waverley; vous n'avez pas encore la démarche imposante de mon digne ami sir Everard, *mais cela viendra avec le temps*, comme le disait une de mes connaissances de Hollande, le baron de Kikkitbroeck, en parlant de *la sagesse de madame son épouse*. — Vous avez donc pris la cocarde? — C'est bien, très bien; — j'aurais voulu qu'elle fût d'une autre couleur, et j'aurais cru que mon ami sir Everard eût pensé de même, mais n'en parlons plus; je suis vieux et les temps sont changés! — Et comment se porte le digne chevalier baronnet et la belle mistress Rachel? — Vous riez, jeune homme? Oui, c'était la belle mistress Rachel, l'an de grace 1716; mais le temps s'écoule et n'épargne rien, *singula prædantur anni;* c'est une vérité incontestable. Je vous le répète, vous êtes le bienvenu, le très bienvenu dans ma pauvre demeure de Tully-Veolan. — Ma chère Rose, cours à la maison et veille à ce qu'Alexandre Saunderson nous donne de ce vieux vin de Château-Margot que j'expédiai de Bordeaux à Dundee en 1713.

Rose s'éloigna à pas comptés, pour ainsi dire, jusqu'au coin d'une allée, et puis se mit à courir, ou pour mieux dire à voler comme une fée, afin de pouvoir après qu'elle aurait rempli la commission de son père s'occuper de sa toilette, car l'approche de l'heure du dîner ne lui laissait que fort peu de temps.

— Capitaine, dit le baron, vous ne trouverez point ici le luxe des tables d'Angleterre, ni les *epulæ lautiores* du château de Waverley. Je dis *epulæ* et non *prandium,* parce que le *prandium* n'est que pour le peuple; Suétone l'a dit: *Epulæ ad senatum, prandium verò ad populum attinet* [2]; mais j'espère que vous serez content de mon vin de bordeaux; *c'est des deux oreilles,* comme dit le capitaine Vinsauf. — Il est de pre-

---

(1) Virgilius Maro.
(2) *Epulæ* (repas) est pour le sénat; *prandium* (repas encore) est pour le peuple. — Tr.

mière qualité, *vinum primæ notæ*, ainsi que l'a proclamé le principal de Saint-André. Encore une fois je suis enchanté, capitaine Waverley, de vous posséder, pour vous offrir le meilleur vin de ma cave. A ces discours Waverley répondait par les interjections que la politesse commande ; et le baron parlait encore lorsqu'ils arrivèrent à la porte de la maison, où se trouvaient réunis cinq ou six domestiques en antique livrée. Alexandre Saunderson, le sommelier, était à leur tête; il était en grand costume, et avait fait disparaître toutes les souillures du jardinage. Ce fut lui qui les introduisit

> Dans un vaste salon décoré de trophées,
> De piques, de carquois, de cuirasses rouillées.

Avec toutes les cérémonies d'usage, mais avec une bienveillance encore plus réelle, le baron, sans s'arrêter dans aucun des appartemens intermédiaires, conduisit Édouard dans la grand'salle à manger, boisée en chêne noir et ornée des portraits de famille. Le couvert était mis pour six personnes ; un buffet de forme gothique était chargé de l'antique et massive vaisselle plate de la maison de Bradwardine. On entendit le son d'une cloche du côté de l'entrée de l'avenue, parce qu'un vieillard qui remplissait les fonctions de portier les jours de gala, ayant appris l'arrivée de Waverley, s'était empressé de se rendre à son poste, et annonçait en ce moment d'autres convives.

— C'étaient, comme le baron l'assura à son jeune ami, de très estimables personnes. — Il y a, dit-il, le jeune laird de Balmawhapple, surnommé Falconer [1], de la famille de Glenfarquhar, grand amateur de la chasse, *gaudet equis et canibus*; du reste, jeune homme très réservé. Il y a ensuite le laird de Killancureit, vouant tous ses loisirs à l'agriculture théorique et pratique ; se vantant de posséder un taureau d'une beauté incomparable qui vient du comté de Devon, la Damonie des Romains, s'il faut en croire Robert de Cirencester : on peut conclure, d'après ses goûts habituels, qu'il est d'extraction agricole. Vous connaissez l'adage latin : *Servabit odorem testa*

---

(1) Fauconnier. — Tr.

diù ¹, et soit dit entre nous, je crois que son grand-père venait du mauvais côté de la frontière ; on l'appelait Bullsegg : il arriva ici pour être maître d'hôtel, bailli, receveur de rentes, ou quelque chose de semblable auprès du dernier Girnigo de Killancureit, qui mourut d'une atrophie. Après la mort de son maître, monsieur (vous aurez de la peine à concevoir un tel scandale), comme ce Bullsegg était bien fait et de bonne mine, il épousa la douairière qui était jeune et amoureuse. Elle se trouvait propriétaire de toute la baronnie par les dispositions de feu son mari, en contravention directe d'une substitution oubliée et au préjudice de la chair et du sang du testateur en la personne de son légitime héritier, un de ses cousins au septième degré, Girnigo de Tipperhewit, dont la famille fut tellement ruinée par le procès qui s'ensuivit, qu'un de ses descendans est réduit à servir comme simple soldat dans la garde noire highlandaise ². Mais ce gentilhomme M. Bullsegg de Killancureit a dans ses veines du sang noble par sa mère et sa grand'mère, issues l'une et l'autre de la famille de Pickletillim ; il sait se tenir à sa place, et il est généralement aimé et estimé ; — Dieu nous préserve, capitaine Waverley, nous dont les familles sont *irréprochables*, Dieu nous préserve de vouloir l'humilier ! Il peut se faire que dans neuf ou dix générations ses neveux puissent marcher de pair avec les bonnes familles du pays. Rang et noblesse sont deux mots qui doivent se trouver rarement dans la bouche des personnes qui, comme nous, sont d'un sang pur. — *Vix ea nostra voco,*

---

(1) Le vase conservera long-temps l'odeur. — Tr.

(2) *Highland black-watch.* Ce corps a été connu pendant quatre-vingts ans sous le titre de 42ᵉ régiment highlandais, et désigné aussi, à diverses époques, par les noms de ses colonels, lord Sempil, lord J. Murray, et lord Crawford, dont nous verrons l'ancêtre commander les archers écossais de Louis XI, dans *Quentin Durward*. Mais ce 42ᵉ dans l'origine s'appelait *freicudan dhu*, en gallique, et *black watch*, garde-noire, en anglais, nom qui provenait des couleurs foncées de l'uniforme (noir, vert et bleu), comparées au rouge éclatant des soldats réguliers. Les compagnies indépendantes de la *black watch* se recrutaient d'hommes d'un rang plus élevé que celui des autres régimens. En général, c'étaient presque tous des cadets de gentilshommes, ou des gentilshommes sans fortune ; on en voyait même beaucoup qui avaient des domestiques pour porter leurs armes, etc. — Éd.

comme dit Nason[1]. — Nous aurons encore un ecclésiastique de la véritable (quoique persécutée) église épiscopale d'Écosse. Il fut confesseur dans sa cause après l'année 1715, lorsqu'une populace de wighs détruisit sa chapelle, déchira son surplis et pilla sa maison, où on lui vola quatre cuillers d'argent, sans épargner son garde-manger et deux barrils, l'un de bière simple, l'autre de bière double, et de plus, deux bouteilles d'eau-de-vie. Mon baron-bailli et agent, M. Duncan Macwheeble, sera notre quatrième convive. L'incertitude de l'ancienne orthographe rend douteux s'il appartient au clan de Wheedle ou de Quibble[2]; mais l'un et l'autre ont produit d'habiles jurisconsultes.

> Pendant qu'il lui peignait ses convives, ceux-ci
> Entraient, et le dîner fut aussitôt servi.

CHAPITRE XI.

Le Banquet.

Le dîner fut abondant et excellent, selon les idées écossaises d'alors. Les convives y firent honneur. Le baron mangea comme un soldat affamé; le laird de Balmawhapple comme un chasseur; Bullsegg de Killancureit, comme un fermier; Waverley, comme un voyageur; et le bailli Macwheeble, comme tous les quatre ensemble. Mais voulant témoigner le respect que lui inspirait la présence de son maître, il était assis sur le bord de sa chaise, placée à trois pieds de la table; de là pour arriver à son assiette il formait un arc avec son

---

[1] Ovidius Naso.
[2] *Wheedle. To wheedle*, séduire, cajoler par de belles paroles. *Quibble*, pointe, jeu de mots. Le baron s'amuse ici lui-même, par ce jeu de mots, à comprendre dans une même épigramme son bailli et les avocats. — Éd.

corps, de manière que le convive en face de lui ne voyait que le sommet de sa perruque.

Le digne bailli était accoutumé, soit qu'il fût assis, soit qu'il marchât, à prendre cette posture, qui eût été pénible pour tout autre, et qui n'avait plus rien de gênant pour lui. Lorsqu'il marchait, cette projection de son corps était peut-être peu décente pour ceux qui venaient derrière lui; mais peu lui importait, M. Macwheeble ayant l'attention la plus scrupuleuse de céder le pas à tous ceux dont le rang était au-dessus du sien, il se souciait fort peu des sentimens de mépris et de déconsidération qu'il pouvait inspirer par là à ses inférieurs. Mais quand il traversait la cour en se dandinant sur son vieux *poney*[1] gris, il ressemblait un peu à un chien tourne-broche sur ses jambes de derrière.

L'ecclésiastique non-conformiste était un vieillard dont l'air mélancolique inspirait l'intérêt et annonçait qu'il était au nombre de ceux qui souffraient la persécution pour leur conscience. Il était un de ces prêtres qui,

« Sans être dépouillés se dépouillaient eux-mêmes ».

Aussi, lorsque le baron ne pouvait l'entendre, le bailli riait volontiers de la singularité et des scrupules de l'honnête M. Rubrick. Nous sommes forcés de convenir que, quoique M. Macwheeble fût au fond du cœur un sincère partisan de la famille exilée, il avait su toujours s'accommoder prudemment aux circonstances. Aussi Davie Gellatley disait un jour de lui que c'était un très brave homme, ayant une conscience très calme et très paisible, — qui jamais ne *lui avait fait de mal*.

Lorsqu'on eut desservi, le baronnet proposa la santé du roi, laissant poliment à la conscience de ses convives, selon leur opinion, le choix du souverain de fait ou du souverain légitime. La conversation devint générale, et miss Bradwardine, qui avait fait les honneurs de la table avec beaucoup de grace et de modestie, s'empressa de se retirer; l'ecclésiastique ne

(1) *Bidet*, petit cheval d'Ecosse.

tarda pas d'imiter son exemple. Le reste de la société faisait le plus grand honneur au vin, qui était digne des éloges du baron ; les bouteilles circulaient rapidement, et Waverley obtint comme une faveur de négliger de temps en temps son verre. Enfin, comme il commençait à se faire tard, le baron fit un signe particulier à M. Saunders Saunderson[1], *Alexander ab Alexandro*, comme il l'appelait plaisamment : celui-ci répondit par un coup d'œil expressif et sortit à l'instant. Il rentra bientôt avec un air satisfait et mystérieux, marchant à pas comptés ; il plaça respectueusement devant son maître une cassette en bois de chêne, incrustée d'ornemens en cuivre d'un travail fort curieux. Le baron prit une petite clef qu'il ne quittait jamais, ouvrit la cassette, et en tira une coupe d'or, non moins remarquable par son antiquité que par sa forme : elle représentait un ours rampant; le baron la considéra avec des yeux où se peignaient le respect, le plaisir et l'orgueil. Waverley se rappela involontairement le Tom Otter[2] de Ben Jonson avec son taureau, son cheval et son chien, comme cet original nommait spirituellement ses principales coupes. Mais M. Bradwardine se tourna vers lui avec un air de complaisance, et le pria d'examiner ce curieux monument de l'ancien temps.

— Il représente, dit-il, les armes de notre famille. L'ours est *rampant*, parce qu'un savant héraut peint toujours l'animal dans sa position la plus noble : un cheval *saillissant*[3] ; un lévrier *courant ;* un animal carnivore, *in actu ferociore*[4], déchirant et dévorant sa proie. Il est bon que vous sachiez, capitaine, que nous tenons ce glorieux chef-d'œuvre de l'art par le wappenbrief, ou concession d'armes de Frédéric Barberousse, empereur de Germanie, qui l'octroya à un de mes ancêtres Godmond Bradwardine. C'était le cimier d'un Danois gigantesque qu'il tua en champ clos dans la Palestine, par

---

(1) *Nom d'un savant professeur d'Oxford.* — Éd.
(2) *Personnage original du théâtre de Ben Jonson.* — Éd.
(3) *Levant les deux pieds de devant.* — Éd.
(4) *Dans un mouvement de férocité.* — Tr.

suite d'une querelle sur la chasteté de l'épouse ou de la fille de l'empereur; la tradition ne dit pas précisément laquelle; — ce fut, comme dit Virgile :

Mutemus clypeos Danaumque insignia nobis Aptemus (1).

— Quant à la coupe, capitaine Waverley, elle fut faite d'après les ordres de saint Duthac, abbé d'Aberbrothock, en reconnaissance des services que lui avait rendus un autre baron de Bradwardine, en défendant généreusement les droits du monastère contre les injustes prétentions de quelques nobles du voisinage; c'est avec raison qu'on l'appelle l'*ours sacré de Bradwardine,* quoique le vieux docteur Doubleit se plût à l'appeler en riant la *grande ourse*. Dans les temps où la religion catholique florissait on croyait que cette coupe avait des vertus surnaturelles. Quoique je ne partage pas ces *anilia*, ces croyances de bonnes femmes, il est certain que cette relique fut toujours estimée la plus belle portion et le meuble le plus précieux de l'héritage de mes pères. Je ne me sers de cette coupe que dans des jours de fête extraordinaire, et c'en est une pour moi de posséder dans mon manoir l'héritier de sir Everard. Je bois donc à la prospérité croissante de l'antique, de la puissante et toujours honorée famille de Waverley.

Durant sa longue explication, le baron avait décanté avec soin une bouteille couverte de toiles d'araignées qui contenait près d'une pinte anglaise de bordeaux. Il remit la bouteille vide à son sommelier pour être tenue à angle parallèle à l'horizon, et avala dévotement tout ce que contenait l'*ours sacré* de Bradwardine.

Édouard fut saisi d'épouvante et d'horreur en voyant l'animal faire la ronde, et pensa avec inquiétude au sens de la devise, *gare l'ours;* mais il vit bien que comme aucun des convives ne se faisait un scrupule de lui rendre après le baron le même honneur extraordinaire, un refus de leur faire raison serait très mal reçu, il se décida donc à se soumettre à ce

(1) Changeons nos boucliers; des armes des Troyens parons-nous. — Éd.

dernier acte de tyrannie, pour quitter ensuite la table s'il était possible; se confiant à la force de son tempérament, il salua la compagnie en vidant à son tour l'ours sacré et supporta mieux qu'il n'aurait pu s'y attendre une telle dose de liquide. Les autres convives, qui avaient employé leur temps d'une manière plus active, commencèrent à donner des signes de changement;

« Le bon vin fit son bon office. »

La glace de l'étiquette, l'orgueil de la naissance cédèrent à l'influence de la bienveillante constellation, et les titres cérémonieux que s'étaient donnés jusque là les trois dignitaires furent remplacés par les trois abréviations familières de Tully, Bally et Killie. Ces deux derniers, quand l'ours eut fait quelques tours de table, se dirent quelques mots à l'oreille et demandèrent la permission de proposer le coup de grace (proposition qui réjouit Édouard). Le coup de grace après quelques retards fut enfin bu, et Waverley en conclut que les orgies de Bacchus étaient terminées pour ce soir. Il ne s'était jamais mieux trompé de sa vie.

Comme les hôtes du baron avaient laissé leurs chevaux à la petite auberge du village appelée la *Maison de Change*, le baron aurait cru manquer aux lois de la politesse s'il ne les eût pas accompagnés jusqu'à l'entrée de l'avenue. Waverley le suivit, soit par le même motif, soit pour respirer le grand air dont il se sentait avoir besoin. Lorsqu'ils furent arrivés chez la mère Macleary, les lairds Balmawhapple et Killancureit déclarèrent qu'ils voulaient prouver leur reconnaissance de l'hospitalité qu'ils avaient reçue à Tully-Veolan, et qu'ils espéraient que leur noble voisin et son jeune hôte le capitaine Waverley leur feraient l'honneur de boire avec eux ce qu'ils appelèrent techniquement *doch an dorroch*, le coup de l'étrier, en l'honneur de la poutre du toit du baron [1].

Il faut remarquer que le bailli, sachant par expérience que la fête du jour qui avait été jusque là aux frais de son patron

(1) En Angleterre et en France, on dit dans ce sens le *foyer*, *the fireside*. En Écosse, c'est le *roof-tree*, la poutre principale du toit.

pourrait se terminer en partie à son compte, était monté sur son poney gris ; et excité moitié par la gaîté de l'après-dîner, moitié par la peur de payer son écot, il avait à coups d'éperons forcé la pauvre bête à un demi-galop (car elle ne pouvait trotter à cause des éparvins qui lui nouaient les articulations), et il était déjà hors du village. Les autres entrèrent dans la maison de change ; Édouard se laissant conduire docilement, car son hôte lui avait dit à l'oreille qu'il commettrait un délit contre les lois de la table, *leges conviviales*, s'il faisait quelque objection. Il paraissait que la veuve Macleary s'attendait à l'honneur de cette visite, car c'était ainsi que se terminaient tous les joyeux festins, non-seulement à Tully-Veolan, mais dans presque toute l'Écosse, il y a soixante ans.

Les convives par ce moyen s'acquittaient de leur reconnaissance envers leur hôte, encourageaient le commerce de sa maison de change, faisaient honneur au lieu où leurs montures trouvaient un abri, et s'indemnisaient de la contrainte imposée par l'hospitalité d'un particulier, en passant ce que Falstaff appelle les douceurs de la nuit dans la licence d'une taverne.

La mère Macleary qui, comme nous l'avons déjà remarqué, s'attendait à la visite de ses illustres hôtes, avait eu soin de balayer sa maison pour la première fois depuis quinze jours, et de proportionner son feu de tourbe au degré d'humidité qui régnait même en été dans sa cahute. Sa table de bois de sapin avait été nettoyée et mise en équilibre au moyen d'un fragment de tourbe qui soutenait un de ses pieds ; cinq à six tabourets grossièrement travaillés obviaient ailleurs aux inégalités de son plancher qui était de terre. L'hôtesse avait de plus mis son *toy*[1] blanc, son rokelay et son plaid écarlate, et attendait gravement la compagnie, qu'elle savait être composée de bonnes pratiques. Quand les convives furent assis

[1] Le *toy* est une espèce de coiffure des matrones d'Écosse ; le *rokelay* est une mantille ou un grand collet (nous avons le mot roquelaure en français) ; le *plaid* des femmes est un second manteau qui sert à couvrir tous les autres vêtemens, et que les Écossaises drapent, dans l'occasion, avec une certaine coquetterie. — Éd.

sous les noires solives enfumées de l'unique appartement de la mère Macleary, tapissé d'épaisses toiles d'araignées, l'hôtesse qui avait déjà pris les ordres du laird de Balmawhapple, parut avec un énorme pot d'étain contenant au moins trois quarts de pinte, appelé familièrement *une poule huppée*[1], et qui, selon l'expression de la mère Macleary, était plein par-dessus les bords d'un excellent bordeaux tiré à l'instant de la barique.

Il n'était pas difficile de prévoir que le peu de raison que l'*ours* avait laissé serait bientôt enlevé par la *poule*. Dans le tumulte qui régnait déjà, Édouard réussit à laisser circuler gaîment la coupe, sans y porter les lèvres. Tous les autres parlaient à la fois et avaient la langue épaissie ; personne ne songeait à ce que disait son voisin et ne cherchait qu'à se faire écouter. Le baron de Bradwardine chantait des *chansons à boire* françaises, et citait des sentences latines. Killancureit parlait sur un ton monotone des diverses manières de tailler un arbre, et d'agneaux d'un an, et de brebis de deux ans, et de vaches, et de bœufs, et de veaux, et d'une loi sur les barrières de chemin, tandis que Balmawhapple, d'une voix qui dominait celle des deux autres, vantait son cheval, ses faucons, et un lévrier nommé Whistler[2]. Au milieu de ce tapage le baron implora plusieurs fois le silence, et lorsqu'enfin on se souvint assez des lois de la politesse pour le lui accorder, il se hâta de demander l'attention de ses amis pour — l'ariette favorite du maréchal duc de Berwick : — et cherchant à prendre le ton et l'attitude d'un mousquetaire français, il commença aussitôt :

> Mon cœur volage, dit-elle,
> N'est pas pour vous, garçon :
> Est pour un homme de guerre
> Qui a barbe au menton ;
> Lon, lon, laridon.
> Qui porte chapeau à plume,
> Soulier à rouge talon,
> Qui joue de la flûte,
> Aussi du violon ;
> Lon, lon, laridon.

(1) A cause du bouton du couvercle. Argot des buveurs. — Éd.
(2) Siffleur. — Tr.

Balmawhapple ne pouvant y tenir plus long-temps, éleva la voix en annonçant une chanson furieusement bonne, selon ses propres termes, et composée par Gibby Gaethroughw'it, le joueur de cornemuse de Cupar[1]; et sans perdre de temps, il l'entonna :

> Aux bruyères de Glenbarchan,
> A Killybraid sur la montagne
> J'ai fait jadis mainte campagne
> Pour surprendre le coq faisan.

Le baron dont la voix se perdait dans les accens plus sonores de Balmawhapple, renonça à lutter avec lui ; mais il continuait à fredonner son *lon, lon, laridon,* et à regarder avec dédain l'heureux rival qui le privait de l'attention de la compagnie. — Balmawhapple acheva fièrement son couplet :

> L'oiseau partait-il du buisson,
> J'arrêtais son essor rapide :
> Quand je revins à la maison
> Mon havresac n'était pas vide.

Après avoir inutilement essayé de se rappeler le second couplet, il recommença le premier ; et dans l'enthousiasme de son triomphe, il déclara qu'il y avait plus de sens dans ces vers-là que dans tous les refrains de France et du comté de Fife par-dessus le marché. Le baron ne lui répondit qu'en prenant longuement une prise de tabac, et en le regardant avec l'expression du plus profond mépris. Mais grace à l'alliance de *l'ours* et de la *poule,* le jeune laird s'était affranchi du respect que le baron lui inspirait habituellement. Il s'écria que le bordeaux était une boisson insipide, et demanda du brandevin en vociférant. On apporta l'eau-de-vie, et le démon de la politique fut sans doute jaloux même de l'harmonie de ce concert flamand, parce qu'il ne se mêlait pas une note de colère dans l'étrange musique qu'il produisait. Inspiré par l'énergique liqueur, le laird de Barmawhapple méprisa les mines et les regards significatifs par lesquels le baron, par égard pour Edouard, l'avait empêché d'entamer une discus-

---

(1) Dans le comté de Fife. — Éd.

sion politique. Il porta d'une voix de Stentor le toast suivant :
— Au petit homme habillé de velours noir, qui fit bien son service en 1702! puisse le cheval blanc lui casser le cou sur une butte de sa façon!

Edouard en ce moment n'avait pas les idées assez nettes pour se rappeler que le roi Guillaume était mort des suites d'une chute, son cheval ayant bronché sur une taupinière; cependant il se sentit disposé à prendre ombrage d'une santé qui, accompagnée du regard de Balmawhapple, semblait contenir une allusion injurieuse au gouvernement qu'il servait. Le baron le prévint, et s'empara de la querelle : — Laird de Balmawhapple, lui dit-il, quels que soient mes principes làdessus, *tanquàm privatus,* comme particulier, je vous déclare que je ne souffrirai pas que vous vous permettiez de faire ici la moindre allusion qui puisse blesser les sentimens de l'honorable gentilhomme que j'ai pour hôte. Si vous n'avez aucun égard pour les lois de la politesse, respectez du moins le serment militaire, le *sacramentum militare,* qui lie tout officier à son drapeau : il fut toujours sacré. Ouvrez Tite-Live; voyez ce qu'il dit de ces soldats romains qui eurent le malheur de renoncer à leur serment de légionnaire : *Exuêre sacramentum militare.....* Mais vous connaissez aussi peu l'histoire ancienne que l'urbanité moderne.

— Je ne suis point aussi ignorant que vous voulez bien le dire ; je sais bien que vous faites allusion à la sainte ligue et au covenant; mais si tous les wighs de l'enfer avaient...

Edouard et le baron prirent la parole en même temps, le dernier s'écriant : — Taisez-vous, monsieur, non-seulement vous prouvez votre ignorance, mais vous couvrez de honte vos compatriotes, et cela devant un étranger et un anglais.

Wawerley de son côté supplia vainement Bradwardine de lui permettre de repousser une insulte qui paraissait lui être adressée personnellement. La tête du baron était exaltée par le vin, par la colère et le dédain, au-dessus de toute considération terrestre.

— Capitaine Waverley, lui dit-il, je vous prie de me laisser parler : partout ailleurs, vous êtes *sui juris*, c'est-à-dire émancipé, ayant le droit peut-être de vous défendre vous-même ; mais ici.... sur mes terres... dans cette pauvre baronnie de Bradwardine, et sous ce toit, qui est *quasi* mien, étant celui d'un tenancier qui faute de bail l'habite par un renouvellement dépendant de ma volonté, je suis pour vous *in loco parentis* [1], et tenu à vous conserver sain et sauf. — Quant à vous, M. Falconer de Balmawhapple, j'espère que vous ne vous écarterez plus de la voie de la courtoisie.

— Et je vous dis, moi, M. Cosme-Comine Bradwardine de Bradwardine et de Tully-Veolan, répondit le chasseur avec dédain, et je vous déclare que si quelqu'un refuse de porter mon toast, je le traiterai comme je traiterais un coq de bruyère, que ce soit un Anglais, whig tondu, avec un ruban noir sur l'oreille, ou un homme qui déserte ses amis pour faire société avec les rats de Hanovre.

Les rapières furent aussitôt tirées, et plusieurs bottes terribles portées de part et d'autre. Balmawhapple était jeune, agile et vigoureux ; mais le baron maniait son arme avec plus d'adresse, et nul doute que, comme sir Toby Belch [2], il n'eût donné une sévère leçon à son antagoniste, s'il n'eût été sous l'influence de la *grande ourse*.

Edouard s'élança entre les deux combattans ; mais il fut arrêté par le corps du laird de Killancureit qui, couché sur le plancher, s'opposa à son passage. Comment, dans un moment aussi critique, Killancureit se trouvait-il dans cette posture ? c'est ce qu'on n'a jamais pu savoir d'une manière bien précise. Quelques personnes pensaient qu'il avait voulu se cacher sous la table ; mais il soutint que le pied lui avait glissé au moment où il s'armait d'un tabouret pour assommer Balmawhapple, afin de prévenir un malheur. Quoi qu'il en soit, si personne n'eût été plus prompt que lui et que Wawerley à séparer les combattans, le sang eût certainement coulé ; mais le cliquetis des armes, bien connu dans la maison, frappa les oreilles de

---

(1) Vous tenant lieu de père. — Tr.
(2) Personnage de Shakspeare dans la *Soirée des Rois*. — Éd.

mistress Macleary, qui était au-delà du hallan [1], ou mur extérieur en terre de sa chaumière, occupée devant la porte à additionner le montant de l'écot, quoique ses yeux fussent fixés sur le livre de Boston, intitulé *the Crook of the lot* [2]. Elle accourut en s'écriant : — Quoi! Vos Honneurs veulent-ils s'égorger ici pour discréditer la maison d'une pauvre veuve ! ne pouviez-vous choisir un autre endroit pour vous battre, quand vous avez toute la plaine devant vous? — En disant ces mots, elle jeta avec beaucoup d'adresse son plaid sur les armes des combattans; les domestiques, qui heureusement avaient été passablement sobres, entrèrent aussi, et à l'aide d'Edouard et de Killancureit, ils vinrent à bout de séparer les deux champions furieux. On emmena et l'on monta comme on put sur son cheval le laird de Balmawhapple, qui se répandait en blasphèmes, en imprécations et en menaces contre tous les whigs, presbytériens, et fanatiques d'Ecosse ou d'Angleterre, depuis John o' Groat's jusqu'à Land's End [3].

Notre héros à l'aide de Saunderson ramena le baron de Bradwardine dans son manoir ; il ne put avoir la liberté de se retirer qu'après avoir entendu une apologie longue et savante de ce qui venait de se passer : tout ce qu'Edouard put y comprendre, c'est qu'il y était question des *Centaures* et des *Lapithes*.

(1) C'est un mur destiné à protéger les chaumières contre l'entrée du vent, quand la porte est ouverte. — Éd.

(2) *Houlette du sort*, ou peut-être aussi le *Crochet du sort* ; car l'éditeur avoue n'avoir aucune connaissance de cet ouvrage.

(2) *Johny' Groat's*. C'est le lieu le plus au nord de l'Écosse dans le comté de Caithness. *Land's End* est à l'extrémité occidentale de la Grande-Bretagne, dans le Cornouailles. — Éd.

CHAPITRE XII.

Repentir et réconciliation.

WAVERLEY était habitué à ne boire du vin qu'avec la plus grande sobriété : aussi ne s'éveilla-t-il que fort tard le lendemain matin, et sa mémoire lui retraça de suite la scène de la veille, qui fit sur lui une impression pénible. Il sentait qu'il avait reçu un affront personnel, — lui, gentilhomme, officier, portant le nom de Waverley ! — Il est bien vrai, se disait-il, que celui qui m'a insulté était dans un état à ne pouvoir faire usage du peu de raison qu'il a reçue du ciel ; il est bien vrai que si j'en demande raison, je viole les lois divines et humaines. Je puis arracher la vie à un jeune homme qui peut-être aurait rendu de grands services à sa patrie ; je puis porter la désolation au sein de sa famille. — Je puis moi-même périr sous ses coups. Quelque brave qu'on soit, cette alternative, examinée de sang-froid et sans témoins, ne peut être que désagréable.

Toutes ces idées occupaient tour à tour son esprit ; mais la première laissait l'impression la plus forte, il avait reçu un affront personnel, il était de la maison de Waverley, il était officier. Il n'y avait donc aucune alternative. Il descendit dans la salle du déjeuner, bien décidé à prendre congé de la famille de Bradwardine, pour écrire à l'un de ses camarades de venir le joindre à une auberge à moitié chemin de Tully-Veolan et de leur garnison, et pour le charger du cartel qu'il enverrait au laird Balmawhapple. Il trouva miss Rose occupée à préparer le thé et le café. Du pain frais de farine de froment et d'orge auquel on avait donné la forme de gâteaux, de biscuits, des œufs, du jambon de cerf, des gigots de mouton et autres, avec du bœuf, du saumon fumé, de la marmelade, et toutes les friandises qui forcèrent Johnson[1] lui-même à mettre les déjeuners d'Écosse au-dessus des déjeuners de tous les pays, couvraient la table. Un grand plat, rempli de soupe de gruau et flanqué d'une espèce de cruche d'argent qui contenait un égal mélange de crème et de petit-lait, était placé vis-à-vis la chaise du baron, parce que c'était son déjeuner ordinaire. Mais Rose dit à Waverley que son père était sorti de très grand matin, et qu'il avait bien recommandé qu'on n'éveillât pas son hôte.

Édouard, presque sans répondre un seul mot, prit une chaise d'un air pensif et préoccupé, peu propre à donner bonne idée de ses talens pour la conversation; il répondit au hasard à deux ou trois questions que miss Bradwardine lui fit sur des objets indifférens. Piquée d'avoir essayé vainement par complaisance de le tirer de sa taciturnité, elle renonça à son projet ne pouvant concevoir qu'il n'y eût pas des manières plus aimables sous un habit rouge; — elle le laissa donc rêver à son aise, et maudire en lui-même *la grande ourse*, constellation favorite du docteur Doubleit, comme la cause de tous les malheurs qu'elle avait déjà causés et qu'elle pouvait causer encore.

Tout à coup Édouard tressaillit en voyant au travers de la croisée le baron et le jeune Belmawhapple se tenant par le bras et en conversation animée. — M. Falconer a-t-il couché ici? demanda Waverley à miss Rose. Celle-ci peu satisfaite de son interrogation brusque se contenta de lui répondre froidement : Non; et la conversation tomba de nouveau.

M. Saunderson entra pour annoncer que son maître attendait le capitaine dans la pièce voisine. Édouard se leva de suite avec un violent battement de cœur qu'on ne pourrait sans injustice attribuer à la peur, mais qui était l'effet de l'incertitude où il était sur l'explication qui allait avoir lieu. Il trouva

(1) Le docteur S. Johnson voyageait en Écosse avec toutes les antipathies nationales. — Éd.

les deux gentilshommes debout. Un air de satisfaction et de dignité régnait sur la figure du baron ; mais la pâleur qui couvrait le visage toujours arrogant de Balmawhapple annonçait qu'il était en proie à la honte, au dépit et à la mauvaise humeur. Le baron passa son bras sous le sien, et s'avança vers Édouard ; il avait l'air de marcher de front avec Balmawhapple ; mais dans le fait il l'entraînait. Il s'arrêta au milieu de l'appartement, et dit avec beaucoup de gravité : — Capitaine Waverley, mon jeune et estimable ami M. Falconer de Balmawhapple ayant égard à mon âge et à mon expérience pour tout ce qui regarde le point d'honneur, le duel ou *monomachie*[1], m'a chargé d'être son interprète pour vous exprimer le regret qu'il éprouve en se rappelant certaines expressions qui lui sont échappées hier au soir, et qui sans doute ont été très désagréables pour vous qui servez le gouvernement actuel. Il vous demande, monsieur, de vouloir bien oublier cette infraction aux lois de la politesse, comme l'effet d'un premier mouvement qu'il désavoue maintenant qu'il est de sang-froid ; et il vous offre sa main en signe d'amitié. Je puis vous assurer, capitaine Waverley, qu'il n'y a que la conviction d'*être dans son tort* (comme un brave chevalier français, M. le Bretailleur, me disait un jour en pareille circonstance), et de plus le sentiment de votre mérite personnel, qui aient pu déterminer mon ami à cette démarche, car il est d'une famille où de temps immémorial la bravoure est héréditaire, *mavortia pectora*, pour me servir des expressions de Buchanan ; tribu ou famille vaillante et guerrière, cœurs valeureux!

Édouard se hâta d'accepter avec une politesse naturelle la main que Balmawhapple, ou pour mieux dire, que le baron lui présentait en qualité de médiateur. — Il m'est impossible de me rappeler, dit-il, les expressions qu'on regrette d'avoir prononcées ; je ne veux les attribuer qu'à l'influence des libations trop répétées du banquet d'hier.

— C'est très bien dit, répondit le baron. Il est possible qu'un homme se trouve *ebrius*, pris de vin, surtout dans un

(1) Combat singulier. Mot dérivé du grec. — Éd.

jour de fête et de réjouissance, sans cesser pour cela d'être un homme d'honneur; et s'il désavoue à jeun les injures qu'il peut avoir dites sous l'influence du vin, on doit les attribuer à cette liqueur, et dire : *vinum locutus est*, ce n'est plus lui qui a parlé. Mais je me garderais bien d'étendre cette disculpation aux ivrognes d'habitude, aux *ebriosi*, passant pour ainsi dire leur vie entière dans une aliénation d'esprit qui ne leur permet plus de respecter les règles de la politesse et les lois de la société ; — qu'ils apprennent du moins à se modérer et à se vaincre lorsqu'ils sont sous l'influence du *stimulus* bachique : mais allons déjeuner, et ne parlons plus de ce qui s'est passé.

Quelle que soit la conséquence que l'on tirera de l'aveu que je vais faire, je dois dire, pour rendre hommage à la vérité, qu'après cette explication Édouard fit beaucoup plus d'honneur à l'excellent déjeuner de Rose que son début ne l'avait annoncé. Balmawhapple, au contraire, était gêné et triste. Waverley s'aperçut qu'il avait le bras droit en écharpe, ce qui expliquait la manière embarrassée dont il lui avait offert la main. Il répondit aux questions de miss Bradwardine en disant que son cheval s'était abattu. Comme il se trouvait dans un trouble visible, il se leva aussitôt après le déjeuner, et prit congé de la société, malgré les pressantes invitations du baron pour le retenir à dîner.

Waverley annonça l'intention où il était de partir d'assez bonne heure de Tully-Veolan, pour aller coucher à la première poste; mais en voyant l'impression douloureuse que cette nouvelle inattendue avait faite sur le cœur du vieux gentilhomme, il n'eut pas le courage d'insister. A peine le baron eut-il obtenu de Waverley la promesse de prolonger de quelques jours sa visite, qu'il s'occupa des moyens de reculer l'époque de son départ, en détruisant les motifs qui pouvaient l'avoir déterminé à prendre cette résolution.

— Capitaine Waverley, dit-il, je serais bien fâché que vous pussiez croire que j'autorise l'intempérance par mes exemples ou par mes discours. Je ne disconviens pas que dans la fête qui a eu lieu hier au soir quelques-uns de nos amis étaient, sinon complètement ivres, *ebrii*, du moins un peu en train, *ebrioli;* épithètes par lesquelles les anciens désignaient ceux qui avaient perdu la raison, ou ceux qui, comme vous le dit métaphoriquement la phrase anglaise, sont presque en pleine mer. Ne croyez pas que je veuille parler de vous, capitaine Waverley, Dieu m'en préserve! j'ai vu avec plaisir qu'en jeune homme prudent et réservé, vous aviez plus d'une fois éludé de boire. Ce reproche ne peut non plus me regarder : je me suis trouvé à la table de plusieurs grands généraux et maréchaux ; mais j'ai toujours su porter mon vin discrètement dans ces banquets solennels, et vous avez été témoin que hier au soir je n'ai pas franchi un instant les limites d'une modeste hilarité.

Il n'y avait rien à opposer à une décision aussi formellement énoncée par lui-même, quoique d'après ses propres observations Édouard fût bien persuadé que non-seulement le baron était en train, *ebriolus*, mais qu'il commençait à être ivre, ou en bon anglais, qu'il était incomparablement le plus ivre de la société, à l'exception peut-être de son antagoniste le laird de Balmawhapple. Cependant ayant reçu le compliment attendu (ou plutôt demandé) sur sa sobriété, le baron continua : — Non, monsieur, quoique je sois d'un très fort tempérament, j'abhorre l'ivrognerie, et je déteste ceux qui ne boivent le vin que *gulæ causâ*, pour la satisfaction du gosier. Néanmoins je désapprouverais la loi de Pittacus de Mytilène qui punissait doublement les crimes commis sous l'influence de *Liber Pater*[1], et je n'admets pas tout-à-fait les reproches que Pline le jeune fait aux buveurs, dans le quatorzième livre de son *Historia naturalis*... Non, monsieur, je sais distinguer le temps et les lieux pour excuser ou condamner. J'approuve cette gaîté que donne le vin, tant qu'elle ne fait qu'épanouir le visage, ou dans le langage de Flaccus, *recepto amico* (quand on reçoit un ami).

Le baron termina cette apologie, qu'il avait crue nécessaire pour excuser son excès d'hospitalité envers ses convives ; on

---

(1) Synonyme classique de Bacchus. — Tr.

croira aisément qu'Édouard s'était bien gardé de l'interrompre pour le contredire ou pour exprimer des doutes. Le baron invita son hôte à une partie de chasse pour le lendemain, et il ordonna à Davie Gellatley d'aller les attendre de bon matin au *dern path*[1] avec ses chiens Ban et Buscar. — En attendant la saison du gibier, dit-il, je voudrais vous donner une idée de la manière dont on fait la chasse dans le pays, et si Dieu le veut nous rencontrerons un chevreuil : le chevreuil, capitaine Waverley, se chasse dans toutes les saisons, parce que cet animal n'a point d'époque fixe pour être dans ce qu'on appelle son *orgueil* de graisse[2] : aussi sa venaison ne vaut jamais celle du daim rouge ou fauve. Vous verrez du moins courir mes chiens, qui nous devanceront sous la conduite de Davie Gellatley.

Waverley témoigna sa surprise de ce qu'il chargeait d'une commission semblable l'ami Davie; mais le baron s'empressa de lui apprendre que ce pauvre innocent n'était ni insensé, ni *naturaliter idiota*, comme on le dit en termes de palais dans les enquêtes de folie, mais qu'il était simplement un cerveau timbré qui exécutait très bien les commissions dont on le chargeait, pourvu qu'elles ne contrariassent pas son humeur, et qui savait bien se servir de sa folie pour se dispenser des autres. — Il nous a attachés à lui, continua le baron, en sauvant la vie de Rose au péril de la sienne; le coquin, depuis cette époque, boit de notre vin et mange de notre pain; il fait ce qu'il peut ou ce qu'il veut; et s'il faut en croire les rapports un peu suspects du bailli et de mon sommelier, c'est pour lui un équivalent.

Miss Bradwardine apprit alors à Waverley que le pauvre *innocent* était épris de la musique; qu'il était profondément ému par les chants mélancoliques, et qu'il était d'une gaîté folle en entendant des airs vifs et gais. — Il est doué, sous ce rapport, d'une mémoire prodigieuse et meublée de divers fragmens d'airs et de chansons dans tous les genres, qu'il

---

[1] Sentier solitaire ou secret. — Éd.
[2] *Pride of grease*, état parfait de graisse. — Éd.

adapte souvent aux personnes, aux circonstances, avec beaucoup d'adresse, soit pour faire une remontrance, soit pour donner une explication quelconque, ou comme moyen de satire. Il est fort attaché aux personnes qui lui témoignent de l'amitié; mais aussi il est très sensible aux injures comme aux mauvais procédés, et lorsque l'occasion de se venger se présente, il sait très bien en profiter. Les gens du peuple qui se jugent aussi sévèrement les uns les autres qu'ils jugent leurs supérieurs, avaient exprimé beaucoup de compassion pour le pauvre *innocent* lorsqu'il errait en haillons dans ce village; mais depuis qu'ils l'ont vu proprement vêtu, bien pourvu et jouissant des priviléges d'une espèce de favori, ils ont résumé toutes les preuves de finesse et de malice qu'il a données dans sa vie, et en ont tiré charitablement l'hypothèse que Davie Gellatley est tout juste assez fou pour se dispenser de tout travail. Leur opinion n'est pas mieux fondée que celle des nègres, qui prétendent que si les singes ne parlent pas c'est qu'ils craignent qu'on ne les fasse travailler. Davie Gellatley est tout bonnement ce qu'il paraît être, un cerveau timbré, incapable d'une occupation régulière. Il a assez de jugement pour tirer parti de sa folie, assez de saillies pour ne pas passer pour idiot; il est doué de quelque adresse pour la chasse (on a vu d'aussi grands fous que lui s'y distinguer). Davie a enfin beaucoup d'humanité pour les animaux qui lui sont confiés, une affection fidèle pour ses maîtres, une mémoire prodigieuse et de l'oreille pour la musique.

On entendit en ce moment dans la cour les pas des chevaux et la voix de Davie qui chantait en s'adressant aux deux limiers :

> Partez, limiers rapides,
> Parcourez les vallons,
> Franchissez les buissons
> Et les ondes limpides.
> Hâtez-vous de courir
> A travers la bruyère,
> Qu'une brise légère
> Fait à peine fléchir.

> Pénétrez dans l'asile
> Si discret, si tranquille,
> Où l'on surprit souvent
> La fée et son amant.
> Partez, limiers rapides,
> Parcourez les vallons,
> Franchissez les buissons
> Et les ondes limpides :
> Volez, limiers rapides.

— Ces vers appartiennent-ils à votre ancienne poésie écossaise ? demanda Waverley à miss Rose. — Je ne le crois pas, lui répondit-elle : cette pauvre créature avait un frère ; et le ciel, sans doute comme pour dédommager sa famille du malheur de Davie, avait donné à ce frère un talent que les gens du hameau trouvaient extraordinaire. Un oncle le faisait élever dans le dessein d'en faire un prêtre pour l'Église d'Écosse. Il ne put obtenir le moindre presbytère parce qu'il sortait de nos domaines [1]. Il revint du collége [2] sans espoir et le cœur brisé de douleur, et il tomba dans une langueur mortelle. Mon père en prit soin jusqu'à sa mort, qui arriva avant qu'il eût atteint sa vingtième année. Il jouait très bien de la flûte, et passait pour avoir de grandes dispositions pour la poésie. Il aimait beaucoup son frère, qui ne le quittait pas plus que son ombre, et nous pensons que c'est de lui que Davie a retenu ces fragmens de chansons qui ne ressemblent en rien à celles de ces cantons. Lorsque quelqu'un lui demande qui lui apprit un de ces fragmens comme celui que vous venez d'entendre, il ne répond qu'en poussant de grands éclats de rire, ou en versant des larmes avec des sanglots. Il n'a jamais donné d'autre explication ; jamais on ne lui a entendu prononcer le nom de son frère depuis sa mort.

Ce récit, qui avait quelque chose de romanesque, intéressa Édouard. — On parviendrait peut-être, dit-il, à tirer de lui d'autres éclaircissemens en le questionnant avec douceur et adresse...

---

(1) Et que l'intolérante Église d'Écosse ne le croyait pas assez whig. — Éd.
(2) C'est-à-dire de l'université, du cours de théologie. — Éd.

— C'est possible, lui répondit miss Rose ; mais mon père n'a jamais voulu permettre à qui que ce fût de le questionner sur cet objet.

Pendant cette conversation, le baron, à l'aide de Saunderson, était parvenu à mettre une paire de bottes d'une dimension fort large ; et ayant invité notre héros à le suivre, il descendit l'escalier en appuyant fortement du talon et en frappant du manche de son fouet de chasse les barreaux de la rampe. Il fredonnait, avec l'air d'un chasseur de Louis XIV :

Pour la chasse ordonnée il faut préparer tout.
Holà ! ho ! debout : vite debout.

CHAPITRE XIII.

Journée plus raisonnable que la précédente.

Le baron de Bradwardine montait un cheval actif et bien dressé. A la manière dont il était assis sur sa selle garnie d'amples housses aux couleurs de sa livrée, on aurait cru voir un véritable modèle de l'ancienne école d'équitation. Son habit brodé de couleur claire, sa veste richement galonnée, sa perruque de commandant de brigade, son petit chapeau retroussé à ganses d'or, complétaient son costume : il était suivi de deux domestiques à cheval, armés de deux pistolets d'arçon.

Dans cet équipement il trottait par monts et par vaux, faisant l'admiration de tous les fermiers sur le chemin. Ils arrivèrent enfin au fond d'un verdoyant vallon où Gellatley s'était déjà rendu avec ses deux énormes lévriers et une demi-douzaine de chiens de toute espèce. Il était environné d'une troupe de jeunes garçons à jambes et têtes nues, qui pour se procurer l'honneur de suivre la chasse avaient eu l'attention de flatter les oreilles de Gellatley en lui donnant le titre de *monsieur* Gellatley, quoiqu'il n'y en eût aucun d'eux qui dans d'autres occasions ne l'eût salué de l'apostrophe de *Daft-Davy,* Davie *le Fou.* Ce n'est pas seulement parmi les villageois à pieds nus de Tully-Veolan qu'on a recours à la flatterie auprès des personnes en place, c'était un usage généralement reçu il y a soixante ans ; il existe encore ; il existera sans doute dans six cents ans, si le ridicule mélange de folie et de bassesse qu'on appelle le monde subsiste à cette époque.

Ces *petits va-nu-pieds* étaient destinés à battre les buissons : ce dont ils s'acquittèrent si bien, qu'au bout d'une demi-heure un chevreuil fut lancé, poursuivi et tué. Le baron accourut avec toute la vitesse de son cheval blanc comme jadis le comte Percy[1] : il tira son couteau de chasse baronial, éventra majestueusement l'animal, le vida, et fit observer à Waverley que les chasseurs français appelaient cela *faire la curée.* Après avoir terminé cette cérémonie il ramena son hôte à Tully-Veolan par un chemin sinueux, mais pittoresque, qui commandait un vaste paysage orné de villages et de maisons à chacune desquelles le baron attachait quelque anecdote d'histoire ou de généalogie. Il y avait dans ses récits la bizarrerie de ses préjugés et de son pédantisme, mais ils prouvaient aussi beaucoup de bon sens et des sentimens honorables : enfin s'ils étaient quelquefois peu importans, ils étaient toujours curieux parce qu'ils étaient instructifs.

La promenade plaisait également aux deux amis, quoique leurs caractères et leurs habitudes fussent tout-à-fait opposés. Nous avons dit qu'Édouard était sensible, doué d'une imagination vive, d'une tournure d'esprit romanesque, et d'un goût vif pour la poésie. M. Bradwardine était l'opposé de tout cela, et se faisait gloire de parcourir le chemin de la vie avec la raideur et la stoïque gravité qu'il déployait dans sa promenade de chaque soir sur la terrasse de Tully-Veolan, où pen-

---

[1] Dans la fameuse ballade anglo-écossaise de *Chevy-chace,* où la chasse de Percy amène un combat sanglant entre lui et Douglas, etc. — Éd.

dant des heures entières, vrai modèle du vieux Hardyknute[1], il marchait

> A pas comptés vers l'orient,
> A pas comptés vers l'occident.

Quant à la littérature, il avait lu les poètes classiques; plus l'Epithalamum de George Buchanan, les Psaumes d'Arthur Johnson, les *Deliciæ poetarum*, les OEuvres de sir David Lindsay, le *Bruce* de Barbour, le *Wallace* d'Henry-l'Aveugle, le *gentle Shepherd*[2] de Ramsay, le *Cerisier* et le *Prunier*. Mais malgré ce sacrifice fait aux muses, il eût préféré, s'il faut dire le vrai, qu'on lui eût mis en bonne prose les sages et pieux apophthegmes et les récits historiques contenus dans ces divers livres. Il ne pouvait s'empêcher parfois de témoigner son mépris pour l'art inutile de faire des poèmes. — Le seul écrivain qui eût excellé dans son temps, disait-il, c'était Allan Ramsay, le perruquier!

Quoique Édouard différât de lui *toto cœlo*, comme aurait dit le baron, l'histoire était pour eux un terrain neutre où ils pouvaient s'entendre : il est vrai que le baron n'aimait que les grands événemens, et les vicissitudes politiques que l'histoire décrit d'une manière simple et sans ornement. Édouard, au contraire, aimait à finir et à colorer l'esquisse avec une imagination qui donnait l'ame et la vie aux acteurs du drame du passé. Malgré des goûts si opposés ils se plaisaient mutuellement. Les détails que M. Bradwardine trouvait dans sa mémoire fournissaient à Waverley des sujets pour occuper son imagination, et lui ouvraient une nouvelle mine d'incidens et de caractères ; de son côté il rendait les jouissances qu'on lui procurait, en écoutant avec la plus grande attention. Il n'y a pas de conteur qui ne soit sensible à cette politesse ; mais le baron surtout voyait avec le plus grand plaisir cette marque de respect et de déférence pour sa personne ; M. Bradwardine était aussi intéressé par ses remarques et ses allusions qui con-

---

[1] Héros d'une vieille ballade écossaise. — Éd.
[2] Le *Gentil berger*, ou plutôt le *Noble berger*. — Éd.

firmaient ou expliquaient ses pensées. Le baron aimait encore à parler des aventures de sa jeunesse, qu'il avait passée dans les camps en pays étrangers, et il connaissait des particularités curieuses sur les généraux sous lesquels il avait servi, et sur les combats auxquels il avait assisté.

Nos deux chasseurs rentrèrent à Tully-Veolan très satisfaits l'un de l'autre. Waverley forma le projet d'étudier avec attention le caractère du baron, qu'il trouvait original mais intéressant, le regardant comme un répertoire précieux de toutes les anecdotes anciennes et modernes; M. Bradwardine, de son côté, considérait Édouard comme un *puer* (ou plutôt comme un *juvenis*) *bonæ spei et magnæ indolis*, — un jeune homme ne ressemblant en rien à ces étourdis qui ne peuvent maîtriser la pétulance de leur âge, n'écoutent qu'avec impatience les avis des personnes sensées, et se permettent souvent de les tourner en ridicule. Il en tirait d'heureux augures pour ses succès à venir. Il n'y eut de convive étranger ce jour-là que M. Rubrick; et sa conversation, soit comme ecclésiastique, soit comme homme lettré, était en harmonie avec celle du baron et de son hôte.

Quelques minutes après le dîner, le baron, pour prouver qu'il ne s'était pas contenté de vanter la sobriété, mais qu'il l'avait pratiquée, proposa d'aller rendre visite à Rose, ou pour nous servir de ses expressions, de *monter à son troisième étage*. Il conduisit donc Waverley à travers deux ou trois longs corridors, véritables labyrinthes pour embarrasser un hôte, inventés par les anciens architectes. Là M. Bradwardine, montant le premier, et deux à deux, les degrés d'un escalier étroit, escarpé et tournant, devança M. Waverley et M. Rubrick, pour aller annoncer à sa fille la visite qu'elle allait recevoir.

Après avoir grimpé dans un escalier en spirale jusqu'à en éprouver des éblouissemens, ils arrivèrent enfin à une petite pièce carrée, garnie de nattes, qui servait d'antichambre à l'appartement de Rose, à son *sanctum sanctorum;* de là ils entrèrent dans son parloir[1]. Cette pièce était petite mais très agréable, et s'ouvrait au midi : elle était ornée d'une tapisserie, et il y avait aussi deux portraits représentant, l'un la mère de Rose en bergère, avec une jupe à paniers ; l'autre le baron à l'âge de dix ans, en habit bleu, en veste brodée, en chapeau galonné, en perruque à bourse, et tenant un arc à la main. Édouard ne put s'empêcher de sourire en voyant ce costume et la bizarre ressemblance qu'il y avait entre la figure ronde, vermeille et ingénue du portrait, et le visage maigre, le teint hâlé, la barbe, les yeux creux, et les rides de l'original, en qui tout attestait les traces de la guerre, des fatigues en tout genre et d'un âge avancé. Le baron en rit lui-même avec son hôte : — Ce portrait, lui dit-il, fut une fantaisie de femme qu'eut ma bonne mère, fille du laird de Tulliellum ; capitaine Waverley, je vous ai montré sa demeure quand nous étions sur le sommet du Shinny-Heuch ; elle fut brûlée en 1715 par les Hollandais, venus en qualité d'auxiliaires du gouvernement. Je n'ai jamais depuis fait faire mon portrait qu'une seule fois, et ce fut à l'invitation réitérée du maréchal duc de Berwick.

Le bon vieillard n'ajouta pas ce que M. Rubrick apprit ensuite à Édouard, que le maréchal lui avait fait cet honneur pour le récompenser de la bravoure qu'il avait montrée en montant le premier à la brèche pendant la mémorable campagne de 1709, au siége d'une forteresse de la Savoie, et en s'y défendant avec sa demi-pique pendant plus de dix minutes avant d'être secouru. On doit rendre justice au baron : quoiqu'il fût porté à exagérer la dignité de sa famille, il était réellement trop brave de sa personne pour faire mention de tout ce qui n'avait rapport qu'à son mérite personnel.

Miss Rose sortit en ce moment de sa chambre et vint recevoir son père et ses amis. Les occupations et les travaux auxquels on voyait qu'elle s'était livrée faisaient l'éloge des heu-

---

[1] Salon de *causerie familière* ; il y a, pour les soirées et les réceptions, un second salon. — Éd.

reuses dispositions qu'elle avait reçues de la nature et qui n'avaient besoin que d'être cultivées. Son père lui avait appris le français et l'italien ; elle avait sur les rayons de la bibliothèque quelques auteurs en ces deux langues. Il avait aussi essayé de lui apprendre la musique ; mais comme il avait débuté par les discussions les plus abstraites, ou peut-être comme il n'était pas en état d'enseigner cette science, elle n'était parvenue qu'à savoir s'accompagner sur la harpe, ce qui à cette époque n'était pas très commun en Écosse. En dédommagement elle chantait avec beaucoup de goût et d'expression, sans dénaturer le sens et les paroles, ce qui serait un modèle à proposer à des dames plus savantes musiciennes qu'elle. Le simple bon sens lui avait appris que si, comme le dit une grande autorité, — la musique se marie d'elle-même à l'immortelle poésie, — trop souvent le chanteur leur fait faire un divorce très honteux. C'était peut-être à ce goût de poésie et à ce talent d'en fondre l'expression avec celle de la musique, que Rose devait de plaire par son chant aux personnes qui n'avaient pas la moindre connaissance de cet art, comme à beaucoup de musiciens qui préféraient sa voix à d'autres plus belles et d'un plus brillant effet, mais qui n'avaient pas l'inspiration d'un sentiment aussi délicat que le sien.

Une bartesane ou galerie circulaire devant les fenêtres du parloir servait à faire connaître une autre occupation de miss Rose. Elle était garnie de toutes sortes de fleurs qu'elle cultivait elle-même ; on passait par une tourelle pour arriver à ce balcon gothique d'où l'on avait un coup d'œil ravissant. Le jardin, entouré de hautes murailles et situé précisément au-dessous, vu de cette hauteur, ne paraissait qu'un simple parterre. Plus loin s'étendait un vallon ombragé où le cours du ruisseau se montrait quelquefois, et quelquefois disparaissait sous la verdure du taillis. L'œil s'arrêtait avec plaisir sur des rochers qui élevaient çà et là leurs cimes en clochers au-dessus du bois touffu, ou sur une vieille tour dont rien ne cachait les sombres et nobles ruines qui du haut d'un promontoire se réfléchissaient dans l'onde. A main gauche on voyait quelques chaumières du village : le revers de la montagne cachait les autres. Ce vallon ou *glen*[1] se terminait par une pièce d'eau qu'on appelait *le lac Veolan;* le ruisseau y portait ses flots, et dans ce moment ils étincelaient des rayons du soleil couchant. Le paysage lointain était varié quoique non boisé ; la vue n'y était arrêtée que par une barrière d'azur qu'une chaîne de rochers formait du côté du midi à l'entrée de la vallée ou *strath*[2]. C'était sur ce balcon ravissant que Rose avait fait servir le café.

L'ancienne tour ou forteresse donna lieu au baron de raconter avec enthousiasme plusieurs anecdotes et histoires de chevalerie écossaise. L'angle saillant d'un roc incliné qu'on voyait près de là avait été appelé *la Chaise de saint Swithin.* C'était le théâtre d'une superstition sur laquelle M. Rubrick donna quelques détails qui rappelèrent à Waverley un fragment de ballade citée par Edgar dans *le Roi Lear*[3]. Miss Rose fut invitée à chanter une romance qu'avait composée, d'après la légende, quelque poète villageois qui,

>   Ignoré comme ceux dont il reçut la vie,
>   De l'oubli, par ses vers, préserva plus d'un nom,
>   Sans inscrire le sien au temple du Génie.

La douceur de sa voix, la beauté de la musique simple et naturelle, donnèrent à ce chant tout l'agrément que le poète eût désiré et dont sa poésie avait le plus grand besoin : je crains bien qu'étant privée de ces avantages, cette romance ne lasse la patience du lecteur, quoique la copie que je lui offre paraisse avoir été retouchée par Waverley en faveur de ceux dont le goût ne s'accommoderait pas de cette antique poésie trop littéralement reproduite.

(1) Le *glen* est le plus souvent un *vallon* tellement enclavé dans les montagnes, qu'il semble n'avoir qu'une issue, ou même aucune issue. Il renferme fréquemment le lit d'un torrent. — Éd.

(2) Le *strath* est encore une forme de vallée particulière aux Highlands. C'est une vallée longitudinale qui s'étend sur les bords d'une rivière ou d'un ruisseau, et encaissée dans les montagnes. — Éd.

(3) Edgar, le fils de Glocester, fait le fou, et cite à tout propos des proverbes et des vers qui n'ont quelquefois *ni rime ni raison*.

LA CHAISE DE SAINT SWITHIN.

La veille de Toussaint (1), avant de t'endormir,
Aux habitans du ciel, chrétien, fais ta prière;
Ils défendront ta couche et viendront la bénir.
Invoque aussi Marie, en disant ton rosaire.

La veille de Toussaint la sorcière des nuits
Plane dans l'horizon avec son noir cortége;
A la voix de l'orage elle mêle ses cris,
Ou se glisse en silence au travers de la neige.

La châtelaine vient prier saint Swithin.
L'humidité du soir baigne sa chevelure,
Son visage pâlit, son pas est incertain....
Mais son regard s'anime et son cœur se rassure.

Elle vient répéter ce charme tout-puissant
Par lequel saint Swithin, arrêtant la sorcière,
La força de descendre, et lui dit fièrement
De lui répondre, au nom du Dieu de la lumière.

Quiconque osant s'asseoir sur la chaise du saint,
Adresse à la sorcière un mystique langage,
Peut exercer sur elle un pouvoir souverain,
Et la faire trois fois parler malgré sa rage.

Le baron a suivi le roi Bruce aux combats.
Depuis trois longs hivers la châtelaine ignore
S'il a trouvé loin d'elle un glorieux trépas,
Ou si dans son manoir il doit paraître encore.

Elle hésite et frémit.... Enfin sort de sa bouche
Le mot dont saint Swithin a fait un talisman.
Quel est ce cri d'horreur? Est-ce la voix farouche
Du démon courroucé qui préside au torrent?

Le vent s'est tu soudain, et le torrent s'arrête;
Un silence de mort règne au loin dans les airs.
Ce calme, qui succède au bruit de la tempête,
Annonce un messager du prince des Enfers.

....
....
....

(1) La veille de Toussaint est un jour favorable pour les apparitions surnaturelles, selon une superstition qui a cours non-seulement en Écosse, mais dans toute la Grande-Bretagne.

— Je regrette de tromper l'attente de la société et surtout du capitaine Waverley qui écoute si attentivement, dit Rose ; mais ce n'est qu'un fragment, quoiqu'il y ait encore quelques vers dans lesquels le poète décrit le retour du baron de ses longues guerres, et la manière dont milady fut trouvée, froide comme la terre, sur le bord du ruisseau.

— C'est une de ces fictions, dit le baron, qui dans des temps superstitieux défiguraient les chroniques des plus illustres familles. Rome a eu ses prodiges ainsi que plusieurs autres nations de l'antiquité, comme l'on peut s'en convaincre en lisant l'histoire ancienne ou le petit volume compilé par Julius Obsequens[1], et dédié par le savant éditeur Scheffer à son patron Benedictus Skytte, baron de Dudershoff.

— Mon père a la plus grande défiance du merveilleux, dit miss Rose : il lui arriva une fois de conserver son sang-froid pendant qu'un synode de presbytériens se dispersa à l'apparition de l'Esprit malin.

Waverley témoigna par ses regards qu'il désirait connaître les détails de cette scène.

— Voulez-vous, dit miss Bradwardine, que je vous rapporte cette histoire tout au long comme je vous ai chanté la romance ? Eh bien ! il y avait une fois une vieille appelée Jeannette Gellatley qui passait pour être sorcière, et cela pour des motifs bien puissans sans doute : elle était très âgée, très laide et très pauvre. Elle avait deux fils, dont l'un était poète et l'autre presque privé de la raison ; on prétendit dans le pays que cette mère dénaturée avait jeté un maléfice sur son malheureux fils. Elle fut arrêtée comme sorcière et mise en prison dans le clocher de la paroisse. Là on ne lui donna que très peu de nourriture, sans lui permettre de dormir ; son cerveau se troubla au point qu'elle crut être réellement sorcière, comme le prétendaient ses accusateurs ; pendant que son esprit se trouvait dans cet état elle reçut l'ordre de faire une confession générale devant tous les whigs et tous les presbytériens du

---

[1] Julius Obsequens, auteur latin qui vivait, suivant les biographes, vers la fin du 4ᵉ siècle, et était contemporain de l'historien Paul Orose.

canton, qui n'étaient pas sorciers eux-mêmes. Comme l'accusée était née dans le domaine de mon père, il se rendit à l'assemblée pour voir l'issue de ce beau procès entre une sorcière et le clergé. Pendant que la pauvre femme confessait que le diable lui apparaissait sous la forme d'un beau jeune homme noir (et si vous aviez vu la pauvre Jeannette avec ses yeux chassieux, vous conviendriez que ce choix faisait peu d'honneur au goût d'Apollyon), tous les assistans, muets d'étonnement, prêtaient une oreille attentive, et le greffier écrivait d'une main tremblante cette déclaration étrange, lorsque la pauvre fille changea tout à coup de ton, et dit en poussant un grand cri : — Prenez garde à vous, prenez garde ; je vois le diable au milieu de vous. — La frayeur s'empara de toute l'assemblée ; chacun se hâta de prendre la fuite ; heureuses les personnes qui se trouvaient près la porte ! Quelle confusion, quel désordre régna parmi les coiffes, parmi les chapeaux et les perruques, avant que l'église fût évacuée ! Il n'y resta que notre prélatiste obstiné pour mettre tout d'accord, à ses risques et périls, entre la sorcière et son admirateur.

— *Risu solvuntur tabulæ*[1], dit le baron. Quand on revint de cette terreur panique, on en eut trop de honte pour recommencer les poursuites contre Jeannette Gellatley.

Cette anecdote amena une longue discussion sur

> Ces vagues fictions, ces bizarres mensonges,
> Entretien du foyer au retour des frimas,
> Pour l'enfance crédule entretien plein d'appas,
> Et qui souvent poursuit l'âge mûr dans ses songes.

Ce fut par une conversation semblable, et par les légendes romantiques que le baron raconta, que se termina le second jour passé par notre héros à Tully-Veolan.

(1) Le rire termine le procès. — TR.

CHAPITRE XIV.

Découverte.—Waverley s'établit commensal à Tully-Veolan.

Le lendemain Édouard se leva de bonne heure et fit sa promenade du matin autour de la maison et dans les environs. En rentrant, il passa par une petite cour où était le chenil; son ami Davie était occupé à donner ses soins aux quadrupèdes confiés à sa charge. Il reconnut de suite Édouard du coin de l'œil, mais il ne fit pas semblant de l'avoir aperçu, et lui tournant le dos, il se mit à chanter ce passage d'une vieille ballade :

L'amour de la jeunesse est toujours plus ardent.
Entendez-vous gazouiller l'hirondelle?
Mais l'amour du vieillard est toujours plus constant.
La grive dort la tête sous son aile.

La fureur du jeune homme est un feu pétillant.
Entendez-vous gazouiller l'hirondelle?
La fureur du vieillard est un acier brûlant
La grive dort la tête sous son aile.

Le jeune homme s'emporte à la fin du festin,
Entendez-vous gazouiller l'hirondelle?
Mais le vieillard se venge au retour du matin.
La grive dort la tête sous son aile.

Waverley ne put s'empêcher d'observer qu'il y avait dans l'emphase de Davie quelque chose qui prêtait à ces vers un sens satirique : il s'approcha de lui, et chercha par plus d'une question détournée à savoir ce qu'il voulait dire ; mais Davie n'était pas d'humeur à s'expliquer, et avait assez d'esprit pour cacher sa malice sous le manteau de sa folie. Édouard ne put rien tirer de lui, sinon que lorsque le laird de Balmawhapple était venu au château, ses bottes étaient couvertes de sang. Il trouva dans le jardin le vieux sommelier qui ne lui nia plus qu'ayant été élevé dans la pépinière de MM. Sumac et compagnie à Newcastle, il s'occupait quelquefois à arranger les plates-bandes pour faire plaisir au laird et à miss Rose. Après une longue série de questions, Edouard apprit enfin, non sans ressentir un violent chagrin et sans éprouver la plus grande surprise, que les excuses soumises de Balmawhapple étaient la suite de son duel avec le baron. Pendant que lui-même dormait encore, ils s'étaient battus, et le jeune homme avait été blessé au bras droit et désarmé.

Cette découverte mortifia Waverley; il se rendit auprès de son hôte, et lui adressa quelques remontrances respectueuses sur l'espèce d'injustice qu'il y avait eu à le prévenir dans son intention de se mesurer avec Falconer, ce qui, attendu son âge et sa profession, pouvait être traduit à son désavantage. — L'apologie que le baron fit de sa conduite est beaucoup trop longue pour être rapportée. Il insista avec force sur ce que, l'insulte leur étant commune, Balmawhapple, d'après les lois de l'honneur, ne pouvait se dispenser de donner satifaction à l'un et à l'autre. — Il l'a fait, ajouta-t-il, en mettant l'épée à la main contre moi, et en vous faisant de justes excuses; vous les avez reçues, c'est une affaire finie. Wawerley n'ayant rien à objecter à cette allégation, eut l'air d'en être satisfait; mais il ne put s'empêcher de maudire l'*ours sacré* qui avait fait naître cette querelle, et de témoigner que cette coupe ne méritait pas l'épithète qu'on lui avait donnée. Le baron fit observer que quoique le blason représentât l'ours comme un animal soumis et docile, on ne pouvait cependant disconvenir qu'il n'eût dans le caractère quelque chose de dur, de sauvage et de morose, ainsi que l'avait démontré Archibald Simson, pasteur de Dalkeith, dans son traité des *Hiéroglyphes des animaux*. Cet ours, ajouta-t-il, a occasionné bien des querelles dans la famille de Bradwardine. Je puis vous parler d'une affaire qui m'est personnelle, et qui malheureusement eut lieu avec un de mes cousins du côté de ma mère, sir Hew Halbert; il fut assez malavisé pour tourner en ridicule mon nom de famille, comme s'il eût été, *quasi Bear-Warden*[1]. C'était une plaisanterie très incivile; car non-seulement il insinuait que le fondateur de notre race était un gardien de bêtes, métier qui n'appartient qu'aux plus vils plébéiens, mais il donnait encore à entendre que notre écusson n'était point le noble prix de hauts faits d'armes, et qu'il avait été appliqué par paranomase ou jeu de mots au titre de notre famille : sorte d'emblème que les Français appellent *armoiries parlantes*, les Latins *arma cantantia*, et vos auteurs anglais *canting heraldry*. Ce serait là une espèce de blason digne des baragouineurs, des gens portant besace et autres mendians dont le jargon se compose de jeux de mots, plutôt que la noble, utile et honorable science du blason qui proclame les armoiries comme la récompense des nobles et généreuses actions, au lieu de s'occuper de vains quolibets, comme on en trouve dans les recueils de calembourgs. — Le baron ne dit plus autre chose concernant sa querelle avec sir Hew Halbert, sinon qu'elle s'était terminée d'une manière convenable.

Après être entré dans ces détails sur les plaisirs de Tully-Veolan pendant les premières semaines du séjour d'Édouard, pour en mieux faire connaître les habitans, nous croyons pouvoir nous dispenser de rapporter avec une exactitude aussi scrupuleuse tout ce qui s'y passa depuis. Il est à présumer qu'un jeune homme habitué à une société plus joyeuse aurait bientôt fini par s'ennuyer de la conversation d'un avocat aussi ardent de la dignité du blason; mais Édouard trouvait une agréable compensation dans ses entretiens avec miss Rose; elle écoutait avec un plaisir toujours nouveau ses réflexions sur la littérature, et montrait par ses réponses le goût le plus pur. Graces à la douceur de son caractère, elle s'était soumise avec complaisance et même avec plaisir aux lectures indiquées par son père, quoiqu'il l'eût condamnée à lire non-seulement d'énormes in-folios sur l'histoire, mais des traités plus volumineux encore sur les controverses ecclésiastiques. Quant au blason,

(1) *Quasi gardien d'ours; Bea-Warden*; dont on aurait fait *Bradwardine*. — Éd.

son père s'était contenté de lui en donner une légère teinture, en lui faisant lire les deux in-folios de Nisbett[1]. Le baron aimait Rose comme la prunelle de ses yeux; sa douceur inaltérable, sa constante application à rendre ces légers services qui plaisent d'autant plus qu'on n'aurait jamais pensé à les demander; sa beauté qui retraçait au baron les traits adorés d'une femme chérie; sa piété sincère et sa générosité, auraient suffi pour justifier la tendresse du plus partial des pères.

L'amour qu'elle inspirait au baron semblait cependant ne pas s'étendre jusque dans cette partie de la prévoyance paternelle où l'on croit généralement qu'un père prouve surtout sa tendresse pour sa fille : c'est-à-dire dans le soin de fixer son avenir, soit par un riche douaire, soit par un riche mariage. En vertu d'une ancienne substitution, la baronnie et toutes ses dépendances devaient passer après la mort du baron à un parent éloigné, et tout portait à croire que miss Bradwardine resterait avec un très mince douaire, car l'argent comptant du baron avait été trop long-temps livré à l'administration du bailli Macwheeble pour qu'on pût attendre grand'chose de sa succession personnelle. Il est vrai que le bailli aimait beaucoup son maître et miss Rose, mais il s'aimait encore plus lui-même. Il avait pensé d'abord qu'il n'était pas impossible de faire annuler l'acte de substitution qui était en faveur de la descendance mâle; il s'était même procuré à cet effet (et gratis comme il s'en vantait) une consultation signée d'un éminent avocat consultant d'Écosse, qu'il avait amené adroitement sur cette question, tout en le consultant régulièrement sur quelque autre affaire; mais le baron ne voulut en aucune manière entendre parler de cette transaction; au contraire, il prenait un plaisir cruel à répéter avec emphase que la baronnie de Bradwardine était un fief mâle, et que la charte qui l'avait fondée datait de ces temps reculés où les femmes étaient regardées comme inhabiles à régir de semblables fiefs,

---

(1) Ces deux vol. petit in-folio ont été réimprimés depuis 1800 en Angleterre, où la science du blason est encore assez étudiée pour faire partie des catéchismes de Pinnock, petite encyclopédie du peuple.—Éd.

parce que *suivant les coustusmes de Normandie, c'est l'homme ki se bast et ki conseille* : où comme d'autres auteurs bien moins galans encore dont il aimait à citer tous les noms barbares le disent expressément, parce que la femme ne peut servir le suzerain ou seigneur féodal à la guerre, et cela par égard pour la pudeur et pour la décence, ni l'aider de ses avis dans son conseil, à cause des bornes de son entendement et de sa faiblesse physique. — Qu'on me dise, s'écriait-il d'un air triomphant, s'il serait convenable qu'une femme de la famille de Bradwardine fût chargée d'ôter les bottes de son roi dans un jour de bataille ; et c'est précisément l'obligation des barons de notre race, *exuendi, seu detrahendi caligas regis post battaliam*... Non, non, répétait-il, *procul dubio*, il est hors de doute qu'il n'y ait eu plusieurs dames aussi méritantes que Rose qui ont été exclues de la succession pour me faire place. Me préserve le ciel d'en disposer autrement que ne l'ont fait mes ancêtres, ni de blesser les droits de mon parent Malcolm Bradwardine de Inchgrabbit! Quoiqu'il soit bien déchu, je me plais à le reconnaître pour un honorable membre de ma famille.

Le bailli, en sa qualité de premier ministre, après avoir reçu de son souverain cette décision irrévocable, crut qu'il était prudent de ne pas insister ; mais lorsqu'il rencontrait Saunderson le ministre de l'intérieur, ils gémissaient ensemble sur l'insouciance de leur seigneur et maître. Ils s'entretenaient un jour du projet d'unir miss Rose au jeune laird de Balmawhapple. — Il possède une belle terre, très peu grevée de dettes, disait le bailli ; c'est un jeune homme sans défaut, sobre comme un saint, si vous le tenez loin de l'eau-de-vie et l'eau-de-vie loin de lui ; on ne peut lui faire le moindre reproche, sinon qu'il fréquente parfois des gens de bien bas étage, tels que Jinker le maquignon et... et Gibbi Gaethrowit le joueur de cornemuse de Cupar ; mais il se corrigera.

— Oui, monsieur Saunderson, il se corrigera, prononçait le bailli...

— *Oui, comme la bière aigre se corrige au mois d'août*, ajouta

Gellatley, qui se trouvait plus près d'eux qu'ils ne le supposaient.

Miss Bradwardine, telle que nous l'avons dépeinte, avait toute la simplicité et la curiosité d'une recluse ; aussi saisit-elle avec empressement l'occasion que lui fournissait la visite d'Édouard pour agrandir le cercle de ses connaissances en littérature. Waverley fit venir de la ville où son régiment était en garnison une partie de ses livres ; ils ouvrirent à miss Rose une source de jouissances dont elle n'avait pas même l'idée. Les plus grands poètes en tout genre et les meilleurs cours de littérature faisaient partie des volumes expédiés à Tully-Veolan. La musique et les fleurs furent presque entièrement oubliées par miss Bradwardine ; Saunderson non-seulement en fut attristé, mais il finit par se dégoûter d'un travail qui ne lui valait plus un seul remerciement. Les nouveaux plaisirs que préférait miss Rose lui devenaient de jour en jour plus chers, parce qu'elle les partageait avec quelqu'un qui avait les mêmes goûts. L'empressement avec lequel Waverley expliquait un passage difficile ou faisait une lecture désirée rendait sa société inappréciable ; et les dispositions romanesques de son esprit enchantaient un caractère trop novice encore pour en discerner les défauts. Lorsque le sujet l'intéressait et quand il était tout-à-fait à son aise, Édouard avait cette éloquence naturelle et quelquefois brillante qui fait plus d'impression sur le cœur d'une femme que la beauté, la naissance et la fortune ; il y avait donc un danger toujours croissant dans ce commerce habituel pour la tranquillité de la pauvre Rose, d'autant plus que son père était trop occupé de ses études abstraites, et avait une trop haute idée de sa dignité pour rêver un moment à quoi était exposée sa fille. Dans son opinion, les femmes de la famille de Bradwardine ressemblaient à celles de la maison de Bourbon ou d'Autriche ; placées dans une sphère élevée que les nuages des passions ne pouvaient jamais obscurcir, elles étaient suivant lui au-dessus des faiblesses des femmes vulgaires. Bref, il ferma si bien les yeux sur les conséquences de l'intimité qui s'était établie entre sa fille et Waverley, que tout le voisinage en conclut qu'il avait compris les avantages de l'union de sa fille avec le riche et jeune Anglais : du moins, ajoutait-on, il n'est pas aussi fou qu'il l'avait presque toujours été jusqu'ici dans ses affaires d'intérêt.

Si le baron eût réellement pensé à faire cette alliance, il eût trouvé un obstacle insurmontable dans l'indifférence de Waverley. Depuis que notre héros avait des rapports plus directs avec la société, il avait appris à être honteux et confus de sa *légende de sainte Cécile* : et ses réflexions peu flatteuses à ce sujet servirent pendant quelque temps de contre-poids à la facilité naturelle de son cœur. D'ailleurs miss Rose, toute belle et aimable qu'elle était, n'avait point le genre de mérite qui peut captiver un jeune homme sans expérience et d'un esprit tout-à-fait romanesque. Elle était trop franche, trop confiante, trop bonne ; ces qualités sont précieuses sans doute, mais elles détruisent tout le merveilleux dont l'imagination fantasque d'un jeune homme aime à s'entourer. Était-il possible à Édouard de soupirer, de trembler et d'adorer, devant une jeune fille timide il est vrai, mais enjouée, qui tantôt venait lui demander de tailler sa plume, tantôt de lui faire la construction d'une stance du Tasse, tantôt de lui aider à orthographier un long,—très long mot de la version qu'elle en avait faite? Tous ces incidens séduisent l'esprit et le cœur à une certaine époque de la vie, mais non à la première entrée dans le monde, alors que le jeune homme cherche un objet dont l'affection le relève et l'ennoblisse à ses propres yeux, au lieu de s'abaisser jusqu'à celui qui attend de lui cette même distinction. Quoiqu'on ne puisse établir aucune règle certaine sur un sentiment aussi capricieux que l'amour, on peut cependant dire qu'un jeune amant est ordinairement guidé par l'ambition dans son premier choix ; ou ce qui revient au même, qu'il a soin (comme dans la légende de sainte Cécile déjà mentionnée) de le chercher dans un rang qui est assez loin du sien pour laisser pleine carrière à ce *beau idéal* que les réalités d'un commerce intime et familier ne tendent qu'à défigurer et à décolorer. J'ai connu un jeune homme rempli de talens qui, épris d'une jolie femme dont l'esprit ne correspondait pas à sa beauté et à sa tournure, se guérit de sa passion en causant librement avec elle pendant une après-dînée. Je suis bien assuré que si Waverley avait eu l'occasion de lier conversation avec miss Stubbs, miss Rachel n'aurait pas eu besoin de prendre tant de précaution, car il serait tout aussi bien devenu amoureux de la laitière. Quoique miss Bradwardine fût une personne tout autre, il est probable que l'intimité qui régnait entre elle et Waverley ne permit pas à ce dernier d'éprouver d'autre intérêt pour elle que celui d'un frère pour une sœur aimable, tandis que la pauvre Rose se livrait chaque jour davantage, sans le savoir, aux impressions d'un attachement plus tendre.

J'aurais dû prévenir le lecteur qu'Édouard avait obtenu la permission de prolonger son absence. Son colonel, en la lui accordant, lui recommandait dans sa lettre, d'une manière tout-à-fait amicale, de ne pas faire exclusivement sa société de ces gentilshommes qui, quoique très estimables d'ailleurs, avaient la réputation de ne pas aimer le gouvernement et se refusaient à lui prêter serment d'obéissance. Il insinuait d'une manière délicate qu'il serait possible que des liaisons ou des rapports de famille l'obligeassent à fréquenter des personnes qui avaient le malheur d'être suspectes; mais qu'il ne devait pas oublier que dans la position où se trouvait son père il ne pouvait que désirer ardemment que son fils ne formât point de liaison intime avec elles. Le colonel lui faisait sentir encore qu'en même temps que ses opinions politiques couraient quelque danger dans la société de gens de ce caractère, il risquait aussi de recevoir de fausses impressions sur la religion des prêtres *épiscopaux* qui cherchaient avec tant de malveillance à introduire la prérogative royale dans les choses sacrées.

Cette dernière insinuation fit que Waverley regarda son colonel comme également influencé par ses préjugés sur ces deux articles. Il avait remarqué que M. Bradwardine avait eu la délicatesse d'éviter scrupuleusement de prononcer un seul mot qui pût avoir le rapport le plus éloigné aux affaires du gouvernement, quoiqu'il fût lui-même un des plus chauds partisans de la famille exilée, et qu'il eût été chargé pour elle de plusieurs missions importantes. Étant donc bien persuadé qu'il n'avait pas à craindre que le baron fît la moindre tentative pour ébranler sa fidélité à son prince, Édouard se disait qu'il serait injuste en quittant sans motif la maison du vieux ami de son oncle, où il s'amusait et faisait lui-même plaisir, pour se prêter à des préventions et à des soupçons sans fondement. Il se contenta de faire une réponse vague, assurant son colonel qu'il pouvait être sans inquiétude sur les sociétés qu'il fréquentait; et que la fidélité qu'il avait jurée au gouvernement ne courait pas le moindre danger : en conséquence il continua à se regarder à Tully-Veolan comme un ami de la maison.

CHAPITRE IX.

Un Creagh (1) et ses suites.

Édouard habitait Tully-Veolan depuis environ six semaines, lorsqu'un matin, sortant pour faire sa promenade accoutumée, il fut frappé du tumulte qui régnait dans toute la maison. Quatre laitières, les jambes nues, tenant chacune à la main leur seau vide, couraient çà et là avec des gestes convulsifs, et ne cessaient pas de faire entendre des cris et des exclamations de surprise, de douleur et de colère. A leur aspect un païen les aurait prises pour un détachement des célèbres Bélides[2] échappées à leur supplice.—Dieu nous aide!—*Eh, sirs!*

(1) On va voir la véritable signification du mot *creagh*, que nous traduirons provisoirement par *déprédation*.—Éd.

(2) Danaïdes, petites-filles de Bélus.—Éd.

telles étaient toutes les paroles qu'on pouvait leur arracher et qui n'expliquaient nullement la cause de leur désespoir. Waverley se rendit donc dans la cour d'entrée, d'où il aperçut le bailli Macwheeble au milieu de l'avenue, excitant son poney gris. On voyait qu'il avait reçu un message très pressé, et il était accompagné de huit à dix paysans qui n'avaient pas eu beaucoup de peine à le suivre à son pas.

Le bailli était trop affairé et trop plein de son importance pour s'amuser à donner la moindre explication à Édouard; il demanda M. Saunderson, qui l'aborda d'un air solennel. Gellatley se faisait distinguer dans les groupes, oisif et insouciant comme Diogène au siége de Sinope. Le moindre événement heureux ou malheureux suffisait pour tirer ses facultés de leur apathie habituelle; il se mit à sauter et à danser en chantant le refrain d'une ancienne ballade :

Adieu notre richesse.

Mais en passant devant le bailli il reçut de son fouet un avertissement qui lui fit changer ses chants joyeux en lamentations.

Waverley allait entrer dans le jardin, lorsqu'il aperçut le baron arpentant à grands pas la longueur de sa terrasse; il y avait sur son front comme un nuage d'indignation et d'orgueil blessé; tout indiquait dans sa démarche et dans ses gestes que toute question lui serait pour le moment importune, si même il ne s'en offensait pas. Waverley rentra donc dans la maison sans lui adresser la parole, et se rendit dans la salle du déjeuner, où il trouva sa jeune amie Rose qui, sans exprimer l'indignation du baron, le désespoir des laitières, ni l'importance offensée du bailli, paraissait soucieuse et contrariée. Un seul mot mit Edouard au courant de tout.

—Votre déjeuner, dit-elle, sera un déjeuner troublé, capitaine Waverley. Une bande de caterans a fait une descente cette nuit et a enlevé toutes nos vaches.

—Une bande de caterans?

—Oui, capitaine, des voleurs des montagnes voisines. Nous

étions préservés de leurs insultes moyennant le black-mail[1] que mon père payait à Fergus Mac Ivor Vich Ian Vohr; mais mon père a cru qu'il était indigne d'un homme de sa naissance et de son rang de payer plus long-temps un semblable tribut. Voilà la cause du désastre qui nous est arrivé. Si vous me voyez triste, capitaine, ce n'est pas à cause de la perte que nous avons éprouvée, mais mon père est indigné de cet affront. Il est si téméraire et si bouillant, que je crains qu'il ne veuille essayer de recouvrer ses vaches par la force. En supposant qu'il ne lui arrivât aucun malheur et qu'il ne fût pas blessé lui-même, il pourrait blesser et même tuer quelqu'un de ces hommes sauvages; alors il n'y aurait plus ni paix ni trêve entre eux et notre famille. Nous n'avons plus comme autrefois les moyens de nous défendre; le gouvernement a fait enlever toutes nos armes; et mon père est si imprudent... Ah! grand Dieu! comment se terminera tout ceci?

La pauvre Rose n'eut pas la force de continuer, et ses yeux se remplirent de larmes.

Le baron entra, et fit à sa fille une sévère réprimande; Waverley ne l'avait pas encore entendu parler à personne d'un ton aussi dur. — N'avez-vous pas honte, lui dit-il, de vous montrer si affligée devant quelqu'un pour un objet semblable? On pourrait dire que c'est pour quelques vaches et quelques bœufs que vous pleurez, comme si vous étiez la fille d'un fermier du comté de Chester. Capitaine Waverley, je vous prie de croire que sa douleur provient uniquement de voir que son père soit outragé par de vils maraudeurs qui viendront bientôt ravager ses terres, et qu'il n'ait pas même à sa disposition une demi-douzaine de mousquets pour se défendre ou pour se faire craindre.

Le bailli Macwheeble entra un moment après, et par le rapport qu'il fit sur les armes et les munitions du manoir, il con-

---

(1) *Black-mail*, rente ou *tribut du voleur*, du verbe saxon, devenu celte, *to black*, *blacken*, piller, et de *mail*, rente, tribut. C'est donc en s'éloignant de l'étymologie que les Anglais appellent contribution noire cette taxe, qui était un *abonnement* fait avec les montagnards. — ÉD.

firma la vérité de ce que venait de dire le baron. Il exposa d'un ton de doléance que, quoique tous ses gens fussent disposés à lui obéir, on ne pouvait fonder une grande espérance sur leurs secours. Il n'y a que vos domestiques, ajouta-t-il, qui aient des pistolets et des épées; tandis que les déprédateurs qui sont au moins au nombre de douze, sont armés complètement, selon l'usage de leur pays.

Après avoir fait ces pénibles réflexions, il prit une attitude d'accablement muet, branlant d'abord la tête avec l'oscillation d'un pendule qui va cesser de vibrer, et puis il resta tout-à-fait immobile et dans le plus profond silence, formant par la projection de son corps un arc plus grand qu'à l'ordinaire.

Cependant le baron, rempli d'indignation, se promenait à grands pas sans prononcer une parole; il s'arrêta enfin pour contempler un portrait représentant un gentilhomme armé de toutes pièces, et dont le visage était presque entièrement couvert par une forêt de cheveux qui tombaient sur sa poitrine et sur ses épaules.—Capitaine Waverley, dit-il, voilà le portrait de mon grand-père! avec deux cents chevaux qu'il avait levés sur ses terres il battit et mit en déroute un corps de plus de cinq cents de ces voleurs montagnards qui ont toujours été la pierre d'achoppement et de scandale pour les habitans de la plaine, *lapis offensionis et petra scandali* : il les battit complètement, dis-je, à une époque où ils eurent la témérité de venir tourmenter cette contrée : c'était pendant les troubles de la guerre civile, l'an de grace 1642. Et c'est à son petit-fils qu'on ose faire un outrage semblable!...

A ces paroles succéda un silence solennel après lequel chaque membre de cette petite société émit un avis différent, comme il arrive toujours dans ces sortes de circonstances. Alexander ab Alexandro proposa d'envoyer quelqu'un pour composer avec les caterans. — Je suis assuré, dit-il, qu'ils s'empresseront de restituer les vaches à un *dollar* par tête. Le bailli s'empressa de faire observer qu'une telle transaction serait un theft-boot, ou composition de félonie [1], et il était plutôt d'avis

---

[1] Le *theft-boot*, selon la définition de Blackstone, est le consentement de reprendre le bien volé ou une indemnité, en renonçant à poursuivre le voleur.

d'envoyer une *fine main* dans les *glens* pour y faire le meilleur marché possible, comme pour soi-même, afin que le laird ne parût pas dans une telle affaire. Édouard proposa de faire venir de la garnison la plus voisine un détachement de soldats avec le *warrant*[1] d'un magistrat. Rose osa insinuer, mais à voix basse, qu'il vaudrait peut-être mieux payer le tribut arriéré à Fergus Mac Ivor Vich Ian Vohr, qui ferait facilement, comme on le savait, restituer les bestiaux si on se le rendait propice.

Aucune de ces propositions ne satisfit le baron. L'idée de toute composition directe ou indirecte lui paraissait ignominieuse. L'avis de Waverley prouvait seulement qu'il n'avait pas la moindre connaissance des mœurs et des dissensions politiques du pays : — Quant aux arrangemens à prendre avec Fergus Mac Ivor Vich Ian Vohr, dit le baron, je ne consentirai pas à lui faire la moindre concession, dût-il faire restituer *in integrum* toutes les vaches et tous les bœufs que son clan a volés à dater de Malcolm Canmore. Le baron persistait donc à pencher pour la guerre. — Qu'on fasse avertir, dit-il, les lairds Balmawhapple, Killancureit, Tulliellum et tous les lairds du voisinage exposés aux mêmes déprédations. Qu'ils joignent leurs forces aux nôtres pour poursuivre les voleurs, et alors ces *nebulones nequissimi*[2], comme Leslie les appelle, éprouveront le sort de leur prédécesseur *Cacus :*

Elisos oculos, et siccum sanguine guttur (3).

Le bailli, qui n'aimait nullement cet avis belliqueux, tira de son gousset une montre de la couleur et presque de la grosseur d'une bassinoire d'étain, et fit observer à son maître qu'il était midi passé ; qu'on avait aperçu les caterans au lever du soleil, déjà parvenus au défilé de Ballybrough, et qu'ainsi, avant que ses alliés eussent rassemblé leurs forces, les voleurs seraient en lieu de sûreté au milieu de leurs dé-

---

(1) *Warrant*, ordre d'arrêter, signé d'un juge de paix. — Éd.
(2) Mauvais garnemens. — Tr.
(3) Ses yeux sont arrachés, par sa gorge béante
A coulé tout son sang. — Tr.

serts, où il ne serait pas moins inutile que dangereux de les aller chercher.

Il n'y avait rien à répondre à cette observation ; et l'assemblée se sépara sans avoir rien décidé, comme il est arrivé plus d'une fois dans des circonstances d'une plus haute importance : il fut seulement convenu que le bailli enverrait ses trois vaches dans la ferme de Tully-Veolan pour les besoins de la famille du baron, et qu'on ferait chez lui usage de petite bière au lieu de lait. Saunderson avait suggéré cet arrangement, et le bailli s'était empressé d'y consentir, d'abord par respect pour la famille de Bradwardine ; en second lieu parce qu'il était bien convaincu que sa courtoisie lui serait payée au décuple.

Le baron sortit pour donner quelques instructions nécessaires, et Waverley saisit cette occasion pour demander à miss Rose si ce Fergus, dont il était impossible de prononcer l'autre nom, était le thief-taker du canton (l'officier chargé d'arrêter les voleurs).

— Le thief-taker ! répondit Rose en riant ; c'est un gentilhomme honorable, d'une grande importance ; le chieftain[1] de la branche indépendante d'un clan puissant des montagnes, est très respecté tant à cause de son propre crédit que de ses amis, parens et alliés.

— Qu'a-t-il donc de commun avec les voleurs ? est-il magistrat ? est-il de la commission de la paix[2] ?

— Il est bien plutôt de la commission de la guerre... c'est un très mauvais voisin pour ceux qui ne sont pas de ses amis ; il a une plus grande suite que d'autres trois fois plus riches que lui. Quant à ses rapports avec les voleurs, je ne puis vous en donner une explication bien claire ; je sais seulement qu'on n'a rien à craindre d'eux, pourvu qu'on paie le black-mail à Vich Ian Vohr.

— Et qu'est-ce que le black-mail ?

---

(1) Les montagnards sont partagés en tribus ou clans subdivisés en diverses branches. Chaque clan a son chef ; chaque branche son petit-chef, *chieftain*.

(2) C'est-à-dire du corps des juges de paix, nommés par commission du roi.—Éd.

— C'est une espèce d'argent de protection que les gentilshommes des basses-terres vivant près des Highlands paient à un chef des montagnes pour qu'il ne leur fasse lui-même aucun mal, et qu'il empêche les autres de lui en faire. Si l'on vous enlève votre bétail vous n'avez qu'à écrire un mot au chef, et il vous est rendu sur-le-champ, ou bien il fait une incursion dans un autre endroit éloigné où il a une querelle, et il y prend des vaches pour remplacer les vôtres.

— Et cette espèce de Jonathan Wild des Highlands[1], dit Waverley, est reçu dans la société ! on lui donne le nom de gentilhomme !

— Oui certes, et tellement que la querelle de mon père avec Fergus Mac Ivor date d'une assemblée de canton où Fergus voulait avoir le pas sur tous les gentilshommes des Lowlands ; mon père fut le seul qui osa lui contester ce droit. Alors Fergus lui reprocha d'être sous sa bannière, et de lui payer tribut. Mon père entra dans une grande colère, car le bailli Macwheeble, qui administre selon ses idées, s'était arrangé pour lui faire un secret de ce black-mail, et l'avait passé et compté parmi les autres taxes. Il y aurait eu un duel ; mais Mac Ivor dit poliment qu'il ne lèverait jamais la main sur une tête à cheveux blancs aussi respectable que celle de mon père... Ah ! plût à Dieu qu'ils eussent continué à vivre en bonne intelligence !

— Dites-moi, je vous prie, avez-vous vu quelquefois ce M. Mac Ivor, si c'est là son nom, miss Bradwardine ?

— Non, ce n'est pas son nom ; il se croirait insulté si vous l'appeliez *master* (monsieur), si ce n'est qu'étant Anglais vous ne pouvez en savoir davantage. Les Lowlanders lui donnent ordinairement le nom de sa terre de *Glennaquoich* ; mais les Highlanders l'appellent *Vich Ian Vohr*, c'est-à-dire *le fils de Jean-le-Grand*[2]. Quant à nous qui sommes ici sur le revers

---

(1) Fameux voleur que Fielding choisit pour le héros d'un de ses romans. — ÉD.

(2) Les différens *surnoms* des Highlanders sont en général très peu nombreux, parce qu'ils sont divisés en grandes *familles* ; et quand un étranger, ce qui était rare, entrait dans un clan par mariage, il prenait le nom du clan. Les noms de baptême étant communs à tous, il y avait un grand nombre de Duncan, de Donald, d'A-

de la montagne, nous lui donnons indistinctement l'un ou l'autre de ces noms.

— Je crains bien de ne jamais pouvoir forcer ma langue anglaise à lui donner l'un ou l'autre.

— Fergus est un homme bien fait et bien élevé, ajouta miss Rose ; sa sœur Flora est une jeune personne accomplie en talens comme en beauté ; elle a été élevée en France dans un couvent ; elle était mon amie intime avant cette malheureuse dispute. Cher capitaine Waverley, tâchez d'engager mon père à terminer cette affaire à l'amiable. Je suis bien assurée que nous n'avons encore vu que le commencement de nos embarras. Tully-Veolan n'a jamais été un séjour paisible ou sûr, tant que nous avons été en querelle avec les Highlanders. J'étais à peine dans ma dixième année lorsqu'il y eut un combat derrière la ferme entre une vingtaine de ces hommes et mon père avec ses domestiques. Plusieurs balles vinrent briser les carreaux des fenêtres du côté du nord, tant les combattans étaient près de nous. Trois de ces montagnards furent tués : leurs camarades les enveloppèrent dans leurs plaids, et les déposèrent sur le pavé de la grande salle. Le lendemain leurs femmes et leurs filles arrivèrent, se tordant les mains, pleurant et chantant le coronach [1] ; elles emportèrent les cadavres, précédées par les joueurs de cornemuse. Il me fut impossible de dormir pendant plus de six semaines ; mes oreilles étaient continuellement frappées de ces cris douloureux : j'avais toujours devant les yeux ces cadavres raides et enveloppés dans

---

lexandre, de Patrick, etc. Il fallait donc distinguer d'une autre manière les individus, ce qui se faisait en ajoutant à leur nom celui de leur père avec son sobriquet, qui désignait le plus souvent la couleur de sa chevelure. Quand le nom du père ne suffisait pas, on ajoutait celui du grand'-père, et puis celui du bisaïeul, etc. Ainsi, un individu du clan de Grant, Donald Grant, avait pour noms patronymiques Donald Bane (Donald-le-Blond) Mac-Oil-Vane (fils de Donald aux cheveux gris) Vic-Oi-Roy (petit-fils de Donald aux cheveux roux) Vic Ian (arrière-petit-fils de Jean). Mais si ce Jean avait été un chef, et que Donald fût descendu de Jean en ligne directe et masculine, il s'appelait tout simplement Mac Ian, fils de Jean, ou Vic Ian, petit-fils de Jean, en supprimant tous les noms intermédiaires, et c'était une qualification de dignité.—Ainsi Fergus s'appelle Vic Ian Vohr, petit-fils de Jean Vohr. La même coutume existait chez les Juifs et en général chez les peuples d'Orient.—Éd.

(1) Chant funèbre, particulier aux Highlands.

leurs *tartans*[1] sanglans. Depuis ce temps un détachement de la garnison du château de Stirling vint avec un warrant du lord justice-clerk[2], ou d'un grand dignitaire semblable, pour nous enlever toutes nos armes : comment pourrions-nous repousser maintenant les montagnards s'ils venaient encore nous attaquer en force ?

Waverley ne put s'empêcher de tressaillir en entendant le récit d'événemens qui avaient tant de rapport avec ceux qui l'occupaient dans ses rêveries. Il voyait devant lui une jeune fille, à peine âgée de dix-sept ans, charmante par l'alliance de la beauté et de la douceur, qui avait déjà été témoin de scènes plus extraordinaires que celles que son imagination avait pu évoquer en recourant aux âges reculés. Il sentit dès ce moment l'aiguillon de la curiosité, qu'un peu de péril rendait encore plus piquant. Il aurait pu dire avec Malvolio[3] :

— Non, on ne m'accusera plus d'être fou et de me laisser tromper par mon imagination : — me voilà dans le pays des aventures militaires et romanesques ; il ne me manque pour les bien connaître que d'y prendre part. —

Tout ce qu'on venait d'apprendre à Waverley sur les mœurs, les usages et les coutumes du pays où il se trouvait lui paraissait aussi nouveau qu'extraordinaire. Il avait bien entendu parler de voleurs montagnards ; mais il n'avait pas la moindre idée du système réglé de leurs déprédations. Il n'avait jamais soupçonné qu'ils eussent pour complices et pour approbateurs de leur conduite leurs propres chefs qui trouvaient dans ces *creaghs* ou *forays*[4] la facilité d'habituer leurs vassaux au maniement des armes, et de se faire craindre de tous leurs voisins des basses-terres pour en exiger en même temps un certain tribut comme *taxe de protection*.

(1) Le plaid, ou tartan, est aussi le nom de l'étoffe du costume highlandais. — Éd.

(2) Le *lord justice-clerk* est le second magistrat *de nom*, et le premier *de fait*, à la cour suprême de justice criminelle d'Écosse (*court of justiciary*), qui se compose du *lord justice-general* (qui n'est que nominal), du *lord justice-clerk* (ou lord juge en second), et de cinq lords commissaires. — Éd.

(3) Personnage comique de Shakspeare. — Éd.

(4) Foray signifie, comme *creagh*, pillage, excursion pour piller. — Éd.

Le bailli Macwheeble, qui venait d'arriver, entra dans de plus amples détails sur cette matière. La conversation du digne bailli se ressentait tellement de la profession qu'il exerçait, qu'il fit dire un jour à Gellatley que ses discours ressemblaient à un *ordre de payer*[1]. Il certifia à notre héros que de temps immémorial « tous ces voleurs illégaux, coquins et « bandits des Highlands, avaient fait une association com- « mune, en raison de leurs surnoms, pour commettre les di- « vers vols, larcins et pillages sur les honnêtes habitans du « bas pays, où ils enlevaient non-seulement leur avoir en ar- « gent, blé, bestiaux, chevaux, bœufs et vaches, troupeaux « et mobilier, etc.; mais encore faisant des prisonniers, ran- « çonnant, concussionnant, exigeant des cautions; et les- « quelles violences sont directement prohibées dans divers « articles du Livre des Statuts, par l'acte de 1567 et autres « actes à l'appui. Lesquels statuts, avec tout ce qui y a rap- « port, ont été honteusement violés et vilipendés par lesdits « maraudeurs, voleurs et bandits associés pour lesdites en- « treprises de vols, pillages, incendies, meurtres, *raptus mu-* « *lierum*, ou enlèvement forcé des femmes, et autres méfaits « ci-dessus désignés[2]. »

Tout ce que Waverley venait d'entendre lui paraissait un songe; il ne pouvait concevoir que ces actes de violence fussent si fréquens qu'on en parlât comme d'une chose ordinaire; et que pour voir les lieux où ces scènes d'horreur se passaient, il n'était pas nécessaire de traverser les mers, mais qu'il suffisait de faire quelques milles dans une partie de l'île, ailleurs si bien policée, de la Grande-Bretagne.

(1) *To a charge of horning* signifie littéralement: un ordre de payer, sous peine d'être proclamé rebelle a son de trompe. — Éd.
(2) L'auteur, pour justifier l'expression de Davie Gellatley, met ici dans la bouche du bailli le texte d'une proclamation contre les Highlanders. — Éd.

CHAPITRE XVI.

Arrivée inattendue d'un allié.

Le baron rentra à l'heure du dîner; il avait presque entièrement recouvré le calme et sa bonne humeur. Non-seulement il confirma la vérité de tous les récits que Rose et le bailli avaient faits à Édouard, mais il y ajouta, d'après sa propre expérience, plusieurs anecdotes sur l'état des montagnes et de leurs habitans. Il déclara qu'en général les chefs étaient de haute naissance et pleins d'honneur; que leur moindre parole était une loi pour tous les hommes de leur lignée ou clan. — Il ne leur convient cependant pas de prétendre, comme on l'avait vu naguère, que leur *prosapia* ou lignage, constaté surtout par les vaines et partiales ballades de leurs *Sennachies* ou *Bardes,* puisse être mis en parallèle avec l'évidence des anciennes chartes et des édits royaux octroyés aux nobles maisons du bas pays, par divers monarques d'Écosse. Eh bien ! telle est leur *outrecuidance* et leur présomption, qu'ils osent rabaisser ceux qui possèdent de tels titres, comme s'ils avaient toute leur propriété dans un parchemin.

Cette remarque expliqua à Waverley les causes de la querelle du baron avec son ancien allié des Highlands. M. Bradwardine entra dans des détails très curieux et très intéressans sur les mœurs, sur les costumes et sur les usages de cette race patriarcale. Aussi la curiosité d'Édouard s'enflammant, il s'empressa de demander au baron s'il ne serait pas possible d'aller faire sans danger une excursion dans les Highlands voisins dont les hautes et sombres barrières avaient déjà fait naître en lui le désir de pénétrer plus avant dans les montagnes. Le baron répondit à son hôte que rien ne serait plus facile, pourvu que sa querelle fût terminée, parce qu'il lui donnerait alors lui-même des lettres de recommandation pour les principaux chefs qui s'empresseraient de le recevoir avec courtoisie et hospitalité.

Ils s'entretenaient encore sur ce sujet, lorsque Saunderson ouvrit la porte; et introduit par lui, entra un Highlander complètement armé et équipé. Si dans cette occasion Saunderson n'avait pas rempli gravement les fonctions de grand-maître des cérémonies, et surtout si le baron et Rose n'étaient pas restés calmes, Waverley aurait cru voir paraître un ennemi; mais il ne put s'empêcher de tressaillir, parce que c'était la première fois qu'il voyait un montagnard écossais dans son costume national. Ce Gaël[1] était d'une taille moyenne et d'un teint brun; son plaid arrangé avec art faisait encore mieux ressortir ses formes robustes. Le *kilt* ou jupon laissait à découvert ses jambes nerveuses. Sa *bourse* en peau de bouc pendait à sa ceinture avec son *dirk* ou poignard d'un côté et un pistolet de l'autre. Sa toque était surmontée d'une plume courte qui indiquait ses prétentions à être traité comme un *duinhe-wassel,* espèce de gentilhomme. Sa large épée battait sur sa cuisse; une *targe* ou bouclier pendait sur son épaule; il tenait d'une main un long fusil de chasse espagnol, de l'autre il ôta sa toque[2]. Le baron habitué à ces sortes de visites, lui adressa la parole d'un air plein de dignité, mais sans quitter son siége, et aux yeux d'Edouard il avait l'air d'un souverain

(1) *Gaël* est le nom que les anciens Calédoniens, Scots, ou Highlanders, se donnent eux-mêmes dans leur dialecte, qui est le *gaëlique. Gaël* signifie, dit-on, étranger, soit que les habitans de la Calédonie eussent émigré de l'orient, soit qu'ils fussent venus seulement des Gaules. *Celte* est encore un synonyme de Gaël; car les Gaëls sont d'origine celtique. — Éd.

(2) L'auteur vient de décrire ici les parties principales de l'équipement d'un Highlander. Il nous reste à ajouter, pour l'instruction de nos peintres, que la toque est constamment bleue avec une bande bariolée seulement. Le *kilt*, ou jupon, s'appelle aussi *philibeg*, *filibeg*; la bourse, *purse* ou *pouch*. Le *dirk*, ou dague, est une épée très dangereuse, dont la lame est droite et d'un pied de long, avec un manche très simple, ressemblant à celui d'une faucille. La large épée est aussi nommée claymore ou glaymore. — *Claidham*, en gaélique, signifie glaive, et *more*, grand, large, *claidhammore*. — Éd.

qui recevait un ambassadeur. — Soyez le bienvenu, Evan Dhu Mac Combich : quelles nouvelles m'apportez-vous de Fergus Mac Ivor Vich Ian Vohr?

— Fergus Mac Ivor Vich Ian Vohr, répondit l'ambassadeur en bon anglais, présente ses civilités au baron de Bradwardine de Tully-Veolan. Il est fâché de l'épais nuage élevé entre vous et lui, nuage qui vous a empêché de voir et considérer l'ancienne amitié qui unissait vos deux familles. Il demande que ce nuage se dissipe, que les communications se rétablissent entre le clan Ivor et la maison de Bradwardine, comme du temps où un œuf était la seule pierre placée entre vous et lui, et où le couteau de table était votre unique défense; il espère que vous direz comme lui que vous êtes fâché de ce nuage, et désormais personne ne demandera si le nuage est monté de la plaine à la montagne, ou descendu de la montagne à la plaine; car ceux-là ne frappent jamais avec le fourreau qui n'ont jamais reçu avec l'épée [1]; et malheur à qui perd sans regret son ami à cause du nuage d'une matinée de printemps!

Le baron de Bradwardine répondit à cette harangue avec toute la dignité que les circonstances exigeaient. — Je sais, dit-il, que le chef du clan Ivor est un véritable ami du *Roi*, et je suis fâché que le plus léger nuage ait existé entre lui et un gentilhomme professant de si bons principes, parce que lorsque les hommes serrent leurs rangs, faible est celui qui n'a pas de frère.

Il paraissait convenable de solenniser le rétablissement de la paix entre les deux augustes personnages; le baron fit apporter un flacon d'usquebaugh dont il remplit un verre pour boire à la santé et à la prospérité de Mac Ivor de Glennaquoich. L'ambassadeur celte s'empressa de répondre à cette marque de courtoisie; il remplit à son tour un verre de cette

---

[1] Le sens de cette phrase un peu métaphorique est sans doute celui-ci : Il faut n'avoir jamais frappé, même avec le fourreau, pour n'avoir pas été touché avec l'épée. — Éd.

liqueur généreuse, et le vida en faisant des souhaits pour la famille de Bradwardine.

Après cette ratification des préliminaires du traité de paix, le plénipotentiaire se retira pour conférer avec Macwheeble sur certains articles secondaires dont il était inutile d'ennuyer le baron. Il est probable qu'ils avaient rapport à l'interruption du paiement des subsides, et que le bailli vint à bout de tout terminer sans que son maître pût avoir le moindre soupçon que sa dignité était compromise. Du moins est-il certain qu'après que les plénipotentiaires eurent bu une bouteille d'eau-de-vie, qui ne fit pas plus d'effet sur deux corps aussi bien préparés qu'elle n'en aurait fait sur les *deux ours* placés sur la porte de l'avenue, Evan Dhu Mac Combich se fit rendre compte de toutes les circonstances concernant le vol de la nuit précédente, et promit de donner de suite des ordres pour retrouver les vaches qui, disait-il, ne devaient pas encore être bien loin. — Ils ont cassé l'os, ajouta-t-il, mais ils n'ont pas eu le temps d'en sucer la moelle.

Notre héros qui avait suivi Evan Dhu dans ses perquisitions fut tout étonné de la franchise avec laquelle il prenait des informations, et de l'heureux résultat qu'il s'en promettait. Evan Dhu de son côté se trouva très flatté de l'intérêt avec lequel Waverley l'avait écouté, et du désir qu'il témoignait de connaître les mœurs et les sites des Highlands. Sans autre cérémonie, il invita Edouard à l'accompagner dans une petite promenade de douze à quinze milles dans les montagnes, pour reconnaître l'endroit où sans doute les vaches avaient été conduites. Il ajouta : — Je suis persuadé que depuis que vous êtes au monde vous n'avez pas vu d'endroit semblable, et que vous n'en verrez jamais, si vous ne venez avec moi ou un des nôtres.

Notre héros sentit sa curiosité enflammée par l'idée de visiter l'antre d'un Cacus des Highlands ; cependant il ne négligea pas de s'informer s'il pouvait se fier à son guide. Le baron lui dit qu'on ne lui aurait pas fait cette invitation s'il y avait eu le moindre danger à courir ; qu'il n'avait rien autre chose à craindre qu'un peu de fatigue ; et comme Evan lui proposait de s'arrêter aussi en revenant chez son chef, où il était sûr d'être bien accueilli et bien traité, ce voyage n'avait rien de bien redoutable ; Rose, il est vrai, devint pâle quand elle en entendit parler ; mais son père qui aimait la vivacité et la curiosité de son jeune ami, se garda bien de le refroidir en lui parlant de dangers qui n'existaient réellement pas. On remplit un havre-sac de tout ce qui était nécessaire pour cette courte expédition ; une espèce de sous-garde-chasse le porta sur ses épaules, et notre héros, un fusil de chasse à la main, se mit en route avec son nouvel ami Evan Dhu ; ils étaient suivis du garde-chasse dont nous venons de parler et de deux autres montagnards qui servaient de domestiques à Evan : l'un d'eux portait une longue carabine et l'autre un fer de cognée au bout d'une perche : c'était ce qu'on appelait une hache d'armes du Lochaber.

Evan s'empressa d'informer Édouard que cette escorte militaire lui était tout-à-fait inutile pour la sûreté de sa personne ; mais, ajouta-t-il en ajustant son plaid avec dignité, je devais me montrer convenablement à Tully-Veolan et en digne frère de lait[1] de Vich Ian Vohr. Ah ! je voudrais que vos gentilshommes anglais (*duinhe-wassel Saxons*) vissent notre chef avec sa queue !

— Avec sa queue ! répéta Édouard d'un ton de surprise.

— Oui.... avec sa suite ordinaire quand il visite un chef de son rang. Il y a, continua-t-il en s'arrêtant et se redressant d'un air de fierté, pendant qu'il comptait sur ses doigts les divers officiers de la maison de son chef : — il y a son hanchman, l'homme de sa droite[2] ; son barde[3] ou poète ; son bladier ou orateur pour haranguer les personnages auxquels il rend

---

(1) L'importance du frère de lait dans la maison du chef était très grande, et grande aussi l'importance du père nourricier et des frères et sœurs de lait.

(2) Le *hanch-man* est une espèce de secrétaire qui suit son chef comme son ombre, et se tient à sa *hanche* à table, prêt à exécuter tous ses ordres. Cette fonction est quelquefois le partage du frère de lait.

(3) Le barde est le généalogiste de la famille ; quelquefois le précepteur du jeune laird, chargé de composer des chants de gloire, enfin le poète lauréat du clan.—Éd.

visite ; son gillymore[1] ou écuyer chargé de porter son épée, sa targe et son fusil ; il y a son gilly-casfliuch qui le met sur son dos quand il faut traverser les ruisseaux et les torrens ; son gilly-comstrain qui conduit son cheval par la bride dans les sentiers difficiles et escarpés ; son gilly-trunshharnish à qui est confié son havre-sac ; ensuite son piper, joueur de cornemuse, et le gilly du joueur de cornemuse[2]. Il y a enfin de plus une douzaine de jeunes gens qui n'ont rien à faire qu'à suivre le laird et à se tenir toujours prêts à exécuter les ordres de Son Honneur.

— Est-ce que votre chef entretient régulièrement tout ce monde ?

— Tout ce monde, dites-vous ? oui, et mainte autre tête qui ne saurait où s'abriter sans la grande grange de Glennaquoich.

Chemin faisant, Evan fit paraître la route moins longue en continuant à parler de la magnificence et de la grandeur du chef, en temps de paix comme en temps de guerre, jusqu'à ce qu'ils fussent plus près de ces immenses montagnes qu'Édouard n'avait fait qu'apercevoir de loin. La nuit s'approchait lorsqu'ils entrèrent dans un de ces défilés effrayans qui servent de communication entre la montagne et la plaine ; le sentier, extrêmement rapide et escarpé, se dirigeait en tournant entre deux énormes rochers, et suivait le passage qu'un torrent écumeux qui grondait plus bas s'était creusé depuis des siècles. Les derniers rayons du soleil couchant allèrent tomber sur les flots dans leur sombre lit, et en firent distinguer les détours et les chutes multipliées par l'inégalité du sol. L'espace qui séparait les voyageurs du torrent était un véritable précipice. On apercevait çà et là quelques pointes de granit dans les fentes desquelles quelques arbres avaient pris racine. A main droite, ces rocs qui s'élevaient perpendiculairement n'étaient pas moins inaccessibles ; mais les som-

(1) Le mot *gilly* signifie un page, un valet, et *more*, grand. Cet adjectif ennoblit ici le mot entier *gilly-more*.— Éd.

(2) Le *piper*, qui se disait gentilhomme, ne portait pas lui-même son instrument, et s'en débarrassait dès qu'il en avait joué : il avait donc un page, un *gilly*, pour porter la cornemuse (*bag-piper*).— Éd.

mets de ceux qui étaient de l'autre côté du torrent étaient couverts d'épais taillis du milieu desquels croissaient quelques pins.

— C'est ici, dit Evan, le défilé du Ballybrough. Dans les temps reculés, dix montagnards du clan de Donnochie repoussèrent un corps de cent hommes des basses-terres; on distingue encore l'endroit où furent enterrés les morts : c'est dans ce petit *corrie* ou enfoncement qui est de l'autre côté de l'eau; si vous avez bonne vue vous pourrez apercevoir comme des taches vertes sur la bruyère. Tenez, regardez, voilà un *Earn*[1], à qui vos gens du midi donnent le nom d'aigle.... Vous n'en avez pas de cette espèce en Angleterre.... Il va chercher son souper dans les domaines de Bradwardine : je veux lui envoyer un lingot de plomb.

Il tira un coup de fusil, mais il manqua le superbe monarque des tribus ailés qui, sans témoigner la moindre frayeur, continua tranquillement son vol vers le sud.

Un millier d'oiseaux de proie, faucons, éperviers, grands-ducs, corbeaux, etc., effrayés par l'explosion que les échos répétaient au loin, quittèrent brusquement la retraite qu'ils avaient choisie pour y passer la nuit, et remplirent les airs de cris rauques que l'écho renvoyait mêlés au mugissement des torrents. Evan un peu confus d'avoir inutilement déchargé son fusil au lieu de donner une preuve de son adresse, se mit à siffler un pibroch[2] en rechargeant son arme sans s'arrêter.

Ils arrivèrent à un glen étroit entre deux montagnes très élevées et couvertes de bruyères; ils avaient toujours le torrent pour compagnon, et ils furent obligés de le traverser quelquefois dans ses détours. Evan offrait alors le secours de ses domestiques à Édouard pour le porter sur leurs épaules; mais notre héros, qui avait toujours été assez bon piéton, refusa chaque fois son offre. Il voulait d'ailleurs, sans affectation,

(1) *Earn* ou *erne*, aigle brun, *falco fulvus*. Les plumes de cet oiseau-roi ornent la toque des chefs. Il était si funeste aux troupeaux, que ses œufs furent mis à prix d'argent. Depuis quelques années, l'aigle devient de plus en plus rare en Écosse. — Éd.

(2) Air particulier à la musique des Highlands, et qui abonde en variations pour exprimer, à ce que prétendent les Écossais, tous les sentimens de l'âme. — Éd.

faire revenir Evan de son opinion sur les habitans des basses-terres et particulièrement sur les Anglais qu'il regardait comme des efféminés.

A travers la gorge de ce glen, ils parvinrent jusqu'à une fondrière d'une étendue effrayante et entrecoupée de nombreuses crevasses qu'on ne pouvait franchir avec beaucoup de fatigue et de danger que par des sentiers praticables pour les seuls montagnards. Ces sentiers ou plutôt la portion de terre un peu plus solide où tantôt ils marchaient de pied ferme et que tantôt ils passaient à gué, n'offraient qu'un espace sillonné de flaques d'eau ou de marécages peu sûrs. Quelquefois même ils étaient obligés de se laisser glisser sur leurs pieds ou de s'accrocher aux pointes des rochers. Ce n'était qu'un jeu pour les Highlanders qui avaient un pas vraiment élastique, et qui portaient des brogues[1] à semelles minces, appropriés à de tels chemins; mais il n'en était pas de même pour Édouard, que cet exercice inaccoutumé fatigua beaucoup plus qu'il ne s'y était attendu.

Un long crépuscule les éclairait à travers ces fondrières serboniennes[2], mais il les abandonna presque au pied d'une montagne escarpée et pierreuse qu'il leur restait à gravir; la nuit n'était pas cependant très profonde et le temps était assez agréable. Waverley appela à son secours son énergie morale pour supporter la fatigue, et continua à marcher d'un pied ferme; mais il enviait en secret la vigueur de ces adroits montagnards, qui ne donnaient pas le moindre signe de lassitude et marchaient toujours avec le même pas ou plutôt le même trot. Selon son calcul ils avaient déjà fait environ quinze milles. Le revers de la montagne qu'ils venaient de franchir était couvert d'arbres touffus. Là Evan Dhu s'entretint à part

---

[1] Ces chaussures des Highlands sont taillées à la mesure du pied sur la peau de vache non tannée avec le poil en dehors; le bas de la jambe est couvert d'un demi-bas blanc avec des bandes rouges entrelacées, figurant les bandes du cothurne romain. — Éd.

[2] Le *Serbonis Palus* des anciens est au couchant de Damiette; c'est aujourd'hui le lac Tenese. On appelait aussi Serbiens ou Serboniens un peuple qui habitait le voisinage des *Palus Méotides*, ou mer d'Azof. — Éd.

avec ses deux satellites highlanders. Le résultat de cette conférence fut que le bagage d'Édouard passa des épaules du garde-chasse sur celles d'un des Gillies, et le garde-chasse partit dans une direction tout-à-fait opposée à celle que suivaient les trois autres voyageurs. Waverley demanda le motif de cette séparation : Evan lui répondit que le garde-chasse se rendait à un hameau éloigné d'environ trois milles pour y passer la nuit ;— car à moins que ce ne fût un ami très particulier, Donald Bean Lean, le digne montagnard qu'on supposait le détenteur du bétail, ne se soucierait pas que des étrangers s'approchassent de sa retraite. Cette raison semblait juste, et elle suffit pour bannir de l'esprit d'Edouard quelques soupçons qu'il n'avait pu s'empêcher de concevoir en se voyant à une telle heure et dans un tel lieu séparé de son seul compagnon des basses-terres: Evan ajouta immédiatement :— Je crois que je ferais bien d'aller moi-même annoncer notre visite, car un sidier roy (un soldat rouge)[1] pourrait causer une surprise désagréable à Donald Bean Lean. Sans attendre de réponse, il partit en trottant (style de course aux chevaux), et disparut en un moment.

Waverley fut laissé à ses réflexions, parce que son nouveau guide, celui qui était armé de la hache d'armes, savait à peine quelques mots d'anglais. Ils traversaient un bois de pins très épais, et par conséquent il était impossible dans l'obscurité de distinguer les traces du chemin ; mais le Highlander paraissait les trouver par instinct, et marchait très rapidement ; Édouard le suivait d'aussi près qu'il pouvait.

Après un assez long silence, il ne put s'empêcher de demander s'ils arriveraient bientôt.

La caverne était à trois ou quatre milles de là ; mais le duinhe-wassel étant un peu fatigué, Donald pourrait envoyer... il enverrait le *curragh*.

Cette réponse n'apprenait pas grand'chose à Édouard. Que serait ce curragh? un cheval? une charrette? une chaise de

---

[1] Désignant un soldat ou un officier anglais, à cause de son uniforme. — Én,

poste? Il eut beau réitérer ses questions, il n'obtint pas d'autre réponse que : — *Oui! oui! ta curragh.*

Édouard commença à le comprendre à la sortie du bois, en se trouvant sur les bords d'une large rivière ou lac[1]. Là son conducteur lui donna à entendre qu'ils devaient s'asseoir et attendre quelque temps. La lune qui se levait alors lui découvrit la vaste étendue d'eau qui était devant lui, et les formes fantastiques et confuses des montagnes qui paraissaient l'environner. Il respirait avec délices un air pur et frais, embaumé par les fleurs du bouleau; et cette halte rétablit peu à peu ses forces après tant de fatigues.

Il eut le temps de réfléchir long-temps à sa position tout-à-fait romanesque, sur les bords d'un lac inconnu, sous la direction d'un sauvage dont il n'entendait presque pas la langue. Il avait entrepris ce voyage pour le plaisir de visiter la caverne de quelque fameux outlaw[2], un Robin Hood peut-être, ou un Adam de Gordon[3]; la nuit était déjà avancée, son domestique avait été séparé de lui, son guide l'avait laissé; que de circonstances propres à exercer une imagination naturellement romanesque, y compris l'incertitude où il devait être sur sa position réelle, qui peut-être n'était pas exempte de danger! Ce qui cadrait mal avec le reste était le motif de son voyage, — les vaches du baron! cet incident peu héroïque fut rejeté par Édouard dans l'arrière-plan du tableau.

Pendant qu'il s'égarait ainsi en imagination, son compagnon lui frappa doucement sur l'épaule; et lui faisant signe du doigt dans une direction en ligne droite à travers le lac, il lui dit : — *Yon's ta cove*, — Voilà la caverne.

---

(1) Il est difficile de distinguer au premier abord, entre les sinuosités des monts, un lac d'Écosse d'une rivière. — Éd.

(2) *Outlaw*, hors la loi, voleur, bandit, etc., etc. Ce mot désigne surtout ce peuple de proscrits qui refusaient de se soumettre aux lois du pays, ou à celles des conquérans dans les pays de populations mêlées. Il est difficile de le traduire sans en dénaturer le sens. — Éd.

(3) La célébrité de ces deux héros est fondée sur les traditions et les ballades populaires : l'histoire les désigne seulement comme des proscrits, des *outlaws*, etc. — Éd.

Édouard aperçut dans le lointain une faible lumière qui peu à peu augmenta en éclat et en volume, et parut glisser comme un météore sur l'horizon : pendant qu'il regardait ce phénomène, il crut distinguer le bruit des rames; ce bruit augmenta de minute en minute, et il entendit en même temps un coup de sifflet très perçant, auquel son ami de la hache d'armes répondit. Bientôt une barque, dans laquelle ramaient cinq ou six Highlanders, s'approcha de l'endroit où était assis Édouard; il se leva avec son compagnon pour aller à leur rencontre. Deux vigoureux montagnards le prirent dans leurs bras, et le portèrent dans la barque, qui ne tarda pas à s'éloigner avec la plus grande rapidité, lorsqu'ils eurent repris leurs rames.

CHAPITRE XVII.

La demeure d'un voleur des Highlands.

LE profond silence qui régnait dans la barque n'était interrompu de temps à autre que par le refrain d'une chanson gaëlique que l'homme placé au gouvernail chantait à voix basse, comme pour régler le mouvement des rames qui frappaient en cadence la surface de l'eau. La lumière dont on approchait de plus en plus présentait un foyer beaucoup plus vaste, et donnait une clarté beaucoup plus vive; on reconnaissait qu'elle provenait d'un grand feu; mais Édouard ne pouvait discerner s'il était allumé sur une île ou sur la terre ferme. En voyant la réverbération de cette masse de lumière au milieu des flots, il crut voir le char de feu dont se sert le génie du mal d'un conte arabe pour traverser la vaste étendue des mers. La lumière suffit enfin pour lui montrer, d'une manière très distincte, que ce feu était placé contre un roc escarpé qui s'élevait immédiatement sur l'extrême bord de l'eau. Le front de ce roc, que la réverbération de la flamme colorait d'un rouge sombre, formait un contraste étrange et même sublime avec le reste du rivage momentanément éclairé par les pâles rayons de la lune.

La barque touchait au bord, et Waverley vit que ce feu était entretenu avec des branches résineuses de pin par deux hommes qui, dans les reflets de la lumière, ressemblaient à deux démons. Il conjectura avec raison que c'était pour servir de phare aux bateliers que ce feu avait été allumé à l'entrée d'une haute caverne où le lac semblait pénétrer. Les montagnards dirigèrent leur esquif en droite ligne vers cette caverne; et puis serrant leurs rames ils s'abandonnèrent à la dernière impulsion qu'ils avaient donnée. La barque doubla la pointe ou la plate-forme du rocher où était allumé le feu; et après avoir parcouru deux fois sa longueur, elle s'arrêta à l'endroit où la caverne formant supérieurement une arcade, s'élevait au-dessus du lac par cinq ou six larges fragmens de roc superposés d'une manière si régulière, qu'on aurait pu les prendre pour les marches d'un escalier. En ce moment une quantité d'eau fut jetée soudain sur le feu qui s'affaissa avec un long sifflement, et la lumière disparut. Cinq ou six bras vigoureux enlevèrent Waverley de la barque, le mirent sur ses jambes, et l'entraînèrent en quelque sorte dans les entrailles de la caverne. Il fit quelques pas dans les plus profondes ténèbres; il entendait le bruit confus de plusieurs voix qui paraissaient sortir du centre du rocher; puis ayant franchi un angle de ce souterrain, il eut devant les yeux Donald Bean Lean et toute sa demeure.

L'intérieur de la caverne, très élevée dans cet endroit, était éclairé par des torches de bois de pin qui donnaient une lumière pétillante, accompagnée d'une épaisse fumée dont l'odeur, quoique forte, n'avait rien de désagréable; à cette clarté se mêlait celle d'un large feu de charbon de bois, auprès duquel étaient assis cinq ou six Highlanders armés : plus loin d'autres étaient couchés, enveloppés dans leurs manteaux. Dans un enfoncement du roc, que le voleur appelait facétieusement son *spencé* (garde-manger), étaient pendues par les pieds la carcasse d'un mouton ou d'une brebis et deux vaches récemment tuées. Le principal habitant de cette singulière demeure, accompagné de Evan Dhu qui lui servait de maître des cérémonies, s'avança pour recevoir son hôte. La profession qu'il exerçait, les lieux déserts qu'il habitait, les figures sauvages et guerrières qui l'entouraient, tout était bien propre à inspirer la terreur. Aussi Waverley s'attendait-il à trouver un homme d'une stature gigantesque, d'un air féroce et dur qui aurait pu servir de modèle à Salvator pour placer au centre d'un de ses groupes de bandits.

Donald Bean Lean ne ressemblait en rien à ce portrait : il était mince et de petite taille ; ses cheveux roux de sable et son visage pâle lui avaient fait donner le surnom de *Bean* ou *blanc*. Quoique son corps fût leste, bien proportionné et actif, sa personne n'avait rien que de très ordinaire. Il avait long-temps servi en France dans un grade inférieur. Pour recevoir notre voyageur en grand costume et lui faire honneur, à ce qu'il croyait, il avait quitté ses habits de Highlander pour un vieil uniforme bleu-rouge et un chapeau à plumes ; mais loin d'être vu ainsi à son avantage, il avait quelque chose de si peu d'accord avec tout ce qui l'entourait, qu'Édouard en aurait ri s'il eût pu le faire sans manquer à la courtoisie et sans exposer sa sûreté. Il fut reçu avec les plus grandes démonstrations de politesse française et d'hospitalité écossaise. Son nom, sa famille et les principes politiques de son oncle, semblaient très bien connus de son nouvel hôte ; celui-ci lui en fit ses complimens, auxquels Waverley ne répondit que d'une manière vague et insignifiante, comme la prudence l'exigeait.

Édouard s'était éloigné assez du feu pour n'être pas incommodé par la chaleur, que la saison rendait très désagréable, lorsqu'une grande fille highlandaise plaça devant lui et devant Evan et Donald Bean trois *cogues* ou vases en bois faits avec des douves cerclées et contenant de l'*eanaruich*, sorte de soupe avec un morceau particulier de l'intérieur du bœuf. Après ce premier service, qui, quoique très grossier, fut trouvé excellent, graces à la fatigue du voyage, on servit à profusion des côtelettes rôties sur les charbons; elles disparaissaient avec tant de rapidité devant Donald et devant Evan, que Waverley étonné ne pouvait concilier leur voracité avec tout ce qu'il avait entendu dire de la sobriété des montagnards. Il ne savait pas que cette sobriété n'était qu'apparente et forcée chez ceux de la classe inférieure, et que semblables à certains animaux de proie, ils savaient jeûner au besoin, se réservant de se dédommager dans l'occasion. Pour compléter le festin, le whisky fut servi en abondance ; les Highlanders en burent beaucoup et toujours pur. Édouard en mêla un peu avec de l'eau ; mais en ayant avalé quelques gouttes, il ne fut pas tenté de recommencer. Son hôte lui témoigna son extrême regret de ne pouvoir lui offrir du vin. — Si j'avais été prévenu de votre visite vingt-quatre heures plus tôt, dit-il, j'en aurais trouvé, fût-ce à quarante milles à la ronde ; mais que peut faire de plus un gentilhomme qui reçoit la visite d'un autre, que de lui offrir tout ce qu'il a de meilleur dans sa maison? On ne doit pas chercher des noisettes là où il n'y a pas de noisetiers, et il faut vivre comme ceux avec qui l'on se trouve.

S'adressant ensuite à Evan Dhu, il déplora la mort d'un vieillard nommé Donnacha an Amrigh ou Duncan du Bonnet, devin doué (*a gifted seer*) qui, par le moyen de la seconde vue [1], disait de suite si c'était un ami ou un espion qui était reçu dans une demeure.

— Son fils Malcolm n'est-il pas *Taishatr* [2] (un devin)? demanda Evan.

— Oh ! il ne sera jamais l'égal de son père, reprit Donald : il nous prédit dernièrement que nous recevrions la visite

---

(1) Le don de la *seconde vue* ébranla le scepticisme du docteur Johnson : c'est le don de voir les objets invisibles, de connaître l'avenir par des apparitions surnaturelles. Ce phénomène est-il un illuminisme naturel ou une double mystification, celle du voyant et celle de ceux qui le consultent? C'était un don héréditaire, surtout parmi les *Seers*, Voyans, de l'île de Sky. — Éd.

(2) Un *Voyant*. — Éd.

d'un grand personnage voyageant à cheval, et nous ne vîmes personne, si ce n'est l'aveugle Shemus Beg, le joueur de harpe avec son chien. Une autre fois il nous annonça un mariage, et ce fut un enterrement. Dans un *creagh* d'où il nous avait assuré que nous ramènerions plus de cent bêtes à cornes, nous ne fîmes d'autre capture que celle d'un gros bailli de Perth.

La conversation tomba enfin sur les affaires politiques et militaires du pays. Waverley fut étonné et même très alarmé de voir un homme comme Donald parfaitement instruit de la force des divers régimens en garnison au nord du Tay. Il connaissait exactement le nombre des recrues qui étaient venues avec Édouard. — Ce sont de *jolis garçons*, ajouta-t-il; et il ne voulait pas dire de beaux hommes, mais de braves soldats. Il rappela à Waverley trois ou quatre circonstances qui avaient eu lieu à une revue générale du régiment, et notre voyageur resta convaincu que son hôte en avait été témoin oculaire. Cependant Evan Dhu s'était retiré pour se reposer ; Donald s'empressa de demander à Édouard d'une manière tout-à-fait expressive s'il n'avait rien de particulier à lui dire.

Waverley, surpris et un peu déconcerté par cette question inattendue, lui répondit que sa visite n'avait d'autre motif que la curiosité de voir une habitation aussi extraordinaire. Donald le regarda en face pendant quelques instans, et lui dit avec une affectation très marquée : — Vous auriez pu vous ouvrir à moi : je suis aussi digne de votre confiance que peut l'être le baron de Bradwardine, ou Vich Ian Vohr.... mais vous n'en êtes pas moins le bienvenu dans ma demeure.

Waverley ne put s'empêcher de frissonner en entendant le langage mystérieux de ce bandit hors la loi, et il n'eut pas assez de sang-froid pour lui demander le motif de ce qu'il venait de lui dire. Un lit de bruyère avait été préparé pour lui dans un des coins de la caverne; il se couvrit avec quelques vieux manteaux du mieux qu'il put, et examina pendant quelque temps les autres habitans de cet antre. Il vit à plusieurs reprises deux ou trois hommes entrer ou sortir sans autre cérémonie que de dire quelques mots en gaëlique à l'outlaw principal, ou à un grand Highlander qui le remplaçait pendant qu'il dormait. Ceux qui étaient entrés paraissaient revenir d'une expédition dont ils rendirent compte; ils s'approchèrent sans façon des provisions, et se servirent de leurs dicks pour couper leurs rations de viande, qu'ils firent griller ensuite. La boisson n'était pas ainsi à leur entière disposition; elle était distribuée par Donald, par son lieutenant, ou par la grande fille highlandaise dont nous avons déjà parlé, la seule femme qu'il y eût dans cette habitation. Les doses de whisky auraient été surabondantes pour d'autres que pour des montagnards; mais l'habitude de vivre en plein air et dans un climat humide les rendait capables de boire une très grande quantité de liqueurs fortes sans éprouver les terribles effets qu'elles produisent sur la santé ou sur la raison.

Peu à peu ces groupes mobiles disparurent aux yeux de notre héros, qui finit par s'endormir. Il ne s'éveilla que le lendemain, lorsque le soleil était déjà suspendu au-dessus du lac; cependant ses rayons ne portaient qu'une faible lumière dans l'intérieur de la caverne du roi : nom orgueilleux de la demeure de Donald Bean Lean.

CHAPITRE XVIII.

Waverley continue son voyage.

Lorsque Édouard eut recueilli ses idées, il fut surpris de trouver la caverne déserte. S'étant levé et ayant donné quelque soin à ses habits, il regarda avec plus d'attention; mais tout était encore solitude autour de lui. Excepté les tisons convertis en cendres grises, et les débris du souper qui consistaient en os à demi brûlés ou à demi rongés, et une ou deux kegs[1] vides, il ne restait aucune trace de Donald et de sa bande. Il sortit ; et lorsqu'il fut à l'entrée de la caverne il vit que la pointe du rocher où étaient encore les restes du feu de signal était accessible par un étroit sentier ou naturel ou grossièrement creusé par la main des hommes, le long du petit canal qui pénétrait à quelques toises dans la caverne, et où l'esquif de la veille était amarré comme dans un *dock* (ou bassin). Parvenu sur la plate-forme même, il n'aurait pu croire d'abord qu'il était impossible d'aller plus loin par terre, s'il n'eût été probable que les habitans de la caverne avaient une autre voie que les eaux ; il aperçut bientôt quelques gradins pratiqués dans le granit, qui lui servirent d'escalier pour grimper sur le sommet du roc ; ce ne fut pas sans peine qu'il descendit sur le revers et qu'en suivant une pente très rapide il arriva aux bords déserts d'un lac d'environ quatre milles de long sur un et demi de large, entouré de montagnes sauvages couvertes de bruyères, sur la cime desquelles reposait encore le brouillard du matin.

En tournant la tête Édouard admira avec quelle adresse on avait choisi ce lieu solitaire pour retraite. Le rocher sur les flancs duquel il avait tourné à l'aide d'inégalités presque imperceptibles, n'offrait qu'un précipice affreux de ce côté, qui fermait entièrement toute communication avec le rivage. Il était impossible, eu égard à la largeur du lac, d'apercevoir de l'autre bord cette caverne à gorge étroite et basse ; ainsi, à moins qu'on ne l'eût cherchée avec des barques, ou que quelqu'un n'eût trahi le secret, c'était une retraite où la garnison pouvait rester sans danger tant qu'elle aurait des vivres. Après avoir satisfait sa curiosité, Édouard regarda de tous côtés dans l'espoir de découvrir Evan Dhu et son domestique qu'il jugeait ne pas devoir être très éloignés, quelque part qu'eût pris Donald et sa bande, que leur genre de vie forçait souvent à faire de soudaines émigrations. En effet il aperçut à la distance d'environ un demi-mille un Highlan-

(1) Petites coupes avec deux anses. — Éd.

der (c'était probablement Evan Dhu) occupé à pêcher à la ligne; et à l'arme d'un autre individu qui était à côté de lui, il ne put douter que ce ne fût l'homme à la hache de Lochaber.

Plus près de l'entrée de la caverne il entendit les sons très animés d'une chanson gaëlique, qui le guidèrent dans un enfoncement du rivage caché par le feuillage lustré d'un frêne, et où un sable blanc servait de tapis. Il y trouva la demoiselle de la caverne occupée à préparer avec soin le repas du matin, qui consistait en lait, en beurre frais, en œufs, en miel et en pain d'orge. La pauvre fille avait fait une tournée de plusieurs milles pour se procurer les œufs et la farine nécessaires pour faire les cakes[1] et les autres élémens du déjeuner, qu'elle avait empruntés ou s'était fait donner dans les cabanes des environs. Donald et ses gens n'avaient d'autre nourriture solide que la viande des animaux qu'ils enlevaient dans les Lowlands; le pain même était pour eux un mets rare et recherché, parce qu'il leur était très difficile de s'en procurer. Les provisions de ménage, telles que le lait, la volaille, le beurre, etc., étaient tout-à-fait inconnues dans cette espèce de camp de Scythes.

Cependant je dois faire observer au lecteur, que quoique Alix eût employé une grande partie de la matinée à se procurer des vivres pour son hôte, elle avait eu le temps de s'occuper de sa parure. Ses ajustemens étaient fort simples; ils consistaient en un petit corset rouge et une jupe très courte; mais le tout propre et arrangé avec un certain art. Cette pièce d'étoffe écarlate appelée le *snood* contenait ses cheveux noirs qui s'en échappaient en boucles nombreuses. Elle avait quitté son plaid rouge pour être plus alerte à servir l'étranger. J'oublierais les plus beaux ornemens d'Alix, si je ne parlais pas des boucles d'oreilles et du chapelet d'or que Donald Bean Lean son père lui avait apportés de France : c'était sans doute sa portion du butin qu'il avait fait dans un combat ou dans quelque ville prise d'assaut.

Sa taille, quoique forte pour son âge, était cependant bien

(1) Les *cakes* d'Écosse sont spécialement des gâteaux de farine d'avoine. — Éd.

prise; sa démarche avait une grace simple et naturelle qui ne se ressentait en rien de la gaucherie ordinaire d'une paysanne. Ses sourires qui faisaient voir des dents d'une blancheur ravissante, et ses regards suppléèrent à son ignorance de la langue anglaise pour faire bon accueil à Waverley. A un jeune fat, ou même à un officier qui sans fatuité connaissait bien ses avantages extérieurs, ce langage muet aurait pu paraître quelque chose de plus que la simple courtoisie d'une hôtesse. Je n'oserais pas, il est vrai, affirmer que cette jeune montagnarde aurait montré à un hôte plus âgé (au baron de Bradwardine, par exemple,) les soins empressés qu'elle eut pour Edouard. Elle semblait impatiente de le voir placé devant ce déjeuner dont elle s'était occupée avec tant de sollicitude, et auquel elle venait d'ajouter quelques baies sauvages qu'elle avait cueillies dans un marécage voisin. Lorsqu'elle vit Edouard à table, elle alla gravement s'asseoir sur une pierre à quelques pas de distance, d'où elle épiait l'occasion de le servir.

Evan et son satellite revenaient à pas comptés de la plage; le dernier portait une grosse truite saumonée et la ligne qui avait servi pour la prendre; Evan le précédait d'un air satisfait et triomphant; ils s'avançaient vers le lieu où Waverley était si agréablement occupé de son déjeuner. Après les salutations d'usage, Evan tenant les yeux fixés sur lui, s'adressa à la jeune fille, et lui dit quelques mots en langue gaëlique qui la firent sourire et rougir d'une manière très sensible, malgré la teinte rembrunie de son visage presque toujours exposé au soleil ou au grand air. Il donna ensuite ses ordres pour qu'on préparât le poisson; il alluma un morceau d'amadou au bassinet de son pistolet, ramassa quelques brins de paille et quelques branches de bois sec, et parvint en quelques minutes à faire un feu pétillant qui lui donna un brasier sur lequel il plaça la truite découpée en larges tranches. Pour couronner le festin, il tira de la poche de sa jaquette une grande conque, et de dessous son plaid une corne de bélier remplie de whisky. Après avoir bu le premier assez largement, il dit d'un air satisfait qu'il avait déjà pris le coup du matin avec Donald Bean Lean avant son départ, et présenta le cordial à la jeune Alix et à Waverley, qui le refusèrent l'un et l'autre. Alors avec l'air de bonté d'un grand seigneur, il l'offrit à Dugald Mahony son serviteur, qui sans attendre une seconde invitation vida la corne avec délices. Evan sortit pour se rendre à la barque, après avoir invité le jeune officier à le suivre. Alix mit dans un petit panier tout ce qu'elle crut mériter d'être emporté, se couvrit de son plaid, s'avança vers Edouard avec la plus grande ingénuité, lui prit la main, lui présenta sa joue à baiser, et fit une révérence. Evan, qui passait pour un vert galant parmi les belles de la montagne, s'approcha d'un air qui paraissait annoncer qu'on ne pouvait lui refuser une semblable faveur; mais Alix s'empara promptement de son panier, et s'élança sur le rocher avec la légèreté d'un chevreuil; là elle se retourna vers lui, se mit à rire, et lui adressa en langue gaélique quelques paroles auxquelles Evan répondit sur le même ton et dans le même langage. De la main elle fit ses adieux à Waverley, continua sa route, et disparut bientôt au milieu des taillis, quoiqu'on entendît encore les sons joyeux de sa chanson.

Nos voyageurs rentrèrent dans la gorge de la caverne; ils descendirent de là dans la barque que le Highlander à la suite d'Evan se hâta de détacher. Pour profiter de la brise du matin, il tendit une espèce de voile en lambeaux, et Evan se mit au gouvernail. Edouard ne tarda pas à s'apercevoir qu'ils remontaient le lac, au lieu de se diriger vers le bord où il s'était embarqué la nuit précédente. Pendant que la barque glissait légèrement sur le miroir argenté des eaux, Evan ouvrit la conversation par l'éloge d'Alix. — Elle est aussi gentile qu'adroite, dit-il, et par-dessus le marché, la meilleure danseuse de strathpeys[1] de toute la vallée (strath). Edouard approuva de cet éloge tout ce qu'il put en comprendre, en ajoutant que c'était bien dommage, selon lui, qu'elle fût condamnée à mener une vie si triste et si dangereuse. — Et pourquoi, je vous prie? dit Evan. Il n'y a rien dans tout le comté de Perth qu'elle ne

---

(1) On appelle *strathpey* une espèce d'airs écossais fort vifs, et aussi une espèce de danse inspirée par ces airs. — Éd.

puisse se procurer en le demandant à son père, à moins que ce ne soit un objet trop *pesant* ou trop *chaud*.

— Être la fille d'un homme qui n'a d'autre état que d'enlever des bestiaux.... d'un voleur ordinaire!...

— D'un voleur ordinaire?... Donald n'a jamais enlevé moins d'un troupeau.

— Il est donc, suivant vous, un voleur extraordinaire!...

— Non : celui qui enlève la vache d'une pauvre veuve, le bœuf d'un paysan, est un voleur ; mais celui qui enlève un troupeau à un laird sassenach[1] est un gentilhomme bouvier; et d'ailleurs prendre un arbre dans une forêt, un saumon dans la rivière, un daim sur la montagne, ou une vache dans un vallon des Lowlands, n'a jamais été pour un Highlander une action dont il doive rougir.

— Et quelle serait la fin de Donald, s'il venait à être pris pendant qu'il s'approprie ainsi ce qui ne lui appartient pas?

— Ah! certes, il *mourrait pour la loi*, comme il est arrivé à plus d'un joli garçon avant lui!

— Pour la loi?

— Oui : c'est-à-dire avec la loi ou par la loi ; il serait fixé à un bon gibet de Crieff, où moururent son père et son grand-père, et où j'espère qu'il mourra s'il n'est pas tué dans un creagh.

— Et vous espérez une telle mort pour votre ami, Evan?

— Oui sans doute. Voulez-vous que je lui souhaite de mourir sur une botte de paille humide.... au fond de sa caverne... comme un vieux chien galeux?

— Mais que deviendrait la pauvre Alix?

— Comme son père ne pourrait plus la protéger ni la défendre, je me chargerais de ce soin, j'en ferais ma femme.

— Votre projet est très galant ; mais en attendant, qu'est-ce que votre beau-père (c'est-à-dire votre futur beau-père, s'il doit être pendu) a fait du bétail du baron?

— Le soleil n'était pas encore levé sur Ben-Lawers, que votre domestique et Allan Kennedy ont fait partir le troupeau

[1] Saxon. — Éd.

devant eux : il n'en manquait que deux, qui malheureusement avaient été égorgées avant mon arrivée à la caverne royale ; le troupeau doit être en ce moment au défilé de Ballybrough, et il arrivera bientôt dans les parcs de Tully-Veolan.

— Et où allons-nous, si j'ose vous le demander? dit Edouard.

— Où voulez-vous que je vous conduise, si ce n'est au château du laird à Glennaquoich? J'ose croire que vous n'avez pas eu l'idée de venir dans ce pays sans voir notre chef ; ce serait un crime capital.

— Et sommes-nous encore bien éloignés de Glennaquoich?

— Nous en sommes à cinq *brins* de mille ; Vic Ian Vohr viendra à notre rencontre.

Une demi-heure après la barque s'arrêta au rivage. Lorsqu'on eut mis Edouard à terre, les deux montagnards la dirigèrent dans un enfoncement rempli de roseaux et de joncs, au milieu desquels elle était parfaitement cachée. Ils portèrent les rames dans un autre endroit non moins propice pour les dérober aux yeux ; sans doute ils ne prenaient ces précautions que pour Donald Bean Lean qui dans ses courses pouvait venir dans ces parages.

Nos voyageurs marchèrent pendant quelque temps dans un vallon charmant entre deux hautes montagnes. Au milieu coulait un petit ruisseau se dirigeant vers le lac. Edouard recommença ses questions concernant leur hôte de la caverne.

— Y fait-il continuellement sa demeure?

— Oh! que non! bien fin serait celui qui connaîtrait tous ses pas!.... Il n'y a pas un coin, une caverne, un trou dans tout le pays que Donald ne connaisse.

— Et d'autres que votre maître lui donnent-ils asile?

— Mon maître[1]! répondit Evan avec fierté, mon maître est dans le ciel ; puis reprenant aussitôt son ton de politesse :

— Je vois, dit-il, que vous voulez parler de notre chef?... Non, il ne donne pas asile à Donald, ni à ceux qui lui res-

---

[1] Cette exclamation révèle toute la fierté et l'indépendance de chaque membre d'un clan.

semblent ; mais, ajouta-t-il en riant, il lui accorde *l'eau et le bois*.

— Il ne leur ferait pas un grand cadeau ! ces deux objets ne sont pas rares dans ce pays.

— Vous ne me comprenez pas. En vous disant *l'eau et le bois*, j'entends le lac et les montagnes. Vous vous imaginez bien que si le laird, à la tête de trente hommes, se mettait à la poursuite de Donald dans les bois de Kaïlychat, il ne lui échapperait pas ; ou que si quelque joli garçon tel que moi guidait nos barques sur le lac, Donald n'aurait pas beau jeu.

— Si des forces considérables partaient de la plaine pour venir l'attaquer, votre chef le défendrait-il ?

— Non certainement ; si l'on venait au nom de la loi, il ne brûlerait pas une amorce pour lui.

— Et que ferait Donald ?

— Il quitterait le pays et se réfugierait sur les montagnes de Letter-Scriven.

— Et s'il y était poursuivi ?

— Il irait chercher un asile à Rannoch, auprès de son cousin.

— Et si l'on allait encore le relancer dans ce refuge ?

— Cela n'est pas possible : il n'y a pas un seul habitant de la plaine qui osât le poursuivre plus loin que le défilé de Ballybrough, à moins qu'il ne fût guidé par les *Sidier dhu*.

— Les *Sidier dhu !* qu'est-ce que cela ?

— Ce sont les soldats noirs ; c'est le nom qu'on donne aux compagnies franches qu'on avait organisées pour maintenir l'ordre et la tranquillité dans ces montagnes. Vich Ian Vohr en a commandé une pendant cinq ans, et j'y avais le grade de sergent. On les appelle les Sidier dhu à cause de la couleur des tartans, comme on appelle vos hommes les hommes du roi George, les soldats rouges (*Sidier roy*).

— Très bien ; mais lorsque vous étiez payés par le roi, n'étiez-vous pas les soldats du roi George ?

— Vous avez raison ; et sur cet article vous pouvez consulter Vich Ian Vohr ; nous n'appartenions pas plus au roi qu'il ne lui appartenait lui-même. Personne ne peut dire qu'aujourd'hui nous sommes les soldats du roi George, puisque depuis douze mois il ne nous a pas donné un sou de paye.

Il n'y avait rien à répondre à ce dernier argument; aussi Waverley s'empressa-t-il de faire retomber la conversation sur Donald Bean Lean.

— Donald, dit-il, se borne-t-il à faire la guerre au bétail, ou bien, pour me servir de vos expressions, enlève-t-il tout ce qui lui tombe sous la main?

— Ce n'est point un homme très délicat: tout lui convient; mais il préfère les bœufs, les vaches, les chevaux ou des créatures humaines, à toute autre chose; les brebis marchent trop lentement; d'ailleurs on trouve difficilement à les vendre dans ce pays.

— Mais enlève-t-il aussi des hommes et des femmes?

— Sans doute: ne lui avez-vous pas entendu parler hier au soir d'un bailli? sa rançon lui coûta six cents marcs d'argent, qu'on apporta au défilé de Ballybrough. Je veux vous raconter un bon tour que Donald a joué il y a quelque temps. C'était à l'époque du mariage de la vieille veuve de Cramfeezer avec le jeune Gilliewhackit. Celui-ci, en vrai gentilhomme, avait dissipé toute sa fortune aux combats de coq, aux combats du taureau, aux courses de chevaux, etc., et il avait besoin de ravitailler ses coffres par ce mariage. Donald sut que la veuve en était éprise. Un soir il enleva Gilliewhackit à l'aide de ses gens, le transporta avec la rapidité de l'éclair au milieu des montagnes, et le déposa dans la caverne royale. Là, il eut tout le temps de stipuler pour sa rançon; Donald ne voulut jamais rabattre un sou de mille livres.

— Diable!

— Oui, mais en livres d'Écosse; car la fiancée n'aurait jamais pu compléter cette somme, eût-elle mis sa dernière chemise en gage; elle s'adressa au gouverneur du comté, ainsi qu'au major de la garde noire. Le premier répondit que cette affaire ne le regardait pas, parce qu'elle avait eu lieu hors de son arrondissement, et le major s'excusa sur ce que ses soldats étaient allés à la tonte des moutons, et que, jusqu'à ce que la place fût approvisionnée, il ne les rappellerait pas pour toutes les Cramfeezers de la chrétienté, parce qu'il agirait contre tous les intérêts du pays. Gilliewhackit fut attaqué de la petite-vérole, il n'y eut point de médecin dans le voisinage qui voulût venir soigner le pauvre garçon ; je ne les blâme point, parce que Donald, qui avait été étrillé par un de ces docteurs à Paris, avait juré de jeter dans le lac le premier qu'il rencontrerait. Cependant quelques bonnes vieilles de la connaissance de Donald eurent tant de soin de Gilliewhackit, en lui faisant prendre le grand air, en lui donnant de la bouillie d'avoine fraîche, qu'il se rétablit aussi promptement que s'il eût été dans un bon lit, entouré de beaux rideaux, et que s'il eût été nourri avec du pain blanc et du vin rouge. Donald fut si contrarié, que lorsqu'il le vit en état de marcher il le renvoya, laissant à sa discrétion la manière dont il pourrait le dédommager des soins qu'il lui avait donnés. Je ne saurais vous dire exactement de quelle manière cette affaire se termina, mais ils se séparèrent si satisfaits l'un de l'autre, que Donald fut invité à venir en trews[1] danser à la noce, et que sa bourse ne fut jamais aussi bien garnie qu'à cette époque. Gilliewhackit disait que s'il arrivait qu'on l'appelât en témoignage contre Donald, il l'acquitterait de tout, excepté qu'il se fût rendu coupable d'un incendie volontaire ou d'un meurtre.

Par ces entretiens sans liaisons, Evan cherchait à faire connaître l'état des Highlanders, et peut-être amusaient-ils mieux Waverley qu'ils n'amuseront le lecteur. Après avoir marché long-temps par monts et par vaux, Édouard, quoiqu'il n'ignorât pas combien les Écossais sont généreux en comptant les distances, commençait à croire que les cinq milles d'Evan s'étaient doublés. Il témoigna sa surprise de ce que les Écossais n'étaient pas si économes dans la distribution de leurs mesures que dans la supputation de leur monnaie. — Au dia-

---

(1) Espèces de pantalons de tartan que portaient quelquefois les chefs et les caterans. — Éd.

ble les jambes trop courtes! répondit Evan en répétant cette vieille expression proverbiale.

Ils entendirent un coup de fusil, et virent devant eux un chasseur avec ses chiens et son domestique. — Je ne me trompe pas, dit Dugald Mahny; c'est le chef.

— Non, répondit Evan d'un ton de maître; pensez-vous qu'il viendrait à la rencontre d'un gentilhomme anglais sans suite, et comme un simple montagnard?

Mais en s'approchant il fut forcé de dire d'un air tout-à-fait peiné : — C'est lui-même, je n'en puis douter : comment! il n'a pas auprès de lui les officiers de sa maison! je ne vois que Callum Beg!

Dans le fait, Fergus Mac Ivor était un de ces hommes dont un Français aurait pu dire : *Il connaît bien son monde.* Il n'avait point eu l'idée de se donner un air d'importance aux yeux d'un jeune Anglais en se présentant à lui suivi d'une vaine escorte de Highlanders. Il comprenait que cet appareil inutile eût plutôt paru ridicule qu'imposant. Personne n'était plus jaloux que lui de la puissance féodale et des attributions d'un chieftain, et c'était pour cela même qu'il se gardait prudemment de faire parade de ses distinctions personnelles à moins que le temps et la circonstance les demandassent pour produire de l'effet. S'il eût dû recevoir un autre chieftain, il se fût sans doute fait escorter par cette suite qu'Evan avait décrite avec tant de plaisir; mais il jugea qu'il était convenable pour recevoir Waverley, de ne se faire accompagner que d'un seul officier (son gilly-more) : c'était un beau jeune homme qui portait la carnassière et la claymore de son maître avec laquelle celui-ci sortait toujours.

Lorsque Fergus et Waverley s'abordèrent, ce dernier fut frappé de la grace et de la dignité particulière de ce chieftain. Sa taille était au-dessus de la moyenne et bien proportionnée; son costume des Highlands qui était simple faisait paraître sa personne avec avantage. Il portait des *trews* ou pantalons étroits d'un tartan rouge et blanc; pour tout le reste, son costume ressemblait à celui d'Evan, excepté qu'il n'avait d'autre arme qu'un dirk richement monté en argent. Son page, comme nous l'avons dit, portait sa claymore, et le fusil de chasse que Fergus tenait à la main ne paraissait destiné qu'à son amusement. Il avait en venant tiré quelques jeunes canards, car quoiqu'il n'y eût pas alors de chasse défendue ou permise, les couvées de grouses étaient trop jeunes encore. Tous ses traits étaient caractéristiques, c'est-à-dire décidément écossais avec les particularités des physionomies un peu dures du nord ; mais cette dureté était si peu prononcée dans son visage que partout il aurait passé pour un très joli homme. L'air martial de sa toque, ornée d'une seule plume d'aigle [1] comme marque de distinction, ajoutait beaucoup à l'expression mâle de sa tête ; et les boucles naturelles de ses cheveux noirs avaient plus de grace qu'aucune des chevelures postiches des magasins de Bond-street.

L'impression favorable produite par son extérieur aussi gracieux qu'imposant était encore augmentée par un air de franchise et d'affabilité. Cependant un habile physionomiste aurait été moins satisfait en le voyant une seconde fois. Ses sourcils et sa lèvre supérieure annonçaient l'habitude qu'il avait de commander en maître ; sa politesse, quoique simple et naturelle, paraissait indiquer qu'il avait le sentiment de sa supériorité ; le mouvement involontaire de ses yeux décelait quelquefois son caractère hautain, fier et vindicatif, qui n'était pas moins redoutable pour être facilement dissimulé. En un mot l'abord de ce chieftain ressemblait à ces beaux jours qui, tout en nous charmant, annoncent par des signes certains, quoique à peine sensibles, qu'avant la nuit le tonnerre grondera.

Ce ne fut point à cette première entrevue qu'Édouard eut occasion de faire ces observations. Fergus le reçut comme un ami du baron de Bradwardine et lui témoigna le plaisir que lui causait sa visite. Il lui fit d'obligeans reproches d'avoir choisi pour passer la nuit un abri aussi sauvage et aussi peu digne de lui que l'habitation de Donald Bean. La conversation

---

(1) Le panache appartient aux chefs du premier rang. — Éd.

roula sur l'intérieur de ce ménage extraordinaire; mais Fergus ne fit pas la moindre mention des déprédations de Donald, ni du motif qui lui procurait la visite de Waverley, qui par conséquent crut devoir éviter d'amener ces questions. Pendant qu'ils s'avançaient vers le château de Glennaquoich, Evan formait respectueusement l'arrière-garde avec Ballum Beg et Dugald Mahony.

Nous tâcherons de faire connaître au lecteur quelques particularités concernant la famille et la personne de Fergus Mac Ivor. Mais Waverley ne fut instruit de ces détails que lorsqu'il eut formé avec lui une liaison qui, quoique produite par le hasard, eut pendant long-temps la plus grande influence sur son caractère, sur ses actions et sur toute son existence. Ce sujet est trop important pour ne pas mériter le commencement d'un chapitre.

CHAPITRE XIX.

Le chef et sa demeure.

L'INGÉNIEUX licencié Francisco de Ubeda, en commençant son histoire de la *Picara Justina Diez*[1], qui par parenthèse est un des livres les plus rares de la littérature espagnole, Francisco de Ubeda, dis-je, apostrophe durement sa plume parce que son bec a pris un cheveu, et commence avec plus d'éloquence que de bon sens une explication d'ami avec cet utile instrument auquel il reproche d'être une plume d'oie, — oiseau inconstant par sa nature, parce qu'il fréquente les trois élémens, l'eau, la terre et l'air, et par conséquent inconstant à l'air, à l'eau et à la terre. — J'ose vous assurer, mon cher lecteur, que je suis bien éloigné de penser comme Francisco de

(1) La friponne Justine Diez. — *Éd.*

Ubeda, charmé surtout que ma plume ait cette utile propriété de passer facilement du gai au grave et d'une description ou d'un dialogue à un portrait ou à un récit. Si l'on ne fait d'autre reproche à ma plume que d'être changeante comme sa mère l'oie, je m'en féliciterai bien sincèrement, et tout me porte à croire que vous n'en serez pas fâché. Du jargon des Gillies des Highlands je vais passer au portrait de leur chef ; c'est une entreprise importante, et par conséquent, comme disait Dogberry[1], nous devons y mettre toute notre science.

Il y avait trois cents ans qu'un des ancêtres de Mac Fergus présenta une pétition pour être reconnu chef du clan nombreux et puissant dont il était membre, et dont il est inutile de mentionner le nom. Un de ses compétiteurs l'ayant emporté sur lui par la justice ou par la force, Fergus s'expatria, et vint, second Énée, avec ceux qui voulurent le suivre, chercher vers le sud un nouvel établissement ; les circonstances où se trouvaient les Highlands du Perthshire favorisèrent son projet. Un des premiers barons du pays s'était rendu coupable de haute trahison ; Ian (c'est ainsi que s'appelait notre aventurier) se joignit à ceux que le roi avait chargés de punir le proscrit. Il rendit de si grands services qu'il obtint la propriété des domaines qui devinrent la résidence et l'héritage de sa famille. Il suivit le roi lorsqu'il porta la guerre dans les plaines fertiles de l'Angleterre. Là il employa si utilement ses heures de loisir à lever des subsides dans les comtés de Northumberland et de Durham, qu'à son retour il fut à même de faire bâtir en pierre de taille une tour ou citadelle qui excita tellement l'admiration de ses vassaux et de tout le voisinage, qu'on lui donna le surnom de Jean de la Tour (*Ian Nan Chaistel*) au lieu de celui de Ian Mac Ivor, ou Jean fils d'Ivor qu'il avait auparavant. Ses descendans furent si fiers de lui, que le chef régnant prenait toujours le surnom patronimique de *Vich Ian Vohr*, c'est-à-dire fils de Jean-le-Grand ; et le clan, pour n'être point confondu avec celui dont il s'était séparé, se fit appeler *Sliochd Nan Ivor*, race d'Ivor.

(1) Personnage burlesque de *Beaucoup de bruit pour rien*, de Shakspeare.—Éd.

Le père de Fergus, dixième du nom, descendant en droite ligne de Jean de la Tour, s'engagea corps et ame dans l'insurrection de 1715, et fut obligé de se réfugier en France après le malheureux succès de cette tentative en faveur des Stuarts. Plus heureux que les autres fugitifs, il obtint du service, et finit par épouser une demoiselle d'un certain rang dans ce royaume; il en eut deux enfans, Fergus et Flora. Ses possessions d'Écosse avaient été confisquées et vendues au plus offrant; mais on les racheta à bas prix au nom du jeune héritier, qui vint bientôt y fixer sa résidence. On ne tarda pas à s'apercevoir que c'était un caractère doué d'une intelligence peu commune, ardent et ambitieux. Quand il connut bien la situation du pays, il prit peu à peu un ton singulier qu'on ne pouvait prendre il y a soixante ans.

Si Fergus Mac Ivor eût vécu soixante ans plus tôt, il aurait eu probablement moins de cette politesse et de cette connaissance du monde qu'il possédait alors; et s'il eût vécu soixante ans plus tard, l'amour de l'ordre et de ses intérêts bien entendus aurait mis un frein à son caractère fougueux. On ne peut disconvenir qu'il ne fût dans sa petite sphère un politique aussi profond que Castruccio Castruccani[1] lui-même. Il s'adonna avec la plus grande activité au soin d'apaiser toutes les discussions qui s'élevaient fréquemment dans les clans de son voisinage, et l'on eut souvent recours à son arbitrage. Il ne négligea rien pour étendre son propre pouvoir patriarcal. Dans cette vue il fit toutes les dépenses que sa fortune lui permettait pour exercer l'hospitalité avec largesse et générosité, premiers attributs d'un chef. C'est d'après ces mêmes principes qu'il augmenta autant qu'il le put le nombre de ses tenanciers pour avoir des soldats en cas de guerre, mais hors de proportion avec les ressources du sol. Sa force principale consistait en hommes de son clan, qu'il ne laissait jamais sortir de ses terres, à moins qu'il ne pût l'empêcher. Il attirait

---

(1) Capitaine italien qui vivait dans le quatorzième siècle; un des plus fameux membres de la faction des Gibelins. C'était un enfant trouvé; son audace et sa politique en firent un héros. —Éd.

aussi à lui tous ceux qui désertaient la bannière du chef du clan primitif, plus riche mais moins belliqueux, pour se ranger sous celle de Fergus. Il suffisait en général pour y être admis d'être, comme Poins [1], des hommes à la main exercée, et d'avoir le désir de prendre le nom de Mac Ivor.

Il parvint bientôt à discipliner ses nombreux vassaux. Lorsqu'il eut obtenu le commandement d'une de ces compagnies indépendantes que le gouvernement avait organisées pour le maintien de l'ordre parmi les habitans des montagnes, il déploya dans cet emploi autant d'activité que d'intelligence, et fit jouir son canton de la plus grande tranquillité. Il eut soin de faire entrer à tour de rôle ses tenanciers dans sa compagnie, et par ce moyen il parvint à leur donner à tous une connaissance générale de la discipline militaire. Lorsqu'il marchait contre les bandits, on remarqua qu'il s'attribuait un pouvoir discrétionnaire presque illimité, sous prétexte que les lois n'ayant point leur libre exercice dans ces Highlands, la force militaire devait les remplacer. Il traitait par exemple avec beaucoup d'indulgence tous les maraudeurs qui, obéissant à son ordre, restituaient leur butin et consentaient à se soumettre à lui ; tandis qu'il déployait la plus grande sévérité envers ces pillards interlopes qui méprisaient ses ordres ou ses remontrances ; il les faisait arrêter et les livrait aux tribunaux compétens. D'un autre côté, si quelques juges de paix, si des officiers civils ou militaires s'avisaient de poursuivre sur ses terres les voleurs ou maraudeurs, sans l'avoir prévenu et sans avoir réclamé son assistance, ils pouvaient s'attendre à éprouver un échec complet : dans ces circonstances Fergus Mac Ivor était le premier à se joindre à eux pour déplorer l'impuissance des lois, et il blâmait avec douceur leur zèle imprudent. Ces doléances ne bannirent point les soupçons : les choses furent si bien représentées au gouvernement que notre chieftain se vit privé de son commandement militaire.

Quel que fût son ressentiment, il eut l'art de le concen-

---

(1) Un des compagnons de Falstaff (dans *Henry IV*, de Shakspeare), dont la morale n'était pas très sévère, surtout quand il s'agissait de la différence du tien et du mien.

trer au fond de son cœur, et ne donna pas la plus légère marque de mécontentement ; mais le voisinage ne tarda pas à se ressentir des tristes résultats de sa disgrace. Donald Bean Lean et autres gens de même espèce, qui jusqu'alors n'avaient exercé leurs brigandages que dans les cantons environnans, parurent s'être établis sur cette frontière sacrifiée. Ils ne trouvaient point la moindre opposition à leurs rapines, parce que les habitans de la plaine étaient désarmés la plupart comme jacobites ; c'est ce qui força le plus grand nombre à payer par contrat le *black-mail* que Fergus Mac Ivor percevait en sa qualité de protecteur. Cette redevance lui donnait la plus grande considération, et lui fournissait les moyens de continuer à exercer l'hospitalité féodale envers tous ses vassaux : secours qui venait fort à propos pour remplacer ses appointemens supprimés.

Dans toute sa conduite Fergus avait un projet bien plus important que celui de passer pour un grand homme dans le voisinage, ou de gouverner en despote un petit clan. Dès son enfance il s'était dévoué à la cause de la famille exilée ; il était persuadé que non-seulement sa restauration sur le trône serait heureuse pour la nation, mais encore que ceux qui l'auraient aidée seraient comblés d'honneur : c'était dans cette vue qu'il avait pris tant de peine pour éteindre les haines personnelles parmi les montagnards, et qu'il avait augmenté ses forces pour être prêt à agir à la première occasion favorable. Il avait encore soin, et toujours dans la même intention, de se concilier l'amitié de plusieurs gentilshommes des Lowlands, qu'il savait être partisans de la bonne cause. C'est pour le même motif qu'ayant eu le malheur de se brouiller imprudemment avec le baron de Bradwardine qui malgré son originalité était généralement respecté, il profita de l'excursion que Donald Bean Lean avait faite à Tully-Veolan, pour envoyer un plénipotentiaire chargé de proposer l'accommodement dont nous avons parlé. Quelques personnes supposèrent que Fergus lui-même avait donné le plan de cette incursion à Donald, et cela pour s'ouvrir une voie de réconciliation ; de quelque part que vînt cet avis, il coûta au laird de Bradwardine deux belles vaches. — Ce zèle ardent de Fergus pour la maison des Stuarts fut récompensé par une confiance sans bornes, par des missions délicates, par des sacs de *louis d'or*, par les plus belles espérances et des lettres-patentes en parchemin, ornées d'un énorme sceau en cire, signées de la propre main de Jacques, roi troisième d'Angleterre et huitième d'Ecosse, qui conféraient le titre de comte à son féal et bien-aimé sujet, Fergus Mac Ivor de Glennaquoich, dans le comté de Perth, royaume d'Écosse.

Avec cette brillante couronne de blason devant les yeux, Fergus prit une part très active dans tous les mouvemens qui eurent lieu à cette malheureuse époque; comme tous les agens dévoués d'une révolution, il réconcilia sa conscience avec les excès de son parti. Il n'aurait jamais été si loin s'il n'avait cru suivre les lois de l'honneur bien plus que son intérêt personnel.

Après le bref examen que nous nous sommes permis sur ce caractère ardent, fier, ambitieux, politique et dissimulé, nous reprendrons le fil interrompu de notre récit.

Fergus et son hôte étaient arrivés au château de Glennaquoich, qui consistait dans l'habitation de Ian Nan Chaistel. Le grand-père des Fergus y avait ajouté une maison à deux étages, au retour de cette expédition mémorable bien connue dans les comtés de l'ouest sous le nom de Highland host (l'armée des Higlands). Il est à présumer que cette croisade contre les wighs et les covenantaires d'Ayr ne fut pas moins favorable à Vich Ian Vohr, que ne l'avait été pour son aïeul l'expédition dans le Northumberland, puisqu'elle lui fournit les moyens d'élever pour ses descendans un monument de sa magnificence qui devait servir de pendant à la tour.

Ce château se trouvait placé sur une éminence au milieu d'un vallon étroit des Highlands. On n'apercevait aucune trace des soins qu'on prend ordinairement pour orner les environs de l'habitation d'un gentilhomme. Un enclos ou deux, séparés par des murs en pierre, étaient les seules parties du domaine qui fussent défendues; partout ailleurs, sur les lisières étroites qui bordaient le ruisseau, on rencontrait des champs semés d'orge, constamment exposés à être dévastés par les troupeaux de bétail noir et de poneys sauvages qui paissaient sur les hauteurs voisines; ces animaux faisaient même de temps en temps une incursion sur la terre labourable, et ils étaient alors repoussés par les cris bruyans et rauques de cinq à six bergers des Highlands qui couraient comme des fous, et en appelant au secours un chien affamé. Un peu plus haut dans le glen, on apercevait un bois de bouleaux rabougris; les rochers des environs, couverts de bruyère, n'offraient qu'un aspect monotone; l'œil ne se reposait que sur des masses unies et sauvages, plutôt que grandes et solitaires. Mais quelle que fût cette habitation, aucun digne descendant de Ian Nan Chaistel ne l'aurait échangée contre Stow ou Blenheim [1].

Waverley en s'avançant vers la porte d'entrée du château fut frappé d'un tableau que le premier propriétaire de Blenheim aurait sans doute préféré aux plus beaux points de vue du domaine qu'il reçut de sa patrie reconnaissante. Environ cent Highlanders, parfaitement armés et équipés, étaient rangés en ligne de bataille. Fergus en les apercevant dit à Waverley avec un air de négligence : — J'ai oublié de vous dire que j'avais réuni quelques hommes de mon clan pour aviser aux moyens de mettre le pays à l'abri des insultes qu'on a osé faire, à mon grand regret, au baron de Bradwardine. Peut-être ne seriez-vous pas fâché de les voir manœuvrer : qu'en dites-vous, capitaine?

Edouard accepta cette proposition.

Ces montagnards se mirent aussitôt à exécuter avec la plus grande célérité et la plus grande précision diverses évolutions militaires. Ils rompirent leurs rangs pour montrer en détail leur adresse à se servir du pistolet ou de l'arquebuse; ils tiraient en marchant, en se couchant, en reculant, en se penchant à droite, à gauche, et rarement il leur arrivait de man-

---

(1) Les jardins de Stow sont fameux en Angleterre.—Blenheim est le château du duc de Marlborough, érigé à Woodstock, dans le comté d'Oxford, sur le terrain de la loge royale de Woodstock, autrement dit de la Belle Rosemonde.—Éd.

quer le but. Ils se mirent bientôt deux par deux pour le maniement de l'épée; ils se formèrent ensuite en deux pelotons opposés pour faire la petite guerre. On les vit charger, se rallier, se replier, faire volte-face et se poursuivre. Toutes ces évolutions, images d'un combat, étaient commandées au son de la grande cornemuse de guerre.

A un signal du chef l'escarmouche cessa; et alors il se fit des parties pour courir, lutter, sauter, jeter la barre de fer, et autres exercices dans lesquels cette milice féodale montra une adresse, une agilité et une force incroyables; le but du chef fut atteint, car il voulait par-là donner à Waverley une idée favorable du mérite de ses gens comme soldats, et de la puissance de celui dont un signe les faisait marcher.

— Quel est le nombre, demanda-t-il, de ces braves qui ont le bonheur de vous avoir pour commandant?

— Lorsqu'il s'agit de défendre la bonne cause et qu'il aime son chef, répondit Fergus, le clan d'Ivor fournit ordinairement cinq cents soldats; mais vous n'ignorez pas, capitaine, que le désarmement qui eut lieu il y a vingt ans nous empêche de le tenir au complet; il me suffit d'avoir sous mes ordres un petit nombre d'hommes armés pour protéger mes propriétés et celles de mes amis, quand la tranquillité publique est troublée comme elle l'a été à Tully-Veolan; et puisque le gouvernement ne nous défend pas, il ne doit pas trouver mauvais que nous nous défendions nous-mêmes.

— Avec les forces que vous avez à votre disposition, dit Édouard, il vous serait bien facile de détruire la bande de Donald Bean Lean.

— Vous avez raison, je pourrais le faire; mais savez-vous quelle serait ma récompense? Je recevrais l'ordre de remettre entre les mains du général Blakeney, à Stirling, le peu d'armes qu'on nous a laissées; vous conviendrez que je n'agirais pas selon la politique. Mais les cornemuses m'annoncent que le dîner est servi : venez, il me tarde d'avoir l'honneur de vous recevoir dans ma rustique habitation.

CHAPITRE XX.

Un repas des Highlands.

Avant que Waverley fût entré dans la salle du festin, on vint lui présenter le bassin pour se laver les pieds ; cette offre patriarcale n'était point à dédaigner après le voyage qu'il avait fait à travers des terres marécageuses et d'épaisses bruyères. Cette cérémonie ne fut point accompagnée du luxe qu'on déploya pour le héros de l'Odyssée ; la tâche de l'ablution ne fut point accomplie par une jeune beauté instruite à frictionner le corps et à verser l'huile odorante, mais par une vieille femme highlandaise, à la peau couleur de fumée qui, loin de se trouver très honorée de la commission qu'on lui donnait, marmotta entre ses dents : *Les troupeaux de nos pères n'ont pas brouté si près les uns des autres pour vous rendre ce service !* Une légère donation réconcilia cette antique femme de chambre avec sa dégradation supposée. Quand Waverley se disposa à entrer dans la salle, elle le bénit en répétant le proverbe gaëlique : *Puisse la main qui s'ouvre être toujours pleine !*

La salle du festin occupait tout le rez-de-chaussée de l'habitation originaire de Ian Nan Chaistel : une énorme table de bois de chêne y régnait dans toute sa longueur. Le dîner était simple, on pourrait même dire grossier, et les convives étaient nombreux, jusqu'à former cohue. Au haut de la table était placé le chef avec Édouard et deux ou trois visiteurs des clans voisins ; au second rang étaient assis les anciens de la tribu de Mac Ivor, *wadsetters* et *tacksmen*[1], comme on les appelait,

(1) En écossais, un *wadsetter* est un homme qui possède la propriété d'un autre avec obligation de la rendre après un terme fixé, comme un *wadset*, en terme de

qui possédaient des portions des domaines du chef en qualité d'ammodiateurs; au-dessous d'eux étaient leurs fils, leurs neveux, et les frères de lait; puis les officiers de la maison du chef, selon leur rang[1], et au bas bout de la table les tenanciers qui cultivaient eux-mêmes la terre. Outre cette longue suite de convives, Édouard put voir sur la pelouse, à travers une immense porte ouverte à deux battans, une foule de Highlanders d'un rang inférieur, qui néanmoins étaient regardés comme invités au banquet. Plus loin étaient des groupes mobiles de vieilles femmes, d'enfans couverts de haillons, de mendians jeunes et vieux, de lévriers, de terriers, de braques et chiens de toute espèce; tous les membres de ces groupes recevaient une part plus ou moins directe du festin.

Cette hospitalité de Fergus, qui paraissait illimitée, avait cependant ses règles d'économie. On avait préparé avec quelque soin les plats de poisson et de gibier servis au haut bout de la table et près de l'étranger anglais. Plus bas on remarquait des énormes pièces de mouton et de bœuf qui, sans l'absence du porc[2] (animal abhorré dans les Highlands), auraient rappelé le repas des amans de Pénélope. Le plat du milieu était un agneau d'un an, rôti entier; il était posé sur ses jambes et tenait entre les dents un bouquet de persil. Sans doute le cuisinier ne lui avait donné cette position que pour satisfaire son amour-propre, étant plus fier de l'abondance que de l'élégance des mets de la table de son maître. Les flancs du pauvre animal furent vigoureusement attaqués par les membres du clan, les uns armés de leurs dirks, les autres de couteaux qu'ils portaient habituellement dans le même fourreau que leur dague; et bientôt la carcasse décharnée n'offrit plus

barreau, est un acte par lequel un débiteur livre son bien à son créancier, pour que celui-ci se paie avec le revenu. *Tacksman* est synonyme de *wadsetter*; mais ce terme appartient presque exclusivement aux *Highlands*.

(1) C'est-à-dire ses officiers, décrits par Evan Dhu, et ses gardes-du-corps (*luich tach*), choisis parmi les plus robustes du clan. — Éd.

(2) Le cochon était autrefois très rare en Écosse: on en trouve maintenant en troupeaux sur plusieurs montagnes. Le Highlander n'aimait généralement pas les viandes grasses, d'une digestion pénible. — Éd.

qu'un douloureux spectacle. Le bout de la table était garni de mets encore plus simples, mais servis avec abondance. Des soupes, des ognons, du fromage et les restes des viandes, régalaient les enfans de la race d'Ivor qui assistaient au banquet en plein air.

Les boissons furent distribuées dans le même ordre et avec les mêmes gradations. On servait aux plus proches voisins du chef d'excellent vin de Champagne et de Bordeaux; du whisky pur ou étendu d'eau, et de la bière forte, désaltéraient les convives assis plus bas. Chacun savait que son goût devait être réglé suivant son rang; aussi les tacksmen et leurs tenanciers ne manquaient pas de dire que le vin était trop froid pour leur estomac, et ils semblaient demander de préférence la boisson qui leur était destinée. Les joueurs de cornemuse (ils étaient trois) ne cessèrent de faire entendre un épouvantable concert guerrier pendant toute la durée du repas. L'écho du plafond en voûte et les sons de la langue celtique produisirent un tel bruit, qu'Édouard crut qu'il perdrait l'ouïe pour le reste de ses jours dans cette tour de Babel. Mac Ivor lui demanda excuse de cette confusion : — Je ne pourrais, dit-il, négliger de remplir ces devoirs d'une hospitalité nécessaire : ces parens fainéans, ajouta-t-il, regardent mes domaines comme une propriété dont je n'ai que l'administration; ils se reposent sur moi pour avoir de la bière et de la viande; leur seule occupation est de s'exercer à manier la claymore, d'aller à la chasse, de boire, et de courtiser les filles du strath; mais que puis-je y faire, capitaine Waverley? Tout être de ce bas monde tient à sa famille, que ce soit un faucon ou un Highlander.

Édouard ne manqua pas de lui faire le compliment attendu sur le grand nombre de vassaux dévoués qu'il avait à ses ordres.

— Il est vrai, répondit Fergus, que s'il me prenait fantaisie d'aller, à l'exemple de mon père, me faire donner un coup sur la tete ou deux sur le cou, les vauriens ne me quitteraient pas. Mais qui peut s'occuper d'un semblable projet aujourd'hui où l'on a pris pour devise : Mieux vaut une vieille femme avec une bourse à la main, que trois hommes avec leurs glaives à la ceinture?

A ces mots, se tournant vers ses nombreux convives, il porta une santé en l'honneur du capitaine Waverley, le digne ami de son respectable voisin et allié le baron de Bradwardine.

— Il est le bienvenu, dit un des anciens, s'il vient de la part de Cosme Comyne Bradwardine.

— Je ne dis pas cela, répondit un vieillard qui semblait ne pas se soucier de ce toast, je ne dis pas cela, répéta-t-il; tant qu'il y aura de la verdure dans la forêt, il y aura de la fraude dans le cœur de Comyne.

— Bradwardine est un homme d'honneur, reprit vivement un autre des anciens; l'étranger qui se présente ici de sa part doit être le bienvenu, eût-il les mains teintes de sang, à moins que ce ne fût du sang de la race d'Ivor.

— Il n'y a eu que trop de sang de la race d'Ivor répandu par la main de Bradwardine, répliqua le vieillard dont la coupe restait toujours pleine.

— Ah! Ballenkeiroch, vous pensez plutôt au coup de carabine de Tully-Veolan qu'aux coups d'épée qu'il a donnés pour la bonne cause.

— Et j'ai bien raison : son coup de carabine me priva d'un fils!... Ses coups d'épée n'ont pas beaucoup servi au roi Jacques.

Fergus expliqua en français à Waverley que le baron, dans une querelle près de Tully-Veolan, avait tué, sept ans auparavant, le fils de ce vieillard. — Ballenkeiroch, ajouta-t-il, ce jeune officier est Anglais, et tout-à-fait étranger à la famille de Bradwardine. Le vieillard prit alors la coupe encore pleine et la vida avec courtoisie à la santé du voyageur.

Après la cérémonie de cette santé, un signal de Fergus fit taire les cornemuses. — Mes amis, dit-il, où sont donc cachés les chants, que Mac Murrough ne puisse les trouver?

Mac Murrough, le barde de sa famille, vieillard à cheveux blancs, se leva aussitôt et se mit à chanter d'une voix tour à tour lente et rapide une longue suite de vers celtiques qui furent accueillis avec les applaudissemens de l'enthousiasme. Sa verve allait en augmentant : il avait d'abord tenu les yeux baissés ; il les promena fièrement autour de lui, moins pour demander que pour commander l'attention ; ses gestes n'étaient pas moins sauvages et passionnés que ses accens. Édouard l'observait avec le plus vif intérêt. Il crut comprendre qu'il déplorait la fin des guerriers morts, qu'il invoquait les absens, qu'il encourageait et excitait ceux qui l'écoutaient ; il crut même distinguer son nom : ce qui le confirma dans cette idée, c'est que tous les yeux se tournèrent vers lui par un mouvement spontané. L'enthousiasme du poète s'était communiqué à tous les convives ; leurs figures sauvages, brunies par le soleil, prirent un air plus imposant et plus animé. Ils se levèrent et vinrent se placer autour du poète, levant les mains dans une espèce d'extase, ou les portant à la garde de leurs claymores. Lorsque le barde eut fini de chanter, le plus profond silence régna pendant quelque temps dans toute la salle ; le poète et les auditeurs se calmèrent, et chacun reprit son caractère habituel.

Fergus qui pendant cette scène s'était bien plus occupé du soin d'examiner les émotions que produisait le barde que de les partager, remplit de vin de Bordeaux une petite coupe d'argent :—Portez cela à Mac Murrough, dit-il à un serviteur ; lorsqu'il aura avalé la liqueur, priez-le d'accepter la coupe pour l'amour de Vich Ian Vohr. — Le présent fut reçu avec une profonde reconnaissance. Après avoir bu le vin, le barde baisa la coupe, et la plaça respectueusement dans son manteau, croisé devant sa poitrine ; ensuite il chanta de nouveau, sans doute comme le pensa Édouard, pour remercier le chef de ce don magnifique. Ce chant spontané fut applaudi, mais ne produisit pas le même effet que le premier. On voyait bien cependant que le clan approuvait hautement la générosité du chef. Plusieurs toasts gaëliques furent alors proposés ; Fergus en traduisit quelques-uns à son hôte de la manière suivante :

—A celui qui ne tourne jamais le dos ni à son ami ni à son ennemi !

— A celui qui n'abandonna jamais un camarade !
— A celui qui n'a jamais vendu ni acheté la justice !
— Hospitalité au banni et des coups aux tyrans !
— Aux hommes qui portent le kilt !
— Highlanders ! épaule contre épaule !

Édouard aurait bien voulu connaître le sens de ce poème qui avait produit tant d'effet sur les convives ; il fit part de sa curiosité à son hôte. — Comme je remarque, lui répondit Fergus, que la bouteille a passé plusieurs fois devant vous sans que vous l'arrêtiez, j'allais vous proposer d'aller prendre le thé avec ma sœur ; elle est mieux à même que moi de satisfaire votre curiosité. Quoique je ne veuille pas gêner la joie de mon clan dans un jour de fête, je ne prétends point me condamner à l'imiter dans ses excès : et, ajouta-t-il en riant, — je n'entretiens pas un ours pour dévorer l'intelligence de qui peut en faire bon usage[1].

Édouard n'hésita pas, il accepta de suite l'offre qui lui était faite. Fergus, après avoir dit quelques mots à ceux qui étaient autour de lui, sortit de table, et Waverley le suivit. La porte était à peine fermée sur eux que la salle retentit de toasts portés en l'honneur de Vich Ian Vohr : ces expressions de la reconnaissance et du dévouement se prolongèrent long-temps, et prouvèrent à Waverley combien son hôte était aimé de ses convives.

CHAPITRE XXI.

La sœur du chef.

L'APPARTEMENT de Flora Mac Ivor était meublé de la manière la plus simple ; car à Glennaquoich on s'était fait une loi de s'interdire toutes les dépenses de luxe, afin que le chef

---

[1] Allusion épigrammatique à l'ours de Bradwardine. — Éd.

eût toujours les moyens d'exercer noblement l'hospitalité et d'augmenter le nombre de ses partisans et de ses vassaux. On ne remarquait pas là même parcimonie dans son costume : sa parure était à la fois élégante et riche ; on reconnaissait les modes françaises jusque dans le simple habillement des Highlands, et le goût y avait présidé. Ses cheveux n'étaient point défigurés par le fer du coiffeur et tombaient sur ses épaules en longues boucles couleur de jais, retenues seulement par un bandeau enrichi de diamans : elle n'avait adopté ce genre de coiffure que pour ne pas heurter les idées des Highlanders qui ne peuvent souffrir qu'une femme ait la tête couverte avant le mariage.

Flora Mac Ivor avait une ressemblance frappante avec Fergus, au point qu'ils auraient pu jouer Sébastien et Viola[1], et produire le même effet que mistress Henry Siddons[2] et son frère dans ces deux rôles. Ils avaient le même profil régulier et antique, les mêmes yeux noirs, les mêmes cils, les mêmes sourcils et le même teint, si ce n'est que celui de Fergus était bruni par le soleil, et celui de Flora plus délicat ; mais l'air fier et un peu sévère de Fergus avait un charme de douceur et de beauté dans les traits de Flora : leurs voix avaient le même son, mais une accentuation différente ; celle de Fergus, surtout lorsqu'il commandait ses montagnards pendant leurs évolutions militaires, rappelait à Waverley un passage souvent applaudi de la description d'Émétrius :

> De sa voix les mâles accens
> Égalaient du clairon les sons retentissans.

Celle de Flora, au contraire, était douce et tendre,—« don exquis chez une femme ; » — mais si elle traitait un sujet intéressant, ce qu'elle faisait souvent avec une éloquence naturelle, cette voix possédait les sons qui en imposent et frappent de conviction aussi bien que ceux d'une persuasion insinuante.

(1) Dans la *Soirée des rois*, de Shakspeare, où Viola prend le costume de son frère. —Éd.

(2) Il ne s'agit point ici de la reine tragique, miss Siddons, mais de mistress Henry Siddons, actrice d'Édimbourg, qui n'est pas indigne de porter ce nom.—Éd.

Ce regard ardent de l'œil noir et vif du chef qui exprimait même l'impatience contre un obstacle matériel, avait dans les yeux de Flora une grace pensive ; — les regards du frère semblaient demander la gloire, le pouvoir et tout ce qui pouvait l'élever au-dessus du reste des hommes, tandis que ceux de sa sœur, comme si elle avait la conscience d'une supériorité d'intelligence, semblaient plaindre plutôt qu'envier ceux qui cherchaient une distinction moins noble. Ses sentimens étaient d'accord avec l'expression de sa physionomie. Sa première éducation l'avait pénétrée, ainsi que son frère, du plus sincère attachement pour la famille des Stuarts. Elle était persuadée que c'était une obligation sacrée pour son frère, pour son clan, et pour tout habitant de la Grande-Bretagne, de braver tous les dangers et de faire tous les sacrifices afin de seconder les projets auxquels les partisans du Chevalier de Saint-George n'avaient jamais renoncé. Pour cette cause elle était disposée à tout souffrir, à tout sacrifier. Son loyalisme [1], s'il était plus fanatique que celui de son frère, était aussi plus pur. Accoutumé aux petites intrigues et nécessairement engagé dans mille discussions d'amour-propre, Fergus était aussi ambitieux naturellement et sa foi politique avait une légère teinte d'intérêt personnel, pour ne rien dire de plus. S'il eût tiré la claymore du fourreau, il aurait été difficile de décider s'il avait plus d'envie de faire de Jacques Stuart un roi, qu'un comte de Fergus Mac Ivor : il n'osait, il est vrai, s'avouer à lui-même ce mélange de sentimens, mais il n'en existait pas moins.

Dans le cœur de Flora, au contraire, la flamme du royalisme brûlait pure et désintéressée ; elle n'aurait pas plus méprisé de faire de la religion un masque pour couvrir des projets d'ambition, que de mêler la moindre vue d'intérêt ou d'amour-propre aux opinions qu'on lui avait inspirées comme du patriotisme. Ces exemples de dévouement n'étaient pas rares chez les partisans de cette malheureuse famille, et le lecteur peut s'en rappeler plusieurs de mémorables. Les attentions particulières du chevalier de Saint-George et de son épouse

(1) Mot historique en Angleterre comme synonyme de royalisme. — Éd.

pour la famille de Fergus et de Flora, et pour eux-mêmes quand ils étaient devenus orphelins, avaient donné plus de force à leur fidélité. Fergus, à la mort de ses parens, avait servi la princesse en qualité de page d'honneur. La vivacité de son esprit et sa bonne mine lui valurent d'être traité par elle avec une sorte de distinction, et il avait de là passé deux ans dans sa maison. Sa sœur était entrée dans un des couvens de France les plus renommés, et y avait été entretenue aux frais de la princesse : Fergus et Flora conservaient l'un et l'autre le plus tendre souvenir de cette bienveillance.

Après avoir fait connaître le trait dominant du caractère de Flora, je puis esquisser plus rapidement le reste. La nature l'avait richement douée, et elle avait acquis ces manières élégantes qu'on s'attend à trouver dans une personne qui dès sa plus tendre jeunesse a été la compagne d'une princesse; mais elle n'avait point appris à substituer le vernis de la politesse à une sensibilité réelle. Lorsqu'elle se vit établie dans les déserts de Glennaquoich, elle sentit que les connaissances qu'elle avait dans les littératures française, anglaise et italienne deviendraient pour elle des ressources rares et interrompues. Pour remplir son temps d'une manière utile, elle consacrait une partie de ses soins à la musique et aux traditions poétiques des Highlanders. Elle trouva bientôt dans cette étude un plaisir réel, et que son frère moins sensible aux jouissances littéraires affectait, dans le but de se populariser, bien plus qu'il ne le goûtait comme elle. En effet elle s'adonna avec d'autant plus d'ardeur à ses recherches, qu'elle s'aperçut qu'elle charmait par-là ceux à qui s'adressaient ses questions.

L'amour de son clan, amour qui était presque héréditaire dans son cœur, était comme son loyalisme une passion plus pure que celui de son frère. Fergus était un politique trop profond, il regardait trop son influence de chef comme un moyen d'agrandissement personnel, pour que nous le citions comme un modèle d'un chieftain des Highlands. Flora avait la même sollicitude pour étendre leur souveraineté patriarcale; mais c'était avec le désir généreux d'arracher à la misère ou du moins aux privations et à la tyrannie étrangère ceux que son frère, selon les idées du pays et du temps, était appelé à gouverner par droit de naissance.

Elle recevait une petite pension de la princesse Sobieski [1]. Ses épargnes étaient consacrées à procurer aux membres de son clan, nous ne dirons pas le confortable (ce mot ne fut jamais connu des montagnards), mais les secours de première nécessité pour les malades et les vieillards infirmes. Les autres membres du clan aimaient mieux par leur travail se mettre à même de payer une redevance volontaire à leur chef, que de lui devoir d'autres secours que ceux de l'hospitalité simple de son château, et la division et subdivision générales de ses domaines entre eux. Ils avaient un si grand attachement pour Flora, que Mac Murrough ayant dit dans un de ses chants où il énumérait les beautés du canton : — *Que la meilleure pomme pendait à la plus haute branche*, — il reçut en don des divers membres du clan plus d'orge qu'il n'en aurait eu besoin pour semer dix fois de suite son Parnasse des Highlands, le clos du barde (the Bard's croft) comme on l'appelait [2].

La société de miss Mac Ivor était extrêmement bornée, non moins par goût que par l'effet des circonstances. Miss Rose de Bradwardine avait été son amie la plus intime, et lorsqu'elles étaient ensemble, elles pouvaient offrir à un peintre deux modèles charmans, l'une pour la muse de la gaîté, et l'autre pour celle de la mélancolie. En effet Rose était si tendrement aimée de son père, le cercle de ses désirs était si étroit, elle éprouvait si peu de contrariétés, que tout en elle devait porter le caractère d'un contentement habituel. Il n'en était pas de même pour Flora : dès son enfance elle avait éprouvé les vicissitudes de la fortune ; elle était tombée de la splendeur et du luxe dans la solitude et dans une sorte de

---

[1] C'était la petite-fille du grand Sobieski. Son père, Jacques Sobieski, encourut la disgrâce de l'Autriche pour avoir consenti à son mariage avec le prétendant ; elle fut même arrêtée en 1719, à Inspruck, par les ordres de l'empereur, et ne rejoignit Charles-Édouard à Rome qu'en s'évadant. — ÉD.

[2] Le barde avait en propriété un champ héréditaire. Dans la *queue* d'un chef, le *Bard* et le *Piper* étaient non-seulement *propriétaires*, mais *gentilshommes*. — ÉD.

pauvreté, comparativement au genre de vie qu'elle avait mené auparavant. Ses idées, ses vœux secrets, ses craintes, ses inquiétudes sur les événemens politiques, devaient nécessairement lui avoir donné un caractère grave et réfléchi, quoiqu'elle se prêtât de bon cœur à contribuer par ses talens à l'amusement de la société. Elle était au premier rang dans l'estime du vieux baron, qui aimait à chanter avec elle ces duos français qui étaient à la mode au commencement du règne de Louis-le-Grand, tels que celui de *Lindor et Chloris*, etc.

On était généralement persuadé, quoiqu'on se gardât bien d'en faire la moindre mention au baron de Bradwardine, que les démarches de Mac Ivor pour se réconcilier avec lui étaient dues aux prières de Flora. Elle attaqua Fergus par son côté faible, en lui représentant qu'il y aurait peu de gloire pour lui à triompher d'un vieillard; et qu'en poussant les choses à l'extrême, il risquait de faire tort à sa cause, comme aussi de compromettre la réputation de prudence si nécessaire à un chef politique. Ces considérations, qui étaient d'accord avec un plan ultérieur de Fergus, l'emportèrent sur son ressentiment, et prévinrent un combat qui paraissait inévitable, soit parce que le sang du clan d'Ivor avait été déjà répandu par les mains du baron, soit parce que Fergus allait jusqu'à être jaloux de la réputation que le vieillard avait de manier l'épée avec une grande adresse.

Ce fut à cette jeune lady qui présidait à l'empire féminin de la table à thé que Fergus présenta le capitaine Waverley. Il en fut reçu avec toutes les marques de politesse que l'usage commande.

CHAPITRE XXII.

Poésie des Highlands.

Après les complimens ordinaires, Fergus dit à sa sœur : — Ma chère Flora, avant que je retourne pour remplir le cérémonial barbare de nos ancêtres, je suis bien aise de vous apprendre que le capitaine Waverley est un admirateur de la muse celtique, et d'autant plus peut-être qu'il ne comprend pas son langage. Je lui ai dit que vous aviez un talent extraordinaire pour traduire la poésie des Highlands, et que Mac Murrough admirait vos traductions, d'après le même principe de l'admiration du capitaine, parce qu'il ne les comprend pas. Auriez-vous la complaisance de lire ou de réciter à notre hôte en langue anglaise cette nomenclature étrange de noms que notre barde a réunis dans sa chanson gaëlique? Je parierais ma vie contre une plume de grouse que vous en avez fait une version; sachant bien que vous êtes la conseillère constante du barde, et qu'il vous communique ses poèmes avant de les rendre publics.

— Comment pouvez-vous parler ainsi, Fergus? vous savez bien que ces sortes de chants ne peuvent intéresser en aucune manière un étranger, et surtout un Anglais, même en supposant que je les eusse traduits, comme vous le prétendez.

— Ils ne l'intéresseront pas moins qu'ils m'intéressent moi-même, belle lady. Aujourd'hui vos productions (je persiste à dire que vous êtes de moitié dans la composition du barde) m'ont coûté la dernière coupe d'argent qu'il y eût dans le château, et je présume qu'elles me coûteront quelque autre

chose la première fois que je tiendrai *cour plénière*, si la muse descend sur Mac Murrough... Vous connaissez le proverbe :
— Lorsque la main du chef ne donne rien, le souffle du barde se glace sur ses lèvres. — Je désire que cela arrive bientôt... Il y a trois choses tout-à-fait inutiles pour un Highlander de nos jours ; l'épée qu'il ne doit plus tirer, les chants qui célèbrent les actions qu'il n'ose plus imiter, et une large bourse de peau de bouc qui ne contient pas un seul *louis d'or*.

— Eh bien ! mon frère, puisque vous ne gardez pas mieux mes secrets, je ne me ferai pas le moindre scrupule de révéler les vôtres... Je puis vous assurer, capitaine Waverley, que mon frère ne troquerait pas sa claymore contre un bâton de maréchal ; que Mac Murrough est à ses yeux un poète bien au-dessus d'Homère, et qu'il ne donnerait pas sa bourse de cuir pour tous les louis d'or qu'elle pourrait contenir...

— Très bien riposté, Flora, c'est coup pour coup, comme Conan disait au diable[1]... Mais je vous laisse tous deux parler de poésie et de bardes, sinon de bourses et de claymores, tandis que je vais faire les derniers honneurs du repas aux sénateurs de la tribu d'Ivor : à ces mots il sortit.

La conversation continua entre Flora et Waverley, car deux jeunes femmes bien vêtues, et qui paraissaient destinées à faire société à miss Ivor autant qu'à la servir, n'y prirent pas la moindre part. Quoiqu'elles fussent toutes les deux très jolies, elles ne pouvaient que mieux faire ressortir la beauté de leur maîtresse. La conversation roula sur le sujet que

---

(1) Fergus ne cite ici qu'une partie d'un vieux proverbe gaëlique : *Claw for claw and the devil take the shoratest nails. Griffe pour griffe, et que le diable prenne celui qui a les ongles les plus courts !* Conan était un des héros de Fingal, brave jusqu'à la témérité. Ses exploits dans le monde invisible sont également fameux. Il se rendit entre autres à Surna, ou l'île glacée, semblable à la caverne d'Hela dans la mythologie scandinave, habitée par des êtres infernaux. A son départ, Conan se vit assailli par un des démons, qui lui donna un coup : mais Conan le lui rendit. Cet outrage, fait à un de ces immortels, mit tout'une légion aux prises avec Conan. Le guerrier n'en fut pas effrayé : en les voyant accourir, il s'écria : — Griffe pour griffe (coup pour coup), et le diable prenne celui qui aura les ongles les plus courts ! — Conan, dit-on, eut du moins les mains les plus longues et les plus infatigables ; car il frappa si bien et si long-temps que les diables eurent le dessous. — Éd.

Fergus avait entamé, et Waverley n'éprouva pas moins de plaisir que de surprise dans tout ce qu'il apprit concernant la poésie celtique.

— Ces poèmes, dit Flora, qui célèbrent les exploits des héros, les peines des amans et les guerres des tribus ennemies, sont le principal amusement du coin du feu d'hiver dans les Highlands. Quelques-unes de ces poésies sont très anciennes, dit-on; et si jamais elles sont traduites dans la langue d'une des nations civilisées d'Europe, elles ne peuvent manquer de produire la plus grande sensation. Il en est d'une date plus récente; elles sont l'ouvrage de ces bardes que les chefs les plus nobles et les plus puissans entretiennent à titre de poètes et d'historiens de leurs tribus. Leurs ouvrages ne manquent pas de mérite, mais le génie poétique s'évapore dans la traduction, ou il est perdu pour ceux qui ne sympathisent pas avec les sentimens du poète.

— Et votre barde, dont les chants ont produit tant d'effet sur l'assemblée aujourd'hui, est-il compté parmi les favoris de la muse des montagnes?

— Votre question est embarrassante : sa réputation est grande chez ses compatriotes, et ce n'est pas à moi de déprécier sa réputation.

— Mais son chant, miss Mac Ivor, a paru enthousiasmer tous les guerriers, jeunes ou vieux.

— Ce chant n'est pour ainsi dire que le catalogue des noms des différens clans des Highlands, avec leurs particularités distinctives, et une exhortation à se souvenir des actions de leurs pères pour les imiter.

— Mais quelque étrange que soit cette conjecture, ai-je tort de croire qu'il y avait quelque allusion à mon nom dans ces vers?

— Vous êtes doué d'une grande perspicacité qui ne vous a pas trompé dans cette occasion, capitaine Waverley. La langue gaëlique étant extraordinairement vocale et très propre à la poésie d'improvisation, un barde manque rarement d'ajouter à l'effet d'un chant préparé en y intercalant quelques stances que lui suggèrent les circonstances du moment où il récite sa composition.

— Je donnerais mon plus beau cheval pour savoir ce que le barde des Highlands a pu dire d'un indigne habitant du sud tel que moi.

— Il ne vous en coûtera pas un seul de ses crins. — Una, *Mavourneen!* Elle adressa quelques mots à une de ses jeunes suivantes; celle-ci fit une profonde révérence et sortit en courant.

— Je viens de charger Una, dit Flora, d'aller demander au barde les expressions dont il s'est servi, et je vous offre mon talent de drogman. — La jeune fille rentra presque aussitôt, et répéta à sa maîtresse quelques vers en langue gaëlique. Flora parut y rêver un moment.

— Capitaine Waverley, dit-elle ensuite en rougissant, il m'est impossible de satisfaire votre curiosité sans m'exposer à vous faire rire de ma présomption. Si vous voulez avoir la complaisance de me permettre de me recueillir pendant quelques minutes, j'essaierai d'encadrer tant bien que mal les vers qu'Una vient de me réciter dans une traduction anglaise que j'ai faite d'une partie de l'original. Les cérémonies de la table à thé sont terminées; et comme la soirée est fort agréable, Una vous conduira dans une de mes retraites solitaires, où je ne tarderai pas à me rendre avec Cathleen.

Una ayant reçu les instructions de sa maîtresse en langue gaëlique, fit sortir notre voyageur par un autre passage que celui qui l'avait introduit dans l'appartement; il entendit en passant le son des cornemuses et les applaudissemens des convives qui ébranlaient encore la salle du festin. Una et Waverley ayant gagné la campagne par une poterne, marchèrent quelque temps dans la vallée sauvage et étroite où était situé le manoir, en suivant le cours de la petite rivière qui y serpentait. A un quart de mille environ du château se réunissaient les deux ruisseaux qui formaient par leur jonction cette petite rivière. Le plus considérable des deux descendait au fond de la vallée, qui paraissait s'étendre assez également jusqu'aux montagnes, dernière perspective de l'horizon. L'autre prenait sa source au milieu des montagnes, à gauche du strath, et paraissait sortir d'une espèce d'antre qui séparait deux énormes rochers. Ces deux ruisseaux différaient aussi de caractère : le premier était paisible et même lent dans son cours, revenant tantôt sur lui-même ou paraissant se reposer dans de larges bassins bleus ; mais le second et le plus petit était rapide et furieux en sortant des précipices, tel qu'un homme en délire qui s'échappe de sa prison en écumant, et avec des cris de rage.

Ce fut vers la source de ce dernier ruisseau que Waverley, en chevalier de roman, fut conduit par la belle demoiselle des montagnes, son guide silencieux. Un petit sentier, auquel on avait fait quelques réparations afin de le rendre plus commode pour Flora, les amena dans un paysage bien différent de celui qu'ils venaient de quitter. Autour du château tout était froid, nu, triste et solitaire, sans grandeur ; mais ce petit glen, à une si courte distance, semblait l'entrée du royaume de féerie. Les rochers prenaient mille formes particulières et variées. Dans un endroit un énorme roc opposait sa masse gigantesque comme pour défendre le passage, et ce ne fut qu'à sa base même que Waverley découvrit le brusque détour du sentier qui tournait autour de ce formidable obstacle. Ailleurs les rochers, en se projetant de chaque côté de cette gorge, se rapprochaient tellement que deux pins placés en travers et couverts de tourbe et de gazon y formaient un pont rustique sans parapet, de cent cinquante pieds de hauteur, sur trois de large.

Ce pont périlleux ne paraissait qu'une ligne noire tracée sur l'azur de l'étroite circonférence de l'atmosphère que les flancs des rochers laissaient apercevoir. En y jetant les yeux Waverley frissonna, surtout en voyant paraître Flora et sa suivante qui, semblables à des créatures aériennes, posaient le pied sur ce tremblant appui. Flora à l'approche de Waverley s'arrêta au milieu du pont, et d'un air plein de grace et d'aisance le salua avec son mouchoir. Édouard, comme étourdi du danger de la situation de Flora, ne put lui rendre son salut, et il ne reprit ses sens que lorsqu'il eut vu cette charmante apparition passer de l'autre côté, après avoir franchi le pont précaire qu'elle semblait fouler avec tant d'indifférence.

Waverley s'avança alors, et passa sous ce pont dont la vue lui avait causé tant de frayeur. Le sentier devenait de plus en plus rapide à mesure qu'il s'éloignait de la rive du ruisseau ; et le glen aboutissait à un amphithéâtre rustique, entouré de bouleaux, de jeunes chênes, de noisetiers, et de quelques ifs épars çà et là. Les rochers s'écartaient de plus en plus, mais en montrant toujours leurs cimes grises ou sombres à travers la verdure des taillis. Plus loin s'élevaient d'autres pics, les uns chauves, les autres couronnés de bois ; ici arrondis en coupoles et revêtus de la fleur pourpre des bruyères, là hérissés de saillies inégales. Après avoir fait un détour, Waverley se trouva en face d'une cascade pittoresque ; elle se faisait moins remarquer par la hauteur de sa chute et le volume de ses eaux que par les accidens variés de ses environs. Après une chute de trente pieds de hauteur, l'eau tombait dans un vaste bassin formé par la nature ; et là où disparaissaient les nombreux globules qui couvraient sa surface, elle était si limpide, que malgré sa profondeur on apercevait le plus petit caillou de son lit. En sortant de cette espèce de réservoir, le ruisseau coulait assez paisiblement sur un espace de plusieurs toises, se précipitait de nouveau et paraissait chercher l'abîme ; il en sortait ensuite à travers les rochers que son passage continuel avait polis, errait en murmurant dans le vallon, et allait former la rivière que Waverley venait de remonter. Les alentours de ce bassin pittoresque n'avaient pas moins de charmes; mais c'étaient des sites dont la beauté avait quelque chose de plus sévère et d'imposant. Des bancs de gazon étaient placés irrégulièrement entre les blocs de rochers surmontés de buissons et d'arbustes. Flora en avait fait planter quelques-uns, mais avec tant d'art qu'ils ajoutaient à la grace du paysage sans lui rien ôter de ses attraits sauvages.

Ce fut là que Waverley aperçut Flora occupée à contempler la cascade, et telle qu'une de ces figures ravissantes qui décorent les paysages du Poussin. Cathleen, à deux pas de sa maîtresse, portait une petite harpe écossaise : Flora avait reçu des leçons de Rory Dall, un des derniers harpistes des Western-Highlands[1]. Le soleil en ce moment était à son déclin, et ses rayons, qui coloraient de mille nuances variées les objets qui s'offraient aux regards de Waverley, donnaient plus d'expression aux beaux yeux noirs de Flora, en faisant ressortir la blancheur de son teint, la grace et la dignité de sa taille. Édouard se dit à lui-même que jamais les rêves de son imagination ne lui avaient donné l'idée d'une femme aussi belle et aussi intéressante ; il y avait dans la beauté de cette retraite une sorte de magie qui ajoutait au sentiment de respect et de plaisir avec lequel il s'approcha d'elle comme d'une enchanteresse de Boyardo ou de l'Arioste, dont la baguette semblait avoir créé un paradis dans le désert.

Flora, comme toute jolie femme, n'ignorait pas le pouvoir de ses charmes, et se plaisait à en remarquer l'effet : elle s'aperçut du trouble et de la crainte respectueuse du jeune officier ; mais douée d'un tact exquis, elle attribua une partie de l'émotion d'Édouard à la poésie d'un tel lieu et à d'autres circonstances accidentelles. Comme elle ne connaissait pas le caractère de Waverley, il est possible qu'elle ne regardât l'hommage qu'il lui rendait que comme ce tribut passager qu'une femme même inférieure à elle en attraits aurait pu en attendre dans une situation semblable. Elle quitta les bords du bassin et se dirigea vers un bosquet assez éloigné, pour que le bruit de la cascade, sans couvrir le son de la harpe, parût plutôt lui servir d'accompagnement. Elle s'assit sur un fragment de rocher couvert de mousse, et prit l'instrument des mains de Cathleen.

(1) Roderic Morison, appelé Rory Dall ou Rory l'Aveugle, vivait sous le règne de la reine Anne avec la double fonction de barde et de harpiste de la famille des Macleod de Macleod. La tradition a conservé plusieurs de ses poésies. Depuis longtemps la harpe a cessé d'être cultivée par les Highlanders. Il est à supposer que les bardes étaient généralement des harpistes. Les *Western-Islands*, ou îles occidentales de l'Écosse, avaient toujours eu des bardes renommés. — Éd.

— Capitaine Waverley, dit-elle, je vous ai donné la peine de venir jusqu'ici parce que j'ai cru que le paysage pourrait vous intéresser et vous rendre plus indulgent pour mon imparfaite traduction, qui a besoin de tous ces accompagnemens sauvages. — La muse celtique, pour me servir des expressions poétiques de nos bardes, se plaît dans la vapeur de la colline solitaire et silencieuse ; et sa voix aime à se mêler au murmure des eaux ; celui qui veut lui rendre un culte doit aimer le rocher aride plus que la vallée fertile, et la solitude du désert plus que les pompes du salon.

Peu de personnes auraient pu entendre cette femme charmante s'exprimer ainsi d'une voix que l'émotion rendait si harmonieuse, sans s'écrier que la muse qu'elle invoquait ne serait jamais représentée par une beauté plus digne d'elle. Waverley y pensa, mais il n'eut pas la force de le dire ; les sons plaintifs que Flora tira de sa harpe en préludant le plongèrent dans une espèce d'extase presque douloureuse. Il n'aurait pas quitté sa place auprès d'elle pour toutes les richesses de la terre ; cependant il lui tardait d'être seul pour définir les sentimens impétueux et confus qui l'oppressaient.

Flora remplaça le récitatif monotone du barde par un air mélancolique et doux des Highlands, qui dans d'anciens temps avait été une marche guerrière. A quelques sons irréguliers succéda un prélude d'un caractère sauvage et particulier qui était en harmonie avec le bruit lointain de la cascade et le frémissement des feuilles d'un tremble dont l'ombrage se balançait sur le siége ou était assise la belle harpiste. Les stances que nous allons citer ne donneront qu'une bien faible idée de l'impression qu'elles firent sur le cœur de Waverley, chantées et accompagnées comme elles le furent.

> Par de noires vapeurs nos monts sont obscurcis ;
> Mais le sommeil du Gaël est bien plus sombre encore.
> L'étranger l'a vaincu... Son joug le déshonore....
> Tous les cœurs sont glacés, tous les bras sont flétris.
>
> La targe et le poignard sont rongés par la rouille.
> Des claymores jadis le sang rougit l'acier...

Hélas! c'est la poussière aujourd'hui qui les souille;
Nos armes ne sont plus funestes qu'au gibier.

Bardes, de nos aïeux ne chantez plus la gloire;
Ce serait offenser leurs fils dégénérés;
Bardes, restez muets... par des chants de victoire
Vous feriez trop rougir leurs fronts déshonorés.

Mais bientôt sur nos monts reparaîtra l'aurore.
Déjà sur Glenala luit un rayon plus doux.
Voyez! de Glenfinnan le fleuve se colore,
La nuit et le sommeil sont enfin loin de nous.

Noble et vaillant Moray, venez, qui vous arrête?
Déployez l'ÉTENDARD qui guidait nos aïeux;
Qu'il brille sur nos clans tel qu'avant la tempête
Brille un dernier rayon du monarque des cieux.

Fils des forts, quand pour vous cette clarté va luire,
Attendrez-vous encor l'hymne de nos vieillards?
Ce signal suffisait sans les sons de leur lyre,
Quand de nos vieux guerriers il frappait les regards.

Unissez vos vassaux sous les mêmes bannières,
Petit-fils de ces rois dans Islay tout-puissans;
Tels que les flots mêlés de trois fougueux torrens,
Renversez l'ennemi, renversez ses barrières.

Vrai fils de sir Evan, Lochiel indompté (1),
Prends ta targe, et polis l'acier de ta claymore;
Et toi, fais retentir au loin ton cor sonore....
Keppoch, rappelle-toi ton père redouté.

Descendans de Fingon, dont la race guerrière
Fut féconde en martyrs aussi bien qu'en soldats,
Vous, fils de Rorri-More, arborez sur vos mâts,
L'espoir de nos marins, votre illustre bannière.

Mac-Shimey, vous avez une injure à venger,
Alpine fut trahi.... Tout son sang fume encore.
Enfans du brun Dermid, amoureux du danger,
Soyez dignes toujours du noble Callum-More.

Flora fut interrompue par les caresses importunes d'un lévrier qui venait d'arriver; un coup de sifflet se fit entendre,

(1) Evan Lochiel combattait en cheveux blancs à la bataille de Killicrankie avec Claverhouse, et il avait fait ses premières armes contre Cromwell. — Éd.

et le docile animal redescendit le sentier avec la rapidité de l'éclair.

— C'est le fidèle compagnon de mon frère, dit-elle; ce sifflet est son signal, il ne tardera pas à paraître; il n'aime pas la poésie, et vous devez vous féliciter de son arrivée, capitaine Waverley; elle vous épargnera l'ennui d'entendre l'énumération de toutes nos tribus, qu'un de vos impertinens poètes anglais appelle

> Une troupe de gueux tout fiers, sous leurs haillons,
> De porter le mot MAC au-devant de leurs noms (1).

Waverley lui témoigna combien il était fâché de cette interruption.

— Vous ne perdez pas grand'chose, lui dit Flora; vous eussiez entendu plusieurs stances en l'honneur de Vich Ian Vohr des Bannières, de ses rares qualités, et surtout de sa générosité et de son goût pour la poésie; vous eussiez entendu une apostrophe au fils de l'étranger aux blonds cheveux, qui vit dans le pays où le gazon est toujours vert; puis la description du coursier richement enharnaché, plus noir que le corbeau de nos montagnes et dont le hennissement est comme le cri que pousse l'aigle avant le combat. On rappelle aussi au vaillant cavalier que ses ancêtres se distinguèrent par leur courage et par leur fidélité loyale... Voilà ce que vous avez perdu; mais puisque votre curiosité n'est pas satisfaite et que je juge, par le son lointain du sifflet de mon frère, que j'ai le temps de vous chanter la conclusion, avant qu'il puisse m'entendre et s'en moquer, voici les dernières stances:

> Habitans de nos monts, habitans de nos îles,
> Vous ne serez point sourds à la voix de l'honneur.
> Ce cor n'appelle pas dans les bois le chasseur,
> Pour percer de ses traits les flancs des daims agiles.

(1) Mac Lean, Mac Kensie, Mac Gregor. Le mot gaélique *Mac* signifie *fils de*. Il y a quelque analogie entre le *mac* des Écossais, et la particule *de*, en France. En Écosse on distingue un nom originaire des Highlands par le *mac* qui le précède. Le *mac* n'appartient pas aux noms des *Lowlands*. — Éd.

Non, ce signal s'adresse aux enfans des héros;
A nos jeux sans périls nous reviendrons encore;
Parez-vous de la targe et prenez la claymore.
Il nous faut conquérir la gloire et le repos.

Que l'épée en vos mains soit terrible et mortelle.
Frappez les oppresseurs, brisez leur joug fatal;
Imitez vos aïeux, compagnons de Fingal,
Ou mourant, prenez part à leur gloire éternelle.

CHAPITRE XXIII.

Waverley prolonge son séjour à Glennaquoich.

Flora terminait à peine son chant que Fergus parut. — Je savais bien, dit-il, que je vous aurais trouvée ici, même sans mon ami *Bran*[1]. Je vous avoue franchement que je préfère les superbes jets d'eau de Versailles à cette cascade, en dépit de ces rochers et du bruit des eaux; mais c'est ici le Parnasse de Flora, capitaine Waverley; cette source est son Hippocrène. Elle rendrait un bien grand service à ma cave si elle pouvait faire connaître les vertus de cette onde chérie à Mac Murrough son collaborateur. Il m'a bu plus d'une pinte de whisky, pour corriger, disait-il, la froideur du vin de Bordeaux, que son estomac ne peut digérer.... Voyons, que j'éprouve moi-même les vertus de cette onde.

Il en remplit le creux de sa main et se mit à chanter d'un air tout-à-fait théâtral :

O lady of the desert, hail!
That lovest the harping of the Gael;
Trough fair and fertile regions borne;
Where never yet grew grass or corn (2).

(1) C'était aussi le nom du chien d'Ossian. — Éd.
(2) Je te salue, nymphe du désert! toi qui chéris la harpe du Gaël; toi qui naquis dans ces belles et fertiles contrées où ne croissent ni blé ni pâturage. — Tr.

Je sens que la langue anglaise ne saurait peindre les beautés de cet Hélicon écossais ; voyons si la langue française me secondera mieux : —*Allons, courage!*

> Vous qui buvez à tasse pleine,
> A cette heureuse fontaine,
> Où on ne voit sur le rivage
> Que quelques vilains troupeaux ;
> Suivis de nymphes de village
> Qui les escortent sans sabots.... (1)

—Trêve, cher Fergus, je vous en prie, dit Flora, faites-nous grace de vos insipides personnages d'Arcadie ; nous n'avons que faire de vos Corydon et de vos Lindor.

—Puisque vous n'aimez ni *la houlette* ni *le chalumeau*, je vais emboucher la trompette héroïque.

—En vérité, cher Fergus, je suis tentée de croire que vous êtes bien plus inspiré par l'Hippocrène de Mac Murrough que par la mienne.

—Je le nie, *ma belle demoiselle* ; j'avoue cependant que je lui donnerais la préférence. Quel est celui de ces poétiques romanciers d'Italie qui dit :

> *Io d'Elicona niente*
> *Mi curo, in fè di dio ; che 'l bere d' acque*
> *(Bea chi ber ne vuol) sempre mi spiacque* (2).

Si vous préférez le gaëlique, capitaine Waverley, la petite Cathleen va nous chanter *Drimmindhu*. Allons, *Astore* (ma chère), montrez votre belle voix à ce *Ceankinne* (à ce gentilhomme anglais).

Cathleen chanta d'une voix très agréable une espèce de complainte burlesque d'un paysan sur la perte de sa vache. Son ton comique fit rire Waverley plus d'une fois, quoiqu'il ne comprît pas un seul mot de la chanson.

—Admirable! Cathleen, lui dit Fergus, je veux te chercher un beau garçon dans le clan pour en faire ton époux.

(1) Ce couplet est cité *tel* par l'auteur. —Éd.
(2) Je me soucie fort peu de l'Hélicon, sur ma foi! boive de l'eau qui voudra, elle m'a toujours déplu. —Tr.

La pauvre fille sourit et puis rougit, et se cacha derrière sa compagne.

En revenant au château Fergus pressa vivement Waverley de passer une quinzaine à Glennaquoich pour voir une grande partie de chasse où plusieurs chefs des montagnes devaient se réunir. La mélodie et la beauté avaient fait une impression trop forte sur le cœur d'Édouard pour qu'il n'acceptât pas avec plaisir une invitation si agréable. Il fut donc convenu qu'il écrirait au baron de Bradwardine pour l'informer de son projet, et pour le prier de lui envoyer par le retour du messager (un *gilly* du chef) les lettres qui seraient arrivées à son adresse.

La conversation roula naturellement sur le baron, que Fergus vanta beaucoup comme gentilhomme et comme militaire. Son caractère fut apprécié avec un tact plus délicat par Flora, qui remarqua qu'il offrait le véritable type de l'ancien cavalier écossais[1], avec ses singularités et ses vertus.

— C'est un caractère, capitaine Waverley, dit-elle, qui chaque jour disparaît parmi nous; car ce qu'il avait de plus heureux était ce respect de soi-même qu'on perd aujourd'hui. Les gentilshommes à qui leurs principes défendent de faire la cour au gouvernement actuel, négligés et humiliés, se conduisent en conséquence, contractent des habitudes tout-à-fait indignes de leur naissance, comme certaines personnes que vous avez vues à Tully-Veolan. L'implacable proscription de l'esprit de parti semble dégrader les victimes qu'elle poursuit même injustement. Espérons que des jours plus heureux ne tarderont pas à luire pour nous. L'Écosse verra ses gentilshommes cultiver les lettres sans être pédans comme notre ami le baron; s'amuser à la chasse sans avoir les goûts ignobles de Falconer, et s'occuper des perfectionnemens de l'économie rurale sans devenir une brute sur deux pieds comme Killancureit.

Ainsi Flora prédisait une révolution que le temps a pro-

---

(1) Cavalier est ici pris dans son sens politique. — Éd.

duite en effet, mais d'une manière bien opposée à ses espérances et à ses désirs.

Elle parla ensuite de l'aimable Rose comme d'une jeune personne remarquable par son esprit, sa grace et sa beauté. — Heureux! dit-elle, heureux celui qui parviendra à posséder le cœur de Rose Bradwardine! il aura trouvé un trésor inestimable. Toutes ses affections sont concentrées dans l'intérieur de sa maison; elle n'a d'autre plaisir que d'exercer dans le calme toutes les vertus domestiques. Son époux sera pour elle ce qu'est maintenant son père, l'objet de tous ses soins et de sa sollicitude; elle ne vivra et ne respirera que pour lui et par lui; si elle rencontre un homme vertueux et sensé, elle adoucira ses chagrins et doublera ses plaisirs. Si malheureusement elle tombait sous la loi d'un époux brutal, ou qui la négligerait, elle n'aurait pas long-temps à souffrir, car elle ne survivrait pas long-temps à son ingratitude. Combien il est à craindre que ma tendre amie ne devienne l'épouse de quelqu'un indigne d'elle! Oh! si j'étais reine, j'ordonnerais au plus aimable et au plus méritant des jeunes hommes de mes états de recevoir le bonheur avec la main de Rose Bradwardine.

— En attendant, dit Fergus en riant, je voudrais bien vous entendre lui ordonner d'accepter la mienne.

Je ne saurais dire par quelle singularité ce souhait, exprimé sous la forme d'un badinage, porta le trouble dans le cœur de Waverley, quoiqu'il n'eût que de l'indifférence pour miss Bradwardine, et que Flora l'occupât tout entier; ce sont de ces mystères du cœur humain qu'il est impossible d'expliquer.

— Votre main, mon frère! répondit Flora en le regardant fixement... cela ne se peut pas... vous avez une fiancée... la Gloire! — et les dangers auxquels vous vous exposeriez pour cette rivale briseraient le cœur de la pauvre Rose.

Ils arrivèrent au château; et Waverley prépara ses dépêches pour Tully-Veolan. Il savait combien le baron était pointilleux sur tout ce qui regarde l'étiquette; il voulut poser les armes de sa famille sur sa lettre [1], mais il ne trouva pas son cachet à la chaîne de sa montre ; il fit part de sa perte à Fergus, et lui emprunta en même temps son cachet de famille.

— Il est possible, ajouta-t-il, que je l'aie laissé à Tully-Veolan.

— Certainement, dit miss Mac Ivor, Donald Bean Lean n'aurait pas......

— Je réponds que ce n'est pas lui qui a volé le cachet, dit Fergus ; il n'aurait pas laissé la montre.

— Quoi qu'il en soit, Fergus, vous me permettrez de vous dire que je suis bien surprise que vous accordiez votre protection à cet homme.

— Ma protection ! cette chère sœur voudrait vous faire croire, capitaine Waverley, que je prends ce qu'on appelait autrefois un *Steakraid*, c'est-à-dire un morceau du foray, ou pour parler plus clairement, une part du butin payé par le voleur au laird ou chef sur les domaines duquel il apporte sa proie. Il est certain, capitaine, que si je ne trouve pas le moyen d'enchaîner la langue de ma chère sœur, le général Blakeney enverra un de ces jours un sergent et un détachement de Stirling pour saisir Vich Ian Vohr, comme on me surnomme, et le faire enfermer dans sa citadelle. Il prononça ces mots avec une hauteur et une emphase ironiques.

— Notre hôte est bien persuadé que vous ne parlez pas sérieusement, reprit Flora ; mais dites-moi : n'avez-vous pas assez de braves gens à votre service, sans souffrir que des bandits viennent s'établir sur vos terres ? Que ne chassez-vous ce Donald Bean Lean, que je déteste de tout mon cœur à cause de son hypocrisie et de sa duplicité, plus encore que pour ses rapines ? Rien au monde ne pourrait me décider à souffrir un homme semblable.

— *Rien au monde !* chère sœur, lui dit Fergus d'un ton très expressif.

— Non, rien au monde, pas même l'espoir de servir le

---

(1) L'Anglais le *moins noble* tient à faire parade de ses armes sur le cachet de ses lettres.—Éd.

projet qui m'occupe jour et nuit : puisse le ciel nous épargner la honte d'être obligés d'employer des hommes pareils !

— Ma sœur, répondit Fergus en riant, vous oubliez mon respect pour la *belle passion?* Evan Dhu Mac Combich est amoureux d'Alix la fille de Donald; vous n'exigerez pas de moi que je le trouble dans ses amours : il n'y aurait dans tout le clan qu'un cri d'indignation contre moi; vous connaissez le vieux proverbe : — Un parent est une partie de notre corps, mais un frère de lait est une partie de notre cœur.

— Très bien, cher Fergus, il est inutile de disputer avec vous; mais je désire bien ardemment que tout se termine à votre satisfaction.

— Je vous remercie de votre souhait pieux, ma chère et prophétique sœur; c'est là votre moyen le plus sûr de terminer une discussion; mais entendez-vous le son des cornemuses, capitaine Waverley? peut-être aimerez-vous mieux danser que de vous laisser assourdir par leur musique, sans prendre part aux exercices auxquels elle vous invite.

Waverley prit la main de Flora, et cette soirée se termina au château de Vich Ian Vohr par la danse et par d'autres passe-temps agréables. Édouard se retira l'esprit agité de mille sentimens contraires qui se combattaient dans son cœur, et qui pendant quelque temps l'empêchèrent de goûter le sommeil; il s'abandonna à cet état de l'ame qui n'est pas sans charme lorsque l'imagination prend le gouvernail et que la raison se laisse entraîner passivement plutôt que de chercher à lutter contre ses chimères ou à les examiner de trop près; il s'endormit enfin et rêva de Flora Mac Ivor.

CHAPITRE XXIV.

Chasse au cerf et ses conséquences.

CE chapitre sera-t-il long ou court? C'est là une question dont les conséquences peuvent vous intéresser, aimable lecteur, — tout juste comme lorsqu'il s'agit d'imposer une taxe nouvelle; car probablement (ainsi que moi) vous n'avez rien qui vous regarde dans cet acte, si ce n'est la petite circonstance de payer. Plus heureux avec moi du moins : — je puis bien, par mon autorité arbitraire, étendre mes matériaux autant qu'il me plaira; mais je ne pourrai point vous citer devant la cour de l'échiquier, si vous refusez de me lire. Que je me consulte donc! J'avoue que les annales et les documens que je me suis procurés ne parlent que peu de cette chasse des Highlands, mais il sera facile de trouver ailleurs tous les matériaux dont je puis avoir besoin pour tenir ce que promet le titre de mon chapitre. Le vieux Lindsay de Pitscottie[1] n'est-il pas sous ma main avec sa chasse de la forêt d'Athole, et

« son palais élevé et bien garni de poutres d'un bois vert,
« avec toutes les espèces de boisson qu'on peut se procurer
« en ville et aux champs, telles que ale, bière, vins muscats,
« malvoisie, hypocras et eau-de-vie ; avec pain de froment,
« gros pain, pain de gingembre, bœuf, mouton, agneau, veau,
« venaison, oies, cochons de lait, chapon, lapin, grue, cygne,
« perdrix, pluvier, canard, canard sauvage, dindon, paon,
« faisan noir, grouse et capercailzies[2], sans oublier les riches

---

(1) Sir Robert Lindsay de Pitscottie, auteur d'une chronique d'Écosse. La chasse dont il est ici question fut une des plus grandes chasses de Jacques V, en 1528. Il y avait plus de douze mille personnes, selon Pitscottie, à cette chasse royale.

(2) La capercailzie, ou capercaylie d'Écosse, est le *tetrao urogallus* de Linnée, une espèce de coq de bruyère, qu'on retrouve en Russie, en Pologne, etc. — ÉD.

« couchers, la vaisselle et le linge de table; » — sans oublier surtout « les habiles intendans, les adroits boulangers, et les « apothicaires-confiseurs avec des confections et des baumes « pour les desserts. » — Outre les particularités qu'on peut glaner dans cette description d'un banquet des Highlands dont le luxe fit changer d'opinion au légat du pape, qui avait jusque là prétendu que l'Ecosse était — le, — oui, — le bout du monde, outre ces particularités, ne pourrai-je pas embellir mon récit avec la chasse que vit Taylor, le poète marinier [1] sur les montagnes de Mar [2], où,

> A travers les brouillards, marais et fondrières,
> Les rochers foudroyés, les monts et leurs bruyères,
> Lièvres, cerfs et chevreuils se présentent soudain,
> Et deux heures de chasse en donnent quatre-vingt!
> Lowland, on te nomma low land avec raison;
> Mais, Highland, ton gibier est digne de ton nom. [3]

Mais sans tyranniser davantage mes lecteurs, ou faire étalage de mes lectures, je me contenterai d'augmenter un incident de la mémorable chasse de Lude citée dans l'essai sur la harpe calédonienne par le spirituel M. Gunn [4], et je continuerai mon histoire avec toute la brièveté que me permettra mon genre de composition qui participe de ce que les savans appellent le style de la périphrase ou des circonlocutions, et le vulgaire, le style entortillé.

Plusieurs motifs firent que la grande chasse fut retardée d'environ trois semaines : ce temps s'écoula agréablement pour Waverley au château de Glennaquoich. L'impression que Flora avait faite sur son cœur à leur première entrevue

[1] John Taylor, surnommé le *poète de l'eau*, *the water poet*, parce qu'il avait été apprenti chez un marinier de la Tamise. — ÉD.

[2] Le canton de Mar est dans le comté d'Aberdeen. — ÉD.

[3] S'il est permis de traduire des vers avec une exactitude un peu plate, c'est quand la poésie presque burlesque qui en résulte est l'image du prosaïsme de l'original. J. Taylor, le poète marinier, n'était qu'un poète très vulgaire. Pour saisir le sens des deux derniers vers, il faut se rappeler que Lowland (Basse-Écosse) signifie bas-pays, et Highland (Haute-Écosse) haut-pays. Taylor dit que la chasse des Lowlands est *low*, basse, mesquine, et celle des Highlands, *haute*, grande, etc.

[4] M. John Gunn, d'Édimbourg. Son ouvrage est intitulé : *Essai sur la harpe et la musique des Highlands*, etc.

devenait plus vive de jour en jour; car Flora était précisément la personne qu'il fallait pour fasciner l'esprit et les yeux d'un jeune homme romanesque : ses manières, sa conversation, ses talens pour la musique et pour la poésie donnaient un nouvel éclat à ses attraits. Lors même qu'elle se livrait à la gaîté, elle conservait aux yeux d'Édouard un caractère qui l'exaltait au-dessus des filles ordinaires d'Eve. Il lui semblait que ce n'était que par complaisance qu'elle prenait part à ces amusemens et à ces conversations de galanterie qui font l'existence de la plupart des femmes. En vivant auprès de cette aimable enchanteresse, en passant avec elle les journées, soit à la promenade, soit à faire de la musique, soit à danser, Waverley était de plus en plus content de son hôte et plus épris de son adorable sœur.

Enfin l'époque fixée pour la grande chasse arriva, et Waverley partit avec le chef pour le lieu du rendez-vous, situé à une journée de marche de Glennaquoich vers le nord. Fergus fut suivi dans cette occasion par trois cents hommes de son clan, bien armés et bien équipés. Waverley fit aux usages du pays la concession d'adopter les trews (il ne put se décider à prendre le kilt), les brogues et la toque, comme le costume le plus commode pour la chasse, et qui d'ailleurs l'exposait moins à exciter la surprise par son air étranger. Ils trouvèrent au lieu indiqué plusieurs chefs puissans. Waverley leur fut présenté, et en reçut un accueil cordial. Le nombre de vassaux et hommes de leur clan qui les accompagnaient, ainsi qu'ils s'y étaient obligés, était si considérable qu'ils auraient pu former une petite armée. Ils étaient placés à une distance de plusieurs milles, et formaient un cercle ou tinchel, pour me servir du mot technique. Ce cercle allait en se resserrant, et poussait peu à peu les bêtes fauves vers le glen où les chefs et les principaux chasseurs étaient en embuscade. Ces illustres personnages bivouaquaient sur la bruyère en fleur, enveloppés dans leurs manteaux; cette manière de passer une nuit d'été ne parut point désagréable à Waverley.

Le soleil était levé depuis plusieurs heures, et le plus profond silence régnait dans les défilés des montagnes; les chefs et leurs montagnards s'amusaient à divers jeux, et le plaisir de la coupe, — the joy of the shell, — comme dit Ossian, n'était pas oublié. — D'autres s'étaient assis à part sur la colline, discutant sans doute les intérêts politiques, les nouvelles du jour, ou des matières métaphysiques, à l'imitation des anges de Milton. Enfin le signal de l'approche de la chasse se fit entendre plusieurs fois. Au loin, d'une vallée à l'autre, retentissaient les acclamations à mesure que les diverses bandes de Highlanders, gravissant les rochers, s'ouvrant péniblement un passage à travers les taillis, franchissant les ruisseaux et traversant les petits bois, se rapprochaient les unes des autres, et resserraient dans un cercle plus étroit les daims effrayés et les autres animaux sauvages qui fuyaient avec eux. Par intervalles partaient des coups de mousquet répétés par mille échos; à ce bruit se joignirent les aboiemens des chiens de plus en plus distincts. L'avant-garde des daims fut enfin aperçue, et quand ils se montrèrent en bondissant dans le défilé par groupes de trois ou quatre, les chefs se piquèrent d'honneur pour désigner le plus gras, et montrer leur adresse en l'atteignant d'une balle. Fergus se fit surtout remarquer, et Waverley fut assez heureux pour mériter de son côté de nombreux applaudissemens.

Mais le principal corps d'armée des daims commençait à déboucher dans le vallon, et présentait une phalange imposante et terrible. Leurs têtes couronnées, vues de loin, ressemblaient à une forêt dépouillée de feuilles. Leur nombre était vraiment considérable. En voyant leur ligne de bataille, leur attitude menaçante, et surtout la manière dont les vieux daims se plaçant sur la première ligne, promenaient leurs regards sur leurs ennemis qui les tenaient bloqués, les chasseurs les plus expérimentés annoncèrent qu'on devait s'attendre à quelque danger. Cependant le massacre commença sur tous les points. On n'entendait de toutes parts que les aboiemens des chiens, les cris des chasseurs et les décharges de la mousqueterie. Les daims réduits au désespoir firent une charge terrible du côté où les chasseurs les plus renommés avaient choisi leur poste. L'ordre fut aussitôt donné en langue gaélique de se coucher visage contre terre. L'ignorance de cet antique dialecte faillit coûter cher à Waverley, qui ne comprit pas ce qu'on lui criait. Fergus s'apercevant de son péril, s'élança vers lui, le saisit avec force et le renversa sur la terre au moment même où le troupeau fondait sur eux. Il eût été de toute impossibilité de résister à ce torrent, et les coups de ces animaux sont très dangereux. On peut donc dire que l'adresse et le courage de Fergus sauvèrent la vie à notre héros. Il le tint d'une main ferme jusqu'à ce que le troupeau de daims leur eût passé sur le corps. Waverley essaya alors de se lever; mais il se sentit couvert de contusions, et ne tarda pas à s'apercevoir qu'il avait la cheville du pied violemment foulée.

Cet accident arrêta un moment la joie bruyante de l'assemblée, quoique les Highlanders fussent accoutumés à ces sortes de blessures. On dressa de suite une espèce de tente où Édouard fut placé sur une couche de bruyère. Le chirurgien ou celui qui s'offrit pour en remplir les fonctions semblait à la fois un docteur et un sorcier : c'était un vieux montagnard portant une longue barbe blanche qui faisait encore mieux ressortir son teint noir et les rides de son front. Il n'avait pour tout habillement qu'une casaque de tartan qui lui descendait jusqu'aux genoux. Il s'approcha d'Édouard avec un air de cérémonie, et trois fois il fit le tour du lit, ayant soin d'aller de l'orient vers l'occident, d'après le cours du soleil. Le docteur et les assistans paraissaient attacher la plus grande importance à la réussite de cette opération qu'on appelait le *deasil*. Édouard souffrait trop pour être tenté de faire la moindre question; et d'ailleurs comptant peu sur une réponse, il se soumit en silence.

Après cette cérémonie préalable, le vieil Esculape saigna très adroitement Édouard avec une ventouse. Il fit bouillir plusieurs plantes dont il forma une ambrocation, ayant soin de marmotter certaines paroles magiques. Il fomenta ensuite la partie souffrante, murmurant toujours des prières ou des charmes magiques peut-être, car Waverley ne put distinguer que les mots *Gaspar-Melchior-Balthazar-Max-Prax-Fax*, et autres mots de jargon. Les fomentations ne tardèrent pas à produire un soulagement, ce que notre héros attribua au suc des herbes et à l'effet de la friction; mais l'assemblée ne doutait pas que ce ne fût celui des paroles magiques. On apprit à Édouard que toutes les plantes dont on s'était servi avaient été cueillies pendant la pleine lune, et que l'herboriste en les cueillant n'avait cessé de réciter des paroles puissantes, dont voici le sens :

> Je te salue, herbe divine,
> Jadis cueillie en Palestine,
> Au mont sacré des Oliviers!
> Grace à tes sucs nourriciers,
> Tu peux rappeler à la vie
> Les malades presque mourans.
> Au nom de la vierge Marie,
> Je viens te cueillir dans nos champs.

Édouard ne vit pas sans quelque étonnement que Fergus, malgré son bon sens et son éducation, partageait la superstition de ses compatriotes. Peut-être regardait-il comme impolitique d'affecter du scepticisme sur une croyance généralement reçue; ou plus probablement, comme tant d'autres personnes qui ne réfléchissent jamais sérieusement sur ces matières, il y avait chez lui un fonds de superstition qui balançait la liberté de ses paroles et de ses actions dans d'autres circonstances. Waverley ne se permit aucun commentaire sur la manière dont il avait été traité; mais il paya le médecin avec une générosité qui surpassa de beaucoup ses espérances. Celui-ci fit tant de remerciemens en langues anglaise et gaélique, que Mac Ivor scandalisé de cet excès de reconnaissance, y mit fin par un jurement énergique : *Ceud mile mhalloich ort!* (cent mille malédictions sur toi!) et en même il le poussa par les épaules hors de la tente.

Quand Waverley fut seul, la douleur et la fatigue le plongèrent bientôt dans un sommeil profond, quoique troublé par un peu de fièvre; il dut sans doute ce repos à la potion narcotique que le vieux montagnard avait composée avec la décoction de quelques plantes de sa pharmacopée.

Le lendemain, la chasse étant terminée et la gaîté un peu troublée par l'accident d'Édouard, à qui Fergus et tous ses amis témoignèrent l'intérêt le plus vif, il s'agit de transporter le chasseur blessé. Pour cela, Fergus Mac Ivor fit préparer un brancard avec des branches de bouleau, et ses Highlanders transportèrent Waverley avec tant d'adresse, qu'il n'est pas improbable qu'ils ne fussent les ancêtres de quelques-uns de ces robustes Gaëls qui ont de nos jours le bonheur de transporter en chaise à porteur les belles d'Edimbourg dans dix *routs* différens en une même soirée. Quand Waverley fut élevé sur leurs épaules, il jouit avec satisfaction de l'effet pittoresque produit par le départ de ce camp du désert.

Les différentes tribus se réunirent chacune au *pibroch* de son clan, et conduites par leur chef patriarcal. Quelques-unes déjà en marche étaient aperçues gravissant les détours des montagnes, ou descendant les gorges qui conduisaient au lieu de la chasse. L'oreille était parfois frappée du son mourant et lointain de leurs cornemuses. D'autres formaient des groupes mouvans sur la plaine étroite; les plumes de leurs toques et leurs larges plaids flottaient au gré des vents du matin, tandis que leurs armes brillantes réfléchissaient les rayons du soleil levant. Plusieurs chefs vinrent prendre congé de Waverley, et lui exprimer l'espoir inquiet qu'ils conservaient de le revoir bientôt; mais Fergus eut l'attention d'abréger la cérémonie des adieux. Déjà le clan d'Ivor était réuni et en ordre de marche. Fergus donna le signal du départ par un autre chemin que celui qu'ils avaient suivi en venant. Il fit entendre à Waverley qu'une partie de ceux qui l'accompagnaient avaient une expédition à faire; que lorsqu'ils seraient arrivés chez un gentilhomme de ses amis il le confierait à ses soins, et qu'il serait obligé de s'absenter pour quelques jours. — Mais soyez assuré, lui dit-il, qu'il aura pour vous tous les égards que vous méritez, et que je ne tarderai pas à vous rejoindre.

Waverley fut un peu surpris de ce que Fergus ne lui avait pas parlé de ce projet en partant pour la chasse; mais il ne pouvait dans sa situation lui faire beaucoup de questions à cet égard. La plupart des hommes du clan partirent en avant-garde sous la conduite du vieux Ballenkeiroch et d'Evan Dhu Mac Combich; tous paraissaient animés de la joie la plus vive; il ne resta que quelques hommes auprès du chef pour lui servir d'escorte. Fergus marchait à côté de la litière d'Édouard, et ne cessait de s'occuper de lui de la manière la plus affectueuse. Après une marche longue et pénible, ils arrivèrent sur le midi chez l'ami de Fergus qui avait fait les préparatifs que comportait la vie frugale des Highlands à cette époque. Édouard admira dans ce vieillard les restes de la simplicité primitive. Ses vêtemens provenaient des productions de ses propriétés : la laine de ses brebis en avait fourni le tissu préparé par ses serviteurs. C'était avec le suc des herbes et des lichens des montagnes voisines qu'il lui avait donné la couleur du *tartan*. La toile de son linge avait été faite avec le chanvre qu'il avait récolté et que ses filles avaient filé; sa table n'offrait pas un mets qui ne fût le produit de ses domaines, quoiqu'elle fût abondante en gibier et en poisson.

Peu ambitieux des priviléges de chef de clan et du vasselage, il s'estimait heureux de l'alliance et de la protection de Vich Ian Vohr et de quelques autres chefs non moins entreprenans. Il est vrai que souvent les jeunes gens nés sur ses terres le quittaient pour aller servir sous les ordres de ses amis plus actifs; mais ses vieux domestiques et ses tenanciers plus sages secouaient la tête lorsqu'ils entendaient reprocher à leur maître son calme et son apathie, en observant que—si le vent souffle doucement, la pluie tombe plus long-temps.—Ce bon vieillard, dont la bienveillante hospitalité n'avait point de bornes, se serait fait un devoir de témoigner les plus tendres égards à Waverley, eût-il été le dernier paysan saxon. Il suffisait à ses yeux qu'il eût besoin de ses soins; mais le titre d'ami de Fergus le fit considérer comme un dépôt précieux qui méritait toute sa sollicitude et la prévenance la plus attentive.

Mac Ivor après avoir témoigné à Waverley peut-être plus d'inquiétude que ne demandait l'état de sa santé, lui fit ses adieux et lui promit de revenir sous peu de jours à Tomanrait. — J'espère, dit-il, qu'à mon retour vous serez en état de monter un des poneys highlanders de votre hôte, pour retourner à Glennaquoich.

Le lendemain le vieux laird apprit à Édouard que son ami s'était mis en marche dès la pointe du jour ; qu'il avait emmené tout son monde, à l'exception de Callum Beg son jeune page, à qui il avait donné l'ordre de ne pas perdre son ami de vue et de lui obéir comme à lui-même. Waverley s'informa si l'on connaissait le but du voyage de Mac Ivor ; le vieillard arrêta ses regards sur lui d'un air mystérieux et se contenta de sourire. Waverley renouvela sa question, et son hôte lui répondit en citant un proverbe :

> Pourquoi le messager fut-il pendu jadis ?
> C'est qu'on lui demanda ce qu'il avait appris.

Il allait continuer, mais Callum Beg ne lui en laissa pas le temps. — Le chef (*Ta Tighearnach*), dit-il avec un ton presque impertinent, n'aimait pas que le duinhe-wassel sassenagh [1] fût excité à beaucoup parler, parce qu'il ne se portait pas bien. Waverley en conclut qu'il désobligerait son ami s'il cherchait à connaître d'un autre ce qu'il n'avait pas jugé à propos de lui communiquer lui-même.

Il est inutile de décrire les progrès du rétablissement de la santé de notre héros ; cinq jours s'étaient à peine écoulés qu'il se sentit en état de marcher à l'aide d'un bâton, et que Fergus revint avec une vingtaine de ses gens. Son visage paraissait rayonnant de joie ; il félicita son ami sur sa prompte convalescence, et trouvant qu'il pouvait monter à cheval, il lui proposa de partir de suite pour Glennaquoich. Cette proposition fit le plus grand plaisir à Waverley, car il n'avait cessé de voir la belle châtelaine dans ses rêves.

> Ils ont bientôt franchi les coteaux, les vallons,
> Les bruyères, les marécages.

[1] Le gentilhomme saxon. — Éd.

Fergus se tint constamment auprès de son ami pendant toute la route, et ses *Mirmidons* qui marchaient d'un pas infatigable ne s'éloignèrent que pour tirer sur quelques chevreuils ou sur quelques coqs de bruyère. Le cœur de Waverley battit avec force lorsqu'il aperçut la vieille tour de Ian Nan Chaistel, et surtout lorsqu'il put distinguer la belle châtelaine qui venait à sa rencontre.

Fergus avec sa bonne humeur accoutumée lui cria de loin : — Incomparable princesse ! ouvrez les portes au Maure Abindares que son ami Rodrigue de Navaes, connétable d'Antiquera, amène dans votre château !... ou bien, si vous le préférez, ouvrez au vaillant marquis de Mantoue qui tremble pour les jours de son malheureux ami presque mourant, Baldovinos de la Montagne[1] !... Paix à ton âme, Cervantes ! Comment pourrais-je, sans te citer, me faire comprendre à une beauté romanesque ?

Flora s'approcha et reçut Édouard avec les démonstrations de la plus sincère affection et de la plus vive inquiétude sur son malheureux accident dont elle avait appris les détails. — Mon cher Fergus, dit-elle, comment avez-vous pu veiller avec aussi peu de soin sur la sûreté de votre hôte ?... devait-il s'attendre à cette indifférence ? Édouard s'empressa de disculper le chieftain, qui dans le fait lui avait sauvé la vie au péril de la sienne.

Après les premiers complimens, Fergus dit quelques mots à sa sœur en gaëlique, et les joues de la belle Flora furent bientôt inondées de larmes que la piété ou le contentement paraissait faire couler ; elle leva ses beaux yeux au ciel et joignit ses mains pour le remercier. Une minute s'était à peine écoulée qu'elle remit à Waverley des lettres qu'on avait envoyées de Tully-Veolan pendant son absence ; elle en remit d'autres à son frère ainsi que plusieurs numéros du *Mercure Calédonien*[2], la seule gazette publiée alors sur cette rive nord de la Tweed[3].

---

(1) Allusion à un passage du premier livre des *Aventures de don Quichotte*.
(2) Journal dont la publication est continuée encore à Édimbourg.
(3) La Tweed sépare l'Angleterre de l'Écosse. — Éd.

Les deux amis se retirèrent pour examiner leurs dépêches ; Waverley vit bientôt que les siennes contenaient des objets d'un très grand intérêt.

CHAPITRE XXV.

Nouvelles d'Angleterre.

Les lettres que Waverley avait reçues d'Angleterre jusqu'à cette époque n'étaient pas de nature à mériter d'être communiquées au lecteur. Son père lui écrivait habituellement avec la pompeuse affectation d'un homme trop accablé par les affaires publiques pour s'occuper de celles de sa famille. Parfois il lui nommait quelques personnes de rang en Écosse auxquelles il aurait désiré que son fils rendît ses devoirs. Mais Waverley, tout entier aux amusemens de Tully-Veolan et de Glennaquoich, s'était cru dispensé de faire beaucoup d'attention à des désirs si froidement exprimés, d'autant plus qu'il avait une excuse toute prête dans les distances, la brièveté de ses congés, etc.

Depuis quelque temps les épîtres paternelles de M. Richard Waverley annonçaient d'un style mystérieux l'espoir d'un crédit et d'une grandeur prochaine qu'il attendait, et qui promettait à son fils l'avancement le plus rapide s'il restait au service. Les lettres de sir Everard étaient d'une tout autre teneur : elles étaient courtes, car le bon baronnet n'était pas un de ces correspondans inépuisables dont l'écriture déborde la marge de leur large papier à lettre, et ne laisse aucun vide pour le cachet ; mais elles étaient tendres et affectueuses. Il faisait parfois des allusions au coursier de notre héros, lui demandait souvent en quel état se trouvaient ses finances, et surtout de quelle manière se conduisaient les recrues qu'il avait emmenées avec lui. — La tante Rachel lui recommandait de ne pas oublier ses principes de religion et de se prémunir contre les brouillards écossais qui, à ce qu'elle avait entendu dire, mouillaient un Anglais jusqu'à la peau[1]: aussi lui recommandait-elle de ne jamais sortir le soir sans sa capote, et d'avoir toujours un gilet de flanelle.

Pembroke n'avait écrit qu'une seule fois à notre héros, mais sa lettre était six fois plus longue que celles qu'on écrit dans notre siècle dégénéré : elle n'avait pas moins de dix énormes pages d'une écriture très serrée ; c'était le précis d'un manuscrit in-quarto, d'additions, de suppressions et de corrections aux deux traités remis à Waverley avant son départ. Ce n'était qu'un petit morceau pour calmer l'appétit de curiosité qu'il supposait à Édouard, se réservant de lui envoyer par la première occasion favorable l'ouvrage entier, trop volumineux pour être mis à la poste, et annonçant qu'il lui adresserait aussi certaines brochures intéressantes récemment publiées par son ami le libraire de la *Petite-Bretagne*, avec lequel il avait entretenu une sorte de correspondance littéraire, d'où il résultait que les rayons de la bibliothèque de Waverley-Honour étaient chargés de beaucoup de productions absurdes, et que l'on envoyait régulièrement une fois par an à sir Everard un mémoire dont le montant n'était jamais exprimé par moins de trois chiffres[1], avec un — *doit* sir Everard Waverley de Waverley-Honour à Jonathan Grubbet, libraire et papetier de la *Petite-Bretagne*.

Telles étaient les lettres qu'Édouard avait reçues jusqu'à ce jour ; celles qu'on lui remit à Glennaquoich étaient bien d'une autre importance. J'aurais beau les transcrire littéralement, le lecteur ne pourrait comprendre le motif qui les avait fait écrire avant de jeter un coup d'œil sur l'intérieur du cabinet de Saint-James à cette époque.

Il y avait, comme ce n'est pas rare, deux partis dans le ministère. Le plus faible cherchait à suppléer à son infériorité

---

(1) C'est-à-dire ne montait jamais à moins de 100 guinées, ou 100 livres sterling. — Éd.

par ses intrigues actives. Il s'était fait depuis peu quelques nouveaux prosélytes, ce qui lui donnait l'espoir de supplanter le parti rival dans la faveur du souverain, et d'obtenir la prépondérance dans la chambre des communes. Richard Waverley, entre autres, lui avait semblé valoir la peine d'être gagné; cet honnête gentilhomme était parvenu à se créer un certain nom et un certain crédit, et à passer même aux yeux de plusieurs pour un politique profond, grace à la mystérieuse gravité de sa conduite, à son attention pour l'étiquette autant que pour la substance des affaires, et aussi par sa facilité à faire de longs discours. Ils consistaient en maints lieux communs et maintes sentences banales qui, parées d'un jargon technique, masquaient assez bien le vide de ses phrases. Il n'était pas il est vrai, disait-on, un de ces brillans orateurs dont le talent s'évapore en tropes de rhétorique et en saillies; mais un homme doué d'un mérite réel et de *bon usage*, comme disent nos dames en choisissant leurs robes de soie, qui selon elles doivent être excellentes pour l'usage de tous les jours, puisqu'elles n'ont rien de commun avec le tissu des robes du dimanche.

Cette idée sur M. Richard Waverley était si générale, que le parti dont nous venons de parler, ayant sondé ses dispositions, n'hésita pas à lui proposer une fonction très élevée dans le nouvel ordre de choses en cas d'une certaine révolution ministérielle. Il ne s'agissait pas, il est vrai, de le placer au premier rang; mais son emploi devait être plus honorable et plus lucratif que celui qu'il exerçait. Sir Richard ne pouvait résister à une telle tentation, quoique le grand personnage qu'il s'agissait de supplanter fût son patron. Malheureusement trop de précipitation fit découvrir cette machination ténébreuse; toutes les personnes attachées au gouvernement qui se trouvèrent impliquées dans cette intrigue, et qui n'eurent pas la sage prévoyance de donner leur démission, furent informées officiellement que le roi n'avait plus besoin de leurs services; M. Richard Waverley fut de ce nombre, et comme il était aux yeux du ministre coupable d'une noire ingratitude, sa destitution fut conçue en termes de mépris et de reproches. Le public et même le parti qu'il avait voulu servir ne plaignirent pas beaucoup la chute de cet homme d'état, qui n'avait eu pour guide que son amour-propre et ses intérêts. Il se retira donc à la campagne, avec cette agréable réflexion qu'il avait perdu à la fois sa réputation, son rang, et—ce qu'il ne regrettait pas moins, — ses émolumens.

La lettre que Richard Waverley écrivit à son fils pour lui faire part de cet événement était un chef-d'œuvre dans son genre : Aristide n'avait pas été plus malheureux; — un monarque injuste, une patrie ingrate, — tel était le refrain de chaque paragraphe. Il parlait de ses longs services, de ses sacrifices nombreux, quoiqu'il eût été largement payé des premiers, et qu'on eût été embarrassé de dire en quoi consistaient les autres, si ce n'était d'avoir déserté, non par conviction, mais par l'espoir du lucre, les principes que sa famille professait. La modération l'avait abandonné entièrement dans les derniers paragraphes de sa lettre ; il parlait de vengeance ; et quoique ses menaces fussent aussi vagues qu'impuissantes, il désirait que son fils se demît, aussitôt sa lettre reçue, de son emploi, pour témoigner son indigation du traitement que venait de subir son père ; tel était aussi le désir de son oncle, comme celui-ci le lui ferait sans doute connaître.

En effet, la seconde lettre qu'ouvrit Édouard était de son oncle. Le revers de son frère lui avait fait oublier tous ses torts et l'opposition de leurs principes politiques. Trop éloigné de la capitale pour être informé du véritable motif de la disgrace de Richard, au lieu de les attribuer à ses intrigues ambitieuses, le bon et crédule baronnet n'y vit qu'une nouvelle preuve de l'injustice du gouvernement existant. — Il est bien vrai, se disait-il, et il le disait même à son neveu, que sir Richard n'aurait point éprouvé une injustice semblable, la première dont la famille de Waverley avait à rougir, s'il n'eût pas oublié ce qu'il devait à son nom, en acceptant les emplois d'un pareil gouvernement ; mais il était persuadé, ajoutait-il, qu'il sentait aujourd'hui toute l'énormité de sa faute ; et il aurait soin (lui sir Everard) d'empêcher que ses regrets eussent aussi pour objet ses pertes pécuniaires. C'était assez pour un Waverley d'avoir subi une disgrace publique : le chef de la famille remédierait aisément à la diminution de ses revenus; mais c'était à la fois l'opinion de sir Richard Waverley et la sienne qu'Edouard, le représentant de la famille de Waverley-Honour, ne devait pas rester dans un poste qui l'exposait à recevoir une injure semblable à celle dont son père venait d'être atteint. Il invitait Édouard à prendre le moyen le plus sûr et le plus prompt pour faire parvenir sa démission aux bureaux de la guerre, sans y faire plus de cérémonie, ajoutait-il, qu'on n'en avait fait pour son père. Il le chargeait en même temps de ses complimens pour le baron de Bradwardine.

La tante Rachel s'exprimait d'une manière plus énergique encore. Elle regardait la disgrace de son frère comme la juste punition du forfait qu'il avait commis en oubliant les liens sacrés qui l'attachaient à son légitime souverain, quoique exilé, et en ayant la bassesse de prêter serment d'obéissance à l'usurpateur, concession que sir Nigel Waverley son grand-père n'avait jamais voulu faire ni au parlement ni à Cromwell, disait-elle, quoique son refus l'exposât à perdre sa fortune et la vie. Elle espérait que son cher Édouard marcherait sur les traces de ses ancêtres, et qu'il s'empresserait de quitter les signes d'esclavage qu'il avait eu le malheur d'arborer ; il devait regarder comme un avertissement du ciel les chagrins que son père avait éprouvés ; car déserter la voie de la fidélité est un crime qui porte avec soi son châtiment. Elle finissait aussi en présentant ses complimens au baron de Bradwardine, et demandait à Waverley si miss Rose, sa fille, était assez âgée pour porter une belle paire de boucles d'oreilles qu'elle avait le projet de lui envoyer comme un gage de son amitié. La bonne dame désirait aussi savoir si M. Bradwardine prenait autant de tabac écossais[1], et était un danseur aussi infatigable

---

(1) Les Écossais ont toujours passé en Angleterre pour de grands *priseurs*, si bien que l'enseigne des marchands de tabac de Londres est communément un Écossais en grand costume grossièrement sculpté en bois et colorié. — Éd.

que trente ans auparavant au château de Waverley-Honour.

Le lecteur présume bien que ces lettres excitèrent l'indignation d'Édouard. D'après les études mal dirigées qu'il avait faites, il n'avait aucune opinion politique arrêtée qui pût contenir le ressentiment que lui causaient les prétendus outrages faits à son père. Il ignorait entièrement la véritable cause de sa disgrâce, ne s'étant jamais occupé à apprécier la politique du temps où il vivait, et n'ayant pas la moindre idée des intrigues où sir Richard Waverley s'était engagé. L'impression que les divers partis qui existaient alors avaient faite sur son esprit n'était point favorable au gouvernement présent, ce qu'il devait à la société du château de Waverley-Honour. Il partagea donc le ressentiment des personnes qui avaient le droit de lui dicter sa conduite ; on pourrait peut-être ajouter à ces motifs déterminans l'ennui qu'il avait supporté dans la garnison, et son infériorité parmi ses camarades pour les connaissances militaires. Enfin il aurait hésité là-dessus, que la lettre de son colonel aurait suffi pour lever tous ses doutes : comme elle est courte, nous allons la transcrire mot pour mot.

« Monsieur,

« J'ai poussé plus loin que je ne le devais l'indulgence que
« m'inspiraient les sentimens de mon cœur et la charité chré-
« tienne pour des fautes que je n'attribuais qu'à l'inexpérience
« de la jeunesse. Comme ma condescendance n'a pas eu l'ef-
« fet que j'en attendais, je me vois forcé par les circonstances
« critiques où nous nous trouvons d'employer le seul remède
« qui soit en mon pouvoir.

« Je vous ordonne donc de vous rendre à...., quartier du
« régiment, dans le délai de trois jours à compter de la date
« de ma lettre. Faute par vous de vous conformer à l'ordre
« que je ne vous donne qu'à regret, je ferai mon rapport aux
« bureaux de la guerre, je vous signalerai comme absent sans
« permission, et prendrai d'autres mesures qui vous seront
« désagréables ainsi qu'à votre très humble serviteur.

« J. G. — *Lieutenant-colonel*
« *commandant le — régiment de dragons.* »

La lecture de cette lettre fit bouillonner le sang de Waverley. Il était accoutumé dès son enfance à disposer de son temps comme bon lui semblait ; et cette habitude était une des causes qui lui avaient rendu la discipline militaire si désagréable. Il s'était imaginé qu'on n'agirait jamais rigoureusement contre lui ; et l'indulgence passée de son colonel l'avait confirmé dans cette opinion. Rien, selon lui, ne s'était passé qui dût porter son chef à prendre avec lui ce ton si arbitraire et presque insolent, si ce n'étaient les craintes dont nous avons parlé à la fin du dix-neuvième chapitre. En rapprochant cette manière de lui écrire des nouvelles contenues dans les lettres qu'il venait de recevoir de sa famille, Édouard supposa facilement qu'on avait le projet de faire peser sur lui le même abus de pouvoir dont se plaignait son père, et que c'était un plan convenu de persécuter et dégrader tous les membres de la famille de Waverley.

Édouard écrivit de suite quelques lignes d'un style très froid à son colonel ; il le remerciait des bontés qu'il avait d'abord eues pour lui, et il témoignait ses regrets de ce qu'il avait pris un ton qui paraissait n'avoir d'autre but que de le dégager de tout lien de reconnaissance. Le style dur de sa lettre autant que ce qu'il croyait être de son devoir dans la crise présente lui commandaient de donner sa démission, pour mettre fin à la pénible correspondance qu'il venait d'entamer, et il priait le colonel d'avoir la complaisance d'en faire part à qui de droit.

Lorsqu'il eut terminé cette épître magnanime, il se trouva un peu embarrassé sur la manière dont il devait rédiger sa démission, et se décida à consulter son ami. Il est bon d'observer en passant que la promptitude et la hardiesse qui distinguaient toutes les pensées, les paroles et les actions de Fergus lui avaient donné un véritable ascendant sur l'esprit de Waverley ; doué peut-être d'une intelligence égale et même supérieure, Édouard s'abaissait devant l'activité, la résolution et la hardiesse d'un caractère qui devait une grande partie de sa supériorité à l'habitude d'agir d'après un système régulier, et à une grande connaissance du monde.

Lorsque Édouard rencontra Fergus, ce dernier avait encore à la main les papiers publics qu'il venait de parcourir, et il s'avançait avec l'embarras de quelqu'un qui a de mauvaises nouvelles à communiquer.

— Capitaine Waverley, lui dit-il, vos lettres confirment-elles l'annonce peu agréable que je trouve dans cette feuille?

En même temps il lui remit le journal qui rapportait dans les termes les plus amers la disgrace de sir Richard. Cet article était sans doute extrait de quelque gazette de Londres; et le paragraphe était terminé par ces mots remarquables:

« — On dit que ce même Richard, qui a fait tout cela, n'est pas le seul exemple de l'*honneur versatile* de W-v-r-l-y-H-n-r. *Voyez* la gazette de ce jour. »

Notre héros chercha d'une main tremblante la colonne indiquée, et lut ce qui suit: « Édouard Waverley, capitaine dans le.... régiment de dragons, prévenu d'avoir prolongé son absence du corps sans permission, destitué. » Puis dans la liste des promotions militaires du même régiment, Édouard lut ce dernier article: — Lieutenant Julius Butler nommé ca- « pitaine, en remplacement d'Édouard Waverley destitué. »

Le cœur de notre héros s'abandonna à tout le ressentiment qu'une insulte si peu méritée, et préméditée selon toute apparence, devait inspirer à un jeune homme qui avait cherché l'honneur, et se voyait ainsi légèrement livré à la honte et à la risée publique. — En comparant la date de la lettre de son colonel avec celle de l'article du journal, il vit que la menace de faire un rapport contre lui avait été mise à exécution sans qu'on eût daigné s'informer si elle lui était parvenue, et s'il se mettrait en devoir d'obéir; il en conclut que c'était un plan concerté pour le déshonorer. Il fit d'inutiles efforts pour cacher l'émotion qui l'oppressait, ses yeux se remplirent de larmes, et il se laissa tomber dans les bras de Fergus.

Mac Ivor n'avait pas le défaut d'être insensible au chagrin de ses amis. Indépendamment de certains plans qu'il avait formés dans sa tête, Waverley lui inspirait un intérêt vif et sincère. Ce procédé lui paraissait, à lui, aussi extraordinaire qu'à Waverley. Il connaissait il est vrai, de plus que son ami, les motifs de l'ordre péremptoire de joindre son régiment; — mais que, sans tenir compte des circonstances d'un retard nécessaire, et en contradiction avec son équité bien connue, le colonel en eût agi avec tant de rigueur, c'était un mystère qu'il ne pouvait pénétrer. Il calma cependant notre héros le mieux qu'il put, et commença à tourner son esprit vers l'espoir de la vengeance.

Édouard saisit avidement cette idée. — Me ferez-vous le plaisir, dit-il, de porter un cartel au colonel, cher Fergus? vous me rendrez un service que je n'oublierai de ma vie.

Fergus parut réfléchir. — C'est une preuve d'amitié, dit-il, que vous seriez en droit d'exiger si elle pouvait être utile ou vous mener à rétablir votre honneur; mais je ne dois pas vous dissimuler que je doute que votre colonel veuille vous rendre raison des mesures qu'il a prises contre vous; car enfin, quelque rigoureuses qu'elles soient, elles ne dépassent pas les bornes de son autorité. Ensuite G..... est un huguenot scrupuleux qui a adopté certaines idées sur le péché des duels, idées dont il se départira d'autant moins que son courage est à l'abri de tout soupçon. Et d'ailleurs, moi — j'ai... pour vous dire la vérité.... je n'aimerais pas trop à m'approcher d'une ville de garnison dans les circonstances où nous nous trouvons.

— Je suis donc obligé de supporter tranquillement mon injure!...

— Ce n'est pas mon avis; mais je voudrais que vous vous vengeassiez non sur la main, mais sur la tête, non sur de malheureux instrumens de la tyrannie, mais sur ce gouvernement oppresseur pour qui l'injustice, l'insulte, l'ignominie ne sont qu'un jeu.

— Sur le gouvernement!

— Oui, sur la maison usurpatrice de Hanovre, que votre grand-père n'aimait pas plus servir qu'il n'aurait voulu recevoir pour salaire l'or fondu et brûlant du roi des démons.

— Mais depuis le temps de mon grand-père deux générations de cette dynastie ont occupé le trône.

— Je n'en disconviens pas; mais dites-moi, parce que nous avons donné le temps à ces usurpateurs de montrer leur véritable caractère; parce que nous avons supporté patiemment le joug,..... que nous avons même consenti à accepter d'eux des emplois, ce qui leur a fourni l'occasion de nous insulter et de nous humilier, devons-nous rester insensibles à des injures dont l'idée seule fit frissonner nos pères?.... La cause de la maison de Stuart est-elle moins juste, moins légitime parce qu'elle est représentée par un prince entièrement étranger aux prétendus crimes qu'on a osé reprocher à son père? — Vous souvenez-vous des vers de votre poète favori?

>Si Richard sans contrainte avait quitté le trône :
>Un roi ne peut donner que ce que Dieu lui donne,
>Et par la loi son sceptre à son fils était dû.

Vous voyez, mon cher Waverley, que je puis citer les poètes aussi bien que Flora et vous. Mais venez, déridez ce front chagrin, et rapportez-vous-en à moi sur les moyens de vous venger. Allons trouver ma sœur, qui nous donnera des détails sur tout ce qui s'est passé pendant notre absence, mais d'abord ajoutez un postscriptum à votre lettre pour marquer l'époque de la réception des premiers ordres de votre calviniste de colonel; dites-lui que son procédé a été si prompt, qu'il vous laisse le regret de ne l'avoir pas prévenu en lui envoyant votre démission, et laissez-le rougir de son injustice.

La démission en règle de Waverley fut donc insérée dans la lettre, qui fut ensuite cachetée. Mac-Ivor confia le paquet qui contenait aussi quelques lettres de lui à un messager spécial qui reçut l'ordre de le porter au bureau de poste le plus voisin dans les Lowlands.

CHAPITRE XXVI.

Éclaircissemens.

Ce n'était point sans intention que le chieftain venait de parler de Flora ; il avait observé avec plaisir l'attachement toujours croissant du jeune Anglais pour sa sœur ; ne voyant d'autre obstacle à leur union que l'emploi que le père de Waverley occupait dans le ministère, et le grade d'Édouard lui-même dans l'armée de Georges II. Ces obstacles étaient alors écartés et d'une manière qui du moins semblait préparer le fils de M. Richard Waverley à reconnaître une autre dynastie. Ce mariage d'ailleurs ne pouvait lui être que très avantageux sous tous les autres rapports. L'avenir et le bonheur de sa sœur qu'il aimait tendrement lui paraissaient devoir être assurés par une semblable union ; il se félicitait aussi en songeant combien l'ex-monarque auquel il avait consacré ses services lui saurait gré de cette alliance avec une de ces anciennes et nobles familles de Cavaliers, dont il était si important de réveiller les sentimens pour la famille des Stuarts. Fergus n'apercevait du reste aucun obstacle à ce projet. Waverley aimait évidemment miss Mac Ivor ; et comme sa personne était agréable et que ses goûts paraissaient en harmonie avec ceux de Flora, il ne pouvait prévoir d'objection de la part de sa sœur. Dans le fait, dominé par ses idées d'autorité patriarcale et par celles que son séjour en France lui avait données sur le droit de disposer de la main des femmes sans leur consentement, cette alliance eût été moins sortable, que, quelque chère que Flora lui fût, l'opposition qui serait venue d'elle aurait été le dernier obstacle auquel il se serait attendu.

Tout entier à ces idées, le chef conduisit Waverley auprès de miss Mac Ivor, non sans espérer que l'émotion qui agitait son hôte en ce moment lui donnerait le courage de sauter par-dessus ce que Fergus appelait le roman de l'amour. Ils trouvèrent Flora avec ses deux fidèles suivantes Una et Cathleen, occupées à préparer ce qui parut à Waverley être des rubans de noces. Dissimulant aussi bien qu'il put le trouble de son esprit, Édouard demanda pour quel joyeux événement miss Mac Ivor faisait tous ces préparatifs.

— Pour la noce de Fergus, répondit Flora en souriant.

— En vérité? Il a bien gardé le secret ; j'espère qu'il m'accordera la faveur d'être son garçon de noce.

— C'est le rôle d'un homme ; et cependant ce ne sera pas le vôtre, comme dit Béatrix[1].

— Et quelle est sa belle fiancée?

— Ne vous ai-je pas dit que la Gloire était la fiancée de mon frère ?

— Serais-je indigne de l'accompagner, de lui servir de confident dans la poursuite de la Gloire? Ah ! miss Mac Ivor, ai-je le malheur d'être si mal dans votre esprit?

— Loin de là, capitaine Waverley ; plût au ciel que vous fussiez des nôtres !... Si je me suis servie d'une expression qui vous a déplu, c'est parce que

> Vous n'êtes pas encor sous nos drapeaux admis ;
> Nous ne voyons en vous qu'un de nos ennemis.

— Ce temps est passé, ma sœur !... et vous pouvez féliciter Édouard Waverley (qui n'est plus le capitaine Waverley) d'être délivré de la servitude d'un usurpateur, dont cette cocarde noire était le sinistre emblème.

— Oui, dit Édouard arrachant la cocarde noire de son chapeau ; il a plu au roi qui m'avait remis ce gage de le reprendre d'une manière qui ne me laisse pas le moindre regret.

---

(1) *Beaucoup de bruit pour rien.* SHAKSPEARE. Béatrix, pendant une partie de la pièce, joue le rôle d'une indifférente qui rit volontiers de l'amour et du mariage.—ÉD.

— Dieu soit loué! s'écria la belle enthousiaste! puissent-ils être toujours assez aveugles pour traiter avec la même indignité ceux qui les servent, afin que j'aie moins à gémir quand le jour de la lutte viendra.

— Et maintenant, ma sœur, hâtez-vous de remplacer sa cocarde par une autre d'une couleur plus gaie. C'était la mode jadis chez les dames d'armer leurs chevaliers et de les envoyer aux nobles entreprises.

— Mais ce n'était que lorsque le chevalier avait bien pesé la justice et les dangers de la cause. Dans ce moment M. Waverley est agité par une injure toute récente, pourquoi le presser de prendre une résolution d'une telle importance?

Édouard, d'abord à demi épouvanté par l'idée d'adopter une cocarde qui aux yeux de la majorité du royaume était un signe de rébellion, ne put déguiser le chagrin que lui causait la froideur avec laquelle miss Mac Ivor avait accueilli la proposition de son frère : — Je m'aperçois, dit-il avec quelque amertume, que miss Mac Ivor trouve le chevalier indigne de ses encouragemens.

— Nullement, monsieur Waverley, dit-elle avec beaucoup de douceur; pourquoi refuserais-je au digne ami de mon frère un don que je me plais à faire indistinctement à tous les membres de mon clan! Je n'ai pas de plus grand plaisir que d'attacher un homme d'honneur au parti embrassé par Fergus; mais il s'est décidé les yeux ouverts; sa vie a été dévouée à cette cause depuis son berceau; pour lui c'est une cause sacrée, l'appelât-elle à la mort; mais comment puis-je désirer de vous voir vous jeter dans une entreprise désespérée, vous, monsieur Waverley, à peine entré dans le monde, loin des amis dont les conseils pourraient et devraient seuls vous guider, — et cela lorsque vous êtes sous l'influence d'un dépit récent!

Fergus qui ne pouvait comprendre de tels scrupules, allait et venait dans l'appartement, se mordant les lèvres, et puis il dit avec un sourire forcé : — Très bien, ma sœur, très bien: j'aime à vous voir remplir le rôle de médiatrice entre l'électeur de Hanovre et les sujets de votre légitime souverain et bienfaiteur : après ces mots Fergus sortit.

— Mon frère est injuste, dit Flora après quelques momens d'un pénible silence ; il ne peut souffrir qu'on arrête le feu de son enthousiasme.

— Ne partagez-vous pas son ardeur de royalisme ?

— Moi ! ah ! Dieu sait que mon zèle surpasse le sien, s'il est possible ; mais je ne suis pas comme lui étourdie par le tumulte des préparatifs militaires et par les nombreux détails de notre entreprise, qui l'empêchent de considérer les grands principes de justice et de loyauté sur lesquels elle repose. Des mesures justes et loyales peuvent seules en assurer le succès ; ce serait s'écarter de ces principes, selon moi, que de vous engager dans une démarche définitive dont vous n'auriez pas examiné la justice ou le danger.

— Incomparable Flora ! s'écria Waverley en prenant sa main, combien j'ai besoin d'un tel conseiller !

— Vous en avez un meilleur de beaucoup, répondit Flora en retirant doucement sa main ; monsieur Waverley le trouvera toujours dans son propre cœur quand il voudra permettre à sa conscience d'élever la voix.

— Non, miss Mac Ivor, je n'ose l'espérer ; une continuelle indulgence pour mes rêveries romanesques a fait de moi l'enfant de l'imagination plutôt que de la raison. Si je pouvais espérer — si je pouvais penser — que vous daigneriez être pour moi cet ami affectueux qui me donnerait la force de racheter mes erreurs, — toute ma vie...

— Arrêtez, mon cher monsieur, je vois que le plaisir d'avoir échappé à un recruteur jacobite ne met plus de bornes à votre reconnaissance.

— Chère Flora ! cessez de me répondre sur le ton de la plaisanterie ; vous ne pouvez plus vous méprendre sur les sentimens que j'éprouve, et dont le secret m'est échappé presque malgré moi... Mais j'ai osé parler ! que je profite de cette hardiesse. — Dites, puis-je parler à votre frère ?

— Pour rien au monde, monsieur Waverley !

— Que dites-vous! y aurait-il une barrière fatale?... Votre cœur ne serait-il plus libre?

— Il l'est : je crois devoir vous avouer franchement que je n'ai jamais vu personne à qui j'aie seulement pensé avec cette idée...

— Je conviens qu'il y a si peu de temps que je vous connais... Si miss Mac Ivor daignait m'accorder le temps...

— Je n'aurai point recours à cette excuse ; votre caractère est si franc, il est tel en un mot qu'on n'a pas de peine à distinguer ses qualités et ses faiblesses.

— Et ses faiblesses vous le font mépriser!

— Vous ne me rendez pas justice, monsieur Waverley... rappelez-vous, je vous prie, qu'il n'y a pas une demi-heure qu'il y avait entre nous une barrière insurmontable, et que je ne pouvais regarder un officier au service de l'électeur de Hanovre que comme une connaissance due au hasard... Donnez-moi le temps de recueillir mes idées; je ne vous demande qu'une heure pour répondre à vos questions... J'ose espérer que vous serez content de ma franchise, si vous ne l'êtes pas de ma décision. A ces mots Flora laissa Waverley réfléchir à son aise sur la manière dont elle avait reçu sa déclaration.

Pendant qu'il cherchait à saisir le véritable sens de tout ce qu'elle lui avait dit, et que son cœur flottait entre la crainte et l'espérance, Fergus entra :—Quoi! Waverley, dit-il, *à la mort*! suivez-moi dans la cour, je vais vous faire jouir d'un coup d'œil qui vaut toutes les tirades de vos romans... Cent fusils, autant de claymores, envoyés par de bons amis... deux ou trois cents braves se les disputant... Mais que je vous examine de plus près... Grand Dieu! Eh! un vrai Highlander dirait que vous avez été frappé par un mauvais œil. Serait-ce cette folle qui vous a mis dans cet état? N'y pensez plus, cher Édouard ; les femmes les plus sages ne sont que des enfans dans les affaires de la vie.

— Vraiment, mon cher ami, si j'avais un reproche à faire à votre aimable sœur, dit Édouard, ce serait d'être trop raisonnable...

— Ce n'est que cela...! je vous parie un louis d'or de la faire complètement changer d'humeur dans vingt-quatre heures. Flora ne démentira pas son sexe, et si vous le voulez, vous la verrez aussi déraisonnable que femme au monde... Oh! mon cher Édouard! je veux vous apprendre à agir *en mousquetaire* avec le sexe... En parlant ainsi, il entraînait Waverley par le bras pour lui montrer ses préparatifs de guerre.

CHAPITRE XXVII.

Continuation du même sujet.

Fergus Mac Ivor avait trop de tact et de délicatesse pour renouer la conversation sur le même sujet; sa tête paraissait si occupée de fusils, de claymores, de toques, de cantines et d'étoffes de tartan, que Waverley ne put de quelque temps appeler son attention sur autre chose.

— Avez-vous le projet de vous mettre en campagne, Fergus, aussi promptement que ces préparatifs sembleraient l'annoncer?

— Lorsque vous m'aurez promis de m'accompagner, je vous dirai tout; jusque là mes confidences ne pourraient que vous nuire.

— Penseriez-vous sérieusement à vouloir renverser un gouvernement établi, avec une poignée d'hommes? c'est une vraie folie!

— *Laissez faire à don Antoine*. J'aurai soin de moi... Nous ferons comme Conan, qui ne reçut jamais un coup sans en rendre deux. Je serais cependant fâché que vous me prissiez pour un fou qui ne sait ni attendre ni saisir l'occasion favorable... Je ne détache mes chiens que lorsque le gibier est parti... Encore une fois, me promettez-vous d'être des nôtres? et je vous dirai tout.

— Puis-je le faire? Moi qui avais naguère une commission d'officier que je viens à peine de renvoyer par la poste à ceux de qui je la tenais. En l'acceptant n'avais-je pas promis fidélité, n'avais-je pas reconnu la légitimité du gouvernement établi?

— Les promesses téméraires ne sont pas des menottes de fer; on peut s'en dégager, surtout quand la déception nous les fit prononcer, et qu'on nous a payés avec des insultes. Mais si vous ne pouvez vous décider sur-le-champ à une vengeance glorieuse, partez pour l'Angleterre : à peine aurez-vous passé la Tweed, que vous apprendrez des nouvelles qui feront du bruit par le monde ; et si sir Everard est le brave cavalier dont j'ai entendu parler par quelques-uns de nos *honnêtes*[1] gentilshommes de l'année 1715, il vous donnera un plus beau régiment de cavalerie que celui que vous venez de quitter, et qui servira une meilleure cause.

— Mais votre sœur, Fergus?

— O démon hyperbolique! comme tu tourmentes cet homme!... Ne savez-vous parler d'autre chose que des dames?

— Parlons sérieusement, mon cher ami : je ne puis me dissimuler que le bonheur de ma vie dépend de la réponse que va faire miss Mac Ivor à ma demande de ce matin.

— Parlez-vous sérieusement, ou sommes-nous dans le pays des fictions et des romans?

— Sérieusement, sans doute : me supposeriez-vous capable de plaisanter sur une pareille matière?

— Dans ce cas, très sérieusement je suis enchanté de ce que vous venez de me dire. J'ai une si haute idée de Flora, que vous êtes le seul Anglais à qui je voulusse faire un aveu semblable. Mais avant de me secouer si affectueusement la main, ne vaudrait-il pas mieux examiner si votre famille se trouvera très honorée de compter parmi ses membres la sœur d'un noble *gueux* des Highlands[2]?

[1] L'auteur met en italique ce mot, parce que c'est une épithète de parti qui servait à désigner les torys ou royalistes.

[2] *Fier et pauvre* comme un Highlander est un proverbe connu en Angleterre. — Éd.

— La position de mon oncle, ses opinions politiques et son indulgence constante m'autorisent à vous dire qu'il n'aura égard dans une telle alliance qu'aux qualités personnelles et à la naissance ; où peut-on les trouver réunies à un si haut degré que dans votre aimable sœur ?

— Oh ! nulle part... : *cela va sans dire ;* mais vous avez besoin de l'autorité de votre père.

— Je le sais : mais la disgrace qu'il vient d'éprouver ne me permet pas de craindre la moindre objection ; d'ailleurs je suis persuadé que mon oncle plaiderait chaudement ma cause.

— La religion peut-être, quoique nous ne soyons pas des catholiques bigots....

— Ma grand'mère était aussi de l'église de Rome, et sa religion ne l'empêcha pas d'entrer dans notre famille. Soyez sans inquiétude, cher Fergus, sur le consentement de mes parens ; aidez-moi plutôt à déterminer votre aimable sœur.

— Mon aimable sœur, comme son tendre frère, est assez portée à ne prendre conseil que d'elle-même, et sa décision doit être votre loi ; cependant je vous offre avec plaisir mes services et mes avis..... Et en premier lieu il est bon que vous sachiez que toutes ses affections se trouvent concentrées dans son amour pour la famille de son roi. Depuis qu'elle a su lire, elle a toujours montré le plus grand respect et le plus vif attachement pour la mémoire du brave capitaine Wogan qui, renonçant au service de l'usurpateur Cromwell pour se ranger sous les drapeaux de Charles II, amena un corps de cavalerie de Londres aux Highlands, se joignit à Middleton, alors armé pour le monarque, et mourut glorieusement pour la cause royale. Demandez-lui de vous montrer les vers qu'elle a faits sur cette histoire ; je vous assure qu'ils ont déjà été beaucoup admirés...... En second lieu...... Mais je crois avoir vu Flora du côté de la cascade ; allez, allez la trouver, allez ; ne donnez pas à l'ennemi le temps de se reconnaître, forcez-le dans ses retranchemens ; *alerte, à la muraille !* Allez trouver Flora ; apprenez d'elle sa décision le plus tôt possible, et que Cupidon soit avec vous, pendant que je vais examiner mes caisses de cartouches et mes ceinturons.

Waverley gravit le sentier du glen, palpitant d'inquiétude. L'amour avec son cortége romanesque d'espérances, de craintes et de désirs avait à lutter en lui contre des sentimens plus difficiles à définir. Il réfléchissait combien son sort avait changé en quelques heures, et dans quelle complication d'embarras il allait se jeter probablement. Le matin l'avait vu en possession d'un rang honorable dans la noble carrière des armes ; son père paraissait devoir s'avancer rapidement dans la faveur de son souverain.... Tout cela avait passé comme un rêve !......Son père était disgracié, lui-même déshonoré..... et il était déjà le confident, sinon le complice, d'un plan dangereux de conspiration qui allait ou renverser le gouvernement qu'il avait servi jusque là, ou entraîner la perte de tous ceux qui y auraient trempé. En supposant que la réponse de Flora fût favorable, pouvait-il espérer de réaliser ses projets de bonheur au milieu du tumulte d'une insurrection imminente ? Oserait-il lui proposer de quitter Fergus qu'elle aimait si tendrement, et de le suivre en Angleterre, pour y attendre sans danger la réussite de l'entreprise de son frère ou la ruine totale de sa fortune et de tous ses projets ? — ou d'un autre côté, sans autre secours que son bras, s'engagerait-il dans les projets imprudens et dangereux du chef ? — Se laisserait-il entraîner par lui, associé à tous ses mouvemens impétueux, renonçant presque à son libre arbitre quand il s'agirait de juger de la prudence de ses actions ? — Ce n'était pas là une perspective flatteuse pour l'orgueil secret d'Édouard. — Cependant quelle autre alternative lui restait donc, si ce n'est le refus positif de Flora, alternative qui déchirait son cœur d'une angoisse trop cruelle dans l'exaltation de ses sentimens actuels.

Flora était seule, et dès qu'elle l'eut aperçu, elle se leva pour aller au-devant de lui. Édouard voulut commencer par un de ces complimens à l'usage de la conversation ordinaire ; mais il n'en eut pas la force. Il crut remarquer du trouble et de l'embarras sur le visage de Flora ; mais elle se remit aussitôt, et ce qui fut un mauvais augure pour Edouard, elle fut la première à revenir sur le sujet de la dernière entrevue.

— Monsieur Waverley, dit-elle, je crois qu'il est de la plus haute importance pour vous et pour moi que je ne vous laisse pas le moindre doute sur la nature de mes sentimens.

—Ah! je vous conjure, ne vous hâtez pas de prononcer votre jugement s'il ne m'est pas favorable, comme je n'ai que trop de raison de le craindre; donnez-moi le temps de vous prouver par ma conduite.... permettez à votre frère.....

—Monsieur Waverley, je sens que je serais coupable à mes propres yeux si je différais un seul instant de vous avouer que je ne pourrai jamais avoir pour vous d'autre sentiment que celui de l'amitié. Je vois que cet aveu vous fait de la peine : j'en suis sincèrement fâchée; mais plutôt aujourd'hui que plus tard. Monsieur Waverley, peut-on mettre en comparaison la vive douleur que vous éprouvez momentanément avec les longs chagrins d'une union mal assortie?

— Ah! grand Dieu! pourquoi parler d'union mal assortie? Ne sommes-nous pas égaux en naissance, en fortune? N'avons-nous pas, si j'ose le dire, les mêmes goûts? quelle peut donc être la véritable cause de votre refus, quand vous avez une opinion si favorable de celui que vous rejetez?.....

— Monsieur Waverley, j'ai si bonne opinion de vous que, quoique j'eusse le projet de garder le silence sur les causes de ma détermination, je n'hésite pas à vous les confier si vous exigez cette marque d'estime et de confiance.

Elle s'assit sur le fragment d'un rocher, et Waverley prit place auprès d'elle, attendant avec l'inquiétude la plus pénible l'explication qu'elle venait de lui promettre.

— Je ne sais, dit-elle, si je pourrais parvenir à vous faire connaître la véritable nature de mes sentimens, tant ils ressemblent peu à ceux des jeunes personnes de mon âge. Je n'oserai parler des vôtres de peur de vous blesser en cherchant à vous donner quelque consolation. Quant à moi, depuis ma plus tendre enfance jusqu'à ce jour, mon cœur n'a eu qu'un seul désir, celui de voir la famille de nos augustes bienfaiteurs rétablie sur le trône. Il m'est impossible de vous exprimer toute l'énergie de ce sentiment unique de mon ame; j'avoue qu'il absorbe tous les autres, et qu'il ne m'a jamais permis de m'occuper de ce qu'on appelle mon établissement. Pourvu que je voie cette heureuse restauration, une cabane en Ecosse, un palais en Angleterre, ou un couvent en France, me sont indifférens.

— Mais, chère Flora, dites-moi de grâce pourquoi votre enthousiasme pour les Stuarts vous paraît-il incompatible avec mon bonheur?

— Parce que vous aurez droit d'attendre de l'objet de votre choix un cœur qui mette toute sa félicité à faire la vôtre, même d'après les idées romanesques que vous avez adoptées. Un homme qui n'aurait pas votre sensibilité, votre enthousiasme, votre manière délicate de voir et de sentir, pourrait peut-être trouver sinon le bonheur, du moins la satisfaction auprès de Flora Mac Ivor, parce qu'elle ne s'écarterait jamais des devoirs qu'elle aurait contractés.

— Dites-moi, je vous en supplie, pourquoi vous croyez que vous feriez plutôt le bonheur d'un homme qui saurait moins vous aimer et moins vous admirer que je ne le ferais moi-même?

— Parce que nos sentimens seraient plus en harmonie ; sa sensibilité moins vive ne me demanderait pas cette tendresse exaltée que je ne serais pas à même de lui rendre. Quant à vous, monsieur Waverley, vous auriez toujours devant les yeux le bonheur domestique tel que vous l'a peint votre imagination. Tout ce qui serait au-dessous de ce tableau idéal vous paraîtrait froideur et indifférence ; et vous seriez jaloux de mon enthousiasme pour la famille royale comme si c'était un vol fait à la réciprocité d'affection que vous vous croiriez en droit d'attendre.

— C'est-à-dire, miss Mac Ivor, qu'il vous est impossible de m'aimer !

— Je puis vous estimer comme jamais homme ne l'a été ; mais je ne puis vous aimer comme vous méritez de l'être. A Dieu ne plaise que je vous expose à cette dangereuse épreuve! La femme que vous honorerez de votre choix doit modeler ses affections et ses opinions sur les vôtres ; ses désirs, ses sentimens, ses espérances, ses craintes, ne doivent être inspirés que par vous; elle doit doubler vos plaisirs et charmer vos chagrins en les partageant.

—Ah! pourquoi ne réalisez-vous pas vous-même ce tableau que vous décrivez si bien!

— Je vois que vous ne me comprenez pas. Ne vous ai-je pas dit que toutes les affections de mon ame se trouvent concentrées dans le succès d'une entreprise à laquelle je ne puis contribuer que par mes ardentes prières?

— En cédant à mes sollicitations ne pourriez-vous pas servir la cause à laquelle vous êtes dévouée? Ma famille, riche, puissante, est attachée par principes aux Stuarts; et si une occasion favorable...

—Attachée par principes aux Stuarts!... et si une occasion favorable!... Ah! devinez tout ce que j'aurais à souffrir si je devenais membre d'une maison où j'entendrais les droits que je regarde comme sacrés, soumis à une froide discussion et jugés dignes d'être soutenus, alors seulement qu'ils seraient sur le point de triompher d'eux-mêmes.

—Vos doutes sont injustes pour ce qui me concerne, répondit vivement Waverley; je crois ne manquer ni de courage ni de loyauté.

—Je le sais, je le sais; mais consultez la froide raison, plutôt que de vous laisser entraîner par un penchant irréfléchi dû au seul hasard qui vous a fait rencontrer dans un asile solitaire et romantique une jeune fille qui n'est pas tout-à-fait dépourvue d'agrémens. Ne vous décidez à prendre part à ce drame terrible que d'après votre entière conviction, et non par suite de sentimens impétueux que le temps ne peut manquer d'affaiblir.

Waverley n'eut pas la force de répondre. Les sentimens que Flora venait de lui peindre justifiaient toute son admiration pour elle. Car son loyalisme, tout exalté qu'il était, était noble et généreux; elle dédaignait de se prévaloir d'aucun avantage indirect pour soutenir la cause à laquelle elle s'était consacrée.

Ils marchèrent silencieusement pendant quelques minutes.

— Monsieur Waverley, dit Flora, encore un mot sur un sujet dont nous ne parlerons plus. Excusez ma hardiesse, je vous prie, si ce dernier mot a l'air d'un conseil. Mon frère désire ardemment vous voir partir avec lui; n'en faites rien. Le secours de votre personne seule n'avancerait pas la réussite de son entreprise; mais vous partageriez sa perte, s'il plaisait à Dieu de le faire succomber;... vous feriez aussi un tort irréparable à votre réputation... Permettez-moi de vous prier de retourner dans votre pays natal. Lorsque vous aurez prouvé publiquement que vous êtes dégagé de tous les liens qui vous attachaient à l'usurpateur, j'ose espérer que vous profiterez de la première occasion favorable pour servir utilement votre légitime souverain; et qu'à l'exemple de vos braves ancêtres et en digne représentant de la famille de Waverley, vous vous mettrez à la tête de vos tenanciers et vassaux naturels.

— Si j'avais le bonheur de me distinguer dans cette entreprise, pourrais-je espérer...

— Excusez-moi, je vous prie, si je vous interromps : il n'y a que le moment présent qui soit à nous. Je ne puis que vous exposer franchement les véritables sentimens de mon cœur : dois-je altérer leur pureté en me liant par des promesses dont l'accomplissement ne dépendra pas de moi?... Soyez bien persuadé, monsieur Waverley, qu'après la gloire de mon frère il n'y a rien au monde que je désire aussi sincèrement que votre bonheur; je ne cesserai de le demander au ciel.

En finissant ces mots Flora s'éloigna. Ils étaient parvenus à un double sentier; Édouard entra au château, accablé sous le poids de ses réflexions. Il évita la rencontre de Fergus, parce qu'il ne se sentait pas la force de supporter ses plaisanteries, ni de résister à ses sollicitations. Le tumulte et la confusion du festin (car Fergus tenait table ouverte pour son clan) l'aidèrent à s'étourdir. Lorsque le repas fut fini il s'occupa des moyens de parler encore une fois à miss Mac Ivor; il l'attendit inutilement pendant plusieurs heures, il ne la vit point paraître. Fergus n'avait pu cacher son mécontentement en apprenant de Cathleen que Flora désirait rester seule dans son appartement. Il monta chez elle ; mais sans doute toutes ses remontrances furent inutiles, puisqu'il rentra dans la salle avec toutes les marques d'un véritable mécontentement : le reste de la soirée se passa entre Fergus et Waverley sans la moindre allusion de part ni d'autre à l'objet qui occupait toutes les idées du dernier et peut-être de tous deux.

Lorsque Édouard fut seul dans sa chambre il se mit à récapituler les événemens de la journée. Il ne pouvait douter que Flora persisterait, pour le présent du moins, dans son refus ; mais pouvait-il espérer plus de succès si les circonstances lui permettaient de renouveler ses démarches? Son enthousiasme de loyalisme qui dans ce moment critique ne laissait aucune place dans son cœur pour une passion plus douce, serait-il aussi exigeant et aussi exclusif après le succès ou la ruine de ses espérances politiques? L'intérêt qu'elle lui avait témoigné ne pourrait-il pas alors se convertir en un sentiment plus tendre?

Il chercha à se rappeler tous les mots dont Flora s'était servie, le ton de sa voix, ses gestes, son regard ; mais il se trouvait toujours dans le même état d'incertitude. Malgré les peines et les agitations qu'il avait éprouvées dans la journée, il ne s'endormit que fort tard.

CHAPITRE XXVIII.

Une lettre de Tully-Veolan.

Sur le matin, quand les réflexions confuses de Waverley eurent fait place au sommeil, il lui sembla entendre une musique dans ses rêves, mais non la voix de *Selma*[1]. Il s'imagina

(1) La voix de Selma, c'est-à-dire la musique du palais de Fingal. On sait que Selma était le rendez-vous des bardes. —Éd.

qu'il était de retour à Tully-Veolan et qu'il entendait Davie Gellatley chantant ces chansons matinales, premiers sons qui ordinairement troublaient son repos chez le baron de Bradwardine. Les accens qui causaient ce rêve continuèrent et finirent par éveiller Édouard tout de bon : cependant sa vision ne parut pas entièrement évanouie. Il était bien dans son appartement de la tour de Ian-Nan-Chaistel ; mais c'était réellement la voix de Davie Gellatley qui faisait retentir les vers suivans sous ses fenêtres : —

> Mon cœur est aux Highlands, mon cœur n'est pas ici ;
> Mon cœur est aux Highlands chassant le daim timide,
> Chassant le daim timide et le chevreuil aussi ;
> Mon cœur est aux Highlands, c'est lui seul qui me guide.

Curieux de connaître ce qui avait pu déterminer M. Gellatley à une excursion beaucoup plus longue qu'aucune de celles qu'il faisait habituellement, Édouard se hâta de s'habiller, et pendant ce temps-là Davie changea d'air et de paroles plus d'une fois : —

> On ne voit aux Highlands que ciboule et poreau,
> Nos braves ont besoin de culottes nouvelles,
> Leurs jambes sont à nu, leurs pieds sont sans semelles ;
> Il est temps que Jamy (1) règne enfin de nouveau.

Avant que Waverley fût habillé et pût descendre, Davie s'était associé à deux ou trois des nombreux oisifs des Highlands qui ornaient toujours de leur présence la porte du château, et il sautait et dansait gaîment sa partie dans un *reel*[2] écossais à quatre, en sifflant lui-même la musique. Il continua ce double exercice jusqu'à ce qu'il fût remplacé dans sa fonction de musicien par un joueur de cornemuse qui observait son ardeur et qui obéit à l'appel unanime de *Seid suas* (*souffle cornemuse*). Jeunes et vieux se mirent à danser. L'apparition de Waverley n'interrompit point la joyeuse occupation de Gellatley ; seulement Davie lui fit comprendre qu'il le reconnaissait par ses grimaces, ses signes de tête et les graces qu'il

---
(1) *Jamis*, diminutif familier de James, le roi Jacques. — Éd.
(2) Espèce de danse nationale. — Éd.

se donna pour exécuter le balancement de la danse highlandaise. Ensuite, sans cesser de se trémousser, de fredonner ou de crier, de faire claquer ses doigts sur sa tête et d'observer la mesure, comme Arlequin dans une pantomime, il prolongea soudain son *chassez-croisez* jusqu'à l'endroit où était notre héros, et lui remit une lettre. Edouard, qui reconnut sur l'adresse l'écriture de Rose, se retira pour en faire lecture, laissant le fidèle messager continuer ses exercices sans interruption jusqu'à ce que le joueur de cornemuse et lui fussent fatigués.

Le contenu de cette lettre le surprit beaucoup. Elle avait été commencée par *dear sir* (*cher monsieur*); mais ces deux mots effacés avec soin étaient remplacés par le monosyllabe *sir* (*monsieur*). Nous transcrirons tout le reste de la lettre de Rose.

« Monsieur,

« Je crains de prendre une liberté indiscrète en vous im-
« portunant de ma lettre; mais je ne puis m'adresser qu'à
« vous directement pour vous faire savoir certaines choses
« arrivées ici et dont il est nécessaire que vous soyez informé.
« Si j'ai tort en vous écrivant, veuillez me le pardonner,
« monsieur Waverley; car hélas! je n'ai pu prendre avis que
« de mes propres sentimens. — Mon tendre père n'est plus
« ici.... et Dieu seul sait quand il reviendra pour me protéger
« et me défendre!... Vous avez sans doute entendu dire que
« par suite de quelques nouvelles venues dernièrement des
« Highlands, on a lancé des mandats d'arrêt contre plusieurs
« gentilshommes; et malheureusement mon père est du nom-
« bre. Malgré mes larmes et mes prières, mon père a refusé
« de se rendre. Il s'est joint à M. Falconer et à quelques au-
« tres de leurs amis pour fuir vers le nord avec une troupe de
« quarante cavaliers environ. Je suis moins inquiète pour la
« sûreté de mon père dans le moment présent que pour les
« suites qui peuvent en résulter, car les troubles ne font que
« de commencer. Tous ces détails sont peu intéressans pour
« vous, monsieur Waverley, mais j'ai cru que vous appren-

« driez avec plaisir que votre ami n'avait rien à craindre pour
« sa vie, en supposant que vous eussiez appris le danger qu'il
« courait.

« Le lendemain du départ de mon père un détachement
« de soldats vint à Tully-Veolan : le bailli Macwheeble fut
« traité durement par eux, mais l'officier eut beaucoup d'é-
« gards pour moi; il me témoigna qu'il était fâché d'être
« obligé de faire des recherches pour les armes et pour les
« papiers. Mon père avait eu la précaution de faire emporter
« toutes les armes, excepté les vieilles armures rouillées qui
« sont suspendues dans la salle, et il avait caché tous ses
« papiers. Mais hélas! monsieur Waverley, comment vous
« dirai-je qu'on fit des questions très précises à votre sujet;
« qu'on demanda l'époque où vous aviez quitté Tully-Veolan
« et l'endroit que vous habitiez maintenant? L'officier est parti
« avec son détachement, mais il a laissé une garnison de qua-
« tre hommes commandés par un caporal. Ils se sont très bien
« comportés jusqu'à ce jour; car nous sommes forcés de leur
« faire bonne mine. Ces soldats ont donné à entendre que
« vous seriez en grand danger si vous tombiez entre leurs
« mains. Je n'ose vous rapporter toutes les étranges nouvelles
« qu'ils ont débitées; je suis persuadée qu'il n'y a pas un mot
« de vrai dans tout ce qu'ils ont dit. Quoi qu'il en soit, vous
« savez mieux que moi ce que vous devez faire. Le détache-
« ment a emmené votre domestique et vos deux chevaux, et
« il a emporté tout ce que vous aviez laissé à Tully-Veolan.
« J'ose espérer que le ciel vous protégera, qu'il vous conduira
« sain et sauf en Angleterre, où vous me disiez qu'il n'y avait
« ni oppression militaire ni combats entre les clans, mais que
« tout se faisait selon la loi, égale pour tous et protectrice de
« l'innocent. J'ose encore espérer que vous excuserez la li-
« berté que j'ai prise de vous écrire; car si je ne me trompe,
« j'ai dû le faire, puisque votre honneur et votre sûreté per-
« sonnelle étaient compromis. Je suis sûre, je pense du moins
« que mon père approuverait cette lettre. M. Rubrick s'est
« réfugié auprès de son cousin à Duchran, pour n'être pas

« exposé aux mauvais traitemens des soldats et des wighs. Le
« bailli Macwheeble n'aime pas à se mêler, dit-il, des affaires
« des autres, quoique ce ne soit pas, j'espère, une indiscré-
« tion de rendre service dans un temps comme celui-ci à un
« ami de mon père.

« Adieu, capitaine Waverley, il est probable que je ne vous
« reverrai plus : et ce ne serait pas le cas de désirer que vous
« vinssiez maintenant à Tully-Veolan, quand même les soldats
« n'y seraient plus; mais je me souviendrai toujours avec re-
« connaissance de tous les soins complaisans que vous avez
« eus pour votre pauvre écolière, et de vos attentions pour
« mon père, mon père chéri. Je reste votre servante dé-
« vouée.

« Rose Comyne Bradwardine.

« P. S. Aurez-vous la complaisance de me répondre un
« mot par le retour de Davie Gellatley, rien que pour m'ap-
« prendre que vous avez reçu ma lettre, et que vous aviserez
« aux moyens de vous mettre à l'abri. Veuillez m'excuser si
« je vous supplie de ne prendre part à aucune de ces cabales
« malheureuses, mais de partir le plus tôt possible pour votre
« heureuse patrie. Mes complimens à ma chère Flora et à
« Glennaquoich; n'est-elle pas belle et accomplie, comme je
« vous l'ai dépeinte? »

Ainsi se terminait la lettre de Rose Bradwardine, qui affligea notre héros aussi vivement qu'elle le surprit. Que le baron eût inspiré des soupçons au gouvernement, par suite de l'agitation qui se manifestait parmi les partisans de la maison de Stuart, rien n'était plus naturel : mais il ne pouvait concevoir comment on avait pu l'envelopper *lui* dans ces soupçons, puisque sa conscience lui rendait le témoignage que jusqu'à ce jour il ne s'était permis d'élever aucune pensée contre la prospérité de la famille régnante. A Tully-Veolan comme à Glennaquoich, ses hôtes avaient religieusement respecté le serment qui le liait au gouvernement de fait, quoiqu'il ne pût pas ignorer, par plus d'un incident, que le baron et le chef étaient parmi ces gentilshommes contraires à la maison de

Hanovre qui étaient nombreux en Ecosse, — néanmoins, jusqu'au moment où ses relations avec l'armée avaient été rompues par sa destitution, il n'avait pas eu le moindre motif de supposer qu'ils nourrissaient dans leur cœur des projets hostiles.

Édouard ne put se dissimuler qu'à moins d'embrasser ouvertement le parti de Fergus Mac Ivor, il se compromettrait en restant dans son voisinage, et qu'il devait partir sans délai pour demander l'examen de sa conduite. En prenant cette résolution il se conformait aux idées de Flora; d'ailleurs il était révolté de l'idée de se rendre complice du fléau de la guerre civile. — La réflexion lui disait qu'en laissant de côté la question de savoir jusqu'à quel point Jacques II avait perdu les droits de sa postérité, il avait du moins, au jugement unanime de la nation, perdu justement les siens. Depuis cette époque quatre monarques avaient régné en paix et glorieusement sur la Grande-Bretagne, soutiens de sa gloire au dehors et de ses libertés au dedans. Sa raison lui demandait s'il valait la peine de troubler un gouvernement si solidement établi, et de plonger le royaume dans les malheurs de la guerre, pour replacer sur le trône les descendans d'un monarque qui l'avait volontairement déserté. Si d'un autre côté la conviction de la bonté de leur cause ou les ordres de son père ou de son oncle lui faisaient une loi de servir les Stuarts, il était nécessaire de laver sa réputation en prouvant qu'il n'avait fait aucune démarche dans ce sens, malgré de fausses insinuations, tant qu'il avait conservé la *commission*[1] du roi régnant.

La simplicité affectueuse de Rose, l'inquiétude qu'elle témoignait sur sa sûreté, — l'idée qu'elle se trouvait sans protecteur, exposée à tous les dangers, firent aussi impression sur son esprit. Il lui écrivit le jour même, dans les termes les plus vifs, pour lui exprimer tout l'intérêt qu'il prenait à sa position, et pour lui donner l'assurance qu'il n'avait rien à craindre pour sa propre sûreté. Ces sentimens firent bientôt place à l'idée d'aller dire adieu à Flora Mac Ivor.... et peut-

---

(1) Le brevet d'officier. — Éd.

être pour jamais! Combien cette réflexion fut douloureuse pour lui! La noble élévation du caractère de Flora, son dévouement à la cause qu'elle avait adoptée, la loyauté scrupuleuse de ce dévouement, tout justifiait aux yeux d'Édouard le choix de son amour; mais il n'avait pas de temps à perdre ; l'active calomnie attaquait sa réputation, et le moindre délai devenait fatal à son honneur. Il fallait partir.

Après avoir pris cette détermination, il alla trouver Fergus; il lui communiqua la lettre de Rose, et lui fit part de son intention de se rendre de suite à Édimbourg, pour s'y mettre sous la protection de plusieurs amis de son père qu'il avait négligé de voir, quoiqu'il eût des lettres pour eux, bien persuadé qu'ils ne manqueraient pas de mettre son innocence au grand jour.

— Vous allez vous jeter dans la gueule du lion, lui répondit Fergus; vous ne connaissez pas la sévérité d'un gouvernement tourmenté par la crainte et les inquiétudes que lui donne chaque jour le sentiment de son illégitimité. Je serai forcé de vous délivrer de quelque cachot de Stirling ou du château d'Édimbourg.

— Mon innocence, mon rang, l'amitié intime qui lie mon père avec le lord M***, le général G***, etc., etc., seront une protection suffisante.

— Vous trouverez tout le contraire: ces gentilshommes seront bien assez occupés de ce qui les concerne. Encore une fois, voulez-vous prendre le plaid, et rester quelque temps avec moi parmi les brouillards et les montagnes, pour la cause la plus juste qui ait jamais existé?

— Cher Fergus, j'ai plus d'une raison pour vous prier d'agréer mes excuses.

— N'en parlons plus. Je suis bien assuré que je vous trouverai sous peu occupé à exercer vos talens poétiques en *élégies sur une prison*, et votre érudition d'antiquaire pour découvrir l'écriture ogham[1] ou quelque hiéroglyphe de la langue puni-

---

[1] L'écriture *oggam*, ou *ogham*, était une espèce de sténographie ou de chiffre secret inventé, dit-on, par les Irlandais. — Éd.

que, sur la clef de voûte d'un arceau curieux par son architecture ; ou que dites-vous *d'un petit pendement bien joli*[1]? et je ne voudrais pas vous servir de garant contre cette cérémonie assez désagréable, si vous rencontrez un détachement des whigs armés de l'ouest !

— Pourquoi me traiterait-on ainsi ?

— Pour mille bonnes raisons : 1^0 vous êtes Anglais ; 2^0 vous êtes gentilhomme ; 3^0 vous êtes un prélatiste parjure, et 4^0 il y a long-temps qu'ils n'ont eu l'occasion d'exercer leur adresse pour ces sortes d'opérations. Mais ne vous abandonnez pas à l'abattement, bien-aimé, tout sera fait avec la crainte du Seigneur[2].

— J'en courrai le hasard.

— Votre détermination est bien prise ?

— Oui.

— Comme vous voudrez : mais vous ne pouvez voyager à pied.... Je n'aurai pas besoin de mon cheval lorsque je marcherai à la tête des enfans d'Ivor; vous prendrez mon brun *Dermid*.

— Si vous voulez me le vendre, vous me rendrez un grand service.

— Si votre orgueil anglais s'oppose à ce que vous le preniez à titre de don ou de louage, je ne refuserai point votre argent, à la veille d'entrer en campagne.... Il est du prix de vingt guinées. (Lecteur, souvenez-vous que ceci se passait il y a soixante ans.) Et quand croyez-vous partir ?

— Le plus tôt sera le mieux.

— Vous avez raison : puisque vous devez, ou plutôt puisque vous voulez partir, je prendrai le poney de Flora, et je vous accompagnerai jusqu'à Ballybrough... Callum Beg, faites préparer nos chevaux, avec un poney de plus pour accompagner vous-même M. Waverley et porter ses bagages,

---

(1) Fergus, qui a vécu à la cour de France y a vu jouer *M. de Pourceaugnac*, et il emprunte cette citation de Molière. — Éd.

(2) Cette phrase est empruntée par Fergus au jargon puritain de l'Écosse. Le mot *bien-aimé, beloved*, est consacré. — Éd.

jusqu'à ce qu'il puisse trouver un cheval et un guide pour le conduire à Édimbourg. Habillez-vous en Lowlander, et tenez votre langue close, si vous ne voulez pas que je vous l'arrache de mes mains. M. Waverley montera *Dermid*. — Puis, se retournant vers Édouard : Vous allez faire vos adieux à ma sœur ?

— Si miss Mac Ivor veut m'accorder cet honneur.

— Cathleen ! allez dire à ma sœur que monsieur Waverley désirerait lui présenter ses respects avant de partir... La pauvre Rose se trouve vraiment dans une situation cruelle... Je voudrais bien qu'elle fût ici !... Pourquoi n'y viendrait-elle pas ? Il n'y a que quatre habits rouges à Tully-Veolan ; leurs mousquets nous seraient bien utiles...

Édouard ne fit aucune réponse à ces réflexions sans suite : il les entendit, il est vrai, mais il était trop occupé de l'arrivée de Flora pour y faire quelque attention. La porte s'ouvrit, et Cathleen vint annoncer que sa maîtresse priait le capitaine Waverley de recevoir ses excuses ; qu'elle lui souhaitait un heureux voyage et une bonne santé.

CHAPITRE XXIX.

Accueil que reçoit Waverley dans les Lowlands après sa visite aux Highlands.

Il était midi quand les deux amis arrivèrent au milieu du défilé de Ballybrough. — Je n'irai pas plus loin, dit Fergus, qui pendant le voyage avait inutilement essayé de tirer Waverley de son abattement : si ma folle de sœur, ajouta-t-il, a la moindre part à votre tristesse, je dois vous dire qu'elle a de vous la plus haute opinion, mais qu'elle est tellement absorbée par les inquiétudes que lui donnent les grands événemens qui se préparent, qu'il lui est impossible de s'occuper d'aucun autre objet. Confiez-moi vos intérêts ; je ne vous trahirai point, pourvu que vous me promettiez de ne plus reprendre cette vile cocarde.

— Vous ne devez pas le craindre, si vous réfléchissez à la manière dont on me l'a ôtée... Adieu, cher Fergus, ne souffrez pas que votre sœur m'oublie.

— Adieu, Waverley, vous entendrez bientôt parler d'elle sous un titre plus élevé... Rentrez à Waverley-Honour... écrivez-nous... faites-vous des partisans, — le plus grand nombre et le plus tôt que vous pourrez... Vous ne tarderez pas à voir des hôtes peu attendus sur les côtes de Suffolk, à moins que les lettres que j'ai reçues de France ne m'aient trompé.

Ainsi se séparèrent les deux amis : Fergus retourna dans son château, tandis qu'Édouard, accompagné par Callum Beg, se rendait à la petite ville de... — Callum était de pied en cap transformé en domestique des Lowlands.

Édouard voyagea, agité par ses sentimens pénibles, quoique sans amertume, que la séparation et l'incertitude font naître dans l'ame d'un jeune amant. Je ne sais trop si nos dames connaissent bien tout le pouvoir de l'absence ; et je ne crois pas qu'il soit très prudent de le leur apprendre, de peur qu'à l'imitation des Mandane et des Clélie, elles ne se livrent au caprice d'envoyer leurs amans en exil. Il est vrai que l'éloignement produit sur les idées le même effet que dans la perspective ; il adoucit les objets, en arrondit les formes, et les rend bien plus gracieuses. Les inégalités du caractère sont effacées ; les traits qui nous les rappellent sont ceux qui faisaient leur beauté ou leur force. Il est pour l'horizon mental comme pour l'horizon naturel, des ombres favorables qui cachent ce qui blesserait l'œil de près. Il est des effets de lumière qui ajoutent à l'éclat de tout ce qui brille au grand jour.

Édouard oublia les préjugés de Flora Mac Ivor ; il lui pardonna presque son indifférence, en réfléchissant à l'importante et décisive entreprise qui remplissait toute son ame. Si la reconnaissance pour un bienfaiteur la rendait si dévouée à sa cause, quelle ne serait pas son affection pour l'heureux époux qui la mériterait? Mais venait ensuite la question douteuse :—« Pourrait-il être un jour ce mortel fortuné? »—Question à laquelle son imigination cherchait à répondre par l'affirmative, en rappelant tout ce que Flora avait dit à sa louange, avec l'addition d'un commentaire plus flatteur encore que le texte ne l'autorisait. Tout ce qui était ordinaire, tout ce qui appartenait au monde de tous les jours, disparaissait dans ces rêves d'une imagination qui ne se souvenait que des traits de grace et de dignité par lesquels Flora était au-dessus de la généralité de son sexe, et qui oubliait tout ce qu'elle avait de commun avec le reste des femmes. Édouard, en un mot, était occupé à faire une déesse d'une jeune personne belle, noble et aimable, et il continua à bâtir des châteaux en l'air jusqu'à ce qu'il fût arrivé au sommet d'une montagne rapide, au bas de laquelle il aperçut le bourg de...

Il y a peu de pays où la politesse naturelle soit portée à un plus haut point que parmi les Highlanders : Callum Beg aurait cru y manquer en se permettant d'interrompre les rêveries de notre héros; mais voyant qu'Édouard cessait de rêver à l'aspect du bourg, il s'approcha pour lui dire :

— J'ose espérer que lorsque nous serons à l'auberge Votre Honneur ne parlera pas de Vich Ian Vohr ; car les gens de ce pays sont des plus mauvais whigs : que le diable les emporte !

Waverley promit au page prudent d'être circonspect et réservé. Dans ce moment il entendit non pas le tintement des cloches, mais un bruit sourd qui paraissait provenir du choc d'un marteau contre les parois d'un vieux chaudron verdâtre renversé qu'on avait suspendu dans une loge ouverte, de la forme d'une cage de perroquet, et destinée à orner l'extrémité orientale d'un édifice assez semblable à une vieille grange. Il demanda à Callum Beg si c'était un jour de dimanche.

— Je ne saurais vous le dire précisément, répondit Callum Beg ; il est rarement dimanche de l'autre côté du défilé de Ballybrough...

Ils entrèrent dans le bourg et se dirigèrent vers l'auberge qui avait le plus d'apparence. De vieilles femmes en jupons de tartan et en manteaux rouges sortaient en foule de l'édifice semblable à une grange, et discutaient entre elles sur le mérite comparatif de ce saint jeune homme Jabesh Rentowell et de ce vase d'élection maister Goukthrapple. A cette vue, Callum crut pouvoir dire au maître qu'il servait pour le moment, « que c'était ou le grand dimanche lui-même, ou le petit di- « manche du gouvernement, qu'ils appelaient le *jeûne*[1]. »

Ils descendirent à l'enseigne du *Chandelier d'or à sept branches*, avec une devise en hébreu, pour la plus grande commodité du public. Mon hôte, figure puritaine, grande et maigre, s'avança vers eux, paraissant délibérer en lui-même s'il devait donner asile à des personnes qui voyageaient dans un pareil jour ; mais à la fin, songeant qu'il avait en son pouvoir le moyen de leur faire payer l'amende pour cette inconvenance, châtiment qu'ils pourraient esquiver en passant chez Gregor Duncanson, à l'enseigne du *Highlander* et de *la Pinte d'Hawick*, M. Ebenezer Cruickshanks condescendit à les laisser entrer chez lui.

Waverley dit à ce saint personnage qu'il avait besoin d'un guide et d'un cheval pour porter ses bagages à Édimbourg.

— Et d'où venez-vous ? demanda mon hôte du *Chandelier*.

— Je viens de vous dire où je désirais aller ; toute autre explication est inutile pour le conducteur et pour le cheval dont j'ai besoin.

— Hem ! hum ! dit en grognant l'homme du Chandelier, un peu déconcerté de cette rebuffade... c'est aujourd'hui jour de jeûne solennel, et je ne puis me permettre de faire aucune transaction charnelle en un tel jour où les ames doivent s'humilier et les apostats revenir au giron de l'Église, comme disait le digne maister Goukthrapple ; et surtout lorsque le pays, comme l'a fait observer le précieux maister Rentowell, s'afflige pour les covenans brûlés, déchirés et mis sous terre.

— Mon bon ami, puisque vous ne pouvez me procurer un

---

(1) Les presbytériens observent le sabbath, comme ils appellent le dimanche, avec une sévérité judaïque. — Éd.

cheval et un guide, mon domestique va tâcher de les trouver ailleurs.

— Oui-dà ! votre domestique?... Et pourquoi ne vous accompagne-t-il pas lui-même jusqu'à Edimbourg?

Edouard n'avait pas beaucoup de la vivacité d'un officier de dragons, je veux parler de cette vivacité à laquelle j'ai été quelquefois très redevable, lorsque voyageant dans la malle-poste ou la diligence j'ai rencontré quelque militaire qui a pris obligeamment sur lui le soin de discipliner les garçons d'auberge, et de faire refaire l'addition du compte; cependant il avait reçu une teinture de ce talent utile dans le cours de sa carrière militaire. La grossière provocation de l'aubergiste commença à l'échauffer.

— Holà, monsieur, lui dit-il; je suis venu chez vous pour me reposer, et non pour répondre à des questions impertinentes; entendez-vous, monsieur?... Dites-moi si vous pouvez me procurer ce que je vous demande; que vous disiez oui ou non, je n'en irai pas moins.

M. Ebenezer Cruickshanks sortit en marmottant quelques mots entre ses dents; Edouard ne put comprendre si ces mots étaient négatifs ou affirmatifs. L'hôtesse, très civile, très douce, très active personne, vint demander à notre voyageur ce qu'il désirait pour son dîner; Édouard ne put lui arracher de réponse concernant le cheval et le guide qu'il avait demandés; sans doute la *loi salique* était en vigueur dans les écuries de l'auberge du *Chandelier d'or*.

En s'approchant d'une fenêtre qui donnait sur une petite cour où Callum Beg était occupé à panser les chevaux, Waverley entendit le dialogue qui eut lieu entre le rusé page de Vich Ian Vohr et le maître de l'auberge.

— Eh bien ! jeune homme, lui dit ce dernier, vous venez du nord?

— Vous pouvez bien le dire !

— Vous avez fait une longue route aujourd'hui?

— Assez longue pour boire une goutte avec plaisir.

— Vous allez l'avoir.... Ma femme, apporte le pot d'une pinte....

Ici quelques complimens d'usage furent échangés. Mon hôte du *Chandelier d'or* crut alors avoir ouvert le cœur de son hôte par cette cérémonie propitiatoire de l'hospitalité. Il reprit ses interrogations.

— Vous avez du bien meilleur whisky que celui-là de l'autre côté du pas de Ballybrough.

— Je ne suis pas de l'autre côté du Pas.

— Je vois bien à votre accent que vous êtes un Highlander.

— Je viens de la route d'Aberdeen.

— Et votre maître est-il venu aussi avec vous d'Aberdeen ?

— Oui : — c'est-à-dire il en venait quand j'en venais moi-même, répondit avec sang-froid l'impénétrable Callum Beg.

— Et quelle espèce de gentilhomme est-ce ?

— Je crois qu'il est officier au service du roi George ; du moins il est en route pour le midi ; sa bourse est bien garnie : il ne marchande pas avec un pauvre homme ni pour les comptes d'auberge.

— Il demande un cheval et un guide pour aller à Edimbourg ?

— Oui : vous devriez vous en occuper de suite.

— Cela lui coûtera cher.

— Il n'en rabattra pas un bodle [1].

— Très bien, mon cher Duncan ! Ne m'avez-vous pas dit que vous vous appelez Duncan, ou Donald ?

— Non, non..... Jamie, Jamie Steenson ; je vous l'ai déjà dit.

Cette riposte inattendue déconcerta M. Cruickshanks ; il se retira peu satisfait de la réserve du maître et du valet ; mais il voulut du moins se dédommager par le prix du cheval à louer. N'oubliant pas de faire valoir que c'était un jour de jeûne, il se contenta de demander un peu plus du double du prix ordinaire.

Callum Beg se hâta d'aller faire part à Waverley du marché

---

(1) Un *bodle* est le sixième d'un penny anglais, et la moitié d'un *plack*. — ÉD.

qu'il venait de conclure. — Ce vieux diable, ajouta-t-il, veut accompagner lui-même le duinhe-wassel.

— Ce ne sera ni très agréable ni très sûr, Callum, car notre hôte m'a paru très curieux ; mais un voyageur doit savoir supporter ces petits désagrémens. Cependant, mon garçon, voilà une bagatelle pour boire à la santé de Vich Ian Vohr.

L'œil d'aigle de Callum Beg étincela de plaisir en voyant une guinée d'or : il se hâta de la placer dans son gousset, non sans maudire les embarras d'une poche de culottes saxonnes, ou d'un *splenchan*, comme il l'appelait ; puis comme s'il eût réfléchi que ce don demandait quelque service en retour, il se rapprocha d'Édouard avec un air d'intelligence, et lui dit à demi-voix :

— Si Son Honneur regardait comme tant soit peu dangereux ce vieux diable de whigh, elle se chargerait d'avoir soin de lui, pour lui apprendre à se bien conduire.

— Et comment et de quelle manière? demanda Edouard.

— Elle-même, reprit Callum, irait l'attendre un peu hors la ville, et lui caresserait les reins avec son skene-occle.

— Skene-occle ! qu'est-ce que cela?

Callum déboutonna sa veste, leva le bras gauche, et montra d'un air expressif la pointe d'un petit dirk qu'il avait soigneusement caché dans la doublure.

Waverley crut avoir mal compris le geste de Callum ; il le regarda en face, et trouva dans les traits de son visage, très beaux quoique brunis par le soleil, cet air de malice qu'aurait eu un Anglais du même âge qui viendrait de confier un plan pour dérober les fruits d'un verger.

— Grand Dieu! Callum, penseriez-vous à lui ôter la vie? s'écria-t-il.

— Oui, certes, répondit le jeune désespéré ; et je crois qu'il a déjà vécu trop long-temps, puisqu'il est capable de trahir d'honnêtes gens qui viennent dépenser leur argent dans son auberge.

Waverley vit très bien qu'il ne gagnerait rien avec de bonnes raisons. Il se contenta d'enjoindre à Callum de ne rien tenter contre la personne de M. Ebenezer Cruickshanks. A cette injonction, le page parut acquiescer avec une grande indifférence.

— Le duinhe-wassel peut faire ce qu'il lui plaira : le vieux coquin n'a jamais fait de mal à Callum ; mais voici quelques lignes que le tighearna m'a chargé de remettre à Votre Honneur avant de retourner.

La lettre du tighearna (du chef) renfermait les vers de Flora sur la mort du capitaine Wogan, dont le caractère entreprenant est si bien dépeint par Clarendon; il avait d'abord été attaché au parlement, mais il avait abjuré ce parti lors de l'exécution de Charles Ier. Il n'eut pas plus tôt appris que le comte de Glencairn et le général Middleton avaient arboré l'étendard royal dans les Highlands d'Écosse[1], qu'il prit congé de Charles II qui se trouvait alors à Paris : il revint en Angleterre, leva un corps de cavalerie dans les environs de Londres, traversa le royaume qui depuis long-temps était sous la domination de l'usurpateur, et par des marches habiles il parvint à joindre, sans avoir perdu un seul homme, un corps de Highlanders alors sous les drapeaux des Stuarts. Après avoir fait une guerre inutile de plusieurs mois, et acquis par ses talens et son courage une grande réputation, il eut le malheur d'être blessé dangereusement, et aucun secours de l'art ne fut capable de prolonger sa glorieuse carrière.

Le politique chieftain avait évidemment plus d'un motif pour désirer mettre l'exemple de ce jeune héros sous les yeux de Waverley, dont il n'ignorait pas que le caractère romanesque avait des rapports particuliers avec celui de Wogan; mais sa lettre était consacrée surtout à lui rappeler quelques commissions que Waverley avait promis de faire pour lui en Angleterre. Ce n'était qu'au dernier paragraphe qu'Édouard trouva ces mots :

— « J'en veux à Flora de nous avoir refusé hier sa compa-

---

[1] Le général Middleton fut un des adversaires les plus ardens de la révolution. Plus tard il ambitionna la vice-royauté d'Écosse ; mais Landerdale l'emporta sur lui, grâce à la duchesse de Cleveland, maîtresse de Charles II. — Éd.

« gnie; et puisque je vous donne la peine de lire ces lignes
« pour vous rappeler votre promesse de m'envoyer de Lon-
« dres le harpon et l'arbalète[1], j'inclus ici les vers de ma
« sœur sur le tombeau de Wogan. Elle en sera contrariée, je
« le sais; car, à vous dire la vérité, elle est plus amoureuse de
« la mémoire de ce jeune héros qu'elle ne le sera jamais
« d'homme vivant, à moins qu'il ne suive le même chemin ;
« mais les gentilshommes anglais de nos jours gardent leurs
« *chênes* pour abriter les chevreuils de leurs parcs, ou parce
« qu'ils servent à réparer les pertes d'une soirée à l'hôtel de
« White[2]; ils n'ont jamais pensé à les invoquer pour en cou-
« ronner leurs fronts ou en ombrager leurs tombes. Permet-
« tez-moi d'espérer une brillante exception dans un ami chéri,
« à qui je donnerais volontiers un titre plus cher à mon cœur ! »

Les vers étaient intitulés :

A UN CHÊNE.

Dans le cimetière de — au milieu des montagnes d'Écosse, et qu'on croit avoir été planté sur le tombeau du capitaine Wogan, tué en 1649.

De l'antique constance emblème respecté,
    Protége de ton vert feuillage
Cette tombe élevée à la fidélité,
    Et monument d'un généreux courage.

Et toi, preux chevalier, mort en servant ton roi,
    Ne regrette pas la couronne
Qu'en des climats plus doux on tresserait pour toi,
    Avec ces fleurs que le printemps leur donne.

A peine le soleil, embrasant l'horizon,
    Darde ses feux sur les prairies ;
Ces filles du matin, ornement du vallon,
    Penchent déjà leurs corolles flétries.

Un emblème si frêle est-il digne du preux
    Qui défia le sort contraire?
Plus les périls croissaient, plus son bras généreux
    Par ses exploits illustrait sa carrière.

(1) Dont il était sans doute question dans les paragraphes précédens. — Éd.
(2) *St. James Street*, où le jeu ruine encore plus d'un milord. — Éd.

> Les enfans d'Albion, lassés par le Destin,
> S'étaient réunis aux rebelles,
> Mais tu trouvas alors aux montagnes d'Albyn
> De fiers guerriers jusqu'à la mort fidèles.
>
> Un parent ne vint pas conduire ton cercueil.
> Du fils vaillant de l'Angleterre
> Les descendans du Gaël seuls portèrent le deuil,
> Et leur pibroch fut ton chant funéraire.
>
> Quel mortel cependant n'envierait ton trépas ?
> Qui ne voudrait contre ta gloire
> Echanger de longs jours passés loin des combats ?
> Wogan doit vivre autant que notre histoire.
>
> Nous t'avons consacré l'arbre dont les rameaux
> Bravent et l'hiver et l'orage.
> Rome en ceignait jadis le front de ses héros ;
> A ton cercueil Albyn en fait hommage.

Quel que fût le mérite réel des vers de miss Flora, l'enthousiasme qui les avait inspirés était bien capable de produire une vive impression sur un amant ; ils furent lus et relus, et déposés dans le sein d'Édouard, puis retirés pour être relus ligne par ligne et déclamés à voix basse, avec de fréquens repos pour en mieux sentir tout le charme. Ainsi l'épicurien savoure lentement et goutte à goutte un breuvage délicieux. L'arrivée de mistress Cruickshanks, avec les prosaïques élémens du dîner, n'interrompit qu'à peine cette exaltation de l'amour.

Enfin la grande et triste figure de M. Ebenezer se présenta. Quoique la saison n'exigeât pas ces précautions, il avait mis une large redingote de gros drap fixée sur ses habillemens de dessus par le moyen d'une ceinture, et surmontée d'un vaste capuchon appelé un *trot cozy*, qui couvrait au besoin le chapeau et la tête, et se boutonnait sous le menton. Sa main était armée d'un gros fouet de jockey garni de cuivre ; et ses longues jambes minces occupaient des guêtres grises fermées sur le côté par des agrafes de métal.

Ainsi accoutré, il s'arrêta au milieu de l'appartement, et dit d'un ton laconique : — Nos chevaux sont prêts.

— C'est donc vous qui venez avec moi, notre hôte?

— Oui, jusqu'à Perth : là vous prendrez un autre guide pour vous conduire jusqu'à Édimbourg.

En disant ces mots, il plaça sous les yeux de Waverley la carte de la dépense qu'il tenait d'une main, et de l'autre il remplit un verre de vin qu'il but dévotement à leur heureux voyage. Waverley fut un peu surpris de l'impudence de cet homme; mais comme il ne devait pas rester long-temps avec lui et qu'il avait besoin d'un guide, il ne fit aucune observation, paya sa dépense et manifesta le désir de partir sans retard. Il monta sur *Dermid*, et sortit de la cour de l'auberge du *Chandelier d'or*, suivi de la figure puritaine que nous avons décrite. A l'aide d'un — *louping-on-stane* — ou banc de maçonnerie adossé exprès à la maison, Ebenezer, non sans peine, était parvenu à hisser sa personne sur le dos du fantôme d'un long cheval efflanqué n'ayant que la peau et les os, sur lequel était aussi le porte-manteau de Waverley. Notre héros, quoique n'étant pas de très bonne humeur, ne put guère s'empêcher de rire de la tournure de son nouvel écuyer, en se représentant la surprise que produirait au château de Waverley son entrée en pareil équipage.

Le sourire d'Édouard n'échappa point à notre hôte du Chandelier : il comprit quelle en était la cause, ce qui rendit deux fois plus renfrogné son sombre visage de pharisien ; et il se promit bien que d'une manière ou d'une autre le jeune Anglais paierait cher le mépris qu'il semblait avoir pour sa personne.

Callum, qui se trouvait aussi près de la porte, rit sans gêne de la ridicule figure de M. Cruickshanks. Quand Waverley passa près de lui il lui ôta son chapeau avec respect, et s'approchant de l'étrier, il lui dit : — Prenez garde que ce vieux coquin de whig ne vous joue quelque mauvais tour.

Waverley le remercia de nouveau, lui dit adieu, et pressa

le pas de Dermid, n'étant pas fâché de ne plus entendre les clameurs que poussaient les enfans à la vue du vieux Ebenezer, qui pour éviter les secousses du trot de sa bête dans une rue à demi pavée, se levait et se baissait alternativement sur ses étriers.

Le village de... fut bientôt à plusieurs milles de distance derrière eux.

CHAPITRE XXX.

Que la perte d'un fer de cheval peut être quelquefois un inconvénient sérieux (1).

Les manières et l'air noble de Waverley, surtout le contenu brillant de sa bourse et le peu de cas qu'il paraissait en faire, en imposèrent un peu à son compagnon et ne lui permirent pas de chercher à lier conversation. Cependant il était agité par divers soupçons, et s'occupait en même temps de certains plans pour les faire servir à son intérêt personnel. Les deux voyageurs continuèrent donc leur route en silence jusqu'à ce que le guide l'interrompît en annonçant que son bidet avait perdu un fer de devant, et que sans doute Son Honneur conviendrait que c'était à lui de le remettre.

C'était ce que les légistes anglais appellent *a fishing question* (une question de pêche)[2], pour savoir jusqu'à quel point Waverley était disposé à se soumettre à ces petites taxes. — Mais Waverley se méprit sur le sens de cette observation.

(1) Allusion à un dicton populaire qui compare une perte peu sérieuse à la perte d'un fer de cheval. — Éd.

(2) Nous disons en français dans ce sens : sonder le terrain, etc. — Éd.

— A moi de remettre le fer de votre cheval, coquin ! s'écria-t-il.

— Certainement ; quoique nous n'ayons pas mis cette clause dans notre marché, ce n'est pas à moi de payer pour les accidens qui peuvent arriver au pauvre bidet pendant qu'il est au service de Votre Honneur... cependant... si Votre Honneur...

— Ah ! vous voulez dire que je dois payer le maréchal ; mais où pourrons-nous en trouver un ?

Charmé qu'aucune objection ne fût faite par le maître qu'il servait pour le moment, M. Cruickshanks l'assura que Cairnvreckan, village où ils allaient entrer, était favorisé d'un excellent forgeron ; — mais comme c'était en même temps un *professeur,* rien au monde ne pourrait le décider à enfoncer un clou le jour de sabbath ou de jeûne d'Église, à moins que ce ne fût dans un cas d'absolue nécessité ; et alors il faisait toujours payer six pence par fer. — La partie de ces observations que M. Ebenezer regardait comme la plus importante fit peu d'impression sur l'esprit d'Édouard qui s'étonnait seulement de trouver un professeur dans un mauvais village ; il ne savait pas qu'on se servait de ce nom pour désigner un homme qui prétendait à une grande sainteté de mœurs et de religion.

En entrant dans le village de Cairnvreckan, ils distinguèrent aisément la maison du maréchal. Comme c'était en même temps une auberge, elle avait deux étages, et son toit en ardoises dominait fièrement sur les cabanes qui l'environnaient. La forge ne se ressentait en rien du silence *sabbatique* qu'Ebenezer avait annoncé ; l'enclume retentissait sous les coups redoublés des marteaux, le soufflet gémissait et tous les instrumens de Vulcain étaient en activité. Les travaux n'étaient pas d'une nature champêtre ni pacifiques ; mais le maître forgeron, appelé John Mucklewrath, selon son enseigne, était occupé avec deux ouvriers à réparer, à arranger et à fourbir de vieilles épées, des mousquets et des pistolets épars çà et là autour de l'atelier, avec un désordre de guerre. Sous le hangar ouvert qui contenait la forge était une foule de gens qui allaient et venaient comme pour recevoir ou donner d'importantes nouvelles ; il suffisait de jeter un coup d'œil sur tous ces villageois qui traversaient la rue à la hâte ou restaient réunis en groupes, les bras et les yeux levés au ciel,— pour deviner qu'un grand événement agitait toute la municipalité de Cairnvreckan.

— Il y a quelque chose de nouveau, dit mon hôte du Chandelier en poussant tout à coup au milieu de la foule son bidet efflanqué, avançant sa figure jaune et décharnée ;— il y a du nouveau ; et avec l'aide de mon Créateur, j'obtiendrai des renseignemens.

Waverley, avec une curiosité mieux contenue que celle de son guide, mit pied à terre et donna son cheval à garder à un petit garçon qui se tenait là, regardant d'un air oisif. C'était sans doute par suite de la fausse honte contractée dès son enfance qu'il ne s'adressait jamais à un étranger pour lui faire la plus simple question, sans avoir préalablement examiné son maintien et sa physionomie. Pendant qu'il cherchait autour de lui quelqu'un qui lui inspirât assez de confiance pour entrer en conversation, il apprit sans le demander ce qu'il voulait savoir. Il entendit prononcer les noms de Lochiel, de Clanronald, de Glengary et de plusieurs autres chefs distingués des Highlands, et fréquemment entre autres celui de Vich Ian Vohr. Ces noms étaient aussi familiers que les mots les plus communs, et d'après l'alarme généralement exprimée il comprit aisément que ces chefs avaient fait ou devaient bientôt faire une incursion dans les Lowlands à la tête de leurs clans armés.

Avant que Waverley pût faire aucune question, une grande et forte femme, au visage dur, et très rouge partout où la suie et la fumée ne l'avaient pas noircie, habillée au reste comme si on lui avait jeté ses vêtemens sur le corps avec une fourche, s'élança à travers la foule, et faisant sauter dans ses bras un enfant de deux ans, sans égard pour ses cris de terreur, chanta de toute la force de ses poumons :

> Charlot est mon mignon, mon mignon, mon mignon,
> Charlot est mon mignon,
> Le jeune chevalier (1)!

— Entendez-vous ce qui vous arrive, vieux pleureurs de whigs? entendez-vous ce qui vient étouffer vos vanteries?

> Vous savez peu qui vous arrive,
> Vous savez peu qui vous arrive,
> Tous les fiers Macraws vont venir.

Le Vulcain de Cairnvreckan, qui reconnut sa Vénus dans cette bacchante triomphante, la regardait avec un air sinistre et menaçant, lorsque les sénateurs de l'endroit se hâtèrent d'intervenir : — Paix donc ! la bonne femme ; est-ce dans un temps, est-ce dans un jour comme celui-ci que vous devez chanter vos folles chansons ? — un temps où le vin de la colère est versé sans mélange dans la coupe de l'indignation, et un jour où le pays doit porter témoignage contre le papisme et le prélatisme, et le quakérisme, et l'indépendantisme, et la suprématie et l'érastianisme, et l'antinomianisme [2], et toutes les erreurs de l'Église?

---

(1) *Charlie is my darling, my darling, my darling,*
Charlie is my darling,
The young chevalier.

Ce refrain jacobite est traduit littéralement. *Charlie* répond à notre *Charlot*. — ÉD.

(2) Dans leur intolérance, les presbytériens d'Écosse croyaient qu'il n'y avait de salut que dans leur église. Le papisme était selon eux une idolâtrie : mais ils n'avaient pas une moins sainte colère contre le *prélatisme*, ou les fauteurs des évêques de l'anglicanisme, et contre les autres hérésies que proscrivent ici en masse les bons municipaux de Cairnvreckan. — ÉD. La secte des *quakers*, ou des amis, est aujourd'hui fort connue. — ÉD. L'*indépendantisme*. Secte qui date de Cromwell. — ÉD. La *suprématie*, c'est-à-dire l'acte par lequel le roi d'Angleterre avait proclamé sa souveraineté sur l'église d'Écosse. — ÉD. L'*érastianisme*. La secte des érastiens s'éleva en Angleterre pendant les guerres civiles en 1647 ; on l'appelait ainsi du nom de son chef Erastus. Les érastiens soutenaient, dit-on, que l'Église n'a point d'autorité quant à la discipline, qu'elle n'a aucun pouvoir de faire des lois ni des décrets, encore moins d'infliger des peines, de porter des censures, etc. On sent combien le despotisme ecclésiastique de l'église presbytérienne devait en vouloir aux érastiens. Les antinomiens, ou anomiens, étaient accusés, comme les érastiens, de ne reconnaître aucune règle. On nommait aussi antinomiens les anabaptistes, les disciples de Jean Agricola, et en général tous ceux qui croyaient à la prédestination. — ÉD.

— Et c'est là toute votre whiguerie ! répéta la virago ; c'est là toute votre whiguerie et votre presbytérianisme ! ô vieux rustres aux oreilles coupées ! quoi donc ! pensez-vous que les braves en kilts se soucieront beaucoup de vos synodes, de vos presbytères[1], de vos buttockmails[2], de vos chaises de pénitence[3]; haine et vengeance sur ces noires inventions ! Plus d'une femme qu'on y a placée était plus honnête que telle qui dort avec n'importe quel whig du pays ; moi-même...

Ici John Mucklewrath, qui craignait qu'elle n'entrât dans

---

(1) Il n'est aucune de ces expressions qui ne revienne fréquemment dans les romans de Sir Walter Scott. On nous pardonnera donc ici une note détaillée sur l'organisation toute républicaine de l'église d'Écosse. Le culte presbytérien n'admet pas précisément de hiérarchie ni de chef; l'autorité, ou plutôt l'administration est dévolue à des assemblées de ministres où prennent rang aussi des laïques appelés Anciens. Chaque paroisse est régie par un pasteur qui, en s'adjoignant les anciens, forme le conseil de paroisse ou *kirk-session*, qui administre les fonds, surveille les mœurs, juge, censure, punit, excommunie même. On peut appeler du *kirk-session* devant le presbytère, conseil supérieur composé des pasteurs d'un canton et d'un ancien par paroisse : il est présidé par un pasteur élu sous le titre de modérateur ; le presbytère a droit de censure sur ses membres. Au-dessus du presbytère est le *synode* provincial, composé des membres de plusieurs presbytères, et que préside encore un modérateur élu par ses pairs. Enfin il y a une haute-cour ecclésiastique composée de tous les ministres et d'un ancien par paroisse. C'est l'assemblée générale, qui s'assemble une fois par an, qui fait les lois et les canons, juge en dernier ressort, etc. Nous aurons l'occasion de revenir sur cette assemblée, quand il en sera fait mention. — ÉD.

(2) *Buttoch*, en style vulgaire, signifie une prostituée, *maïl*, une taxe ou une amende. Pour une somme d'argent, on pouvait quelquefois se racheter l'humiliation du *stool of repentance*. — ÉD.

(3) *The stool of repentance*, le siège de repentir ou de pénitence, appelé plus vulgairement cutty-stool (*cutty*, femme légère, *stool*, chaise). Cette pénitence publique commence à tomber en désuétude dans l'église presbytérienne ; on y condamnait l'homme comme la femme pour le péché de fornication. Le *stool* de pénitence était une espèce de fauteuil placé en face de la chaire, sur un piédestal qui s'élevait environ à deux pieds plus haut que les autres sièges de l'église. Quand la cloche sonnait, le coupable montait sur la chaise, et le sacristain le revêtait d'une robe noire. Trois dimanches de suite, il entendait, à cette place et dans ce costume, le service divin, montré au doigt et admonesté par le ministre. Dans l'Ayrshire, le cutty-stool est encore un objet de terreur pour ceux dont la chair est faible : Burns n'a pu le faire abolir par ses sarcasmes poétiques ; mais dans la plupart des églises les coupables peuvent maintenant rester sur leur banc particulier, et le pasteur glisse même légèrement sur la réprimande dont ils sont encore l'objet. Il fallait autrefois opter entre le cutty-stool et l'excommunication. — Nous avons eu dans le culte catholique nos amendes honorables. — ÉD.

les détails de ses épreuves personnelles, se hâta d'interposer son autorité maritale : — Rentrez à la maison, et allez au diable (puisque vous me forcez de parler ainsi), et faites la bouillie pour notre souper.

— Et toi aussi, radoteur stupide! répondit sa douce moitié, dont la colère, qui s'était égarée sur tous les assistans, allait suivre son canal naturel; — tu t'occupes à préparer des fusils pour des fous qui n'oseront jamais les tirer sur un Highlander : ne ferais-tu pas mieux de gagner du pain pour nourrir ta famille, et de ferrer le cheval de ce jeune gentilhomme qui vient d'arriver du nord? Je gagerais qu'il n'est pas de ces pleurnicheurs du roi George, mais pour le moins un brave Gordon.

Tous les yeux se tournèrent aussitôt vers Waverley, qui profita de ce moment de calme pour inviter le maréchal à ferrer de suite le cheval de son guide, parce qu'il était bien aise de continuer sa route. Ce qu'il venait d'entendre lui faisait craindre qu'il n'y eût du danger à rester plus long-temps.

— Les regards du maréchal restèrent fixés sur lui avec un air de déplaisir et de soupçon, nullement tempéré par le zèle de sa femme pour le nouveau-venu.

— N'as-tu pas entendu ce que t'a demandé ce beau jeune homme, vaurien d'ivrogne? lui criait-elle.

— Quel est votre nom? monsieur, lui dit Mucklewrath?

— Peu vous importe mon nom, mon ami, pourvu que je vous paie votre travail.

— Le gouvernement peut avoir intérêt à savoir qui vous êtes, répondit un vieux fermier qui sentait fortement l'odeur du whisky et de la fumée de tourbe. Je doute qu'on vous permette de continuer votre route avant que vous ayez vu le laird.

— Certainement, répondit Waverley avec hauteur, qu'il serait difficile et dangereux de m'arrêter ici, à moins que vous ne me montriez que vous en avez le droit.

Il y eut un moment de réflexion et de chuchotement dans la foule.

— C'est le secrétaire Murray, — lord Lewis Gordon, — peut-être le Chevalier lui-même?

Tels étaient les soupçons qu'on se communiquait les uns aux autres, et évidemment on semblait de plus en plus disposé à empêcher le départ de Waverley. Il tâcha de leur faire entendre raison en leur parlant avec douceur; mais mistress Mucklewrath s'empara de la parole, et interrompit ses explications en prenant son parti avec une violence qui fut mise sur le compte d'Édouard par ceux à qui elle s'adressait. — Quoi! vous arrêteriez, s'écria-t-elle, un gentilhomme ami du prince! (Car elle aussi, quoique avec des sentimens opposés à ceux des autres, avait adopté l'opinion générale sur Waverley.) Je vous défie de le toucher du bout du doigt; si quelqu'un s'en avise, je lui applique mes dix commandemens de Dieu sur le visage. En parlant ainsi, elle étendait ses longues mains bien musclées et armées d'ongles crochus, dont un vautour aurait pu être jaloux. — Rentrez dans votre maison, bonne femme, lui dit le fermier, allez soigner les enfans du bonhomme, cela vaudrait mieux que de nous ennuyer ici.

— *Ses enfans!* répliqua l'amazone en regardant son mari de l'air du plus profond mépris; *ses enfans!*

> Bonhomme (plus tôt que plus tard!)
> Si le gazon vous couvrait le visage,
> Je consolerais mon veuvage,
> Bonhomme, avec un montagnard.

Ce cantique, qui excita parmi la jeunesse de l'assemblée un rire mal dissimulé, fit entièrement perdre patience à l'homme de l'enclume. — Je veux que le diable m'emporte, dit-il dans un transport de rage, si je ne lui plonge ce fer rouge dans le gosier! Il aurait exécuté sa menace, car il avait déjà tiré sa barre de fer de la forge, si une partie de la foule ne l'avait retenu pendant que d'autres s'efforçaient d'éloigner de sa présence sa bruyante moitié.

Waverley voulait profiter de ce moment de confusion pour s'échapper, mais il ne trouvait point son cheval; il l'aperçut enfin à quelque distance avec son fidèle guide Ebenezer qui, dès l'instant qu'il s'était aperçu de la tournure que prenait la discussion, avait tiré les deux montures de la foule, et s'en allait monté sur la sienne en tenant l'autre par la bride. Waverley avait beau lui crier à plusieurs reprises d'amener son cheval, il répondait tranquillement : — Non, non ; si vous n'êtes ami ni de l'Église ni du roi, si l'on vous arrête comme tel, vous auriez à vous justifier devant les honnêtes gens du pays pour avoir manqué à nos conventions, et je dois garder le cheval et la valise comme dommages-intérêts, attendu que mon bidet et moi nous perdons le travail du jour de demain ; outre le sermon de ce soir.

Édouard perdait patience en se voyant entouré et menacé par la canaille, et sur le point d'être assailli à tout moment. Il résolut d'essayer de faire peur, et montra un pistolet de poche en menaçant en même temps de brûler la cervelle à quiconque s'opposerait à son passage, et d'en faire autant à Ebenezer s'il faisait un pas de plus avec les chevaux.

Le sage Partridge[1] dit qu'un seul homme armé d'un pistolet en vaut cent désarmés ; car bien qu'il ne puisse tuer qu'un seul de ses ennemis, chacun peut craindre d'être celui qui sera tué. Malgré la *levée en masse* de Cairnvreckan, Édouard serait sans doute parvenu à s'ouvrir un passage, et Ebenezer, dont la pâleur était devenue trois fois plus cadavéreuse, n'aurait pas osé résister à un ordre de cette nature, si le Vulcain du village, dans son besoin de faire tomber sur quelqu'un la fureur provoquée par sa moitié, ne fût sorti avec sa barre de fer rouge, assez satisfait de pouvoir s'adresser à Waverley lui-même. Notre héros, dans l'intérêt de sa propre défense, se vit forcé de tirer sur lui, et le malheureux maréchal tomba. A la vue de ce spectacle, Édouard, saisi d'horreur, ne songea ni à se servir de son second pistolet ni à faire usage de son épée. La populace se jeta sur lui, le désarma, et elle était sur le point de se porter aux dernières violences, lorsque parut un vénérable ecclésiastique, pasteur de la paroisse.

(1) Partrigde, comme on sait, est un des personnages les plus comiques de l'inimitable chef-d'œuvre de Fielding.

Ce digne homme (qui n'était point un Goukthrapples ni un Rentowell) était révéré du peuple, quoiqu'il prêchât les œuvres pratiques du christianisme aussi bien que ses dogmes abstraits, et il était estimé des classes supérieures, quoiqu'il dédaignât de flatter leurs erreurs en faisant de la chaire de l'évangile une école de morale païenne. Sa mémoire forme une sorte d'époque dans les annales de Cairnvreckan, si bien que pour indiquer que telle chose arriva il y a soixante ans, on dit encore : — Du temps du bon M. Morton. Cependant c'est peut-être ce mélange de foi et de pratique dans sa doctrine qui est cause que je n'ai jamais pu découvrir s'il avait appartenu au parti évangélique ou au parti modéré dans l'église d'Écosse. Je ne crois pas du reste que ce soit là une circonstance très importante à éclaircir, puisque je me rappelle avoir vu moi-même l'un de ces deux partis dirigé par un Erskine, l'autre par un Robertson [1].

M. Morton avait été alarmé par l'explosion du pistolet et par le tumulte croissant autour de la forge. Son premier soin, après avoir ordonné qu'on s'assurât de la personne de Waverley, mais sans user de la moindre violence, fut de s'approcher du corps de Mucklewrath, sur lequel sa femme, par une révolution soudaine de sentimens, pleurait, hurlait et s'arrachait les cheveux avec presque tous les symptômes du désespoir. Lorsqu'on eut relevé le forgeron, la première découverte fut qu'il était encore en vie, et la deuxième qu'il vivrait probablement aussi long-temps que s'il n'eût jamais entendu même le bruit d'un pistolet dans sa vie ; cependant l'avait échappé belle. La balle qui lui avait frisé la tête l'a-

---

[1] L'église d'Écosse a de tout temps été divisée en deux partis, les modérés et les *wild-men* (les *exaltés*, les *ultra*). — Les exagérés étaient les vrais enfans des whigs primitifs : les ministres n'étaient guère choisis que parmi eux. Peu à peu les modérés eurent aussi leurs ministres ; le fameux historien Robertson était à la tête du parti modéré ; le docteur H. Erskine, qui était le chef des wild-men, appartenait à l'illustre famille de Buchan. Robertson et Erskine étaient ministres dans la même paroisse : tous deux hommes de talent, ils s'estimaient et vivaient en frères hors de l'Église, sans renoncer à aucun de leurs principes dans la chaire. Leur exemple n'a pas été perdu, et c'est depuis leur ministère que les haines de parti et de religion sont moins violentes en Écosse. — Ép.

vait étourdi un moment, la surprise et la peur avaient fait le reste. Les premiers mots qu'il prononça furent pour demander vengeance, et ce ne fut pas sans peine qu'il se rendit à la demande de M. Morton, de faire conduire le coupable chez le laird pour être mis à sa disposition comme juge de paix. Le reste de l'assemblée approuva cette mesure, même mistress Mucklewrath, qui venait d'échapper à son accès de tendresse nerveuse, et qui dit hardiment qu'elle n'avait rien à objecter contre ce que proposait le ministre ; il valait mieux que sa place ; et elle espérait lui voir un jour une belle robe d'évêque sur le dos, ce qui lui irait mieux que les manteaux et les rabats de Genève....

Toute discussion ainsi terminée, Waverley, sous l'escorte de tous les habitans du village qui n'étaient pas alités, fut conduit au manoir de Cairnvreckan, à un demi-mille de distance.

CHAPITRE XXXI.

Interrogatoire.

Le major Melville de Cairnvreckan, vieux gentilhomme qui avait passé sa jeunesse dans la carrière des armes, reçut M. Morton avec cordialité, et le prisonnier avec une politesse que les circonstances équivoques dans lesquelles était Édouard rendaient froide et gênée.

S'étant informé de la blessure du maréchal et voyant qu'il en était quitte pour la peur, et que le prévenu avait été forcé de se défendre, il termina cette affaire en faisant remettre entre ses mains par Waverley une petite somme au profit du blessé.

— Je désirerais bien sincèrement, dit-il à Waverley, que tous mes devoirs fussent finis là ; mais je suis obligé de vous demander quel est le motif qui vous fait voyager dans ce pays par les temps malheureux où nous sommes.

Ebenezer Cruickshanks s'approcha du magistrat pour lui faire part des soupçons qu'il avait conçus d'après la réserve de Waverley et sur la manière dont Callum Beg avait éludé ses questions. — Son cheval, ajouta-t-il, appartenait à Vich Ian Vohr ; il le savait, mais n'avait pas osé le dire en face au premier guide d'Édouard, de peur d'avoir quelque nuit sa maison brûlée sur sa tête, par cette infernale bande des Mac Ivor. Il conclut par faire valoir le service important qu'il avait rendu à l'Église ainsi qu'au gouvernement, en arrêtant avec l'assistance de Dieu (dit-il modestement) ce délinquant suspect et formidable. Il ne dissimula pas son espoir d'être un jour récompensé, et indemnisé à l'instant de la perte de son temps et même de sa réputation de sainteté après avoir voyagé pour des affaires d'État le jour de jeûne.

A cela le major Melville répondit avec beaucoup de gravité : — Que loin de prétendre au moindre mérite dans cette affaire, M. Cruickshanks devrait plaider pour être dispensé d'une grosse amende qui pourrait lui être infligée en punition d'avoir, au mépris d'une proclamation récente, négligé de déclarer au plus prochain magistrat l'étranger descendu à son auberge ; et que puisque M. Cruickshanks se targuait tant de sa religion et de sa fidélité politique, il n'attribuerait point à la malveillance une telle conduite ; mais qu'il supposerait seulement que son zèle pour l'Église et l'État s'était laissé endormir par l'occasion de faire payer double à un voyageur le louage d'un cheval. Néanmoins comme il se reconnaissait incompétent pour prononcer seul sur un délit de cette nature, il se réservait d'en rendre compte à la session du trimestre prochain [1]. — Ici notre histoire ne dit plus rien de l'homme du Chandelier, qui se retira chez lui mécontent et confus.

Le major Melville ordonna à tous les villageois de rentrer chez eux, excepté deux qui remplissaient les fonctions de constables, à qui il dit d'attendre en bas. Il ne resta dans

---

(1) Au synode provincial. — Éd.

l'appartement que M. Morton, que le major invita à demeurer, une espèce de facteur faisant le rôle de greffier, et Waverley lui-même. Après un silence pénible et embarrassant, le major Melville ayant examiné les traits du jeune prévenu d'un air plein de compassion, en jetant de temps en temps les yeux sur un papier qu'il tenait à la main, lui demanda son nom.

— Édouard Waverley.

— Je m'en doutais...... Capitaine du — de dragons, neveu de sir Everard Waverley de Waverley-Honour?

— C'est moi......

— Jeune homme, je suis bien fâché que ce pénible devoir me soit tombé en partage.

— Major Melville, le devoir n'a pas besoin d'excuses.

— Vous avez raison : permettez-moi donc de vous demander de quelle manière vous avez employé votre temps depuis que vous avez obtenu la permission de vous absenter de votre régiment.

— Avant de répondre à cette question générale, permettez-moi de vous demander à mon tour de quoi je suis accusé, et quelle autorité m'impose l'obligation de répondre à vos questions.

— L'accusation dirigée contre vous, j'ai regret de le dire, monsieur Waverley, est de la nature la plus grave et compromet votre caractère et comme citoyen et comme militaire. Vous êtes accusé d'avoir semé l'esprit de rébellion parmi les hommes placés sous votre commandement, et de leur avoir donné l'exemple de la désertion en prolongeant arbitrairement votre congé, au mépris des ordres réitérés de votre colonel...... Vous êtes accusé de haute trahison en prenant les armes contre votre roi...... On ne saurait se rendre coupable de crimes plus grands.

— Quelle autorité m'ordonne de répondre à de semblables calomnies?

— Une autorité que vous ne pouvez récuser, et à laquelle je ne puis, moi, désobéir.

Le major Melville lui remit entre les mains un warrant ou

mandat d'arrêt de la cour criminelle suprême d'Écosse, en bonne forme, contre Édouard Waverley, esquire, suspecté de pratiques de trahison et autres crimes et délits.

L'étonnement dont Édouard fut frappé à cette lecture parut au major Melville une preuve qu'il se reconnaissait coupable, tandis que M. Morton le regarda comme l'expression de l'innocence injustement accusée. Il y avait quelque chose de vrai dans ces deux conjectures. Quoique Édouard se sentît innocent des crimes qu'on lui imputait, en jetant un coup d'œil rapide sur sa conduite, il ne pouvait se dissimuler qu'il lui serait bien difficile de se justifier pleinement.

— C'est un des actes les plus pénibles de cette pénible affaire, reprit le major Melville après une pause, et lorsqu'il s'agit d'une accusation aussi grave, mais je suis forcé de vous inviter à me communiquer tous vos papiers.

— Vous allez les voir tous ; répondit Édouard en mettant son portefeuille et ses *memoranda* ou cahiers de notes sur la table ; il n'y a qu'une pièce que je vous prierai de ne point examiner.

— Je crains de ne pouvoir condescendre à faire aucune exception.

— En ce cas, monsieur, lisez-la ; mais comme je crois qu'elle ne peut vous être d'aucune utilité, j'ose espérer que vous me la rendrez.

Il tira de son sein la lettre qu'il avait reçue le matin, et la présenta dans son enveloppe. Le major la lut en silence, et donna l'ordre à son greffier d'en faire une copie. Il inséra cette copie dans l'enveloppe, la mit sur la table, et rendit l'original à Waverley d'un air grave et triste.

Après avoir donné au prisonnier (car notre héros l'était) le temps de recueillir ses idées, le major Melville reprit son interrogatoire en disant que puisque M. Waverley semblait se refuser à des questions générales, il se réduirait à une information spéciale. Il procéda donc à ses fonctions, et dicta au scribe la substance de ses demandes et réponses.

— M. Waverley connaissait-il un nommé Humphry Hougthon, sous-officier dans les dragons de G— ?

— Je le connais très bien ; il était brigadier dans ma compagnie, et fils d'un des fermiers de mon oncle.

— C'est très bien. N'avait-il pas votre confiance et une grande influence sur ses camarades ?

— Je n'ai jamais eu besoin d'un pareil homme pour confident. Je faisais cas du brigadier Hougthon comme d'un sous-officier intelligent et actif ; je crois qu'il était à cause de cela plus estimé de ses camarades.

— Vous avez souvent employé cet homme pour communiquer avec les jeunes gens que vous aviez recrutés à Waverley-Honour ?

— Je n'en disconviens pas. Ces pauvres diables, incorporés dans un régiment presque entièrement composé d'Écossais et d'Irlandais, s'adressaient à moi pour tous leurs besoins ; il était tout naturel qu'ils prissent pour interprète leur brigadier, qui était leur compatriote.

— Vous convenez donc qu'il avait la plus grande influence sur les recrues que vous aviez amenées ?

— J'en conviens ; mais qu'a de commun, je vous prie, cette particularité avec ce dont il s'agit en ce moment ?

— Je vais vous le dire : je vous prie de mettre dans vos réponses la plus grande franchise. Depuis que vous avez quitté le régiment n'avez-vous entretenu aucune correspondance directe ou indirecte avec le brigadier Hougthon ?

— Moi, entretenir correspondance avec un homme de ce rang ! Et pourquoi, je vous prie, ou dans quelle intention l'aurais-je fait ?

— C'est ce que vous allez avoir la bonté de m'expliquer. Ne lui avez-vous donné aucune commission de livres ?

— A cet égard je me rappelle lui avoir donné une commission insignifiante, et cela parce que mon domestique ne savait pas lire. Je le chargeai d'emballer quelques livres dont je lui faisais passer la liste, et de me les adresser à Tully-Veolan.

— De quelle nature étaient ces livres ?

— C'était en grande partie des ouvrages de littérature, et ils devaient servir aux lectures d'une jeune dame.

— Parmi ces ouvrages de littérature n'y avait-il pas des pamphlets et des traités politiques contraires au gouvernement?

— Il s'y trouvait, je l'avoue, quelques traités sur la politique; mais je les ai à peine regardés. Ils m'avaient été adressés par un ami affectueux, dont le cœur vaut mieux que l'esprit et la sagacité politique : ces écrits semblaient être des productions fort insipides.

— Cet ami est sans doute un M. Pembroke, prêtre non assermenté, l'auteur de deux manuscrits trouvés dans vos malles?

— Je vous jure, foi de gentilhomme, que je n'en ai jamais lu six pages.

— Je ne suis pas votre juge, monsieur Waverley; vos réponses seront transmises à qui de droit. Connaissez-vous le nommé Wily Will, ou Will Ruthven?

— Je n'avais pas encore entendu prononcer ce nom.

— Ne vous êtes-vous jamais servi de son intermédiaire pour engager le brigadier Humphry Hougthon à déserter avec ses camarades, afin de venir se joindre aux Highlanders et autres rebelles qui viennent de prendre les armes sous les ordres du jeune *Prétendant?*

— J'ose vous assurer sur mon honneur que non-seulement je n'ai point participé à ce complot, mais que je ne voudrais, pour aucun prince au monde, ni pour obtenir un trône moi-même, me rendre coupable d'une perfidie semblable.

— Cependant, monsieur, en examinant cette enveloppe écrite par un de ces gentilshommes égarés, et les vers qu'il vous a adressés, je ne puis m'empêcher de trouver une analogie entre les exploits du capitaine Wogan et les faits dont on vous accuse. L'auteur de la lettre vous le propose pour modèle.

Waverley fut frappé de cette coïncidence; cependant il représenta que les désirs ou les espérances de la personne qui lui avait écrit ne pouvaient être regardés comme preuve d'une accusation d'ailleurs chimérique.

— Je sais de la manière la plus positive, dit le major, que pendant votre absence du régiment vous n'avez pas quitté le château de ce chieftain des Highlands ou celui de M. Bradwardine, qui est aussi en armes pour cette malheureuse cause.

— Je ne disconviens pas d'avoir habité chez eux; mais j'affirme sur mon honneur que je ne connaissais nullement leurs projets contre le gouvernement.

— J'ose espérer, monsieur, que vous ne nierez pas que vous avez suivi votre hôte Glennaquoich au rendez-vous où, sous prétexte d'une grande chasse, la plupart des complices de sa trahison s'étaient réunis pour se concerter sur les mesures à prendre.

— Je ne nie pas de m'être trouvé à ce rendez-vous; mais je soutiens que je n'y ai rien vu ni entendu qui pût me faire soupçonner qu'ils eussent le projet dont vous parlez.

— Ne partîtes-vous pas de ce rendez-vous avec Glennaquoich et une partie de son clan, pour aller joindre l'armée du jeune Prétendant? Après lui avoir fait votre cour, vous revîntes pour armer et discipliner le reste de ses hommes, et les réunir aux autres en marche vers le sud.

— Je n'ai jamais fait de voyages semblables avec Glennaquoich; je n'ai jamais entendu dire que la personne que vous venez de nommer fût dans le pays.

Waverley raconta dans le plus grand détail l'accident qui lui était arrivé à cette chasse; il ajouta qu'à son retour il avait appris sa destitution, et qu'alors pour la première fois il avait cru apercevoir parmi les Highlanders des symptômes qui paraissaient indiquer qu'ils songeaient à prendre les armes; que n'ayant pas le moindre projet de se joindre à eux, et rien ne le retenant en Écosse, il était parti pour son pays natal, d'après les ordres de ses parens. Il pria le major de lire les lettres qui étaient sur la table. — Le major fit droit à sa demande, et lut les lettres de sir Richard, de sir Everard et de la tante Rachel; mais il n'en tira pas les conséquences auxquelles Waverley s'attendait. Elles respiraient le mécontentement et parlaient de vengeance; et celle où la pauvre tante Rachel se déclarait ouvertement pour la légitimité de la cause des Stuarts semblait contenir l'aveu formel de ce que les autres n'indiquaient qu'obscurément.

— M. Waverley, dit le major, permettez-moi de vous faire une autre question. N'avez- vous pas reçu plusieurs lettres de votre colonel qui vous enjoignait de revenir à votre poste, et qui vous informait qu'on se servait de votre nom pour propager l'esprit de désertion parmi vos soldats?

— Non, monsieur le major; mon colonel m'a écrit une première fois de la manière la plus honnête et la plus amicale, pour m'inviter à ne pas passer tout le temps de ma permission à Bradwardine; mais c'était selon moi, je l'avoue, une chose dont il n'avait pas le droit de se mêler.... Enfin je reçus une seconde lettre du colonel G*** le jour même où la gazette m'apprenait ma destitution. Il m'ordonnait positivement de rejoindre mon régiment; mais à cause de l'absence dont je parlais tout à l'heure, c'était un ordre qui me parvenait trop tard... S'il m'a écrit d'autres lettres dans l'intervalle, et l'estime que mérite le colonel G*** rend cette supposition probable, je ne les ai pas reçues.

— J'ai oublié, monsieur Waverley, de vous faire part d'une circonstance qui, quoique moins importante, vous a cependant fait beaucoup de tort aux yeux du public. On a dit qu'un toast de rébellion fut porté devant vous, et que quoique officier au service de Sa Majesté, vous souffrîtes qu'un tiers demandât raison de cette insulte... Les tribunaux ne pourront vous faire un crime de votre conduite; mais si, comme on me l'a dit, les officiers de votre régiment vous ont demandé une explication sur cette affaire, je suis étonné qu'en votre double qualité de gentilhomme et de militaire, vous ne vous soyez pas fait un devoir de répondre à leur désir.

C'en était trop pour Edouard. Accablé sous le poids d'une masse d'accusations où les mensonges se mêlaient aux vérités de manière à ne pouvoir les distinguer; se voyant seul, sans amis, dans un pays étranger, il crut toucher au dernier moment de son honneur et de sa vie. Il appuya douloureusement sa tête sur sa main, bien décidé à ne plus répondre aux questions qu'on pourrait lui faire, puisque sa candeur et sa franchise n'avaient servi qu'à fournir des armes contre lui.

Le major, sans éprouver de surprise ni de trouble, continua tranquillement son interrogatoire.

— Que me sert de vous répondre? lui dit Édouard d'une voix étouffée ; vous paraissez persuadé que je suis coupable, et mes réponses ne font que vous confirmer dans votre persuasion : jouissez de votre triomphe, et cessez de me tourmenter. Si je suis coupable de l'infâme lâcheté et de l'horrible perfidie dont vous m'accusez, je ne mérite pas que vous ajoutiez la moindre foi à tout ce que je puis vous dire ; je me repose sur celui qui lit au fond des cœurs : ma conscience ne me reproche rien. Je vous le répète, je ne vois pas pourquoi je continuerais à vous prêter des armes pour triompher de mon innocence : ne vous donnez donc plus la peine de m'interroger, je ne vous répondrais pas. En disant ces mots, il reprit l'attitude d'un homme décidé à se taire.

— Permettez-moi, lui dit le magistrat, de vous donner une raison qui pourrait vous engager à un aveu franc et sans réserve. L'inexpérience de la jeunesse, monsieur Waverley, la livre aux pièges de tout homme plus politique et plus artificieux. Un de vos amis du moins (je veux parler de Mac Ivor de Glennaquoich) est au premier rang dans cette seconde classe, comme votre candeur apparente, votre jeunesse et votre ignorance des mœurs des Highlands me persuaderaient que vous êtes de la première. Dans ce cas, une fausse démarche, une erreur comme la vôtre, que je m'estimerais heureux de trouver involontaire, peuvent s'excuser, et je m'offre volontiers comme intercesseur ; mais comme vous devez être au courant de la force réelle, des moyens de réussite et des plans de ceux qui ont pris les armes dans ces contrées, j'ose espérer que vous mériterez ma médiation dans cette affaire par un aveu de tout ce que vous savez sur cet objet. Je croirais alors pouvoir vous promettre qu'une courte détention serait la seule peine que vous subiriez pour la part que vous auriez prise dans ces malheureuses intrigues.

Waverley ayant écouté très attentivement jusqu'au bout cette longue exhortation, se leva de sa chaise avec une énergie qu'il n'avait pas encore montrée depuis qu'on l'interrogeait.

— Monsieur le major, reprit-il, jusqu'à présent j'ai répondu à vos questions avec franchise, ou refusé d'y satisfaire avec modération, parce qu'il s'agissait de moi seul ; mais puisque vous m'estimez assez peu pour me croire capable de remplir le rôle de dénonciateur contre des personnes qui m'ont donné l'hospitalité, quelle que soit leur conduite politique, je vous déclare que je regarde cette invitation comme plus injurieuse que vos soupçons calomnieux ; et puisque dans ma cruelle position je n'ai d'autre moyen de prouver mon juste ressentiment contre vos insinuations qu'en les bravant, je vous déclare que vous m'arracherez le cœur plutôt qu'une seule syllabe sur des sujets dont je n'ai pu rien apprendre que dans la confiance d'une hospitalité sans réserve.

M. Morton et le major se regardèrent ; et le premier, qui dans le cours de l'interrogatoire avait toussé plusieurs fois, eut recours à sa tabatière et à son mouchoir.

— Monsieur Waverley, dit le major, l'emploi que je remplis me défend également de vous faire la moindre injure ni d'en recevoir de votre part : je terminerai donc une discussion qui semblerait nous y exposer l'un ou l'autre. Je me vois obligé à regret de signer un mandat de détention contre vous ; mais ma maison vous servira de prison... Je craindrais d'essuyer un refus en vous invitant à partager notre souper. — (Édouard fit un signe de tête pour refuser.) — Je vous ferai porter des rafraîchissemens dans votre appartement.

Édouard le salua, et sortit sous la garde des officiers de justice, qui le conduisirent dans une petite chambre très propre. Il refusa toute espèce de nourriture, et se jeta sur son lit, accablé sous le poids du chagrin et de la fatigue.

Il tomba bientôt dans un profond sommeil, contre sa propre

attente; mais on dit des sauvages de l'Amérique du nord que lorsque dans le cours de leurs tortures ils obtiennent la moindre interruption de souffrance, ils s'endorment jusqu'à ce que l'application du feu vienne les réveiller.

CHAPITRE XXXII.

Conférence et ses suites.

Le major avait retenu M. Morton pour assister à l'interrogatoire de Waverley, soit dans l'espoir de se servir de ses lumières, soit parce qu'il était charmé d'avoir un témoin de la manière franche et loyale avec laquelle il procédait à ses fonctions dans une affaire qui intéressait l'honneur et la vie d'un jeune Anglais d'une famille très ancienne, et qui devait hériter d'une grande fortune. Il savait que sa conduite serait rigoureusement scrutée, et il désirait placer sa justice et son intégrité hors de toute atteinte.

Quand Waverley se fut retiré, le laird et le pasteur de Cairnvreckan se mirent à table pour souper. Pendant tout le temps que les domestiques furent auprès d'eux, M. Morton garda le silence, ainsi que le major. Ils étaient trop occupés l'un et l'autre de l'interrogatoire qui venait d'avoir lieu pour choisir un autre sujet de conversation, et se souciaient fort peu de faire connaître leurs pensées en présence des domestiques. La jeunesse et l'apparente franchise de Waverley contrastaient d'une étrange manière avec les soupçons qui planaient sur lui. La naïveté de ses réponses, la sérénité de son visage, ne permettaient pas de le mettre au nombre des intrigans de profession, et tout parlait en sa faveur.

Ils réfléchissaient l'un et l'autre sur toutes les particularités de l'interrogatoire, et chacun les voyait d'après sa manière de juger. Ils étaient tous deux des hommes doués d'une pénétration et d'une raison élevées, tous deux capables de comparer les diverses parties d'une déposition et d'en tirer les conclusions nécessaires : mais la grande différence qui existait entre leur éducation et les habitudes de leur état produisait quelquefois une différence non moins grande entre les déductions que chacun tirait des mêmes prémisses.

Le major ayant passé une partie de sa vie dans les camps et dans les villes de guerre, était vigilant par profession, prudent par expérience ; il avait rencontré beaucoup de méchans dans le monde, et quoique lui-même magistrat intègre et homme d'honneur, son opinion des autres était sévère, et sévère quelquefois jusqu'à l'injustice. M. Morton, au contraire, n'avait quitté les études littéraires du collége où il était également aimé de ses camarades et de ses supérieurs, que pour venir jouir de la simple aisance de son ministère ; là il avait eu peu d'occasions d'observer le mal ; il ne s'en occupait jamais que pour encourager au repentir et à une meilleure vie. Ses paroissiens, touchés de son zèle affectueux, cherchaient à lui prouver leur attachement et leur respect, en lui cachant avec soin tout ce qui pouvait lui faire le plus de peine, c'est-à-dire leurs propres violations des devoirs qu'il passait sa vie à leur recommander. C'était une espèce de proverbe dans le pays où ces deux hommes étaient également populaires : — que le laird connaissait tout le mal qui se faisait dans la paroisse, et le ministre tout le bien.

L'amour des lettres, quoique subordonné aux devoirs et aux études de son ministère, distinguait aussi le pasteur de Cairnvreckan, et avait de bonne heure donné à son imagination une teinte romanesque que les événemens de la vie réelle n'avaient pas tout-à-fait dissipée. La perte prématurée d'une femme aimable et jeune qu'il avait épousée par amour et d'un fils qui suivit de près sa mère au tombeau, avait encore contribué après le laps des années à entretenir son penchant naturel à la mélancolie contemplative. Il n'est donc pas étonnant que les sentimens qu'il éprouvait en ce moment différassent entièrement de ceux du rigide presbytérien, du sévère magistrat et de l'homme du monde défiant.

Lorsque les domestiques se furent retirés, le silence continua jusqu'à ce que le major se versa un verre de vin, fit passer la bouteille à M. Morton, et commença l'entretien en ces termes :

— Malheureuse affaire que celle-ci ! monsieur Morton. J'ai peur que ce jeune étourdi ne soit mis bien près de la corde.

— Dieu l'en préserve ! répondit l'ecclésiastique.

— Ainsi soit-il ! dit le magistrat temporel ; mais je crois que votre logique charitable ne saurait nier ma conclusion.

— Mais sûrement, major, ce que nous avons entendu ce soir me fait espérer que nous pourrons prévenir ce malheur.

— En vérité ! Mais, mon cher ministre, vous êtes de ces gens qui voudraient étendre à tous les criminels le privilége du clergé [1].

— Oui, n'en doutez pas ; miséricorde et patience, voilà les bases de la doctrine que je suis chargé d'enseigner.

— C'est répondre en digne ecclésiastique ; mais votre système de pardonner à tous les coupables ferait le plus grand tort à la société. Je n'entends point faire une application particulière à ce jeune homme ;.... je désire bien sincèrement pouvoir lui être utile : j'aime sa modestie et sa vivacité ; mais je crains qu'il ne soit impossible de le sauver.

— Et pourquoi ? des milliers d'imprudens mal conseillés sont en ce moment armés contre le gouvernement ; plusieurs, n'en doutez pas, ont cru devoir suivre les principes qu'ils ont pour ainsi dire sucés avec le lait, et croient mériter la palme du martyre... La justice, en choisissant ses victimes (je ne suppose pas qu'on ait le projet de tout détruire), la justice examinera les motifs qui ont fait agir les rebelles. Celui qui pour obtenir des places lucratives n'a pas craint d'allumer la guerre civile au sein de sa patrie, doit payer tous les maux

---

[1] Le bénéfice du clergé remonte aux premiers temps de la puissance de l'Eglise. Les membres du clergé obtinrent, quel que fût le crime qu'ils auraient commis, d'être exemptés de la peine capitale. — Éd.

qu'il a faits ; mais certainement les jeunes gens qui n'ont été entraînés que par des illusions de chevalerie et de loyauté sont en droit d'espérer leur grace.

— Lorsque les illusions de chevalerie et de loyauté se trouvent associées au crime de haute trahison, je ne connais pas de tribunal dans toute la chretienté, mon cher monsieur Morton, où les coupables puissent réclamer leur *habeas corpus*[1].

— Je ne vois pas que le crime de ce jeune imprudent soit bien constaté.

— Parce que votre pénétration est égarée par la bonté de votre cœur. Veuillez écouter ce que je vais vous dire : — Ce jeune homme descend d'une famille de jacobites héréditaires ; son oncle a constamment été le chef des torys dans le comté de*** ; son père nourrit le ressentiment d'un courtisan disgracié ; son gouverneur est un ecclésiastique qui a refusé le serment, et l'auteur de deux énormes volumes qui prêchent la révolte. Ce jeune homme, dis-je, entre au régiment de G...., amenant avec lui un corps de jeunes gens tous nés sur les terres de son oncle ; ils n'ont pas craint, dans leurs disputes avec leurs camarades, de faire connaître les principes religieux qu'ils ont puisés à Waverley-Honour. Ce jeune homme a toutes sortes d'attentions et de complaisances pour ses subordonnés ; il leur fournit de l'argent bien au-delà de leurs besoins et contrairement à la discipline militaire ; il les place sous la surveillance d'un jeune brigadier qui leur sert d'intermédiaire pour leurs communications secrètes avec leur capitaine : c'est le seul officier qu'ils respectent, tandis qu'ils affectent de se montrer indépendans des autres et supérieurs à leurs camarades.

— Tout cela, mon cher major, ne prouve autre chose que leur sincère attachement pour leur jeune seigneur, et leur pénible situation dans le régiment presque entièrement composé d'Écossais ou d'Irlandais, toujours prêts à leur chercher querelle comme Anglais et comme Anglicans.

— Bien parlé, mon cher ministre ; je voudrais que certains

[1] Liberté individuelle. — Éd.

membres de votre synode vous entendissent ; mais permettez-moi de continuer. Ce jeune homme obtient la permission de s'absenter de son régiment : il se rend à Tully-Veolan... Tout le monde connaît les principes du baron de Bradwardine ; je ne parlerai pas des services que lui rendit l'oncle de Waverley dans la guerre de 1715. C'est à son instigation que ce jeune homme a renvoyé son brevet. Son colonel lui a écrit plusieurs fois, d'abord avec la plus grande douceur, ensuite d'un ton plus sévère. Vous ne douterez point de ce que j'avance lorsque vous saurez que c'est le colonel lui-même qui me l'a dit. Le corps d'officiers du régiment invite ce jeune homme à leur donner l'explication d'une dispute qu'il a eue ; il ne daigne répondre ni à son commandant ni à ses camarades. Cependant les soldats de sa compagnie se montrent mutins, insubordonnés, et lorsqu'enfin leur rébellion devient publique, le brigadier Houghton ainsi qu'un autre de ses amis sont surpris entretenant une correspondance avec un émissaire français envoyé, à ce que l'on prétend, par le capitaine Waverley pour les inviter à déserter avec leurs camarades et venir le joindre au quartier-général du prince Charles. A la même époque le loyal capitaine fait sa résidence de son aveu à Glennaquoich chez le jacobite le plus actif, le plus adroit, le plus déterminé de toute l'Écosse ; il l'accompagne au fameux rendez-vous de chasse, s'il n'a pas été plus loin, comme il le nie. Son colonel lui adresse de nouveau deux lettres : l'une lui donnait avis de l'esprit de rébellion qui régnait dans sa compagnie, l'autre lui enjoignait de rejoindre son régiment : loin d'obéir il envoie sa démission.

— Il était déjà destitué.

— Cela est vrai ; mais il dit dans sa lettre qu'il est fâché d'avoir été prévenu. On arrête ses bagages, soit à sa garnison, soit à Tully-Veolan : qu'y trouve-t-on ? une collection de pamphlets jacobites capables d'infecter tout un pays, et deux manuscrits de son ami et son précepteur M. Pembroke, écrits dans le même sens....

— Il vous a dit qu'il ne les avait pas lus.

— Dans toute autre circonstance je pourrais le croire, car j'avoue que le style en est lourd et stupide autant que la doctrine en est abominable ; mais je vous le demande, peut-on supposer que ce jeune homme eût fait son *vade mecum* de ces deux monstrueux traités, s'il ne professait pas les principes qu'ils contiennent? Ensuite lorsqu'il est informé de l'approche des rebelles, il prend une espèce de travestissement, il refuse de dire son nom ; et s'il faut en croire le vieux fanatique du *Chandelier*, il montait le cheval de Glennaquoich. Il porte sur lui des lettres de ses parens qui respirent la haine la plus forte contre la maison de Brunswick ; plus une pièce de vers à la mémoire d'un certain Wogan qui abandonna le service du parlement pour se joindre aux montagnards armés pour rétablir sur le trône la maison de Stuart, et qui leur amena un corps de cavalerie anglaise, — c'est la contre-partie de sa propre conduite, — et ladite pièce se termine par un — va, et fais-en de même — que lui adresse ce loyal sujet et personnage paisible Fergus Mac Ivor de Glennaquoich Vich Ian Vohr, etc. Enfin, continua le major Melville en s'échauffant dans le détail de ses argumens, où trouvons-nous cette seconde édition du Cavalier Wogan ? Nous le trouvons sur le chemin le plus propre à l'exécution de ses desseins, et lâchant son coup de pistolet sur le premier des sujets du roi qui ose suspecter ses intentions !

M. Morton, en homme prudent, se garda bien de contredire le magistrat ; ses argumens n'eussent servi qu'à le confirmer dans son opinion : il se contenta de lui demander de quelle manière il se proposait de disposer de son prisonnier.

— C'est une question assez difficile en considérant la situation du pays.

— Ne pourriez-vous pas le garder chez vous jusqu'à ce que l'orage soit dissipé?... C'est un jeune homme et un jeune homme bien né.

— Mon cher ami, ma maison ne sera pas plus préservée que la vôtre de l'orage qui gronde autour de nous. Je viens d'être informé que le général en chef qui marche contre les insurgés a refusé de livrer bataille à Corryerick ; qu'il s'est dirigé vers le nord avec toutes ses forces disponibles pour se rendre à Inverness, à John o' Groast's House, ou au diable, que je sache, laissant les Lowlands sans défense et ouverts à l'armée des Highlanders.

— Grand Dieu ! que dites-vous ? Est-ce lâcheté, trahison, ou impéritie ?

— Ce n'est aucune de ces trois choses. Il a, je crois, tout le courage d'un soldat ; il est honnête homme, il connaît les ordres qu'il a reçus, et obéit à ce qu'on lui a commandé ; mais il n'est pas plus en état d'agir par lui-même dans une circonstance critique, que je ne suis à même de vous remplacer en chaire.

Ces observations importantes firent perdre un instant de vue l'affaire de Waverley ; mais le major ne tarda pas à la remettre sur le tapis.

— Je me propose, dit-il, de confier ce jeune homme au commandant d'un corps de volontaires qui revient d'organiser les milices bourgeoises dans plusieurs districts un peu suspects. Ils ont reçu l'ordre de se rendre à Stirling ; un détachement doit passer ici demain, commandé par cet homme de l'ouest..... Comment l'appelez-vous ?..... Vous le connaissez : vous m'avez dit qu'il ressemblait en tout aux saints guerriers de Cromwell.

— Gilfillan le caméronien ! je désire que notre jeune homme voyage sûrement sous son escorte ; on fait d'étranges choses dans l'exaltation où sont les esprits au milieu d'une crise comme celle dans laquelle nous nous trouvons ; je crains que Gilfillan ne soit d'une secte qui a souffert la persécution sans y recevoir des leçons de miséricorde.

— Il ne sera chargé que de conduire M. Waverley jusqu'au château de Stirling ; je lui ordonnerai de le traiter avec les plus grands égards. Je vous assure que je ne vois pas de meilleur moyen pour le sauver ; et je suis persuadé que vous ne me conseilleriez pas de prendre sur moi de le mettre en liberté.

— Ne trouvez-vous aucun inconvénient à ce que je le voie en particulier demain au matin?

— Aucun, monsieur Morton, aucun; j'ai de sûrs garans dans votre loyauté et dans votre caractère; mais dites-moi, je vous prie, quel est votre projet en me faisant cette demande?

— Je voudrais essayer si je pourrais parvenir à le déterminer à me faire l'aveu de quelques circonstances qui pussent nous servir plus tard, sinon à excuser sa faute, du moins à la diminuer.

Les deux amis se séparèrent inquiets et réfléchissant sur la situation du pays.

CHAPITRE XXXIII.

Confidence.

WAVERLEY passa la nuit dans un sommeil pénible, agité de mille rêves. A peine fut-il éveillé qu'il sentit toutes les horreurs de sa situation. Comment se terminerait-elle? Il pouvait être livré à la loi martiale qui, dans la crise de la guerre civile, ne serait pas probablement scrupuleuse sur le choix de ses victimes ni sur l'appréciation des preuves. Il ne pouvait penser avec plus de confiance à l'alternative d'être traduit devant une cour de justice d'Écosse, il savait que la loi et la procédure de ce royaume différaient à plus d'un égard de celles d'Angleterre; et on lui avait fait croire, quoique à tort, que la liberté et les droits du sujet y étaient moins soigneusement protégés[1]. Un sentiment d'aigreur l'irrita de plus en plus contre le gouvernement qu'il regardait comme l'auteur de son embarras et du danger où il se trouvait. Il se repentit

[1] L'auteur trahit peut-être un peu ici l'anonyme du greffier de la cour des sessions. — ÉD.

intérieurement des scrupules qui l'avaient empêché de suivre Mac Ivor au champ de bataille.

— Pourquoi n'ai-je pas, se disait-il à lui-même, pourquoi n'ai-je pas, comme tant d'autres hommes d'honneur, embrassé la première occasion de proclamer le descendant des anciens rois de la Grande-Bretagne et l'héritier légitime de leur couronne? — Pourquoi n'ai-je pas rejeté

> De la rébellion le signe detesté,
> Rappelant dans mon cœur l'antique loyauté,
> Pour tomber aux genoux de notre prince Charles?

Tout ce qu'il y a de gloire et de mérite dans la maison de Waverley fut fondé sur sa loyauté constante pour la maison de Stuart. A la manière dont le magistrat écossais a interprété les lettres de mon oncle et de mon père, je ne puis douter qu'ils ne désirent ardemment de me voir marcher sur les traces de mes ancêtres... C'est pour leur avoir désobéi que je suis privé de ma liberté,.... à la veille d'être mis en jugement!.... Pourquoi n'ai-je pas suivi le premier mouvement de ma juste indignation en me voyant honteusement destitué? Je serais libre, j'aurais les armes à la main et je combattrais comme mes aïeux pour l'amour et pour la gloire..... Me voilà seul dans un pays étranger, à la merci d'un juge froid, soupçonneux, rigide et insensible... Je dois m'attendre à passer d'un cachot affreux à l'infamie d'un supplice public... O Fergus! ta prophétie s'est accomplie promptement!

Pendant qu'Édouard se livrait naturellement à ces réflexions douloureuses, pendant qu'il rejetait sur la dynastie régnante le blâme que méritait sa propre imprudence et dont le hasard était surtout la cause, M. Morton, profitant de la permission que lui avait donnée le major, vint lui rendre visite.

La première idée de Waverley fut de le prier de ne pas troubler sa solitude, et de le prévenir qu'il n'était pas disposé à répondre à ses questions, ni à lier conversation, mais il changea d'avis en voyant l'air de bonté, de franchise et de candeur de cet ecclésiastique qui déjà l'avait préservé de la violence des habitans du village.

— Dans toute autre circonstance, lui dit-il, j'aurais le plus grand plaisir à vous témoigner ma reconnaissance pour m'avoir sauvé la vie; mais mon esprit est tellement préoccupé, que je me trouve dans l'impossibilité de vous faire les remerciemens que je vous dois pour vos bons offices.

— Ma visite, lui répondit M. Morton, n'a d'autre but que de trouver le moyen de vous être utile. Le major Melville, dont je m'honore d'être l'ami, a dû remplir les devoirs que lui imposent sa charge et son titre de militaire; je ne suis point lié par les mêmes obligations, et mon état m'ordonne d'être indulgent. Je ne cherche point à surprendre votre confiance, ni à vous arracher des aveux qui pourraient vous être préjudiciables; Dieu m'est témoin que je n'ai d'autre projet que de vous inviter à me mettre à même de faire connaître votre innocence; soyez bien persuadé du zèle que j'y apporterai. Je vous en prie, fournissez-moi l'occasion de vous rendre service selon mes faibles moyens; vous ne pouvez remettre vos intérêts en des mains plus sûres et plus fidèles.

— Vous êtes sans doute un ministre presbytérien? dit Édouard.

M. Morton lui répondit par une inclination de tête.

— Si je consultais les préjugés dans lesquels j'ai été élevé, je me croirais obligé de me défier de vos offres de service; mais j'ai observé que de semblables préjugés sont entretenus dans ce pays contre vos frères de la foi épiscopale, et je suis porté à croire que ces préventions réciproques sont également injustes.

— Malheur à qui pense autrement! répondit M. Morton; malheur à celui qui regarderait les cérémonies comme la partie essentielle de la religion chrétienne ou de la morale!

— J'avoue, ajouta Waverley, que je crois qu'il est tout-à-fait inutile de vous fatiguer par le récit de mon histoire. Plus je réfléchis sur ma conduite, moins je comprends le véritable motif de l'accusation dirigée contre moi. Je sens bien que je suis innocent ; mais je ne sais comment parvenir à me disculper.

— C'est pour cette raison, monsieur Waverley, que je vous prie de m'accorder votre confiance. J'ai le bonheur d'avoir pour amis plusieurs personnes du plus haut rang : je prévois que vous n'aurez pas la faculté de faire les démarches que votre position exige ; je les ferai pour vous, et si mes efforts ne vous sont pas utiles, du moins ils ne peuvent vous nuire.

Waverley, après quelques minutes de réflexion, sentit que la confidence qu'il ferait à cet ecclésiastique ne pouvait nuire ni à Fergus ni au baron de Bradwardine, puisqu'ils avaient déjà pris les armes contre le gouvernement. Il lui fit donc un récit exact de toutes les particularités que le lecteur connaît déjà ; seulement il ne parla point de son amour pour Flora, et ne fit pas mention de Rose Bradwardine.

M. Morton parut surtout déconcerté en apprenant la visite que Waverley avait faite à Donald Bean Lean. — Je suis charmé, dit-il, que vous n'en ayez pas fait mention au major. Cette circonstance aurait pu faire naître d'étranges soupçons dans l'esprit des personnes qui ne connaissent pas le pouvoir de la curiosité et d'une imagination romanesque. Lorsque j'étais à votre âge, monsieur Waverley, j'aurais eu le plus grand plaisir à faire votre folle équipée, pardonnez-moi ce terme ; mais il y a des hommes qui ne sauraient concevoir qu'on puisse se donner tant de peine sans un but important, et qui ne manqueraient pas d'assigner à votre voyage un tout autre motif que celui qu'il avait réellement. Ce Donald passe dans le pays pour une sorte de Robin-Hood : ses exploits et son adresse font le sujet des contes d'hiver au coin du feu. On ne peut disconvenir qu'il n'ait des talens supérieurs au vilain métier qu'il exerce ; comme il est ambitieux et sans scrupules, tout porte à croire qu'il se fera connaître dans les troubles qui sont sur le point d'éclater.

M. Morton recueillit une note exacte de toutes les particularités concernant l'entrevue de Waverley avec Donald.

Le tendre intérêt que ce digne ecclésiastique prenait à son

infortune, la conviction entière qu'il paraissait avoir de son innocence, ranimèrent le courage d'Edouard, que la froideur du major avait mis en défiance contre tout le monde. Il serra affectueusement la main de M. Morton, en lui disant que son amitié généreuse l'avait soulagé d'un grand poids; et que, quel que fût son sort, il pouvait l'assurer qu'il appartenait à une famille en état de lui prouver sa reconnaissance.

M. Morton ne put retenir ses larmes, et se sentit encore plus porté à servir son jeune ami, dont la franchise attestait l'innocence.

Édouard demanda à M. Morton s'il savait dans quel endroit on devait le conduire.

— Au château de Stirling, reprit son ami : j'en suis charmé pour vous, parce que le gouverneur est un homme plein d'honneur et humain; mais je suis inquiet sur la manière dont vous serez traité pendant la route; le major Melville est obligé de vous confier à un autre que lui.

— J'en suis enchanté: je déteste ce froid, cet insensible magistrat écossais; j'espère ne plus le rencontrer. Il n'a eu pitié ni de mon innocence ni de mon malheur; et son observation glaciale des formes de la politesse pendant qu'il me torturait par ses questions captieuses, par ses insinuations et ses suppositions, était aussi cruelle que la barbarie de l'inquisition. Ne cherchez point à l'excuser, je vous prie : apprenez-moi plutôt quelle est la personne qui sera chargée de surveiller un prisonnier d'état de mon importance.

— On l'appelle Gilfillan ; il est de la secte des *caméroniens.*

— Je n'avais jamais entendu parler de cette secte.

— Ils prétendent représenter cette partie plus austère des presbytériens qui sous Charles II et Jacques II refusèrent de profiter de la tolérance ou indulgence, comme on l'appelait, que l'on accordait aux autres membres de cette secte. Ils tenaient leurs assemblées en plein air, et poursuivis avec cruauté et violence par le gouvernement d'Écosse, ils prirent plus d'une fois les armes... Leur nom vient de leur chef, Richard Cameron.

— Je me souviens... Mais le triomphe du presbytérianisme par la révolution n'éteignit-il donc pas cette secte?

— Pas du tout. Ce *grand événement ne satisfit pas entiè-*rement leur projet, qui n'était rien moins que de rétablir l'Église sur le modèle de la ligue sainte et du covenant[1]. Je crois, il est vrai, qu'ils savaient à peine ce qu'ils voulaient; mais formant un corps nombreux, et instruits dans le maniement des armes, ils fondèrent une société à part dans l'Etat. Lors de *l'Union*[2], ils ont même fait une ligue peu naturelle avec leurs anciens ennemis les jacobites, pour s'opposer à cette importante mesure nationale. Depuis leur nombre a diminué peu à peu; mais il en existe encore dans les comtés de l'ouest, et plusieurs d'entre eux, mieux disposés qu'en 1707, se sont armés pour le gouvernement actuel. Cet homme qu'ils appellent Gifted[3] Gilfillan a été long-temps un de leurs chefs; il doit passer ici demain à la tête d'un petit détachement qu'il commande, pour se rendre à Stirling, et c'est à lui que le major doit vous confier. Je vous recommanderais volontiers moi-même à ce Gilfillan; mais imbu comme il l'est de tous les préjugés de sa secte, et puritain farouche, il ferait peu de cas de la recommandation d'un ministre érastien, comme il m'appellerait poliment. — Adieu pour le moment, mon jeune ami; je ne veux pas abuser ce matin de la complaisance du major, afin d'obtenir la permission de vous rendre une seconde visite dans le cours de la journée.

(1) *Covenant* signifie alliance, ligue. L'origine du covenant remonte à la naissance de la réforme en Écosse, où les lords de la congrégation protestante s'engagèrent par une alliance et une ligue solennelle à défendre les droits de la nouvelle église contre les puissances de la terre et les usurpations superstitieuses de Rome. On renouvela plusieurs fois le covenant avec solennité dans le cours des luttes du protestantisme anglais. C'était alors une espèce de jubilé national, comme il arriva en 1638, une véritable régénération du presbytérianisme, qui mettait tout le peuple en fermentation. Dès l'origine, le covenant comprit la défense des droits civils et des droits religieux. — Éd.

(2) Il s'agit ici de l'union de l'Écosse à l'Angleterre : c'est-à-dire de l'acte qui réduisit le premier royaume à n'être qu'une province de l'autre.

(3) *Gifted*, en anglais, signifie doué, inspiré. — Éd.

CHAPITRE XXXIV.

Les choses s'arrangent un peu.

Vers l'heure de midi M. Morton revint, porteur d'une invitation du major Melville qui priait M. Waverley de l'honorer de sa compagnie à dîner, malgré l'affaire désagréable qui le retenait à Cairnvreckan, et dont il désirait sincèrement que M. Waverley se tirât heureusement. La vérité était que l'opinion favorable exprimée par M. Morton avait un peu ébranlé les préventions du vieux militaire sur la prétendue complicité d'Édouard dans la rébellion qui avait eu lieu dans son régiment. D'ailleurs, dans la situation malheureuse de l'Écosse, le simple soupçon d'éloignement pour la maison de Hanovre ou d'affection pour la cause des Stuarts pouvait fort bien établir un crime, mais ce crime n'emportait pas avec lui la tache du déshonneur, et une personne qui avait toute la confiance du major venait de lui donner des informations tout-à-fait opposées à celles de la veille. Les Highlanders, d'après la seconde édition des nouvelles, avaient abandonné la frontière des Lowlands pour suivre l'armée du côté d'Inverness. Il ne pouvait concilier cette manœuvre avec l'habileté bien connue de quelques-uns des chefs; mais c'était la marche qui naturellement devait être la plus agréable à d'autres. Il se rappelait qu'ils avaient suivi la même tactique en 1715; il en concluait que l'insurrection aurait le même dénouement. Ces nouvelles le mirent de si bonne humeur, qu'il accepta sans difficulté la proposition que lui fit M. Morton de témoigner quelque intérêt à son jeune prisonnier. Le major ajouta lui-même qu'on ne regarderait cette affaire que comme une escapade de jeunesse, qui méritait seulement quelques jours de détention.

Le généreux médiateur ne parvint pas aisément à faire agréer l'invitation à son jeune ami : il n'osait lui faire connaître le véritable motif de sa démarche, qui était d'engager par cette complaisance le major Melville à faire un rapport favorable de l'affaire au gouverneur Blackeney. D'après le caractère ardent de notre héros, il craignait d'échouer dans son projet s'il touchait cette corde. Il insinua que l'invitation du major prouvait que celui-ci était persuadé qu'il n'y avait rien dans la conduite de Waverley qui pût compromettre le militaire et l'homme d'honneur. Bref il s'y prit si bien, qu'il triompha de la répugnance qu'éprouvait Édouard à se trouver avec un homme dont la civilité était si froide et si formaliste.

La réception fut sèche et cérémonieuse ; mais Édouard ayant accepté l'invitation et étant surtout ramené à des sentimens plus doux par la bienveillance de M. Morton, il se crut obligé de montrer de l'aisance, sans pouvoir néanmoins affecter de la cordialité. Le major était du reste assez *bon vivant*, et son vin délicieux. Il raconta la vieille histoire de ses campagnes, et montra une grande connaissance des hommes et des choses. M. Morton avait un fond de gaîté douce et paisible qui manquait rarement d'animer les petites parties où il se trouvait à son aise. Waverley, dont la vie était un songe, s'abandonna à l'impulsion du moment, et devint bientôt le plus enjoué des trois. Il avait naturellement la conversation très agréable, quoique le découragement le réduisît facilement au silence ; dans la circonstance présente, il se piqua de donner une bonne opinion de son courage, et de se montrer supérieur à sa mauvaise fortune. Il réussit à plaire par sa bonne humeur ; les trois convives semblaient charmés les uns des autres, et le major insistait pour vider une troisième bouteille de Bourgogne, lorsqu'ils entendirent dans l'éloignement le bruit d'un tambour. Le major, à qui le plaisir de parler guerre avait fait oublier ses devoirs de magistrat, maudit, en marmottant un juron militaire, le contre-temps qui le rappelait à ses fonctions officielles. Il se leva, et s'approcha d'une fenêtre d'où la vue s'étendait sur la grande route.

Le bruit du tambour allait toujours se rapprochant ; ce n'était point le son d'une marche guerrière, mais une espèce de roulement semblable à celui qui appelle au feu les artisans endormis d'un bourg d'Écosse. Le but de cette histoire est de rendre justice à chacun. Je dois donc en conscience déclarer que le tambour avait protesté qu'il savait battre toutes les marches connues dans l'armée anglaise, et avait même commencé par celle des *tambours de Dumbarton ;* mais le chef de la troupe lui imposa silence. Ce chef était Gifted Gilfillan qui, refusant de laisser marcher ses soldats au son de ce roulement profane et même persécuteur, selon lui, fit battre au tambour le cent dix-neuvième psaume. Cet air était au-dessus de la science du batteur de parchemin ; il eut recours au *roulement* inoffensif par lequel les convives avaient été interrompus, et qu'il substitua à la musique sacrée. Ceci peut paraître une circonstance frivole, mais le tambour en question n'était rien moins que tambour de la ville d'Anderton. Je me souviens encore de son successeur, membre de ce corps éclairé, la *Convention britannique*[1]. Que sa mémoire soit donc traitée avec respect !

CHAPITRE XXXV.

Un volontaire il y a soixante ans.

Quand le major entendit le son discordant du tambour, il ouvrit à la hâte une porte vitrée qui donnait sur une espèce de terrasse extérieure ; il y fut suivi par M. Morton et par son jeune ami. Ils aperçurent bientôt distinctement, d'abord le tambour, ensuite un large drapeau à quatre compartimens, portant en gros caractères : COVENANT, KIRK, KING, KING-

---

[1] Convention britannique, assemblée nationale. L'allusion est ironique. — Éd.

doms[1]. Le commandant de la troupe marchait immédiatement après le porte-drapeau : c'était un homme grand et sec, au regard dur et sévère, âgé d'environ soixante ans. L'orgueil qu'on remarquait sur la figure de l'aubergiste du *Chandelier* annonçait une dévotion hypocrite et dédaigneuse ; mais sur celle de ce chef il avait un caractère d'élévation et en même temps de sombre fanatisme ; il était impossible de le voir sans que l'imagination le plaçât au milieu de quelque crise extraordinaire où un principe religieux serait la cause de la fermentation générale. Martyr dans les tortures, soldat sur un champ de bataille, banni et errant, mais consolé dans sa solitude et ses privations terrestres par la force et la pureté supposée de sa foi ; peut-être même inquisiteur farouche, aussi terrible en exerçant le pouvoir qu'inflexible dans l'adverse fortune,... ce personnage aurait pu également, suivant les circonstances, donner l'idée de l'un de ces caractères. Avec tous ces traits d'énergie il y avait quelque chose d'affecté et de prétentieux dans la gravité de son maintien et de ses discours qui allait jusqu'au ridicule. En voyant M. Gilfillan on eût pu, suivant l'humeur où l'on se trouvait, éprouver un sentiment de crainte, d'admiration, ou l'envie de rire. Il portait l'habillement des paysans écossais des comtés de l'ouest, d'une étoffe plus fine que celle des plus pauvres, mais sans la moindre prétention d'adopter la mode du jour ou celle des gentilshommes écossais dans aucun temps. Il était armé d'une épée à large lame et d'une paire de pistolets qui, à en juger par leur forme antique, pouvaient avoir figuré à la déroute de Pentland-Hills[2], ou à celle du pont de Bothwell[3].

(1) *Covenant* (alliance), *kirk* (*scotice*, église) *king* (roi), *kingdoms* (royaumes). — Éd.

(2) La bataille de Pentland-Hills eut lieu le 28 novembre 1666. La révolte des presbytériens fut occasionnée par le traitement cruel qu'on fit éprouver à un pauvre homme qui n'était pas en état de payer les amendes auxquelles l'Église l'avait condamné. Les insurgés marchèrent sur la capitale ; mais dans la route le découragement en fit déserter un grand nombre, et le reste fut poursuivi dans les monts Pentland, à quatre milles ouest d'Édimbourg, où ils furent dispersés par le général Dalziel. — Éd.

(3) Les *Puritains* nous dispensent de donner ici une longue note ; la bataille du pont de Bothwell est connue aujourd'hui en Europe comme en Écosse. — Éd.

Lorsqu'il fut arrivé près du balcon il toucha solennellement, mais légèrement, de sa main droite sa large toque bleue pour rendre au major le salut que celui-ci lui avait fait en ôtant son petit chapeau triangulaire bordé en or.

Waverley crut un moment qu'il voyait le chef des Têtes-Rondes d'autrefois en conférence avec un des officiers de Marlborough. Ce digne commandant conduisait une troupe d'environ trente soldats diversement vêtus et équipés ; ils avaient le costume ordinaire des Lowlands, de différentes couleurs ; ce qui, contrastant avec leurs armes, leur donnait l'apparence d'une populace en désordre ; tant les yeux sont accoutumés à unir l'uniformité des costumes avec le caractère militaire ! Au premier rang marchaient quelques hommes qui partageaient sans doute l'enthousiasme de leur chef, et dont le courage naturel eût été redoutable dans un combat où le fanatisme religieux l'eût exalté. D'autres se redressaient et se pavanaient, fiers de porter les armes, et avec toute l'importance que leur donnait la nouveauté de leur situation. Les derniers, fatigués probablement de la route, se traînaient négligemment ou s'écartaient pour aller se rafraîchir dans les cabarets ou les chaumières voisines. — Six grenadiers du régiment de Ligonier, pensa le major en se reportant au temps de ses campagnes, auraient bientôt dispersé tous ces gens-là !

Néanmoins il s'adressa poliment à M. Gilfillan pour lui demander s'il avait reçu la lettre qu'il avait eu l'honneur de lui écrire, et s'il pouvait se charger du prisonnier d'état dont il lui avait parlé pour être conduit jusqu'au château de Stirling.

— *Oui*, fut la réponse concise du chef des caméroniens, et qui sembla sortir du fond de ses entrailles.

— Votre escorte, monsieur Gilfillan, n'est pas aussi nombreuse que je le croyais.

— Plusieurs de mes hommes étaient dévorés par la faim et la soif, j'ai dû leur donner le temps de se rafraîchir avec la parole.

— Je suis fâché qu'ils ne m'aient pas fait l'honneur de venir se rafraîchir à Cairnvreckan ; tout ce que je possède est à la disposition de tous ceux qui servent le gouvernement.

— Ce n'est point des rafraîchissemens de la créature que j'ai voulu parler, répondit Gilfillan au major avec un sourire presque méprisant : néanmoins je vous remercie ; mais une partie de ma troupe jouit en ce moment du bonheur d'entendre l'exhortation du soir faite par le précieux M. Jabesh Rentowel.

— Comment, monsieur, au moment où les insurgés sont prêts à se répandre dans le pays, vous avez pu vous déterminer à laisser une partie de votre troupe à un sermon au milieu des champs !

Gilfillan sourit encore avec dédain et se contenta de faire cette réponse indirecte :

— Les enfans de ce monde sont donc plus sages dans leur génération que les enfans de la lumière !...

— Quoi qu'il en soit, dit le major, comme vous devez conduire ce gentilhomme à Stirling et le remettre avec ces papiers entre les mains du gouverneur, j'oserai vous inviter à prendre pendant la route quelques précautions de discipline militaire. Il me semble, par exemple, que vous feriez bien de tenir votre troupe plus serrée, d'exiger de vos hommes de garder leurs rangs, de couvrir leurs serre-files, et de ne pas se disperser comme des oies dans une bruyère communale. Pour éviter toute surprise, vous devriez peut-être vous faire précéder d'une petite avant-garde composée des plus braves de votre détachement, et envoyer devant elle une vedette. Par ce moyen, aux approches d'un village ou d'un bois — (ici le major s'interrompit), — mais comme je ne m'aperçois pas que vous m'écoutiez, monsieur Gilfillan, je crois que je puis m'épargner de vous donner mes avis ; vous connaissez bien mieux que moi, je le sens, les précautions que vous devez prendre ; je ne me permettrai qu'un mot : veuillez, je vous prie, traiter avec douceur le gentilhomme que je vous confie ; ne prenez à son égard que les mesures qui vous paraîtront indispensables pour le conduire sûrement à Stirling.

— J'ai examiné, répondit Gilfillan, ma commission signée par un digne et religieux noble William, comte de Glencairn, et je n'y ai pas trouvé l'obligation de prendre les ordres ni les instructions de M. le major William Melville de Cairnvreckan.

Le major rougit jusqu'aux oreilles, à travers la poudre qui les couvrait entre les boucles de sa perruque militaire, et d'autant plus qu'il remarqua que M. Morton souriait en le regardant.

— Monsieur Gilfillan, répondit-il avec quelque aigreur, je vous demande mille pardons pour avoir osé parler ainsi à un personnage de votre importance ; mais je croyais que comme vous avez long-temps exercé la profession de nourrisseur de bestiaux, vous deviez savoir par expérience la différence qu'il y a entre les Highlanders et les troupeaux des Highlands. Si le hasard vous fait rencontrer quelque ancien militaire qui veuille bien vous faire part de ses observations, il me semble que vous pourriez l'écouter sans vous faire grand tort ; mais je n'ai plus rien à dire, si ce n'est que je recommande ce jeune homme à votre civilité autant qu'à votre garde.— Monsieur Waverley, ajouta le major, je suis vraiment fâché de vous voir partir, mais j'ose espérer que j'aurai le plaisir de vous revoir à Cairnvreckan dans des circonstances qui me permettront de vous en rendre le séjour plus agréable que cette fois.

En parlant ainsi il prit la main de notre héros et la secoua amicalement. Le respectable M. Morton lui fit aussi des adieux affectueux, et Waverley monta sur son cheval qu'un des fusiliers tenait par la bride. Le détachement se forma sur deux files et se mit en marche. En traversant le village ils furent suivis par les enfans qui s'écriaient : Eh ! voyez ce gentleman du Sud qu'on va pendre pour avoir tiré un coup de pistolet sur le long John Mucklewrath, le forgeron !

CHAPITRE XXXVI.

Incident.

Il y a soixante ans qu'on avait l'habitude, en Écosse, de dîner à deux heures : c'était donc vers les quatre heures d'un beau jour d'automne que M. Gilfillan se mit en marche. Quoique Stirling fût à dix-huit milles, il pouvait y arriver ce même jour dans les premières heures de la nuit. Il se mit donc en marche d'un bon pas à la tête de son détachement, regardant de temps en temps notre héros de manière à faire connaître qu'il avait la plus grande envie d'entrer en conversation avec lui. Incapable de vaincre la tentation, il ralentit le pas, jusqu'à ce qu'il fût à côté du cheval du prisonnier.

— Jeune homme, dit-il brusquement à Waverley, pourriez-vous me dire quel était ce vieillard en habit noir et la tête poudrée que j'ai vu auprès du laird de Cairnvreckan?

— Un ministre presbytérien, répondit Édouard.

— Presbytérien! dites un misérable érastien, ou plutôt un prélatiste caché, un partisan de la noire indulgence [1], un de ces chiens muets qui ne peuvent aboyer, et qui répètent dans leurs sermons des phrases de terreur et des phrases de consolation, sans aucun sens, sans saveur et sans vie. — Vous avez été nourri dans un semblable bercail probablement?

(1) Lorsque les Stuarts s'aperçurent combien il leur était difficile de rétablir l'épiscopat en Écosse, de demi-mesure en demi-mesure, de concession en concession, ils en vinrent à faire quelques exceptions en faveur d'une partie du clergé presbytérien dont le culte fut toléré avec de légères modifications; mais les ministres expulsés préférèrent la persécution à cette *tolérance* ou *indulgence*, qu'ils dénoncèrent comme diabolique, de peur que peu à peu le peuple ne se soumît au prélatisme modifié. Ils traitèrent donc la tolérance ou indulgence de noire perfidie, d'érastianisme satanique, etc., etc. — Ed.

— Non : je suis de l'église d'Angleterre.

— Oh! ce sont deux croyances bien voisines; il n'est pas étonnant qu'elles s'entendent si bien! Qui aurait cru que la sainte structure de l'église d'Écosse, édifiée par nos pères en 1642, serait souillée par les vues charnelles et les corruptions du siècle? — Oui, qui aurait cru que les belles sculptures du sanctuaire seraient mutilées et renversées en si peu de temps?

Deux ou trois des assistans joignirent leurs gémissemens à ces douloureuses lamentations, et Waverley jugea qu'il était très inutile d'y répondre. Là-dessus M. Gilfillan, décidé à avoir un auditeur, sinon un controversiste, continua ses jérémiades.

— Est-il étonnant, dit-il, que lorsque, faute d'être plus sévères sur la vocation de chacun pour le ministère et les devoirs du jour, les ministres ont ces coupables complaisances pour le patronage [1], les indemnités, les sermens, les engagemens mondains et autres corruptions; est-il bien étonnant, dis-je, que vous, monsieur, et d'autres malheureuses personnes comme vous travailliez à bâtir votre vieille Babel d'iniquité, comme dans les temps de la persécution sanglante et du martyre des saints? Je suis certain que si vous n'étiez pas aveuglé par les graces et les faveurs, les services et les jouissances, les emplois et les héritages de ce monde méchant, je pourrais vous démontrer par l'Écriture dans quels sales haillons vous mettez votre confiance; je vous prouverais que vos surplis, vos chapes et tous vos vêtemens [2] ne sont que les

---

(1) Une des fonctions de *l'assemblée générale* du clergé d'Écosse est de nommer les pasteurs des paroisses vacantes. Cette fonction se réduit souvent à une simple approbation, car le droit de nommer le candidat est resté aux propriétaires d'anciennes terres privilégiées, qui sont de simples lairds, ou aux conseils de ville, ou à la couronne elle-même. Ce droit est généralement attaché aux terres qui avaient appartenu aux évêques catholiques ou à des communautés religieuses. On nomme *patrons* ceux qui exercent ce droit. Le *patronage* doit nécessairement paraître aux vrais presbytériens une usurpation des laïcs sur la mission toute spirituelle du prêtre: d'autant plus que le patron peut tirer par simonie un pot de vin de son droit, aux dépens du mérite qui se met sur les rangs sans crédit. — Éd.

(a) Le culte épiscopal-anglican se rapproche en effet beaucoup du culte catholique. — Éd.

vêtemens de rebut de la grande prostituée assise sur les sept collines [1], et buvant à la coupe d'abomination : mais vous êtes sourd comme les couleuvres de ce côté de la tête ; oui, vous êtes séduit par ses enchantemens, vous trafiquez avec elle, vous vous êtes enivré à sa coupe de fornication.

J'ignore combien de temps encore ce théologal militaire aurait continué ses invectives dans lesquelles il n'épargnait que les restes épars des hommes des collines, Hill-Folk [2], comme il les appelait. La matière était abondante, sa poitrine infatigable et sa mémoire très fidèle. Il y avait peu de chances qu'il eût terminé ses déclamations avant d'être arrivé à Stirling, lorsque son attention fut attirée sur un colporteur qui avait joint le détachement par un chemin de traverse, et qui soupirait et gémissait régulièrement à toutes les pauses de cette homélie.

— Et qui êtes-vous, mon ami? demanda Gifted Gilfillan.

— Un pauvre colporteur qui se rend à Stirling, et qui réclame humblement la protection de la compagnie de Votre Honneur dans ces temps difficiles. Ah! Votre Honneur a un rare talent pour trouver et définir les secrètes.... — Oui, les secrètes, obscures et incompréhensibles causes des apostasies de ce pays. — Oui, Votre Honneur pénètre jusqu'à la racine du mal.

— Ami, répondit Gilfillan d'un ton de voix beaucoup plus doux que celui qu'il avait pris jusqu'à ce moment, cessez de me donner le titre d'Honneur ; je ne vais ni aux murs des parcs, ni aux fermes, ni aux marchés pour me faire donner des coups de chapeau par les bergers, les femmes et les bourgeois, comme ils en donnent au major Melville de Cairnvreckan. Je ne me fais appeler ni Laird, ni Honneur. — Non, ma petite fortune, qui n'est pas au-dessus de vingt mille marcs

---

(1) Depuis la réforme les presbytériens ont trouvé dans l'Apocalypse un trésor d'invectives et de comparaisons peu charitables contre Rome, la grande prostituée, comme le pape n'est autre que le vicaire du diable, ou même le diable incarné. — ÉD.

(2) *Hill-Folk*, gens des collines ou des montagnes. Gilfillan désigne par là les presbytériens proscrits et les prédicateurs en plein vent. — ÉD.

d'argent, a augmenté par la bénédiction du ciel; mais l'orgueil de mon cœur n'a point augmenté avec elle, et je n'aime pas à être appelé capitaine, quoique j'aie une commission signée de ce noble seigneur cherchant l'Évangile, le comte de Glencairn, qui me désigne par ce titre. Tant que je vivrai, tant que j'aurai un *plack* dans ma bourse ou une goutte de sang dans mes veines, je serai et je veux être appelé Habacuc Gilfillan, toujours prêt à soutenir les règles et doctrines qui furent arrêtées par l'Eglise jadis glorieuse d'Écosse avant qu'elle ne trafiquât avec l'impie Achaz.

—Ah! dit le colporteur, j'ai vu votre domaine fertile à Mauchlin : vous êtes tombé dans un lieu délicieux, et il n'y a pas un aussi beau bétail dans aucune terre de laird en Écosse.

—Vous avez raison, oui, vous avez raison, ami, répondit vivement Gilfillan, qui n'était pas insensible à la flatterie sur ce sujet; vous avez raison, c'est de la vraie race du comté de Lancastre : on n'en trouve pas de semblable dans les fermes de Kilmaurs[1].

Je crois que le lecteur se soucie aussi peu que notre héros de connaître les détails de la longue conversation qui suivit sur les qualités de ce fameux bétail. Gilfillan reprit bientôt ses discussions théologiques, et le colporteur, moins profond sur cette matière mystique, se contentait de soupirer et d'exprimer son édification aux intervalles convenables.

—Quel bonheur ce serait, dit-il, pour tous les peuples aveugles et papistes que j'ai visités, si le ciel leur envoyait une telle lumière pour leur montrer le sentier de la vérité!... J'ai voyagé pour mon petit commerce en Russie, en France, dans les Pays-Bas, en Pologne et dans une partie de l'Allemagne : ah! combien Votre Honneur souffrirait s'il voyait que de murmures, que de chants, que de messes dans les églises! — et la musique dans les chœurs! —et les danses païennes! —et les jeux de hasard le saint jour du sabbat!

Cette exclamation fournit à Gilfillan l'occasion de pérorer

(1) Kilmaurs, petite ville du comté d'Ayr, qui est un comté agricole. — Éd.

sur le *Livre des divertissemens*[1], sur le covenant, sur les engagistes[2], sur les protestans et le whiggamore's raid[3], l'assemblée des théologiens à Westminster[4], les deux catéchismes, l'excommunication de Torwood et le massacre de l'archevêque Sharp[5]. Ce dernier sujet l'amena à une discussion sur la légitimité des armes défensives, et il en parla en homme instruit, avec une érudition qu'on n'aurait pas attendue de lui, d'après certaines autres parties de son discours. Waverley lui-même, qui jusqu'à ce moment avait été plongé dans ses propres réflexions mélancoliques, finit par l'écouter avec attention.

M. Gilfillan examina ensuite s'il était légitime qu'un simple particulier s'attribuât le droit d'être le vengeur de l'oppression du peuple; et comme il était occupé à discuter avec un vif intérêt la cause de Mas James Mitchell[6], un incident vint interrompre sa harangue.

Les derniers rayons du soleil brillaient encore aux extrêmes limites de l'horizon, lorsque le détachement entra dans un

(1) *The book of Sports*, qui traitent des divertissemens regardés comme profanes par les caméroniens. — Éd.

(2) On appelait les engagistes ceux qui avaient souscrit ou approuvé l'*engagement* ou traité fait entre Charles I*er* et les Écossais pendant son séjour dans l'île de Wight. Le prince s'était engagé à tenir le covenant, etc., etc., les Écossais à le rétablir dans ses droits, etc., etc. — Éd.

(3) *The whiggamore's raid* ou *inroad*; l'incursion des whiggamores. C'est ainsi qu'on désigne cette insurrection, à laquelle nous avons fait remonter l'origine du nom des *Whigs*. — Éd.

(4) Il s'agit de l'assemblée tenue en 1645 pour régler les articles de foi de la religion en Angleterre et en Écosse, les cérémonies, et surtout le gouvernement de l'Église. De cette assemblée datèrent les progrès des indépendans, d'abord persécutés, etc. — Éd.

(5) Les catéchismes, les excommunications, et le grand événement de l'assassinat de Sharp, étaient un texte fréquent de disputes théologiques qui survécurent à la révolution de 1688. — Éd.

(6) Avant de périr sous les coups des fanatiques, le primat avait eu à se défendre de plus d'une tentative contre sa vie. Mas (maître) James Mitchel était un prédicateur de l'école des Macbriar et des Habacuc (*Old Mortality*); il tira sur Sharp un coup de pistolet en plein jour, et la foule se prêta à son évasion. Il ne fut découvert que quelque temps après. Son jugement et son exécution mirent en évidence toute la perfidie et la haine de ses juges, dont la conduite eût légitimé son action, si l'assassinat était jamais légitime. — Éd.

sentier profond et assez escarpé qui conduisait au sommet d'une hauteur : le pays était découvert, faisant partie d'une bruyère communale très étendue ; mais il était aussi très inégal, présentant çà et là des excavations remplies de genêts épineux, et d'autres espaces où croissaient des touffes de broussailles. Un petit taillis de ce genre couvrait l'éminence que gravissait le détachement. Les plus avancés de la troupe, qui étaient les plus robustes et les plus actifs, avaient déjà dépassé le sommet, et ils étaient hors de la portée de la vue pour le moment. A quelque distance suivaient Gilfillan avec le colporteur, et ceux qui étaient plus immédiatement chargés de garder Waverley : les autres ne venaient après eux qu'à un intervalle considérable, et sans observer aucun ordre de marche.

Telle était la situation des choses, lorsque le colporteur ayant perdu, dit-il, son petit chien, s'arrêta et se mit à le siffler. Ce signal, répété plus d'une fois, offensa son compagnon, d'autant plus qu'il indiquait peu d'attention de la part du colporteur pour les trésors de controverse théologique qu'il prodiguait pour son édification ; il signifia donc brusquement qu'il n'avait pas de temps à perdre pour attendre un animal inutile.

— Si Votre Honneur daignait se rappeler l'histoire de Tobie....

— Tobie ! s'écria vivement Gilfillan ; Tobie et son chien sont tous deux et païens et apocryphes[1]. Il n'y a qu'un partisan des prélats ou du papisme qui puisse en douter... Je crois que je me suis mépris sur vous, l'ami !

— Très probablement, reprit le colporteur avec un grand sang-froid ; cependant je me permettrai d'appeler encore une fois mon pauvre Bawty.

On répondit à ce dernier signal d'une manière inattendue, car six ou huit Highlanders blottis derrière les broussailles s'élancèrent dans le sentier, leurs claymores à la main. Gilfillan ne fut point déconcerté à cette apparition.

(1) Pour les presbytériens, les apocryphes étaient des romans païens. — Éd.

— L'épée du Seigneur et de Gédéon! s'écria-t-il d'une voix forte en tirant son épée du fourreau. — Il aurait fait autant d'honneur à la bonne cause qu'aucun des anciens champions de Drumclog[1], lorsque tout à coup... le colporteur prenant le mousquet de l'homme le plus près de lui, déchargea si à propos un coup de crosse sur la tête du professeur caméronien qu'il l'étendit par terre. Dans le désordre qui suivit, un des soldats de Gilfillan tua, en tirant au hasard, le cheval de notre héros, qui lui-même reçut plus d'une contusion en tombant sous le corps de l'animal. Il en fut tiré aussitôt par deux montagnards qui le prirent chacun par un bras et l'enlevèrent à la hâte du champ de bataille, le portant ou le traînant tour à tour. Waverley entendit encore tirer des coups de fusil derrière lui. Il apprit par la suite que c'étaient les hommes de l'avant-garde et ceux de l'arrière-garde du détachement qui avaient joint les autres. A leur approche les Highlanders prirent la fuite, mais après avoir dévalisé le chef caméronien et deux de ses gens étendus à côté de lui, dangereusement blessés. Il y eut encore quelques coups de fusil échangés; mais les caméroniens se voyant sans chef et craignant de tomber dans une seconde embuscade, se soucièrent fort peu de courir après leur prisonnier; ils crurent qu'ils agiraient plus prudemment de continuer leur voyage jusqu'à Stirling en emportant avec eux leur capitaine et leurs camarades blessés.

(1) Drumclog, où eut lieu la défaite des dragons de Claverhouse. — Éd.

CHAPITRE XXXVII.

Waverley encore dans l'embarras.

La rapidité ou plutôt la violence avec laquelle on entraînait Waverley lui ôtait presque la respiration ; il était tellement meurtri de sa chute qu'il ne pouvait se prêter facilement à cette prompte fuite. Ses guides s'en aperçurent, et appelèrent quelques-uns de leurs camarades. Waverley fut *emmaillotté* dans un plaid, et en se partageant ainsi le fardeau, les Highlanders purent continuer leur course rapide sans que celui qu'ils portaient eût besoin de faire aucun mouvement. Ils parlaient peu, toujours en gaëlique, et ils ne ralentirent le pas qu'après avoir fait environ deux milles, ayant soin de se relayer de temps en temps.

Notre héros voulut lier conversation avec eux ; mais on ne lui répondait que : *Cha n'eil Beurl'agam* (c'est-à-dire : Nous ne savons pas l'anglais). Il n'ignorait pas que c'est la réponse ordinaire des montagnards lorsqu'on leur fait une question qu'ils ne comprennent pas, ou qu'ils ne veulent pas avoir l'air de comprendre. Il essaya de prononcer le nom de Vich Ian Vohr, persuadé que c'était à son amitié vigilante qu'il était redevable d'être hors des mains de Gilfillan ; mais son escorte ne parut pas l'avoir entendu.

La lune avait remplacé le crépuscule lorsqu'ils firent halte à l'entrée d'une gorge des montagnes où l'on descendait par une pente rapide et qui semblait remplie d'arbres et de broussailles. Deux des montagnards se détachèrent et pénétrèrent par un petit sentier comme pour aller à la découverte : l'un revint bientôt et dit quelques mots à ses camarades, qui reprirent leur fardeau et continuèrent à le porter avec les plus grandes précautions. Malgré leurs soins attentifs Waverley se trouvait quelquefois en brusque contact avec les troncs d'arbres et les branches qui couvraient le sentier.

Lorsqu'ils furent arrivés au bas de la descente, Waverley entendit le bruit d'un torrent sans le voir, à cause de l'obscurité; son escorte s'arrêta de nouveau devant une misérable chaumière; la porte s'ouvrit. L'intérieur de cette masure répondait à son apparence extérieure et à sa situation; il n'y avait aucune espèce de plancher; les murs n'étaient faits qu'avec des cailloux et de la tourbe; le toit percé de crevasses était en branches d'arbres. Le feu brûlait au centre et remplissait tout ce wigwam d'une fumée qui s'échappait autant par la porte que par une issue circulaire pratiquée dans le toit. Une vieille sibylle highlandaise, seul habitant de cette demeure solitaire, semblait s'occuper de préparer le repas. A la clarté de la flamme Waverley reconnut que ses conducteurs n'étaient pas du clan d'Ivor, parce que Fergus veillait avec le plus grand soin à ce que tous les membres de sa tribu portassent le tartan avec les carreaux et la couleur qui la distinguait des autres; coutume ancienne dans les montagnes, et à laquelle tenaient encore les chefs, fiers de leur origine et jaloux de leur rang et de leur autorité respective.

Édouard pendant son séjour à Glennaquoich avait eu le temps de remarquer cette différence de costume et d'en entendre parler souvent. Voyant qu'il était étranger à ceux qui l'avaient enlevé, il promena douloureusement ses regards sur l'intérieur de cette cabane. Excepté une cuve à laver et une armoire en mauvais état appelée en Écosse un *ambry*[1], il y avait pour tout meuble un large lit de bois entouré de planches selon l'usage, et ne s'ouvrant que par un panneau à coulisses; ce fut là qu'on le déposa après qu'il eut exprimé par signes qu'il ne voulait prendre aucune espèce de rafraîchissemens. Son sommeil fut troublé; des visions étranges le vi-

[1] *Ambry* ou *almory*, mots dérivés de notre mot armoire, quoique almory puisse signifier aussi boîte à aumônes (*alms*). — Éd.

sitèrent, et il eut besoin d'un continuel effort d'esprit pour les dissiper. A ces symptômes succédèrent un violent mal de tête et des douleurs aiguës dans les membres; — il fut évident le lendemain pour les libérateurs ou les nouveaux gardes de Waverley, qu'il était hors d'état d'aller plus avant.

Après une longue consultation six d'entre eux sortirent de la cabane, emportant leurs armes, et ne laissant auprès du malade que deux de leurs camarades, dont l'un était un homme âgé et l'autre plus jeune. Le premier donna ses soins à Édouard et bassina ses contusions, que l'enflure et leur couleur livide rendaient très visibles. Son porte-manteau, que les Highlanders n'avaient pas oublié d'apporter, lui fournit tout le linge dont il avait besoin ; et à sa grande surprise on mit à sa disposition tous les effets qu'il contenait. Les accessoires de son lit paraissaient propres; le vieux Highlander en ferma la porte, parce qu'il n'avait pas de rideaux, après avoir dit quelques mots en gaélique pour l'inviter à prendre du repos, comme Waverley crut le comprendre. Voilà donc notre héros pour la seconde fois entre les mains d'un Esculape des Highlands, mais dans une position plus triste que lorsqu'il reçut l'hospitalité chez le digne Tomanrait.

La fièvre symptomatique qui résulta des contusions ne s'apaisa qu'au troisième jour; grace aux soins de ses surveillans et à la force de sa constitution, il parvint alors à se mettre sur son séant, mais non sans douleur. Il remarqua que la vieille femme qui lui servait de garde montrait, ainsi que le vieux montagnard, une grande répugnance à laisser la porte du lit ouverte, comme s'ils avaient craint qu'il ne s'amusât à observer leurs mouvemens ; — chaque fois que Waverley ouvrait sa cage elle était refermée aussitôt. Enfin le vieux Highlander termina cette lutte en y fixant en dehors un clou qui déjoua tous les efforts du malade.

Waverley cherchait en lui-même à expliquer cette espèce de contradiction de la part de gens qui paraissaient n'avoir aucun projet de le dépouiller, et qui lui prouvaient du reste qu'ils se faisaient un devoir d'aller au-devant de ses désirs pour toute autre chose. Il crut se rappeler que durant la crise de sa maladie il avait vu auprès de son lit une femme plus jeune que sa vieille garde-malade. Il est vrai qu'il ne conservait de cette apparition qu'un souvenir confus; mais il se confirma dans cette idée lorsqu'en prêtant une oreille attentive il entendit plusieurs fois dans la journée la voix d'une jeune fille chuchotant avec sa surveillante.

— Qui peut-elle être? se demandait-il : pourquoi cherche-t-elle à se cacher? — Son imagination active lui offrit aussitôt Flora Mac Ivor. Après avoir cherché pendant quelques minutes à se persuader que c'était elle qui venait comme un ange de consolation visiter son lit de douleur, il sentit que cette supposition était tout-à-fait chimérique. Comment pouvait-il admettre qu'elle eût renoncé à la sécurité du séjour de Glennaquoich, pour venir seule, au milieu du théâtre de la guerre, se réfugier dans ce misérable asile? Cependant il sentait palpiter son cœur lorsqu'il croyait entendre les pas d'une jeune femme s'avançant sur la pointe des pieds, ou les sons étouffés de ses doux accens lorsqu'elle s'entretenait avec la vieille Jeannette à la voix rauque et sourde : Édouard avait entendu donner ce nom à sa vieille garde-malade.

N'ayant aucune autre distraction dans sa solitude, il s'occupa des moyens de satisfaire sa curiosité, malgré toutes les précautions de Jeannette et du janissaire montagnard; car il n'avait pas revu depuis le premier jour le jeune homme qu'on avait laissé près de lui. Après avoir bien examiné la construction de sa prison de bois, il crut avoir trouvé le moyen de contenter son désir, à l'aide d'un clou qu'il arracha d'une planche en plus mauvais état que les autres. A travers cette petite ouverture il aperçut une femme enveloppée dans son plaid, et causant avec Jeannette. Depuis notre première mère, la curiosité désordonnée a toujours trouvé sa juste punition dans son désappointement. Ce n'était pas la taille de Flora, et sa position ne permettait pas de voir son visage. Pour mettre le comble au chagrin de notre curieux, pendant qu'il travaillait avec le clou à élargir l'ouverture, un léger bruit trahit son entreprise; et la personne qu'il désirait connaître disparut pour ne plus revenir, ou du moins ne fut-elle plus visible pour lui.

De ce moment toutes les précautions qu'on avait prises pour l'empêcher de voir dans la chaumière furent abandonnées; non-seulement on lui permit de se lever, mais on l'aida à sortir de ce qu'on peut appeler son lit de prison, mais la sortie de la chaumière lui fut interdite; car le jeune montagnard, qui était de retour, et l'autre plus âgé, se relevaient alternativement pour le surveiller. Lorsque Waverley faisait mine de s'approcher de la porte, celui des deux qui était en faction le repoussait honnêtement, mais avec fermeté, tâchant de lui faire comprendre par signes qu'il y aurait du danger à sortir, et qu'un ennemi était dans le voisinage. La vieille Jeannette paraissait inquiète et aux aguets; Waverley, qui n'avait pas encore recouvré assez de forces pour s'évader malgré ses gardiens, fut obligé de prendre patience. Il était beaucoup mieux nourri qu'il n'aurait pu s'y attendre; la volaille et le vin n'étaient pas exclus de ses repas. Les Highlanders n'osaient jamais se mettre à table avec lui; et sauf leurs efforts pour l'empêcher de sortir, ils lui témoignaient le plus grand respect. Il n'avait d'autre amusement que de regarder par la fenêtre, ou plutôt par une ouverture de forme irrégulière qu'on avait pratiquée pour en tenir lieu. Il découvrait à dix pas sous l'emplacement de la hutte un ruisseau très large et très rapide qui, couronné d'arbres et de buissons, blanchissait de son écume les rochers entre lesquels il se frayait un passage.

Le sixième jour de sa réclusion, Waverley se trouva si bien rétabli qu'il s'occupa sérieusement des moyens de s'évader, persuadé que, quels que fussent les dangers auxquels il allait s'exposer, ils ne pouvaient être comparés à l'insupportable monotonie de la vie qu'il menait dans la hutte de Jeannette; il délibérait en lui-même sur le parti qu'il prendrait lorsqu'il serait en liberté. Il s'en présentait deux à son esprit, et tous deux offraient des périls et des difficultés : le premier était de retourner à Glennaquoich : il ne pouvait douter que Fergus Mac Ivor ne le reçût cordialement, et la manière dont il venait d'être traité par les agens du gouvernement l'avait, selon lui, délié de tout serment de fidélité ; le second était de tâcher de gagner quelque port de mer, et de s'embarquer pour l'Angleterre. Son esprit flottait irrésolu entre ces deux partis ; et s'il se fût évadé, comme il en avait l'intention, il est probable qu'il aurait été déterminé par le plus facile ; mais son étoile avait décidé qu'il n'aurait pas la faculté de choisir.

Vers le soir du septième jour, la porte de la cabane s'ouvrit brusquement ; Waverley vit entrer deux montagnards qu'il reconnut pour avoir fait partie de l'escorte qui l'avait amené. Après une courte conversation avec leurs deux camarades, ils firent comprendre par signes à Waverley qu'il devait se préparer à les suivre. Ils ne pouvaient lui donner une nouvelle plus agréable ; la manière dont il avait été traité dans sa retraite ne lui permettant pas de croire qu'on eût le projet de le maltraiter. Son imagination romanesque, dont les inquiétudes, les chagrins et les souffrances avait momentanément arrêté l'aventureux essor, s'était lassée d'être oisive. Sa passion pour l'extraordinaire, quoiqu'il soit dans la nature de cette disposition de l'ame d'être stimulée par ce degré de danger qui donne seulement plus de dignité aux sentimens de l'homme, — sa passion pour l'extraordinaire, dis-je, avait été étouffée sous les maux insurmontables en apparence qui l'avaient naguère accablé de toutes parts à Cairnvreckan. Dans le fait ce mélange de curiosité vive et d'imagination exaltée compose une espèce de courage que l'on pourrait comparer à ces lumières dont se servent les ouvriers au fond des mines : elles ont assez d'éclat pour les guider et pour soutenir leur constance dans les accidens ordinaires de leurs travaux ; mais elles s'éteignent par le contact plus redoutable des gaz et des vapeurs délétères. Maintenant le courage de notre héros s'était rallumé, il se livrait de nouveau à toutes les illusions de l'espérance, en regardant les montagnards qui venaient d'arriver prendre à la hâte un peu de nourriture, et faire les courts préparatifs du départ.

Comme il était assis dans la hutte enfumée, à quelque distance du feu autour duquel les autres s'étaient groupés, Waverley se sentit presser doucement l'épaule; il se retourne: c'était Alice, la fille de Donald Bean Lean. Elle lui montra un paquet de papiers, de manière à n'être aperçue que de lui; elle mit un doigt sur ses lèvres, et s'avança sans mot dire pour aider la vieille Jeannette à faire le porte-manteau. Il était évident qu'Alice désirait qu'il fît semblant de ne pas la connaître, cependant elle se retourna lorsqu'elle crut pouvoir le faire sans être aperçue; et voyant qu'il examinait ce qu'elle faisait, elle plia adroitement le paquet dans une chemise qu'elle eut soin de placer au fond du porte-manteau.

Quelle ample matière de nouvelles conjectures! Alice était-elle sa gardienne mystérieuse? La fille de la caverne était-elle le génie tutélaire qui était venu veiller auprès de son lit de souffrance? était-il entre les mains de son père? et alors quels projets Donald avait-il sur lui?... Le pillage qui était le but constant de Donald avait été négligé cette fois: non-seulement on lui avait rendu sa valise; mais encore sa bourse, qui aurait pu tenter ce pillard de profession, était toujours restée avec lui. Peut-être que ce paquet pourrait expliquer ce mystère;... mais Alice avait fait comprendre qu'il ne devait être consulté que secrètement... Elle ne l'avait plus regardé depuis qu'elle avait eu la certitude que sa petite manœuvre avait été comprise. Au contraire elle sortit bientôt de la cabane, et ce ne fut que du seuil de la porte qu'elle profita de l'obscurité pour sourire à Waverley d'un air expressif, avant de disparaître dans le sombre glen de la montagne.

Les Highlanders envoyèrent à plusieurs reprises leur jeune camarade à la découverte. Lorsqu'il fut de retour pour la quatrième fois, ils se levèrent et firent signe à Waverley de les suivre. Avant de sortir, il serra la main de la vieille Jeannette qui l'avait si généreusement soigné, et en même temps il lui laissa des preuves plus solides de sa reconnaissance.

— Que Dieu vous bénisse et vous protége, capitaine Waverley, lui dit Jeannette en bon écossais des Lowlands.

Cette exclamation le surprit d'autant plus que la vieille femme s'était constamment servie de la langue gaëlique. L'impatience de son escorte ne lui donna pas le temps de faire la moindre question.

CHAPITRE XXXVIII.

Une aventure nocturne.

La troupe fit halte à quelques pas de la chaumière ; le chef en qui Waverley crut reconnaître le grand Highlander, lieutenant de Donald Bean Lean, commanda par des signes et des demi-mots le plus profond silence. Il remit à Waverley un pistolet et une épée ; puis lui montra du doigt le sentier, posa la main sur sa propre claymore pour lui faire comprendre qu'ils auraient besoin de la force pour s'ouvrir un passage, et se mit à la tête du détachement qui ne gravissait le sentier que sur une seule file comme une troupe d'Indiens. Waverley suivait immédiatement le chef qui ne s'avançait qu'avec les plus grandes précautions, de peur de faire du bruit et de donner l'alarme. Il s'arrêta au sommet de la montagne : Waverley comprit bientôt pourquoi, en entendant à quelque distance une sentinelle anglaise, crier : *all's well*[1] ; la voix descendit avec le souffle du vent de la nuit jusqu'au fond du glen, et fut répétée par les échos. Le même cri fut prononcé une deuxième, une troisième et une quatrième fois, toujours plus faible, comme partant d'un poste de plus en plus éloigné. Il était évident qu'un détachement de soldats était proche et

---

(1) *All's well*, *tout-va-bien*; c'est le cri que se renvoient les sentinelles anglaises, et qui répond au *sentinelle, prenez garde à vous !* des nôtres. — Éd.

sur ses gardes, mais pas assez cependant pour découvrir une bande habile dans toutes les ruses d'une guerre de pillage, comme l'étaient les hommes qui observaient toutes ces précautions inutiles de l'ennemi.

Lorsqu'à ces cris succéda le silence de la nuit, les Highlanders commencèrent leur marche rapide, mais dans le plus grand silence. Waverley n'eut ni le temps ni l'envie de faire des remarques; cependant il s'aperçut qu'il passait près d'un vaste édifice ; il vit une faible lumière à deux ou trois croisées. Un peu plus loin le guide se mit à *flairer le vent* comme l'aurait fait un épagneul, et donna de nouveau le signal de faire halte ; il se mit à quatre pattes, couvert de son plaid, de manière à être difficilement distingué de la bruyère sur laquelle il se traînait pour faire sa reconnaissance. Il revint bientôt, et fit partir sa troupe, à l'exception d'un seul homme. Puis faisant entendre à Waverley qu'il devait imiter sa prudente manière de continuer sa route, tous les trois rampèrent sur leurs mains et leurs genoux.

Après avoir marché pendant quelque temps d'une manière aussi pénible, Waverley sentit l'odeur de la fumée, qui sans doute avait frappé beaucoup plus tôt l'odorat plus fin et plus exercé de son conducteur. Elle provenait d'une bergerie en ruine dont les murs étaient de pierres sans ciment, comme c'est l'usage en Écosse. Le Highlander guida Waverley jusqu'au pied de la muraille ; et sans doute pour lui faire connaître tout le danger auquel ils se trouvaient exposés, ou peut-être pour lui donner une preuve de son habileté, il l'invita par signes et par son exemple à tâcher de regarder par-dessus le mur, qui n'était pas très élevé. Édouard obéit, et vit un avant-poste de quatre ou cinq soldats couchés près du feu de garde. Ils dormaient tous, excepté le factionnaire, se promenant de long en large, et portant sur l'épaule son mousquet, qui reflétait les rayons du feu. Il levait fréquemment les yeux vers la partie du ciel où la lune paraissait sur le point de sortir des vapeurs qui avaient jusqu'alors voilé son disque.

Au bout d'une minute ou deux, par une de ces variations

soudaines de l'atmosphère, fréquentes dans tous les pays de montagnes, une brise se leva et vint chasser les nuages qui avaient obscurci l'horizon. L'astre de la nuit éclaira de tout son éclat une vaste étendue de bruyères stériles. Du côté d'où Waverley était venu croissaient, il est vrai, des arbres et des taillis formant çà et là un sombre rideau; mais du côté où il se dirigeait rien ne pouvait le dérober à la vue de la sentinelle lui et ses compagnons, si ce n'était le mur du parc, quand ils restaient étendus par terre.

Le montagnard tenait ses yeux fixés sur la voûte céleste; mais dans des sentimens bien opposés à ceux qu'Homère, ou pour mieux dire que Pope prête au paysan surpris par la nuit[1]; aussi murmura-t-il un juron gaëlique contre l'astre qu'il appelait *la lanterne de Macfarlane*. Il regarda tristement autour de lui pendant quelques minutes, et parut arrêter sa résolution. Il laissa son compagnon auprès de Waverley, et fit signe à Édouard de se tenir tranquille. Après avoir donné quelques ordres à voix basse au montagnard, il battit en retraite, favorisé par l'irrégularité du terrain, dans la même direction et avec les mêmes précautions qu'il avait prises précédemment. Édouard en tournant la tête put le voir se traîner à quatre pattes avec la dextérité d'un Indien, profitant de tous les buissons et de tous les détours du sentier pour n'être pas aperçu, et ne passant jamais outre dans les endroits les plus exposés à la vue, avant de s'être assuré que la sentinelle avait le dos tourné. Enfin il atteignit les taillis et les bois qui couvraient une partie de la bruyère dans cette direction, et s'étendaient probablement jusqu'à l'entrée du glen où Waverley avait habité si long-temps. Le Highlander disparut, mais seulement pendant quelques minutes. Il se montra en effet tout à coup du côté opposé, s'avançant fièrement sur la bruyère, sans chercher à cacher sa marche. Lorsqu'il fut à portée, il tira sur la sentinelle et la blessa au bras; le pauvre diable fut interrompu d'une manière peu agréable dans ses contempla-

---

(1) C'est une des comparaisons d'Homère que Pope a *modernisées* avec le plus de liberté.

tions météorologiques, et dans l'air de *Nancy Dawson* qu'il s'amusait à siffler. Il riposta, mais non avec le même succès. Ses camarades réveillés en sursaut s'avancèrent du côté d'où le coup était parti : on distinguait encore le Highlander, mais il disparut bientôt au milieu des buissons ; car *sa ruse de guerre* avait complètement réussi.

Pendant que les soldats étaient à sa poursuite dans une direction, Waverley, guidé par le montagnard resté avec lui, prit la direction opposée qui n'était plus l'objet de l'attention des sentinelles. Après un quart de mille le revers de la hauteur les déroba entièrement à la vue. Cependant ils entendaient encore les cris d'alerte et le roulement d'un tambour qui battait aux armes ; mais ces bruits hostiles étaient loin derrière eux et s'affaiblirent de plus en plus à mesure qu'ils continuèrent leur fuite.

Après une demi-heure de marche à travers un pays toujours découvert et stérile, ils arrivèrent au tronc d'un antique chêne qui d'après ses restes paraissait avoir été d'une grosseur extraordinaire. Dans une ravine voisine ils trouvèrent quelques montagnards avec trois chevaux. La première chose que fit le surveillant d'Édouard fut de rendre compte de leur retard, car il répéta plusieurs fois le nom de Duncan Duroch, qui survint presque au même instant, hors d'haleine, et paraissant n'avoir échappé à la mort que par miracle, mais riant et enchanté du succès de son stratagème. Waverley comprit aisément qu'un montagnard agile, connaissant parfaitement le pays, devait avoir devancé ceux qui n'avaient pas les mêmes avantages. L'alarme que Duncan avait donnée paraissait se prolonger, car on entendait dans le lointain quelques coups de fusil, ce qui redoubla la gaîté de Duncan et de ses camarades.

Il reprit alors les armes qu'il avait prêtées à notre héros, en lui donnant à entendre que tous les dangers du voyage étaient surmontés.

Waverley ne se fit pas prier pour monter sur un des chevaux ; la fatigue et les suites de sa maladie lui rendaient très agréable cette nouvelle manière de continuer le voyage. Son porte-manteau fut placé sur un second poney; Duncan monta sur le troisième, et ils se mirent aussitôt en route, suivis de leur escorte. Sans avoir éprouvé d'autre accident, ils arrivèrent à la pointe du jour au bord d'une rivière très rapide. La contrée d'alentour était à la fois fertile et pittoresque. Des arbres touffus ombrageaient les bords de l'eau; ou c'étaient des champs de blé qui cette année promettait une abondante moisson, déjà en grande partie recueillie.

Sur le bord opposé de la rivière, et entouré en partie par un cours sinueux de ses eaux, s'élevait un château vaste dont les tourelles en ruines réfléchissaient les premiers rayons du soleil. L'édifice formait un carré long, assez étendu pour renfermer une cour centrale. Les tours de chaque angle étaient plus hautes que les murailles qui elles-mêmes étaient surmontées de tourelles irrégulières de forme et de hauteur. Sur l'une des tourelles on apercevait une sentinelle que sa toque bleue et son plaid flottant faisaient reconnaître pour un Highlander, comme sur une autre se déployait un énorme drapeau blanc annonçant de loin que la garnison de cette place était du parti de la maison de Stuart.

Après avoir traversé rapidement une petite ville où leur apparition n'excita ni surprise ni curiosité parmi les habitans qui se disposaient à se rendre à leurs travaux champêtres, les Highlanders passèrent sur un pont très ancien et très étroit, de plusieurs arches. En faisant un détour à gauche, ils entrèrent dans une avenue bordée d'antiques sycomores dont l'aspect sombre mais pittoresque avait été admiré de loin par Waverley.

Une énorme porte en fer, défense extérieure de la place, avait déjà été abaissée pour les recevoir; une seconde porte en chêne garnie de clous serrés s'ouvrit, et la troupe entra dans la cour. Un gentilhomme portant l'habit de montagnard avec une cocarde blanche à sa toque vint aider Waverley à descendre de cheval, et lui dire avec courtoisie qu'il était le bienvenu.

Le gouverneur, car c'est le titre qu'il prenait, ayant conduit Édouard dans un appartement délabré où il y avait cependant un petit lit de camp, lui offrit tous les rafraîchissemens qu'il pouvait désirer, et il se disposait à le laisser seul.

— Voudrez-vous bien, lui dit Waverley après les excuses d'usage, — ajouter à toutes vos politesses la complaisance de m'apprendre où je suis, et si je dois me regarder comme prisonnier ?

— Il ne dépend pas de moi de répondre à vos questions d'une manière aussi explicite que je le désirerais, lui répondit le gouverneur : il me suffira de vous dire que vous êtes dans le château de Doune dans le canton de Menteith, et que vous n'avez pas la moindre chose à craindre.

— Pourrais-je savoir quelle assurance j'aurai de ce que vous me dites ?

— L'honneur de Donald Stuart, gouverneur de cette citadelle, et lieutenant-colonel au service de Son Altesse Royale le prince Charles-Édouard.

A ces mots il se hâta de sortir comme pour éviter de prolonger la discussion.

Notre héros, épuisé de fatigue, se jeta sur le lit et ne tarda pas à s'endormir.

CHAPITRE XXXIX.

Continuation du voyage.

Lorsque Waverley s'éveilla le jour était déjà très avancé, et il commença à sentir qu'il n'avait pas pris d'alimens depuis plusieurs heures. On ne tarda pas à lui servir un copieux déjeuner ; mais le colonel Stuart, pour se soustraire à la curiosité de son hôte, ne parut pas : il se contenta de faire présenter ses complimens par un domestique chargé d'offrir au capitaine Waverley tout ce dont il pourrait avoir besoin pour son voyage, qu'il devait continuer dès le soir même. Waverley eut beau interroger ce domestique, celui-ci opposa à sa curiosité l'impénétrable barrière d'une ignorance et d'une stupidité réelles ou affectées. Il desservit la table, et laissa de nouveau Waverley à ses méditations.

En réfléchissant sur ces caprices de la fortune, qui paraissait prendre plaisir à le mettre toujours à la disposition des autres sans lui permettre de diriger lui-même ses actions, Édouard arrêta tout à coup les yeux sur son porte-manteau qu'on avait déposé dans sa chambre pendant qu'il dormait. Il se rappela alors l'apparition mystérieuse d'Alice dans la chaumière du glen, et il se préparait à faire l'examen des papiers qu'elle avait placés parmi ses hardes; mais le domestique du colonel Stuart rentra, et s'empara du porte-manteau qu'il chargea sur ses épaules.

— Mon ami, lui dit Waverley, me permettrez-vous de changer de linge?

— Votre Honneur recevra une des chemises à jabot du colonel; mais le porte-manteau doit être mis dans le chariot des bagages.

Et sans faire d'autre réponse il sortit froidement avec le porte-manteau, laissant Édouard partagé entre le dépit et l'indignation. Il entendit au bout de quelques minutes le bruit d'un chariot qui sortait de la cour, et il comprit qu'il était privé pour le moment, sinon pour toujours, des seuls renseignemens qui auraient pu jeter quelque clarté sur les événemens extraordinaires qui avaient récemment exercé tant d'influence sur son sort. Il resta seul dans cet état de mélancolie pendant quatre à cinq heures.

Au bout de cet espace de temps, un bruit de chevaux se fit entendre dans la cour, et le colonel vint demander à son hôte s'il désirait prendre encore quelques rafraîchissemens avant de partir. Édouard accepta cette offre, se sentant en état de faire honneur au dîner : on ne tarda pas à servir. La conversation de ce gouverneur était celle d'un véritable gentilhomme de province, mêlée de quelques termes de guerre ; il évitait avec le plus grand soin de placer le moindre mot sur les opérations militaires et la situation politique de l'Écosse ; et lorsque Waverley lui faisait quelque question directe sur ces articles, il répondait directement aussi qu'il ne lui était pas permis de parler sur de telles matières.

Après le dîner le gouverneur dit à son hôte que son domestique l'ayant informé qu'on avait fait partir ses bagages d'avance, il avait pris la liberté de lui remettre un petit paquet de linge pour servir à ses besoins, jusqu'à ce qu'il eût recouvré son porte-manteau ; après ce compliment il sortit. Un instant après un domestique vint annoncer à Waverley que son cheval était prêt.

Édouard descendit dans la cour, monta sur son cheval que tenait un soldat, et franchit les portes du château de Doune, escorté par une vingtaine de cavaliers qui ressemblaient moins à une troupe régulière qu'à des citoyens armés à la hâte pour un motif pressant et imprévu. Leur uniforme, qui n'était qu'une imitation affectée de celui des chasseurs de France, était bien loin d'être complet, et donnait un air gauche à ceux qui le portaient. Édouard, dont les yeux étaient accoutumés à voir l'ensemble d'un régiment bien discipliné, s'aperçut aisément que son escorte n'était point composée de troupes régulières, et que malgré leur adresse à manier leurs chevaux, c'étaient des chasseurs ou des domestiques plutôt que de véritables soldats. Les chevaux n'étaient point accoutumés à cette régularité de mouvemens si nécessaire pour faire les évolutions simultanément et avec précision ; ils ne paraissaient pas davantage dressés (*bitted*, pour me servir du mot technique) au maniement de l'épée. Ces hommes avaient cependant l'air robuste et martial ; et pris individuellement ils auraient pu être redoutables dans le service de la cavalerie irrégulière. Le commandant de ce détachement montait un superbe cheval de chasse; et malgré son costume militaire Waverley reconnut d'abord son ancienne connaissance M. Falconer de Balmawhapple.

Quoique la première rencontre de notre héros avec ce gentilhomme n'eût pas été des plus amicales, il aurait volontiers oublié leur folle querelle pour avoir enfin le plaisir de lier conversation, plaisir dont il était privé depuis long-temps; mais sans doute le souvenir de sa défaite par le baron de Bradwardine, dont Édouard avait été la cause involontaire, aigrissait encore l'esprit du laird orgueilleux et grossier. Il eut soin de ne pas faire le moindre signe qui pût prouver qu'il reconnaissait son prisonnier : il marchait d'un air de mauvaise humeur à la tête de sa troupe, qu'il appelait emphatiquement l'escadron du capitaine Falconer, quoiqu'elle fût à peine assez nombreuse pour former l'escouade d'un brigadier. Il était précédé d'un trompette et d'un étendard porté par le cornette Falconer, frère cadet du laird. Le lieutenant, homme âgé, avait l'air d'un chasseur et d'un bon vivant, mais d'un rang peu élevé dans la société : une expression de froide gaîté dominait dans sa physionomie, dont les traits vulgaires dénonçaient une habitude d'intempérance; il portait sur l'oreille, d'un air fendant, son chapeau retroussé; et sifflant l'air de *Bob de Dumblain,* sous l'influence d'une demi-pinte d'eau-de-vie, il semblait trotter gaîment avec une heureuse indifférence pour l'état du pays, la conduite de sa troupe, la fin du voyage, ou tout autre intérêt de ce bas monde.

Waverley remarquant ce personnage qui se balançait négligemment sur sa monture, espéra en tirer quelques informations, ou du moins charmer un peu l'ennui de la route en causant avec lui.

— Voilà une belle soirée, monsieur, lui dit-il.

— Oh! oui, superbe, monsieur, reprit le lieutenant dans le langage le plus vulgaire de l'Écosse.

— Oui, on rentrera parfaitement les orges, continua Waverley pour ne pas laisser tomber l'entretien.

— Mais les fermiers, que le diable les emporte! et les marchands de grains auront soin de ne pas diminuer l'ancien prix aux dépens de ceux qui ont des chevaux à nourrir.

— Vous êtes peut-être quartier-maître, monsieur?

— Oui, quartier-maître, lieutenant, maître de manége; et à coup sûr, qui pourrait dresser et entretenir les pauvres bêtes mieux que moi, qui les ai vendues toutes?

— Oserai-je prendre la liberté de vous demander où nous allons?

— Faire le message d'un fou.

— En ce cas j'aurais cru qu'un personnage de votre apparence ne se serait pas trouvé sur la route.

— Vrai, vrai, très vrai, monsieur; mais il n'est pas de *pourquoi* sans son *parce que*;— il faut savoir que le laird m'a acheté tous les chevaux pour monter sa troupe, en convenant de les payer selon le prix et les circonstances du temps; mais il n'avait pas un sou comptant, et j'ai reçu avis que son billet ne vaudrait pas une épingle sur le trésor de l'État; cependant il me fallait payer mes marchands à la Saint-Martin. Ainsi donc, le laird m'ayant offert généreusement ce grade, et comme le vieux *Fifteen*[1] n'avait jamais voulu me rembourser mon argent, pour avoir fourni des chevaux contre le gouvernement, en conscience, monsieur, j'ai pensé que je n'avais rien de mieux à faire que de partir moi-même pour être payé; et vous jugez, monsieur, qu'ayant touché des licous toute ma vie, je ne m'épouvante pas beaucoup de mettre mon cou en danger d'une cravate de *Saint-Johnstone*[2].

— L'état militaire n'est donc pas votre profession?

— Non, graces à Dieu! répondit ce brave partisan; je n'étais pas fait pour une si courte bride; j'étais élevé à un bon ratelier. Je suis marchand de chevaux; et si je vis pour vous voir cet hiver à Whitson-Tryst, à Stagshaw-Bank, ou à la foire

---

(1) *Fifteen*, le vieux *quinze*. Allusion à la première tentative des jacobites en faveur du chevalier de Saint-George, qui eut lieu en 1715. Une abréviation du même genre est un usage parmi nous; on dit 93 pour 1793, etc.

(2) *Saint-Johnston's tippet*; le collier ou la cravate de saint Johnstone, pour dire la corde. L'étymologie de ce mot s'est perdue. — Éd.

d'Hawick, et que vous ayez besoin d'un coureur qui gagne le prix, je me ferai un devoir de vous servir à votre gré ; car Jamie Jinker n'a jamais trompé personne. Vous êtes un homme comme il faut, monsieur, et vous devez vous connaître en chevaux ; vous voyez cette bonne bête sur laquelle est Balmawhapple, c'est moi qui la lui ai vendue. Elle est née de *Lèche-l'échelle*, jument qui gagna le prix du roi à Caverton-Edge ; son père est *Pied-poudreux*, appartenant au duc Hamilton, etc., etc. [1].

Jinker s'étendait sur la généalogie de la jument de Balmawhapple ; il en était déjà à son grand-père et à sa grand'-mère, et Waverley attendait l'occasion de tirer de lui des informations plus intéressantes, lorsque le noble capitaine retint son cheval jusqu'à ce qu'il se trouvât sur la même ligne que le maquignon généalogiste ; et sans avoir l'air de faire attention directement à Edouard : — Je croyais, dit-il, avoir expressément défendu de parler au prisonnier. Le maquignon métamorphosé baissa la tête et vint se placer à l'arrière-garde. Il s'y consola de la leçon qu'il venait de recevoir en se disputant violemment sur le prix du foin avec un fermier qui, pour faire renouveler son bail expiré, avait été forcé malgré lui de se mettre en campagne avec son laird.

Waverley se vit donc encore une fois réduit au silence, prévoyant que s'il cherchait encore à lier conversation avec quelqu'un de ses gardes, il fournirait à Balmawhapple l'occasion de faire valoir insolemment l'autorité dont il était revêtu, et de se livrer à son caractère naturellement despotique et brutal, gâté encore par l'encens d'une servile adulation.

Au bout de deux heures le détachement se trouva près de Stirling ; sur les créneaux flottait le drapeau de l'Union, dont le soleil couchant faisait ressortir les couleurs. Pour abréger le chemin, ou peut-être pour montrer son importance et insulter la garnison anglaise, Balmawhapple voulut traverser le

---

[1] On sait que les amateurs anglais tiennent autant à la généalogie de leurs chevaux qu'à celle de leur famille. — Ép.

parc royal qui entoure le bas du roc sur le sommet duquel la forteresse est située.

Avec un esprit plus tranquille Waverley n'eût pas manqué d'admirer ce paysage si intéressant par un mélange de souvenirs romanesques et de beautés naturelles : cette plaine, théâtre des anciens tournois ; ce rocher du haut duquel les belles venaient assister aux combats, faisant chacune des vœux pour que la victoire couronnât un chevalier favori ; les tours de cette église gothique où ces vœux recevaient leur récompense ; et enfin sur le sommet de la montagne, la citadelle, palais et forteresse en même temps, où la valeur recevait la palme des mains du roi, et où les chevaliers et les dames terminaient la soirée par les danses, les chants et les festins. La vue de ces objets devaient intéresser un jeune homme d'une imagination romanesque.

Mais Waverley était livré à des pensées d'une nature bien différente, et bientôt un incident inattendu le tira de ses profondes rêveries. Balmawhapple, dans l'orgueil de son cœur, en faisant défiler son corps de cavalerie au pied des remparts, fit sonner une fanfare et déployer son étendard. Cette insulte fit probablement sensation ; car lorsque le peloton fut à la portée de la batterie, un boulet passa en sifflant sur la tête du présomptueux capitaine, et s'enterra à quelques pas de distance en le couvrant de poussière. Il n'eut pas besoin de commander aux cavaliers de hâter le pas : dans le fait chacun obéissait à l'impulsion du moment ; les chevaux de M. Jinker eurent occasion de prouver leur vitesse ; et galopant sans ordre, ils ne reprirent *le trot* (comme le lieutenant le remarqua depuis) que lorsqu'ils furent arrivés sur une éminence hors de la portée des saluts peu gracieux du château de Stirling. Je dois à la vérité de dire que non-seulement Balmawhapple se tint à l'arrière-garde, et qu'il fit tous ses efforts pour rallier sa troupe débandée, mais encore qu'il répondit en déchargeant contre les remparts son pistolet d'arçon ; mais comme il était éloigné d'un demi-mille de la forteresse, je n'ai pu savoir quel fut le résultat de cet acte de vengeance.

Le détachement traversa la mémorable plaine de Bannockburn[1], et dépassa le Torwood[2], qui rappelle au paysan d'Ecosse de glorieux ou de terribles souvenirs : les exploits de Wallace, ou les cruautés du Wudd Willie Grime[3]. A Filkirk, petite ville déjà fameuse dans les fastes d'Écosse et qui devait bientôt être encore distinguée[4] dans les événemens de la guerre actuelle, Balmawhapple fit faire halte pour s'y reposer la nuit. Tout se passa sans trop d'égards pour la discipline militaire ; le digne quartier-maître ne s'occupait que du soin de savoir où était la meilleure eau-de-vie. Les sentinelles furent jugées inutiles, et la garde ne fut montée que par les hommes du détachement qui purent se procurer de la liqueur. Quelques hommes déterminés eussent facilement taillé ce détachement en pièces ; mais parmi les habitans quelques-uns étaient favorables à la cause des Stuarts ; le grand nombre était indifférent et le reste avait peur. Il ne se passa donc rien de mémorable dans le courant de la nuit, si ce n'est que Waverley fut souvent réveillé par les buveurs qui, sans remords et sans pitié, faisaient retentir leurs chansons jacobites.

Le lendemain à la pointe du jour, l'escadron prit la route d'Édimbourg, quoique la pâleur des visages accusât plus d'un soldat d'avoir passé la nuit dans la débauche. On fit halte à Linlithgow, fameux par son antique palais encore debout et habitable il y a soixante ans, mais dont les ruines vénérables ont failli être métamorphosées de nos jours en casernes pour les prisonniers français. Puissent reposer en paix les cendres de ce sage homme d'état qui peut compter parmi ses derniers services rendus à l'Écosse d'avoir interposé son crédit pour prévenir cette profanation !

A mesure que les cavaliers approchaient de la capitale de

---

(1) *Bannockburn*, où Bruce acheva la conquête de son royaume par une grande victoire sur les Anglais. — Éd.

(2) Dans les environs de Torwood-Wallace, on montre encore les racines d'un chêne dans lequel Wallace trouva un asile après la bataille de Falkirk. — Éd.

(3) Un fermier du nom de Grime tua d'un coup de fusil un paysan qui traversait son champ. Les juges l'acquittèrent comme insensé. — Éd.

(4) Par la victoire qu'y remporta Charles-Édouard. — Éd.

l'Écosse, à travers une plaine fertile et bien cultivée, le bruit du canon se faisait entendre.— L'œuvre de destruction est donc commencée! se dit douloureusement Waverley.— Balmawhapple lui-même jugea qu'il n'était pas inutile de prendre quelques précautions : il envoya un détachement en avant-garde, fit mettre le reste de ses soldats en assez bon ordre, et s'avança fièrement.

Ils atteignirent bientôt une hauteur d'où la vue distinguait Édimbourg se déployant le long de la colline qui descend vers l'est depuis le château. Assiégée, ou pour mieux dire bloquée par les insurgés du nord déjà maîtres de la ville depuis deux ou trois jours, la garnison faisait feu par intervalles sur le corps de Highlanders qui s'exposaient dans son voisinage ou dans la rue principale. La matinée était calme et pure; l'effet de ces décharges à intervalles inégaux était d'envelopper la citadelle de nuages de fumée dont les plus élevés se dissipaient lentement dans les airs, tandis que le voile du milieu devenait de plus en plus sombre par les nouveaux nuages qui sortaient des remparts. L'édifice ainsi voilé partiellement en recevait un aspect de sombre grandeur, rendu plus terrible pour Waverley quand il songeait quelle était la cause qui le produisait, et que chaque explosion annonçait peut-être la mort d'un brave.

Quand ils approchèrent de la ville, Balmawhapple, qui se rappelait la réception peu amicale qu'il avait rencontrée devant Stirling, ne se souciait guère de mettre à l'épreuve l'artillerie du château. Il quitta donc la grande route pour faire un détour à gauche, se dirigeant vers l'antique Holy-Rood, sans entrer dans la ville. Il rangea ses hommes en bataille devant la façade de ce vénérable édifice, et remit son prisonnier entre les mains d'un officier de Highlanders qui le conduisit aussitôt dans l'intérieur du palais.

Il traversa une galerie longue, basse et irrégulière, dont les murs étaient décorés, disait-on, de tableaux qu'on prétendait être des portraits de rois d'Écosse, quoique la plupart de ces rois eussent vécu plus de cinq cents ans avant que la peinture à l'huile fût inventée. Cette galerie servait de salle des gardes ou de vestibule pour les appartemens que l'aventureux Charles-Édouard occupait dans le palais de ses ancêtres. Des officiers dans le costume des Highlands et dans celui des Lowlands, passaient et repassaient à la hâte, ou s'arrêtaient dans cette pièce comme pour attendre des ordres. Des secrétaires étaient occupés à écrire des passeports, des rôles de revue, des listes de morts et de blessés, etc. Tout le monde avait l'air affairé et occupé de quelque projet important. Waverley à qui personne n'adressait la parole alla tristement s'asseoir dans l'embrasure d'une fenêtre, attendant non sans inquiétude la crise de sa destinée qui semblait prochaine.

CHAPITRE XL.

Une ancienne et une nouvelle connaissance.

Pendant que Waverley était plongé dans sa rêverie, le frolement d'un plaid se fit entendre derrière lui, une main amie toucha son épaule, et une voix familière s'écria :

— Le prophète des Highlands disait-il la vérité, ou la seconde vue ne méritera-t-elle plus de croyance ?

Waverley se retourna, et fut tendrement embrassé par Fergus Mac Ivor.

— Soyez mille fois le bienvenu au palais de Holy-Rood rendu enfin à son légitime souverain.... Ne vous avais-je pas dit que nous réussirions, et que vous tomberiez entre les mains des Philistins, si vous nous quittiez ?

— Cher Fergus, il y a long-temps que je n'ai entendu la voix d'un ami !.... Où est Flora ?

— En sûreté, et témoin triomphant de notre succès.

— Est-elle ici ?

— Oui, c'est-à-dire dans la ville : vous ne tarderez pas à la voir ; mais il faut d'abord que je vous fasse connaître un ami à qui vous pensez peu, et qui m'a bien souvent demandé de vos nouvelles.

Ce disant, il le prit par la main, l'entraîna hors de la salle des gardes, et avant que Waverley vît où il était conduit, il se trouva dans une salle d'audience arrangée avec l'intention de lui donner un aspect de salle royale.

Un jeune homme en cheveux blonds [1], distingué par la dignité de son maintien et la noble expression de ses traits réguliers, sortit d'un cercle de militaires et de chefs de Highlands qui l'entouraient, et s'avança vers lui. Waverley crut dans la suite l'avoir reconnu à sa démarche gracieuse et à ses manières aisées, sans avoir eu besoin de remarquer l'étoile sur sa poitrine et la jarretière brodée à son genou.

— Que Votre Altesse Royale, dit Fergus en s'inclinant profondément, daigne me permettre de lui présenter....

— Le descendant d'une des plus anciennes et des plus loyales familles d'Angleterre, dit le jeune chevalier en l'interrompant. Je vous prie de m'excuser, mon cher Fergus, si je vous interromps ; mais est-il besoin de maître des cérémonies pour présenter un Waverley à un Stuart?

A ces mots il tendit la main avec la plus aimable courtoisie à notre héros, qui ne put éviter de lui rendre l'hommage qui semblait dû à son rang, et qui était certainement un droit de sa naissance. — Je suis fâché d'apprendre, monsieur Waverley, que par des circonstances mal expliquées jusqu'à présent vous avez été retenu malgré vous par quelques hommes de nos partisans dans le Perthshire et pendant la route ; mais nous nous trouvons dans une telle situation, qu'on a quelque peine à distinguer ses amis... Moi-même, en ce moment, je ne sais si je puis me flatter de compter M. Waverley au nombre des miens!

Ici il s'interrompit un instant ; mais avant qu'Édouard eût

---

(1) L'auteur remarquera tout à l'heure que la mode générale était alors de porter perruque. Il paraît que Charles-Édouard avait ses cheveux naturels. — Éd.

pu faire une réponse convenable, ou même recueillir ses idées à ce sujet, le prince tira un papier de sa poche et continua :

— Je n'aurais aucun doute là-dessus si je pouvais m'en rapporter à cette proclamation publiée par les amis de l'électeur de Hanovre, qui nomme monsieur Waverley parmi les nobles et les gentilshommes qui pour prix de leur fidélité envers leur légitime souverain sont menacés du supplice de haute trahison ; mais je ne veux devoir de partisans qu'à l'affection et à la conviction. Si monsieur Waverley désire poursuivre son voyage vers le sud ou joindre les troupes de l'électeur de Hanovre, il aura un passeport de moi et la liberté de le faire. Je regretterai seulement qu'il ne soit pas en mon pouvoir de le garantir des conséquences probables d'une semblable résolution. Mais si monsieur Waverley se déterminait à marcher sur les traces de son respectable aïeul sir Nigel ; s'il voulait embrasser une cause qui n'est recommandée que par sa justice ; s'il suivait un proscrit qui se jette dans les bras de son peuple pour recouvrer le trône de ses pères ou pour périr, je puis lui dire qu'il trouverait dans cette noble entreprise des associés dignes de lui, et un maître qui peut être malheureux, mais jamais ingrat.

Le politique chef de la race d'Ivor avait bien compris tout son avantage en amenant cette entrevue personnelle entre son ami et le prince aventurier. Étranger au langage et aux manières d'une cour polie que Charles avait acquis à un degré si éminent, Édouard fut touché jusqu'au fond du cœur de ces paroles bienveillantes, qui l'emportèrent aisément sur tous les motifs de prudence. Être ainsi sollicité par un prince dont la personne et le courage qu'il déploya dans cette singulière aventure répondaient si bien à ses idées d'un héros de roman ; être flatté par lui dans les antiques appartemens du palais de ses pères, reconquis par cette épée qu'il tirait déjà du fourreau pour d'autres victoires, — c'en était assez pour rendre à Édouard la dignité et l'importance qu'il croyait avoir perdues ! — Rejeté, calomnié et menacé de l'autre côté, il était attiré par des séductions irrésistibles vers la cause que les préjugés de l'éducation et les principes politiques de sa famille lui avaient déjà recommandée comme la plus juste. Ces pensées, qui vinrent l'assaillir à la fois, effacèrent de son esprit toute considération d'une tendance opposée. — Le temps d'ailleurs n'admettait point de délibération, et Waverley, tombant aux genoux de Charles-Édouard, voua son cœur et son épée à la défense de ses droits.

Le prince (car quoique malheureux des folies et des fautes de ses ancêtres, Charles-Édouard recevra de nous ici et ailleurs, le titre dû à sa naissance), le prince s'empressa de le relever et le serra dans ses bras avec une expression de reconnaissance trop affectueuse pour n'être pas franche. Il remercia aussi plusieurs fois Fergus Mac Ivor de lui avoir amené un tel partisan, et présenta Waverley aux divers seigneurs, chefs des Highlands et officiers qui étaient auprès de sa personne, comme un jeune gentilhomme de la plus haute espérance, dont l'enthousiasme franc et courageux pour sa cause leur était un garant des sentimens des principales familles anglaises dans cette crise importante. Dans le fait c'était là un grand sujet de doute parmi les partisans de la maison des Stuarts; une défiance assez bien fondée de la coopération des jacobites anglais empêchait plusieurs Écossais d'un haut rang de se rendre sous l'étendard de Charles, et diminuait le courage de ceux qui l'avaient joint : rien ne pouvait donc être plus heureux pour le chevalier que cette déclaration en sa faveur du représentant de la maison de Waverley-Honour, si connue parmi les cavaliers et les royalistes. C'était ce que Fergus avait prévu dès le commencement. Il aimait réellement Waverley, parce que leurs sentimens et leurs projets ne s'étaient jamais trouvés en opposition; il espérait qu'il serait un jour uni à Flora, et se réjouissait de le voir enfin engagé dans la cause qu'il avait embrassée lui-même; mais comme nous l'avons déjà fait entendre, il triomphait aussi comme politique d'avoir attaché à son parti un homme de cette importance, et il était aussi très sensible à la *considération personnelle* qu'il acquérait lui-même auprès du prince par le service qu'il lui rendait.

Charles-Édouard de son côté semblait empressé de montrer à ses officiers le prix qu'il attachait à son nouveau partisan; et dans ce but il lui raconta aussitôt comme en confidence les détails de sa situation.

— Monsieur Waverley, lui dit-il, par des causes dont je ne suis informé qu'incomplètement, vous avez été si long-temps privé de nouvelles, que vous ignorez, je présume, les particularités importantes de ma situation actuelle. Vous avez dû cependant entendre parler de mon débarquement dans le district éloigné de Moidart[1], avec sept individus seulement; là de nombreux chefs de clans, dans leur enthousiasme loyal, ont mis tout à coup un aventurier à la tête d'une vaillante armée. J'imagine que vous avez su aussi que le général en chef de l'électeur de Hanovre[2] marchait contre nous à la tête d'une armée forte par le nombre et la discipline, dans l'intention de nous livrer la bataille; mais le courage lui a manqué lorsque nous n'étions plus qu'à trois heures de marche l'un de l'autre, de sorte qu'il nous a cédé le pas et s'est dirigé vers le nord sur Aberdeen, laissant le bas pays ouvert et sans défense. Pour profiter de cette circonstance j'ai marché sur cette métropole, chassant devant moi deux régimens de cavalerie qui avaient menacé de tailler en pièces tous les montagnards qui voudraient dépasser le fort de Stirling. Pendant que les magistrats et les principaux citoyens discutaient entre

---

(1) Charles-Édouard s'embarqua pour l'Écosse le 20 juin, débarqua à Loch Sunart le 24 juillet, et fut reçu dans la maison de M. Macdonald de Kinloch Moidart, comté d'Argyle. Il était accompagné du duc d'Athole, appelé généralement le marquis de Tullebardine, qui avait été en exil depuis 1715, et privé de son titre; de Macdonald, Irlandais; de Kelly, Irlandais, qui avait été secrétaire de l'évêque de Rochester; de Sullivan, Irlandais; de Sheridan, Irlandais, qui avait été gouverneur du prince; de Macdonald, Écossais; de Strickland, Irlandais ou Anglais, selon Home; et de Michel, Italien, son valet de chambre. Il fut bientôt joint par Caméron Lochiel avec son clan de camérons; par Macdonald du clan Ronald, etc. — Éd.

(2) Ce général était sir John Cope, qui n'était pas sans réputation avant 1745, et qui fut mis en jugement comme incapable ou traître après sa défaite. — Éd.

eux s'ils devaient ouvrir leurs portes ou se défendre, mon fidèle ami Lochiel, ajouta le prince en frappant sur l'épaule de ce brave chef, mit fin à leur indécision en forçant les portes à la tête de cinq cents camérons. Jusque là donc tout a bien été pour nous; — mais dans l'intervalle le vaillant général ayant recouvré quelque vigueur dans l'air vif d'Aberdeen, s'est embarqué pour Dunbar, et je viens de recevoir la nouvelle certaine qu'il y est débarqué hier. Son projet doit être sans doute de venir reconquérir la capitale. Or il y a deux opinions dans mon conseil de guerre : selon les uns, — étant probablement inférieurs par le nombre, et certainement par la discipline et par les approvisionnemens militaires, pour ne rien dire de notre manque absolu d'artillerie et de la faiblesse de notre cavalerie, il serait plus sûr pour nous de battre en retraite dans les montagnes, et d'y traîner la guerre en longueur jusqu'à ce que des secours nous arrivent de France, et que tous les clans aient pris les armes en notre faveur; selon les autres, un mouvement rétrograde porterait le plus grand tort à notre entreprise et refroidirait le zèle de nos amis, bien loin de nous en assurer d'autres. Les officiers qui sont de ce derniers avis, y compris votre jeune ami Fergus Mac Ivor, soutiennent que si les Highlanders sont étrangers à la discipline militaire et à la discipline des soldats d'Europe, les soldats qu'ils ont à combattre ne sont pas moins étrangers à leur terrible mode d'attaque ; qu'on peut compter sur leur courage comme sur le dévouement des chefs et des gentilshommes; que comme ceux-ci se précipiteront au milieu des rangs ennemis, les clans les y suivront; enfin, qu'ayant tiré l'épée, nous devons jeter le fourreau et mettre notre espoir dans les combats et dans le Dieu des combats. Monsieur Waverley aurait-il la complaisance de nous faire connaître son opinion dans ces circonstances difficiles?

Waverley rougit de modestie et de plaisir tout ensemble en se croyant honoré par cette question : — il répondit avec autant de zèle que de courage qu'il ne pouvait se hasarder à donner son opinion fondée sur des connaissances militaires, mais que le parti le plus agréable pour lui serait celui qui lui fournirait le plus tôt l'occasion de prouver son dévouement à Son Altesse Royale.

— Répondu en Waverley! dit Charles-Édouard. Pour que vous occupiez un rang digne de votre nom, permettez-moi de remplacer votre brevet de capitaine qu'on vous a ôté par celui de major-général, en restant attaché à ma personne en qualité d'aide-de-camp jusqu'à ce que je puisse vous donner un régiment; et j'espère qu'il y en aura bientôt plusieurs de formés.

Waverley, se souvenant de Balmawhapple et de sa troupe, répondit :

— Votre Altesse Royale me pardonnera si je n'accepte aucun rang jusqu'à ce que je me trouve dans un lieu où j'aurai assez de crédit pour lever un corps dans le commandement duquel je pourrai être utile. Daignez me permettre de servir en qualité de volontaire sous les ordres de mon ami Fergus Mac Ivor.

— Du moins, lui dit le prince évidemment charmé de cette réponse, vous ne me priverez pas du plaisir de vous armer à la façon des Highlands. A ces mots il déboucla sa propre épée écossaise, dont le ceinturon était garni d'argent et la poignée d'acier d'un riche et curieux travail :

— La lame, dit-il, est une *André Ferrara*[1]; elle a été une espèce de meuble héréditaire dans notre famille; mais je suis persuadé que je la remets en de meilleures mains que les miennes, et j'y ajouterai des pistolets du même ouvrier... Colonel Mac Ivor, vous avez sans doute beaucoup de choses à dire à votre ami; je ne vous priverai pas plus long-temps du plaisir de converser ensemble. N'oubliez pas, je vous prie, que je vous attends l'un et l'autre ce soir : ce sera peut-être la der-

---

(1) Les épées qu'on trouve encore en Écosse avec le nom de cet artiste sont de manufacture espagnole. Ferrara était, dit la tradition, un habile ouvrier de Guipuscoa; il fut obligé de se réfugier en Écosse sous Jacques IV ou Jacques V, pour avoir tué son apprenti qui lui avait dérobé le secret de la trempe de son acier. Il y a aussi des épées qui portent le nom d'André Ferrara, et qui passent pour être italiennes.—Éd.

nière nuit dont nous jouirons dans ce palais ; et comme nous allons au champ d'honneur avec une bonne conscience, nous passerons gaîment la veille du combat.

Ayant pris congé du prince, le chef et Waverley sortirent de la salle d'audience.

CHAPITRE XLI.

Le mystère commence à s'éclaircir.

— Comment le trouvez-vous? dit Fergus à son ami en descendant l'escalier.

— C'est un prince pour qui il est doux de vivre et de mourir. Telle fut la réponse de notre jeune enthousiaste.

— Je savais bien que vous ne penseriez pas autrement lorsque vous l'auriez vu, et j'aurais voulu que cela fût plus tôt ; mais votre entorse m'en empêcha. Cependant il a aussi ses faiblesses, — ou plutôt il a un jeu difficile à jouer ; et ses officiers irlandais, toujours près de lui, sont de tristes conseillers[1], ils ne peuvent juger sainement des nombreuses prétentions qu'on met en avant. Le croiriez-vous? j'ai été obligé pour le moment de ne pas prendre mon titre de comte, quoiqu'il soit la récompense de dix ans de travaux, et cela de peur d'exciter la jalousie de C*** et de M***. Mais vous avez eu bien raison, Édouard, de refuser l'emploi d'aide-de-camp. Il y en a deux de vacans ; mais Clanronald, Lochiel et presque tous les chefs de clans, nous en demandons un pour le jeune Aberchallader, et le parti des Lowlands avec les Irlandais n'espèrent pas moins

---

[1] Les Irlandais qui avaient accompagné le prince étaient, à ce qu'il paraît, des aventuriers avides, qui obtinrent sa confiance par leurs intrigues plutôt que par leur mérite. Cependant Sullivan était un bon officier qui avait été l'aide-de-camp du maréchal de Maillebois en Italie. — Éd.

obtenir l'autre pour le Maître de F***[1]. Votre nomination, au détriment de l'un de ces candidats, vous aurait fait de nombreux ennemis. Je suis bien surpris que le prince vous ait offert la place de major, quand il doit savoir que tel gentilhomme qui ne peut lui fournir cent cinquante hommes se contentera à peine du titre de lieutenant-colonel... Mais « patience, cou- « sin, et battez les cartes! » Tout va bien pour le moment, — il nous faut maintenant vous équiper pour ce soir; car à vous parler franchement, votre homme extérieur n'est pas présentable à la cour.

— Il est vrai que depuis notre séparation je n'ai pas quitté mon habit de chasse; mais probablement, mon ami, c'est ce que vous savez aussi bien ou mieux que moi.

— Vous faites trop d'honneur à ma seconde vue[2]. Nous étions tellement occupés d'abord des préparatifs de la bataille que nous espérions livrer à Cope, et ensuite de nos opérations dans les Lowlands, que tout ce que je pus faire fut de donner à ceux des nôtres que nous laissâmes dans le Perthshire des instructions générales pour vous secourir et vous protéger, si vous étiez rencontré par eux; mais contez-moi vous-même toute l'histoire de vos aventures, qui ne nous est parvenue qu'incomplète et défigurée.

Waverley lui fit le récit des détails que le lecteur connaît déjà. Fergus l'écouta avec la plus grande attention. Ils étaient arrivés à leur logement dans une cour pavée, écartée de la rue, chez une veuve enjouée de quarante ans qui paraissait sourire très gracieusement au jeune chef, étant d'un caractère que la bonne humeur et la bonne mine ne manquaient jamais d'intéresser, quelle que fût l'opinion politique de son hôte. Callum Beg reçut Waverley avec le sourire d'une connaissance.

— Callum! dit Fergus, appelez *Shemus an Snachad* (Jacques

---

(1) *The Master of*, le Maître de. On appelle ainsi en Écosse le fils aîné d'un baron ou vicomte, en y ajoutant le nom du titre de son père. Par exemple le Maître de Ravenswood. *Master* répond alors à notre *chevalier*. — Éd.

(2) Au figuré; à ma perspicacité. — Éd.

de l'Aiguille)..C'était le tailleur héréditaire de Vich Ian Vohr.

— Shemus! lui dit le chef, monsieur Waverley va porter le *cath-dath* (tartan); ses trews doivent être prêts dans quatre heures; vous connaissez la mesure d'un homme bien fait? Deux doubles seize[1] pour le mollet... onze des hanches aux talons, sept pour la ceinture.

— Je consens que Votre Honneur fasse pendre Shemus, s'il y a dans les Highlands une paire de ciseaux qui découpent mieux que les nôtres le *cumadh an truais*[2].

— Il faut, dit le chef, un plaid du tartan Mac Ivor et une ceinture; un bonnet bleu sur le modèle de celui du prince : mon frac vert avec le galon d'argent lui siéra à merveille; je ne l'ai pas encore porté. Dites à l'enseigne Mac Combich de choisir une de mes meilleures targes. Mon cher Edouard, le prince vous a fourni les pistolets et l'épée, et je veux vous donner le dirk et la bourse. — Ajoutez à tout cela une chaussure à talons bas, et vous êtes, mon cher Edouard, un véritable enfant d'Ivor.

Après avoir ainsi donné ses ordres, Fergus reprit la conversation avec Waverley sur ses aventures.

— Je vois clairement, dit-il, que c'est Donald Bean Lean qui vous a retenu prisonnier. Il est bon que vous sachiez que lorsque je me mis à la tête de mon clan pour aller trouver le prince, je chargeai cet honnête Donald de faire une expédition, et de me rejoindre le plus tôt possible. Au lieu de se conformer à ses instructions, le gentilhomme voyant le pays dégarni, aura jugé qu'il lui convenait mieux de faire la guerre pour son propre compte. Il a battu tout le pays, pillant indistinctement ami et ennemi, sous prétexte de lever le black-mail, tantôt se servant de mon nom, et quelquefois du sien. (Maudite soit l'impudence du grand homme!) Sur mon honneur, si je revois le rocher de Benmore, je crois que je ferai pendre ce drôle. Je le reconnais dans la manière dont vous êtes sorti d'entre les mains de ce coquin hypocrite Gifted Gil-

---

(1) Seizième partie de l'aune, à peu près un pouce. — ÉD.

(2) C'est-à-dire la coupe d'un trews ou pantalon des Highlands. — ÉD.

fillan..... Je ne doute pas que ce ne fût Donald lui-même qui remplissait le rôle de colporteur ; mais je ne puis concevoir qu'il ne vous ait pas dévalisé, au moins qu'il n'ait pas exigé une forte rançon pour vous rendre la liberté.....

— Quand et de qui apprîtes-vous la perte de ma liberté ? demanda Waverley.

— Du prince lui-même, qui s'informa dans le plus grand détail de tout ce qui vous concernait. Il me dit que vous étiez au pouvoir de nos partisans ; vous sentez bien, mon cher ami, qu'il ne me convenait pas de le questionner. Il me demanda de quelle manière il devait disposer de vous : je le priai d'ordonner que vous fussiez conduit ici comme prisonnier de guerre. Je crus devoir prendre cette précaution pour ne pas vous compromettre auprès du gouvernement anglais, si vous persistiez dans votre projet de retourner auprès de vos parens. Vous devez vous rappeler que j'ignorais entièrement alors qu'on vous eût accusé de haute trahison, ce qui, je présume, a dû contribuer à changer vos plans. On chargea cette lourde brute de Balmawhapple de vous escorter dans la route, depuis Doune, avec ce qu'il appelle son escadron. Outre la répugnance que la nature lui a donnée pour tous les sentimens nobles et généreux, je présume que son duel avec Bradwardine lui pèse sur le cœur. Je ne serais pas même éloigné de croire que c'est d'après la manière dont il a raconté cette histoire que certains bruits peu honorables pour vous sont parvenus à votre ci-devant régiment.

— Vous avez raison, cher Fergus ; mais maintenant vous pourriez trouver le temps de me dire quelque chose de Flora.

— Que puis-je vous dire ? si ce n'est qu'elle se porte très bien ; elle habite chez une de ses amies. J'ai cru qu'il convenait sous tous les rapports de la faire venir ici. Depuis notre succès, maintes dames de rang figurent dans notre cour guerrière. Je vous assure qu'il y a de quoi être fier d'être si proche parent d'une personne comme Flora Mac Ivor ; et quand il y a tant de gens qui emploient tous les moyens pour faire valoir leurs diverses prétentions, on peut fort bien ne rien négliger de son côté pour se donner un peu plus d'importance.

Il y avait dans cette dernière phrase quelque chose de pénible pour le cœur de Waverley. Il ne pouvait penser sans répugnance que Flora fût considérée comme un moyen de faveur pour son frère, grace à l'admiration qu'elle excitait naturellement partout; et quoique ce sentiment fût parfaitement d'accord avec plusieurs traits du caractère de Fergus, il en fut choqué comme d'un principe d'égoïsme indigne de l'ame noble de sa sœur et de l'esprit fier et indépendant du chef lui-même. Fergus, à qui ces manœuvres étaient familières comme à un homme élevé dans la cour de France, ne remarqua pas l'impression défavorable qu'il venait de faire sur son ami, et continua en disant :

— Nous ne verrons guère Flora que ce soir au bal et au concert qui auront lieu au palais..... Nous eûmes une querelle ensemble, parce qu'elle n'était pas descendue pour recevoir vos adieux..... Je ne voudrais pas la renouveler en lui demandant à vous recevoir ce matin : ce serait non-seulement peut-être une démarche inutile, mais encore ce serait risquer de ne pas la voir ce soir.

Ils en étaient là de leur entretien quand Waverley entendit dans la cour au-dessous de la fenêtre une voix qui lui était bien connue.

— Je vous le répète, mon digne ami, disait l'interlocuteur : vous avez essentiellement violé la discipline militaire; et si vous n'étiez comme qui dirait un *tyro* [1], votre conduite mériterait les plus graves reproches. Un prisonnier de guerre ne doit être ni chargé de fers ni mis dans un souterrain, *in ergastula*, comme c'eût été le cas si vous aviez remplacé ce gentilhomme dans la basse fosse du donjon de Balmawhapple. Je conviens qu'un tel prisonnier peut être par précaution tenu *in carcere*, c'est-à-dire dans une prison publique.

La voix grondeuse de Balmawhapple se fit alors entendre. On comprit seulement qu'il s'éloignait très mécontent; mais

---

1) Un novice, un *conscrit*. — Éd.

on ne put saisir de sa réponse que le mot de — *land-louper*¹.
Édouard ne le trouva plus quand il descendit dans la cour pour présenter ses civilités au digne baron de Bradwardine. L'uniforme dont celui-ci était revêtu donnait encore plus de raideur à sa grande taille perpendiculaire, et le sentiment de son autorité militaire avait augmenté en proportion l'importance de ses manières et l'affectation dogmatique de sa conversation.

Il reçut Waverley avec sa bienveillance habituelle, et son premier mouvement fut de lui demander avec une curiosité inquiète l'explication des circonstances qui avaient servi de prétexte à la perte de sa commission dans le régiment de G***; non, dit-il, qu'il eût la moindre crainte que son jeune ami eût mérité ce traitement peu généreux; mais il lui semblait juste et convenable que le baron de Bradwardine, comme homme d'un grade élevé et digne de confiance, fût pleinement à même de réfuter toute espèce de calomnie contre l'héritier de Waverley-Honour qu'il pouvait à tant de titres regarder comme son propre fils.

Fergus Mac Ivor qui venait de les rejoindre fit au baron un récit rapide des aventures de Waverley, et conclut par la réception flatteuse du jeune chevalier. Le baron écouta en silence, et quand Fergus eût cessé de parler, il prit la main d'Édouard et la secoua cordialement pour le féliciter d'être entré au service de son prince légitime, — Car, ajouta-t-il, quoique dans tous les temps on ait regardé la violation du serment militaire comme un sujet de scandale et de déshonneur, personne n'a jamais mis en doute qu'on ne fût entièrement dégagé du serment d'obéissance en recevant sa *demissio* ou le renvoi du militaire, soit que le serment eût été prononcé par chaque soldat individuellement, ce que les Romains appelaient *per conjurationem*, soit par un soldat au nom de tous. S'il en était autrement, la condition du soldat serait pire que celle des charbonniers-mineurs, des sauniers et autres esclaves

---

(1) Ce mot écossais désigne un homme qui passe souvent d'un pays à un autre, un transfuge. — Éd.

du sol[1]. Il y a quelque chose là-dessus dans le traité du savant Sanchez, *de Jurejurando*, que vous avez sans aucun doute consulté à cette occasion. Quant à ceux qui vous ont calomnié par leurs mensonges, je déclare qu'ils ont encouru la peine de la loi *Memnonia*, appelée aussi *lex Rhemnia*, et qui est commentée dans la harangue de *Tullius* contre *Verrès*. Mais j'aurais cru, mon cher Waverley, qu'avant d'accepter une place quelconque dans l'armée du prince, vous vous seriez informé du rang de Bradwardine, et s'il ne se serait pas trouvé heureux de vous voir entrer dans le régiment de dragons qu'il est en train de lever.

Édouard éluda le reproche en faisant valoir qu'il avait été forcé de donner de suite une réponse au prince, et qu'il ignorait dans ce moment si son ami le baron était à l'armée ou faisait son service ailleurs.

Cette petite difficulté terminée, Waverley demanda des nouvelles de miss Bradwardine; il apprit qu'elle était venue à Édimbourg avec Flora Mac Ivor, sous l'escorte d'un détachement du clan de Fergus. Cette mesure était devenue nécessaire par suite des événemens de la guerre. Tully-Veolan eût été pour une jeune personne sans protecteurs un séjour peu agréable et dangereux, à raison du village des Highlands, et aussi de deux grands villages qui, autant par aversion pour les caterans que par zèle pour le presbytérianisme, s'étaient déclarés en faveur du gouvernement et formaient des corps de partisans, lesquels avaient de fréquentes escarmouches avec les montagnards et attaquaient quelquefois les maisons des propriétaires jacobites.

—Je voudrais vous proposer, ajouta le baron, de venir visiter mon logement dans les Luckenbooths[2] et vous admireriez en

---

(1) Long-temps les charbonniers-mineurs et les employés aux salines ont été dans une véritable servitude en Écosse. Les Écossais de 1745 croyaient qu'il en était encore de même en Angleterre; car lorsque le maréchal Wade n'osa pas s'éloigner de Newcastle pour s'opposer à la marche du Prétendant, on crut dans l'armée de celui-ci qu'il avait craint que les vingt mille mineurs de cette ville ne profitassent de l'occasion pour se délivrer de leur esclavage. — Éd.

(2) Vieux quartier de l'ancienne ville. — Éd.

passant High-Street[1], qui est sans le moindre doute plus belle qu'aucune rue de Paris ou de Londres. Mais Rose, la pauvre fille, est un peu effrayée du canon du château, quoique je lui aie prouvé par *Blondel* et *Cohorn*[2] qu'il est impossible qu'un boulet nous y atteigne. Son Altesse Royale m'a aussi chargé de me rendre au camp pour faire plier les bagages, *conclamare vasa*.

— Ce sera vite fait pour la plupart de nous, répondit Fergus en riant.

— Je vous demande pardon, colonel Mac Ivor ; pas aussi vite que vous semblez le penser. Je sais que la plupart de vos gens ont eu soin de quitter les Highlands, légers de bagages et d'embarras ; mais je ne saurais vous détailler tous les petits meubles inutiles qu'ils ont recueillis dans la route. J'en ai vu un, colonel, je vous demande pardon de nouveau ; j'ai vu un de vos gens (encore une fois je vous demande pardon) avec un miroir de cheminée sur son dos.

— Oui, oui ! répondit gaîment Fergus, et si vous vous fussiez avisé de le questionner, il n'eût pas manqué de vous répondre :— Un pied qui marche accroche toujours quelque chose. — Convenez, mon cher baron, que cent hulans ou une troupe de pandours de Schmirschitz feraient cent fois plus de mal dans un pays que le chevalier du *miroir* et tous nos clans ensemble.

— Je n'en disconviens pas, colonel ; ils sont, comme dit un auteur païen, horribles à voir, mais d'un caractère beaucoup plus doux qu'on ne s'y attendrait d'après leur physionomie : *ferociores in aspectu, mitiores in actu*. Mais je m'amuse à jaser

---

(1) High-Street. C'est la grande rue de la ville vieille à Édimbourg. High-Street signifie belle rue, grand'rue, rue haute : toutes ces épithètes seraient exactes.—Éd.

(2) Il y a eu deux Blondel, l'oncle et le neveu. L'oncle, François Blondel, était un des architectes qui font le plus d'honneur à la France. Mais le baron avait lu surtout, à ce qu'il paraît, son *Art de jeter les bombes*, un vol. in-12, La Haye, 1685, et sa *Nouvelle manière de fortifier les places*, ouvrage dont Louis XIV fut si content, qu'il nomma Blondel maréchal-de-camp.

Cohorn a été surnommé le *Vauban* hollandais : ses ouvrages sont devenus classiques. —Éd.

avec ces deux jeunes gens, tandis que mon devoir m'appelle au Parc du roi[1].

— Mais j'espère, lui dit Fergus, que vous viendrez dîner avec nous. Quoique je sache au besoin vivre en montagnard, je me souviens de mon éducation de Paris et j'entends parfaitement l'*art de faire la meilleure chère.*

— Qui diable pourrait en douter? dit le baron en riant, quand vous ne fournirez que la cuisine et que la bonne ville fournira les matériaux; allons, j'ai aussi quelques affaires de ce côté-ci. — Je vous joindrai à trois heures, si le dîner peut attendre jusque là.

A ces mots il prit congé de ses deux amis, et fut s'acquitter de sa commission.

CHAPITRE XLII.

Un dîner de militaires.

JACQUES DE L'AIGUILLE était homme de parole lorsque le whisky ne se mettait pas de la partie. Dans cette circonstance, Callum Beg, qui se croyait encore le débiteur de Waverley, puisqu'il avait refusé son offre de se libérer envers lui aux dépens de la personne de mon hôte du Chandelier, profita de l'occasion pour acquitter ses obligations, en montant la garde auprès du tailleur héréditaire de Sliochd Nan Ivor, et selon son expression, il le serra de près jusqu'à ce qu'il eût achevé sa tâche. Pour se débarrasser de cette contrainte, Shemus fit voler son aiguille comme l'éclair à travers le tartan : il chantait une des terribles batailles de l'ancien héros Fin Macoul[2],

---

(1) Le Parc du roi comprend le mont d'Arthur et ses alentours, Salisbury-Craigh, Saint-Léonard, etc. — ÉD.

(2) Un des héros de la tradition ossianique. — ÉD.

et faisait trois points à la mort de chaque guerrier. L'habillement complet fut donc bientôt prêt, car le frac de Fergus allait parfaitement à la taille d'Édouard, et le reste de l'équipement ne demandait pas beaucoup de temps.

Notre héros s'étant alors revêtu du costume « du vieux Gaul », bien propre à donner un air de force à sa taille plus élégante que robuste, j'espère que mes belles lectrices lui pardonneront s'il se regarda plus d'une fois dans un miroir, et s'il ne put s'empêcher d'y voir la ressemblance d'un jeune homme bien fait. En effet, il eût été difficile de se le dissimuler : ses cheveux châtain-clair (Édouard ne portait point perruque, quoique ce fût la mode générale) ressortaient d'une manière charmante sous sa toque. Sa taille annonçait la force et la souplesse, et les amples plis de son tartan lui prêtaient une véritable dignité ; ses yeux bleus exprimaient également bien

La mollesse d'amour et le feu de la guerre.

Son air timide, qui dans le fait n'était que la suite de son manque d'usage, prêtait de l'intérêt à ses traits sans leur faire rien perdre de leur grace et de leur vivacité.

— C'était un joli homme, un très joli homme, dit Evan Dhu (devenu l'enseigne Mac Combich), en s'adressant à l'hôtesse enjouée de Fergus.

— Il est très bien, répondit la veuve Flockhart ; mais il n'est pas aussi bien que votre colonel, enseigne !

— Je n'ai pas prétendu faire une comparaison ni dire qu'il avait un beau visage, mais seulement que M. Waverley a l'air propre, leste comme un brave garçon de son coin, et qui ne demandera pas de l'orge dans une bataille ; et vraiment il manie passablement la claymore et la targe : j'ai souvent joué moi-même avec lui à Glennaquoich, et Vich Ian Vohr comme moi, les dimanches après-midi.

— Qu'osez-vous dire, monsieur Mac Combich ! votre colonel est incapable de cette profanation.

— Bah ! bah, mistress Flockhart, nous sommes jeunes, voyez-vous, et comme on dit, *jeunes saints, vieux diables !*

— Est-il vrai, enseigne Mac Combich, que vous vous battez demain avec sir John Cope?

— Je le crois, s'il veut nous attendre, mistress Flockhart.

— Comment, vous vous trouverez face à face avec ces terribles hommes, les dragons, enseigne Mac Combich?

— Je l'espère, mistress Flockhart : *griffes contre griffes*, comme dit Conan à Satan, et le diable emporte les plus courtes.

— Et le colonel se hasardera aussi contre les baïonnettes?

— Je vous en réponds, mistress Flockhart, c'est lui qui portera le premier coup, par saint Phédar!

— Miséricorde divine, que m'apprenez-vous! s'il venait à être tué par les habits rouges!...

— Si cela arrivait, mistress Flockhart, je connais quelqu'un qui ne lui survivrait pas pour le pleurer... Mais il s'agit de vivre aujourd'hui, et de dîner; voici Vich Ian Vohr qui a fait son porte-manteau, et avec lui M. Waverley fatigué de se pavaner devant la grande glace : vous aurez encore cette grande perche le baron de Bradwardine, celui qui tua le jeune Ronald de Ballankeiroch; il arrive avec cette espèce de bailli dandinant qu'on appelle Macwhupple, c'est tout juste comme le cuisinier français du laird de Kittlegab, suivi de son chien Tournebroche; — et moi enfin qui suis affamé comme un milan, ma belle colombe. Dites donc à Catherine de préparer la soupe, et mettez vos pinners [1] : car vous savez que le colonel ne consentira jamais à s'asseoir s'il ne vous voit placée à la tête de la table; surtout n'oubliez pas la bouteille d'eau-de-vie, ma femme!

Ces instructions firent servir le dîner. Mistress Flockhart, souriant sous son costume de deuil comme le soleil à travers un brouillard, se plaça au haut de la table, se souciant peut-être très peu de voir finir une rébellion qui lui procurait une société au-dessus de ses convives habituels : le colonel se mit vis-à-vis d'elle, Waverley et le baron à ses côtés. L'officier de

---

(1) Espèce de coiffe avec des barbes ou bandelettes pendantes sur chaque côté, depuis les tempes, où elles sont fixées, jusqu'à la ceinture. — Éd.

paix et l'officier de guerre, c'est-à-dire le bailli Macwheeble et l'enseigne Mac Combich, après avoir fait plusieurs salutations respectueuses à leurs supérieurs, se placèrent l'un à droite et l'autre à gauche du chef. La chère fut excellente, vu le temps, le lieu et les circonstances, et Fergus fut gai jusqu'à la folie. Indifférent aux dangers, ardent et vif par caractère, jeune et ambitieux, il voyait en imagination ses espérances couronnées par le succès; peu lui importait l'alternative probable du tombeau d'un soldat.

Le baron s'excusa d'avoir amené son bailli. — Nous venons de nous occuper des dépenses de la campagne, dit le vieillard, et ma foi! comme ce sera, je crois, ma dernière, je finis comme j'ai commencé. Il est plus difficile d'avoir le nerf de la guerre, comme un savant auteur appelle *la caisse militaire*, que d'en avoir la chair, ou les os ou le sang.

— Quoi donc! répondit Fergus, vous avez levé le seul corps de cavalerie qui nous soit utile, et vous n'avez pas reçu quelques bons louis d'or de la Doutelle [1]?

— Non, Glennaquoich; de plus habiles ont passé avant moi.

— C'est vraiment scandaleux! dit le jeune Highlander; mais vous partagerez avec moi les subsides qui m'ont été alloués? Vous dormirez tranquille cette nuit, et demain avant la fin du jour nos provisions seront faites d'une manière ou d'autre. Waverley en rougissant, mais de bon cœur, lui fit la même offre.

— Je vous remercie de tout mon cœur, mes bons garçons, répondit Bradwardine, mais je ne toucherai point à votre pécule, *peculium*. Le bailli Macwheeble s'est procuré toute la somme qui nous était nécessaire.

Le bailli s'agita avec anxiété sur son siége, et parut tout-à-

---

(1) La frégate sur laquelle s'embarqua Charles-Édouard s'appelait *la Doutelle*, forte de seize canons. Il était à supposer que quelques *louis d'or* de France avaient été apportés dans ce bâtiment. Un particulier, M. Walsh, avait il est vrai frété *la Doutelle* et *l'Elizabeth* qui lui servait d'escorte; mais il fut remboursé par la cour de Versailles. — Éd.

fait mal à son aise. Enfin après beaucoup de *hem!* préliminaires et une véritable tautologie sur son dévouement pour Son Honneur le laird ; après avoir protesté qu'il le servirait à la vie et à la mort, de jour et de nuit, il insinua que toutes les banques avaient envoyé leur argent monnayé au château; — que sans doute Sandie Goldie l'argentier[1] ferait beaucoup pour Son Honneur, mais on avait peu de temps devant soi pour rédiger le *wadset*[2], et si Son Honneur pouvait s'entendre avec Glennaquoich et Waverley....

— Que je n'entende plus de pareilles sottises, répondit le baron d'un ton de voix qui rendit Macwheeble muet ; si vous désirez continuer à rester à mon service, conformez-vous aux ordres que je vous ai donnés avant de nous mettre à table ; c'est notre dernier mot.

Macwheeble n'eût pas éprouvé une douleur plus vive si l'on eût fait passer une partie de son sang dans les veines du baron ; il pencha tristement la tête sur sa poitrine, sans avoir la force de répondre une seule parole à cet ordre péremptoire. Après s'être agité en tous sens sur sa chaise, il se tourna vers Glennaquoich, et lui dit d'une voix mal assurée que s'il avait plus d'argent qu'il ne lui en fallait pour la campagne, il le placerait pour Son Honneur en bonnes mains, et très avantageusement dans les circonstances actuelles.

Fergus à cette proposition partit d'un grand éclat de rire, et quand il eut repris haleine :

— Mille remerciemens, bailli, dit-il ; mais vous savez qu'un militaire n'a d'autre banquier que son hôtesse. — Tenez, mistress Flockhart, continua-t-il en tirant cinq à six pièces d'or de sa bourse bien remplie et vidant le reste dans le tablier de la veuve : — ce que je prends suffira à mes besoins ; veuillez vous charger du reste ; soyez mon banquier si je vis, et mon exécutrice testamentaire si je meurs ; mais n'oubliez

---

(1) Long-temps les orfèvres ont été aussi banquiers. Nous verrons dans *Nigel* l'orfèvre Heriot banquier de Jacques Ier.—Éd.

(2) Abandon par contrat des revenus d'une terre jusqu'au remboursement d'une dette ; terme de jurisprudence écossaise. —Éd.

pas de donner quelque chose aux braves montagnards qui chanteront le mieux le coronach pour le dernier Vich Ian Vohr.

— C'est, dit le baron, le *testamentum militare*, qui avait chez les Romains le privilége d'être nuncupatif [1].

Mais le cœur de la bonne mistress Flockhart fut douloureusement ému par les paroles de Fergus. Elle pleura d'une manière lamentable et refusa positivement de toucher le legs de Fergus, qui fut obligé de le reprendre.

— Eh bien! dit-il, ce sera la récompense du grenadier qui me fera sauter la cervelle... Je tâcherai qu'il lui en coûte cher avant d'y parvenir.

Le bailli Macwheeble ne put s'empêcher de hasarder encore une fois son avis ; quand il s'agissait d'argent, il lui était impossible de garder le silence.

— Il serait peut-être à propos, dit-il, de disposer de cette somme en faveur de miss Mac Ivor..... On ne peut prévoir les événemens de la guerre ; il n'en coûtera qu'un trait de plume. Si vous le désirez, je vais rédiger une donation *mortis causâ*.

— Si cet événement arrive, répondit Fergus, la jeune lady aura autre chose à faire qu'à s'occuper de ces misérables louis d'or.

— Vous avez bien raison, c'est *indubitable*..... Mais Votre Seigneurie n'ignore pas que le plus profond chagrin.....

— Se supporte plus facilement que la faim, n'est-ce pas? Vous avez raison, c'est vrai, très vrai. Je crois même qu'il y a des hommes qui par cette sage réflexion se consoleraient de la perte générale de leurs parens, de leurs amis et de leurs bienfaiteurs ; mais il est des chagrins qui ne connaissent ni la faim ni la soif, et la pauvre Flora.....

Il s'arrêta, et tous ceux qui l'écoutaient partagèrent son émotion. Les idées du baron se portèrent aussitôt sur sa fille, et une larme roula dans les yeux du vieillard.

— Monsieur Macwheeble, dit-il d'une voix étouffée, vous

(1) Terme de loi : fait de vive voix, verbal. —Éd.

avez tous mes papiers, vous connaissez toutes mes affaires ; si je meurs, soyez juste envers Rose.

Le bailli, après tout, était un homme de chair et d'os. Il y avait en lui quelques sentimens de justice et de bonté. Il poussa un gémissement lamentable.

—Si ce jour malheureux venait, dit-il, tant que Duncan Macwheeble possédera un *boddle* il sera pour miss Rose. Je ferais des copies pour un *plack* plutôt que de souffrir qu'elle manquât de la moindre chose ; s'il arrive jamais que la belle baronnie de Bradwardine et Tully-Veolan, avec la tour et le manoir d'icelle (ajouta-t-il en sanglotant à chaque pause),— masure, petits clos, marécages, bruyères, — terres d'engrais, terres labourables, — bâtimens, — vergers, colombiers, — avec les droits de pêche et de bateau dans le lac de Veolan ; — le pâturage et le vicairage ; — annexis et connexis[1] ; — droits de dépaissance ; — bois de chauffage et tourbe ; — terres et dépendances quelconques (ici il eut recours au bout de sa longue cravate pour essuyer les larmes que lui arrachaient malgré lui les idées réveillées par son jargon technique),—le tout comme il est plus amplement décrit dans les titres et pièces, — et situées dans la paroisse de Bradwardine et le comté de Perth ; — si, comme je disais, — toutes ces choses doivent, au préjudice de la fille de mon maître, passer aux mains de Inch Grabbit qui est un whig et un Hanovrien, être administrées par son agent Jamie Howie qui n'est pas bon à faire un mitron ; — quel bailli ce serait !

Le commencement de cette lamentation avait réellement quelque chose d'attendrissant ; mais la fin produisit un rire unanime.

—Rassurez-vous, mon cher bailli, dit l'enseigne Mac Combich ; le bon vieux temps de pousser et de déchirer est revenu : Sneckus Mac Snackus et le reste de vos amis céderont la place à la plus longue claymore.

— Et cette claymore, ce sera la nôtre, bailli, dit le chef qui vit pâlir Macwheeble à ces mots :

(1) Annexis-connexis, dépendances et attenances. — Tr.

> Nous les paierons en bon métal,
> Lillibullero, bullen a la,
> Nous les paierons du fer de la claymore,
> Lero, lero.
> Nos créanciers seuls s'en trouveront mal,
> Lillibullero, lullen a la,
> Et vous verrez s'ils réclament encore,
> Lero, lero.

Allons, bailli, du courage; videz votre verre avec un cœur joyeux; le baron rentrera dans Tully-Veolan sain et sauf et victorieux. Il réunira la terre du laird Killancureit à la baronnie de Bradwardine; puisque ce poltron, ce porc mal élevé, ne veut pas se déclarer pour le prince, en vrai gentilhomme.

— A coup sûr ce sont des propriétés bien voisines, répondit le bailli en s'essuyant les yeux : elles devraient naturellement être administrées par le même agent.

— Et moi, mon cher bailli, je prendrai soin de ma personne : il est bon que vous sachiez qu'il me reste à terminer une bonne œuvre que j'ai entreprise; c'est de faire entrer mistress Flockhart dans le giron de l'Église catholique, ou du moins à moitié chemin, c'est-à-dire dans votre assemblée épiscopale. Je voudrais, mon cher baron, que vous eussiez entendu ce matin sa voix de haute-contre, faisant la leçon à Kate et à Matty. Vous qui êtes musicien, vous trembleriez à l'idée de l'entendre crier dans les psalmodies du Trou de Haddow [1].

— Dieu vous pardonne! comme vous y allez, colonel, répondit mistress Flockhart.... Mais j'espère que vos hommes prendront le thé avant de se rendre au palais; je vais le préparer moi-même.

A ces mots mistress Flockhart sortit, et l'on se doute bien que les convives continuèrent à s'entretenir des événemens prochains de la campagne.

---

(1) L'église cathédrale de Saint-Giles à Édimbourg se partage en quatre divisions, dont l'une s'appelle le Trou de Haddow, parce qu'on prétend que le caveau sur lequel elle est bâtie servit autrefois de cachot à un lord Haddow. — Éd.

CHAPITRE XLIII.

Le bal.

L'enseigne Mac Combich venait de partir pour le camp des montagnards ; Macwheeble s'était retiré pour achever dans quelque cabaret borgne la digestion de son dîner et de l'annonce de la loi martiale qu'Evan Dhu lui avait faite. Waverley se rendit avec Fergus et le baron au palais de Holy-Rood : ces deux derniers étaient en joyeuse humeur. Chemin faisant le baron plaisanta beaucoup notre héros sur les graces séduisantes que lui donnait son nouveau costume.

— Si vous avez des projets sur le cœur de quelque jolie fille écossaise, dit-il, rappelez-vous, je vous prie, en lui faisant votre déclaration, ces vers de Virgile :

Nunc insanus amor duri me Martis in armis
Tela inter media atque adversos detinet hostes;

vers que Robertson de Struan, chef du clan Donnochie (à moins que les prétentions de Lude ne soient préférées, *primo loco*), a rendus par ce distique élégant :

« *For cruel love has gartan' d low my leg*
« *And clad my hurdies in a philabeg* (1).

— Mais vous êtes en pantalon, vêtement que je préfère au philabeg, comme plus ancien et plus décent.

— Ou plutôt écoutez ma chanson, dit Fergus :

Point ne voulut d'un laird être la femme,
Un lord anglais ne fut pas plus heureux ;
Mais Duncan Græme a su toucher son ame,
Et sous son plaid ils sont partis tous deux.

(1) Nous risquerons en tremblant la traduction de ces deux vers, dignes d'un poète *sans-culotte* :

« Jusqu'au genou l'amour a mis ma jambe à nu,
« Et dans un philabeg a renfermé mon c.. » — Éd.

Cependant ils arrivèrent au palais d'Holy-Rood, et furent introduits et annoncés dans les appartemens.

Il n'est que trop connu combien de gentilshommes distingués par leur rang, par leur fortune et par leur naissance prirent part à l'entreprise désespérée de 1745. Les dames d'Écosse embrassèrent aussi généralement la cause d'un jeune prince aimable et brave qui venait se jeter dans les bras de ses concitoyens plutôt en héros de roman qu'en politique calculateur. Il n'est donc pas surprenant qu'Édouard, qui avait passé la plus grande partie de sa vie dans la grave solitude de Waverley-Honour, fût séduit, ravi et transporté par le tableau que lui présentaient les antiques salles du palais d'Édimbourg si long-temps désertes. L'ameublement n'avait rien de splendide ; cependant malgré la confusion et la précipitation causée par les circonstances, l'effet général était imposant, et la réunion pouvait s'appeler brillante.

Les yeux du jeune amant découvrirent bientôt l'objet de son affection. Flora Mac Ivor retournait à sa place, qui était à l'une des extrémités de la salle ; elle était accompagnée de Rose Bradwardine. Dans un cercle où il ne manquait pas de beautés élégantes, elles avaient attiré autour d'elles un grand nombre d'admirateurs, étant certainement du nombre des plus jolies femmes du bal. Le prince s'occupa beaucoup d'elles, surtout de Flora, avec qui il dansa, sans doute parce qu'elle avait été élevée sur le continent et qu'elle parlait très bien le français et l'italien.

Fergus profita d'un moment de calme à la fin de la contre-danse pour s'approcher de miss Mac Ivor ; Waverley le suivit comme par instinct. L'espérance qu'il n'avait cessé de nourrir au fond de son cœur sembla l'abandonner à l'aspect de l'objet de tous ses désirs ; et comme un homme qui cherche à se rappeler les images d'un rêve, il aurait donné tout au monde pour retrouver en ce moment les motifs d'une illusion qui s'évanouissait ainsi tout à coup. Il suivait Fergus la tête baissée, dans l'attitude d'un criminel qu'on mène au supplice, et qui, traversant à pas lents la foule attirée par la curiosité, ne peut s'expliquer ni le bruit qui frappe ses oreilles ni le tumulte sur lequel il promène ses yeux égarés.

Flora parut un peu, très peu émue et troublée à l'approche de Waverley.

— Ma sœur, dit Fergus, je vous présente un fils adoptif d'Ivor.

— Et je le reçois comme un *second frère*, répondit Flora.

Il y avait dans le ton dont elle prononça ce dernier mot une affectation si légère, qu'elle aurait échappé à tout autre qu'à celui que la fièvre de la crainte dévorait. C'était cependant un accent si marqué et si bien d'accord avec ses regards et ses manières, qu'elle voulait dire évidemment : Je ne penserai jamais à monsieur Waverley avec d'autres sentimens que ceux de l'amitié. Édouard s'arrêta, tremblant, déconcerté, et se tourna vers son ami : celui-ci se mordit les lèvres avec un air de dépit qui prouvait que lui aussi il interprétait défavorablement l'accueil que faisait sa sœur à son ami. — Voilà donc la fin de mon rêve ! Ce fut la première pensée de Waverley ; pensée qui l'affecta si douloureusement que les couleurs abandonnèrent ses joues.

— Ah ! grand Dieu ! s'écria miss Rose, il n'est pas encore rétabli !

Elle prononça avec émotion ces mots qui parvinrent jusqu'à l'oreille du chevalier lui-même. Il s'approcha avec empressement de Waverley, le prit par la main, et lui dit qu'il désirait lui parler en particulier. Édouard fit un effort que les circonstances rendaient indispensable, et reprit assez de forces pour suivre le chevalier dans un coin retiré de l'appartement.

Là le prince le retint quelque temps, lui faisant diverses questions sur les grandes familles torys et catholiques d'Angleterre, sur leurs alliances, leur crédit, et leur attachement pour la maison de Stuart. Waverley n'eût pu répondre dans aucun temps à ces questions que d'une manière générale, et l'on s'attend bien que dans le trouble actuel de son esprit, ses réponses furent aussi vagues qu'obscures. Ses réponses, quelquefois contradictoires, firent sourire le chevalier ; cependant il continua la conversation dont il fit presque seul les frais, jusqu'à ce qu'Édouard eût recouvré sa présence d'esprit. Il est probable que le prince n'avait recherché cette entrevue particulière que pour confirmer le bruit qu'il avait fait circuler parmi ses partisans, que Waverley était un personnage d'une véritable influence politique ; cependant on pourrait conclure des dernières expressions dont il se servit, qu'on devait attribuer plutôt cette longue conférence à un motif de bienveillance et d'intérêt pour notre héros.

— Je ne puis, dit-il, résister à la tentation de vous faire connaître que je suis tout fier d'être le confident d'une belle dame... Je sais tout..., et je vous assure que je prends le plus vif intérêt à la conclusion de cette affaire. Tâchez, je vous en prie, tâchez de vous maîtriser : il y a dans cette salle des yeux aussi clairvoyans que les miens ; mais je ne puis répondre que toutes les langues aient la même discrétion.

A ces mots il se détourna d'un air d'aisance, alla joindre un groupe d'officiers supérieurs à quelques pas de là, et laissa Waverley occupé à réfléchir sur ses dernières paroles. Si elles n'étaient pas tout-à-fait intelligibles pour lui, elles suffisaient pour lui faire comprendre la nécessité de la prudence qui lui était recommandée. Faisant un effort pour se rendre digne de l'estime que son nouveau prince venait de lui témoigner, en obéissant à ses instructions, il s'approcha de la place où Flora et miss Rose étaient assises ; il présenta ses complimens à cette dernière, et réussit au-delà de son attente à être à même d'entrer en conversation sur des matières indifférentes.

Mon cher lecteur, s'il vous est jamais arrivé de prendre des chevaux de relais à — ou à — (vous pourrez remplir ces deux blancs peut-être en y mettant le nom des deux auberges[1] les plus proches de votre demeure), vous devez vous rappeler avec quelle répugnance douloureuse les pauvres bêtes offrent leurs cous écorchés au collier du harnois ; mais lorsque l'argument irrésistible des postillons les a forcées de courir un

(1) Ce sont des aubergistes, en général, qui sont patentés (*licensed*) pour louer des chevaux de poste dans la Grande-Bretagne. — ÉD.

mille ou deux, elles finissent par s'endurcir contre leur première sensation, et « s'échauffant sous les harnois », comme dirait le postillon lui-même, elles continuent comme si leurs garrots n'étaient plus meurtris. Cette comparaison peint si bien l'état de Waverley dans cette soirée mémorable, que je la préfère (d'autant plus qu'elle est, j'espère, tout-à-fait originale) à toutes les comparaisons plus brillantes que pourrait me fournir l'*Art de la poésie* de Byshes [1].

Tout effort de courage est sa propre récompense, comme la vertu; et notre héros avait d'ailleurs d'autres motifs pour persévérer dans une affectation d'indifférence, en retour de la froideur évidente de Flora. L'orgueil vint à son secours, en appliquant sur les blessures de son cœur ses caustiques douloureux, mais salutaires. Distingué par la faveur du prince, destiné, comme il pouvait l'espérer, à jouer un rôle brillant dans une révolution où il s'agissait de la conquête d'un puissant royaume; supérieur par son instruction et égal au moins par ses autres qualités personnelles à la plupart des nobles personnages parmi lesquels il prenait rang; jeune, riche, d'une haute naissance, pouvait-il se laisser abattre par le regard dédaigneux d'une beauté capricieuse?

> Nymphe! quelle que soit ta froide indifférence,
> Mon cœur saura s'armer d'une égale fierté!

Les sentimens renfermés dans ces deux vers, qui n'étaient pas encore écrits alors, déterminèrent Waverley à faire tous ses efforts pour que Flora sentît qu'il n'était pas homme à se laisser accabler par un refus, d'autant plus que sa vanité lui représentait tout bas qu'elle y perdait autant que lui. Pour favoriser ce changement de plan il se disait encore, avec une espérance secrète, que Flora pourrait bien mettre plus de prix à son cœur quand elle ne croirait plus être tout-à-fait la maîtresse d'en disposer. Il y avait aussi un ton d'encouragement dans les dernières paroles du chevalier, quoiqu'il craignît

---

[1] *Byshe's art of poetry*. Ancien livre de collège qui a eu de nombreuses éditions. —Éd.

qu'il n'eût seulement fait allusion aux désirs particuliers de Fergus. Peu à peu le temps, le lieu et le hasard concoururent à exciter son imagination, et il prit sur lui de déployer une fermeté mâle de caractère, laissant le reste au destin. D'ailleurs s'il paraissait seul triste et désespéré à la veille d'une bataille, quelles armes il fournirait à la médisance qui s'était déjà trop exercée contre sa réputation ! — Non, non, se dit-il, jamais je ne donnerai ici occasion à mes ennemis, quels qu'ils soient, d'avoir un tel avantage contre moi.

Plein de ces idées et encouragé encore de temps à autre par un sourire du prince, Waverley déploya toute sa vivacité, son imagination et son éloquence naturelle, et s'attira les suffrages universels par le rôle qu'il joua dans la conversation qui roula peu à peu sur les sujets les plus propres à faire briller ses talens et son instruction. La gaîté de la soirée était plutôt entretenue que troublée par l'approche du péril du lendemain ; tous les esprits voyaient en beau l'avenir et jouissaient du présent. Cette disposition de l'ame est surtout favorable à l'exercice de l'imagination, à la poésie, et à cette éloquence qui est alliée si intimement à la poésie. Edouard, comme nous l'avons fait observer ailleurs, avait parfois une véritable facilité d'élocution. Dans cette soirée il émut plus d'une fois les cœurs, et puis excita de nouveau le rire par une originale gaîté : il était soutenu et enhardi par la disposition générale, avons-nous dit ; car les plus froids se laissèrent entraîner comme lui à l'impulsion du moment. Plusieurs dames refusèrent de danser, et sous divers prétextes, trouvèrent le moyen de s'approcher du groupe qu'on formait autour — « du charmant Anglais. » Il fut présenté à plusieurs d'entre elles de la plus haute distinction ; on aurait dit qu'il avait passé toute sa vie dans les salons de la capitale, tant il montra d'aisance dans toutes ses manières, et de présence d'esprit pour saisir l'àpropos ; tant il sut bien s'affranchir de sa mauvaise honte habituelle !

Flora Mac Ivor paraissait être la seule femme présente qui ne partageât pas l'enthousiasme général. Elle garda constamment le même ton de réserve et de froideur ; cependant elle ne put cacher sa surprise en découvrant des talens qu'elle n'avait pas encore vus si brillans dans ses entretiens précédens avec Édouard. Je n'oserais assurer qu'intérieurement elle n'éprouvât pas quelque regret d'avoir été si prompte à rejeter les vœux d'un amant qui paraissait destiné à occuper un rang élevé dans le monde. Elle avait toujours mis au nombre des imperfections d'Édouard sa *mauvaise honte ;* comme elle avait été élevée dans les cercles d'une cour étrangère, et qu'elle n'avait aucune idée de la réserve des Anglais, elle y attachait l'idée d'une faiblesse timide d'esprit et de caractère ; mais si elle regretta que Waverley ne se fût pas toujours montré à elle si attrayant et si aimable, ce ne fut qu'un moment ; car tout ce qui était survenu depuis qu'ils s'étaient vus devait, selon elle, rendre ses derniers refus irrévocables.

Avec des sentimens bien différens de ceux de son amie, Rose Bradwardine écoutait de toute son ame. Elle éprouvait un triomphe secret de l'hommage public rendu à celui dont elle n'avait apprécié le mérite que trop tôt et trop tendrement. Sans le moindre mouvement de jalousie, d'inquiétude ou de crainte, elle se laissait aller au plaisir d'observer l'approbation générale. Quand Waverley parlait, elle n'entendait que sa voix ; quand d'autres répondaient, ses yeux se fixaient encore sur lui comme pour épier sa réponse. Peut-être dans cette soirée si courte et suivie de tant de chagrins, Rose goûta-t-elle le plaisir le plus pur et le plus désintéressé que le cœur puisse connaître.

— Baron, dit le prince, je ne voudrais pas confier ma maîtresse à votre jeune ami : quoiqu'un peu romanesque, il est vraiment un des jeunes gens les plus séduisans que j'aie vus.

— Sur mon honneur, répondit le baron, il est quelquefois plus sérieux qu'un sexagénaire comme moi. Si Votre Altesse royale l'avait vu à Tully-Veolan se promener en rêvant comme un hypocondriaque, ou comme atteint d'une frénésie léthargique, comme l'appelle Burton dans son *Anatomie de la mélancolie*[1], vous ne pourriez concevoir comment, en si peu de temps, il a pu acquérir cet enjouement et cette vivacité.

— En vérité, dit Fergus, je pense que c'est l'inspiration du tartan; quoique Waverley m'ait toujours paru plein d'honneur et de bon sens, je l'ai trouvé quelquefois rêveur et distrait.

— Nous ne lui avons que plus d'obligation, dit le prince, de nous avoir réservé pour ce soir des qualités qu'il avait cachées à ses amis intimes... Mais il se fait tard, nous avons besoin de faire nos préparatifs pour la journée de demain; que chacun s'occupe de sa belle partenaire, et honorez de votre compagnie un léger rafraîchissement que je vous offre.

La société passa, à la suite du prince, dans d'autres appartemens. Au bout d'un long rang de tables on avait préparé un dais sous lequel était placé le fauteuil du chevalier, dont l'air de courtoisie et de dignité était conforme à sa naissance et à sa noble ambition. Une heure s'était à peine écoulée lorsque les musiciens firent entendre ce signal du départ si connu en Écosse :

Good night and joy be with you, etc. (2).

— Bonne nuit donc, et la joie soit avec vous, dit le chevalier! bonne nuit, belles dames qui avez bien voulu faire tant d'honneur à un prince proscrit et exilé! — Bonne nuit, mes braves amis! Puisse le bonheur que nous avons goûté dans cette heureuse soirée, être le présage que nous reviendrons bientôt victorieux et triomphans dans le palais d'Holy-Rood pour y goûter de nouveaux plaisirs!

Lorsque dans la suite le baron de Bradwardine faisait mention des tendres adieux que leur avait faits le prince en cette occasion, il ne manquait jamais de répéter d'une voix mélancolique :

Audiit, et voti Phœbus succedere partem
Mente dedit; partem volucres dispersit in auras;

(1) *The anatomy of melancoly.* Robert Burton, auteur de cet ouvrage érudit et original, auquel Swift et Sterne empruntèrent quelques traits heureux, était surnommé Démocrite le jeune.

(2) Bonne nuit se dit souvent dans le sens d'*adieu*.

vers, disait-il, fort bien rendus en anglais par mon ami Bangour ;

> *Ae half the prayer wi' Phebus grace did find*
> *Thet' other half he whistled down the wind* (1).

CHAPITRE XLIV.

La marche.

Les passions tumultueuses et les divers sentimens dont notre héros était agité ne lui permirent de s'endormir que fort tard ; mais il tomba dans un sommeil très profond. Ses rêves le transportèrent à Glennaquoich ; c'était dans le château de Ian Nan Chaistel qu'il croyait assister à la brillante fête qui venait d'avoir lieu à Holy-Rood ; il entendait distinctement le son d'un pibroc, et ceci du moins n'était pas une illusion ; car — « le principal joueur de cormenuse du clan Mac Ivor foulait d'un pas fier le pavé de la cour devant la porte du logement de son chef ; » et comme le remarqua mistress Flockhart qui sans doute goûtait peu sa musique, « il ébranlait les pierres des murailles avec ses sons criards. » Enfin ce son devint assez fort pour dissiper le songe de Waverley, auquel il s'était d'abord mêlé avec harmonie.

Le bruit des brogues de Callum (aux soins de qui Fergus l'avait confié de nouveau) fut un second signal de départ.

— Votre Honneur, lui dit-il, ne veut-il pas se lever ? Vich Ian Vohr et le prince sont partis pour le long glen verd derrière le Clashan [2], ce qu'ils appellent le Parc du roi ; et il y a

---

(1) Phébus l'entendit, et résolut de n'exaucer qu'une moitié de sa prière ; il siffla l'autre moitié, qui se confondit avec les sifflemens du vent. — Éd.

(2) Clashan ou clauchaune : c'est le nom que les Highlanders donnent aux villages et bourgs situés sur les frontières des Highlands. Callum ne voit dans Édimbourg qu'un grand *clashan*. — Éd.

beaucoup de gens debout sur leurs jambes ce matin, qui seront portés avant la nuit sur les jambes des autres.

Waverley se leva aussitôt : avec l'assistance et les instructions de Callum, il ajusta ses tartans d'une manière convenable. Callum lui dit que son *dorlach*[1] de cuir avec la serrure était arrivé de Doune et avait été remis de nouveau sur les charriots avec les bagages de Vich Ian Vohr.

Cette périphrase fit comprendre à Waverley qu'on avait rapporté son porte-manteau. Il pensa de suite au paquet mystérieux de la fille de la caverne ; mais ce n'était pas le moment de satisfaire sa curiosité. Il refusa l'offre que lui fit mistress Folckhart de boire la goutte du matin, étant probablement le seul homme de l'armée du chevalier capable de n'être pas tenté par cette proposition courtoise ; lui ayant fait ses adieux, il partit avec Callum.

— Callum, dit-il en descendant une allée sale du côté de Canongate[2], où prendrai-je un cheval ?

— Eh ! à quoi diable pensez-vous ? Vich Ian Vohr (pour ne pas citer le prince qui en fait autant) marche à pied à la tête de sa troupe ; voulez-vous faire autrement que lui ?

— Non, non, Callum ; donnez-moi mon bouclier, arrangez-le bien.... Comment me trouvez-vous maintenant ?

— Vous ressemblez au brave montagnard qu'on a peint sur l'enseigne de la grande auberge de la mère Middlemass.

Callum croyait faire un beau compliment ; car il regardait cette enseigne de la mère Middlemass comme un chef-d'œuvre de peinture ; mais Waverley qui ne sentit pas toute la force de cette comparaison, ne fut plus d'humeur de le questionner.

Arrivé en plein air, au sortir des sales faubourgs de la métropole d'Écosse, Waverley se sentit plus dispos et plus alerte ; il réfléchit avec sang-froid aux événemens de la veille, et avec espoir et courage à ceux de cette journée.

Quand il eut gravi une petite éminence rocailleuse qu'on appelle la colline de Saint-Léonard, il découvrit un tableau singulier et animé dans le Parc royal, ou ce vallon qui se trouve

---

(1) En écossais valise, porte-manteau. — Éd.
(2) Quartier de la vieille ville. — Éd.

entre l'Arthur's-Seat et les éminences sur lesquelles Édimbourg est bâti aujourd'hui, du côté du midi. Là était l'armée des Highlanders qui se préparait à se mettre en marche. Waverley avait déjà vu un spectacle de ce genre à la grande chasse où il avait accompagné Fergus Mac Ivor; mais c'était sur une échelle bien plus petite. Le coup d'œil dont il jouissait en ce moment était incomparablement plus intéressant. Les rochers qui formaient l'arrière-plan du tableau, et le ciel azuré lui-même, retentissaient du concert des joueurs de cornemuse, appelant chacun par un pibroc particulier leurs chefs et leurs clans. Les montagnards n'avaient eu d'autre couche que la voûte céleste; ils se levaient en ce moment avec le murmure et le mouvement d'une multitude irrégulière, comme un essaim d'abeilles alarmées dans leur ruche et s'agitant pour combattre. Tous les mouvemens de ces hommes semblaient spontanés et confus, mais le résultat en était l'ordre et la régularité. Un général eût été satisfait de la conclusion; mais un instructeur n'eût pas manqué de trouver ridicule cet ordre né du désordre.

L'espèce de tumulte qui provenait de la précipitation avec laquelle les divers clans se rangeaient sous leurs bannières respectives avant de se mettre en marche, était lui-même un spectacle plein de vie et amusant. Ils n'avaient point de tentes à enlever; car la plupart, par choix, avaient dormi sur la terre, quoique l'automne fût déjà avancé et que les nuits commençassent à être froides [1]. Ils passèrent quelque temps à se former en bataille; et puis il y eut un mouvement confus de tartans flottans, de panaches et de bannières déployées qui étalaient l'une le mot d'ordre des Clanronald : *Ganion Coheriga!* (nous contredise qui l'osera!) l'autre celui du marquis de Tullibardine : *Loch-Sloy-Forth, fortune, and fill the fetters*[2]; une troisième celle du lord Lewis Gordon : *Bydand*[3]. Tous les autres clans avaient aussi leurs devises et leurs emblèmes.

Enfin cette multitude agitée se réunit en une colonne

---

(1) On était au 20 septembre. — Éd.
(2) Loch-Sloy, Forth, fortune et remplis les fers. — Tr.
(3) Promptement. — Tr.

sombre et compacte, qui s'appuya aux deux extrémités du vallon. Le drapeau du chevalier était au centre ; on y remarquait une croix sur un fond blanc, avec cette devise : *Tandem triumphans* (enfin triomphante).

La cavalerie, peu nombreuse, composée de quelques gentilshommes des Lowlands, de leurs domestiques et de leurs paysans, formait l'avant-garde. Leurs étendards, trop multipliés en proportion de leur nombre, se déployaient à l'extrême limite de l'horizon ; plusieurs membres de ce corps, parmi lesquels Waverley distingua par hasard Balmawhapple et son lieutenant Jinker (qui, d'après l'ordre du baron était descendu avec plusieurs autres au rang de ceux qu'il appelait *officiers réformés*), s'ils ne contribuaient pas à la régularité de la marche, ajoutaient du moins à ce qu'il y avait de pittoresque dans le tableau, en accourant au grand galop, autant que la foule pouvait le permettre, pour aller retrouver leurs rangs. Les enchantemens des Circés de High-Street et leurs libations prolongées bien avant dans la nuit ne les avaient sans doute pas laissé se rendre à leur poste plus matin. Les plus prudens de ces traînards firent un détour et suivirent la grande route pour rejoindre plus tôt leurs corps, en se tenant à quelque distance de l'infanterie, mais aux dépens des clôtures qu'ils franchissaient ou auxquelles ils faisaient brèche. L'apparition et la disparition soudaine de ces petits détachemens épars, la confusion occasionnée par ceux qui cherchaient, mais inutilement pour la plupart, à s'ouvrir un passage à travers les rangs des Highlanders malgré leurs juremens, leurs malédictions et leur résistance, ajoutaient à la singularité pittoresque de cette grande scène ce qu'elle lui ôtait en régularité militaire.

Pendant que Waverley contemplait ce spectacle rendu plus remarquable encore par le canon que la garnison du château tirait de temps en temps sur les vedettes des Highlanders qui abandonnaient les postes les plus voisins pour rejoindre leur corps principal, Callum Beg, avec sa liberté ordinaire, lui rappela que le clan de Vich Ian Vohr était presque en tête de la colonne, déjà assez loin, et qu'il irait encore plus vite lorsque le canon aurait donné le signal du départ.

Ainsi averti, Waverley se mit aussitôt en marche d'un pas alerte, jetant cependant de temps en temps les yeux sur les sombres masses de guerriers qui le précédaient. L'armée vue de plus près offrait un aspect moins imposant que d'une plus grande distance. Les premiers de chaque clan étaient munis de claymores, de targes et de fusils, et la plupart de pistolets. Tous avaient de plus le dirk ; mais c'étaient les gentilshommes, c'est-à-dire les parens des chefs, n'importe à quel degré, et ceux qui avaient un titre immédiat à leur appui et à leur protection. On aurait eu de la peine à choisir dans aucune armée de la chrétienté des hommes plus beaux et plus courageux. Leurs habitudes d'indépendance et de liberté que chacun d'eux savait bien toutefois subordonner aux ordres de son chef, et le mode particulier de discipline des Highlanders les rendaient également formidables par leur bravoure individuelle et par leur conviction raisonnée de la nécessité d'agir tous d'accord pour donner à leur genre d'attaque national toutes les chances possibles de succès.

Mais dans un rang au-dessous se trouvaient des individus d'un ordre inférieur, les paysans du sol, qui néanmoins ne permettaient pas qu'on leur donnât cette dénomination. Mais quoiqu'ils prétendissent même souvent avec quelque apparence de vérité être d'une origine plus ancienne que les maîtres qu'ils servaient, ils portaient cependant la livrée de l'extrême indigence, mal équipés, plus mal armés, à demi nus, mal conformés dans leur taille et d'un aspect misérable. Chaque clan puissant avait quelques-uns de ces ilotes à sa suite ; — ainsi les Mac Couls, quoiqu'ils fissent remonter leur origine jusqu'à Comhal, père de Finn ou Fingal, étaient une sorte de Gabaonites ou serviteurs héréditaires pour les Stuarts d'Appine. Les Macbeaths, descendans du malheureux roi de ce nom, étaient les sujets des Morays et du clan Donnochie, ou des Robertsons d'Athole......, Je pourrais en donner d'autres exemples, mais je craindrais d'offenser l'orgueil de quelque clan existant encore, et d'exciter une tempête des Highlands dans la boutique de mon libraire-éditeur.

Or ces *ilotes*, obligés de prendre les armes pour obéir aux ordres arbitraires de leurs chefs pour qui ils allaient couper le bois et chercher l'eau, étaient en général mal nourris, mal habillés et plus mal armés encore. Cette dernière circonstance avait, il est vrai, pour cause principale le désarmement général ordonné par le gouvernement, et qui avait été exécuté ostensiblement dans tous les Highlands, quoique la plupart des chefs eussent pris tous les moyens possibles pour éluder cette mesure en retenant les armes des principaux hommes de leur clan et ne livrant que celles de ces satellites inférieurs; il en résultait donc que le plus grand nombre de ces pauvres diables, comme nous l'avons déjà dit, étaient conduits au combat dans une condition très misérable.

Aussi, tandis que les premiers rangs d'un clan étaient composés d'hommes d'une admirable tenue, soit pour les armes, soit pour l'habillement, le reste ressemblait à de véritables bandits. L'un était armé d'une hache ou d'une épée sans fourreau, l'autre d'un fusil sans batterie ou d'une faucille au bout d'une perche, quelques-uns n'avaient que leurs *dirks* ou dagues, et des bâtons ou des pieux arrachés aux haies. L'air sauvage de ces hommes, leur barbe et leurs cheveux négligés les rendaient un objet de terreur autant que de surprise pour les habitans des Lowlands. A cette époque on connaissait si peu la situation des Highlands, que l'aspect et le caractère de cette population d'aventuriers en armes excitaient autant d'étonnement parmi les habitans plus méridionaux de l'Écosse, que l'aurait fait l'invasion de Nègres africains ou d'Esquimaux sortis des montagnes septentrionales de leur propre pays. Waverley lui-même ne connaissait guère les Highlanders que d'une manière générale et d'après les échantillons que lui en avait montrés de temps en temps le politique Fergus. Il ne put donc penser sans un certain découragement à l'audacieuse entreprise d'une troupe qui, comptant à peine quatre mille hommes dont la moitié tout au plus était armée, espérait changer les destinées et renouveler la dynastie des royaumes britanniques. Il marchait le long de la colonne encore stationnaire, lorsqu'un canon de fer, le seul que possédât l'armée qui méditait une révolution si importante, donna le signal de la marche. Le chevalier avait témoigné le désir qu'on abandonnât cette inutile pièce de campagne ; mais à sa surprise les chefs des clans le prièrent avec instance de leur permettre de l'emmener, alléguant que leurs montagnards, peu accoutumés à l'artillerie, attachaient par superstition une importance absurde à cette pièce de campagne, et qu'ils étaient persuadés qu'elle contribuerait essentiellement à une victoire qu'ils ne pouvaient devoir qu'à leurs mousquets et à leurs claymores. Elle fut donc confiée à deux ou trois artilleurs français, et tirée par des poneys des montagnes ; mais on ne s'en servit que pour les signaux.

A peine eut-on entendu ce canon, que toute la ligne s'ébranla. De ces bataillons en marche partit un sauvage cri de joie qui fendit les airs et se perdit dans les accens aigus des cornemuses, comme bientôt cette musique elle-même fut en grande partie étouffée par le bruit de la marche pesante de tant d'hommes mis en mouvement. Les bannières flottèrent et brillèrent, les cavaliers se hâtèrent d'aller se poster à l'avant-garde, ou se détachèrent en vedettes pour reconnaître l'ennemi ; ils disparurent aux yeux de Waverley lorsqu'ils tournèrent autour de la base d'Arthur's-Seat, sous l'amphithéâtre remarquable des roches basaltiques qui s'élevaient au-devant du petit lac de Duddingston.

L'infanterie s'avança dans la même direction, réglant sa marche sur celle d'un autre corps qui suivait une route plus au sud. Waverley fut obligé d'accélérer le pas pour atteindre l'endroit de la ligne de bataille qu'occupaient Vich Ian Vohr et ses partisans.

CHAPITRE XLV.

Un incident fait naître de tardives et inutiles réflexions.

Lorsque Waverley atteignit cette partie de la colonne qu'occupait leur clan, les enfans de Mac Ivor firent halte, se formèrent en bataillon, et le reçurent au son triomphant des cornemuses et avec des acclamations générales. Plusieurs d'entre eux le connaissaient personnellement, et ils étaient charmés de le voir porter le costume de leur pays et de leur clan. — Vous criez, dit à Mac Combich un Highlander d'un clan voisin, vous criez comme si c'était votre chef qui se mît à votre tête.

— *Mar e Bran is e a brathair*, si ce n'est pas Bran c'est le frère de Bran, répondit Mac Combich par une expression proverbiale.

— Oh! alors c'est le beau duinhe-wassel saxon qui doit épouser lady Flora!

— Il peut se faire que cela soit, comme il peut se faire que ce ne soit pas, et cela ne nous regarde ni vous ni moi, Gregor.

Fergus s'avança pour embrasser le volontaire et lui faire un accueil affectueux; mais il crut nécessaire de lui donner les raisons de la diminution de son bataillon, qui comptait à peine trois cents hommes. — Il en avait envoyé plusieurs en détachement, dit-il. Le fait était que la défection de Donald Bean Lean l'avait privé de plus de trente braves soldats, sur les services desquels il avait compté. Plusieurs de ses partisans d'adoption avaient été obligés de rejoindre les drapeaux des divers chefs auxquels ils devaient leur allégeance. Le chef de la branche rivale de celle d'Ivor avait aussi fait l'appel de ses hommes, quoiqu'il ne se fût pas encore déclaré ni pour le chevalier ni pour le gouvernement, et par ses intrigues il avait considérablement diminué les forces de Fergus. En dédommagement de ces contrariétés, il était généralement reconnu que les hommes de Vich Ian Vohr, en fait de tenue, d'équipement, d'armes et de manœuvre, pouvaient être comparés aux meilleures troupes qui suivaient les étendards de Charles-Edouard. Le vieux Ballenkeiroch leur servait de major; il se joignit aux autres officiers qui avaient connu Waverley à Glennaquoich, pour faire une réception cordiale à celui qui venait partager leurs dangers et leur gloire future.

Au sortir du village de Duddingston, l'armée des Highlanders suivit pendant quelque temps la grande route qui conduit d'Edimbourg à la ville d'Haddington. Après avoir traversé la petite rivière d'Esk à Musselburgh, elle quitta les plaines qui se terminent à la mer, et fit un mouvement vers la droite pour occuper l'éminence de Carberry-Hill, fameuse déjà dans l'histoire d'Écosse comme le lieu où l'infortunée Marie se mit à la discrétion de ses sujets révoltés. On prit cette direction, parce que le chevalier venait d'être informé que l'armée du gouvernement avait bivouaqué la nuit précédente à l'ouest d'Haddington, dans le dessein de se porter à marches forcées sur Edimbourg en côtoyant la mer. En s'emparant des hauteurs qui dans plusieurs endroits dominaient la route, les montagnards pouvaient espérer de trouver l'occasion d'attaquer avec avantage. En conséquence, ils occupèrent le revers de Carberry-Hill pour y reprendre haleine, et parce que de cette position centrale ils pouvaient se porter avec promptitude et facilité sur les flancs des Anglais, suivant qu'ils le jugeraient convenable. Ce fut là qu'un messager vint avertir Mac Ivor que le prince l'attendait; il ajouta que les avant-postes avaient rencontré l'ennemi, qu'il y avait eu une escarmouche, et que le baron de Bradwardine avait envoyé quelques prisonniers.

Waverley sortant des rangs pour satisfaire sa curiosité, aperçut bientôt cinq ou six dragons couverts de poussière et galopant à toute bride, qui étaient venus donner avis que l'armée du gouvernement était en pleine marche vers l'ouest le long de la mer. En s'avançant un peu plus loin, son oreille fut frappée par des accens plaintifs. En s'approchant, il entendit une voix qui, interrompue par la douleur, cherchait à répéter la prière du Seigneur dans le dialecte de son pays natal. La voix du malheur trouvait toujours une prompte réponse dans le cœur de notre héros ; il entra sans hésiter dans une hutte d'où partaient les gémissemens : à travers l'obscurité il put à peine distinguer une espèce de paquet rouge. Ceux qui venaient de dépouiller le blessé de ses armes et d'une partie de son équipage lui avaient laissé son manteau de dragon dans lequel il était enveloppé.

— Au nom du ciel, dit le blessé en entendant les pas de Waverley, daignez me donner une goutte d'eau.

— Vous allez l'avoir, lui répondit Waverley le relevant dans ses bras et le portant vers l'entrée de la hutte : buvez, lui dit-il en approchant sa gourde de ses lèvres.

— Il me semble que je connais cette voix, dit le malheureux. Il promena ses regards étonnés sur l'habillement d'Édouard, et dit douloureusement : Non, ce n'est pas le jeune squire.

C'est ainsi qu'on désignait habituellement Edouard dans les domaines de Waverley-Honour. La voix qu'il venait d'entendre le fit tressaillir, et réveilla dans son cœur mille sentimens pénibles qu'avaient déjà fait naître en partie les accens bien connus de son pays natal.

— Houghton, dit-il en contemplant ses traits déjà défigurés par la mort! mon cher Houghton, est-ce vous que je vois?

— Ah! je n'espérais pas avoir la consolation avant de mourir d'entendre encore une voix anglaise. Ils m'ont jeté mourant ici, parce que je n'ai pu leur dire quelle était la force de notre régiment... Mais hélas ! squire, pourquoi nous avez-vous quittés pendant si long-temps? pourquoi nous avez-vous laissés tomber dans les piéges de ce démon de l'enfer, de ce Ruffin?... nous vous eussions suivi à travers le sang et le feu.

— Ruffin ! Je vous assure, Houghton, qu'il vous a trompés d'une manière abominable.

— Je l'ai pensé bien des fois, quoiqu'il nous montrât votre cachet... mais Timms a été fusillé et moi dégradé.

— Ne vous épuisez point à parler ; je vais vous chercher un chirurgien.

Mac Ivor revenait en ce moment de la tête de la colonne où l'on avait tenu conseil de guerre, et il courut à Waverley.

— Bonne nouvelle ! s'écria-t-il ; dans moins de deux heures nous en viendrons aux mains. Le prince s'est mis à la tête de l'armée. — Amis, nous a-t-il dit en tirant son épée, je jette le fourreau. Venez, Waverley, nous partons.

— Un moment, je vous prie, un moment ; ce pauvre prisonnier est mourant ; où pourrai-je trouver un chirurgien ?

— Ma foi, je n'en sais rien ; vous savez bien que nous n'avons que deux ou trois Français qui ne sont autre chose, je crois, que des *garçons apothicaires*.

— Mais ce blessé va perdre tout son sang !

— Pauvre malheureux ! ce sera avant ce soir le sort de mille autres ; venez.

— Je ne le puis : c'est le fils d'un des fermiers de mon oncle.

— Si c'est un des vôtres, il faut en avoir soin ; je vais vous envoyer Callum Beg, mais *Diaoul*, — *Ceade millia molligheart.* A quoi diable a pensé le baron de venir nous encombrer de prisonniers mourans !

Callum accourut avec sa vitesse ordinaire. L'inquiétude de Waverley pour le blessé lui fut favorable, loin de lui nuire, dans l'esprit des montagnards ; ils n'auraient pas compris le sentiment de philantropie générale qui lui aurait fait donner les mêmes soins à n'importe quel homme dans cette cruelle situation ; mais lorsqu'ils apprirent que le mourant était un homme de sa suite, ils s'écrièrent avec transport qu'il était un bon chef et méritait d'être aimé. Un quart d'heure s'était à peine écoulé que le pauvre Humphry expira en suppliant son jeune maître d'avoir soin de Job Hough son père, et de sa mère, quand il serait de retour à Waverley-Honour, et le conjurant de ne pas se battre avec ces gens en jupon contre la vieille Angleterre.

Quand il eut rendu le dernier soupir, Waverley, qui avait été témoin pour la première fois de l'agonie d'un mourant et en avait éprouvé un sincère chagrin avec une espèce de remords, ordonna à Callum de porter le cadavre dans la hutte. Celui-ci s'empressa d'obéir, et n'oublia pas de fouiller dans toutes les poches ; mais il fit l'observation qu'on les avait soigneusement *épongées*. Il s'empara cependant du manteau, et semblable à l'épagneul prévoyant qui veut cacher un os, il plaça sa capture dans un buisson qu'il marqua avec le plus grand soin, afin de le retrouver s'il repassait par là, et d'en faire un excellent rokelay pour sa vieille mère Elspat.

Waverley et lui eurent besoin de se hâter pour reprendre leur rang dans la colonne, qui s'avançait rapidement pour occuper les hauteurs du village de Tranent où l'armée ennemie était forcée de passer entre la mer et le village.

La triste entrevue que Waverley venait d'avoir avec son brigadier remplit son esprit de réflexions tardives et pénibles. Il voyait clairement d'après les aveux de ce pauvre garçon que la conduite du colonel G — était juste, indispensable même, puisqu'on avait fait usage de son nom pour exciter les soldats à la désertion. Se rappelant qu'il avait perdu son cachet dans la caverne de Bean Lean, il ne douta pas que cet homme artificieux ne s'en fût servi comme d'un moyen propre à produire un mouvement dans son régiment, dans l'espoir d'en tirer un bon parti. Il ne douta plus que le paquet de lettres que la fille de Donald avait placé dans son portemanteau pourrait jeter quelque jour sur ce mystère. L'exclamation : « *Ah! squire, pourquoi nous avez-vous* abandonnés? » retentissait sans cesse à ses oreilles.

— Oui, dit-il, ma conduite en effet fut imprudente et cruelle. Je vous ai fait quitter le toit paternel ; je vous ai privés de la protection d'un seigneur sensible et généreux pour vous mettre sous le joug de la discipline militaire dont je devais partager le poids, tandis que j'ai trahi mes devoirs. O indolence et indécision fatales! si vous n'êtes pas de véritables vices, à quels maux funestes vous nous livrez!

CHAPITRE XLVI.

La veille du jour de la bataille.

Quoique l'armée des Highlanders eût fait une marche rapide, le soleil était près de se coucher lorsqu'elle arriva sur les hauteurs qui dominent la vaste plaine qu'on voit s'étendre du nord au midi sur les côtes de la mer. C'est là que sont situés les deux petits villages de Seaton et de Cockenzie, et plus loin le bourg plus considérable de Preston. La route basse qui conduit le long de la côte à Édimbourg traversait cette plaine; elle est découverte depuis Seaton-House jusqu'à Preston, où recommencent les murs de clôture. Le général anglais avait choisi cette route pour deux motifs : premièrement, parce qu'elle était plus commode pour sa cavalerie; en second lieu, parce que par cette manœuvre il espérait rencontrer de front les montagnards qui venaient d'Édimbourg dans la direction opposée. Il s'était trompé dans ses calculs; le chevalier, ou tous ceux qui lui servaient de conseil[1], avaient préféré laisser le passage direct entièrement libre pour s'emparer des hauteurs.

Les montagnards se formèrent sur-le-champ en ligne de bataille, et presque au même instant l'avant-garde anglaise déboucha par les enclos et les arbres de Seaton, dans l'intention de venir prendre position dans la plaine. Comme l'espace qui séparait les deux armées n'était que d'un demi-mille, Waverley voyait distinctement les escadrons de dragons, les uns

---

[1] Plusieurs relations attribuent à lord Murray tout l'honneur de cette campagne. — Éd.

après les autres, précédés de leurs vedettes, se formant en ligne à mesure qu'ils arrivaient, et présentant leur front à celui de l'armée du prince. Ils étaient soutenus par un train de pièces de campagne qui furent bientôt placées en batteries et dirigées contre les hauteurs. Ce premier corps fut suivi de trois ou quatre régimens d'infanterie, marchant en colonne serrée; leurs baïonnettes au bout du fusil semblaient des rangs successifs de barrières en fer, et leurs armes jetèrent au loin la lueur d'un vaste éclair, lorsqu'à un signal donné ils firent une évolution soudaine pour se mettre en ligne; un second train d'artilleurs et un autre régiment de cavalerie fermèrent cette longue marche, en prenant position sur le flanc gauche de l'infanterie.

Pendant que l'armée anglaise faisait ces évolutions, les Highlanders déployaient la même promptitude et la même ardeur; de sorte que les deux armées se trouvèrent en ordre complet de bataille au même moment. Alors les Highlanders poussèrent un cri effrayant que les échos des montagnes répétèrent au loin. Les Anglais y répondirent par des cris triomphans de défi, et tirèrent en même temps quelques coups de canon sur un des avant-postes. Les montagnards se disposèrent sans retard à l'attaque.

— Voyez-vous les soldats rouges? dit Mac Combich à Fergus par forme d'argument. Ils ressemblent à un œuf chancelant sur un bâton; nous avons l'avantage de l'attaque, car même un *haggis*[1], Dieu le bénisse! les chargerait du haut de notre position.

Mais quoique le terrain que les montagnards avaient à descendre ne fût pas très étendu, il était impraticable, parce qu'il était couvert de fondrières, coupé par des murs, et traversé

[1] Mac Combich fait ici une de ces comparaisons triviales, ou plutôt un de ces rapprochemens vulgaires qui dans la conversation sont remarqués d'autant plus que les objets comparés ont moins de rapport entre eux. Le *haggis* est une espèce de pudding écossais qu'on fait soit avec de la viande, soit avec de la farine d'orge et autres ingrédiens. C'est le grand régal de l'Écosse. Le mot de *haggis* rappelle donc à Mac Combich une idée de joie et de fête: c'est le premier mot qui lui vient, dans le besoin qu'il a de dire quelque chose de comique. — Éd.

dans toute sa longueur par un fossé large et profond ; graces à ces circonstances la mousqueterie ennemie aurait eu de très grands avantages. Les chefs interposèrent donc leur autorité pour réprimer l'impétuosité de leurs troupes, et se contentèrent d'envoyer quelques détachemens d'élite pour escarmoucher et reconnaître le terrain.

Les deux armées présentaient en ce moment un spectacle intéressant et peu ordinaire. La différence de l'équipement et de la discipline faisait encore mieux remarquer leurs évolutions. C'était de l'issue de leur choc que le sort actuel de l'Écosse semblait dépendre. Elles s'observaient, comme deux gladiateurs dans l'arène cherchent des yeux l'endroit le plus favorable pour s'attaquer. Les officiers supérieurs et l'état-major de chaque armée étaient facilement distingués sur la première ligne, leurs lunettes à la main, donnant des ordres et recevant les rapports des aides-de-camp et des officiers d'ordonnance qui, en galopant comme si cette journée pouvait être décidée par la vitesse de leurs coursiers, donnaient une nouvelle vie à ce tableau. Déjà les tirailleurs avaient commencé leurs petites attaques partielles et irrégulières. De temps en temps tombait une toque ou un chapeau, et un blessé était emporté par ses camarades. Ce n'étaient là que des escarmouches sans conséquence ; car il ne convenait à aucun des deux partis de s'avancer dans cette direction. Les paysans du voisinage se montraient par momens avec prudence, comme pour épier l'issue de la lutte qui allait s'engager; et à peu de distance dans la haie étaient deux vaisseaux portant pavillon anglais, dont les ponts et les hunes étaient couverts de spectateurs moins timides.

Quand ce repos imposant eut duré quelque temps, Fergus et un autre chieftain reçurent l'ordre de faire marcher leurs clans sur le village de Preston, pour inquiéter l'armée de Cope sur son flanc droit et la forcer à changer de position. Afin de pouvoir exécuter cet ordre, le chef de Glennaquoich occupa le cimetière de Tranent.

—Il ne pouvait choisir un poste plus favorable, dit Evan

Dhu, pour ceux qui ayant le malheur d'être tués désireraient être enterrés en terre chrétienne.

Le général anglais, pour les débusquer, fit avancer deux canons soutenus par un gros de cavalerie. Les dragons s'approchèrent de si près que Waverley reconnut l'étendard de la compagnie qu'il avait commandée; il entendit les trompettes et les timbales au son desquelles il avait souvent marché; il distingua aussi les mots de commandement prononcés en anglais par le colonel pour qui il avait eu tant de respect. En jetant les yeux autour de lui et sur le costume étranger et sauvage de ses compagnons des Highlands, en entendant leurs paroles dans un dialecte grossier et inconnu, en remarquant son propre habillement si différent de celui qu'il avait porté depuis l'enfance, il crut un instant que tout ce qu'il voyait n'était qu'un rêve bizarre, horrible et contre nature.

— Grand Dieu! pensa-t-il, suis-je donc traître à mon pays, déserteur de mon étendard, ennemi de ma terre natale, comme le disait ce pauvre Houghton en mourant?

Avant qu'il eût étouffé cette importune réflexion, son ancien commandant, remarquable par sa grande taille et par son air martial, s'approcha lui-même pour reconnaître le terrain.

— Je puis l'ajuster maintenant, dit Callum en appuyant le canon de son fusil sur le mur derrière lequel il était caché, à soixante pas de distance environ.

Édouard frissonna, comme s'il eût été sur le point de voir commettre un parricide en sa présence.

Les cheveux blancs et l'air vénérable de son chef lui rappelèrent le respect presque filial que tous les officiers lui portaient. Mais il n'avait pas encore crié : — Arrête! qu'un vieux montagnard placé près de Callum lui retint le bras.

— Epargne ta poudre, lui dit-il, son heure n'est pas encore venue; mais qu'il prenne garde à lui demain..... je vois son suaire sur sa poitrine.

Callum, insensible comme un roc à toute autre considération, était très accessible aux idées superstitieuses. Il pâlit en entendant le *Taishatr*[1], et cessa de viser.

Le colonel G***, qui ne se doutait guère du danger qu'il venait de courir, retourna lentement à la tête de son régiment.

Cependant l'armée anglaise avait pris une autre ligne; un de ses flancs s'appuyait au rivage de la mer, l'autre au village de Preston. Cette position présentant les mêmes obstacles pour l'attaque, Fergus reçut l'ordre de revenir à son premier poste avec son détachement; et ce mouvement força l'armée du général Cope à former un front de bataille parallèle à celui des montagnards. Ces manœuvres de part et d'autre avaient pris beaucoup de temps; le jour était presque écoulé, et les deux armées se disposèrent à passer la nuit sous les armes sans quitter leurs lignes respectives.

— Nous ne ferons rien ce soir, dit Fergus à Waverley; avant de nous endormir dans nos plaids, allons voir le baron à l'arrière-garde.

En approchant du poste de ce brave et diligent officier, ils remarquèrent avec quelle scrupuleuse prudence il avait placé ses sentinelles et ses patrouilles de nuit. Il était lui-même occupé à lire au reste de sa troupe la prière du soir d'une voix forte et sonore. Quoique ses lunettes sur le nez et la tournure de Saunders Saunderson dans un appareil guerrier remplissant les fonctions de clerc eussent quelque chose de risible, les circonstances où l'on se trouvait, l'approche du péril, le costume militaire des assistans, et leurs chevaux attachés derrière eux à des piquets, concouraient à donner de la solennité à cet acte de dévotion.

— Je me suis confessé ce matin avant que vous fussiez éveillé, dit Fergus à Waverley; mais quoique bon catholique, je ne refuserai pas de joindre mes prières à celles de ce respectable vieillard. Ils attendirent donc tranquillement que le baron eût fini.

— Mes enfans, dit M. Bradwardine en fermant son livre,

---

[1] Le Voyant, le devin. C'est un signe certain de la mort d'une personne, lorsque le Voyant l'a aperçue ainsi enveloppée de son suaire. —Éd.

frappez demain l'ennemi avec des consciences légères et des mains pesantes. Il remercia ensuite avec courtoisie Fergus et Waverley, qui lui demanda son avis sur la position des deux armées.

— Comment donc? répondit le baron : vous connaissez les paroles de Tacite : *In rebus bellicis maxime dominatur fortuna*, ce qui répond à peu près à notre proverbe national : *La fortune peut beaucoup dans la mêlée*. Mais croyez-moi, messieurs, ce général anglais n'est pas un grand clerc. Il refroidit le courage de ses soldats en les tenant sur la défensive, indice démontré d'infériorité ou de crainte. Ils sont là-bas sous les armes, aussi inquiets que le crapaud sous le coup de la herse, tandis que nos gens se réveilleront frais et dispos demain matin..... Mais bonne nuit, mes jeunes amis.... J'aurais bien à vous faire part d'un souci qui me trouble, mais si tout va bien demain je vous consulterai, Glennaquoich.

— Je pourrais presque appliquer à M. Bradwardine le portrait que Henry fait de Fluellen[1], dit Waverley en se rendant avec son ami à leur *bivouac* :

« Bien qu'il paraisse un peu passé de mode,
« Le zèle et la valeur animent l'Écossais (2).

— Il a fait la guerre, répondit Fergus, et l'on ne conçoit pas comment il peut allier tant de bon sens à tant de puérilité. J'aurais voulu connaître le motif de son chagrin..... c'est sans doute au sujet de Rose..... mais écoutez : les Anglais placent leurs sentinelles pour la nuit.

Le roulement du tambour et l'accompagnement aigu des fifres retentirent tout à coup, — s'éloignèrent, — retentirent de nouveau, — et cessèrent tout-à-fait. Les trompettes et les timbales de la cavalerie exécutèrent ensuite le brillant air de guerre qui sert de signal à cette opération militaire de chaque soir, et le terminèrent par une fanfare d'un accord moins éclatant et plus mélancolique.

(1) *Henry IV* de Shakspeare. — Éd.
(2) Il y a ici une substitution de mots : Fluellen étant un Gallois, l'auteur remplace *Welsh-man* par *Scotchman*. — Éd.

Les deux amis avant de se coucher pour goûter le repos, promenèrent leurs regards autour d'eux : du côté du couchant la voûte céleste était rayonnante d'étoiles; mais une brume d'automne, sortant de la mer, voilait l'horizon au levant, et roulait en blancs tourbillons au-dessus de la plaine où les Anglais étaient campés. Leurs avant-postes venaient jusqu'au bord du grand fossé ; ils avaient allumé à divers intervalles de grands feux dont la flamme ne jetait qu'une sombre lueur à travers l'épais brouillard qui les entourait comme d'une auréole pâle.

Les Highlanders, — «serrés comme les feuilles dans la vallée de Vallambrosa », — étaient tous étendus sur le revers des hauteurs, et dormaient du plus profond sommeil, excepté les sentinelles.

— Combien de ces braves gens, dit Waverley, dormiront demain d'un sommeil encore plus profond !

— Ne pensez point à cela ; ne pensez qu'à votre épée et à la main qui vous l'a donnée : toute autre réflexion est maintenant tardive.

Cette réponse de Fergus était sans réplique ; Édouard crut devoir s'en servir pour apaiser les émotions qui commençaient à troubler son ame. Il se joignit à son ami pour former avec leurs plaids réunis un lit passable. Callum s'assit près d'eux, parce qu'il était spécialement chargé du soin de veiller sur la personne du chef. Il commença sur un air monotone une longue et triste chanson gaëlique qui, semblable au murmure d'un vent lointain, endormit bientôt les deux amis.

CHAPITRE XLVII.

La bataille.

Ils furent réveillés après quelques heures de sommeil et mandés près du prince. Ils s'y rendaient à la hâte, quand l'horloge du village sonna trois heures. Le prince, assis sur un tas de cosses de pois qui lui avait servi de lit, était déjà entouré de ses principaux officiers et des chefs de clan. Quand Fergus entra dans le cercle, la délibération venait d'être terminée.

— Courage, mes braves amis ! dit le chevalier; et chacun se mit aussitôt à la tête de la troupe qu'il commandait : — Un ami fidèle s'est offert pour nous conduire par un chemin étroit et tortueux mais praticable, qui traverse à notre droite le marais et aboutit à la plaine où sont campés les ennemis. Cette difficulté surmontée, le ciel et vos vaillantes épées feront le reste [1].

Cette proposition causa une joie unanime, et chaque chef se hâta de mettre en ordre ses soldats avec le moins de bruit possible.

L'armée quitta sa position par un mouvement à droite, et entra bientôt dans le sentier à travers les marais, en silence et très rapidement; le brouillard n'ayant pas encore atteint les hauteurs, les soldats jouirent pendant quelque temps de la

---

(1) Les mémoires du chevalier Johnstone, aide-de-camp de lord Georges Murray, et qui fut aussi momentanément un de ceux du prince, nomment M. Anderson, le propriétaire même du marais, comme celui qui indiqua ce passage que le général Cope avait négligé, le croyant impraticable. — ÉD.

clarté des étoiles ; mais cette faible lumière s'évanouit à l'approche du jour, et la tête de la colonne continua de descendre, plongée dans un océan de brouillards qui étendait ses vagues blanchâtres sur toute la plaine et sur la mer qui la bornait.

L'obscurité et la nécessité de conserver de l'ordre dans un chemin étroit, marécageux et inégal devaient présenter quelques difficultés ; c'étaient cependant de moins grands inconvéniens pour les montagnards, d'après leur genre de vie, que pour toute autre troupe ; ils continuèrent donc leur marche d'un pas ferme et rapide.

Lorsque le clan d'Ivor approcha de la terre ferme, en suivant les traces de ceux qui le précédaient, on entendit le cri d'une vedette sans que le brouillard permît de distinguer le dragon qui avait parlé : — Qui va là ?

— Silence ! dit Fergus, silence ! que personne ne réponde s'il tient à la vie. — Avançons ! — et ils avancèrent en silence.

La sentinelle déchargea sa carabine et s'enfuit : au bruit de l'arme à feu succéda celui du galop de son cheval.

— *Hylax in limine latrat*[1], dit le baron de Bradwardine qui entendit le coup ; le coquin va donner l'alarme.

Le clan de Fergus avait atteint la rase campagne, naguère couverte d'une riche moisson ; mais on en avait enlevé les gerbes, et il ne restait plus qu'une grande plaine où la vue n'était interceptée par aucun arbre ni par aucun buisson. Le reste de l'armée suivait promptement quand on entendit les tambours anglais battre la générale. Il n'entrait pas dans le plan des Highlanders de surprendre l'ennemi ; aussi ils ne furent pas déconcertés en voyant qu'il était sur ses gardes et prêt à les recevoir ; cela leur fit seulement hâter les dispositions pour le combat, qui furent très simples.

A l'est de la vaste plaine, l'armée du prince était rangée en bataille sur deux lignes depuis les marais jusqu'à la mer ; la première était destinée à charger l'ennemi, la seconde à former la réserve ; la cavalerie peu nombreuse, que le prince commandait en personne, demeura entre les deux ailes.

---

(1) *Hylax* (nom classique d'un chien) aboie sur la porte. — Tr.

L'aventurier[1] avait d'abord manifesté le désir de charger à la tête de la première ligne, et n'avait abandonné son projet qu'à regret, cédant aux instances et aux prières de ceux qui l'entouraient.

Les deux lignes se portèrent en avant, la première se préparant au combat. Les clans dont elle était composée formaient chacun séparément une espèce de phalange, étroite par le front, et s'étendant sur dix, douze ou quinze rangs de profondeur, selon leur nombre ; les hommes mieux armés ou les plus nobles, car ces deux mots étaient synonymes, occupaient le front de ces subdivisions irrégulières ; les autres, placés derrière, les épaulaient en quelque sorte, ce qui communiquait une impulsion physique et une double ardeur à ceux qui devaient les premiers faire face au danger.

— Otez votre plaid, Waverley! cria Fergus qui se débarrassait du sien ; avant que le soleil paraisse sur la mer nous aurons de la soie pour remplacer nos tartans.

Les hommes des clans se dépouillèrent de leurs plaids et préparèrent leurs armes ; il se fit un silence imposant d'environ trois minutes, pendant lequel se découvrant la tête, ils levèrent les yeux au ciel et prononcèrent une courte prière. Waverley sentit alors battre son cœur comme s'il eût voulu s'échapper de son sein. Ce n'était pas la crainte, ce n'était pas l'ardeur du combat ; c'était un mélange de ces deux sentimens, une émotion nouvelle et énergique qui l'étourdit d'abord et lui causa bientôt une espèce de fièvre et de délire. Le son des instrumens de guerre vint augmenter encore son enthousiasme. Les cornemuses jouèrent leurs pibrochs, et les clans fondirent sur les Anglais en colonne serrée ; puis il ralentirent un moment le pas, et le murmure de leurs voix réunies se changea bientôt en sauvages clameurs.

En ce moment le soleil paraissant à l'horizon dissipa le brouillard ; les vapeurs se levèrent comme un rideau et laissèrent apercevoir les deux armées sur le point d'en venir aux

---

[1] *The adventurer.* Ce mot ne doit pas être pris ici en trop mauvaise part. L'auteur veut dire que Charles-Edouard était un prince de roman, un héros aventurier.—Éd.

mains. La ligne de l'armée anglaise était opposée directement au corps des montagnards; elle brillait par son équipement complet, et sur ses ailes étaient la cavalerie et l'artillerie ; mais cette vue ne causa aucune terreur aux assaillans.

— En avant! fils d'Ivor, s'écria Fergus, ou les Camérons répandront le premier sang ! Ils se précipitèrent avec un cri terrible.

Le reste de cette journée est bien connu.

La cavalerie qui chargea les Highlanders, ayant reçu leur feu, se débanda, saisie d'une terreur panique, et s'enfuit au galop. Les artilleurs abandonnés par la cavalerie se sauvèrent après avoir déchargé leurs pièces contre les montagnards qui, sans avoir recours une seconde fois à leurs fusils, tirèrent leurs claymores et fondirent avec une fureur sans égale sur l'infanterie.

Dans ce moment de terreur et de confusion, Waverley remarqua un officier anglais, paraissant d'un haut rang, seul et appuyé contre une pièce de canon qu'après la fuite des artilleurs il avait lui-même pointée et tirée contre le clan de Mac Ivor qui était le plus proche de lui.

Frappé de son air martial, Waverley voulant l'arracher à une mort inévitable, dépassa pour un moment les guerriers les plus agiles, et lui cria de se rendre ; l'officier lui répondit par un coup d'épée qu'il reçut sur son bouclier, et l'arme de l'Anglais frappant à faux se rompit. Au même instant Dugald Mahony allait lui fendre la tête d'un coup de sa hache d'armes. Waverley arrêta et para le coup ; l'officier voyant que toute résistance était inutile, et étonné de la généreuse intervention d'Édouard, lui remit le tronçon de son épée. Édouard confia le prisonnier à la garde de Dugald, en lui recommandant de le traiter avec égard sans le dépouiller, et lui promettant un dédommagement

A la droite d'Édouard la mêlée était encore terrible: l'infanterie anglaise, formée dans les guerres de Flandre, disputait le terrain courageusement ; mais ses lignes trop étendues furent enfoncées en plusieurs endroits par les masses sérrées des Highlanders, dont les armes, la force et l'agilité extraordinaires l'emportèrent sur la tactique et la discipline des Anglais [1].

Lersqu'il jeta les yeux sur cette scène de carnage, Waverley aperçut le colonel G***, abandonné par ses soldats malgré ses efforts pour les rallier, et courant se mettre à la tête d'un petit corps d'infanterie qui, adossé contre le mur de son parc (car sa maison était contiguë au champ de bataille), continuait une résistance désespérée et inutile. Waverley remarqua qu'il avait déjà reçu plusieurs blessures; ses habits et sa selle étaient couverts de sang. Il voulut sauver ce brave et digne homme, mais ne put qu'être témoin de sa mort. Les montagnards furieux, avides de ses dépouilles, se pressaient autour de lui; et avant qu'Édouard eût pu se faire jour au milieu d'eux, il vit son ancien commandant renversé de son cheval par un coup de faux et recevant à terre plus de coups qu'il n'en eût fallu pour lui ôter vingt fois la vie. Lorsque Waverley arriva cependant il n'avait pas encore perdu tous ses sens. Le guerrier mourant parut le reconnaître, fixa sur lui un regard de reproche mêlé de tristesse, et s'efforça de parler; mais sentant que la mort le gagnait, il joignit les mains comme pour faire sa prière et rendit son ame à son créateur. Le dernier regard qu'il jeta sur Waverley le frappa bien plus profondément quand il se le rappela quelque temps après, que dans ce moment de désordre et de confusion [2].

Les cris de victoire étaient répétés par tous les échos de la plaine. La bataille était finie, tous les bagages, l'artillerie, les munitions de guerre étaient restés au pouvoir des vainqueurs. Il n'y eut jamais victoire plus complète; à peine quelques fai-

---

(1) Les rapports des officiers anglais eux-mêmes ne furent pas si favorables à cette infanterie, qui avait cependant fait ses preuves à Fontenoi. — Éd.

(2) On ne sait pourquoi l'auteur n'a constamment désigné que par une initiale un officier si connu, et auquel il donne un si beau rôle, en restant d'ailleurs fidèle à l'histoire. Le colonel Gardiner était en effet un brave officier et un enthousiaste religieux, tel que le peint Walter Scott. On lui attribue une réponse qui achèvera de le caractériser. Lorsqu'il partit pour Prestonpans, sa femme, émue d'un pressentiment funeste, lui témoignait une vive inquiétude : — Vous oubliez, ma chère, lui dit-il, que nous avons une ÉTERNITÉ à passer ensemble. — Éd.

bles débris avaient échappé. La cavalerie seulement, qui avait abandonné le terrain à la première charge, s'était débandée et dispersée dans le pays [1].

Autant que cela peut avoir rapport à notre histoire, il ne nous reste plus qu'à raconter le sort de Balmawhapple qui, monté sur un cheval aussi têtu et emporté que son cavalier, poursuivit les dragons à quatre milles environ au-delà du champ de bataille. Quelques fugitifs, dans un dernier accès de courage, firent volte-face, lui fendirent le crâne, et prouvèrent par-là que le pauvre diable n'était pas sans cervelle, ce dont on avait toujours douté pendant sa vie. Sa mort causa peu de regrets. Le plus grand nombre de ceux qui le connaissaient convinrent que l'enseigne Mac Combich avait eu raison de dire qu'il y avait eu bien d'autres morts à Scherif-Muir [2]. Son ami le lieutenant Jinker ne se servit de son éloquence que pour disculper sa jument favorite d'avoir contribué en quelque manière à sa perte, en disant qu'il avait répété au laird mille fois que c'était une honte de mettre une martingale à la pauvre bête, quand il pouvait la mener avec une courte bride; et qu'elle devait nécessairement lui attirer à lui (pour ne pas dire à elle) quelque malheur, en s'abattant ou autrement, tandis que s'il eût voulu se servir d'un simple filet, il l'aurait conduite aussi facilement qu'un cheval de charrette.

Telle fut l'oraison funèbre de Balmawhapple.

(1) Le second régiment de dragons anglais qui *assistait* à la bataille de Prestonpans était commandé par le colonel Hamilton.—Éd.

(2) Sheriff-moor, près de Stirling, est une plaine fameuse par la bataille qui y fut livrée en 1715, entre les troupes du comte de Mar pour le parti des Stuarts et les troupes du duc d'Argyle pour la maison de Hanovre.—Éd.

CHAPITRE XLVIII.

Embarras imprévu.

La bataille fut à peine terminée et l'ordre un peu rétabli, que le baron de Bradwardine, après avoir rempli tous les devoirs attachés à sa charge, s'empressa de se rendre auprès de Glennaquoich et de son ami Édouard Waverley. Il trouva le premier occupé du soin d'apaiser plusieurs disputes survenues parmi ses vassaux, relativement aux plus beaux faits d'armes de la journée, et plus encore pour le partage du butin. Parmi les discussions de ce genre, la plus importante concernait une montre d'or qui sans doute avait appartenu à quelque malheureux officier anglais. Celui des compétiteurs qui se trouva débouté de ses prétentions se consola en disant : — « *Elle* est « morte depuis que Vich Ian Vohr l'a donnée à Murdoc. » — Effectivement la montre qu'il prenait pour un animal vivant, s'était arrêtée faute d'avoir été remontée.

Ce fut au moment où cette question venait d'être décidée que le baron Bradwardine arriva auprès des deux jeunes amis. Quoiqu'il eût un air calme et satisfait, on s'apercevait cependant qu'il avait quelque peine secrète. Il mit pied à terre, et confia son cheval d'escadron à l'un de ses domestiques. — Je ne me fâche pas souvent, dit-il à cet homme, mais si vous me jouez un de vos tours et que vous laissiez le pauvre Berwick avant qu'il soit bien pourvu pour courir au butin, je veux aller au diable si je ne vous tords le cou ; et en parlant ainsi il caressait de la main le cheval qui l'avait porté à travers les périls de ce jour. Après en avoir pris congé cordialement, il s'adressa au chef Mac Ivor et à Édouard.

— Eh bien! mes bons amis, leur dit-il, la victoire est glorieuse et décisive; je n'ai qu'un regret, c'est que ces coquins de soldats se soient sauvés si vite; j'aurais été charmé de vous faire connaître tous les détails d'une charge de cavalerie, ou d'un combat équestre *prælium equestre*, qui est le chef-d'œuvre et l'orgueil de l'art de la guerre; mais leur poltronnerie m'en a ravi l'occasion. Quoi qu'il en soit, j'ai eu le bonheur de tirer encore une fois l'épée pour la vieille cause!... J'avoue, mes enfans, que je n'ai pas été aussi loin que vous, obligé comme je l'étais de faire garder les rangs à notre poignée de cavalerie; mais un cavalier ne doit pas envier ni rabaisser la gloire de ses frères d'armes, quoiqu'il ait couru trois fois plus de dangers qu'eux; et d'autant plus qu'avec la grace de Dieu, son tour peut venir. — Mais, Glennaquoich, et vous, Waverley, je vous prie dans ce moment de m'écouter l'un et l'autre avec attention pour m'aider de vos lumières sur une affaire de la plus grande importance, et à laquelle se trouve lié l'honneur de la maison de Bradwardine. Je vous demande pardon, enseigne Mac Combich, à vous, Edderalshendrach, à vous, Inveraughlin, et à vous, monsieur.

Ce dernier était le vieux Ballenkeiroch qui, se rappelant la mort de son fils, regarda le baron avec un air farouche de défi. Le baron, qui prenait facilement de l'ombrage, commençait déjà à froncer le sourcil, lorsque Glennaquoich fit sortir son major, lui remontrant d'un ton de chef son tort de faire revivre une ancienne querelle dans les circonstances actuelles.

— La plaine est couverte de cadavres, dit le vieux montagnard s'éloignant à pas lents; un de plus y eût été à peine remarqué : et si ce n'était à cause de vous, Vich Ian Vohr, ce serait le mien ou celui de Bradwardine. Le chef le calma en l'entraînant à l'écart, et revint ensuite au baron.

— C'est Ballenkeiroch, lui dit-il à demi-voix; c'est le père du jeune homme qui périt dans la malheureuse affaire des fermes de Bradwardine, il y a huit ans.

— Ah! dit le baron en adoucissant la sévérité menaçante

de ses traits, je puis souffrir beaucoup d'un homme à qui j'ai causé une si grande peine; vous avez bien fait de me le dire, Glennaquoich; il peut lancer des regards aussi sombres qu'une nuit de la Saint-Martin avant que Cosme Comyne Bradwardine s'en offense. Ah! je n'ai pas de postérité mâle, et je dois supporter beaucoup de la part d'un homme que j'ai privé de la sienne, quoique je vous aie satisfait en tout point sur cette affaire, par *assythment* et lettres de *slains*[1]. — Mais, comme je le disais, je n'ai point de postérité mâle, et il faut cependant que je songe à l'honneur de ma maison; c'est là-dessus que je voulais vous entretenir en particulier.

Les deux jeunes amis attendaient avec une curiosité inquiète. — Mes enfans, leur dit-il, d'après votre éducation, je suis persuadé que vous êtes au courant des tenures ou dépendances féodales.

— Très particulièrement, répondit aussitôt Fergus, craignant que le baron n'entamât une discussion interminable, et il toucha Waverley avec un signe pour l'inviter à ne pas le démentir.

— Mes jeunes amis, ajouta sir Bradwardine, vous n'ignorez pas sans doute que la tenure de baronnie de Bradwardine est d'une nature honorable et particulière, étant *blanche* (mot que Craig[2] veut qu'on traduise en latin par *blancum*, ou plutôt *francum, franc-alleu*), moyennant l'obligation d'ôter ou de tirer les bottes du roi après la bataille : *pro servitio detrahendi seu exuendi caligas regis post battaliam*.....

Ici Fergus adressa à Édouard un regard de son œil d'aigle, en fronçant presque imperceptiblement le sourcil, et haussant les épaules d'une manière également imperceptible.

(1) *Assythment*, terme consacré du barreau d'Écosse, et qui signifie réparation légale, *compensation* : on appelait lettres de *slains*, ou *lettres de morts* les lettres que celui dont on avait tué le parent écrivait au meurtrier pour déclarer qu'il était satisfait, et aussi les lettres par lesquelles le meurtrier offrait une réputation. C'est de ces dernières qu'il est ici question. — Éd.

(2) Sir Thomas Craig, jurisconsulte écossais distingué du seizième siècle, qui avait étudié à Paris. Il fut créé chevalier *knight* par le roi Jacques. Son Traité intitulé *Jus feodale* est toujours très estimé. — Éd.

Le baron continua : — Deux grandes difficultés se présentent à mon esprit ; la première est de savoir si dans aucun cas je puis être tenu de rendre le service ou hommage féodal à la personne du prince... la charte portant expressément *les bottes du* ROI (*caligas* REGIS). Je vous prie de commencer par me donner votre avis sur cette première question, dont vous sentez toute l'importance. Le prince a-t-il droit à mon hommage ?

— Il n'y a pas le moindre doute, répondit Mac Ivor en gardant assez bien son sang-froid ; le prince est régent ; et vous savez qu'à la cour de France on rend à la personne du régent les mêmes honneurs qu'on rendrait à la personne du roi lui-même : d'ailleurs si j'avais le choix de tirer les bottes du jeune chevalier ou celles du roi son père, je vous avoue que je me déciderais dix fois plus volontiers pour celles du prince.

— Oui ; mais faites attention qu'il ne s'agit pas ici de préférences personnelles. Je ne disconviens pas que l'exemple des usages établis à la cour de France ne soit d'un grand poids ; je sais très bien que le prince, comme un *alter ego*[1], a le droit d'exiger l'hommage de tous les grands-tenanciers de la couronne, puisque tout sujet loyal doit, selon l'acte de régence, respecter le prince comme le roi lui-même. A Dieu ne plaise que je prétende affaiblir le lustre de son autorité en lui refusant un hommage qui doit lui donner tant de splendeur ! Car je doute que l'empereur d'Allemagne lui-même ait le droit de faire tirer ses bottes par un franc baron de l'empire... Mais ici se présente la deuxième difficulté : Le prince ne porte pas des bottes, mais simplement des trews et des brogues.

Ce second dilemme compromit presque la gravité forcée de Fergus.

— Comment ! dit-il, vous connaissez le proverbe, baron : « Il est difficile d'ôter les culottes d'un montagnard des Highlands. » Or les bottes sont ici dans le même cas.

— Le mot *caligæ* cependant, continua le baron, veut dire plutôt sandales que *bottes* dans la signification primitive ; quoique je convienne que par les traditions de la famille et

---

[1] Un autre moi, un autre roi. — ÉD.

dans les anciens titres, le mot *caligæ* représente le mot bottes, et Caïus César, neveu et successeur de Tibère, reçut le surnom de Caligula *a caligulis, sive caligis levioribus, quibus adolescentior usus fuerat in exercitu Germanici, patris sui* : parce que dans son enfance à l'armée de Germanicus son père, il portait des sandales beaucoup plus légères que celles des soldats. Il y a plus, cette chaussure a long-temps été adoptée dans les couvens. Nous lisons dans un ancien glossaire sur la règle de saint Benoît pour l'abbaye de Saint-Amand, que les *caligæ* étaient attachées avec des courroies.

— Ce sont de véritables *brogues*, dit Fergus.

— Je crois que vous avez raison, mon cher Glennaquoich ; les termes sont clairs : *Caligæ dictæ sunt quia ligantur; nam socci non ligantur, sed tantum intromittuntur;* c'est-à-dire, on donne le nom de sandales à cette chaussure, parce qu'on l'attache ; tandis que les *socci*, qui répondent à nos pantouffles, ne sont pas attachées au pied. La charte offre aussi deux mots alternatifs, *ôter* et *tirer; exuere seu detrahere*. Le premier s'applique évidemment aux sandales ou brogues, et le dernier aux bottes. Je trouverais de plus amples renseignemens sur cette matière si je pouvais me procurer quelque savant traité sur les costumes et habillemens, *de re vestiaria*.

— Je doute que vous parveniez à vous procurer ici le livre que vous désirez, dit Fergus en jetant les yeux sur les montagnards qui venaient de dépouiller les morts, quoiqu'on s'occupe beaucoup de la *res vestiaria* elle-même.

Cette remarque, qui cadrait parfaitement avec la bonne humeur du baron, le fit sourire ; mais il reprit de suite le fil de son discours du ton le plus sérieux.

Le bailli Macwheeble, il est vrai, dit-il, prétend que cet hommage honorable n'est dû par sa nature même qu'autant qu'on me le demandera, *si petatur tantum*, et que je dois attendre que Son Altesse Royale exige qu'un grand-tenancier de la couronne lui vienne offrir ce service. Le bailli m'a cité à ce sujet le cas de Grippit *versus* Spicer dans les *Doutes et*

Questions de Dirliton[1], qui cite en effet cet exemple où un propriétaire fut évincé d'un domaine *ob non solutum canonem*, pour la non observation d'un canon, c'est-à-dire pour le non paiement d'une redevance féodale annuelle de trois épingles ou autres bagatelles estimées la septième partie d'un sou d'Écosse : et le défendeur fut acquitté ; mais sauf vos bons avis, je crois préférable de me mettre à même de rendre ce service au prince, et de lui faire l'offre d'icelui. Je me ferai accompagner par le bailli avec une cédule de protestation qui est déjà rédigée, et que voilà (il montra un papier), intimant que si Son Altesse Royale acceptait les soins d'un autre que le baron de Bradwardine, présent et préparé pour ôter ses *caligæ* (qu'on rende ce mot par bottes ou par brogues), cet acte ne peut en aucun cas ni nullement préjudicier aux priviléges du susdit Cosme Comyne de Bradwardine pour remplir par le futur ledit service, ni donner à aucun écuyer, valet de chambre, page ou chevalier dont il plairait à Son Altesse Royale d'employer le zèle en cette occasion le droit d'évincer ledit Cosme Comyne de Bradwardine du domaine et de la baronnie de Bradwardine et autres, possédés, comme il est mentionné ci-dessus, par la concession féodale et par la fidèle exécution des clauses d'icelle.

Fergus applaudit aux sages précautions que le baron avait méditées ; et celui-ci prit congé des deux amis avec le sourire de son importance satisfaite.

— Que Dieu donne de longs jours à notre cher ami, dit Fergus à Waverley quand il fut hors de la portée de sa voix ; il est bien le plus absurde original de ce côté de la Tweed. Je voudrais lui avoir conseillé de venir ce soir au cercle du prince avec un tire-botte sous son bras.... Je crois que je serais venu à bout de lui faire adopter cette suggestion, si j'avais pu garder mon sérieux.

— Comment prenez-vous plaisir à rendre ridicule un homme aussi respectable !

— Avec votre permission, mon cher Waverley, vous êtes

---

[1] Jurisconsulte dont l'ouvrage est intitulé en anglais : *Doubts and queries*. — Éd.

aussi ridicule que lui! N'avez-vous pas remarqué que ce pauvre homme n'est occupé que de sa cérémonie? Il y rêve depuis l'enfance, comme si c'était le plus beau privilége et la plus belle cérémonie du monde! Je ne doute pas que l'espoir de trouver l'occasion de faire au prince l'offre du *débotté* n'ait contribué en grande partie à lui faire prendre les armes. Croyez-moi, si je m'étais avisé de le contredire, il n'eût pas manqué de me traiter d'ignorant et de fat; peut-être même aurait-il eu la fantaisie de me proposer de me couper la gorge avec lui. Il m'a déjà fait cette proposition une fois pour une pointillerie d'étiquette moitié moins importante à ses yeux que cette question de bottes ou de brogues, quel que soit le mot que les savans profèrent pour la traduction de *caligæ*.... Mais il faut que je me rende au quartier-général pour préparer le prince à cette scène vraiment extraordinaire. Je suis assuré d'être bien reçu; car mon avis commencera par le faire rire, et le mettra à même de garder un air sérieux pendant la cérémonie, où le rire serait *mal à propos*. Ainsi, au revoir, mon cher Waverley.

CHAPITRE XLIX.

Le prisonnier anglais.

Aussitôt que le chieftain fut parti, la première pensée de Waverley fut de se rendre auprès de l'officier anglais à qui il avait sauvé la vie; il était gardé avec ses compagnons d'infortune non loin du champ de bataille, dans la maison d'un gentilhomme.

En entrant dans la pièce où les prisonniers étaient détenus, Waverley reconnut aussitôt celui qu'il cherchait, non-seulement à sa taille majestueuse, à son air de dignité, mais parce qu'il avait en faction à côté de lui Dugald Mahony, qui, la hache d'armes sur l'épaule, ne l'avait pas plus quitté que son ombre, peut-être de peur de manquer la récompense promise; il avait aussi par ce moyen empêché le prisonnier d'être dévalisé dans le tumulte général; car Dugald calculait judicieusement que cette considération ne pouvait que relever le prix de son service. Il s'empressa d'informer Waverley qu'il avait gardé le soldat rouge tout entier, et que depuis le moment où Son Honneur avait arrêté sa hache de Lochaber, il ne valait pas un plack de moins.

Waverley lui réitéra la promesse de le récompenser libéralement, et s'avança vers l'officier anglais pour lui témoigner combien il désirait pouvoir lui rendre quelque service qui adoucît sa mauvaise fortune.

— Je ne suis point assez novice dans la carrière des armes, lui dit l'officier anglais, pour me plaindre des chances de la guerre. Je n'ai d'autre regret que de voir de pareilles scènes au sein de notre île natale; partout ailleurs elles ne m'affecteraient que très faiblement.

— Encore une journée semblable à celle-ci, lui dit Édouard, et je vous réponds que la cause de vos regrets n'existera plus; tout rentrera dans l'ordre et la tranquillité.

Le prisonnier se contenta de sourire et de secouer la tête.

— Dans la position où je me trouve, dit-il, je sens qu'il me siérait mal d'oser combattre votre opinion; cependant je dois vous dire que malgré le succès que vous venez d'obtenir, et malgré la bravoure que vous avez montrée, vous êtes hors d'état de venir à bout de votre entreprise: elle est au-dessus de vos forces.

Fergus arriva en ce moment, après s'être fait jour à travers la presse : — Venez, Édouard, dit-il; le prince couche ce soir à Pinkie-House [1]. Il faut nous y rendre si nous voulons avoir le plaisir d'assister à la cérémonie des *caligæ*. Notre ami le baron s'est montré bien cruel en forçant le bailli à venir sur le champ de bataille; vous savez que le pauvre Macwheeble frissonne à l'aspect d'un Highlander armé ou d'un fusil chargé.

(1) A deux milles de Prestonpans. — Éd.

Dans ce moment il écoute les instructions du baron concernant l'acte qu'il doit signifier au prince. A chaque coup de fusil qu'il entend il baisse la tête comme un canard qui fait le plongeon, et à chaque symptôme de peur il essuie en façon de pénitence une rebuffade sévère du baron, aux yeux de qui la décharge de toute une batterie à cent pas de distance ne serait pas une excuse suffisante pour ne pas écouter un discours dans lequel il s'agit de l'honneur de sa famille.

— Par quels moyens le baron de Bradwardine a-t-il pu parvenir à l'attirer si loin?

— Oh! voici; il était venu jusqu'à Musselbourg, dans l'espérance, je crois, de faire quelque opération de banque avec nous; et les ordres péremptoires de son maître l'ont fait avancer jusqu'à Preston lorsqu'il a su que la bataille était finie. Il se plaint amèrement de quelques-uns de nos pillards; ils ont failli le faire mourir de frayeur en lui présentant le canon de leurs pistolets; mais ils se sont contentés de n'exiger pour sa rançon qu'un sou anglais : je ne crois pas qu'il soit à propos de troubler le grand prévôt pour cette affaire. Allons, partons, mon cher Waverley.

— Waverley!..... s'écria l'officier anglais avec l'accent de la plus vive émotion : seriez-vous le neveu de sir Everard, du comté de —?

— Oui, monsieur, répondit notre héros un peu surpris du ton de la question qu'on venait de lui faire.

— Votre rencontre me réjouit et m'attriste à la fois.

— Je ne puis deviner, monsieur, ce qui peut me valoir tant d'intérêt de votre part.

— Votre oncle ne vous a-t-il jamais parlé d'un ami nommé Talbot?

— Très souvent, monsieur, et toujours pour faire l'éloge de ce gentilhomme..... Je crois qu'il est colonel et qu'il a épousé miss Émilie Blandeville ; mais je pensais que le colonel Talbot était sur le continent.

— J'en arrive; et me trouvant en Écosse, j'ai cru que j'étais à mon poste partout où je pouvais être utile à mon pays.

Oui, monsieur Waverley, je suis ce colonel Talbot : je me fais gloire de confesser que c'est à la générosité du respectable sir Everard votre oncle que je suis redevable de mon rang et de mon bonheur domestique. O grand Dieu! qui m'aurait dit que je trouverais son neveu sous de pareils habits, se battant pour une cause semblable!

— Monsieur, dit fièrement Fergus, ces habits, cette cause, sont les habits et la cause de gens d'honneur.

— Si ma position ne me défendait pas de vous contredire, il me serait facile de vous démontrer que ni le courage ni l'éclat de la naissance ne peuvent embellir une mauvaise cause. Avec la permission de M. Waverley et surtout la vôtre, s'il faut aussi la demander, j'aurais quelque chose à lui dire qui concerne sa famille.

— M. Waverley, monsieur, est entièrement maître de ses actions... Édouard, je vous laisse ; j'espère que lorsque vous aurez fini vos affaires avec cette nouvelle connaissance vous m'accompagnerez à Pinkie.

A ces mots le chef de Glennaquoich sortit en ajustant les plis de son plaid avec un air de hauteur et une certaine affectation.

A la demande de Waverley le colonel eut la liberté de descendre dans un vaste jardin qui était contigu à la maison. Ils se promenèrent pendant quelque temps dans le plus profond silence : le colonel cherchait sans doute de quelle manière il entrerait en conversation ; enfin il s'adressa ainsi à Édouard :

— Monsieur Waverley, je vous suis redevable de la vie, mais je vous avoue que j'aimerais mieux l'avoir perdue que de vous voir sous l'uniforme et avec la cocarde de ces hommes.

— Colonel Talbot, j'excuse vos reproches ; votre manière de penser est la suite naturelle de l'éducation que vous avez reçue et des préjugés dans lesquels vous avez été élevé; mais je ne vois pas que vous deviez trouver extraordinaire qu'un homme injustement attaqué dans son honneur ait profité de la première occasion qui s'est offerte pour se venger de ses perfides calomniateurs.

— Le parti que vous avez pris n'a fait que confirmer les bruits injurieux qui circulaient déjà sur votre compte; vous avez prouvé que votre plan de conduite était tracé d'avance. Ignoreriez-vous, monsieur Waverley, dans quels embarras et même dans quels dangers votre conduite a jeté vos parens?

— Dangers, dites-vous?

— Oui, monsieur. Lorsque j'ai quitté l'Angleterre, votre père et votre oncle, accusés de haute trahison, avaient été obligés de donner caution; et ce n'était pas sans peine que des amis zélés étaient parvenus à la faire recevoir. Mon voyage en Écosse n'avait d'autre but que de vous tirer de l'abîme où vous vous êtes précipité..... Je ne puis me dissimuler combien votre adhésion publique à la rébellion sera fatale aux membres de votre famille, puisque le soupçon seul leur a déjà causé tant de chagrins. Que j'ai de regret de ne pas vous avoir vu avant cette fatale démarche!

— Je ne sais, en vérité, répondit Édouard, pourquoi le colonel Talbot s'est donné tant de peine pour moi.

— Monsieur Waverley, je suis peu sensible à l'ironie; je vous répondrai donc en donnant à vos paroles le sens le plus simple. Les bienfaits dont votre oncle m'a comblé sont plus grands que ceux dont un fils est redevable au plus tendre père. J'ai pour lui tous les sentimens d'un fils, et comme je crois que je ne pourrai mieux lui prouver ma juste reconnaissance qu'en vous étant utile, je veux le faire, que vous y consentiez ou non. Je ne me dissimule pas combien est grande l'obligation personnelle que vous m'avez imposée aujourd'hui; mais elle n'ajoutera rien à l'ardent désir que j'avais de vous sauver, comme toute votre froideur ne saurait le refroidir.

— Il est possible, monsieur, que vous soyez guidé par les sentimens de la bienveillance; mais permettez-moi de vous le dire, votre langage est dur, ou du moins bien tranchant,

—En arrivant en Angleterre, ajouta le colonel, je trouvai votre oncle sous la surveillance d'un messager du roi, par suite des soupçons que votre conduite avait fait naître contre lui... C'est mon meilleur ami, je vous l'ai déjà dit; c'est mon bienfaiteur, je me plais à le répéter...; il sacrifia son bonheur au mien...; il n'a jamais dit un mot, il n'a jamais eu une seule pensée qui ne fût l'expression de la plus tendre bienveillance... Je trouvai cet ami dans sa prison, aigri par le malheur, et permettez-moi de le dire, par la cause des persécutions qu'il éprouvait. Je ne vous le dissimulerai pas, monsieur Waverley, votre conduite me parut très peu louable. Vous savez peut-être que plusieurs de mes parens jouissent de quelque crédit auprès du gouvernement; je ne leur donnai pas un moment de répit jusqu'à ce que j'eusse obtenu la liberté de sir Everard, et je partis pour l'Écosse. Je vis le colonel G***, homme dont la mort malheureuse devrait suffire pour faire exécrer à jamais cette insurrection. — Dans une conversation que j'eus avec lui, je m'aperçus que d'après quelques circonstances postérieures et un nouvel examen des fauteurs de la mutinerie de vos soldats, mais surtout d'après la bonne opinion qu'il avait de votre caractère, il ne vous regardait plus comme aussi coupable, et je ne doutai pas que si j'avais le bonheur de vous découvrir, je ne parvinsse à terminer cette affaire; mais la fatale insurrection a détruit toutes mes espérances. Depuis que j'ai commencé ma longue carrière militaire, c'est la première fois que j'ai vu des Anglais saisis d'une terreur panique fuir honteusement devant des hordes sans discipline et sans armes; et maintenant je trouve l'héritier, le fils adoptif de mon meilleur ami, partageant un triomphe qui devrait le faire rougir! ah! loin de plaindre le sort de G***, que son sort est heureux, comparé au mien!

Il y avait tant de dignité dans le langage et dans les manières un peu fières du colonel Talbot; son accent en parlant de l'emprisonnement de sir Everard peignait si bien la vraie douleur, qu'Édouard se sentit mortifié et attristé en présence du prisonnier à qui il avait sauvé la vie quelque temps auparavant. Il ne fut pas fâché que Fergus vînt interrompre une seconde fois leur conversation.

— Son Altesse Royale, dit ce dernier, ordonne à M. Waverley de se rendre au quartier-général. Le colonel Talbot jeta sur Édouard un regard de reproche qui n'échappa point au coup d'œil d'aigle du chef de clan.

— M. Waverley doit s'y rendre sur-le-champ, ajouta Fergus d'un ton de voix tout-à-fait emphatique. Waverley se tourna de nouveau vers le colonel :

— Nous nous reverrons, lui dit-il ; mais en attendant je vais ordonner qu'on vous fournisse tout ce dont vous pouvez avoir besoin...

— Je n'ai besoin de rien, répondit le colonel ; pourquoi serais-je mieux traité que tant de braves gens qui dans ce jour désastreux ont préféré les blessures et la captivité à la fuite...? Que ne suis-je au nombre de ceux qui sont restés sur le champ de bataille ! Je m'estimerais heureux si j'avais la certitude que mon discours eût fait quelque impression sur votre esprit et sur votre cœur.

— Qu'on surveille exactement le colonel Talbot, dit Fergus à l'officier des montagnards : c'est la volonté expresse du prince. C'est un prisonnier de la plus haute importance.

— Qu'on ne le laisse manquer de rien et qu'on ait pour lui tous les égards qui sont dus à son rang, dit Waverley.

— Pourvu que ces égards puissent se concilier avec la plus stricte surveillance, répliqua Fergus.

L'officier promit de se conformer à leurs ordres ; Edouard suivit Fergus à la porte du jardin où Callum les attendait avec trois chevaux. En tournant la tête notre héros aperçut le colonel Talbot qu'un détachement de Highlanders ramenait dans sa prison ; sur le seuil de la porte il s'arrêta pour lui faire signe avec la main, comme pour l'inviter à réfléchir sur ce qu'il venait de lui dire. — Les chevaux, dit Fergus mettant le pied à l'étrier, sont maintenant aussi communs que les mûres dans les buissons ; essayons si ceux-ci nous porteront à Pinkie-House aussi rapidement qu'ils emportaient leurs *ci-devant* dragons à travers la plaine.

CHAPITRE L.

Détails de peu d'importance.

— C'est le prince, dit Fergus, qui m'envoie vous chercher ; mais je suppose que vous savez de quelle importance est ce très noble colonel Talbot comme prisonnier. On le cite comme l'un des meilleurs officiers des habits rouges ; un ami particulier et un favori de l'électeur lui-même, et de ce terrible héros le duc de Cumberland, qu'on rappelle de ses *triomphes* de Fontenoi pour venir nous dévorer tout vifs, nous autres pauvres Highlanders. Vous a-t-il dit ce que sonnent les cloches de Saint-James ? Ce n'est pas, je pense, *Retourne, Whittington*, comme celles de Bow au temps jadis[1] ?

— Fergus !

— En vérité je ne sais trop ce que l'on pourra faire de vous.... Vous tournez comme une girouette au vent de toute nouvelle doctrine. Nous venons de remporter une victoire sans égale dans l'histoire : chacun exalte votre courage jusqu'aux cieux ; le prince brûle d'impatience de vous faire en personne ses remerciemens.... Toutes les belles de la rose blanche[2] vous préparent des couronnes. Eh bien ! vous, le *preux chevalier* du jour, vous voilà penché sur le cou de votre cheval comme une marchande de beurre qui se rend au marché. Vous êtes sombre et triste comme un enterrement.

(1) C'est une espèce de phrase proverbiale fondée sur une tradition très populaire dans la Grande-Bretagne.— Éd.
(2) Fergus fait peut-être ici allusion à la querelle des deux roses, mais la rose blanche devint aussi l'emblème du parti des Stuarts. — Éd.

— Je suis affecté de la mort du pauvre colonel G***; il avait été plein de bienveillance pour moi.

— Soyez triste pendant cinq à six minutes et reprenez votre gaîté. Demain nous pourrons avoir le même sort; et qu'importe? Après la victoire, quoi de plus beau qu'un glorieux trépas? Mais ce n'est qu'un *pis aller,* après tout; souhaitons ce bonheur à nos ennemis plutôt qu'à nous-mêmes.

— Mais le colonel Talbot m'a donné la triste nouvelle que mon père et mon oncle sont en prison par ordre du gouvernement à cause de moi.

— Nous leur servirons de caution, mon ami : votre *André Ferrara* sera leur répondant, et il me tarde de le voir à Westminster-Hall!

— Ils ont déjà obtenu leur liberté par une caution plus légale.

— Alors pourquoi ton noble cœur se laisse-t-il abattre, Édouard? Penses-tu que les ministres de l'électeur aient tellement perdu l'esprit que dans un moment de crise ils missent leurs ennemis en liberté s'ils pouvaient les tenir enfermés ou les punir!... Sois bien persuadé que le gouvernement n'a aucun moyen de retenir légalement tes parens en prison, ou qu'il a peur de nos amis les braves cavaliers de la vieille Angleterre. Enfin, Waverley, vous n'avez rien à craindre pour vos parens, et nous trouverons le moyen de leur faire parvenir de vos nouvelles.

Édouard, quoique peu satisfait des réflexions de son ami, fut réduit à se taire. Il avait remarqué plusieurs fois que Fergus ne partageait que bien faiblement les sentimens des personnes qu'il aimait, à moins qu'ils ne correspondissent à ses projets du moment. Fergus s'apercevait bien de temps en temps qu'il avait offensé Waverley; mais entièrement occupé de l'unique objet de ses espérances, il était incapable de réfléchir sérieusement sur les chagrins qu'il causait à son ami, et cette indifférence souvent manifestée avait un peu diminué l'attachement du jeune volontaire pour son commandant.

Le chevalier reçut Waverley de la manière la plus affectueuse, et le complimenta sur la bravoure qu'il avait montrée. Il le prit ensuite à part, et lui adressa plusieurs questions concernant le colonel Talbot et ses rapports avec la famille Waverley. — Je ne puis me persuader, ajouta-t-il, que ce gentilhomme, lié si particulièrement avec notre excellent ami sir Everard et l'époux d'une dame de la famille Blandeville, dont le dévouement loyal aux vrais principes de la véritable Eglise d'Angleterre[1] est si connu ; je ne puis me persuader, dis-je, que le colonel ne soit pas de nos amis, quoique les circonstances l'aient forcé de s'accommoder aux temps.

— D'après le langage qu'il m'a tenu aujourd'hui, dit Édouard, je suis forcé d'être là-dessus d'un avis bien opposé à celui de Votre Altesse Royale.

— Cela peut être ; nous en ferons l'essai du moins. Je le mets sous votre surveillance, vous laissant la faculté de vous conduire à son égard de la manière que vous jugerez convenable ; je suis persuadé que vous parviendrez à connaître ses véritables sentimens sur la restauration du roi notre père.

— Je suis convaincu, répondit Waverley en s'inclinant avec respect, que si le colonel Talbot donne sa parole d'honneur, on ne doit pas croire qu'il y manque ; mais s'il refuse de la donner, j'ose espérer que Votre Altesse Royale chargera du soin de le surveiller tout autre que le neveu de son ami.

— Je ne peux le confier à personne autre qu'à vous, répondit le prince en souriant ; puis, prenant un air plus sérieux, il ajouta : — Il est de la plus grande importance pour le bien de mon service, qu'en supposant que vous ne puissiez gagner la confiance du colonel Talbot, on puisse croire du moins dans le public que vous vivez ensemble dans la plus grande intimité. Vous aurez donc la complaisance de le recevoir à votre quartier ; et s'il refuse de donner sa parole d'honneur, vous réclamerez une garde convenable ; je vous prie de vous occuper sans retard de cette commission ; demain matin nous retournerons à Édimbourg.

(1) Peut-être le prince entendait ici parler de l'Église catholique plutôt que de l'anglicanisme.

Renvoyé ainsi aux environs de Preston, Waverley perdit le spectacle solennel de l'hommage du baron de Bradwardine. Mais dans ce moment il songeait si peu à ce qui n'était que vanité, qu'il avait oublié la cérémonie pour laquelle Fergus avait voulu exciter sa curiosité. — Le lendemain il parut une gazette officielle qui rendait compte de la bataille de Gladsmuir[1], comme les Highlanders désignèrent leur victoire. Elle annonçait que le chevalier avait tenu sa cour à Pinkie, et se terminait par le paragraphe suivant, entre autres descriptions de ce qui s'était passé dans la soirée :

« Depuis le traité fatal qui anéantit l'indépendance de la nation écossaise, nous n'avions pas eu le bonheur de voir un de nos princes recevoir l'hommage d'un des grands vassaux du royaume, et rappeler par ces actes de féodalité les souvenirs de notre antique histoire ainsi que la noble et chevaleresque simplicité de ces liens qui unissaient à la couronne les guerriers qui l'avaient toujours soutenue et défendue. — Ce soir, 20 septembre, nous avons assisté à la plus touchante des cérémonies qui appartiennent aux jours de gloire de l'Écosse. Le cercle venait d'être formé, lorsque Cosme Comyne Bradwardine de Bradwardine, colonel, etc., etc., accompagné de M. D. Macwheeble, bailli de l'ancienne baronnie de Bradwardine (qui vient d'être nommé, dit-on, commissaire des guerres), s'avança gravement vers Son Altesse Royale, et la supplia de lui permettre de remplir auprès de sa personne les obligations qui lui étaient imposées par la charte octroyée à l'un de ses ancêtres par Robert Bruce. Le baron présenta la charte en original au grand-chancelier de Son Altesse Royale, qui reçut sa demande et la fit enregistrer. Aussitôt Son Altesse Royale plaça sa jambe sur un coussin, et le baron de Bradwardine, mettant le genou droit en terre, dénoua les attaches des brogues ou sandales des Highlands que notre jeune héros porte en témoignage de son affection pour ses braves compagnons d'armes. Cela fait, après avoir annoncé que la cérémonie était terminée, Son Altesse Royale em-

---

(1) La plaine de Gladsmuir fut en effet le véritable champ de bataille. — Éd.

brassa le brave officier, et lui dit avec émotion : — Monsieur le baron, je vous prie d'être persuadé que sans le désir de me conformer ponctuellement à l'ordonnance de Robert Bruce, rien au monde n'aurait pu me déterminer à recevoir un pareil service de ces mains qui manient l'épée avec tant de gloire pour remettre la couronne sur la tête de mon père.

« Le baron de Bradwardine prit alors des mains de M. le commissaire Macwheeble un acte portant que tous les points et toutes les circonstances de l'hommage avaient été accomplis, *rite et solenniter, acta et per acta,* lequel acte a été exactement transcrit au protocole du lord grand-chancelier dans les registres de la chancellerie. Nous apprenons qu'il est dans les intentions de Son Altesse Royale, quand le bon plaisir de Sa Majesté sera connu, d'élever le colonel Bradwardine à la pairie avec le titre de vicomte de Bradwardine et Tully-Veolan, et qu'en attendant Son Altesse Royale, au nom de son père, a bien voulu lui accorder une honorable addition d'armoiries, savoir : un tire-botte en sautoir avec une claymore nue, pour être cantonnée à droite de son écusson, et cette devise nouvelle au-dessous :

« Tire et tire. »

Si ce n'était la plaisanterie de Fergus, pensa Waverley après la lecture de ce long et grave document, tout cela me semblerait très ordinaire, et je serais loin d'y associer aucune idée burlesque. Eh ! après tout, chaque chose a son bon et son mauvais côté ; dans le fond, je ne vois pas pourquoi le tire-botte du baron de Bradwardine ne serait pas en blason aussi parfait que les seaux, les charriots, les navettes, les socs de charrue, les chandeliers, et plusieurs autres ustensiles qu'on trouve sur les écussons de nos plus anciennes familles.

Mais cet épisode n'est qu'une digression que je termine pour revenir à notre histoire.

Lorsque Waverley fut de retour à Preston il trouva le colonel Talbot entièrement remis des profondes émotions qu'il avait éprouvées dans le courant de cette fatale journée. Il avait repris son caractère naturel, qui était celui d'un gentilhomme et d'un officier anglais, noble, ouvert, généreux, mais non exempt de préventions contre les personnes qui n'étaient pas ses compatriotes, ou qui ne partageaient pas ses opinions politiques. Lorsqu'il apprit qu'il était sous la surveillance d'Édouard par ordre du chevalier, il se contenta de dire froidement : — J'étais loin de prévoir que je serais redevable d'une si grande obligation à ce jeune homme ; je l'en remercie bien sincèrement : je puis du moins me joindre à la prière de cet honnête ministre presbytérien qui disait naguère que puisqu'il était venu chercher parmi nous une couronne terrestre, il souhaitait que ses travaux fussent bientôt récompensés par une couronne céleste[1]. Je vous donne volontiers ma parole d'honneur que je ne ferai pas la moindre tentative pour m'évader à votre insu : pourquoi le ferais-je, puisque mon voyage en Écosse n'avait d'autre motif que l'espoir de vous rencontrer ? Je me félicite de voir mes désirs satisfaits, quoique ce ne soit pas tout-à-fait comme je l'eusse désiré ; mais je présume que nous ne resterons pas long-temps ensemble. Notre *chevalier* (c'est un nom que nous pouvons lui donner, vous comme moi) avec ses plaids et ses toques bleues[2] ne tardera pas sans doute à continuer sa croisade vers le sud.

— Je crois au contraire que l'armée fera quelque séjour à Édimbourg, pour attendre des renforts.

— Et pour assiéger le château ! répondit le colonel avec un sourire sardonique... Eh bien ! dans ce cas, à moins que le général Guest, mon ancien commandant, ne devienne un traître, ou que la forteresse ne tombe dans le Loch du nord[3], je crois que nous aurons le temps de faire connaissance. Je

---

(1) Telle fut en effet la prière d'un ministre presbytérien Mac Ivar, *après la bataille de Preston*, lorsque les Highlanders voulurent le forcer de prier pour le prince. — Éd.

(2) *Blue-Bonnet.* Les Highlanders étaient ainsi désignés à cause de la toque nationale. — Éd.

(3) Il y a encore le lit de ce lac, qui sépare la ville vieille de la ville neuve ; mais il est desséché depuis long-temps, quoiqu'il conserve son nom de lac, Loch-North. — Éd.

parierais que votre brave chevalier s'est mis dans la tête que je deviendrais votre prosélyte : c'est à merveille, puisque je chercherai à vous rendre le mien.... Mais comme je vous ai parlé aujourd'hui sous l'influence d'une émotion à laquelle je m'abandonne rarement, j'espère que vous me permettrez de différer la continuation de notre controverse jusqu'à ce que nous nous connaissions mieux.

CHAPITRE LI.

Intrigues d'amour et de politique.

Il n'est pas nécessaire de raconter dans cette histoire l'entrée triomphante du prince dans Édimbourg, après l'affaire décisive de Preston. Nous ne rapporterons qu'une seule circonstance, parce qu'elle montre toute la grandeur d'ame de Flora Mac Ivor.

Dans l'ivresse et le désordre de leur joie, les Highlanders qui formaient l'escorte du prince déchargèrent plusieurs fois leurs fusils ; malheureusement il y en avait qu'on avait chargés à balle. Flora était sur un balcon, agitant son mouchoir ; elle fut légèrement effleurée à la tempe : Fergus, témoin de cet accident, vola vers sa sœur. Lorsqu'il eut vu que la blessure était peu de chose, il tira sa claymore pour aller fondre sur celui dont l'imprudence lui avait fait courir un si grand danger. — Pour l'amour du ciel ! s'écria Flora en le retenant par son plaid, ne faites aucun mal à ce pauvre diable ! Remerciez plutôt le ciel avec moi que cet accident soit arrivé à Flora Mac Ivor ; car si un whig en eût été la victime, on n'aurait pas manqué de dire qu'on avait fait feu sur lui à dessein.

Waverley échappa à l'alarme que lui eût fait éprouver cet accident, étant resté en arrière pour accompagner le colonel Talbot.

Ils firent la route à cheval ; et comme pour sonder mutuellement leurs sentimens, ils firent rouler la conversation sur des sujets tout-à-fait indifférens.

Quand Waverley la fit enfin tomber sur ce qui l'intéressait le plus, la position de son père et de son oncle, le colonel Talbot chercha plutôt à ranimer son courage qu'à augmenter son anxiété. Il fut encore moins porté à continuer ses reproches lorsqu'il eut entendu l'histoire de son jeune ami, dont celui-ci lui fit toute la confidence.

— Ainsi donc, dit le colonel, vous n'avez pas agi par préméditation, pour me servir des expressions des jurisconsultes; vous avez été la dupe de quelques caresses que ce chevalier errant italien[1] vous a faites, et des manœuvres de deux ou trois de ses recruteurs des Highlands. Vous avez fait une assez triste folie, certes; mais grace au ciel, vous n'êtes pas aussi coupable que je le craignais; cependant vous ne devez pas songer pour le moment à quitter le parti que vous avez embrassé. J'ai tout lieu de croire que dans les discussions qui ne peuvent manquer de s'élever au milieu de cette réunion composée de tant d'élémens hétérogènes, vous vous délivrerez à temps de votre engagement imprudent. Si cela peut s'arranger ainsi, je vous conseillerais de passer en Flandre, et j'ose me flatter d'obtenir votre grace lorsque vous aurez demeuré quelques mois sur le continent.

— Je ne puis vous permettre, colonel Talbot, dit vivement Waverley, de faire aucun plan fondé sur mon intention de déserter un parti que je puis avoir adopté peut-être un peu légèrement, mais du moins de ma propre volonté, et bien résolu à attendre le résultat de cette lutte.

— J'espère, répondit le colonel Talbot en riant, que si vous me défendez de parler, du moins vous me laisserez maître de mes pensées et de mes espérances. Dites-moi, je vous prie, n'avez-vous jamais examiné votre paquet mystérieux?

---

[1] Le colonel Talbot veut dire par-là : « *un chevalier catholique romain;* » à moins qu'il ne fasse simplement allusion au séjour de Charles-Édouard en Italie.— Éd.

—Il est avec mon bagage; nous le trouverons à Édimbourg.

Ils arrivèrent bientôt à Edimbourg; les quartiers d'Édouard lui avaient été assignés, d'après les ordres du prince lui-même, dans une maison agréable où il y avait une pièce pour le colonel Talbot. Waverley n'eut rien de plus pressé que d'examiner son porte-manteau. Après une courte recherche, il trouva le paquet, et l'ouvrit avec empressement.

Une première enveloppe avait pour toute adresse : *A Edward Waverley, esq.* Elle renfermait plusieurs lettres décachetées. Les deux premières qu'il ouvrit étaient de son colonel. Dans la plus ancienne, il lui faisait de bienveillans reproches de ce qu'il n'avait aucun égard pour les conseils qu'il avait cru devoir lui donner concernant la manière dont il employait le temps de son congé. Il lui rappelait que le terme fixé pour son retour approchait : — « Sans cette circonstance, ajoutait-il, d'après les nouvelles qui circulent ici, et d'après les instructions que j'ai reçues, j'aurais été forcé de vous rappeler. Les échecs que nous avons éprouvés en Flandre nous font craindre au dehors une invasion de la part de l'ennemi, et au dedans l'insurrection des ennemis de la maison régnante. Je vous invite donc à revenir le plus tôt possible; votre présence est d'autant plus nécessaire que l'insubordination commence à se manifester dans votre compagnie; j'attendrai votre arrivée pour chercher à découvrir les coupables. »

La seconde était datée de huit jours plus tard; elle était dans le style qu'avait nécessairement dû prendre le colonel, en ne recevant point de réponse à sa première. Il rappelait à Waverley ses devoirs en qualité de gentilhomme, d'officier et d'Anglais. Il l'informait de l'esprit de mutinerie et de révolte qui s'augmentait dans sa compagnie, et surtout parmi les hommes qu'il avait amenés avec lui. Ils ne craignaient même pas de dire qu'ils n'agissaient que d'après les intentions et les ordres de leur capitaine. Le colonel témoignait la plus grande surprise de ce qu'il n'avait pas encore rejoint le régiment, malgré les ordres qu'il avait reçus; il le conjurait, avec l'amitié d'un père et l'autorité d'un chef, de revenir sans délai. Pour plus de sûreté, disait-il par *post-scriptum*, je charge le caporal Timms de vous porter cette lettre, et de vous la remettre en main propre.

La lecture de ces lettres remplit d'amertume le cœur d'Édouard. Il s'empressa de faire amende honorable à la mémoire de son brave et respectable colonel. — Il n'avait pu douter, se disait-il, que ses lettres ne fussent parvenues; et les voyant négligées, quoi de plus simple que la troisième sommation qu'il avait reçue à Glennaquoich, lorsqu'il était déjà trop tard pour s'y conformer! Ce dernier ordre étant encore négligé, sa destitution, loin d'être un acte de dure sévérité, était une conséquence inévitable de ses torts apparens.

Édouard ouvrit encore une autre lettre, qui était du major de son régiment. Il lui donnait avis qu'il circulait dans le public des bruits qui compromettaient son honneur. — « On prétend, disait le major, qu'un nommé *Falconer de Ballihople*, ou un nom à peu près semblable, a proposé devant vous un toast de rébellion, et que vous l'avez souffert en silence, quoique l'outrage qu'on faisait à la famille royale fût si grossier qu'un gentilhomme présent dont le zèle pour la maison de Hanovre n'est pas très ardent s'est cru obligé de prendre fait et cause pour le gouvernement. Le capitaine Waverley a ainsi souffert qu'un étranger demandât raison de cette injure qu'il devait regarder comme personnelle! Aucun de vos frères d'armes, ajoutait le major, n'a voulu croire à ce rapport non moins injurieux pour vous que pour le régiment; ils attendent avec impatience que vous leur fournissiez les moyens de démentir cette calomnie. »

— Que pensez-vous de tout cela? lui dit le colonel Talbot à qui Waverley remit les lettres après les avoir lues.

— Que voulez-vous que j'en pense? il y a de quoi me faire perdre la raison.

— Calmez-vous, mon jeune ami : ouvrez ces autres papiers sales que voilà.

Le premier était une lettre adressée à M. W. Ruffen, et ainsi conçue :

« Chair Monchieur,

« Quelques-uns de nos jeunes gen ne veule pas mordre quoique je leur dise que vous m'avé montré le seau du jeune squire. Mais Tims vous remetra la lettre selon vot' dezir, et dira au vieu Addam qu'il les a remise au main propre du squire, puisqu'au vôtre c'est de même, et il sera prêt au signal et pour la bone eglise et la bone cose :

Votre, chair Monchieur,

« H. H. »

« *Poscrif.* Dits au squire qu'il nous tarde de recevoir de ses nouvelles, et qu'on a des doute par ce qu'il n'écrit pas lui-même ; et le lieutenant Bottler est envieux et aux aguets [1]. »

— Je suppose, dit le colonel Talbot, que ce Ruffen n'est personne autre que votre Donald de la caverne, qui a intercepté vos lettres et entretenu sous votre nom une correspondance avec le pauvre diable d'Houghton.

— Cela me paraît tout-à-fait vraisemblable ; mais qui peut être cet Addam ?

— Probablement Adam est pour désigner le pauvre G***, par une espèce de jeu de mots sur son nom [2].

Les autres lettres dont Talbot fit lecture prouvèrent jusqu'à l'évidence les machinations de Donald Bean.

John Hodges, un des domestiques de Waverley qui n'avait pas quitté le régiment, et fait prisonnier à Preston, était venu retrouver son ancien maître pour rentrer à son service. Il raconta que peu de temps après que Waverley eut obtenu la permission de s'absenter, un colporteur, nommé Ruffen ou Ruthwen, connu des soldats sous le nom de Willy Will [3], avait fait de fréquens voyages à la ville où le régiment était en gar-

---

(1) Nous n'avons reproduit qu'une partie des fautes d'orthographe de cette lettre, de peur d'être peu intelligible. Rien n'est facile comme de la supposer très mal écrite, en lettre de soldat. — Éd.

(2) Le colonel, avons-nous dit dans une note, était le colonel Gardiner, et *gardiner* signifie jardinier. — Éd.

(3) Will le rusé. — Éd.

nison ; il avait une bourse remplie d'or et d'argent, vendait sa marchandise à très bon marché, avait régalé bien souvent les dragons de sa compagnie, était parvenu bientôt à se lier avec plusieurs d'entre eux, et surtout avec le brigadier Houghton, et un autre sous-officier nommé Timms. Il leur avait communiqué au nom de leur capitaine un plan pour quitter le régiment, et aller le joindre dans les Highlands, où l'on disait que les clans avaient déjà pris les armes en grand nombre. Ces jeunes gens qui avaient été élevés dans des opinions jacobites, en tant qu'ils pouvaient avoir des opinions, et qui savaient que sir Everard leur seigneur avait toujours eu ces opinions, tombèrent aisément dans le piége.

Comme on savait que Waverley était assez loin dans les Highlands, on trouva moins singulier qu'il transmît ses lettres par l'intermédiaire d'un colporteur, et la vue de son cachet, bien connu, semblait rendre authentiques des négociations qu'il n'aurait pu sans danger écrire de sa propre main. On commença à deviner le complot par les propos imprudens de ceux qui y prenaient part. Willy Will prouva qu'il était bien nommé, car dès l'instant qu'il s'aperçut qu'on avait des soupçons, il ne reparut plus. Lorsque la destitution d'Édouard Waverley fut annoncée par la gazette, une grande partie de sa compagnie se mutina, mais elle fut cernée et désarmée par le reste du régiment. Houghton et Timms furent condamnés par le conseil de guerre à perdre la vie ; mais on leur permit de tirer au sort, et Timms fut la victime. Houghton montra le plus sincère repentir ; les explications et les reproches du colonel lui démontrèrent qu'il avait commis une action très criminelle. Il est remarquable que dès que le pauvre malheureux en fut convaincu, il vit bien en même temps que l'instigateur du complot avait agi sans mission.—Car, disait-il, si c'était une chose déshonorante contre l'Angleterre, le squire devait l'ignorer. Jamais il ne fit une action contre l'honneur, jamais il n'en eut la pensée ; tel était sir Everard ; tels furent avant lui tous les Waverley : aussi vivrait-il et mourrait-il dans la persuasion que Ruffen avait agi sans y être autorisé.

Par cette conviction profonde, par ce langage expressif et l'assurance positive que toutes les lettres adressées à Waverley avaient été remises à Ruthwen, le colonel G*** avait été conduit à changer d'opinion sur Édouard, comme il l'avait dit à Talbot.

Le lecteur a compris depuis long-temps que Donald Bean Lean avait joué le rôle d'embaucheur. Quels avaient été ses motifs? les voici. Naturellement audacieux, intrigant et actif, bien plus que ne le croyait Fergus Mac Ivor sous la protection de qui il était obligé de vivre, mais qu'il craignait et n'aimait pas, Donald était chargé depuis long-temps de missions secrètes de la part de certains partisans du chevalier. Dans cette partie politique de son métier de maraudeur, il avait pour but de s'élever au-dessus de sa situation précaire et dangereuse par quelque coup hardi. Il était surtout employé à connaître la force des régimens en garnison en Écosse, le caractère des officiers, etc. Depuis long-temps il avait jeté les yeux sur la compagnie de Waverley, comme facile à séduire. Donald croyait même que Waverley était un zélé partisan des Stuarts, ce que ne pouvait que confirmer le long séjour qu'il fit chez le baron jacobite de Bradwardine. Lorsqu'il vit donc arriver notre héros à la caverne royale, Donald ne put se persuader que ce voyage n'eût d'autre motif que la curiosité : il conçut aussitôt l'espoir d'être employé dans quelque affaire importante sous les auspices de ce riche gentilhomme anglais. Il ne changea pas d'avis parce que Waverley n'entra dans aucune explication avec lui. Sa conduite dans cette circonstance lui parut une réserve prudente ; mais piqué de n'être pas admis à la confidence d'un secret qui lui promettait des chances de fortune, il résolut de jouer un rôle dans le drame, qu'on voulût lui en donner un ou non. Dans ce dessein, pendant le sommeil de Waverley Donald enleva son cachet pour s'en servir en temps et lieu auprès de celui des dragons qu'il découvrirait être dans les secrets du capitaine. Son premier voyage à ***, la ville où le régiment était en garnison, le désabusa de sa première supposition, mais lui ouvrit une nouvelle carrière d'intrigues. Il savait qu'il n'y avait pas de service que les amis du chevalier récompenseraient mieux que celui d'attacher au parti jacobite une partie de l'armée régulière. Pour y parvenir il eut recours aux machinations que le lecteur connaît déjà, et qui expliquent tout ce qu'il y a d'obscur dans les événemens qui précédèrent le départ d'Édouard de Glennaquoich.

D'après les conseils du colonel Talbot, Waverley refusa de garder à son service le jeune dragon dont le récit venait de jeter un nouveau jour sur ces intrigues.

Talbot lui représenta que ce serait rendre un très mauvais office à ce pauvre garçon que de l'engager dans une entreprise désespérée. De quelque manière qu'elle se terminât, le témoignage de ce jeune homme pourrait servir du moins à expliquer les circonstances qui y avaient appelé Waverley lui-même.

Waverley écrivit donc à son père et à son oncle le détail abrégé de tout ce qui lui était arrivé, en leur faisant observer qu'ils ne devaient lui faire aucune réponse. Le colonel Talbot remit au jeune dragon une lettre pour le capitaine d'un des vaisseaux de guerre anglais qui croisaient dans le Frith[1] : il le priait de faire transporter ce jeune homme à Berwich, avec un passeport pour le comté de ***. Cet homme reçut tout l'argent qu'il lui fallait pour faire un prompt voyage ; et profitant de l'indication qui lui fut donnée, il parvint à gagner à prix d'argent un pêcheur qui le conduisit à bord du vaisseau.

Fatigué de la présence de Callum Beg qu'il regardait un peu comme l'espion de toutes ses démarches, Édouard mit à sa suite un simple paysan qui venait de prendre la cocarde blanche dans un accès de jalousie, parce que Jenny Job qu'il aimait depuis long-temps avait dansé pendant toute une nuit avec Bullock caporal de fusiliers anglais.

(1) Frith en écossais signifie détroit. On appelle vulgairement le Frith le détroit ou embouchure du Forth, près d'Édimbourg. — ÉD.

CHAPITRE LII.

Intrigues de société et d'amour.

Le colonel Talbot témoignait à Waverley beaucoup plus d'amitié depuis que ce dernier lui avait fait ses confidences. Édouard de son côté estimait de plus en plus ce brave militaire. Il y avait quelque chose d'aigre dans les expressions de son antipathie ou de sa censure, quoique généralement personne ne fût plus facile à convaincre ; l'habitude du commandement avait aussi donné à ses manières un air d'intolérance arbitraire, malgré le vernis de politesse qu'il avait contracté dans la fréquentation des cercles du beau monde. Comme militaire il différait de tous ceux que Waverley avait vus. Le baron de Bradwardine était un militaire pédant. — Le major Melville, minutieusement attentif aux détails techniques de la discipline, donnait plutôt l'idée d'un homme habile à faire manœuvrer un bataillon, que d'un général propre à commander une armée. Quant à Fergus, son esprit militaire était tellement mêlé à ses plans et à ses vues d'ambition, qu'il se donnait l'air d'un petit souverain plutôt que d'un soldat. Le colonel Talbot était en tout point le type de l'officier anglais : toute son ame était dévouée au service de son roi et de son pays, sans qu'il fût enorgueilli comme le baron de connaître parfaitement la théorie de son art ; ou comme le major d'en connaître les minuties ; ou comme le chieftain de Glennaquoich de savoir faire servir ses talens à ses projets de fortune. Ajoutez à cela que Talbot était un homme très instruit et d'un goût cultivé, quoique imbu, comme nous l'avons observé déjà, de tous ces préjugés qui sont spécialement anglais.

Édouard eut le temps d'étudier en détail le caractère du colonel, parce que l'armée des montagnards perdit plusieurs semaines à faire le siége de la citadelle, et que pendant tout ce temps Waverley n'eut autre chose à faire que de partager les plaisirs qu'offre la société. Il désirait vivement que son nouvel ami consentît à se lier avec ses premières connaissances; mais après une visite ou deux le colonel lui dit en secouant la tête qu'il ne se sentait pas le courage de les continuer. Bien mieux il caractérisa le baron comme le pédant le plus formaliste et le plus insupportable qu'il eût jamais rencontré de sa vie, et le chef de Glennaquoich comme un Écossais francisé, possédant toute la finesse et les qualités spécieuses de la nation chez laquelle il avait été élevé, avec la fierté, la morgue, le caractère faux et vindicatif de son Écosse.— Si le diable, dit le colonel, avait cherché un agent pour tout bouleverser dans ce malheureux pays, il ne pouvait en trouver un plus digne de sa confiance que ce jeune ambitieux, également actif, souple, méchant, et commandant en maître absolu une bande de ces coupe-jarrets, l'objet de votre admiration.

Les dames ne furent pas épargnées dans sa censure; il convenait que Flora Mac Ivor était une belle personne; il trouvait miss Bradwardine très jolie; mais il prétendait que la première détruisait tout l'effet de ses charmes par l'affectation de ces grands airs qu'elle avait sans doute pris, disait-il, à la prétendue cour de Saint-Germain; quant à Rose Bradwardine, il ne croyait pas qu'il fût possible de trouver une femme plus monotone.— Le peu d'éducation qu'elle a reçue, disait-il, ne sied pas mieux à son sexe et à sa jeunesse qu'un des vieux habits d'uniforme de son père lui siérait dans une soirée.— Or dans tout cela, cet excellent colonel était aveuglé par la mauvaise humeur et les préjugés nationaux. La vue d'une cocarde blanche sur le sein, d'une rose blanche dans les cheveux, et le Mac au-devant d'un nom, auraient suffi pour métamorphoser à ses yeux un ange en diable: et en effet il disait lui-même en riant qu'il ne supporterait pas Vénus elle-même, si on l'annonçait dans un salon sous le nom de miss *Mac Jupiter*.

Le lecteur pense bien que Waverley voyait les jeunes ladys avec d'autres yeux. Pendant tout le temps du siége il leur rendit des visites journalières, quoiqu'il reconnût avec douleur qu'il faisait aussi peu de progrès pour toucher le cœur de Flora que l'armée du chevalier pour prendre la citadelle. Flora suivit exactement le plan qu'elle s'était tracé de le traiter avec indifférence, sans affecter de l'éviter ou de fuir l'occasion de se trouver en tête à tête avec lui. Elle réglait ses paroles, ses regards et ses gestes, d'accord avec son système ; et ni l'abattement de Waverley, ni la mauvaise humeur que Fergus laissait quelquefois entrevoir, ne purent obtenir d'elle la moindre attention au-delà de ce qu'exige la politesse d'usage.

Mais Rose de son côté gagna peu à peu dans l'esprit de notre héros. Il put remarquer que lorsqu'elle était parvenue à vaincre sa timidité naturelle, elle montrait un caractère plus élevé ; que les circonstances critiques du temps semblaient éveiller en elle une certaine dignité de sentimens et de langage qu'il n'avait point observée, et qu'elle ne laissait échapper aucune occasion d'étendre ses connaissances et de perfectionner son goût.

Flora Mac Ivor appelait Rose son élève, et s'appliquait à diriger ses études. On aurait pu faire la remarque que lorsqu'elle se trouvait en présence d'Édouard elle cherchait plutôt à faire briller les talens de son amie que les siens propres. Le lecteur me permettra de supposer que cette générosité et ce désintéressement étaient cachés avec la délicatesse la plus fine, de manière à éloigner toute idée d'affectation, de sorte que rien ne ressemblait moins au manége ordinaire d'une jolie femme affectant d'en prôner une autre : c'était l'amitié de David et de Jonathan comparée à l'intimité de deux fats de Bond-Street. Le fait est que, quoique l'effet fût senti, la cause en était difficilement devinée. Chacune d'elles, comme deux excellentes actrices parfaites dans leur genre, enchantaient tous les spectateurs sans qu'on pût se douter que Flora cédait à son amie le rôle qui devait faire paraître ses talens avec plus d'avantages.

Mais pour Waverley, Rose Bradwardine avait une attraction à laquelle peu d'hommes peuvent résister ; c'était l'intérêt marqué qu'elle prenait pour tout ce qui l'intéressait lui-même.

Rose était trop jeune et trop novice pour sentir toutes les suites de sa constante sollicitude pour Édouard. Son père était trop absorbé par ses discussions savantes et militaires pour remarquer la tendre préférence de sa fille ; et Flora Mac Ivor ne cherchait point à l'alarmer par ses remontrances, parce qu'elle voyait dans les attentions de Rose la chance la plus probable d'amener Waverley à la payer de retour. Dès la première entrevue des deux amies après les nouveaux événemens, Rose avait révélé l'état de son cœur à sa compagne plus pénétrante qu'elle, et sans le savoir elle-même. Depuis lors Flora fut non-seulement déterminée à rejeter formellement l'amour de Waverley, mais encore elle consacra tous ses soins à transporter toutes ses affections sur Rose. Elle n'en poursuivit pas avec moins de zèle ce projet, quoique son frère, moitié en plaisantant, moitié sérieusement, eût parlé quelquefois de faire la cour à miss Bradwardine ; elle savait que Fergus avait sur l'institution du mariage toute la latitude d'opinion que l'on en a sur le continent, et qu'il n'aurait voulu de la main d'un ange que dans le but de fortifier son alliance et d'augmenter son crédit et sa fortune. Le bizarre projet du baron de vouloir dépouiller sa fille de l'héritage de Tully-Veolan pour en revêtir un héritier mâle éloigné, semblait donc devoir être un obstacle insurmontable qui empêcherait Fergus de jamais penser sérieusement à Rose Bradwardine. En effet la tête de Fergus était un foyer perpétuel d'intrigues et de projets. Tel qu'un mécanicien plus ingénieux que persévérant, il abandonnait quelquefois un plan tout à coup et sans motif, pour s'occuper d'un autre que venait de créer son imagination, ou qu'il avait déjà laissé de côté jadis. Il était donc très difficile de prévoir quelle ligne de conduite il suivrait définitivement dans ses projets.

Quoique Flora fût sincèrement attachée à son frère dont elle aurait admiré l'activité et l'énergie de caractère, indépendamment des liens du sang, elle ne se dissimulait pas ses défauts qu'elle regardait comme tout-à-fait incompatibles avec le bonheur conjugal. Elle sentait qu'une femme douce, modeste, sensible, ne trouverait point auprès de lui cette félicité qui ne peut naître que des sentimens mutuels d'une affection toujours croissante. Édouard, malgré son esprit romanesque et ses premiers rêves de gloire et de combats, lui paraissait né pour apprécier et pour goûter le bonheur de la vie domestique. Il ne cherchait pas à prendre une part très active dans les grandes scènes qui se passaient autour de lui. Les discussions des chefs rivaux l'ennuyaient plutôt qu'elles ne l'intéressaient. Aux yeux de Flora, Édouard était l'homme qui pouvait rendre son amie heureuse, parce qu'il avait avec elle une entière conformité de sentimens.

Elle remarquait ce trait du caractère d'Édouard, un jour qu'elle était seule avec miss Bradwardine.

—Il a trop d'esprit et trop de goût, répondit Rose, pour s'intéresser à des querelles puériles. Que lui importe, par exemple, de savoir si le chef du clan des Marc Indallaghers qui n'a amené que cinquante hommes doit prendre le titre de colonel ou celui de capitaine? Comment voulez-vous que M. Waverley s'occupe sérieusement de cette violente altercation qui s'éleva entre votre frère et le jeune Corrinaschian, au sujet du poste d'honneur qu'ils réclament, l'un pour le chef de la branche aînée, l'autre pour celui de la branche cadette du clan?

—Ma chère Rose, si M. Waverley possédait les qualités héroïques que vous lui supposez, il se ferait un honneur et un devoir de prendre part à ces discussions, non parce qu'elles sont très importantes par elles-mêmes, mais parce qu'elles lui fourniraient l'occasion de s'établir médiateur entre les esprits ardens qu'elles divisent. Vous souvenez-vous du jour où Corrinaschian prit un ton si haut en portant la main à son épée?

M. Waverley se contenta de lever la tête, comme s'il se fût éveillé d'un profond sommeil, et demanda froidement de quoi il s'agissait.

— Oui; et je me rappelle aussi que le rire occasionné par cette distraction servit beaucoup mieux à terminer la dispute que tout ce qu'il aurait pu dire.

— J'en conviens; mais avouez, ma chère Rose, qu'il eût été bien plus honorable pour M. Waverley d'apaiser cette altercation par la force de la raison.

— Voudriez-vous lui donner la charge de pacificateur-général au milieu de ces montagnards, aussi prompts à éclater que la poudre à canon? Je vous prie de croire, ma chère Flora, que je fais une exception pour votre frère... Il a plus de bon sens que la moitié des autres ensemble; mais pensez-vous que tous ces furieux dont les querelles me font mourir de peur chaque jour de la vie puissent être comparés à Waverley?

— A Dieu ne plaise, ma chère Rose, que je le compare à ces hommes sans éducation! Je regrette seulement qu'avec le talent et le génie qu'il a reçus de la nature, il ne cherche point à prendre dans la société la place éminente à laquelle il a droit de prétendre, et qu'il ne leur donne pas l'essor pour servir la noble cause dont il s'est déclaré le défenseur. Lochiel, et P***, et M***, et G***, n'ont-ils pas reçu la plus belle éducation? peut-on nier qu'ils aient des talens? pourquoi n'imite-t-il pas leur activité utile? Je suis tentée de croire que son zèle est refroidi par cet Anglais hypocondriaque et flegmatique dont il aime tant la société.

— Le colonel Talbot! — C'est bien certes un homme très déplaisant. On dirait qu'il est persuadé que dans toute l'Écosse il n'y a pas une seule femme qui soit digne de lui présenter une tasse de thé; mais M. Waverley est si aimable, si instruit!

— Oui, il sait admirer la lune et citer une stance du Tasse.

— Mais vous savez comme il s'est battu à Preston?

— Oh! pour ce qui est de se battre, répondit Flora; je

crois que tous les hommes (tous ceux qui sont dignes de ce nom) ont à peu près le même courage; il en faut généralement davantage pour savoir battre en retraite. Les hommes d'ailleurs, lorsqu'ils sont en présence les uns des autres, ont un certain instinct de bataille, comme les autres animaux, tels que le taureau, le chien, etc., etc.; mais une entreprise grande et périlleuse n'est pas le fort de Waverley : il n'aurait jamais été son célèbre aïeul sir Nigel, mais seulement le panégyriste et le poète de sir Nigel. Voulez-vous que je vous dise, ma chère, où il sera parfaitement à son aise et à sa place ? — dans le paisible cercle du bonheur domestique, goûtant les plaisirs élégans de la littérature et de la société à Waverley-Honour. Là il décorera l'antique bibliothèque du château dans le goût gothique, il en garnira les rayons des volumes les plus rares et les plus précieux, — il dessinera des plans et des paysages, fera des vers, élèvera des temples, creusera des grottes; — dans les belles nuits d'été il s'arrêtera sous la colonnade de son portique pour y regarder les daims errans au clair de la lune; ou étendu sous l'ombrage des vieux chênes il récitera des vers à sa belle épouse qui s'appuiera sur son bras; — et ce sera un homme heureux.

— Et son épouse sera une femme heureuse, pensa la pauvre Rose; mais elle soupira seulement et changea d'entretien.

CHAPITRE LIII.

Fergus faisant la cour.

Plus Waverley examinait de près la cour du chevalier, moins il était satisfait. Il voyait autour de lui autant d'intrigues, de cabales, de tracasseries qu'il peut en exister à la cour d'un des premiers souverains de l'Europe, comme on dit que le gland contient en germe tous les rameaux du chêne futur. Chaque personnage un peu marquant s'occupait de ses intérêts particuliers avec une ardeur qui paraissait à notre héros hors de proportion avec son mérite réel. Presque tous croyaient avoir des sujets de mécontentement; les plus légitimes sans doute étaient ceux du respectable baron de Bradwardine, qui ne s'affligeait que pour la chose commune.

— Nous aurons de la peine, dit-il un jour à Waverley après avoir visité ensemble les travaux du siége ; nous aurons de la peine à gagner la couronne murale. Vous savez que ces couronnes étaient faites avec les plantes et les herbes qu'on trouve dans une place prise d'assaut, ou peut-être avec l'herbe appelée *pariétaire, pariétaria*. Mais nous ne l'obtiendrons pas, dis-je, par le blocus et le siége du château d'Édimbourg. Il motiva son opinion sur de savantes citations dont nous croyons devoir faire grace au lecteur.

Waverley en échappant au baron de Bradwardine se rendit au logement de Fergus, d'après l'invitation qu'il en avait reçue la veille. — Demain, mon cher Waverley, lui avait-il dit, je dois avoir une conférence particulière avec le prince. Ne manquez pas de venir, à mon retour d'Holy-Rood, partager la satisfaction du succès de cette entrevue, dont je ne saurais douter.

Waverley trouva Mac Combich dans l'appartement de son ami ; il venait rendre compte au chef de l'espèce de fossé appelé une tranchée qu'on venait de creuser autour de la citadelle. La voix de Fergus se fit bientôt entendre sur l'escalier : il criait avec fureur : — Callum !... Callum Beg !... Diaoul ! (diable !)

Fergus entra dans l'appartement avec tous les symptômes d'un homme agité par la plus violente colère, et il était peu de visages où la fureur se peignît en traits plus marqués que sur le sien. Les veines de son front se gonflaient comme prêtes à se rompre; ses narines se dilataient, ses joues s'enflammaient, ses yeux étaient étincelans, et son regard rappelait un démoniaque. Son aspect était d'autant plus effrayant, qu'on s'apercevait qu'il faisait d'inutiles efforts pour contenir sa rage, et que cette lutte intérieure se montrait dans les convulsions de tous ses membres. Il déboucla son épée, et la jeta contre le mur avec la plus grande violence. — Je ne sais ce qui me retient, s'écria-t-il en grinçant des dents, de faire l'inviolable serment de ne jamais la reprendre pour son service!... Callum! charge mes pistolets... et apporte-les-moi!

Callum, que rien ne pouvait déconcerter ni troubler, exécuta tranquillement ses ordres. Evan Dhu en soupçonnant que le chef venait de recevoir une insulte, se préparait à partager sa colère, et attendait en silence qu'il lui fît connaître le nom de l'agresseur, l'heure et le lieu de la vengeance.

— Ah! vous voilà, Waverley, dit Fergus après s'être un peu calmé... Oui, je me souviens de vous avoir invité à venir partager mon triomphe;... eh bien! vous serez le témoin de mon... désappointement.

Evan lui présenta le rapport écrit qu'il avait à la main : Fergus le repoussa avec rage : — Je voudrais, dit-il, que cet antre écrasât les imbéciles qui en font le siége et les lâches coquins qui le défendent!..... Je vois, Edouard, que vous croyez que je suis fou... Evan, laissez-nous; mais ne vous éloignez pas.

— Le colonel a l'air un peu indisposé, dit mistress Flockhart à Mac Combich qu'elle rencontra sur l'escalier; il faudrait lui dire de prendre quelque chose..... toutes ses veines sont tendues comme des ficelles.

— Il lui faut une petite *saignée;* c'est son remède ordinaire, répondit tranquillement l'Ancien des Highlands.

— Je sais, Waverley, dit Fergus, que le colonel Talbot vous engage vingt fois par jour à maudire le malheureux engagement que vous avez pris avec nous;..... ne cherchez point à vouloir me faire croire le contraire; je suis tenté en ce moment de maudire le mien... Croiriez-vous que ce matin j'ai présenté deux demandes au prince, et qu'il m'a refusé? Qu'en dites-vous?

— Pour pouvoir vous répondre, il faudrait que je connusse la nature de vos demandes.

— Et qu'importe leur nature? ne suffit-il pas que je les aie faites? Moi seul ne lui ai-je pas rendu plus de services que trois chefs ensemble? N'ai-je pas tout négocié, et fait prendre les armes à tous les clans du Perthshire, quand personne n'osait remuer? Je ne suis pas fait pour rien demander de déraisonnable; et quand cela serait, il aurait pu encore y faire attention. — Je vais vous dire tout, maintenant que je commence à respirer avec quelque liberté. Vous souvenez-vous de mes lettres-patentes de comte? Elles ont dix ans de date; elles étaient la récompense des services que j'avais déjà rendus;... et je puis dire que depuis cette époque je n'ai pas démérité... Ne croyez pas que je tienne beaucoup à ce titre ; je ne suis pas moins philosophe que vous pouvez l'être, et je ne prise pas plus ce morceau de parchemin qu'un chiffon de papier... Je sais très bien que le titre de chef d'un clan tel que celui de Sliochd Nan Ivor est cent fois au-dessus de celui de comte; mais j'avais des raisons pour prendre ce maudit titre. Il est bon que vous sachiez que j'ai appris par hasard que le prince avait fortement engagé ce vieux fou de baron de Bradwardine à ne plus songer à faire passer sa baronnie sur la tête d'un cousin au dix-neuvième ou vingtième degré qui sert dans les troupes de l'électeur de Hanovre, au détriment de votre jolie petite amie Rose. Tout porte à croire que le vieux baron n'osera pas désobéir aux ordres de son roi, d'un souverain seigneur qui peut à son gré changer la destination d'un fief.

— Et que deviendra l'hommage?

— Au diable l'hommage! Rose sera sans doute chargée d'ôter les pantoufles de la reine le jour de son couronnement, ou de quelque autre baliverne semblable. Quoi qu'il en soit, comme Rose Bradwardine est un parti qui me convient sous tous les rapports, et que depuis qu'on avait fait entendre raison à son père je ne voyais plus d'obstacles, à moins qu'il ne prît fantaisie au baron de faire prendre au mari de sa fille le nom de Bradwardine (vous sentez que dans ma position je ne pouvais y consentir), j'aurais éludé les prétentions de l'orgueilleux baron en donnant à sa fille le titre de comtesse : cet arrangement me paraissait aussi juste que naturel, et elle aurait pu aussi rester vicomtesse de Bradwardine, de son chef, après le décès de son père ; je ne trouvais aucune objection à faire là-dessus.

— Mais, Fergus, je n'ai jamais pu supposer que vous eussiez le moindre attachement pour miss Bradwardine ; vous ne cessez de persifler le père.

— J'ai, mon bon ami, pour miss Bradwardine tout l'attachement qu'on doit avoir pour la maîtresse future de sa maison, pour la mère de ses enfans. C'est une charmante fille, remplie d'intelligence et de bon sens ; on ne peut disconvenir qu'elle ne soit d'une des plus anciennes familles de l'Écosse. Lorsqu'elle aura pris quelques leçons de Flora pour les manières du grand monde, je suis persuadé qu'elle n'y sera point déplacée. Quant à son père, malgré son originalité, son pédantisme assommant, je sais, d'après la leçon qu'il a donnée à sir Hew-Halbert, à ce cher défunt le laird de Balmawhapple et autres, que personne ne s'avisera de se moquer de lui ; ainsi peu m'importent ses ridicules... Je vous le répète, je ne voyais pas le moindre obstacle à ce mariage, j'avais tout arrangé dans ma tête.

— Mais, Fergus, avez-vous demandé le consentement du baron, ou celui de Rose ?

— Pourquoi l'aurais-je fait ? M'ouvrir au baron avant d'avoir pris mon titre de comte, ne m'aurait servi qu'à faire naître une longue et fastidieuse discussion sur le changement de nom, tandis que le comte de Glennaquoich ne devait avoir qu'à se présenter pour être reçu sans la moindre objection... Je n'aurais eu qu'à lui demander d'apporter son maudit *ours* et ses ridicules *tire-bottes* pour les admettre séparés par un pal [1], ou dans un écusson de prétention [2], ou dans un écusson

---

(1) Les armes du mari placées à droite de l'écusson, et celles de la femme à gauche. — Én.

(2) On peut porter les armes de sa femme, quand c'est une héritière, dans un écusson placé au centre de la cotte d'armes ; ce qui, indiquant les prétentions du mari à ses domaines, s'appelle un écusson de prétention. — Én.

séparé, de manière enfin à ne pas ternir mes propres armoiries. Quant à miss Rose, je ne vois pas quelle objection elle aurait pu me faire lorsque j'aurais eu le consentement de son père.

— Peut-être les mêmes que votre sœur m'a faites, quoique j'eusse obtenu votre approbation.

Fergus fut très mortifié de la comparaison que cette supposition renfermait ; mais il eut la prudence de supprimer la réponse qu'il avait au bout des lèvres pour dire simplement : — Oh ! nous eussions aisément arrangé tout cela ; — ainsi donc, je vous avais prié de venir me trouver ce matin, m'imaginant follement que j'aurais besoin de votre assistance comme garçon de noces. — Eh bien ! — J'ai fait connaître mes droits ;... ils ne m'ont point été niés. J'ai rappelé les promesses qu'on m'a faites si souvent, j'ai montré mes lettres-patentes de comte ;... on est convenu de la légitimité de mes réclamations. J'ai demandé qu'il me fût permis de faire usage de mes droits ; on m'a fait observer que ce serait exciter la jalousie de plusieurs chefs. J'ai détruit cette objection puérile en offrant d'apporter leur consentement par écrit : ils n'auraient pu me le refuser en voyant la date de ma nomination, ou je l'aurais obtenu l'épée à la main. Alors le prince a été forcé de lâcher le grand mot. Mon cher Fergus, m'a-t-il dit, vous m'obligeriez de ne pas prendre votre titre pour le moment, pour ne pas fournir de prétexte à.... — (Ici Fergus nomma le chef du clan rival du sien.) — Notez, mon cher Waverley, que ce lâche *fainéant* n'a pas plus de titres pour être chef de clan que je n'en ai pour être empereur de la Chine. Afin d'éluder les pressantes sollicitations du prince, il allègue qu'on me témoigne trop de confiance, que je jouis d'une considération exclusive, etc. Tous ces subterfuges ne servent qu'à masquer sa poltronnerie. Pour ôter tout prétexte à ce misérable, le prince m'a demandé comme une faveur qui lui serait personnelle, d'attendre encore quelque temps pour prendre le titre qui m'est si légitimement acquis. Après cela, Waverley, rapportez-vous-en à la promesse des princes !...

— Votre audience s'est-elle terminée là ?

— Non, certainement. Je voulais lui mettre sous les yeux toute son ingratitude à mon égard : j'ai fait mes efforts pour me maîtriser ; car je tremblais de colère. J'ai supplié Son Altesse Royale, du ton le plus calme qu'il m'a été possible, d'avoir égard à la demande que j'avais pris la liberté de lui faire, parce que le bonheur de ma vie en dépendait ; et pour l'en convaincre, je lui ai fait part de tout mon plan pour lui démontrer que les circonstances où je me trouvais me forçaient à réclamer l'usage du titre qu'il m'avait donné.

— Que vous a répondu le prince ?

— Ce qu'il m'a répondu !... (l'Écriture-Sainte nous dit : — Ne maudissez jamais votre prince, ne fût-ce qu'en pensée !...) ce qu'il m'a répondu !... qu'il était charmé de la confidence que je venais de lui faire, parce qu'elle lui fournissait l'occasion de m'épargner de plus amers désagrémens ; et il m'a donné sa parole de prince que le cœur de miss Rose n'était plus libre et qu'il avait promis de favoriser son inclination ; ainsi, mon cher Fergus, a-t-il ajouté du ton le plus amical et souriant de la manière la plus gracieuse, puisqu'il n'est plus question de mariage, j'espère que vous ne serez plus si pressé de prendre votre titre de comte. A ces mots il m'a *planté là*.

— Et qu'avez-vous fait ?

— Je vous dirai ce que *j'aurais pu* faire, — me vendre au diable ou à l'électeur de Hanovre..., à celui qui m'aurait offert le moyen le plus sûr et le plus prompt de me venger ; mais vous me voyez maintenant tout-à-fait de sang-froid... Je suis persuadé qu'il a le projet de marier miss Bradwardine à quelqu'un de ses coquins d'Irlandais ou de Français... J'y regarderai de près... Que l'impudent qui m'a supplanté prenne garde à lui. — *Bisogna coprirsi, signor*[1].

La conversation se prolongea pendant quelques minutes ; mais ces détails ne pourraient intéresser que très faiblement le lecteur. Waverley prit congé de Fergus, dont l'accès de fureur s'était calmé pour faire place au désir de se venger, et

---

(1) Il faut se cacher, monsieur. — Tr.

il revint à son logement incapable de se rendre compte des divers sentimens que cette explication venait de réveiller dans son propre cœur.

CHAPITRE LIV.

Toujours inconstant.

— Je suis l'enfant du caprice, se dit Waverley en s'enfermant dans sa chambre qu'il parcourut à grands pas. — Que m'importe que Fergus Mac Ivor désire épouser Rose Bradwardine ? — Je ne l'aime pas. — Il est possible qu'elle m'eût pu aimer ; mais j'ai dédaigné son attachement simple et naturel pour soupirer inutilement pour une orgueilleuse qui n'aimera jamais personne, à moins que le vieux Warwick, le faiseur de rois, ne revienne sur la terre. — Quant au baron, — je n'aurais jamais eu l'idée de lui succéder dans sa baronnie ; je n'aurais donc pas eu à craindre que son amour pour son nom fût un obstacle. Le diable aurait pu prendre, s'il avait voulu, ses bruyères stériles et tirer les *caligæ* du roi. — Faite pour les tendres affections de la vie domestique, — aimant à recevoir et à rendre ces douces attentions qui charment l'existence de ceux qui vivent l'un pour l'autre : elle est recherchée par Fergus Mac Ivor ! — Il ne la maltraitera pas, j'en suis assuré ; — il en est incapable ; mais au bout du premier mois de mariage, il la négligera ; — il ne s'occupera que du soin d'humilier quelque chef rival, quelque favori à la cour, — ou d'ajouter à ses possessions quelque lac et quelques montagnes couvertes de bruyères, ou d'augmenter le nombre de ses vassaux de quelques caterans de plus, sans s'inquiéter de ce que fera son épouse, ni comment elle se distraira :

> Le chagrin a flétri cette timide fleur,
> De son teint elle perd les couleurs si vermeilles.

Hélas! rien ne saurait ranimer sa langueur.
La seule mort termine enfin ses tristes veilles (1).

— Et cette cruelle destinée de la plus aimable des créatures aurait pu être prévenue, si M. Édouard Waverley avait eu des yeux! — Sur mon honneur, je ne puis comprendre comment j'ai pu trouver Flora mieux que Rose : elle est plus grande, je l'avoue; elle a plus d'aisance dans les manières, mais bien des personnes disent que miss Rose a plus de naturel : d'ailleurs elle est beaucoup plus jeune. — Je serais tenté de croire que Flora est plus âgée que moi de deux ans : je tâcherai de m'en assurer dès ce soir.

Après cette résolution, Waverley sortit pour aller prendre le thé — (c'était la mode il y a soixante ans) — chez une dame de qualité attachée à la cause du prince. Il y trouva, comme il l'avait prévu, les deux amies. Lorsqu'il entra, tout le monde se leva : mais Flora reprit aussitôt son siége et continua la conversation. Rose, au contraire, fit un mouvement presque imperceptible pour se tourner vers lui. — Ses manières, se dit Waverley, sont sans contredit bien plus engageantes.

Il s'éleva une discussion pour savoir si la langue gaëlique était plus coulante et plus propre à la poésie que la langue italienne. La langue gaëlique n'eût pas trouvé des avocats ailleurs, mais ici elle fut courageusement défendue par sept dames des montagnes qui crièrent de toute la force de leurs poumons et assourdirent la compagnie avec leurs exemples d'*euphonie celtique*. Flora voyant sourire de dédain les dames des Lowlands, donna quelques raisons pour prouver que la comparaison n'était pas si absurde. Mais Rose fut invitée à faire connaître son opinion : elle se prononça vivement en faveur de la langue italienne, qu'elle avait apprise par les leçons de Waverley.

— Elle a beaucoup plus de justesse dans l'oreille, se dit ce dernier, quoiqu'elle soit moins bonne musicienne que Flora; celle-ci comparera quelque jour son Mac Murrough Nan Fonn au Tasse ou à l'Arioste.

(1) Shakspeare. — ÉD.

L'assemblée se trouva divisée pour savoir si l'on prierait Fergus de jouer de la flûte, son instrument favori, ou si l'on inviterait Édouard à lire une pièce de Shakspeare. La maîtresse de la maison, d'un caractère très gai, proposa de mettre la question aux voix, et se chargea de les recueillir, sous la condition expresse que celui des deux gentilshommes dont les talens ne seraient pas mis à contribution promettrait de les consacrer à la soirée du lendemain. Le hasard voulut que les voix fussent partagées de manière que celle de Rose dût faire pencher la balance. Mais Flora qui paraissait s'être fait un devoir de ne jamais dire un mot qui pût donner la moindre lueur d'espoir à Waverley, venait de voter pour la musique, sous la condition que le baron aurait la complaisance d'accompagner Fergus sur le violon. — Je vous félicite de votre goût, miss Mac Ivor, dit Édouard en lui-même pendant qu'on cherchait le volume : cette musique était bonne lorsque nous étions à Glennaquoich ; mais le baron n'est pas très fort, et Shakspeare mérite d'être écouté.

On choisit la tragédie de *Roméo et Juliette*; Édouard lut avec beaucoup de goût, de sentiment et de chaleur plusieurs scènes de cette pièce. Quelques personnes se contentèrent d'applaudir avec les mains; mais le plus grand nombre applaudit par des larmes. Flora qui connaissait la pièce, fut du nombre des premières; Rose qui l'entendait pour la première fois ne put retenir les preuves de son attendrissement. — Elle est bien plus sensible que son amie, se dit encore Waverley.

La conversation s'engagea sur les incidens de la pièce et sur les personnages. Fergus déclara que le seul qui valût la peine d'être nommé comme homme d'esprit et homme du monde était Mercutio. — Je ne saisis pas, dit-il, tous les traits de son esprit caractéristique du temps ; mais il devait être un homme très aimable, selon les idées d'alors.

— C'est une honte, dit l'enseigne Mac Combich (qui suivait ordinairement le colonel partout), c'est une honte que ce

Tibbert ou Taggart[1], peu importe son nom, vienne le frapper sous le bras de l'autre gentilhomme, pendant qu'il était à apaiser la querelle[2].

Les dames, comme de raison, se déclarèrent ouvertement pour Roméo; cependant l'accord ne fut pas tout-à-fait unanime : la maîtresse de la maison et quelques autres dames lui firent un crime d'avoir cessé si légèrement d'aimer Rosalinde pour aimer Juliette. Flora fut invitée à plusieurs reprises à faire connaître à l'assemblée ce qu'elle pensait sur ce chef d'accusation. — Je crois, dit-elle, que ce changement d'affection non-seulement n'est point hors de la nature, mais que dans cette circonstance, le poète s'est élevé jusqu'au plus haut degré de son art. Il nous représente Roméo comme un jeune homme sensible, très prompt à s'enflammer. Le premier objet de son amour est une femme qui ne peut le payer d'aucun retour; il vous le répète lui-même :

Elle est invulnérable aux flèches de l'amour;

et plus loin :

...... Elle a juré de ne jamais aimer.

— Veuillez me dire, je vous prie, si l'on pouvait raisonnablement espérer que Roméo aimât long-temps sans espoir de retour? Le poète a choisi très habilement le moment où ce jeune homme ardent se trouve réduit au désespoir, pour lui faire connaître une femme plus accomplie que celle dont il supporte les refus. Il me semble qu'il est impossible d'imaginer une situation qui puisse mieux enflammer Roméo pour Juliette, que d'être tiré par elle de la sombre mélancolie dans laquelle il est plongé lorsqu'il entre en scène, et dont il est si loin lorsqu'il s'écrie avec transport :

Il n'est pas de chagrin dont mon ame ravie
Ne puisse désormais braver les coups cruels !
Je l'ai vue un moment.........

(1) Mac Combich estropie le nom de Tybalt, le neveu de Capulet. — Éd.
(2) *Roméo et Juliette*, acte III, scène 1re, dans laquelle Mercutio et Tybalt lui-même sont tués. — Éd.

— Comment donc! miss Mac Ivor, dit une jeune dame, avez-vous le projet de nous dépouiller de notre plus beau privilége? Voudriez-vous nous persuader que l'amour ne peut exister sans l'espérance, et qu'un amant peut être infidèle, si celle qu'il aime lui montre trop de rigueur? Je ne m'attendais pas, je l'avoue, à une conclusion si peu sentimentale.

— Je conviens avec vous, ma chère lady Betty, qu'il est possible qu'un amant persévère dans ses affections en dépit des circonstances qui devraient le décourager; qu'il peut braver les dangers, supporter la froideur;... mais une indifférence constante et soutenue est un poison mortel pour l'amour. Quelque puissante que soit l'*attraction* de *vos* charmes, croyez-moi, ne faites jamais cette expérience sur le cœur d'une personne qui vous serait chère : je vous le répète, l'amour peut se nourrir de la plus faible espérance; mais sans espérance aucune l'amour ne peut exister long-temps.

— Ce serait, dit Évan, comme la jument de Duncan Mac Girdie, s'il plaît à ces dames. Son maître voulait l'accoutumer par degrés à se passer de toute nourriture; il ne lui donnait déjà plus qu'une petite poignée de paille par jour, lorsque la pauvre bête mourut.

La comparaison d'Evan fit rire tout le monde, et l'on changea de conversation. Après la soirée, Édouard retourna à son logement, et chemin faisant, il rêvait à ce qu'avait dit Flora. — C'en est fait, se dit-il, je n'aimerai plus Rosalinde... je suivrai ses conseils, que j'ai très bien compris; je veux dire à son frère que je renonce à mes premiers projets. — Quant à Juliette;... mais puis-je avec honneur aller sur les brisées de Fergus! — je suis bien persuadé qu'il ne réussira pas. — S'il éprouve un refus, *alors comme alors,* dit tranquillement notre héros, résolu de s'abandonner aux circonstances, et il alla se mettre au lit.

CHAPITRE LV.

Un brave dans la douleur.

Si mes belles lectrices venaient à penser que la légèreté de mon héros dans ses amours est tout-à-fait impardonnable, je dois leur faire observer que tous ses chagrins et ses embarras ne provinrent pas de cette source sentimentale. Le poète lyrique lui-même, qui se plaint d'une manière si touchante des peines de l'amour, n'oublie pas de nous dire qu'il était en même temps

« Fort endetté d'abord, et puis aimant à boire. »

ce qui sans doute ne pouvait qu'aggraver sa détresse. De même il se passait des jours entiers pendant lesquels Waverley ne pensait ni à Flora ni à Rose Bradwardine ; mais il formait tristement mille conjectures sur la situation de sa famille à Waverley-Honour et sur le résultat de la guerre civile dans laquelle il s'était engagé. Le colonel Talbot discutait souvent avec lui sur la justice de la cause qu'il avait embrassée.

— Non, disait-il, qu'il vous soit possible de l'abandonner actuellement, car quelque chose qui puisse en arriver, vous devez tenir les promesses que vous avez faites avec tant d'imprudence; — mais je voudrais, ajoutait-il, que vous fussiez convaincu que le bon droit n'est pas pour vous, que vous agissez contre les véritables intérêts de votre patrie, et tout vous fait un devoir de saisir la première occasion favorable pour vous séparer de cette malheureuse expédition avant que la boule de neige ne se fonde.

Waverley se contentait dans ces discussions politiques d'opposer au colonel les argumens dont se servaient tous les partisans de la famille exilée, et dont il serait inutile de fatiguer le lecteur. Mais il était plus embarrassé lorsque le colonel lui mettait devant les yeux le tableau comparatif des forces des insurgés et de celles que réunissait le gouvernement pour les combattre. A cela il ne faisait qu'une seule réponse :

— Si la cause que j'ai embrassée, disait-il, est si périlleuse, il y aurait de ma part une lâcheté plus grande à l'abandonner.

Par là à son tour il réduisait généralement le colonel Talbot au silence, et la conversation changeait d'objet.

Un soir, après une longue discussion sur cette matière, les deux amis s'étaient dit adieu sans aigreur, et Waverley s'était mis au lit, lorsqu'il crut entendre un gémissement étouffé ; il tressaillit : et prêtant une oreille attentive, il reconnut qu'il partait de la chambre du colonel, séparée de la sienne par une faible cloison où se trouvait une porte de communication. Il s'en approcha, et bientôt il entendit très distinctement de profonds soupirs. — Que peut avoir le colonel ? se dit-il : lorsqu'il m'a quitté je n'ai pas remarqué le moindre changement en lui. Sans doute il se sera senti tout à coup indisposé.

Dans cette persuasion il ouvre doucement la porte, et voit le colonel en robe de chambre, assis devant sa table où était une lettre ouverte devant lui et un portrait. Le colonel leva la tête, et Waverley fut indécis s'il devait avancer ou se retirer ; mais il remarqua que les joues de son ami étaient couvertes de larmes.

Comme honteux d'être surpris pendant qu'il se livrait à une si vive émotion, le colonel se leva d'un air contrarié :

— Monsieur Waverley, dit-il, j'aurais cru qu'étant dans mon appartement à l'heure qu'il est, je n'aurais pas dû craindre, quoique prisonnier, une semblable....

— Ah ! je vous en conjure, ne prononcez pas le mot *indiscrétion !* J'ai entendu que votre respiration était pénible ; j'ai craint que vous ne fussiez malade, et c'est pour m'en assurer que j'ai pris la liberté...

— Je me porte bien, dit le colonel, parfaitement bien.

— Mais vous avez des chagrins ; n'y aurait-il pas moyen de les adoucir ?

— Aucun, monsieur Waverley : je pensais à l'Angleterre...; je réfléchissais sur certaines nouvelles que j'ai reçues, et qui ne sont pas très agréables.

— Ah ! grand Dieu ! mon oncle....

— Non, mes chagrins me sont personnels... Je suis fâché que vous ayez vu combien ils m'affectaient ; mais il faut donner à sa douleur un libre cours de temps en temps pour la supporter ailleurs avec plus de courage. Je voulais vous en laisser ignorer la cause, parce que je sais qu'elle vous fera de la peine, et que d'ailleurs vous ne pouvez y porter remède ; mais je vous vois inquiet. Je n'aime pas les mystères... lisez cette lettre.

Cette lettre était écrite par la sœur du colonel Talbot, et contenait ce qui suit :

« Mon cher frère,

« J'ai reçu le paquet que vous m'avez adressé par Hodges.
« Sir E. W. et M. R. jouissent encore de leur liberté ; mais
« on ne leur a pas permis de quitter Londres. Je voudrais qu'il
« fût en mon pouvoir de vous donner d'heureuses nouvelles
« de notre square [1] ; mais la malheureuse affaire de Preston
« l'a rempli de consternation, et surtout l'horrible nouvelle
« que vous étiez du nombre des morts. Vous savez en quel
« état se trouvait la santé de lady Émilie lorsque votre amitié
« pour sir Everard vous fit un devoir de vous séparer d'elle.
« Elle fut douloureusement affectée lorsqu'elle apprit que la
« rébellion avait éclaté ; mais elle s'arma de courage pour vous
« conserver, disait-elle, et votre épouse et l'héritier que vous
« désiriez depuis si long-temps. Hélas ! mon cher frère, ces
« espérances se sont évanouies. Malgré toutes les précautions
« que j'avais prises, la nouvelle de la désastreuse journée de
« Preston parvint à lady Émilie sans qu'elle y fût préparée.
« Elle en fut saisie, et devint mère ; mais son pauvre enfant

---

(1) Le beau monde à Londres habite généralement des hôtels situés dans des *squares* (places avec un jardin au milieu). — Éd.

« n'a survécu que peu de minutes à sa naissance. Plût à Dieu
« que je n'eusse pas d'autres malheurs à vous annoncer!...
« Quoique votre dernière lettre, en démentant formellement
« l'horrible rapport qu'on avait envoyé, ait ranimé les forces
« de la malade, cependant le docteur craint que les suites en
« soient sérieuses, et même, je ne dois pas vous le dissimuler,
« très dangereuses, surtout à cause de l'incertitude dans la-
« quelle votre Emilie doit rester pendant quelque temps, in-
« certitude aggravée par les idées qu'elle s'est faites de la fé-
« rocité des ennemis dont vous êtes le prisonnier.

« Je vous en conjure, mon cher frère, ne négligez rien pour
« obtenir bientôt votre liberté, soit sur votre parole d'hon-
« neur, soit à prix d'argent, soit par échange, ou n'importe
« de quelle manière. Je n'exagère rien sur la santé de votre
« Émilie; mais j'ai dû vous dire la vérité.

« Je suis toujours, mon cher Philippe, votre sœur affec-
« tionnée,

« Lucy Talbot. »

Quand il eut terminé la lecture de cette lettre, Édouard
resta immobile de douleur. La conclusion en était évidente;
car si le colonel ne se fût pas mis en voyage pour venir le
chercher, ce malheur ne lui fût pas arrivé. Ce malheur était
déjà assez cruel dans ce qu'il avait d'irrémédiable : le colonel
Talbot et lady Émilie, long-temps sans enfans, s'étaient crus
sur le point de voir combler tous leurs vœux, et leur espérance était perdue; mais ce n'était là encore rien en comparaison de ce qui les menaçait. Édouard se regardait avec une
sorte d'horreur comme la cause première de ces deux sujets
de désespoir.

Avant qu'il pût recueillir ses idées le colonel avait déjà recouvré son calme habituel, quoique ses yeux fussent encore
humides, et il fut le premier à reprendre la parole.

— C'est une femme, mon jeune ami, dit-il, pour laquelle
un militaire lui-même ne doit pas rougir de répandre des larmes; — et il lui montra le portrait qui prouvait qu'elle méritait en effet tous ses regrets; — Eh bien! continua-t-il, ce

que vous voyez n'est, Dieu le sait, qu'une faible partie des charmes qu'elle possède ! — Ah ! je devrais peut-être dire qu'elle possédait !... mais que la volonté de Dieu soit faite !

— Partez, volez à son secours ; il ne sera pas trop tard !

— Le puis-je, mon ami ? ne suis-je pas prisonnier sur parole ?

— Je suis votre caution... Je vous rends votre parole... ; je réponds de tout.

— Vous manqueriez à votre devoir, comme je manquerais à l'honneur, si j'acceptais votre proposition... Vous ne savez pas de quelle responsabilité vous vous chargeriez !...

— Je réponds de tout sur ma tête. Partez, colonel, partez !... Je suis la cause de la mort de votre enfant : ah ! ne souffrez pas que je sois l'assassin de votre épouse !

— Non, mon cher Édouard, dit le colonel en lui serrant affectueusement la main ; vous n'avez rien à vous reprocher. Si je vous ai fait un secret de mes chagrins pendant deux jours, ce n'était que de peur que votre sensibilité n'envisageât les choses sous cet aspect. Lorsque j'ai quitté l'Angleterre pour venir vous chercher, vous ne pouviez vous occuper de moi, à peine connaissiez-vous mon nom :... peut-on vous rendre responsable d'événemens que nous ne pouvions prévoir ? Dieu seul peut lire dans l'avenir ; ce serait l'outrager que de croire qu'il a soumis sa faible créature à cette responsabilité terrible.

— Comment avoir quitté lady Émilie lorsqu'elle était à la veille de vous rendre père, pour chercher un... ?

— J'ai fait mon devoir, je ne m'en repens pas. Si le chemin de la reconnaissance et de l'honneur était toujours facile et uni, il y aurait peu de mérite à le suivre. Nous devons souvent nous y trouver en opposition avec nos intérêts, nos passions, et quelquefois avec nos sentimens les plus doux. Ce sont là les épreuves de la vie !... j'en ai déjà supporté plusieurs... Celle-ci n'est pas la première, quoique ce ne soit pas la moins amère (les larmes lui vinrent aux yeux). — Mais, ajouta-t-il en serrant les mains d'Édouard, nous parlerons de main de tout celà. — Bonne nuit! Tâchons de l'oublier pendant quelques heures. Il fera jour, je crois, à six heures, et il en est déjà plus de deux. — Bonne nuit!

Édouard se retira sans avoir la force de lui répondre.

CHAPITRE LVI.

Waverley agit.

Le lendemain en entrant dans la salle à déjeuner le colonel apprit du domestique d'Édouard qu'il était sorti de très bonne heure, et qu'il n'était pas encore de retour. Le jour était déjà avancé lorsqu'il parut enfin hors d'haleine, mais avec un air de joie qui étonna le colonel Talbot. —Voilà mon travail de la matinée, dit-il en jetant un papier sur la table. Alick, serrez le bagage du colonel, dépêchez-vous!

Le colonel examina le papier avec surprise : c'était un passeport signé du prince qui autorisait le colonel Talbot à se rendre à Leith ou dans tout autre port occupé par ses troupes, et de s'y embarquer pour l'Angleterre, ou tel autre pays qu'il jugerait convenable, sous la condition qu'il donnerait sa parole d'honneur de s'abstenir pendant un an, à dater de ce jour, de prendre les armes contre la maison de Stuart.

— Au nom du ciel! dit vivement le colonel, dites-moi par quels moyens vous vous êtes procuré ce passeport.

— Je suis parti de bonne heure pour me trouver au lever du prince ; il était sorti pour visiter le camp de Duddingston. Je m'y suis rendu ; j'ai fait demander une audience qu'il a daigné m'accorder aussitôt. Je ne vous dirai plus un seul mot que lorsque je vous verrai faire vos préparatifs de départ.

— Dois-je les faire avant de connaître si je puis me servir de ce passeport, et surtout de quelle manière vous l'avez obtenu?

— Ne me demandez pas de détails, je vous en prie; le temps presse. Il me suffira de vous dire que lorsque j'ai prononcé votre nom, les yeux du prince ont étincelé comme l'ont fait les vôtres il y a deux minutes. — Le colonel aurait-il montré, m'a-t-il dit vivement, des sentimens favorables à notre cause? — Non, ai-je répondu, et il n'y a pas sujet de l'espérer (le visage du prince est redevenu sérieux). Je demandai votre liberté. — Cela n'est pas possible, reprit-il; ma demande était extravagante, attendu l'importance du colonel, comme ami et confident de tels et tels personnages... Je n'ai pas craint de lui raconter votre histoire et la mienne : — Que Votre Altesse, ai-je dit, juge d'après son cœur des sentimens dont je suis pénétré... Colonel Talbot, vous en direz ce que vous voudrez, mais le prince a un cœur, et un cœur généreux. — Je ne soumettrai point cette affaire à mon conseil, m'a-t-il dit ; il pourrait me contrarier dans ce qui me paraît juste, et je ne voudrais pas qu'un ami tel que vous pût avoir à se reprocher le malheur d'une famille dans la peine... Je serais fâché de retenir prisonnier un brave ennemi dans les circonstances où se trouve le colonel Talbot ; je crois d'ailleurs que je pourrai me justifier auprès de mes prudens conseillers, en faisant valoir le bon effet que pourra produire cet acte de bonté sur les grandes familles d'Angleterre avec lesquelles le colonel Talbot est allié.

— Le politique s'est trahi là, dit le colonel.

— Fort bien, du moins il a conclu en fils de roi. — Voilà le passeport, a-t-il dit, j'y ai mis une condition pour la forme; mais si elle ne convient pas au colonel, laissez-le partir sans exiger sa parole d'honneur... Je suis venu dans ces lieux pour combattre les hommes, et non pour désoler ou faire mourir les femmes.

— Je n'aurais jamais cru que je devrais avoir tant d'obligation au Prétend....

— Au prince, dit Édouard en souriant.

— Au chevalier, répondit le colonel; c'est un excellent nom de voyage, et que nous pouvons lui donner vous et moi.

— Il ne vous a rien dit de plus?

— Il m'a demandé s'il pouvait m'obliger en quelque autre chose, et sur ma réponse négative, il m'a secoué la main. Plût à Dieu, m'a-t-il dit, que tous les officiers de mon armée fussent aussi désintéressés que vous l'êtes! Il en est parmi mes amis qui, non contens de me demander tout ce qu'il est en mon pouvoir de leur accorder, ont des prétentions que ni moi ni le plus grand potentat de la terre ne pourrions satisfaire. D'après les demandes qu'ils me font, a-t-il ajouté, j'aurais tout lieu de croire qu'il n'y a jamais eu de prince plus semblable à la Divinité que moi.

— Le pauvre jeune homme! dit le colonel; je vois qu'il commence à sentir les désagrémens de sa position...; mais, mon cher Waverley, c'est ici plus que de la bonté; — Philippe Talbot ne l'oubliera jamais, tant que Philippe Talbot conservera la mémoire. Ma vie! — Ah! qu'Émilie vous en remercie: c'est une faveur qui vaut mille vies! Je ne puis hésiter à donner la parole qu'on exige; la voilà. — (Il l'écrivit dans les formes d'usage.) — Et maintenant comment vais-je m'y prendre pour partir?

— Tout est arrangé, lui dit Waverley; vos malles sont faites, mes chevaux vous attendent; le prince m'a permis de retenir un bateau qui doit vous conduire à bord de la frégate *the Fox*. J'ai fait partir à cet effet un messager pour Leith.

— C'est à merveille: le capitaine Beaver est un de mes amis intimes; il me conduira à Berwick ou à Shields, d'où je puis prendre la poste pour Londres... Vous ferez bien de me confier le paquet de lettres que votre miss Bean Lean vous a remis. Il est possible qu'elles puissent m'aider à vous être utile... mais je vois votre ami des Highlands, Glen... Comment prononcez-vous ce nom barbare?... Il est accompagné de son officier d'ordonnance; je ne dois plus dire son coupe-jarret, je suppose. Ne dirait-on pas à sa démarche que la terre entière lui appartient? Le voyez-vous se pavaner, sa toque sur l'oreille et son plaid drapé sur ses épaules?... J'aimerais à me trouver en face de ce jeune homme, si je n'avais pas les mains liées; — je rabattrais bientôt son orgueil, ou lui le mien.

— Allons donc! colonel Talbot, vous ne vous possédez pas plus, lorsque vous apercevez un tartan, qu'un taureau à la vue d'un drap écarlate. Vous n'êtes pas moins injuste dans vos préjugés nationaux que Fergus dans les siens.

Leur conversation continua dans la rue jusqu'à ce qu'ils fussent arrivés auprès du chef. Il salua sèchement le colonel, qui lui rendit son salut avec un air de cérémonie; l'antipathie était bien réciproque.

— Je ne vois jamais, dit le colonel, ce jeune sournois, toujours aux talons de son chef, que je ne me rappelle ces vers que j'ai entendus je ne sais où — au théâtre, je crois...

.... Bertram le suit dans un sombre silence,
Tel qu'un démon cruel suit un magicien,
Docile serviteur altéré de vengeance.

— Je vous assure, dit Waverley, que vous jugez trop sévèrement les Highlanders.

— Non, point du tout, je leur rends justice. Qu'ils se tiennent au milieu de leurs monts déserts, qu'ils y placent s'ils veulent leurs toques sur la corne de la lune. Mais que viennent-ils faire dans un pays où l'on porte des culottes et où l'on parle une langue intelligible? Je dis intelligible relativement à leur patois; car les Lowlanders parlent à peu près l'anglais comme les nègres de la Jamaïque... Je plains bien sincèrement le Pr...., je veux dire le chevalier, d'être obligé de vivre au milieu de pareils bandits. Ils apprennent leur métier de bonne heure, je vous en réponds. Il y a par exemple un de ces enfans subalternes du diable qui suit souvent votre ami Glena... Glenamuck, ou comme vous voudrez l'appeler... A le voir on le dirait âgé de quinze ans; mais il a un siècle si l'on compte son âge par ses traits de méchanceté et de scélératesse. Il y a quelques jours qu'il jouait au palet dans la cour; il vint à passer un homme de bonne mine; celui-ci reçoit un coup de palet à la jambe, et lève sa canne comme Beau Clincher dans *Un tour au Jubilé*[1]; mais mon coquin tire son pis-

---

(1) *Un tour au Jubilé* (*jubilé* signifie en anglais une fête, une réjouissance publi-

tolet, et sans un cri de *gardez l'eau* qui, parti d'une fenêtre, mit toute la bande en déroute de peur des conséquences inévitables, le pauvre gentilhomme perdait la vie des mains de ce petit basilic.

— Ah! colonel, quel tableau vous allez faire de l'Ecosse à votre retour!

— Oh! le juge Shallow[1] m'en évitera la peine. « Désert, désert; — tous gueux, tous gueux! — Oh oui! un bon air, » — mais c'est quand on est hors d'Edimbourg et avant d'être à Leith, comme nous sommes à présent.

Ils arrivèrent bientôt au port,

> Au port de Leith attendait le bateau....
> Il part, le vent est favorable:
> A Bervick-Law il trouve le vaisseau.

— Adieu, colonel, lui dit Waverley; puissiez-vous trouver votre famille dans l'état que vous désirez!... Il est possible que nous nous rencontrions bientôt; l'armée doit se mettre en marche pour l'Angleterre.

— Ne me parlez pas de cela. — Je ne veux porter aucune nouvelle de vos mouvemens.

— Adieu donc simplement, colonel; présentez mes devoirs respectueux à sir Everard, ainsi qu'à ma tante Rachel. Pensez quelquefois à moi, et aussi favorablement que vous pourrez. Parlez de moi avec toute l'indulgence que vous permettra votre conscience, et encore une fois adieu!

— Adieu, mon cher Waverley; mille remerciemens pour tout ce que vous avez fait pour moi; laissez là votre plaid à la première occasion. Je penserai toujours à vous avec reconnaissance, et la seule censure que je me permettrai contre vous sera de dire: *Que diable allait-il faire dans cette galère?*

Ils se séparèrent ainsi. Le colonel entra dans le bateau, et Waverley reprit la route d'Edimbourg.

---

que, etc.), ou *Couple constant*, comédie de Georges Farquhar. Beau Clincher (*Fat Clincher*) est un des personnages de cette pièce. — Éd.

(1) Shakspeare, *Henry IV*. — Éd.

CHAPITRE LVII.

Marche.

Ce n'est pas notre intention d'empiéter sur les domaines de l'histoire : nous rappellerons donc seulement à nos lecteurs que vers les premiers jours du mois de novembre, le jeune chevalier, résolu à tout risquer à la tête d'un corps de six mille hommes tout au plus, entreprit de pénétrer dans le cœur de l'Angleterre, quoiqu'il n'ignorât pas les immenses préparatifs de défense qu'on y faisait pour le recevoir. On partit pour cette croisade dans une saison où toute autre armée n'aurait pu se mettre en marche, mais qui donnait réellement aux actifs montagnards un grand avantage sur des ennemis moins robustes. Malgré une armée supérieure stationnée sur les frontières, sous les ordres du feld-maréchal Wade[1], ils assiégèrent et prirent Carlisle. Après s'en être emparée l'armée continua sa marche vers le sud.

Comme le régiment de Mac Ivor formait l'avant-garde des clans, Waverley, qui supportait la fatigue comme un véritable montagnard, et qui était en état de parler un peu le gaëlique, marchait toujours à la tête du corps, auprès du chef; mais ils voyaient les progrès de l'armée avec des yeux bien différens. Fergus, plein d'audace et de feu, se croyant en état de résister à l'univers entier, ne s'occupait d'aucun calcul, sinon que chaque pas qu'il faisait le rapprochait de Londres. Il ne demandait ni ne désirait d'autre secours que celui des clans pour remettre les Stuarts sur le trône. Lorsque par hasard de nouveaux partisans venaient se ranger sous les drapeaux du

(1) Ce général s'était fait la réputation d'un bon officier sur le continent. — Éd.

prince, Fergus ne les regardait que comme des intrus qui pouvaient diminuer les récompenses que le monarque ne manquerait pas de distribuer aux montagnards.

Les réflexions d'Édouard étaient d'une autre nature. Il avait remarqué que dans toutes les villes où l'on avait proclamé Jacques III, personne ne criait : *God bless him*[1] ! La populace restait ébahie et écoutait sans émotion, mais ne donnait que peu de signes de cet amour du bruit et du tumulte qui lui fait saisir toutes les occasions d'exercer sa voix mélodieuse. On avait fait croire aux jacobites que les comtés du nord étaient remplis de riches squires et de hardis fermiers dévoués à la Rose Blanche ; mais ils virent peu de torys de la classe aisée : les uns fuyaient, les autres feignaient d'être malades, d'autres se rendaient au gouvernement comme suspects. De ceux qui restaient il y en avait qui regardaient avec une surprise mêlée de terreur et d'aversion ces montagnards dont le langage et les habillemens étaient si étranges. Les plus clairvoyans ne pouvaient concevoir que cette petite troupe mal équipée, mal armée, mal disciplinée, vînt à bout de son entreprise téméraire : ainsi l'armée du prince ne se recruta que de ceux qu'aveuglait le fanatisme politique, et de quelques hommes ruinés qui n'avaient plus rien à perdre.

On demandait au baron de Bradwardine ce qu'il pensait de ces recrues ; il prit lentement sa prise de tabac, ouvrit de grands yeux et répondit en secouant la tête :

— Je ne puis qu'en avoir une très bonne opinion, puisqu'ils ressemblent exactement aux hommes qui vinrent se joindre au roi David, dans la caverne d'Adulam : *videlicet*, c'est-à-dire ce sont tous des endettés et des mécontens ; ce que la Vulgate rend par — gens dont l'ame était dans l'amertume. — Sans doute ils feront merveilles de leurs mains, et il en est besoin ; car j'en ai vu qui nous lançaient à nous-mêmes des regards bien sinistres.

Aucune de ces considérations n'inquiétait Fergus. Il admirait la fertilité du pays qu'ils traversaient et la situation des

(1) Dieu le bénisse ! vive Jacques ! — Éd.

châteaux qu'ils voyaient : — Waverley-Honour, demanda-t-il à notre héros, est-il aussi beau que cette maison-là ?

— Il est deux fois plus grand.

— Le parc de votre oncle est-il aussi considérable que celui-ci ?

— Dix foix plus vaste, et plus semblable à une forêt qu'à un parc.

— Flora sera une femme heureuse !

— Miss Mac Ivor, j'espère, n'aura pas besoin du château de Waverley pour être heureuse !

— Je l'espère aussi ; mais la possession d'une telle propriété mérite bien d'être mise en ligne de compte.

— Cette omission serait facilement réparée par miss Mac Ivor.

— Que voulez-vous dire, monsieur Waverley ? dit Fergus un peu déconcerté ; parlez-vous sérieusement ?

— Très sérieusement, cher Fergus.

— Vous cherchez à me faire entendre que vous ne vous souciez plus de mon alliance ni de la main de ma sœur.

— Votre sœur a refusé la mienne, soit directement, soit par tous ces moyens que les dames ont coutume d'employer lorsqu'elles veulent éloigner un soupirant qui leur déplaît.

— Je n'ai jamais entendu dire qu'une dame renvoyât un soupirant, ou que celui-ci se retirât sans s'expliquer devant le tuteur légal dont elle avait obtenu le consentement..... J'aime à croire que vous ne vous attendiez pas que ma sœur vous tombât dans la bouche comme une prune mûre, selon le proverbe de nos montagnes.

— Colonel, j'ignore entièrement quelles sont les formalités que vos dames emploient pour congédier leurs soupirans ; je suis tout-à-fait étranger aux usages de vos montagnes dans ces sortes d'affaires : mais je ne crois pas avoir le moindre droit d'interjeter appel de la sentence prononcée par miss Mac Ivor. Je vous dirai franchement que tout en admirant la beauté reconnue et les rares talens de miss Mac Ivor, je ne me déterminerais jamais à recevoir la main d'un ange avec un empire pour dot, si je ne devais son consentement qu'à l'autorité et à l'importunité de ses amis ou de ses tuteurs. Je n'aurai d'autre épouse que la personne qui m'honorera librement de son choix.

— Un ange avec un empire pour dot ! dit Fergus avec un sourire sardonique..... Il me semble que c'est porter ses prétentions un peu haut, pour un simple squire de votre comté.... Mais, ajouta-t-il en changeant de ton, si Flora Mac Ivor ne peut pas vous apporter un empire en dot, elle est ma sœur, et ce titre me donne lieu d'espérer que personne ne se permettra de la traiter d'une manière inconsidérée.

— Elle est Flora Mac Ivor. Si j'étais capable de m'oublier à ce point envers une femme, je puis assurer que ce titre serait pour elle une protection suffisante.

Le front du chef devint plus sombre. Édouard s'en aperçut; mais il était trop indigné du ton qu'il avait pris envers lui pour se croire obligé de faire la moindre démarche propre à détourner l'orage. L'un et l'autre restaient calmes en apparence ; mais Fergus paraissait hors d'état de garder plus longtemps cette réserve pénible : cependant il sut se contenir, il détourna la tête et continua sa route dans le plus profond silence. Comme on était habitué à les voir marcher ensemble et toujours à côté l'un de l'autre, Waverley attendit tranquillement que son compagnon reprît sa bonne humeur s'il le jugeait convenable, mais bien déterminé à ne pas faire la plus légère avance ni la moindre soumission.

Après un quart d'heure de marche dans ce silence obstiné, Fergus reprit la conversation, mais sur un ton différent. — Je crains de m'être emporté, dit-il ; mais convenez, mon cher Édouard, que votre ignorance des usages du monde est impatientante. Vous avez pris la mouche parce que Flora vous a montré tant soit peu de pruderie, et peut-être un peu trop d'enthousiasme dans ses principes politiques...... Vous vous fâchez comme un enfant contre le joujou qu'il demandait en pleurant ; et vous faites un crime à votre ami de n'avoir pas les bras assez longs pour atteindre jusqu'à Édimbourg pour vous donner à l'instant l'objet de vos désirs. Vous conviendrez que si j'avais moins de prudence et de modération, le déplaisir que je dois éprouver en me voyant forcé de renoncer à une alliance que les montagnards et les habitans de la plaine regardent comme arrêtée, et cela sans en connaître le motif ni la cause; vous conviendrez, dis-je, qu'une pareille mortification serait bien capable d'enflammer un homme plus patient et plus froid que je ne le suis. Je vais écrire à Édimbourg pour connaître la véritable situation de cette affaire; je ne ferai cependant cette démarche que dans la supposition qu'elle vous sera agréable.... Je ne puis croire que vous n'ayez plus pour Flora les mêmes sentimens que vous m'avez exprimés tant de fois.

— Colonel Mac Ivor, répondit Édouard qui ne se souciait nullement de s'engager plus avant dans une affaire qu'il regardait depuis long-temps comme terminée, je sens tout le prix des services que vous avez la bonté de m'offrir; et je me trouve très honoré du zèle que vous montrez; mais comme miss Mac Ivor s'est déterminée d'après sa propre volonté à rejeter mes offres, je ne crois pas devoir me permettre de l'importuner de nouveau. Il y a long-temps que j'avais le projet de vous faire connaître ces détails; mais vous avez vu par vous-même où nous en étions avec votre sœur, et vous n'avez pu vous rien dissimuler. Je vous avoue que j'éprouvais la plus grande répugnance à mettre la conversation sur un sujet qui ne pouvait être que désagréable pour l'un et pour l'autre.

— Très bien, monsieur Waverley; c'est une affaire finie. Je ne crois pas avoir besoin de presser ma sœur de se décider pour qui que ce soit au monde!

— Pas plus que je n'ai besoin de m'exposer de nouveau à voir mes offres rejetées!

— Je ferai cependant des démarches, ajouta Fergus comme s'il n'eût pas entendu la réflexion d'Édouard; je prendrai des renseignemens sur la manière dont ma sœur envisage cette affaire, et nous verrons alors comment elle doit se terminer.

— Vous ferez ce qu'il vous plaira; vous n'avez besoin des

conseils de personne. Je sais qu'il est tout-à-fait impossible que miss Mac Ivor change de manière de penser; mais si, contre toute probabilité, ce changement avait lieu, je resterais toujours le même : je ne vous fais cette observation que pour prévenir tout autre malentendu.

Mac Ivor fut tenté de terminer sur-le-champ cette querelle par la voie des armes; il toisa Waverley d'un œil étincelant qui paraissait chercher la place où le fer devait frapper un coup mortel. Mais quoiqu'on ne se batte plus de notre temps d'après les règles et les figures de Caranza ou de Vincent Saviola, cependant personne ne savait mieux que Fergus qu'un prétexte raisonnable était nécessaire pour un duel à mort. Par exemple, on peut envoyer un cartel à quelqu'un qui vous a marché sur le pied dans une foule, ou qui vous a poussé contre le mur, ou qui vous a pris votre place au théâtre; mais le code de l'honneur moderne ne permet pas de demander raison de ce qu'on cesse d'adresser ses vœux à une belle parente qui les a refusés. Fergus fut donc obligé de dévorer l'insulte qu'il prétendait avoir reçue, en se promettant de bien épier l'occasion d'en tirer vengeance sous tout autre prétexte.

Le domestique de Waverley avait toujours à l'arrière-garde du bataillon auquel il était attaché un cheval sellé pour son maître, quoique celui-ci s'en servît rarement; mais dans ce moment, indigné de la conduite impérieuse et déraisonnable de celui qu'il avait cru son ami, il laissa défiler la colonne, et monta son cheval, dans l'intention de se rendre auprès du baron de Bradwardine, pour lui demander à servir sous ses ordres en qualité de volontaire.

— J'aurais fait une belle affaire, se dit-il chemin faisant, si je m'étais allié à cet homme rempli d'orgueil, d'amour-propre et de colère!... Il est colonel!... Il mérite le grade de généralissime!... — Chef d'un petit clan de trois à quatre cents hommes, il a tout l'orgueil qu'il faut pour être khan de Tartarie, grand-seigneur ou grand-mogol!... m'en voilà délivré! Si Flora était un ange, le beau-frère de son mari serait un second Lucifer d'ambition et de colère.

Le baron, dont l'érudition languissait faute d'exercice (comme Sancho, dans la Sierra-Morena, trouvait que les proverbes moisissaient dans sa poitrine), fut charmé de la proposition que lui fit notre héros, espérant se dédommager du pénible silence qu'il gardait depuis long-temps.

Cependant le bon vieillard fit plusieurs efforts pour réconcilier les deux amis. Fergus n'écouta ses représentations qu'avec la plus grande froideur, et Waverley ne crut pas qu'il fût de son devoir de faire les premières démarches pour renouer des liens que le premier avait rompus d'une manière aussi peu raisonnable. Le baron en rendit compte au prince qui, pour prévenir toute querelle dans sa petite armée, promit de remontrer à Mac Ivor l'inconvenance de sa conduite. Les embarras de la marche furent cause que deux jours s'écoulèrent sans que Charles-Édouard trouvât l'occasion d'interposer sa médiation.

Waverley fit usage des connaissances militaires qu'il avait acquises dans le régiment de G***, et servit d'adjudant au baron. *Parmi les aveugles un borgne est roi,* dit le proverbe français. La cavalerie, qui n'était composée que de gentilshommes des Lowlands, de leurs fermiers et de leurs domestiques, conçut la plus haute idée des talens de Waverley et le plus sincère attachement pour sa personne. Ils se trouvaient très honorés de ce qu'un gentilhomme distingué eût quitté les Highlanders pour venir servir avec les dragons en qualité de simple volontaire. Il y avait une inimitié secrète entre la cavalerie et l'infanterie, non-seulement pour cause de prééminence dans le service, mais parce que la plupart des gentilshommes des basses-terres qui habitaient près des Highlands avaient eu souvent des disputes avec les clans voisins, et voyaient de très mauvais œil qu'ils prétendissent avoir plus de courage qu'eux et mieux servir le prince.

CHAPITRE LVIII.

La confusion est dans le camp du roi Agramant.

WAVERLEY avait l'habitude de s'écarter quelquefois du régiment pour observer tous les objets curieux qu'il apercevait à quelque distance. On était dans le Lancashire; il quitta son escadron pendant une demi-heure pour aller prendre le croquis d'une ancienne forteresse garnie de tours et de créneaux. Il redescendait l'avenue, lorsqu'il rencontra l'enseigne Mac Combich. Cet homme avait conçu une espèce d'attachement pour notre héros, depuis le jour qu'il le trouva à Tully-Veolan et qu'il l'introduisit chez les montagnards. Il semblait ralentir le pas à dessein, comme pour rencontrer notre héros; cependant lorsqu'il passa près de lui il s'approcha seulement de son étrier, — ne prononça que ces mots : *Prenez garde!* et s'éloigna rapidement pour éviter toute explication.

Édouard un peu surpris de cet avertissement suivit Evan des yeux, et le vit bientôt disparaître au milieu des arbres. Son domestique Alick Polwarth, qui était avec son maître, vit aussi le Highlander s'éloigner, et se rapprocha d'Édouard :

— Je veux ne plus rien croire, dit-il d'un air alarmé, si vous êtes en sûreté au milieu de ces montagnards.

— Que voulez-vous dire, Alick?

— Monsieur, les Mac Ivor ont mis dans leur tête que vous aviez fait un affront à leur jeune maîtresse miss Flora; j'en ai entendu quelques-uns menacer de vous prendre pour un coq de bruyère. Vous savez bien vous-même que la plupart d'entre eux ne se feraient pas scrupule de tirer sur le prince lui-même, si leur chef leur en donnait le signal par un simple coup d'œil, ou même sans ordre, s'ils croyaient qu'il en serait bien aise.

Quoique convaincu que Fergus n'était pas capable d'une perfidie semblable, Waverley sentit qu'il aurait tout à craindre de se trouver à la merci de ces montagnards. Il savait que lorsque l'honneur d'un chef ou de sa famille était attaqué, chaque membre du clan aspirait au bonheur de le venger. Il connaissait leur proverbe : — La vengeance la plus prompte et la plus sûre est la meilleure. — Il crut donc prudent de piquer des deux d'après l'avis d'Evan, et de rejoindre promptement son escadron. Avant qu'il fût arrivé au bout de l'avenue une balle lui rasa l'oreille en sifflant et l'on entendit un coup de pistolet.

— C'est ce démon de Callum Beg, dit Polwarth; je l'ai vu fuir en se cachant dans ces longues herbes.

Justement indigné de cette trahison, Édouard sortit au galop de l'avenue. Il vit à quelque distance le bataillon d'Ivor qui défilait dans la plaine; il aperçut en même temps un homme courant à perte d'haleine pour se placer dans les rangs. Il en conclut que c'était l'assassin qui, en sautant par-dessus les clôtures, devait arriver plus promptement à son corps qu'un homme à cheval. Ne pouvant plus se modérer, il donna l'ordre à Polwarth d'aller trouver le baron de Bradwardine dont le régiment était à peu de distance, et de lui rendre compte de tout ce qui venait de se passer. Il mit lui-même son cheval au galop pour joindre la troupe d'Ivor. Le chef venait de quitter le prince et se rendait à son poste : il n'eut pas plus tôt aperçu Waverley, qu'il tourna bride pour venir au-devant de lui.

— Colonel Mac Ivor, dit Édouard sans autre préambule, je dois vous informer qu'un de vos gens vient de tirer sur moi d'un endroit où il s'était mis en embuscade.

— Comme c'est un plaisir que je veux me procurer sur-le-champ (mais non pas d'une embuscade), je serais charmé de connaître celui de mon clan qui s'est permis de me prévenir.

— Je suis à vos ordres partout où vous voudrez : le gentilhomme qui vous a prévenu est votre page que voilà, Callum Beg.

— Callum, dit Fergus, sortez des rangs; avez-vous fait feu sur M. Waverley?

— Non, répondit Callum sans la moindre émotion.

— C'est vous-même, dit Polwarth qui s'était empressé de revenir sans épargner ses éperons ni les flancs de son cheval, après avoir chargé un cavalier de sa commission pour le baron; c'est vous-même : je vous ai vu aussi distinctement que j'ai vu la vieille église de Coudingham.

— Vous mentez, répondit Callum avec son imperturbable sang-froid.

Le combat des deux chevaliers eût sans doute été précédé, comme du temps de la chevalerie, par celui des écuyers; Polwarth était un brave paysan du comté de Merse, qui craignait moins la claymore et le dirk des montagnards que les flèches de Cupidon; mais le chef demanda le pistolet de Callum avec son ton impératif habituel. Le bassinet ouvert et la platine noire de fumée indiquaient que l'arme venait d'être déchargée.

— Tiens, dit Fergus en lui frappant sur la tête de toute la force de son bras avec le lourd pistolet, tiens, cela t'apprendra si tu dois agir sans attendre mes ordres, et mentir ensuite pour te disculper. Callum reçut le coup sans chercher à l'éviter, et tomba. — Ne faites pas un pas, dit Fergus au reste du clan, il y va de votre vie! Je brûlerai la cervelle à quiconque osera s'interposer entre M. Waverley et moi. Tous restèrent immobiles : Evan Dhu fut le seul qui donna quelques signes d'inquiétude et de chagrin. Callum étendu sur la terre perdait beaucoup de sang; mais personne n'osa se hasarder à lui porter le moindre secours; il paraissait avoir reçu le coup de la mort.

— Quant à vous, monsieur Waverley, ajouta Fergus, ayez la complaisance de faire reculer votre cheval à vingt pas. — Waverley se rendit à son invitation. Quand ils furent seuls à quelque distance, le chef ajouta avec une froideur affectée : —

J'avais tout lieu de m'étonner, monsieur, de la réserve mystérieuse avec laquelle vous m'avez parlé il y a quelques jours. Un ange, comme vous l'avez très bien dit, n'aurait pu vous plaire s'il ne vous eût apporté un empire pour dot. Je me suis procuré d'excellens commentaires sur ce texte qui me paraissait d'abord si obscur.

— Je ne puis deviner ce que vous voulez me dire, à moins que vous n'ayez formé le projet de chercher un sujet de querelle.

— N'affectez pas une ignorance qui ne peut vous servir : le prince, le prince lui-même m'a fait connaître vos manœuvres. J'étais loin de supposer que vos liaisons avec miss Bradwardine fussent un motif suffisant pour vous faire rompre les engagemens que vous aviez avec ma sœur. Je vois maintenant que ce n'est que lorsque vous avez appris que le baron avait changé la destination de ses terres, que vous avez cru devoir repousser la sœur de votre ami et lui enlever sa maîtresse.

— Le prince vous a dit que j'avais des engagemens avec miss Bradwardine? cela n'est pas possible.

— Il me l'a dit : tirez votre épée et défendez-vous, à moins que vous ne préfériez renoncer à toutes vos prétentions.

— C'est une démence ou quelque étrange méprise.

— Point d'évasion : tirez votre épée, répliqua Fergus hors de lui-même en tirant la sienne du fourreau.

— Dois-je me battre comme un fou, sans savoir pourquoi?

— Renoncez donc pour toujours à vos prétentions sur la main de miss Bradwardine!

— De quel droit, s'écria Waverley, de quel droit me parlez-vous ainsi? quel est l'homme sur la terre qui croira avoir le droit de me dicter des conditions semblables? et à ces mots Waverley mit l'épée à la main.

Ils allaient croiser le fer lorsque le baron arriva suivi d'une grande partie de ses cavaliers. Ils venaient à toute bride, les uns par curiosité, les autres pour prendre part à la dispute. A leur approche les montagnards se mirent en devoir de soutenir leur chef; tout annonçait que cette scène de confusion finirait par être sanglante. Le baron pérorait, Fergus tempêtait, les Highlanders criaient en gaëlique, et les cavaliers juraient dans le dialecte des Lowlands; enfin les choses en vinrent au point que le baron menaça de charger les Mac Ivor s'ils ne reprenaient leurs rangs; et plusieurs d'entre eux en réponse lui présentèrent le canon de leurs armes à feu. Le désordre était sourdement entretenu par le vieux Ballenkeiroch, qui espérait que le jour de la vengeance était arrivé, quand tout à coup un cri s'éleva : — Place! place! *place à monseigneur! place à monseigneur!*

Ce cri annonçait le prince : c'était lui en effet, suivi d'un détachement du régiment étranger de Fitz-James-Dragons, qui lui servait de gardes-du-corps. Son arrivée rétablit l'ordre peu à peu : les montagnards reprirent leurs rangs; les cavaliers remirent le sabre dans le fourreau; — le baron et Fergus gardaient le plus profond silence.

Le prince les appela ainsi que Waverley. Lorsqu'il eut appris que la dispute provenait de la scélératesse de Callum Beg, il ordonna qu'il fût remis de suite au grand prévôt de l'armée, pour en faire justice sur-le-champ. Fergus du ton d'un homme qui semble réclamer un droit plutôt que solliciter une faveur, le pria de lui permettre d'en faire justice lui-même. Un refus aurait porté atteinte au droit patriarcal des chefs, droit dont ils étaient très jaloux. Le prince savait combien il était dangereux de les mécontenter : il consentit en conséquence à ce que Callum fût livré à la justice de son propre clan.

Le prince s'informa du sujet de la querelle qui s'était élevée entre Fergus et Waverley; un profond silence régna pendant quelques minutes. Les deux jeunes gentilshommes n'osaient s'expliquer en présence du baron de Bradwardine, parce qu'ils auraient été forcés de nommer sa fille. Ils tenaient leurs regards fixés vers la terre; leur visage annonçait la crainte et l'embarras. Le prince, élevé au milieu des mécontens de toute espèce à la cour de Saint-Germain, avait fait son apprentissage *du métier de roi*, pour nous servir des expressions du grand

Frédéric ; il sentait combien il était urgent de maintenir ou de rétablir l'union parmi ses partisans, et il prit sur-le-champ les mesures qu'il jugea convenables.

—Monsieur de Beaujeu [1] ! dit-il.— Monseigneur ! répondit un jeune officier français de très bonne mine qui lui servait d'aide-de-camp.

—Ayez la bonté d'aligner ces montagnards-là, ainsi que la cavalerie, s'il vous plaît, et de les remettre à la marche ; vous parlez si bien l'anglais ! cela ne vous donnera pas beaucoup de peine.

—Ah ! pas du tout, monseigneur, reprit le comte de Beaujeu en s'inclinant très profondément ; et il fit *piaffer* son cheval en tête du régiment de Fergus, quoiqu'il n'entendît pas un mot du gaëlique et très peu d'anglais.

— Messieurs les sauvages écossais, dit-il, c'est-à-dire *gentlemans savages, have the goodness* [2] d'arranger vous !

Le clan qui comprit le commandement bien plus par les gestes que par les paroles, s'empressa de s'aligner.

— Ah ! *ver well !* c'est-à-dire fort bien, reprit le comte de Beaujeu, *gentilmans savages !* — Mais très bien. Eh bien ! qu'est-ce que vous appelez *visage*, monsieur (s'adressant à un soldat près de lui) ? — Ah oui ! *face !* — Je vous remercie, monsieur.— Gentilshommes, *have the goodness to make* de face *to de right* par file.— Marche ! — Mais très bien encore, messieurs.— Il faut vous mettre à la marche.— Marchez donc, au nom de Dieu ! parce que j'ai oublié le mot anglais.— Mais vous êtes de braves gens et me comprenez très bien.

De là le comte dirigea son cheval vers la cavalerie du baron de Bradwardine pour faire la même opération.— *Gentilmans cavalerie, you must fall in....* [3]— Ah ! par ma foi, je ne vous ai pas dit de tomber, à vous. — J'ai peur que le gros *gentleman* ne se soit fait mal.— Ah ! mon Dieu, c'est le commissaire qui

---

(1) Tout ce dialogue est en français et en mauvais anglais dans l'original. — Tr.
(2) Ayez la bonté.
(3) Gentilhomme de cavalerie, vous devez tomber en.... Il y a équivoque dans ces mots. — Éd.

nous a apporté les premières nouvelles de ce maudit fracas. J'en suis trop fâché, monsieur.

Mais le pauvre Macwheeble qui figurait en qualité de commissaire des guerres, avec sa longue épée au côté et une cocarde blanche large comme une galette, venait d'être désarçonné dans le tumulte; et avant de pouvoir remettre son bidet au pas, il se vit laissé à l'arrière-garde, aux grands éclats de rire des spectateurs.

— Eh bien! messieurs, *wheel to de right*[1] — Ah! c'est cela. — Eh! monsieur de Bradwardine, ayez la bonté de vous mettre à la tête de votre régiment, car, par Dieu, je n'en puis plus!

Le baron fut obligé de venir au secours de M. de Beaujeu qui se trouvait au bout de son anglais. Le double but que le prince s'était proposé était rempli. Le premier était de changer la disposition d'esprit des montagnards et des cavaliers, qui ne purent s'empêcher d'écouter attentivement le commandement sorti de la bouche d'un étranger; et le second, d'éloigner le baron de Bradwardine.

— Messieurs, dit Charles-Édouard à Fergus et à Waverley lorsqu'il se vit seul avec eux, si j'étais moins redevable à votre amitié désintéressée, je vous témoignerais le mécontentement que m'a donné votre folle querelle dans un moment où le service de mon père réclame si impérieusement la plus parfaite union parmi tous ses amis. Ce qu'il y a de plus douloureux pour moi, c'est de voir que ceux que je me fais un devoir d'estimer et de chérir se font un jeu de ruiner toutes mes espérances.

Les deux jeunes gentilshommes s'empressèrent de lui témoigner respectueusement qu'ils s'en rapportaient à sa décision.

— J'avoue, dit Édouard, que je ne saurais comprendre de quoi je suis accusé. Je n'ai cherché la rencontre du colonel Mac Ivor que pour l'informer que j'avais failli être assassiné par un de ses gens. Quant au motif qui le porte à me chercher querelle, je ne sais autre chose, sinon qu'il m'accuse sans fon-

---

(1) Tournez à droite. Le comte de Beaujeu prononce *de* pour *the*. — Éd.

dement d'avoir contrarié ses prétentions en prenant des engagemens avec une jeune dame qu'il aime.

— Si je suis dans l'erreur, répondit Fergus, elle provient de la conversation dont Son Altesse Royale m'a honoré ce matin.

— De notre conversation? répondit le chevalier; est-il possible que Mac Ivor m'ait si mal compris?

Il le conduisit à l'écart, et après quelques minutes d'une conversation très animée, il revint au galop vers Édouard.

— Est-il possible, dit-il.... Colonel, approchez, je n'aime pas les secrets; — est-il possible, monsieur Waverley, que je me sois trompé en supposant que vous étiez l'amant aimé de miss Bradwardine. Quoique vous ne m'en eussiez jamais parlé, j'en étais tellement persuadé que j'ai cru pouvoir le dire ce matin au colonel Vich Ian Vohr, afin qu'il eût un motif de ne pas se trouver offensé si vous cessiez d'ambitionner une alliance qu'un soupirant libre de tout lien antérieur n'abandonnerait pas légèrement, même après un refus.

— Votre Altesse Royale, répondit Waverley, doit avoir fondé sa croyance sur des conjectures qui me sont tout-à-fait inconnues, lorsqu'elle m'a fait l'honneur de supposer que j'étais l'amant aimé de miss Bradwardine. Je sens très bien tout ce qu'il y a d'honorable dans cette supposition; mais je n'ai aucun titre pour la mériter; quant au reste, j'ai trop peu de confiance dans mon propre mérite pour espérer de réussir après avoir été refusé positivement.

Le chevalier garda le silence pendant quelques instans, regardant tour à tour Edouard et Fergus.

— Monsieur Waverley, dit-il enfin, sur mon honneur vous êtes moins heureux que je ne le pensais, non sans raison selon moi. — Messieurs, permettez-moi d'être médiateur entre vous, non en ma qualité de prince régent, mais comme Charles Stuart, comme votre frère d'armes dans la même cause. Oubliez tous mes titres; ne songez qu'à votre honneur. Quel scandale pour nos amis! quel triomphe pour les Hanovriens, de voir qu'étant en si petit nombre la désunion règne parmi nous! Cessez de faire du nom des dames dont il est question un sujet de discorde. Permettez-moi de vous représenter qu'elles méritent plus d'égards et plus de respect de votre part!

Le prince tira Fergus à l'écart et lui parla d'une manière très animée pendant deux ou trois minutes; il revint ensuite vers Waverley pour lui dire : — Je crois avoir démontré au colonel Mac Ivor que son ressentiment provenait d'un malentendu auquel j'avais donné lieu. Je suis persuadé que M. Waverley est trop généreux pour garder la moindre rancune de ce qui s'est passé. D'après l'explication que je viens de vous donner, j'espère, colonel, que vous détromperez votre clan pour prévenir toute nouvelle violence. — (Fergus s'inclina.) — Messieurs, que j'aie la satisfaction, avant de vous quitter, de vous voir vous donner la main.... Ils s'avancèrent froidement, à pas lents, chacun voulant éviter d'être le premier à faire une telle concession. Cependant ils finirent par se secouer la main et se séparèrent après avoir pris respectueusement congé du chevalier.

Charles-Édouard alors dirigea son cheval vers le premier rang des Mac Ivor, et mit pied à terre pour boire à la cantine du vieux Ballenkeiroch. Il marcha avec eux près d'un demi-mille, leur faisant plusieurs questions sur l'histoire et les alliances de Sliochd Nan Ivor, plaçant avec beaucoup d'adresse le peu de mots gaëliques qu'il connaissait, et témoignant le plus grand désir de s'instruire dans cette langue. Remontant ensuite à cheval, il joignit bientôt le régiment du baron de Bradwardine, et lui faisant faire halte examina dans le plus grand détail les armes et les harnois, prit note des principaux officiers et de plusieurs cadets. Il fit route pendant environ une heure avec le baron de Bradwardine, et supporta patiemment le récit de trois longues anecdotes sur le maréchal duc de Berwick.

— Ah! Beaujeu, mon cher ami, dit-il lorsqu'il eut rejoint son état-major, que mon métier de prince errant est ennuyeux parfois! mais courage! c'est le grand jeu, après tout [1].

(1) Cette phrase est en français dans l'original. — Éd.

CHAPITRE LIX.

Escarmouche.

Il est presque inutile de rappeler au lecteur qui a lu l'histoire, qu'après un conseil de guerre tenu à Derby [1] le 5 décembre, les montagnards renoncèrent au projet de s'avancer plus loin dans l'intérieur de l'Angleterre, et se décidèrent à se retirer vers le nord, au grand regret de leur jeune chef audacieux [2]. Ils commencèrent en conséquence leur retraite ; et par la rapidité de leur marche échappèrent aux mouvemens du duc de Cumberland, qui les poursuivait avec un corps de cavalerie très nombreux.

Cette retraite était une renonciation cruelle à leurs hautes espérances. Personne n'en avait entretenu d'aussi brillantes que Fergus : personne ne fut donc plus mortifié de ce changement. Il fit les plus vives remontrances dans le conseil de guerre ; et voyant qu'elles étaient sans effet, il ne put retenir des larmes de douleur et de rage. Depuis ce moment il se fit dans toute sa personne un si grand changement, qu'il était pour ainsi dire impossible de reconnaître en lui ce jeune homme ardent, impétueux, pour qui peu de jours auparavant le monde paraissait trop étroit.

La retraite avait continué à s'opérer pendant plusieurs jours, lorsqu'un matin, vers le 12 décembre, Waverley ne fut pas peu surpris de recevoir la visite de Fergus dans les quartiers qu'il occupait dans un village, entre Shap et Penrith.

Comme il n'avait pas revu le chef depuis leur rupture,

---

(1) A trente lieues environ de Londres. — Éd.

(2) Le prince (comme Fergus) ne céda à l'opinion de ses officiers qu'après avoir tout fait pour les décider à livrer bataille au duc de Cumberland. — Éd.

Édouard attendait avec inquiétude de connaître le motif de cette visite. Il remarquait avec surprise l'altération de toute sa personne : son regard avait perdu beaucoup de son feu, ses joues étaient creuses, sa voix languissante, sa démarche presque chancelante, et ses habillemens qu'il arrangeait auparavant avec tant de soin étaient jetés sans ordre sur sa personne. Il invita Waverley à l'accompagner jusqu'au bord d'une petite rivière du voisinage. Un sourire de mélancolie effleura ses lèvres lorsqu'il vit qu'Édouard prenait son épée et la fixait à sa ceinture, aussitôt qu'ils furent arrivés dans un endroit couvert et solitaire sur le bord de l'eau.

— Eh bien! Waverley, dit Fergus, notre belle aventure est tout-à-fait manquée!... Je serais charmé de connaître vos projets... Ne me regardez pas avec cet air d'étonnement. Je reçus hier soir une lettre de ma sœur : si j'avais connu plus tôt les renseignemens qu'elle me donne, j'aurais évité une scène dont le souvenir m'est toujours douloureux. Je lui avais écrit notre querelle, et quel en était le motif. Elle me répond que jamais elle n'a encouragé vos espérances le moins du monde ; ainsi je me suis conduit en insensé... Pauvre Flora! Elle m'écrit, encore ravie de nos triomphes. Quel changement va se faire dans ses idées, lorsque la nouvelle de cette fatale retraite lui parviendra!

Waverley, sincèrement affecté par l'accent de profonde mélancolie avec lequel Fergus venait de parler, le supplia affectueusement d'oublier la pénible explication qu'ils avaient eue ensemble. Ils se serrèrent de nouveau la main ; mais cette fois c'était de bon cœur.

— Que comptez-vous faire? demanda de nouveau Fergus ; ne feriez-vous pas bien de quitter cette malheureuse armée, de marcher à grandes journées vers le nord de l'Écosse, et de vous embarquer dans quelqu'un des ports qui sont encore en notre pouvoir? Lorsque vous serez sur le continent, vos amis parviendront aisément à obtenir votre grace..... Je serais charmé que vous emmenassiez Rose Bradwardine comme votre épouse, et que vous prissiez l'un et l'autre Flora sous votre protection... (Édouard parut surpris). Rose vous aime, et je crois que vous l'aimez aussi sans le savoir ; car vous ne passez pas pour être très habile à démêler vos véritables sentimens. — Il prononça ces derniers mots avec une espèce de sourire.

— Mon ami, répondit Édouard, comment pouvez-vous me proposer de déserter une cause dans laquelle nous nous sommes tous embarqués?

— Oui, embarqués!... Le vaisseau ne tardera pas à s'engloutir ; il est temps pour ceux qui tiennent à la vie de se jeter dans la chaloupe.

— Mais que feront les autres ? et si notre retraite était aussi fatale que vous le dites, pourquoi les chefs des Highlands y ont-ils consenti?

— Ils sont persuadés que le gouvernement comme lors de la première insurrection ne fera décapiter ou pendre, et ne frappera de confiscation que les gentilshommes des Lowlands, et qu'on les laissera tranquilles au milieu de leurs solitudes ; d'où suivant leur proverbe ils pourront du haut de leur rocher examiner les flots jusqu'à ce que les vents soient apaisés ; mais ils se trompent !... Ils ont été trop souvent importuns pour qu'on le leur passe si souvent, et John Bull cette fois a été trop effrayé pour qu'il reprenne de long-temps sa bonne humeur. Les ministres hanovriens ont de tout temps mérité d'être pendus comme des coquins ; mais à présent s'ils ont la force en main (ce qui ne peut manquer d'arriver bientôt puisque l'Angleterre ne fait aucun mouvement, et que la France n'envoie pas le moindre secours), ils mériteraient la potence comme des imbéciles s'ils laissaient un seul clan de Highlands en état d'inquiéter le gouvernement... Ils ne se contenteront pas de couper les branches, ils déracineront l'arbre.

— Vous me recommandez la fuite, c'est un conseil que je ne suivrai pas, au péril de ma vie ; mais vous, quels sont vos projets?

— Oh! mon destin est fixé ! demain je serai mort ou prisonnier.

— Que voulez-vous dire, cher Fergus? L'ennemi est encore à une journée de marche derrière nous : d'ailleurs nous sommes assez forts pour le repousser; souvenez-vous de Gladsmuir.

— Ce que je vous dis n'en est pas moins la vérité, du moins pour ce qui me concerne personnellement.

— Sur quoi fondez-vous cette triste prédiction?

— Sur une autorité qui n'a jamais trompé aucun membre de ma famille... J'ai vu... j'ai vu, ajouta-t-il d'une voix étouffée, j'ai vu le *Bodach-Glas !*

— Le Bodach-Glas?

— Oui. Pendant le long séjour que vous avez fait à Glennaquoich, n'avez-vous jamais entendu parler du fantôme gris, quoique nous n'en parlions jamais qu'avec répugnance?

— Non, jamais.

— Ah! la pauvre Flora vous aurait bien intéressé par ce récit! — Si cette colline était Benmore, ou si ce long lac bleu que vous voyez se dérouler entre ces montagnes était le Loch Tay ou mon Loch an Ri, ce que je vais vous raconter serait mieux en harmonie avec un tel site. Cependant asseyons-nous sur ce monticule : Saddleback et Ulswater[1] conviendront mieux à ce que j'ai à vous confier, que les haies vives, les clôtures et les fermes d'Angleterre. Vous saurez donc que lorsque mon aïeul Ian Nan Chaistel ravagea le Northumberland, il était associé pour cette expédition avec un chef du midi de l'Ecosse, ou capitaine d'une bande de Lowlanders, nommé Halbert Hall. En retournant chez eux par les monts Cheviots ils eurent une querelle au sujet du partage du butin, et en vinrent des paroles aux coups. Les Lowlanders furent tous exterminés, et leur chef tomba lui-même le dernier sous l'épée de mon ancêtre. Depuis lors son esprit s'est toujours présenté aux Vich Ian Vohr lorsque quelque grand malheur les menace, mais surtout quand leur mort approche. Mon père le vit deux fois : la veille de la bataille où il fut fait prisonnier à Sheriff-Muir, et le jour de sa mort.

(1) Montagne et lac du Westmoreland. — Éd.

— Mon cher Fergus, comment pouvez-vous me parler sérieusement d'un conte semblable?

— Je ne vous demande pas de me croire; mais je vous dis une vérité confirmée par trois cents ans d'expérience, et par la mienne propre cette nuit.

— Au nom du ciel, expliquez-vous!

— Je vais le faire, mais à condition que vous ne chercherez pas à plaisanter sur ce que je vais vous dire... Écoutez... Depuis le jour où notre malheureuse retraite a commencé, le sommeil n'a pour ainsi dire pas fermé mes yeux un seul instant, tant j'étais occupé du sort de mon clan, de ce pauvre prince qu'on ramène bon gré mal gré comme un chien en laisse, et de la ruine totale de ma famille! Cette nuit, agité par la fièvre, j'ai quitté mon quartier, et je suis sorti dans l'espoir que l'air froid me rendrait quelques forces. Je ne saurais vous dire combien il m'en coûte de poursuivre, certain comme je suis que vous n'ajouterez guère foi à mon récit... Quoi qu'il en soit, j'ai traversé un ruisseau sur lequel on a formé un petit pont avec quelques planches. J'allais et venais sans direction fixe... tout à coup les rayons de la lune m'ont fait apercevoir à quelques toises devant moi la figure d'un homme très grand, enveloppé dans un manteau gris, semblable à ceux que portent les bergers dans le sud de l'Écosse. J'ai eu beau changer de direction, il était toujours devant moi à la même distance.

— C'était sans doute un paysan du Cumberland dans son costume habituel?

— Non : je l'ai d'abord cru, et j'étais étonné qu'il eût cette insolence de s'attacher à mes pas;... je l'ai appelé à plusieurs reprises sans obtenir de réponse. J'ai senti battre mon cœur; et voulant m'assurer de la vérité de ce que je craignais, je me suis retourné à droite, et puis à gauche; j'ai marché en avant; je suis revenu sur mes pas. — Par le ciel! Édouard, de quelque côté que je me tournasse le fantôme était aussitôt devant moi. Je n'ai pu douter que ce ne fût le Bodach-Glas... Mes cheveux se sont hérissés... mes jambes ont chancelé... j'ai fait cependant un effort sur moi-même pour rejoindre mon quartier ; le fantôme a glissé devant moi (je ne dirai pas qu'il marchait), gardant toujours la même distance. Puis il s'est arrêté à l'entrée du pont et s'est tourné vers moi... Il me fallait traverser le ruisseau à gué ou passer devant le fantôme aussi près que je le suis de vous. Le désespoir et la certitude que ma mort approchait ont ranimé mon courage : j'ai tiré mon épée. — Après avoir fait le signe de la croix, — Esprit du mal, ai-je crié, retire-toi. — Vich Ian Vohr, m'a répondu le fantôme d'une voix qui a glacé tout mon sang, prends garde à toi demain ! Il semblait n'être qu'à quatre pas de moi ; mais à ces mots il a disparu ; je suis rentré chez moi ; je me suis jeté sur mon lit, où j'ai passé quelques heures pénibles. Ce matin je suis monté à cheval pour venir vous informer de ce qui m'était arrivé, il eût été trop cruel pour moi de mourir avant de m'être réconcilié avec un ami que j'ai offensé.

Édouard ne doutait pas que le fantôme n'eût été produit par l'imagination exaltée de Fergus, troublé comme il était par sa douleur et par la superstition si commune parmi les montagnards ; il n'en fut pas moins vivement touché de sa situation. Pour le distraire de ces sombres images il lui proposa de rester avec lui jusqu'à ce que tout son clan fût arrivé, et de continuer à marcher ensemble : — Je suis bien assuré, dit-il, que le baron ne me refusera pas cette faveur.

— Je suis très sensible à cette nouvelle marque d'amitié ; mais dois-je l'accepter, cher Waverley ? Nous sommes à l'arrière-garde, et c'est le poste le plus dangereux dans une retraite.

— Et le plus honorable !

— Eh bien ! soit, dites à Polwarth de tenir toujours votre cheval prêt... J'aurai le plus grand plaisir à jouir de votre société encore une fois.

L'arrière-garde tarda quelque temps à paraître, ayant été arrêtée par plusieurs incidens, et surtout par les mauvais chemins ; elle fit enfin son entrée dans le village, au moment même où Fergus et Waverley arrivaient, se tenant par le bras de la manière la plus amicale. A cette vue le ressentiment des Highlanders contre notre héros s'évanouit ; Evan Dhu l'accueillit avec un sourire de plaisir, et Callum Beg lui-même parut très satisfait. Il avait recouvré toute son activité ; mais il était pâle et avait la tête couverte d'un large bandeau.

— Il faut, dit Fergus, que ce gibier de potence ait la tête plus dure que le marbre : le chien de mon pistolet s'est cassé sur elle.

— Comment avez-vous pu frapper aussi rudement un si jeune garçon ?

— Si ces coquins ne recevaient de temps en temps quelque réprimande, ils s'oublieraient.

On se mit en marche après avoir pris les précautions nécessaires pour éviter toute surprise. Les soldats de Fergus, et un beau régiment venu de Badenoch et formé du clan commandé par Cluny Macpherson, formaient l'arrière-garde. On venait de traverser une vaste étendue de bruyères, et l'on entrait dans les clôtures qui entourent le petit village de Clifton ; le soleil était sur le point de se coucher, et Waverley se mit à railler Fergus sur les fausses prédictions du fantôme.

— Les ides de mars, lui dit Mac Ivor en souriant, ne sont pas passées.

Il finissait à peine ces mots, qu'en jetant les yeux sur la bruyère, il aperçut un gros de cavalerie ennemie. On se hâta de se porter aux murailles qui font face à la plaine et à la grande route, et qui étaient les points par où l'ennemi devait pénétrer dans le village. Ces manœuvres étaient terminées à peine que la nuit descendit épaisse et sombre, quoiqu'on fût à l'époque de la pleine lune qui quelquefois cependant laissait tomber une clarté douteuse sur le lieu de l'action.

Les Highlanders furent bientôt inquiétés dans la position défensive qu'ils avaient choisie. A la faveur des ténèbres, un détachement de dragons qui avaient mis pied à terre essaya de franchir les clôtures, tandis qu'un autre cherchait à y pénétrer par la grande route ; mais tous deux furent reçus par un feu bien nourri qui éclaircit leurs rangs, et les arrêta dans leurs progrès. Non content de cet avantage, Fergus, dont le brûlant courage avait repris toute son impétuosité à l'approche du danger, encouragea les siens par la voix et par l'exemple. Il leva son épée en criant de toutes ses forces : *Claymore!* et se précipitant sur les fuyards, les poursuivit l'épée dans les reins jusqu'à la plaine découverte, égorgeant tout ce qu'il rencontrait : le carnage fut affreux.

Mais la lune se dégagea soudain des nuages qui l'entouraient, et les Anglais virent le petit nombre d'hommes qui les poursuivaient dans le plus grand désordre. Deux escadrons vinrent aussitôt au secours de leurs camarades, et les montagnards s'empressèrent de regagner les clôtures. Plusieurs d'entre eux (malheureusement leur brave chef se trouva du nombre) furent cernés avant d'avoir pu exécuter leur projet. Waverley, dans la mêlée, avait été séparé du corps qui faisait sa retraite; il aperçut à quelques pas son ami avec Evan et Callum, se défendant en désespérés contre une douzaine de dragons qui les chargeaient à coups de sabre. La lune en ce moment se couvrit de nouveau de nuages, et notre héros ne put ni porter du secours à ses amis, ni distinguer le chemin qu'il devait suivre pour rejoindre l'arrière-garde. Après avoir failli trois ou quatre fois d'être égorgé ou fait prisonnier, il parvint enfin aux retranchemens : il se hâta de les escalader, se croyant hors de tout danger, et près de rejoindre le gros de l'armée des Highlanders dont il entendait les cornemuses à quelque distance de lui. Il n'avait d'autre espoir quant à Fergus, que celui de penser qu'il avait été fait prisonnier. En réfléchissant douloureusement sur ce qui venait de se passer, la superstition du Bodach-Glas vint se retracer à son esprit, et il se dit avec une émotion involontaire : — Le démon dirait-il donc la vérité[1] ?

(1) Nous avons déjà vu le *Seer* des Highlanders annoncer la mort d'un homme, parce que le don de *seconde vue* lui avait montré le suaire qui l'enveloppait déjà d'avance.

CHAPITRE LX.

Chapitre d'accidens.

Edouard était dans une position pénible et dangereuse. Il cessa bientôt d'entendre le son des cornemuses ; et ce qui était plus triste encore, après avoir fait long-temps d'inutiles recherches et avoir franchi plusieurs clôtures, il parvint enfin à la grande route ; mais le bruit des timbales et des trompettes lui annonça que la cavalerie anglaise occupait le village, et par conséquent était entre lui et les Highlanders. Il se vit donc obligé de faire un circuit à gauche, en suivant un sentier très étroit, dans l'espoir de rejoindre les siens. Il marchait dans la boue, au milieu des ténèbres et par un froid cuisant ; mais tous ces désagrémens disparaissaient devant la crainte très naturelle de tomber entre les mains des soldats du roi.

Après une marche d'environ trois milles, il parvint à un hameau. Prévoyant que les habitans n'étaient pas en général partisans de la cause qu'il avait embrassée, il s'approcha néanmoins du cabaret du lieu avec le projet de chercher à se procurer un cheval pour se rendre à Penrith, où il espérait trouver l'arrière-garde de l'armée du chevalier. Un grand tumulte frappa bientôt ses oreilles : il s'arrêta pour écouter, et entendit distinctement trois ou quatre juremens en anglais et le refrain d'une chanson de guerre ; il ne put douter que ce hameau ne fût occupé aussi par les troupes du duc de Cumberland. Il s'éloigna sans faire de bruit, bénissant lui-même l'obscurité de la nuit contre laquelle il venait de murmurer. Il se glissa derrière une barrière en palissade qui lui paraissait entourer un jardin ; comme il cherchait à tâtons la porte de cet enclos, sa main fut saisie par la main d'une femme, qui disait en même temps : — Édouard, c'est toi, mon homme!

— Ce sera quelque malheureuse méprise, se dit Waverley cherchant avec douceur à dégager sa main.

— Ne fais pas de bruit, ajouta-t-elle, ou les habits-rouges t'entendront; ils sont à accaparer tous ceux qui passent cette nuit devant le cabaret pour conduire leurs fourgons : viens chez mon père, ou ils te feront quelque mauvais tour.

— C'est un fort bon avis, se dit Édouard.

— Il traversa le petit jardin sur les pas de la jeune fille et parvint dans une cuisine pavée en briques. Sa conductrice se baissa pour allumer une allumette dans un feu presque éteint; à peine eut-elle regardé Waverley qu'elle laissa tomber l'allumette en criant de toutes ses forces : — Mon père! mon père!

Le père ainsi appelé parut bientôt : — vieux fermier robuste, avec une paire de culottes de peau et des bottes sans bas, car il sortait du lit, et le reste de ses vêtemens était tout juste une robe de chambre du Westmoreland, c'est-à-dire sa chemise. Il portait de la main gauche une chandelle, et de la droite il brandissait un *poker*[1].

— Eh bien! qu'est-ce qu'il y a, ma fille?

— Ah! répondit la pauvre fille dans un accès de terreur presque convulsive, j'ai cru que c'était Ned Williams, et c'est un homme en plaid.

— Et quelle affaire avais-tu à traiter avec Ned[2] Williams à l'heure qu'il est?

La pauvre fille, qui rougissait jusqu'au blanc des yeux, ne fit pas la moindre réponse aux questions sans nombre qui lui furent adressées; elle continuait à sangloter en se tordant les mains.

— Et toi, moi garçon, dit-il à Édouard, ignores-tu que les dragons sont dans le village, et que s'ils te rencontrent, ils te hacheront comme un navet?

— Je sais que ma vie est en danger; mais si vous venez à

(1) Un *tisonnier*, instrument pour attiser le feu. — Éd.
(2) Abréviation d'Édouard. — Éd.

mon secours, je vous récompenserai largement : je ne suis pas un Écossais, mais un malheureux gentilhomme anglais.

— Peu m'importe que tu sois Écossais ou non, répondit l'honnête fermier ; j'aimerais mieux que tu fusses de l'autre côté du hallan ; mais puisque tu es ici, jamais Jacob Jopson ne vendra le sang de personne : d'ailleurs les plaids ont été de braves gens, et n'ont pas fait tant de mal ici hier. En conséquence, le brave fermier s'occupa sérieusement à donner l'hospitalité à notre héros pour la nuit. Il alluma le feu, après avoir pris la précaution de calfeutrer la fenêtre pour que la lumière ne pût être aperçue du dehors. Il coupa une énorme tranche de jambon que Cicily fut chargée de faire frire ; le père ajouta à ce mets un pot d'excellente bière mousseuse.

Il fut convenu qu'Edouard attendrait dans cette retraite que les troupes fussent parties ; qu'alors on lui procurerait un cheval et un guide pour essayer de rejoindre ses amis. En attendant, un lit grossier mais propre le reçut après les fatigues de ce jour.

Le lendemain on apprit que les montagnards avaient évacué Penrith, qu'ils se repliaient sur Carlisle, et que les détachemens de l'armée du duc de Cumberland occupaient toutes les routes de cette direction. Essayer de passer sans être découvert eût été de la plus grande témérité, pour ne pas dire une véritable folie. Ned Williams (le véritable Edouard) fut invité au conseil que Cicily tint avec son père. Comme il se souciait sans doute fort peu que le beau jeune homme qui portait son nom prolongeât son séjour dans la maison de sa bien-aimée (crainte de quelque nouvelle méprise), il proposa à Edouard de quitter son uniforme des Highlands et de prendre l'habillement du pays pour être conduit dans la ferme de son père, près de l'Ulswater, asile paisible où il pourrait attendre, pour partir avec moins de risque, la fin de toutes les opérations militaires dans le pays et les environs.

On convint du prix qu'il paierait pour être en pension chez le fermier jusqu'à ce qu'il pût se mettre en route en toute sûreté : il s'en fallut bien que ces gens honnêtes et simples profitassent de la malheureuse position d'Édouard pour lui demander des sommes exorbitantes.

On se procura bientôt les habillemens dont Edouard avait besoin, et le jeune fermier lui fit espérer qu'en suivant des sentiers de traverse connus de lui, ils arriveraient à la ferme sans rencontre fâcheuse. Le vieux Jopson et sa fille aux joues fraîches comme la cerise, refusèrent toute espèce de paiement pour l'hospitalité qu'ils avaient exercée : tout ce que put faire agréer Waverley, ce fut un baiser à Cicily et un serrement de main à son père. Ils lui témoignèrent l'un et l'autre une inquiétude sincère, et firent des vœux bienveillans pour que son voyage fût heureux.

Le guide d'Édouard le conduisit à travers la plaine où l'escarmouche avait eu lieu. Les passagères lueurs d'un soleil de décembre brillaient tristement sur la vaste bruyère, qui du côté de l'endroit où la grande route du nord-ouest passe entre les clôtures des domaines de lord Lonsdale[1] offrait le spectacle de cadavres d'hommes et de chevaux, avec le cortége habituel de la guerre, une foule de corbeaux, de vautours et d'oiseaux de proie.

— C'est donc ici ton dernier champ de bataille! pensa Édouard dont l'œil se remplissait de larmes au souvenir des traits brillans du caractère de Fergus et de leur intimité, car il avait oublié entièrement tous ses défauts et ses torts. Ici est tombé le dernier Vich Ian Vohr, sur une bruyère sans nom ; c'est dans une obscure escarmouche que s'est éteint cet esprit ardent qui croyait si facilement ouvrir un chemin à son maître jusqu'au trône d'Angleterre! Ambition, politique, courage, qui aspiriez à aller au-delà de votre sphère, vous avez appris quel est le sort de l'homme mortel! Ah! il était aussi le seul soutien d'une sœur dont l'ame n'est pas moins fière et qui même est plus exaltée que la sienne! Ici, Fergus, se sont évanouies toutes tes espérances pour Flora et toute cette gloire

[1] Le château du comte de Lonsdale (Lowther-Hall) est une des plus belles résidences seigneuriales du nord de l'Angleterre; il est situé près de Penrith, non loin de Brougham-Hall. — Éd.

de ta race, déjà si noble, et dont ta bravoure aventureuse prétendait encore ennoblir le nom !

Edouard, agité par toutes ces idées, prit la résolution d'aller visiter le champ de bataille, espérant découvrir le corps de son ami avec la pieuse intention de lui rendre les derniers devoirs. Son guide timide lui objecta les dangers de cette entreprise; ce fut en vain : Edouard persista. Les hommes à la suite de l'armée avaient déjà dépouillé les morts de tout ce qu'ils avaient pu emporter : mais les gens de la campagne, non familiarisés avec les scènes de carnage, ne s'étaient pas encore approchés du champ de bataille; quelques-uns seulement se hasardaient à le regarder de loin avec terreur. Environ soixante ou soixante-dix dragons étaient étendus morts dans la première clôture, sur la grande route et sur la bruyère. Des Highlanders, douze tout au plus avaient succombé : c'étaient ceux qui, s'étant avancés trop loin, n'avaient pu rejoindre leurs camarades. Edouard ne put trouver le corps de Fergus parmi les morts. Sur une petite éminence, séparés des autres, étaient les cadavres de trois dragons anglais, de deux chevaux, et du page Callum Beg dont le crâne si dur avait enfin été fendu par le sabre d'un soldat. Peut-être le clan de Mac Ivor avait-il enlevé le corps de son chef; mais il était possible aussi qu'il eût échappé au trépas, d'autant plus qu'Evan Dhu qui ne l'eût pas abandonné n'était pas parmi les morts. Enfin il pouvait être prisonnier, et la menace du Bodach-Glas ne s'était alors accomplie que dans ce qu'elle avait de moins redoutable.

L'approche d'un détachement envoyé pour forcer les paysans à enterrer les morts, et qui en avait déjà rassemblé plusieurs pour cela, vint obliger Edouard à rejoindre son guide qui l'attendait dans la plus grande inquiétude sous une allée d'arbres.

Quand ils eurent quitté ce champ de trépas, ils firent heureusement le reste de la route. A la ferme de Williams, Edouard passa pour un jeune parent élevé dans les ordres ecclésiastiques, qui s'était retiré à la campagne pour attendre la fin des troubles. Cette histoire écarta tout soupçon parmi les paysans bons et simples du Cumberland; et l'air grave et les habitudes sérieuses du nouvel hôte de la ferme s'accordaient parfaitement avec le rôle qu'il prenait. Cette précaution devint plus utile à Edouard qu'il ne l'avait d'abord cru, étant obligé par plusieurs accidens de prolonger son séjour à Fasthwaite, comme on appelait la ferme.

La neige qui tomba en très grande quantité ne lui permit pas de partir avant quinze jours. Lorsque les chemins commencèrent à être praticables, il apprit successivement que le chevalier avait fait sa retraite en Ecosse[1]; ensuite qu'il avait abandonné les frontières en se retirant vers Glascow, et que le duc de Cumberland faisait le siége de Carlisle. L'armée anglaise ôtait donc à Waverley toute possibilité de se retirer en Ecosse par cette direction. Du côté de l'est le maréchal Wade marchait sur Edimbourg à la tête d'une forte armée. Enfin tout le long des frontières, des milices, des volontaires et des partisans s'étaient armés pour éteindre l'insurrection et arrêter tous les traîneurs que l'armée des Highlanders avait laissés en Angleterre. Bientôt la reddition de Carlisle et les mesures sévères dont on menaçait la garnison rebelle devinrent de nouveaux motifs pour renoncer à toute idée d'oser se mettre en route, seul, à travers un pays ennemi et une armée nombreuse, sans avoir l'espoir de servir une cause qui paraissait tout-à-fait désespérée.

Dans son asile solitaire, privé du bonheur de converser avec des personnes d'un esprit cultivé, Edouard pensa bien souvent à tout ce que le colonel Talbot lui avait dit; un souvenir plus pénible encore agitait son sommeil,— c'étaient les derniers regards, le dernier geste de G.... mourant. Lorsque les rares communications des courriers lui apportaient les nouvelles des succès et des revers alternatifs des deux partis, il se promettait bien qu'il ne tirerait plus l'épée dans une guerre civile. Puis, la mort supposée de Fergus se retraçait à

---

(1) Le prince passa l'Esk pour rentrer en Écosse le 20 décembre, jour anniversaire de sa naissance. — Éd.

son esprit avec la situation désespérée de Flora, et avec des images plus tendres, celle de Rose Bradwardine;— la pauvre Rose n'avait pas cet enthousiasme de loyalisme qui ennoblissait du moins le malheur aux yeux de son amie. Ces rêveries, Edouard pouvait s'y livrer sans être troublé par des visites ou des questions importunes. Ce fut à mainte promenade d'hiver sur les rives de l'Ulswater, bien plus qu'à son expérience précédente, qu'il fut redevable de la force de maîtriser son ame domptée par l'infortune et qu'il put se dire avec fermeté, mais non peut-être sans un soupir : « Le roman de ma vie est fini ; son histoire réelle commence.»

Il fut bientôt appelé à faire l'épreuve de sa raison et de sa philosophie.

CHAPITRE LXI.

Voyage à Londres.

Tous les habitans de la ferme de Fasthwaite furent bientôt attachés à Waverley. Il avait en effet cette politesse et cette amabilité qui se concilient presque toujours l'affection. Ces bonnes gens respectaient dans leurs idées simples sa supériorité d'instruction, et son chagrin le rendait intéressant à leurs yeux. Il avait éludé leurs questions en attribuant sa tristesse à la perte d'un frère tué dans l'escarmouche de Clifton. Dans cette classe de la société moins éloignée des mœurs primitives, où les liens de la parenté étaient regardés comme sacrés, son accablement continuel excitait la sympathie mais non la surprise.

Vers les derniers jours du mois de janvier un appel fut fait en quelque sorte à la gaîté d'Édouard par l'heureuse union d'Édouard Williams, le fils de son hôte, avec Cicily Jopson. Notre héros crut qu'il était de son devoir de faire ses efforts pour ne pas attrister la noce de deux personnes qui lui avaient rendu de si grands services ; il dansa, il chanta, il joua, et se montra le plus gai de l'assemblée ; mais le lendemain il eut à réfléchir sur des affaires d'une nature bien différente.

L'ecclésiastique qui avait marié le jeune couple fut si charmé du soi-disant étudiant en théologie, que le lendemain il vint exprès de Penrith pour lui rendre visite. Notre héros se serait trouvé dans une position fort embarrassante si la conversation eût roulé sur des matières théologiques ; mais par bonheur pour lui l'ecclésiastique aimait mieux parler des affaires du moment. Il avait apporté plusieurs numéros d'anciennes gazettes, dans l'une desquelles Édouard trouva une nouvelle qui le rendit sourd à tout ce que lui disait le révérend M. Twigtythe sur les événemens d'Écosse et la probable destruction des rebelles par le duc de Cumberland. Voici l'article, ou à peu près ce qu'il disait :

— « Le 10 du courant est décédé dans sa maison, Hill-Street, Berkeley-Square, Richard Waverley, second fils de sir Giles Waverley, de Waverley-Honour, après une maladie de langueur aggravée par l'état de suspicion dans lequel il était, ayant été forcé de fournir caution comme accusé de haute trahison. Une accusation de même nature pèse sur sir Everard Waverley son frère aîné. On dit que ce dernier sera mis en jugement dans les premiers jours du mois prochain, à moins qu'Édouard Waverley, fils de feu Richard, et héritier du baron, ne vienne se constituer prisonnier. On présume que s'il prend ce parti, Sa Majesté arrêtera toutes les poursuites dirigées contre sir Everard. On assure que le jeune homme a eu le malheur de prendre les armes pour le Prétendant, et de marcher dans les rangs des Highlanders ; mais on n'a plus entendu parler de lui depuis l'affaire du 18 décembre, à Clifton. »

Tel était cet affligeant paragraphe. — Grand Dieu ! se dit Édouard, suis-je donc un parricide ? — Impossible ! Mon père, qui ne m'avait jamais montré l'affection d'un père, n'a pu être assez affecté de ma mort supposée pour que cette nouvelle hâtât la sienne. Non, je ne saurais le croire. — Ce serait une folie que d'entretenir un seul moment une idée si horrible : mais ce serait un vrai parricide que de souffrir que le moindre danger menaçât l'oncle généreux qui fut toujours pour moi plus qu'un père, quand un tel malheur peut être détourné par un sacrifice de ma part!

Pendant que ces réflexions déchiraient le cœur de Waverley, l'ecclésiastique interrompit une longue dissertation sur la bataille de Falkirk, en remarquant l'effrayante pâleur de son visage, et il lui demanda s'il se trouvait mal. Heureusement la jeune mariée entra rayonnante de joie et de fraîcheur. Mistress Williams n'était pas une femme des plus brillantes, mais elle était bonne; et devinant qu'Édouard venait d'apprendre par les papiers publics quelque nouvelle désagréable, elle trouva le moyen de détourner l'attention du ministre, et de le tenir occupé d'autres objets jusqu'au moment de son départ. Waverley s'empressa d'annoncer à ses hôtes qu'il était obligé de partir pour Londres dans le plus court délai possible.

Il éprouva cependant un sujet de retard auquel il n'était pas accoutumé. Quoique sa bourse fût bien garnie lorsqu'il était parti pour Tully-Veolan, il s'aperçut après avoir payé son hôte qu'il ne lui restait pas assez d'argent pour prendre la poste : il n'eut donc rien de mieux à faire que de se rendre du côté de Boroughbridge, sur la grande route d'Ecosse, pour y prendre une place dans la diligence du nord, énorme et antique machine tirée par trois chevaux, et qui, *avec l'aide de Dieu,* comme le disait l'affiche, faisait le voyage d'Édimbourg à Londres en trois semaines. Notre héros fit donc ses adieux à ses amis du Cumberland, se promettant de récompenser un jour leurs services par des preuves d'une véritable reconnaissance. Après quelques petites difficultés et d'ennuyeux retards, et après s'être procuré un costume plus conforme à son rang quoique très simple, il réussit à traverser le pays, et se trouva dans la voiture désirée vis-à-vis de mistress

Nosebag, épouse du lieutenant Nosebag, capitaine-adjudant du 13e régiment de dragons, femme enjouée, d'environ cinquante ans, en robe bleue bordée de rouge, et tenant à la main un fouet à manche d'argent.

Cette dame était un de ces membres actifs de la société qui se chargent toujours volontiers de *faire les frais de la conversation*. Elle revenait d'Écosse, et elle apprit à Waverley comment son régiment aurait taillé en pièces les *porte-jupons* à Falkirk [1], sans un vilain marais qu'on rencontre toujours dans cette Écosse, et qui fut fatal aux pauvres soldats de son cher Nosebag dans cette déplaisante affaire. — Avez-vous servi dans les dragons? dit-elle brusquement à Édouard. — Celui-ci se trouva tellement pris à l'improviste par cette demande, qu'il ne put s'empêcher de répondre affirmativement.

— Oh! j'ai bien vu à votre tournure, reprit mistress Nosebag, que vous étiez militaire; et je suis bien assurée que vous n'êtes pas de ces pieds poudreux de fantassins, comme les appelle mon Nosebag. Quel est votre régiment, je vous prie? — C'était une charmante question. Waverley heureusement conclut avec raison que la bonne dame savait par cœur tous les régimens de l'army-list [2]. Il crut qu'il serait moins facilement découvert en disant la vérité. — Il répondit donc: — Mon régiment était celui de G***; mais je l'ai quitté il y a quelque temps.

— Ah! oui, ce régiment qui courut si vite à la bataille de Preston? Y étiez-vous, monsieur?

---

(1) Le général Hawley avait remplacé sir John Cope en Écosse. Ce nouveau général n'était pas sans talens, mais il avait encore plus de jactance : il ne parlait que de potences pour y attacher les Highlanders rebelles. Il crut trouver dans la plaine de Falkirk l'occasion favorable pour anéantir le parti de Charles-Édouard; mais ce fut celui-ci qui le surprit et le mit en déroute. La valeur impétueuse des Highlanders abrégea le combat, comme à Prestonpans. L'artillerie, les drapeaux, les munitions, etc., de Hawley, demeurèrent au pouvoir des vainqueurs. Le général anglais se retira à Linlithgow, et de là à Édimbourg, après avoir mis le feu à son camp. On dit que cette affaire réjouit le général Cope; ce fut du moins sa justification. Les jacobites furent aussi généreux après la victoire qu'ils avaient été braves dans l'action. La vengeance des Anglais n'en devait pas être moins cruelle. La bataille de Falkirk eut lieu le 17 janvier 1746. — Éd.

(2) Le catalogue de l'armée, l'annuaire militaire. — Éd.

— Madame, j'ai eu le malheur d'être témoin de cette affaire.

— C'est un malheur dont peu de soldats de G*** peuvent rendre compte... Ah! ah! ah! je vous demande pardon, monsieur; mais vous savez qu'il est permis à la femme d'un militaire d'aimer un bon mot.

— Que le diable te confonde! se dit Waverley; quel mauvais génie est venu me placer auprès de cette vieille curieuse?

Heureusement la bonne dame passait vite d'un sujet à un autre. — Nous arriverons bientôt à Ferrybridge, dit-elle; nous y trouverons un détachement de nos dragons chargés de prêter main-forte aux bédeaux, constables et juges de paix pour examiner les papiers et arrêter les rebelles.

A peine fut-elle installée dans l'auberge, qu'elle se mit à la croisée et cria de toutes ses forces : — Ah! voilà le brigadier Bridoon qui vient avec le constable... Il est doux comme un agneau ce pauvre Bridoon; il est beau garçon : venez le voir, monsieur A.. A.. A.. Quel est votre nom, monsieur, je vous prie?

— Butler, répondit Waverley résolu de prendre le nom d'un camarade plutôt que de risquer d'être découvert en inventant un nom inconnu au régiment.

— Ah! oui, vous avez été fait capitaine lorsque ce misérable Waverley passa du côté des rebelles. Je voudrais bien que le vieux capitaine Crump en fît de même, afin que mon pauvre Nosebag pût avancer en grade... Eh bien! mais pourquoi Bridoon n'arrive-t-il pas? qui peut le retenir? Je parierais qu'il est dans les brouillards, comme dit mon Nosebag. Suivez-moi, monsieur; nous appartenons à l'armée, nous allons demander à ce coquin si c'est ainsi qu'on doit faire son devoir.

L'embarras de Waverley est plus facile à concevoir qu'à décrire. Il se vit forcé de suivre l'intrépide amazone. Le brave brigadier, haut de six pieds, aux épaules larges, au nez balafré et aux jambes grêles, était ivre en vrai brigadier de dragons. Mistress Nosebag ouvrit la conversation, sinon par un jurement, du moins par quelques mots qui y ressemblaient beaucoup, en lui ordonnant de faire son devoir.

— Au diable cette... Bridoon leva les yeux pour donner plus de force à l'épithète qu'il allait ajouter... Il reconnut mistress Nosebag, et s'empressa de faire la salamalec militaire.

— Que le ciel bénisse votre aimable figure, dit-il; madame Nosebag, est-ce vous? Ah! s'il m'arrivait d'avoir bu dès le matin un petit coup de trop, vous n'êtes pas dans le cas de me faire de la peine. Je connais votre cœur.

— C'est bon, c'est bon; fais ton devoir, coquin. Ce gentleman est de l'armée comme moi... Mais examine bien ce coq peureux en chapeau rabattu, au fond de la voiture; je suis persuadé que c'est un rebelle déguisé.

— Au diable cette vieille ivrogne! dit le brigadier lorsqu'il fut assuré de n'être pas entendu : cette milady l'adjudant, comme on l'appelle, avec ses petits yeux bordés d'écarlate, est plus à craindre pour le régiment que le colonel, que tous nos officiers et le grand-prévôt lui-même. Oh! monsieur le constable, ajouta-t-il en bégayant, allons visiter la diligence; voyons si le coq peureux, comme elle l'appelle, serait assez bon enfant pour être le parrain d'une soupe à l'eau-de-vie; car votre bière du Yorkshire est trop froide pour mon estomac. Le prétendu rebelle était un quaker qui s'était permis de contrarier l'opinion de mistress Nosebag sur le droit de faire la guerre.

La pétulance de mistress Nosebag jeta notre voyageur dans plusieurs embarras semblables à celui dont il venait de sortir, grace à elle il est vrai. Dans toutes les villes où la diligence s'arrêtait, il était obligé de l'accompagner pour visiter les corps-de-garde. Un jour elle faillit le présenter à un sous-officier chargé de recruter pour le régiment. Elle n'oubliait jamais de dire à tout propos les mots capitaine et Butler, politesse dont Waverley se serait bien passé. Il n'éprouva jamais de plaisir plus vif que lorsque l'arrivée de la diligence à Londres le débarrassa des attentions de mistress Nosebag.

CHAPITRE LXII.

Que faire maintenant ?

Il était nuit lorsque la diligence arriva à Londres. Waverley fit ses adieux à ses compagnons de voyage et s'éloigna d'eux promptement, ayant soin de changer souvent de rue, de peur d'en être suivi. Enfin il prit une voiture de place pour se rendre à l'hôtel du colonel Talbot, dans un des principaux squares à l'ouest de la ville: Depuis qu'il était marié le colonel avait hérité d'une fortune qui lui donnait une certaine importance politique, et il vivait dans ce qu'on appelle à Londres *le grand style*. Ce ne fut pas sans peine qu'Édouard parvint à se faire introduire. Le colonel était à table avec son épouse dont la charmante figure conservait un reste de pâleur.

Le colonel n'eut pas plus tôt entendu la voix de Waverley, qu'il se leva et courut l'embrasser. — Comment vous portez-vous, mon cher Stanley? lui dit-il; soyez le bienvenu, mon cher enfant. — Ma chère Emilie, voilà le jeune Stanley.

Lady Emilie tressaillit en faisant son compliment de réception; l'altération de sa voix et le tremblement de sa main annonçaient la vive émotion qu'elle venait d'éprouver. Waverley se mit à table, et le colonel continua sa conversation. — Je ne m'attendais pas à vous voir ici, mon cher Frank; les médecins m'ont assuré que l'air de Londres était tout-à-fait contraire à votre maladie; c'est une imprudence, mon ami. Je suis enchanté, ainsi qu'Emilie, d'avoir votre visite, quoique nous ne puissions espérer qu'elle sera de longue durée.

— Des affaires pressantes, répondit Waverley, m'ont fait entreprendre ce voyage.

— Je le présume ; mais pour le bien de votre santé, je vous conseille de les terminer le plus tôt possible. Spontoon ! dit-il à un domestique dont l'attitude et la démarche annonçaient un ancien militaire, Spontoon, vous viendrez vous-même si je sonne : ne laissez entrer aucun autre domestique; mon neveu et moi nous avons à parler d'affaires.

— Au nom de Dieu, cher Waverley, dit-il lorsque les domestiques furent tous sortis, apprenez-moi quelle affaire a pu vous décider à venir à Londres ; elle est donc de nature à vous faire mépriser la vie ?

— Cher monsieur Waverley, dit Emilie, vous à qui je ne pourrai jamais prouver ma juste reconnaissance, comment avez-vous pu commettre une telle imprudence ?

— Mon père... mon oncle... lisez ce paragraphe. Il montra le journal au colonel Talbot.

— Je voudrais, dit Talbot après l'avoir parcouru, que tous ces coquins fussent condamnés à être écrasés sous leurs presses ! On m'assure qu'il y a dans ce moment à Londres plus d'une douzaine de ces gazettes : faut-il être surpris si elles fabriquent des mensonges pour avoir du débit? Il n'est cependant que trop vrai, mon cher Édouard, que vous avez perdu votre père. Quant à la cause de sa mort, elle ne provient ni de l'inquiétude ni du chagrin dont les poursuites dirigées contre les membres de sa famille auraient déchiré son cœur. Je dois vous dire la vérité pour vous délivrer du poids qui vous accable et vous réconcilier avec vous-même. M. Richard Waverley s'est montré dans toute cette affaire très peu sensible pour vous et pour votre oncle. La dernière fois que j'eus l'honneur de le voir, il me dit d'un air joyeux que puisque j'avais la complaisance de me charger de vos intérêts, il croyait qu'il valait beaucoup mieux qu'il travaillât pour lui-même, et qu'il employât le crédit de tous ses amis pour faire sa paix avec le gouvernement.

— Mais, mon oncle, mon cher oncle !

— Il n'a pas la moindre chose à craindre. Il est vrai qu'à l'époque où cet article a été inséré dans le journal, il circulait quelques bruits ;... mais ils étaient sans fondement. Sir Everard est parti pour Waverley-Honour, sans autre inquiétude que celle que vous lui donnez... Mais vous êtes en danger vous-même; votre nom se trouve sur toutes les listes de coupables; des mandats d'amener ont été lancés contre vous. Depuis quand êtes-vous ici? comment êtes-vous venu?

Édouard lui rendit un compte exact de tout ce qui lui était arrivé, excepté de sa querelle avec Fergus : aimant lui-même les Highlanders, il craignait d'augmenter l'antipathie nationale que le colonel nourrissait contre eux.

— Êtes-vous bien assuré que vous avez vu dans les bruyères de Clifton le cadavre du page de votre ami Glen...?

— Je n'en puis douter.

— C'est un vol que ce petit démon a fait à la potence : il devait être pendu, c'était écrit sur son front. Quant à vous, Édouard, je voudrais que vous retournassiez dans le Cumberland, et plût à Dieu que vous ne l'eussiez pas quitté! On a mis l'embargo dans tous les ports; les recherches qu'on fait des partisans du Prétendant se poursuivent avec la plus grande sévérité. Cette maudite femme bavardera tant, qu'on finira par découvrir que son compagnon de voyage avait pris le nom de Butler.

— La connaissez-vous, colonel?

— Son mari a servi sous moi pendant six ans en qualité de brigadier chef. Elle était une joyeuse veuve avec un peu d'argent. — Nosebag l'épousa, — fit bien son devoir et parvint comme bon instructeur. — Je vais charger Spontoon de découvrir sa demeure; il la trouvera sans doute chez d'anciennes connaissances du régiment. Demain vous garderez la chambre sous prétexte d'indisposition; vous prendrez le nom d'un de mes parens qui n'est connu d'aucun de mes domestiques, si ce n'est de Spontoon; mais vous n'avez rien à craindre de lui... Préparez-vous à vous plaindre d'un violent mal de tête; et vous, ma chère Emilie, donnez des ordres pour qu'on prépare un lit pour Frank Stanley, et qu'on ait pour lui toutes les attentions que son état de convalescence exige.

Le lendemain le colonel rendit visite à son hôte. — J'ai quelques bonnes nouvelles à vous apprendre, dit-il ; vous êtes entièrement justifié de l'accusation d'avoir suscité l'insurrection dans le régiment de G***, et d'avoir trahi vos devoirs. J'ai correspondu à ce sujet avec un de vos plus sincères amis, le pasteur Morton. Sa première lettre était adressée à sir Everard, à qui j'évitai la peine de faire la réponse. Il est bon que vous sachiez que votre hôte de la caverne, Donald, a fini par tomber entre les mains des Philistins ; il emmenait les bestiaux d'un certain propriétaire appelé Kulhan..... Kerlan....

— Killancureit peut-être ?

— Précisément. Il paraît que ce gentilhomme était un grand fermier qui tenait fortement à ses troupeaux, et que ne comptant pas beaucoup sur son propre courage, il avait demandé qu'on établît un poste militaire pour protéger sa propriété. Donald mit sa tête dans la gueule du lion, comme on dit ; sa troupe fut battue, et lui fait prisonnier. Lorsqu'il fut condamné à être exécuté, sa conscience fut assaillie d'une oreille par un prêtre catholique, et de l'autre par votre ami Morton. Il repoussa le catholique, surtout à cause de la doctrine de l'extrême-onction que cet économe gentilhomme considérait comme un dégât excessif d'huile. La tâche de le tirer d'un état d'impénitence finale resta donc à M. Morton, qui, j'ose dire, s'en acquitta à merveille, quoique je suppose que Donald ne fit qu'un étrange chrétien après tout. Cependant il déclara devant un magistrat (un major de Melville, je crois) qu'il avait trompé Houghton en se servant de votre nom, que c'était lui qui vous avait tiré des mains de Gilfillan ; que d'après les ordres du Prét......, du chevalier, il vous avait fait conduire comme prisonnier au château de Doune, et que depuis il avait appris qu'on vous avait fait partir de là pour Edimbourg, sous une escorte militaire. Il se contenta d'ajouter qu'il avait été chargé de vous délivrer et de vous protéger, et qu'il en avait été récompensé largement ; mais il ne voulut point nommer la personne qui lui avait donné cette commission, sous prétexte qu'il avait juré secrètement sur la lame de son dirk de ne jamais la faire connaître; et rien au monde, à ce qu'il paraît, n'eût été capable de lui faire violer un semblable serment.

— Et qu'est-il devenu?

— Il a été pendu avec son lieutenant et quatre de sa bande, au fort Stirling, après que les rebelles en eurent levé le siége. Il eut le privilége d'un gibet plus haut que celui des autres.

— Je n'ai pas de grands motifs de le regretter ni de me réjouir de sa mort; cependant il m'a fait beaucoup de bien et beaucoup de mal.

— Sa déclaration peut vous être très utile, puisqu'elle vous décharge de ces accusations qui vous plaçaient dans une catégorie bien différente de celle de ces malheureux gentilshommes qui ont pris les armes contre le gouvernement. Leur trahison (je dois l'appeler ainsi, quoique vous ayez participé à leur faute) provient d'une erreur de vertu, et ne peut être regardée comme déshonorante, quoique criminelle. Lorsque les coupables sont en grand nombre, la clémence doit s'étendre sur la plupart d'entre eux. Tout me porte à croire que j'obtiendrai votre pardon, pourvu que vous ne tombiez pas dans les griffes des tribunaux avant qu'ils aient choisi leurs victimes : vous connaissez le proverbe vulgaire : — premier venu, premier servi. — D'ailleurs le gouvernement a besoin d'intimider les jacobites qui sont encore en Angleterre. Cette mesure de rigueur ne peut être de longue durée; mais dans ce moment vous auriez tout à craindre : mettez-vous à couvert jusqu'à ce que l'orage soit passé.

Spontoon entra l'air soucieux. Par le moyen de ses connaissances du régiment, il avait trouvé *madame* Nosebag. Elle était, dit-il, furieuse, ayant découvert qu'un imposteur avait voyagé avec elle sous le nom du capitaine Butler du régiment de dragons de G***. Elle allait le dénoncer, afin qu'on le poursuivît comme un émissaire du Prétendant. Mais Spontoon (vieux soldat), tout en feignant de l'approuver, l'avait engagée à différer sa déclaration.

Cependant il n'y avait pas de temps à perdre; les renseignemens fournis par cette bonne dame pouvaient fort bien amener à découvrir que le prétendu Butler n'était autre que Waverley : ce qui serait certainement dangereux pour Edouard, peut-être pour son oncle, et même pour le colonel Talbot. Il ne s'agissait plus que de savoir où se réfugier.

— En Écosse, dit Édouard.

— En Écosse ! s'écria le colonel. Dans quel dessein, je vous prie ? J'ose espérer que ce n'est pas pour vous unir une seconde fois aux rebelles.

— Non, colonel, je regarde mes engagemens comme terminés, puisque tous mes efforts pour les rejoindre ont été vains ; d'ailleurs dans la campagne d'hiver qu'ils se proposent de faire dans les montagnes, je leur serais plutôt à charge qu'utile. Il me semble qu'ils n'ont le projet de traîner la guerre en longueur que pour fournir au prince l'occasion de s'échapper : ensuite ils tâcheront d'entrer en arrangement pour eux-mêmes. Ma personne ne ferait que les embarrasser, car on m'a dit que ce n'est que d'après ce motif qu'ils ont laissé en garnison à Carlisle tous les Anglais qui se trouvaient dans leur armée. Il y a plus, colonel : quelque mauvaise opinion que vous puissiez concevoir de l'aveu que je vais vous faire, je dois vous dire que je suis dégoûté du métier de la guerre ; comme dit le lieutenant original d'une comédie de Fletcher[1] : — je suis las de toutes ces batailles. —

— Batailles ! Eh ! qu'avez-vous vu ? Quelques escarmouches ! Que diriez-vous donc si vous eussiez fait la guerre sur une plus grande échelle, et que vous eussiez vu soixante ou cent mille combattans de part et d'autre ?

— Je n'ai pas cette curiosité, colonel ; repas suffisant, comme dit notre proverbe populaire, vaut un grand festin.

— « Les soldats avec leurs panaches et la guerre glorieuse[2] » — m'enchantaient dans la poésie ; mais les marches de nuit, les veilles, les bivouacs sous un ciel d'hiver, et les autres accessoires du noble métier ne sont nullement de mon goût

---

(1) Auteur contemporain de Shakspeare. — Éd.
(2) Expressions de Shakspeare dans *Othello*. — Éd.

dans la pratique. — Quant aux coups, j'en eus ma part à Clifton, où j'échappai dix fois par miracle, et je croyais aussi que vous..... Il s'arrêta.

— Que j'en ai eu assez à Preston, alliez-vous dire? répondit le colonel en riant. Que voulez-vous? — « c'est ma vocation, Henry! — [1] »

— Ce n'est pas la mienne : puisque j'ai eu le bonheur de me servir honorablement de mon épée, comme simple volontaire, je renonce à la reprendre.

— Je suis charmé de vous trouver dans de pareils sentimens; mais dites-moi, je vous prie, qu'espérez-vous faire en Écosse?

— Si d'abord je puis parvenir à me rendre dans quelqu'un des ports de mer qui sont encore au pouvoir du prince, il ne me sera pas difficile de m'embarquer pour le continent.....

— Fort bien; — et votre second motif?

— A ne vous rien cacher, il y a dans ce moment en Écosse une personne de qui dépend le bonheur de ma vie; sa position m'inquiète au dernier point...

— Émilie ne s'est pas trompée; l'amour est de la partie : et quelle est celle de ces deux jolies Écossaises que vous vouliez à toute force me faire admirer, qui est la belle préférée? J'ose espérer que ce n'est par miss Glen.....?

— Non.

— Ah! passe pour l'autre : on peut instruire la simplicité, mais jamais la morgue ni l'orgueil. Je puis vous dire en confidence que votre projet obtiendra l'approbation de votre oncle; j'ai eu occasion de lui en parler en plaisantant : seulement j'espère que cet intolérable beau-père, avec ses brogues, son tabac, son latin et ses interminables histoires sur le duc de Berwick, sera obligé d'aller habiter un pays étranger. Quant à sa fille... Il vous serait facile de faire un très bon mariage en Angleterre; mais si vous aimez réellement *cette rose d'Écosse*, comme votre oncle a la plus haute opinion du baron de Bradwardine et de sa fille, et qu'il désire ardemment vous

---

(1) Le colonel cite ici une phrase de Shakspeare dans *Henry IV*. — Éd.

voir marié, soit pour votre propre bonheur, soit pour être assuré que les trois hermines passant ne périront pas, je vous conseille de suivre l'inclination de votre cœur. Au reste, je vous ferai connaître d'une manière plus détaillée les véritables sentimens de votre oncle à cet égard; je ne tarderai pas à vous rejoindre en Écosse.

— En vérité! Et quel motif auriez-vous de retourner en Écosse? Ce n'est pas, je le crains bien, le tendre regret que vous inspire le pays des montagnes et des torrens?

— Non, sur mon honneur. Grace au ciel, la santé de ma chère Emilie est entièrement rétablie; et pour dire la vérité, j'espère terminer heureusement l'affaire que j'ai commencée, pourvu que je puisse avoir une entrevue avec Son Altesse Royale le général en chef; car comme dit Fluellen[1], — « Le duc m'aime, et je remercie le ciel de m'avoir fait mériter son affection ». — Je vais sortir pour m'occuper des préparatifs de votre départ: pendant mon absence qui ne sera que de quelques heures, vous aurez la liberté d'aller jusque dans la pièce voisine; vous y trouverez mon Émilie, et vous pouvez passer le temps à causer, à lire, à faire de la musique : j'ai pris des mesures pour qu'aucun domestique ne vienne vous interrompre, j'en excepte Spontoon; il est fidèle comme l'acier.

Le colonel revint au bout de deux heures, et trouva son jeune ami auprès de son épouse, charmée des manières, de la sensibilité et de l'instruction d'Edouard, et lui de se trouver enfin dans la société de personnes de son rang, après en avoir été privé si long-temps.

— Maintenant, Edouard, lui dit le colonel, écoutez mes arrangemens : vous n'avez guère de temps à perdre. Edouard Waverley, autrefois Williams, autrefois Butler, doit continuer à porter le nom de Francis Stanley, mon neveu : il partira demain de bonne heure; la voiture le mènera jusqu'au troisième relai. Il y trouvera Spontoon avec une chaise de poste qui le conduira promptement à Huntingdon; la présence de Spontoon que tout le monde sur la route connaît pour être à

---

(1) Personnage du *Henry V* de Shakspeare, déjà cité. — Éd.

mon service, éloignera tous les soupçons. A Huntingdon, vous trouverez le véritable Francis Stanley, étudiant à l'université de Cambridge. Dans l'incertitude où j'étais si la santé de mon Emilie me permettrait de me rendre en Ecosse, j'avais obtenu un passeport pour mon neveu qui m'aurait remplacé ; et comme son voyage n'avait d'autre but que de courir après vous, il est maintenant tout-à-fait inutile. Stanley est au courant de votre histoire : vous dînerez ensemble, et peut-être trouverez-vous dans vos deux têtes prudentes quelque nouveau plan pour diminuer les dangers de votre voyage. Maintenant, ajouta-t-il en ouvrant un porte-feuille de maroquin, il faut vous mettre en fonds pour la campagne.

— Mon cher colonel, je suis confus....

— Oh ! dans tous les temps vous pourrez disposer de ma bourse ; mais cet argent que je vais vous remettre vous appartient : votre père, dans la crainte d'un malheur, m'a remis en fidéicommis une somme de 15,000 livres sterling ; vous avez de plus la propriété de Brere-Wood. Voilà des billets de banque pour 200 livres. Lorsque vous aurez besoin d'une somme plus forte, vous n'aurez qu'à m'en donner avis.

Le premier usage que fit Edouard de cette augmentation de fortune fut d'envoyer une grande tasse en argent à l'honnête fermier Jopson. Veuillez, lui écrivit-il, recevoir ce cadeau comme un souvenir de la part de votre ami Williams qui n'oubliera jamais la nuit du 18 décembre dernier. Il le priait en même temps de lui conserver soigneusement ses habillemens de montagnard, et surtout ses armes, auxquelles il tenait beaucoup comme étant curieuses par elles-mêmes et auxquelles l'amitié de ceux qui les lui avaient données ajoutait une grande valeur. Lady Emilie se chargea du soin de faire à mistress Williams un cadeau qui pût être de son goût et flatter son amour-propre. De plus, le colonel qui était aussi un peu agriculteur, promit d'envoyer au patriarche d'Ulswater un bel attelage de charrue.

Waverley passa un jour de bonheur à Londres ; et lendemain, voyageant de la manière convenue, il trouva Francis

Stanley à Huntingdon. La connaissance fut bientôt faite entre les deux jeunes gens.

— Je n'ai pas de peine à deviner l'énigme de mon oncle, dit Stanley : ce prudent vétéran ne se souciait pas de me dire lui-même que mon passeport m'étant inutile, je pouvais vous le passer ; et que s'il arrivait quelque mésaventure, cela ne tirerait pas à conséquence : ce serait le tour d'un jeune fou de Cantabre[1]. Vous voilà donc Francis Stanley par ce passeport.

Le passeport fut utile à Waverley qui s'en servit sans scrupule, ayant renoncé à toute opposition contre le gouvernement au nom duquel il était délivré. La journée se passa très gaîment : le jeune étudiant fit mille questions à Waverley pour connaître les détails de sa campagne, les mœurs et les usages des Highlands. Le lendemain Stanley accompagna son ami pendant quelques milles ; mais il fut obligé de le quitter parce que Spontoon, rigide observateur de la discipline et de l'obéissance, ne cessait de lui représenter qu'il ne se conformait pas aux intentions de son oncle.

CHAPITRE LXIII.

Les ravages de la guerre civile.

Notre héros voyagea en poste à franc étrier suivant l'usage de ce temps-là, sans autres aventures que deux ou trois questions sur son nom. Il s'en tira, grace au talisman de son passeport. Arrivé aux frontières d'Ecosse, il apprit la victoire décisive de Culloden[2], remportée par les troupes anglaises.

---

(1) C'est-à-dire d'un étudiant de Cambridge. On croit que l'empereur Probus transporta d'Espagne à Cambridge une colonie de *Cantabres*, race vandale ou gothique.—Éd.

(2) Ce fut le 16 avril 1746 que se termina à Culloden, dans le comté d'Inverness, la romanesque expédition du dernier des Stuarts. Quatre compagnies françaises

Il s'y attendait depuis long-temps, quoique l'affaire de Falkirk eût jeté un dernier éclat sur les armes du chevalier ; cependant cette nouvelle l'affligea vivement et il en fut long-temps comme inconsolable.

— Ce prince si généreux, si aimable, si magnanime, est donc fugitif ; sa tête est mise à prix ; et ses amis, si braves, si enthousiastes, si fidèles, sont morts, emprisonnés ou bannis ! Que fait maintenant l'enthousiaste et brave Fergus, si toutefois il a survécu à la nuit de Clifton ?... Que fait l'honnête, le sensible, le vertueux baron de Bradwardine dont les ridicules ne servaient qu'à mieux faire ressortir son désintéressement, son véritable courage, la candeur de son ame, la bonté de son cœur ? Dans quelle position affreuse se trouvent Rose et Flora, privées aussi de leurs protecteurs naturels ? — Waverley pensait à Flora avec les sentimens qu'un frère a pour sa sœur ; mais à Rose avec des sentimens plus vifs et plus tendres. Du moins il pourrait, se disait-il, protéger ces deux orphelines et remplacer les appuis qu'elles avaient perdus.

Agité de ces pensées il hâta davantage encore son voyage. A peine fut-il arrivé à Edimbourg qu'il comprit tout l'embarras de sa situation. Plusieurs habitans de cette ville l'avaient vu et connu sous le nom d'Édouard Waverley : comment pourrait-il se servir d'un passeport sous le nom de Francis Stanley ? Il sentit que la prudence lui faisait un devoir d'éviter la société, et de partir pour le nord de l'Écosse le plus tôt possible. Il fut cependant obligé de différer son départ de deux ou trois jours, parce qu'il attendait une lettre du colonel Talbot ; il devait aussi laisser son adresse sous son nouveau nom dans un endroit dont ils étaient convenus. Il sortit sur le soir pour exécuter ce dernier projet, ayant soin d'éviter tous les regards ; ses précautions furent inutiles. La première personne qu'il rencontra fut mistress Flockhart : il en fut reconnu à l'instant.

— Ah ! Dieu vous soit en aide, monsieur Waverley ! est-ce

---

protégèrent de leur valeur les Highlanders, atteints pour la première fois d'une terreur panique. Mais les supplices attendaient encore les vaincus après la défaite. — Éd.

vous? s'écria-t-elle : allez, vous n'avez rien à craindre de moi ; je suis incapable de vous trahir. Il y a eu bien du changement ! Comme vous étiez gais, le colonel Mac Ivor et vous, dans notre maison ! — La bonne veuve ne put s'empêcher de répandre quelques larmes.

Il n'était guère possible de se cacher de mistress Flockhart. Waverley la reconnut de bonne grace, et lui avoua tout le danger de sa situation.

— Voilà qu'il fait nuit, lui dit son ancienne hôtesse : vous allez venir prendre une tasse de thé avec moi.... Si vous vouliez coucher dans la petite chambre, je veillerais à ce qu'on ne vînt point vous interrompre. Personne ne vous connaîtra, parce que Kate et Matty[1], mes deux péronnelles, ont suivi deux dragons du régiment d'Hawley ; je les ai remplacées par deux nouvelles servantes.

Waverley s'empressa d'accepter son invitation et retint son logement pour une nuit ou deux, persuadé qu'il serait plus en sûreté dans la maison de cette brave femme que partout ailleurs. En entrant dans le parloir il sentit palpiter son cœur à l'aspect de la toque de Fergus accrochée près de la glace et encore ornée de la cocarde blanche. Mistress Folckhart remarqua la direction de ses yeux. — Hélas! dit-elle en soupirant, le pauvre colonel en acheta une neuve la veille de son départ. Je ne veux pas laisser gâter celle-ci ; je la brosse moi-même tous les matins ; et quand je la regarde il me semble que j'entends le colonel demandant sa toque à Callum ;... je tâche d'imiter sa voix, et j'appelle aussi Callum !... C'est une folie ; toutes les voisines m'appellent jacobite ; mais elles diront tout ce qu'elles voudront..., je ne sais si je le suis ou non ; le colonel avait un si bon cœur !... il était si beau !... Oh ! savez-vous, monsieur Waverley, quand il doit souffrir?

— Souffrir, dites-vous ! où est-il?

— Eh! pour l'amour de Dieu! vous ne le savez pas? Vous vous souvenez bien de Dugald qui portait toujours une hache d'armes sur l'épaule ; il vint ici, je puis dire, pour demander

(1) Abréviations familières, Catherine et Marthe. — ÉD.

quelque chose à manger. Eh bien ! il nous dit que le chef, comme il l'appelle (moi, je dis toujours le colonel), et l'enseigne Mac Combich, que vous connaissez bien, avaient été pris quelque part sur les frontières d'Angleterre dans une nuit très obscure, et que Callum Beg (c'était un petit vaurien celui-là) avait été tué, et vous aussi, ainsi que plusieurs autres braves du clan. Ah ! comme il pleurait en parlant du colonel ! On dit maintenant que le colonel doit être mis en jugement avec les officiers faits prisonniers à Carlisle.

— Et sa sœur ?

— Ah ! celle qu'on appelait lady Flora ? Elle est dans les environs de Carlisle, chez quelque grande dame papiste de ses amies, pour être près de son frère.

— Et l'autre jeune dame ? demanda encore Édouard.

— Quelle autre ? je ne connaissais qu'une sœur au colonel.

— Je veux parler de miss Bradwardine.

— Ah oui ! la fille du laird ! Pauvre enfant ! elle était aussi une bonne fille ; mais plus timide que lady Flora.

— Pour l'amour du ciel ! où est-elle ?

— Et qui peut le savoir ? On les poursuit tous de si près pour leurs cocardes et leurs roses blanches ;... mais elle retourna chez son père, dans le Perthshire, lorsqu'elle sut que les soldats du gouvernement s'approchaient. — Oh ! il y avait de gentils garçons parmi eux. Je fus obligée de loger un major qu'on appelle Whacker : il était bien honnête et bien aimable ; mais, monsieur Waverley, il s'en faut de beaucoup qu'il valût le pauvre colonel.

— Savez-vous ce qu'est devenu le père de miss Bradwardine ?

— Le vieux laird ? personne ne le sait : on dit qu'il s'est battu en diable dans l'affaire sanglante à Inverness[1]. Deacon Clank, le ferblantier, prétend que les gens du gouvernement sont furieux contre lui, parce qu'il est *sorti*[2] deux fois... et

---

(1) La plaine de Culloden n'est pas loin d'Inverness. — Éd.

(2) *Out, to go out*, sortir, aller dehors. C'était l'expression délicate dont on se servait en Écosse pour dire qu'on avait pris les armes en 1715 et en 1745. — Éd.

certes il aurait dû y prendre garde :..... mais il n'y a pas de fou pire qu'un vieux fou... Le pauvre colonel n'est sorti qu'une fois.

Cette conversation disait tout ce que la bonne veuve savait du sort de ses derniers hôtes. Mais c'en était assez pour déterminer Édouard à partir à tout hasard pour Tully-Veolan, dans l'espoir de s'y procurer des informations plus certaines sur le sort du baron et de sa fille. Il laissa une lettre signée du nom de Stanley pour le colonel Talbot, à l'endroit convenu, et donna son adresse à la poste la plus voisine du château de Bradwardine.

Il prit des chevaux de poste jusqu'à Perth, dans l'intention de faire le reste du voyage à pied, non-seulement par goût, mais pour avoir la facilité de quitter la grande route lorsqu'il apercevrait quelques détachemens de soldats. La campagne qu'il venait de faire l'avait habitué à la fatigue : il envoyait son bagage devant lui quand il en trouvait l'occasion. Plus il s'avançait vers le nord, plus les traces de la guerre devenaient sensibles : il rencontrait à chaque pas des charriots brisés, des cadavres de chevaux, des arbres abattus, des ponts rompus ou réparés à demi, des fermes dévastées : tout annonçait le passage d'une armée ennemie. Dans les endroits où les propriétaires étaient attachés à la cause des Stuarts les maisons étaient démolies ou désertes; tous les travaux qu'on pourrait appeler culture d'ornement étaient interrompus; les malheureux habitans erraient dans la campagne, tremblans, tristes et consternés [1].

Il n'arriva que vers le soir dans les environs de Tully-Veolan. Combien ses sentimens différaient de ceux qu'il avait éprouvés la première fois qu'il y fit son entrée ! Il était alors si novice dans la carrière de la vie, qu'un jour de mauvais temps ou d'ennui était un des plus grands malheurs qu'anti-

[1] Les détails que l'auteur va donner sur les vengeances fatales des Anglais n'ont rien d'exagéré Le prince Charles-Édouard avait toujours triomphé en chevalier; le duc de Cumberland, second fils de Georges II, triompha en bourreau. Des familles entières furent brûlées vives dans leurs maisons, et repoussées dans les flammes par les baïonnettes. — Éd.

cipât son imagination ; et il lui semblait alors que son temps ne devait être consacré qu'à des études d'agrément, interrompues par les plaisirs d'une société aimable et gaie. Quels changemens ! combien son caractère était devenu triste, mais plus élevé dans l'espace de quelques mois ! Le péril et le malheur sont des maîtres sévères qui nous instruisent bien vite.

— Plus triste, mais plus sage, — il sentait plus de confiance dans son caractère ; et sa dignité d'homme lui paraissait du moins une compensation des illusions flatteuses que l'expérience avait si promptement dissipées.

Ce ne fut pas sans étonnement qu'il vit qu'un détachement assez nombreux était établi et stationnaire près du village. Il le conjectura d'abord en apercevant quelques tentes dressées sur la plaine appelée la Bruyère communale. De crainte d'être reconnu il fit un long circuit par un sentier qui lui était familier pour arriver à l'entrée du parc. Quel tableau s'offrit à ses regards ! Un battant de la porte restait seul, inutile et ébranlé sur ses gonds ; l'autre avait été fendu et destiné au feu ; les éclats en étaient amoncelés pour être emportés ; les créneaux étaient mutilés et jetés par terre ; les ours qui faisaient faction depuis tant de siècles étaient gisans parmi les décombres. L'avenue n'était pas moins cruellement dévastée : on avait abattu les arbres, dont plusieurs étaient encore couchés en travers du chemin. Les troupeaux des paysans et les chevaux des dragons avaient converti en vase noire la verte pelouse qu'Édouard avait jadis tant admirée.

En entrant dans la cour Waverley vit réalisées toutes les craintes que lui avait fait concevoir ces premiers ravages. La maison avait été saccagée, on avait même commencé d'y mettre le feu. Quoique les murs en pierre de taille eussent résisté en plusieurs endroits à l'atteinte des flammes, les étables avaient été entièrement consumées, les tourelles et les pinacles du corps de logis principal étaient noircis, les pavés de la cour arrachés et brisés, les portes détruites ou ne tenant plus qu'à un seul gond, les fenêtres enfoncées ; partout étaient épars des meubles mis en pièces. Ces ornemens antiques auxquels le baron attachait tant d'importance et portait tant de respect avaient été l'objet des outrages les plus méprisans. La fontaine était démolie, l'eau formait une mare dans la cour, et le bassin servait d'abreuvoir. Tous les ours, grands et petits, avaient éprouvé le même sort que ceux qui étaient à l'entrée de l'avenue ; enfin on marchait sur les lambeaux d'un ou deux portraits de famille qui semblaient avoir servi de boucliers grotesques aux soldats.

Édouard contemplait avec un serrement de cœur tous ces débris. A chaque pas il sentait redoubler son inquiétude et ses craintes sur le sort du baron et de sa fille. La terrasse offrit encore à ses yeux un nouveau spectacle de dévastation. La balustrade était renversée, les murs détruits, les platesbandes pleines de mauvaises herbes les arbres fruitiers coupés ou déracinés. Dans un des compartimens de cet antique jardin étaient deux immenses marroniers dont le baron était particulièrement vain. Afin de ne pas se donner la peine de les abattre, les agens de la dévastation avaient eu la méchante industrie de les miner en mettant des paquets de poudre dans leurs cavités. Un de ces arbres avait été brisé en morceaux par l'explosion, et les fragmens dispersés encombraient l'enceinte que le feuillage avait si long-temps ombragée. La seconde mine n'avait pas eu un effet aussi complet. Un quart du tronc s'était détaché de la masse qui, mutilée et défigurée d'un côté, étendait encore de l'autre ses rameaux intacts et vastes.

Parmi ces traces du ravage général, il y en avait qui s'adressaient plus directement à la sensibilité de Waverley. En regardant la façade du château ainsi dégradée, ses yeux cherchèrent naturellement le petit balcon qui appartenait à l'appartement de Rose — son *troisième* ou plutôt son *cinquième* étage. Il était facile de le reconnaître, car les fleurs et les plantes dont Rose le décorait avec tant d'orgueil et de plaisir avaient été précipitées de la galerie crénelée. Plusieurs de ses livres étaient épars çà et là parmi les fragmens des vases. Dans le nombre, Waverley en reconnut un qui lui avait appartenu ; c'était un petit exemplaire de l'Arioste, qu'il recueillit comme un trésor, quoique bien endommagé par le vent et la pluie.

Tandis que plongé dans les pénibles réflexions qu'un tel spectacle excitait en lui, Édouard cherchait des yeux quelqu'un qui pût lui révéler le sort des malheureux propriétaires de ces ruines, une voix bien connue, qui paraissait en sortir, fit entendre tout à coup ces vers d'une vieille ballade d'Écosse :

> Pendant la nuit je vis venir
> En ces lieux la troupe ennemie,
> Je vis mon chevalier périr!
> Tous ont fui pour sauver leur vie.
> Pour le pleurer je reste, hélas!
> Il n'est plus! la lune et l'aurore,
> Tour à tour reviendront encore :
> Lui seul il ne reviendra pas!

— Hélas! pensa Édouard, est-ce toi, pauvre infortuné? restes-tu pour pleurer ici et faire retentir des fragmens sans suite de tes ballades ces murs dévastés qui t'abritaient jadis?

Il appela Davie, d'abord tout bas, puis en élevant la voix : — Davie! — Davie Gellatley!

Le pauvre *innocent* sortit du milieu des décombres d'une espèce de serre qui terminait naguère ce qu'on appelait la terrasse. Mais à l'aspect d'un étranger il se cacha, saisi de frayeur. Waverley se rappelant les habitudes de cet infortuné, se mit à siffler un air que Davie avait écouté autrefois avec plaisir, et qu'il avait appris à répéter après l'avoir entendu. Sans doute la musique de notre héros ne ressemblait pas plus à celle de *Blondel* que Davie ne ressemblait à *Richard-Cœur-de-Lion*, mais elle produisit le même effet, et lui facilita les moyens de se faire reconnaître. Davie sortit de sa cachette, paraissant douter encore s'il avancerait ou non. Waverley, qui craignait de l'effrayer, lui fit mille signes d'amitié pour l'enhardir.

— C'est son esprit! dit Davie à demi-voix; mais il s'approcha et parut enfin retrouver une vieille connaissance. Le pauvre malheureux lui-même n'était plus que l'ombre de ce qu'il avait été. Le costume particulier dont il était revêtu dans des jours plus heureux n'offrait plus que des lambeaux, accoutrement bizarre encore, qu'il avait réparé avec des morceaux de tentures, de rideaux et de toiles de tableaux. Son visage avait perdu son air insouciant et distrait; la pauvre créature avait les yeux creux, les joues maigres, et semblait à demi-mort de faim et malade de misère et de douleur. Après avoir hésité long-temps, il s'approcha de Waverley avec quelque confiance, et l'examina d'un air effrayé et mélancolique.

— Ils sont partis, dit-il ensuite; ils sont partis et morts.

— Qui est-ce qui est mort? lui demanda Waverley, oubliant que le pauvre innocent était hors d'état de lui répondre d'une manière précise.

— Le baron... le bailly... Saunders Saunderson... et lady Rose, dont la voix était si douce... partis..., morts... partis..., morts.

> Venez, venez, suivez-moi,
> Le ver luisant nous éclaire;
> Venez dans le cimetière,
> Venez-y voir, sans effroi,
> Les morts dans leur blanc suaire.
> Les vents soufflent avec bruit;
> L'astre pâle de la nuit
> Brille à travers le nuage;
> Il faut avoir du courage.
> Venez, venez, suivez-moi,
> Et bannissez tout effroi.

En chantant ces rimes avec une expression bizarre, Davie faisait signe à Waverley de le suivre, se dirigeant à pas rapides vers le côté du ruisseau qui bornait le jardin au levant. Édouard le suivit dans l'espoir de se procurer quelque explication, et frémissant malgré lui du sens des vers qu'il entendait. Le château était désert; il ne pouvait songer à trouver dans les ruines d'autre personne que le pauvre fou pour le guider.

Gellatley parvint bientôt à l'extrémité du jardin : il grimpa sur le vieux mur qui le séparait du bosquet où se trouvait l'antique tour de Tully-Veolan; il sauta dans le lit du ruisseau, et continua sa marche avec la même rapidité, franchissant des fragmens de rocher, et tournant avec peine autour d'autres; ils passèrent sous les ruines du château. Édouard avait peine à suivre Davie, parce que la nuit commençait à tomber. Après avoir descendu un peu plus loin le lit du ruisseau, il aperçut à travers le taillis une lumière scintillante qui lui parut un guide plus sûr que l'innocent. Ils arrivèrent bientôt par un sentier plus pénible encore à la porte d'une misérable cabane : des chiens avaient d'abord élevé la voix, mais leurs aboiemens avaient diminué par degrés; Waverley entendit une voix en dedans, et crut qu'il était prudent d'écouter.

— Qui m'amènes-tu là, mauvais fou? dit une vieille femme avec l'accent de la colère. Davie pour toute réponse se mit à siffler l'air qui venait de lui faire reconnaître Édouard, et celui-ci n'hésita plus à frapper à la porte. Un profond silence régna alors dans la cabane, excepté que les chiens recommencèrent à gronder; il entendit la maîtresse du logis qui s'approchait de la porte, sans doute dans l'intention de mettre les verrous plutôt que pour lever le loquet; il s'empressa de la prévenir, et se trouva en face d'une vieille femme couverte de haillons, qui s'écria :

— Que venez-vous chercher chez les gens à l'heure qu'il est? Retirez-vous. Les deux lévriers farouches et presque mourans de faim s'étaient dépouillés de leur férocité, et ils s'approchèrent de notre héros comme s'ils le reconnaissaient. Il aperçut aussi un homme grand et maigre, avec une barbe de trois semaines, en vieil habit d'uniforme, qui semblait ne se cacher qu'à regret, un pistolet à la main, et prêt à en prendre un second à sa ceinture.

C'était le baron de Bradwardine. Nous n'avons pas besoin d'ajouter qu'il s'empressa de laisser tomber son arme et de serrer cordialement Waverley dans ses bras.

CHAPITRE LXIV.

Explications mutuelles.

L'histoire du baron eût été courte en retranchant les adages et les lieux communs latins, anglais et écossais dont son érudition l'embellit. Il insista sur le chagrin qu'il avait éprouvé en perdant Édouard et Glennaquoich, puis recommença en quelque sorte les batailles de Falkirk et de Culloden, et dit comment après cette dernière et désastreuse journée, voyant que tout était perdu, il s'était décidé à retourner dans ses terres, persuadé qu'il serait plus en sûreté au milieu de ses tenanciers que partout ailleurs. On avait envoyé un détachement de soldats pour ravager ses propriétés; car la clémence n'était pas à l'ordre du jour. Heureusement la cour civile intervint par une décision d'une autre sorte : on jugea que la baronnie ne pouvait être confisquée au profit de la couronne parce qu'il y avait une substitution : Malcolm Bradwardine d'Inchgrabbit, héritier privilégié, ne devait pas souffrir d'une faute qui ne lui était pas personnelle, et il fut autorisé comme maint autre héritier de la même classe à entrer en possession.

Mais différent de tant d'autres qui étaient dans les mêmes circonstances, le nouveau laird fit bientôt voir que son intention était de profiter de la mauvaise fortune de son prédécesseur dans toute son étendue. C'était d'autant moins généreux qu'il était généralement connu que le baron s'était abstenu de faire passer la baronnie sur la tête de sa fille, d'après le principe romanesque qui lui faisait respecter les droits de l'héritier mâle du nom de Bradwardine.

— Mais, dit le baron, les communes de Bradwardine ne

furent pas pour mon successeur. Les tenanciers ont fait la sourde oreille lorsqu'il leur a demandé de l'argent ; et quand mon cousin vint au village avec Jacques Howie le nouvel agent, on se permit même de tirer un coup de fusil derrière lui, sur le crépuscule : j'en soupçonne John Heatherblutter, le vieux garde-chasse qui servait avec moi en 1715. Il fut si effrayé, qu'on eût pu dire de lui ce que disait Cicéron de Catilina : *Abiit, evasit, erupit, effugit*[1]. Il prit la fuite, mon cher ami, pourrait-on dire, jusqu'à Stirling. Et maintenant il a fait mettre la baronnie en vente en sa qualité de dernier héritier par substitution. Vraiment si cette vente avait lieu, j'en serais plus affligé que de voir la baronnie passer immédiatement de mes mains dans celles d'un autre propriétaire ; ce qui serait arrivé dans quelques années par le cours naturel des choses ; tandis que maintenant mon patrimoine ne sera plus celui de la famille qui aurait dû le posséder *in secula seculorum*. Que la volonté de Dieu soit faite ! *Humana perpessi sumus*[2]. Sir John de Bradwardine, — Sir John le Noir, comme on l'appelait, — mon ancêtre et celui des Inchgrabbit, pensait peu qu'un tel homme sortirait de sa race. Cependant mon parent m'a dénoncé à quelques-uns des dignitaires du pays comme un assassin, un chef de coupe-jarrets et de brigands. Les soldats envoyés à Tully-Veolan ont reçu l'ordre de tirer sur moi comme sur une perdrix des montagnes, comme on fit au roi David dans l'Ecriture ou à notre vaillant William Wallace : — non que je veuille me comparer avec l'un ou avec l'autre. — Lorsque vous avez frappé à la porte, j'ai cru qu'on avait découvert la dernière retraite du vieux daim.... Je m'attendais à périr comme un cerf dix cors. — Mais, Jeannette, n'avez-vous pas quelque chose pour nous faire souper ?

— Oh ! que oui, monsieur. Je mettrai sur le gril la grouse que John Heatherblutter a apportée ce matin ; et vous voyez que le pauvre Davie fait rôtir les œufs de la poule noire. — J'ose dire, monsieur Waverley, que vous ne vous doutiez pas

---

(1) Il s'en est allé, il s'est évadé, il s'est sauvé, il a fui. — TR.

(2) Nous avons souffert ce qui est dans le cours des destinées humaines. — TR.

que c'était notre Davie qui tournait les œufs que vous trouviez si bien cuits à souper au château. — Il n'y a personne au monde comme lui pour remuer avec ses doigts les cendres chaudes et faire rôtir les œufs !

Davie cependant, le nez presque dans le feu, fouillant dans les tourbes, frappant ses talons l'un contre l'autre, marmottant entre ses dents, retournant les œufs, semblait vouloir donner un démenti au proverbe qui dit qu'il faut de la tête pour faire cuire un œuf, jaloux sans doute aussi de justifier les éloges que Jeannette venait de prodiguer

A celui qu'elle aimait, son enfant idiot.

— Davie, ajouta Jeannette, n'est pas aussi niais qu'on le croit ; il ne vous aurait pas amené ici, monsieur Waverley, s'il n'avait su que vous étiez un ami de Son Honneur le laird. Les chiens eux-mêmes vous ont reconnu. Tout le monde vous aime ici, les gens et les bêtes.... Avec la permission de Son Honneur, je vais vous raconter une histoire de mon pauvre Davie. Il est bon que vous sachiez que M. le baron est obligé de se cacher.... Ah ! quelle honte, grand Dieu !.... Il vient la nuit ici, mais il passe la journée dans la caverne de la sorcière. Quoique le fermier de Corse-Cleugh ait eu soin de la garnir de paille, il arrive quelquefois dans des temps humides que Son Honneur sent le froid, alors il vient de bonne heure pour se chauffer au foyer et pour dormir dans des draps ; mais il s'en retourne de grand matin. Et comme cela, un matin, ah ! comme j'eus peur ! deux mauvais habits-rouges étaient occupés à la pêche-noire[1] ou à quelque autre amusement semblable, car leur filet n'est jamais sans mal faire ; ils aperçurent Son Honneur au moment où il entrait dans le bois et le couchèrent en joue avec leur fusil. Moi de m'élancer comme un faucon et de m'écrier : — Voulez-vous donc tuer le pauvre innocent d'une brave femme ? et je m'approchai d'eux et leur dis que c'était mon enfant ; mais ils me rebutèrent et me crièrent en jurant que c'était le vieux rebelle, comme les coquins appellent

---

(1) *Black-fishing*. On appelle ainsi la pêche au saumon, qui se fait la nuit avec des torches et des pieux armés de fer. — Éd.

Son Honneur. Davie se trouvait dans le bois : il entendit la dispute, et de son propre mouvement il prit le manteau gris que Son Honneur avait laissé tomber pour courir plus vite. Il sortit ensuite du taillis avec un air d'importance et imitant si bien Son Honneur, que les soldats y furent attrapés et crurent avoir tiré sur le fou Sawney [1], comme ils l'appellent ; ils me donnèrent douze sous et deux saumons pour que je n'allasse pas me plaindre. Non, non, Davie n'est pas tout-à-fait comme les autres, le pauvre enfant, — mais il n'est pas si fou qu'on le croit. — Il est vrai qu'il ne saurait trop faire pour Son Honneur, puisque nous et les nôtres nous avons vécu plus de deux cents ans sur ses terres : c'est Son Honneur qui fit entrer mon pauvre Jamie au collége et qui l'entretint de même au château jusqu'à ce qu'il partit pour un meilleur monde ; c'est lui qui m'empêcha d'être emmenée à Perth comme sorcière. — Dieu pardonne à ceux qui voulaient nuire à une pauvre et faible femme ! et c'est Son Honneur qui a nourri et vêtu Davie pendant si long-temps !

Waverley trouva enfin le moment d'interrompre le discours de la vieille Jeannette, en lui demandant des nouvelles de miss Bradwardine.

— Elle se porte très bien, grâce au ciel ! et elle est à Duchran, dit le baron. Quoique whig, le laird, qui est mon parent d'assez loin, mais qui l'est plus directement de mon chapelain M. Rubrick, n'a point oublié notre ancienne amitié dans ces temps malheureux ; il s'est empressé d'offrir un asile à ma fille : que Dieu l'en récompense ! Le bailli fait tous ses efforts pour conserver quelques débris de ce naufrage à ma chère Rose... Hélas ! je crains bien de n'avoir pas le bonheur de la revoir ; car il me faudra aller porter mes os dans quelque pays étranger.

— Oh ! non, non ! Votre Honneur a tort, dit Jeannette ; vous étiez tout aussi mal dans l'an quinze, et la bonne ba-

---

(1) Fou Sawney, le fou écossais. *Sawney* est un des surnoms qu'on donne aux Écossais en général, comme John Bull désigne l'Angleterre, et Jonathas l'Irlande. — Éd.

ronnie vous est revenue avec le reste.— Mais les œufs sont prêts et la grouse aussi ; voilà chacun une assiette et du sel, avec le bout du pain blanc du bailli ; il reste encore de l'eau-de-vie envoyée par la mère Maclearie, ne souperez-vous pas comme des princes ?

— Je souhaite bien sincèrement que certain prince de notre connaissance ne soit pas plus mal que nous ! dit le baron à Waverley qui se joignit à lui pour souhaiter que le malheureux chevalier fût en sûreté.

La conversation roula bientôt sur leurs projets pour l'avenir : le plan du baron était fort simple, c'était de fuir en France, où par le crédit de ses anciens amis il espérait obtenir un emploi militaire dont il se croyait encore capable ; il invita Waverley à le suivre, proposition à laquelle celui-ci se rendit, à la condition qu'il attendrait d'abord le résultat des démarches du colonel Talbot. Il pensait tacitement que le baron approuverait son amour pour Rose et lui donnerait le droit de lui faire accepter ses secours dans l'exil ; mais il évita de s'expliquer là-dessus, jusqu'à ce que son propre sort fût décidé. Ils parlèrent ensuite de Glennaquoich, pour qui le baron témoigna la plus grande inquiétude, tout en observant que c'était le véritable Achille d'Horatius Flaccus :

Impiger, iracundus, inexorabilis, acer.

Vers, ajouta-t-il, qui a été rendu en écossais par ce distique de Struan Robertson :

A fiery etter-cap', a fractious chiel,
As het as ginger, and as stieve as steel (1).

Flora eut sa part de l'intérêt exprimé par le bon vieillard.

Cependant la nuit s'avançait ; la vieille Jeannette se nicha dans une espèce de chenil derrière le hallan ou mur extérieur.

(1)   Une tête bouillante, un entêté guerrier,
     Chaud comme le gingembre et dur comme l'acier.

Nous croyons avoir traduit encore assez littéralement les deux vers du poète *sans culotte*, qui a été moins naïf cette fois que dans son distique sur le philabeg du chapitre XLIII. —Éd.

Davie ronflait déjà entre Ban et Buscar. Ces deux chiens l'avaient suivi à la hutte quand le manoir fut abandonné; leur férocité connue, et la réputation de sorcière qu'avait Jeannette, contribuaient à éloigner les visiteurs. Macwheeble s'était chargé de leur envoyer leur nourriture, en y ajoutant quelques petits objets de luxe pour l'usage de son maître; le tout avec les précautions nécessaires. Enfin le baron, après quelque cérémonie, occupa son lit habituel, et Waverley se plaça sur un large fauteuil de velours déchiré provenant du salon de Tully-Veolan, dont les meubles étaient dispersés chez tous les habitans du village. Ils goûtèrent l'un et l'autre un sommeil aussi paisible que s'ils eussent été couchés sur l'édredon.

CHAPITRE LXV.

Nouvelles explications.

Dès la pointe du jour la vieille Jeannette se mit à balayer sa pauvre chaumière pour réveiller le baron qui dormait ordinairement d'un sommeil très profond. — Il faut que je retourne à ma grotte, dit-il à Waverley; voulez-vous venir faire un tour de promenade jusqu'au glen avec moi?

Ils se mirent en marche dans un petit sentier que les pêcheurs ou les bûcherons avaient tracé le long des bords du ruisseau. Dans le chemin le baron expliqua à Waverley qu'il pourrait séjourner un jour ou deux à Tully-Veolan sans danger, et même se promener aux environs, pourvu qu'il prît la précaution de dire qu'il était un agent qui venait avec l'intention d'acquérir la baronnie au nom de quelque gentilhomme anglais. Il lui recommanda d'aller en conséquence rendre visite au bailli qui demeurait encore à la maison du facteur appelée le petit Veolan, quoiqu'il dût la quitter au prochain terme. Le petit Veolan était situé à un mille du village. Le passeport de Francis Stanley répondrait pour Édouard auprès du commandant militaire ; quant aux paysans qui pourraient le reconnaître, le baron l'assura qu'il n'avait rien à craindre d'eux.

— Je suis bien persuadé, ajouta ce vieillard, qu'ils soupçonnent que je suis dans ces environs, car je me suis aperçu qu'ils ne permettent plus à leurs enfans de venir ici dénicher les oiseaux. Je n'avais jamais pu l'empêcher lorsque je jouissais de la pleine puissance de mon titre de baron !... Souvent je trouve sur mon passage des provisions déposées à dessein !... Que Dieu bénisse et protége ces braves gens ! j'espère qu'ils auront un maître plus sage que moi et tout aussi bon.

Un soupir bien naturel termina cette phrase ; mais la résignation ferme et constante que le baron montrait dans son malheur avait quelque chose de respectable et même de sublime. Il ne s'abandonnait point à des regrets inutiles, et ne se laissait point abattre par la mélancolie. Jamais de plaintes, jamais d'injures contre le parti dominant ;... il savait souffrir et se taire.

— Je crois avoir fait mon devoir, disait-il, et sans doute ceux qui me poursuivent croient faire le leur !... Mais je souffre quelquefois en jetant les yeux sur les murs noircis et dégradés de l'habitation de mes pères !... J'aime à croire que les officiers ne peuvent pas toujours arrêter les dévastations des soldats. Gustave-Adolphe lui-même permit quelquefois le pillage, comme nous pouvons le lire dans le récit que fait le colonel Munro de son expédition avec le brave régiment écossais appelé le régiment de Mackay. J'ai vu moi-même des scènes de désolation comme celle de Tully-Veolan, lorsque je servais sous le maréchal duc de Berwick. Certainement nous pouvons dire avec Virgilius Maro : *Fuimus Troes* [1], et c'est la fin d'une ancienne chanson. La durée d'une maison et d'une famille est toujours assez longue lorsque les hommes ont assez combattu pour tomber avec honneur. — J'ai ici une retraite

(1) Les Troyens ne sont plus. — Ta.

qui pourrait bien être prise pour une *domus ultima*.[1] — Ils venaient d'arriver au pied d'un roc escarpé. Le baron leva les yeux : — Nous autres pauvres jacobites, dit-il, nous sommes maintenant comme les lapins dont parle l'Écriture (que le grand voyageur Pocoke appelle des jerboas[2]), une faible race obligée de se cacher au milieu des rochers... Allons, adieu mon cher Édouard, nous nous reverrons ce soir chez la bonne Jeannette; je vais entrer dans mon *Patmos*[3], ce qui n'est pas très facile pour mes membres un peu raidis par l'âge.

A ces mots il se mit à gravir le rocher, s'aidant des genoux et des mains pour parvenir à quelques buissons qui cachaient une grotte dont l'entrée ressemblait à l'ouverture d'un four. Le baron fit d'abord passer sa tête et ses épaules, et ensuite successivement le reste de ses longs membres, jusqu'à ce que ses jambes et ses pieds disparussent, — semblable au serpent qui se ploie et se roule sur lui-même pour entrer dans son repaire, ou à un long arbre généalogique introduit avec peine par l'étroit boulin d'une antique armoire. Waverley eut la curiosité de visiter cette tanière, comme on aurait pu l'appeler.

Le baron y ressemblait assez à ce qui cause tant de surprise et d'admiration aux enfans (et à de grandes personnes, parmi lesquelles je me compte); il ressemblait, dis-je, à un *dévidoir dans une bouteille*, qu'on ne peut voir sans chercher aussitôt à deviner comment il y a été introduit ou comment il en sera tiré. La grotte était trop étroite et trop basse pour qu'il pût s'y tenir debout ou même s'y asseoir, quoiqu'il parvînt après plusieurs essais grotesques à se mettre dans cette dernière attitude. Son seul amusement était de lire son cher Titus-Livius, et de graver parfois avec son couteau sur le roc quelques sentences latines ou quelque texte de l'Ecriture. Comme la caverne était sèche et remplie de paille et de fougère, le baron trouvait que c'était un gîte très agréable et très commode pour un vieux soldat. — Il est difficile qu'on me découvre,

---

(1) Dernière demeure, tombeau. — Tr.
(2) *Jerboa* ou *gerboise*, animal qui a quelques rapports avec le lapin. — Éd.
(3) Le baron fait ici allusion à la retraite de saint Jean dans l'île de Patmos. — Éd.

ajoutait-il en se blotissant avec un air de bien-être qui contrastait singulièrement avec son attitude,—car la bonne Jeannette et son fils sont constamment en faction. Vous ne sauriez croire combien le *pauvre innocent* montre de présence d'esprit ou pour mieux dire d'instinct lorsqu'il s'agit de ma sûreté.

De retour à la hutte, Édouard eut une explication avec Jeannette : il l'avait reconnue tout d'abord pour la vieille femme qui l'avait soigné pendant sa maladie, après qu'on l'eût arraché des mains de Gifted-Gilfillan. Il avait remarqué que la chaumière, quoique un peu réparée et pourvue de quelques nouveaux meubles, était l'endroit de sa détention ; il avait vu aussi sur la bruyère communale de Tully-Veolan le tronc d'un vieux arbre appelé le *trysting-tree*[1], qu'il ne douta pas être le même sous lequel les Highlanders s'étaient réunis dans cette nuit mémorable. Il avait déjà repassé la veille toutes ces particularités dans sa mémoire ; mais il n'avait pas voulu catéchiser Jeannette devant le baron, pour des raisons que le lecteur probablement devinera.

Sa première question fut de demander quelle était la jeune personne qui lui avait rendu visite pendant sa maladie. Jeannette parut réfléchir pendant quelques secondes ; après quoi, trouvant dans sa conscience qu'elle ne pouvait nuire à personne en révélant ce secret, elle dit à Waverley : — La jeune personne qui vous a rendu visite n'a pas son égale sur la terre ; c'est miss Rose de Bradwardine.

— Et c'est elle sans doute, dit Édouard enchanté de cette découverte à laquelle il avait déjà rêvé ; — c'est elle, je n'en puis douter, qui me procura la liberté ?

— Vous ne vous trompez pas, monsieur Waverley ; mais, bon Dieu ! combien elle aurait de chagrin si elle savait que vous en êtes informé ! Elle voulut que je parlasse toujours en langue gaëlique, afin de vous laisser croire que vous étiez dans les Highlands : je connais cette langue, parce que ma mère était une femme des Highlands.

Édouard apprit bientôt tout le mystère de sa délivrance.

(1) L'arbre du rendez-vous. — Éd.

Jamais musique ne fit sur l'oreille d'un amateur une sensation plus agréable que celle que le récit de la vieille femme produisit sur son cœur. Mais le lecteur n'étant pas comme lui amoureux, je crois devoir lui faire grace de tous les détails que donna la bonne femme avec d'ennuyeuses répétitions dans un récit de plus de deux heures. Je me contenterai de lui en présenter un aperçu général.

Lorsque Waverley fit part à Fergus de la lettre qu'il avait reçue de miss Rose par le message de Davie, et qui lui donnait avis que Tully-Veolan était occupé par un détachement de soldats, le chef actif des Mac Ivor songea bientôt à en tirer parti. Empressé à inquiéter les postes ennemis, ne voulant pas les laisser s'établir si près de lui et désirant faire plaisir au baron, car il avait eu plusieurs fois déjà l'idée de demander la main de sa fille, il résolut d'envoyer quelques hommes de son clan pour chasser les habits-rouges et amener Rose à Glennaquoich. Il venait de charger Mac Combich de cette mission, lorsqu'il apprit que l'armée de sir John Cope marchait vers les Highlands pour attaquer et disperser les forces du chevalier, avant qu'elles devinssent plus nombreuses; il se vit donc obligé de joindre l'étendard de Charles-Édouard avec tout son clan.

Fergus avant de partir envoya à Donald l'ordre de marcher avec lui; mais ce rusé maraudeur trouva le moyen de différer d'obéir, sous des prétextes plus ou moins plausibles. Son but était d'agir par lui-même: pressé par le temps et les circonstances, Fergus accepta ses excuses comme bonnes, en remettant à une occasion propice le projet de se venger; mais ne pouvant mieux faire, il le chargea de l'expédition de Tully-Veolan, en lui recommandant de respecter le manoir, de s'établir dans le voisinage pour protéger Rose et les autres habitans de la maison, et enfin de molester et repousser tous les détachemens de volontaires ou de troupes régulières qui se montreraient de ce côté.

C'était donner à Donald une mission de partisan qu'il se proposa d'interpréter à son plus grand avantage, n'étant plus enu en respect par le voisinage de Fergus ; et comme il avait acquis quelque crédit dans les conseils du prince par quelques services secrets qu'il avait rendus précédemment, il résolut de profiter, comme on dit, du soleil pour faire ses foins. Il n'eut pas grand'peine à chasser les soldats de Tully-Veolan ; puis il se mit à lever des contributions sur les tenanciers et à faire une petite guerre pour son compte, quoiqu'il n'osât pas troubler les habitans du manoir, dans la crainte de se faire un ennemi puissant dans l'armée du chevalier : car il savait que

Le courroux du baron était à redouter.

Cependant il prit la cocarde blanche et rendit quelques services à miss Rose par égard, disait-il, pour la cause sacrée que le baron avait embrassée, et déplorant la nécessité dans laquelle il se trouvait de pourvoir aux besoins de sa troupe.

Ce fut à cette époque qu'avec son exagération accoutumée la renommée apprit à Rose qu'Édouard Waverley avait tué le maréchal-ferrant de Cairnvreckan ; qu'il avait été jeté dans un cachot d'après les ordres du major Melville, et qu'il devait paraître devant une cour martiale dans trois jours. Dans son inquiétude cruelle, Rose proposa à Donald Bean de délivrer le prisonnier. Donald accepta une telle mission avec d'autant plus de plaisir, qu'il espérait faire oublier par ce service les peccadilles qu'on pouvait lui reprocher. Il eut cependant l'adresse, tout en faisant valoir son respect pour ses devoirs, de tant retarder, que Rose, dans son désespoir, offrit d'acheter ses secours par le don de quelques diamans précieux qui avaient appartenu à sa mère.

Donald Bean qui avait servi long-temps en France, connaissait et peut-être même estimait trop haut la valeur réelle de ces colifichets. Mais il comprit aussi que miss Bradwardine craignait qu'on ne parvînt à savoir qu'elle avait donné ses joyaux pour obtenir la liberté de Waverley. — Résolu de ne pas se laisser enlever son butin par ce scrupule, il vint de son propre mouvement offrir de jurer de ne jamais mentionner le nom de Rose dans cette transaction. Il prit cet engagement d'autant plus volontiers qu'il ne voyait aucun avantage à s'en affranchir. Il voulut même, comme il le dit à son lieutenant, donner à la jeune dame le gage qu'il croyait selon lui le plus inviolable de tous, — et ce fut le serment qu'il fit sur la lame de son dirk.

Cet acte de bonne foi lui fut en partie aussi inspiré par quelques attentions que Rose témoignait à sa fille Alice, — attentions qui avaient gagné le cœur de cette jeune Highlandaise et flatté l'orgueil de son père. Alice qui était parvenue à savoir quelques mots d'anglais était très communicative auprès de sa protectrice, et en retour de ses bontés elle lui remit tous les papiers qui révélaient l'intrigue de Donald avec le régiment de G***, et dont elle était dépositaire. Elle consentit avec le même empressement à les restituer à Waverley sans que son père en sût rien ; car, pensa Alice, mon père n'a pas besoin de ces chiffons, et ils obligent le beau gentilhomme et l'aimable miss.

Le lecteur se rappelle de quelle manière elle les mit au pouvoir de notre héros avant son départ du glen.

Cependant l'expulsion du détachement de Tully-Veolan jeta l'alarme dans les environs ; et pendant que Donald était sur les traces de Gilfillan, on envoya des forces très considérables pour repousser les insurgés et maintenir la tranquillité dans le pays. Le commandant était un officier, rigide observateur de la discipline ; non-seulement il ne se permit pas de se présenter chez miss Bradwardine qui se trouvait sans protecteurs, mais il défendit sous les peines les plus sévères de faire le moindre dégât. Il établit son petit camp sur une élévation non loin du château, et plaça des corps-de-garde dans tous les chemins du voisinage. Donald apprit tous ces détails lorsque, après avoir dispersé la troupe de Gilfillan, il se disposait à rentrer à Tully-Veolan. Ne voulant point renoncer au prix de son entreprise, il déposa son prisonnier dans la cabane de la vieille Jeannette, dont plusieurs habitants de Tully-Veolan eux-mêmes connaissaient à peine la situation, et qui n'était pas connue de Waverley lui-même. La maladie du prisonnier dérangea tous les plans de Donald ; mais elle ne l'empêcha pas de recevoir la récompense promise. Lorsqu'il se vit forcé de quitter le pays avec sa bande et de choisir un autre théâtre pour exercer ses talens, les instances de miss Rose le déterminèrent à laisser dans la cabane un vieil herboriste qui se mêlait de médecine, et qui se chargea d'avoir soin du malade.

Le cœur de la pauvre Rose fut bientôt déchiré par mille inquiétudes. Elle apprit de la vieille Jeannette qu'on promettait une récompense à celui qui livrerait Waverley : Donald résisterait-il à la tentation?..... Dans l'excès de ses craintes, elle crut qu'elle n'avait d'autre parti à prendre que d'informer le prince des dangers que courait Waverley, persuadée que la politique et l'honneur lui feraient un devoir de venir à son secours. Elle eut d'abord l'idée de ne pas signer son nom ; mais elle craignit que sa lettre anonyme ne produisît aucun effet : elle y mit donc son nom d'une main tremblante, et la confia au fils d'un fermier, qui fut charmé d'avoir une occasion de parler au prince pour lui demander un grade d'officier.

Lorsque le prince reçut la lettre il était en marche pour les Lowlands. Il comprit de quelle importance il était pour lui d'avoir en son pouvoir un jeune homme qu'il supposait lié avec les jacobites d'Angleterre. Il donna les ordres les plus précis à Donald Bean Lean pour qu'il conduisît Waverley sain et sauf avec son bagage au gouverneur du château de Doune. — Donald n'osa pas désobéir, parce que l'armée du prince était trop proche pour qu'il pût s'en dispenser sans être puni. Il était d'ailleurs aussi bon politique que bon maraudeur, et il n'eût pas voulu perdre le mérite de ses précédens services. Il fit donc, comme on dit, de nécessité vertu, et chargea son lieutenant d'accompagner Édouard jusqu'à Doune. Le lecteur connaît la manière dont le lieutenant s'acquitta de sa mission.

Le gouverneur de Doune avait l'ordre de faire escorter son captif jusqu'à Édimbourg comme prisonnier de guerre, parce que le prince craignait que Waverley, se voyant en liberté, ne revînt à son projet de retourner en Angleterre. Il ne prit cependant ce parti que d'après l'avis du chef de Glennaquoich, qu'il consulta sur la manière dont il devait disposer d'Édouard, mais sans lui faire connaître comment il avait appris le lieu de sa retraite.

Le prince se croyait obligé de respecter ainsi le secret d'une dame; quoique la lettre de Rose fût conçue dans des termes très vagues, et qu'elle eût cherché à faire croire qu'elle n'agissait que par humanité et par zèle pour le service de Son Altesse Royale, elle exprimait si vivement la crainte qu'elle avait qu'on ne sût qu'elle s'était mêlée de cette affaire, que le chevalier devina le motif secret de l'intérêt qu'elle prenait à Waverley. Cette conjecture, d'ailleurs bien fondée, lui fit faire plusieurs suppositions dénuées de fondement. Il attribua la vive émotion que fit paraître Édouard au bal d'Holy-Rood en s'approchant de Flora et de Rose, aux sentimens qu'il nourrissait pour la dernière; et il crut que l'inclination des amans était contrariée par l'entêtement du baron à vouloir maintenir la substitution de ses propriétés, ou par quelque autre obstacle. Il est vrai qu'il avait entendu dire plusieurs fois que les vœux de Waverley s'adressaient à miss Mac Ivor; mais il n'ignorait pas combien la renommée est prodigue de ces sortes de bruits, et il crut avoir la certitude que le gentilhomme anglais était l'amant aimé de miss Rose. Désirant attacher Édouard à son service et en même temps lui être agréable, le prince insista auprès du baron pour lui faire transférer son domaine sur la tête de sa fille; M. Bradwardine y avait consenti enfin, ce qui détermina Fergus à faire la double demande du titre de comte et de la main de miss Bradwardine, demande rejetée, comme nous l'avons vu.

Le chevalier continuellement occupé de ses propres affaires multipliées n'avait pas encore eu d'explication avec Édouard, quoiqu'il eût été souvent sur le point de l'entretenir là-dessus; depuis, lorsque Fergus fit connaître ses intentions, le prince crut devoir rester neutre entre les deux prétendans, espérant qu'ils attendraient la fin de l'expédition pour terminer leur différent; mais dans la marche sur Derby il comprit, dans un entretien qu'il eut avec Fergus, que ce chef se méprenait sur la conduite d'Édouard; il crut devoir le détromper, en lui déclarant qu'il avait de fortes raisons pour penser que celui-ci ne songeait point à miss Mac Ivor, et qu'il avait des engagemens avec miss Bradwardine : le lecteur n'a pas oublié, j'espère, la querelle qui s'ensuivit entre Édouard et le chieftain.

Ces circonstances donneront l'explication de quelques événemens de ce récit, que nous n'avons pas détaillés afin d'exciter la curiosité du lecteur, selon la coutume des conteurs d'histoires.

Lorsque la vieille Jeannette eut une fois révélé les principaux faits de ce récit, Waverley fut mis aisément sur la voie pour sortir de l'espèce de dédale d'incertitudes dans lequel il avait été égaré. C'était donc à Rose Bradwardine qu'il devait cette vie dont il lui serait doux désormais de lui faire le sacrifice. Un peu de réflexion lui fit conclure cependant qu'il valait encore mieux vivre pour elle, afin de lui faire un jour partager son indépendance et sa fortune en Angleterre ou dans un pays étranger. Le plaisir de tenir de si près à un homme du mérite du baron et dont sir Everard faisait un si grand cas, était encore une considération en faveur de ce mariage. Les singularités de M. Bradwardine, qui paraissaient si grotesques et si ridicules dans sa prospérité, n'étaient plus que les traits d'un caractère original pour ceux qui le savaient dans l'infortune.

Le cœur rempli de flatteuses espérances pour son bonheur à venir, Édouard partit pour le petit Veolan, résidence de M. Duncan Macwheeble.

CHAPITRE LXVI.

« Voilà Cupidon qui est devenu un enfant consciencieux.
« — Il fait restitution. »

SHAKSPEARE.

M. Duncan Macwheeble, qui n'était plus ni commissaire des guerres ni bailli, quoique jouissant encore du vain titre de cette seconde dignité, avait échappé à la proscription en se séparant de bonne heure du parti de l'insurrection, et surtout à cause de sa nullité.

Édouard le trouva dans son cabinet au milieu de plusieurs tas de paperasses. Il avait devant lui un énorme plat rempli de soupe de farine d'avoine, et à sa gauche une cuiller de corne et une bouteille de *two-penny*[1]. Il parcourait des yeux une volumineuse pancarte de procédure, et de temps en temps il portait à sa grande bouche sa cuiller copieusement chargée de l'aliment nutritif. Une bouteille d'eau-de-vie de Hollande, placée à la portée de sa main droite, indiquait que cet honnête membre du corps des légistes avait déjà pris son coup du matin, ou qu'il se proposait d'assaisonner sa soupe de ce liquide digestif, et peut-être aurait-on pu admettre en même temps ces deux suppositions. Son bonnet de nuit et sa robe de chambre avaient jadis été de tartan; mais toujours aussi prudent qu'économe, le bon bailli avait eu soin de les faire teindre en noir, de peur que leur couleur de mauvais augure ne rappelât son excursion à Derby. Pour achever son portrait, son visage était barbouillé de tabac jusqu'aux yeux, et ses mains noircies d'encre jusqu'au poignet.

Quand Waverley s'avança vers la petite barrière verte qui

[1] Petite bière écossaise, ainsi nommée du prix de la bouteille two-penny (*deux sous*) avant l'augmentation des droits. — Éd.

protégeait son pupitre et sa chaise contre l'approche du vulgaire, le bailli fronça le sourcil, et le regarda d'un œil inquiet. Rien ne le contrariait davantage que de voir réclamer l'honneur de sa connaissance par quelqu'un des malheureux gentilshommes qui étaient désormais plutôt dans le cas de lui demander son assistance que de lui apporter des profits. Mais il reconnut bientôt le riche gentilhomme anglais. — Qui sait quelle est sa position? se dit-il..... C'était l'ami du baron..... Que faire?.....

Ces réflexions donnèrent un air ridicule d'embarras au pauvre bailli. Waverley, qui n'était venu trouver M. Macwheeble que pour lui faire part de ses projets de bonheur, ne put s'empêcher de rire en le voyant, et il était sur le point de s'écrier avec Syphax :

Moi, faire de Caton un confident d'amour (1).

Comme le bailli n'avait jamais eu l'idée qu'il fût possible qu'un homme menacé de perdre sa liberté ou tourmenté par la misère pût se permettre de rire, il fut tout-à-fait rassuré pas l'hilarité d'Édouard : il s'empressa de lui souhaiter la bienvenue au petit Veolan, et de lui demander ce qu'il devait lui faire servir pour déjeuner. Avant tout, son visiteur avait une confidence à faire à M. Macwheeble, et il lui demanda la permission de fermer la porte au verrou. Duncan ne fut guère charmé de cette précaution qui indiquait quelque danger à craindre ; mais il ne pouvait plus reculer.

Convaincu qu'il pouvait se fier au bailli en l'intéressant à être fidèle, Édouard s'empressa de lui faire part de sa situation et de ses projets. Le très prudent bailli écouta d'abord avec tous les symptômes de la peur, en apprenant que Waverley se trouvait encore en état de proscription. — Il se rassura tant soit peu à la vue du passeport — se frotta vivement les mains lorsque Édouard exposa sa fortune actuelle, — ouvrit de grands yeux en sachant quelles étaient ses espérances brillantes ; — mais lorsqu'il lui fit connaître son intention de

(1) Vers du *Caton* d'Addison. — Éd.

tout partager avec miss Rose Bradwardine, le pauvre bailli perdit presque la raison dans l'exaltation de sa joie : il s'agita sur son fauteuil comme la pythonisse sur le trépied sacré; il fit voler sa plus belle perruque par la fenêtre, parce que la tête de bois sur laquelle elle était placée se trouva à portée de son premier geste, il lança son bonnet au plafond et le rattrapa ; il se mit à siffler un air favori, fit une pirouette écossaise avec une grace et une agilité inimitables, et se jetant enfin sur une chaise, épuisé de fatigue, il s'écria : — Lady Waverley ! dix mille livres sterling de rente par an ! Que Dieu m'empêche d'en perdre la tête !

— *Amen!* de tout mon cœur, dit Waverley; mais monsieur Macwheeble, maintenant occupons-nous d'affaires.

Ce dernier mot agit comme un calmant sur l'agitation du bailli ; il tailla sa plume, prépara les amples marges d'une demi-douzaine de feuilles de papier, et descendit les *Styles de Jurisprudence* de Dallas Saint-Martin, vénérable ouvrage qui était juché sur le même rayon que les *Instituts* de lord Stair, les *Doutes* de Dirleton, les *Pratiques* de Balfour, et de lourds registres anciens.—Il ouvrit le volume à l'article *Contrat de mariage*, et se disposa à faire ce qu'il appela une petite minute, pour empêcher les parties de se dédire.

Ce ne fut pas sans peine que Waverley parvint à lui faire comprendre qu'il allait trop vite.—J'ai besoin de votre assistance, lui dit-il, d'abord pour que vous ayez la complaisance d'écrire au commandant du détachement cantonné à Tully-Veolan, que M. Stanley, gentilhomme anglais, proche parent du colonel Talbot, est en affaire chez M. Macwheeble ; et que connaissant l'état du pays, il envoie son passeport pour être soumis au visa du capitaine Forster. — A cette missive l'officier répondit par une invitation polie à dîner, que le prétendu Stanley refusa, comme on le suppose, sous prétexte d'affaires.

Le second service qu'Édouard demanda au bailli fut de faire partir un domestique à cheval pour le bureau de poste où le colonel Talbot devait adresser ses lettres, et de donner ordre à ce messager d'attendre jusqu'à ce qu'il pût apporter au petit Veolan une lettre pour M. Stanley.

Le bailli appela à l'instant son apprenti ou son garçon (on se servait indifféremment de ces deux mots il y a soixante ans).

— Jacques Scriever, lui dit-il, prends bien soin du bidet blanc; le pauvre animal a bien souffert dans la dernière campagne! On aurait dit qu'il avait des ailes le jour où... il est un peu court d'haleine depuis le jour...— Hem! Dieu vous bénisse! — J'allais... — Oui, depuis que je le mis ventre à terre pour aller chercher le chevalier qui vint séparer M. Waverley et Vich Ian Vohr (je faillis cent fois me casser le cou); mais aussi il ne s'agissait pas de peu de chose! Maintenant tout va être réparé. — Lady Waverley!... dix mille livres sterling par an!... Dieu me bénisse!...

— Mon cher monsieur Macwheeble, vous oubliez que nous avons besoin du consentement du baron, — de celui de la jeune dame...

— Ils le donneront, je vous en réponds; ils le donneront... dix mille livres de rente! C'est bien autre chose que ce fanfaron de Balmawhapple: avec la rente d'une demi-année vous achèteriez tout Balmawhapple, rentes et terres. Dieu nous rende reconnaissans!

Pour le forcer à changer de conversation, Waverley lui demanda s'il avait eu récemment des nouvelles du chef de Glennaquoich.

— Tout ce que je sais, répondit le bailli, c'est qu'il est toujours au château de Carlisle, et qu'il ne tardera pas à être jugé... Je ne lui souhaite pas le moindre mal, ajouta-t-il; mais j'espère que ceux qui l'ont saisi le tiendront bien, et qu'ils ne lui permettront pas de venir sur ces frontières nous tourmenter avec le *black-mail* et toutes sortes de violences, d'outrages, d'oppression et de spoliation, soit par lui-même, soit par les autres qu'il envoyait pour cela. Et qu'a-t-il fait de l'argent? savait-il le garder? non: il le laissait dépenser à tort et à travers par cette oisive demoiselle à Édimbourg. — Mais ce qui vient vite s'en va vite. — Pour moi, je désire ne plus jamais voir un kilt dans le pays, ni un habit-rouge, ni un fusil, à moins que ce ne soit pour tuer un perdreau; — ce sont tous gens du même métal: — et quand ils vous ont fait tort, vous auriez beau obtenir contre eux arrêt de restitution et dommages-intérêts, — vous êtes bien avancés: — ils n'ont pas un plack pour vous payer; vous n'avez pas besoin d'en faire tirer la minute pour signification.

Sur ces entrefaites l'heure du dîner arriva, et monsieur le bailli fit espérer à son hôte qu'il trouverait le moyen de l'introduire au château de Duchran, où miss Rose habitait alors, sans risquer d'être même inquiétée.

— Ce ne sera pas chose facile cependant, dit-il, car le laird est un chaud partisan du gouvernement.

Le poulailler avait été mis à contribution; le *cockyleeky*[1] et les tranches de mouton à l'écossaise fumaient dans la salle du bailli. Le tire-bouchon venait tout juste d'être introduit dans le liége d'une bouteille de bordeaux (qui provenait peut-être des caves de Tully-Veolan), lorsque le poney du bailli passa devant la fenêtre au grand trot: il crut qu'il était prudent de laisser la bouteille de côté pour le moment. Le clerc entra, et remit un paquet à M. Stanley. Édouard reconnut l'écriture et le cachet du colonel Talbot, et l'ouvrit d'une main tremblante. Le paquet contenait deux actes officiels en bonne forme: par l'un Son Altesse Royale accordait protection et sûreté à Cosme-Comyne de Bradwardine, et ci-devant baron de Bradwardine, dépouillé de sa baronnie pour avoir pris part à la rébellion; le second accordait également protection à Édouard Waverley, esq. La lettre du colonel Talbot était en ces termes:

« Mon cher Édouard,

« J'arrive; et il n'y a que quelques heures que j'ai eu le bon-
« heur de terminer l'affaire qui était le but de mon voyage.
« J'ai rencontré beaucoup plus de difficultés que je ne m'y
« attendais. J'ai trouvé Son Altesse Royale dans une disposi-
« tion d'esprit peu favorable à ma démarche: elle venait de

[1] Soupe faite avec un coq ou poulet, et des poreaux. — Éd.

« donner audience à trois ou quatre gentilshommes anglais.
« — Talbot, m'a-t-il dit après m'avoir accueilli avec beaucoup
« d'affabilité, croiriez-vous que cinq ou six gentilshommes
« honorables et les plus dévoués au gouvernement sur la rive
« nord du Forth, tels que le major Melville de Cairnvreckan,
« Rubrick de Duchran et autres, viennent, par leurs instances
« réitérées, de m'arracher des lettres de protection et la pro-
« messe de pardon en faveur de ce vieux rebelle opiniâtre
« qu'on appelle baron de Bradwardine ! Ils ont allégué que la
« noblesse de son caractère personnel, et la manière généreuse
« dont il s'est comporté avec ceux de nos prisonniers que le
« sort des armes avait fait tomber entre les mains des insur-
« gés, devaient plaider en sa faveur, d'autant plus que la con-
« fiscation de sa baronnie serait une punition assez sévère.
« M. Rubrick s'est chargé de lui donner asile dans sa maison,
« jusqu'à ce que tout soit arrangé dans ce pays : vous convien-
« drez qu'il est un peu dur d'être forcé de pardonner à un en-
« nemi si prononcé de la maison de Brunswick.

« Le moment n'était pas trop favorable pour présenter ma
« requête, cependant j'ai osé dire à Son Altesse Royale que
« j'étais heureux de la trouver dans ces dispositions de clé-
« mence, et qu'elle m'enhardissait à lui faire une demande de
« la même nature. Le prince a paru très mécontent de mon
« ouverture ; j'ai insisté, j'ai fait valoir l'estime dont Son Al-
« tesse Royale m'honorait pour prix de mon attachement à sa
« personne, et des légers services que j'avais eu le bonheur
« de lui rendre ; j'ai parlé des trois voix dont nous disposons
« au parlement. Je l'ai vu embarrassé, mais persistant toujours
« dans son refus. J'ai parlé de l'avantage que retirerait le gou-
« vernement en s'attachant pour toujours l'héritier de la fa-
« mille de Waverley. Je n'ai encore fait aucune impression.
« J'ai raconté les obligations dont je suis redevable à sir Eve-
« rard, et à vous personnellement, ne réclamant pour prix de
« mes services que le moyen de prouver ma reconnaissance.
« Je me suis aperçu que le prince méditait encore un refus :
« alors, comme dernière ressource, tirant ma *commission* de

« colonel de ma poche : — Puisque Son Altesse Royale, ai-je
« dit, ne me juge pas digne d'une faveur qu'elle n'a pas craint
« d'accorder à plusieurs gentilshommes dont les services n'éga-
« lent peut-être pas les miens, je la supplie très humblement
« d'accepter ma démission et de me permettre de quitter le
« service.

« Le prince ne s'attendait pas à cela. Il m'a dit des choses
« obligeantes sur mes services, et m'a accordé ma demande.

« Vous voilà donc redevenu libre, mon cher Édouard;
« j'espère que vous tiendrez la promesse que j'ai faite pour
« vous d'être sage à l'avenir, et de ne jamais oublier cet acte
« de clémence. Vous voyez que *mon* prince n'est pas moins
« généreux que le *vôtre*. Je ne prétends pas, il est vrai, qu'il
« accorde une faveur avec ces graces étrangères et ces com-
« plimens qui distinguent votre chevalier errant; mais il a les
« franches manières d'un Anglais; et la répugnance évidente
« avec laquelle il vous accorde votre demande prouve le sa-
« crifice qu'il fait de sa propre inclination à vos désirs. Mon
« ami l'adjudant-général m'a procuré les *duplicata* des lettres
« de protection pour le baron; l'original est entre les mains
« du major Melville. Comme j'ai présumé que vous seriez
« charmé d'être le premier à lui donner cette heureuse nou-
« velle, je vous en adresse la copie. M. Bradwardine doit se
« rendre sans retard à Duchran pour y faire sa *quarantaine*;
« vous pouvez l'accompagner, et même je vous permets d'y
« demeurer sept à huit jours : je sais que certaine belle est par
« là. Je suis bien aise de vous apprendre que tous les progrès
« que vous ferez sur son cœur enchanteront sir Everard et
« Mrs Rachel, qui ne seront pleinement rassurés sur le sort
« des *trois hermines passant* que lorsque vous leur présente-
« rez une mistress Waverley. Or certaines affaires d'amour
« pour mon compte, — il y a déjà un bon nombre d'années,
« — interrompirent certains projets alors sur le tapis pour la
« perpétuité de ces *trois hermines*; je suis tenu en conscience
« de les en dédommager. Mettez donc le temps à profit, car
« lorsque vous aurez passé huit jours à Duchran, vous serez

« obligé de partir pour Londres, afin d'y solliciter votre
« grace à la cour de justice.

« Adieu, mon cher Waverley; toujours tout à vous bien
« sincèrement.
« PHILIPPE TALBOT. »

CHAPITRE LXVII.

> «Heureux les amoureux
> « Dont l'hymen vient bientôt couronner tous les vœux.»

Lorsque Édouard fut un peu remis de l'espèce de ravissement dans lequel l'avaient jeté ces nouvelles inattendues, il invita M. Macwheeble à l'accompagner jusqu'à la retraite du baron. Mais le circonspect bailli lui fit observer que si le baron se montrait de suite en public, ses vassaux feraient éclater leur satisfaction par des cris de joie et des réjouissances qui pourraient offenser les autorités existantes, autorités pour lesquelles M. Duncan Macwheeble avait un respect sans bornes. — Vous feriez mieux, dit-il, d'aller seul chez la vieille Jeannette, et d'amener à l'ombre de la nuit le baron au petit Veolan, où il pourra goûter le plaisir d'un bon lit. J'irai moi-même trouver le capitaine Forster pour lui montrer les lettres de protection qu'on accorde au baron, et lui demander son agrément pour le recevoir chez moi cette nuit afin de le faire partir en poste demain au matin pour Duchran, avec M. Stanley.... car je suppose que Votre Honneur gardera encore ce nom.

— Certainement, monsieur Macwheeble; mais ne viendrez-vous pas vous-même au glen pour y voir votre patron?

— Je le ferais de bon cœur, vous pouvez le croire, et je remercie Votre Honneur de m'avoir rappelé mes devoirs; mais le soleil sera couché avant que je sois de retour de chez le capitaine : vous savez que le taillis ne jouit pas d'une bonne réputation, à ces heures indues !..... On dit beaucoup de choses sur la vieille Jeannette Gellatley.... Le laird n'y ajoute pas la moindre foi... il a toujours été si imprudent et si téméraire ! et il n'a jamais craint ni diable ni homme ; mais je suis sûr que sir George Mackenye dit qu'aucun théologien ne peut douter qu'il n'y ait des sorciers, puisque la Bible nous défend de les laisser vivre ; comme aucun homme de loi en Écosse n'en saurait douter non plus, puisque notre législation les condamne à mort. Ainsi donc la loi et l'Évangile sont là pour appuyer cette opinion. Si Votre Honneur ne croit pas au Lévitique, il croira au livre des *Statuts*. Mais ce sera comme Son Honneur voudra : peu importe à Duncan Macwheeble. Cependant j'enverrai chercher la vieille Jeannette ce soir. Il ne faut pas traiter légèrement les gens qui ont cette réputation. Et puis nous aurons besoin de Davie pour tourner la broche ; car j'enverrai Eppie tuer une oie grasse pour le souper de Vos Honneurs.

Quand le soleil fut près de se coucher, Waverley partit pour se rendre à la chaumière. — Il fut obligé de convenir que la superstition avait bien choisi son lieu et son sujet pour répandre ses ridicules terreurs ; on pouvait appliquer à Jeannette et à sa demeure la description de Spencer :

> Là, dans un sombre glen, la hutte s'élevait ;
> Des roseaux en formaient la structure grossière,
> Et, rempart peu solide, un vieux mur l'entourait.
> Tel était le séjour choisi par la sorcière :
> La vieille de haillons se couvrait à dessein,
> Affectant les dehors d'une affreuse indigence,
> Évitant de passer dans le hameau voisin,
> Et de tout importun repoussant la présence,
> Afin de mieux cacher aux regards curieux
> Les funestes complots de son art odieux.

Édouard entra dans la hutte en se rappelant ces vers. La pauvre Jeannette, courbée par l'âge et noircie par la fumée de son feu de tourbe, allait et venait dans sa demeure avec un balai de bouleau, et marmottait quelques paroles entre ses dents, tout en tâchant de donner un air de propreté à son plancher et à son foyer pour les rendre dignes de ses hôtes. Le bruit des pas de Waverley la fit tressaillir et trembler de tous ses membres, tant elle était inquiète pour le baron. Il eut beaucoup de peine à lui faire comprendre que M. Bradwardine n'avait plus rien à craindre pour sa personne, mais qu'on l'avait dépouillé de sa propriété..... — Eh! qui serait assez avide pour oser lui prendre son bien? dit-elle. Quant à cet Inchgrabbit, je voudrais parfois être vraiment une sorcière en sa faveur, si je n'avais peur que l'ennemi ne me prît au mot.

Édouard lui remit quelques pièces d'argent, et lui promit que sa fidélité serait récompensée.

— Quelle autre récompense me serait plus agréable, répondit-elle, que le plaisir de voir mon vieux maître et miss Rose recouvrer ce qui est à eux?

Waverley prit congé d'elle et se hâta de se rendre au *Patmos* du baron. A peine eut-il sifflé à demi-voix qu'il vit le vieillard, tel qu'un vieux blaireau, sortir la tête de son terrier pour *reconnaître*.

— Vous venez de bonne heure, mon enfant, dit-il en descendant : les habits-rouges auraient-ils encore découvert ma retraite? ne sommes-nous plus en sûreté ici ?

— Les bonnes nouvelles ne sauraient être apprises trop tôt, répondit Waverley ; et il s'empressa de lui rendre compte de tout ce qu'il avait d'heureux à lui annoncer.

Le vieillard, joignant les mains et levant ses regards vers le ciel, pria un moment en silence et puis il s'écria : — Loué soit Dieu, je reverrai mon enfant!

— Pour ne plus la quitter, ajouta Waverley.

— J'ose l'espérer... à moins que ce ne soit pour gagner par mon travail de quoi subvenir à ses besoins ; car je suis un peu court en finances : mais que signifient les biens du monde ?

— Et si, dit Édouard avec timidité, il y avait une situation qui plaçât miss Bradwardine hors des incertitudes de la fortune et dans le rang où elle est née, vous y opposeriez-vous, mon cher baron, parce qu'elle rendrait un de vos amis l'homme le plus heureux du monde?

Le baron se tourna promptement vers lui comme s'il n'eût pas bien entendu.

— Oui, continua Édouard, je ne regarderai mon arrêt de proscription comme véritablement révoqué, qu'autant que vous me permettrez de vous accompagner à Duchran pour y...

Le baron semblait vouloir rassembler toute sa dignité pour parler d'une manière convenable sur ce qu'il aurait appelé dans d'autres temps un traité d'alliance entre les maisons de Bradwardine et de Waverley; il ne put y parvenir : le *père* l'emporta sur le *baron*. L'orgueil de la naissance et des titres fut mis de côté; la joie et la surprise se peignirent dans tous les traits du vieillard, lorsque, ne pouvant contenir l'émotion de la nature, il serra Waverley dans ses bras en s'écriant avec des sanglots :

— Mon fils, mon cher fils! eussé-je pu chercher dans l'univers entier, c'est de vous que j'aurais fait choix!

Édouard lui rendit ses embrassemens avec la plus tendre affection; et pendant quelques minutes ils marchèrent sans se parler, l'un à côté de l'autre. Édouard rompit le silence le premier.

— Mais miss Bradwardine? dit-il.

— Elle n'a jamais d'autre volonté que celle de son père; d'ailleurs vous réunissez tout ce qui peut flatter une personne bien née... Dans les jours de ma prospérité je n'aurais pas désiré d'autre époux pour ma fille que le digne neveu de mon excellent ami sir Everard! Mais je suppose, jeune homme, — que vous ne commettez aucune imprudence; que vous avez eu soin de vous assurer de l'approbation de vos amis, de vos parens, et surtout du respectable sir Everard, qui vous tient lieu de père, *loco parentis*; ah! nous ne devons pas oublier cela.

Édouard l'assura que sir Everard se croirait très honoré de

l'accueil flatteur qu'avait reçu sa demande, qui avait toute son approbation; et pour l'en convaincre, il remit au baron la lettre du colonel Talbot.

Le baron lut la lettre avec la plus grande attention.

— Sir Everard, dit-il, a toujours préféré l'honneur et la naissance aux richesses; et dans le fait, il n'a aucun besoin de faire sa cour au *diva pecunia*. Puisque Malcolm s'est rendu coupable de parricide, car je ne saurais donner d'autre nom à l'aliénation de l'héritage de nos ancêtres, je regrette maintenant, ajouta-t-il en fixant les yeux sur une partie du toit de Tully-Veolan qu'on apercevait par-dessus les arbres, — je regrette de ne pas pouvoir laisser à Rose le vieux manoir et les sillons qui en dépendent. Cependant, ajouta-t-il après avoir réfléchi pendant quelques instants, tout est peut-être pour le mieux; car, comme baron de Bradwardine, j'aurais cru de mon devoir d'insister sur certaines prétentions au sujet de mon nom et de mes armes, qu'aujourd'hui, laird sans terre, avec une fille sans dot, on ne saurait me blâmer d'avoir abandonnées.

— Dieu soit loué, pensa Édouard, que mon oncle n'entende pas parler de ces scrupules! l'ours rampant et les trois hermines passant se seraient querellés. — Je vous prie d'être persuadé, ajouta-t-il avec toute l'ardeur d'un jeune amoureux, que je mets tout mon bonheur dans la possession du cœur de votre aimable fille, et que je suis aussi heureux en obtenant votre approbation que si elle m'apportait pour douaire un comté.

Ils arrivèrent au petit Veolan: l'oie fumait sur la table, et le bailli brandissait son couteau et sa fourchette. Son patron et lui se revirent avec une joie franche. La cuisine eut aussi ses hôtes: la vieille Jeannette fut placée au coin du feu; Davie tourna la broche à son immortel honneur, et les chiens eux-mêmes Ban et Buscar, qui avaient eu une part abondante, dormirent sur le plancher.

Le lendemain M. Bradwardine partit pour Duchran avec son jeune ami. Le baron y était attendu, parce qu'on y était informé du succès des démarches que les gentilshommes partisans du gouvernement avaient faites unanimement en sa faveur. On était même persuadé qu'il aurait conservé ses propriétés, si elles n'avaient passé entre les mains de son indigne parent, dont les droits résultant de la condamnation du baron pour crime de rébellion ne pouvaient être détruits par un pardon de la couronne. Le vieillard avec sa gaîté ordinaire se plaisait à répéter qu'il aimait cent fois mieux posséder l'estime de ses honorables voisins, que de rentrer dans l'entière jouissance de sa baronnie et de ses dépendances.

Je n'essaierai pas de peindre l'entrevue du père et de la fille qui s'aimaient si tendrement, et que des circonstances si cruelles avaient séparés ; moins encore essaierai-je d'expliquer l'aimable rougeur de miss Rose lorsqu'elle reçut les complimens de Waverley : je ne chercherai même pas à savoir si elle eut quelque curiosité d'apprendre le motif particulier de son voyage en Écosse. Enfin, pourquoi ennuyer le lecteur des fades détails d'une déclaration d'amour d'il y a soixante ans ? Il suffira de dire que sous les auspices d'un scrupuleux observateur de l'étiquette comme le baron tout se passa dans les formes. Il se chargea le lendemain matin de son arrivée d'annoncer lui-même les propositions de Waverley à Rose, qui les écouta avec la timidité convenable à une jeune fille. La renommée prétend cependant que Waverley avait dès la veille au soir trouvé cinq minutes pour l'informer de ce qui se passait, pendant que le reste de la compagnie regardait trois serpens entrelacés formant un jet d'eau dans le jardin.

Mes belles lectrices en décideront elles-mêmes : quant à moi, je ne conçois pas comment il aurait pu terminer en quelques minutes une affaire aussi importante, et qui coûta au laird une heure au moins d'explication.

Depuis lors Édouard fut regardé comme un prétendu agréé. A force de sourire d'un air d'intelligence et de faire des signes de tête, la dame de la maison lui assura à table la place à côté de miss Bradwardine, et au jeu celle de son partenaire. Entrait-il dans l'appartement, celle des quatre miss Rubrick qui était assise auprès de Rose avait toujours oublié son dé ou ses ciseaux d'un côté opposé, afin de lui laisser occuper sa chaise, et quelquefois quand le papa et la maman n'étaient pas là pour leur dire : mesdemoiselles, soyez sages et discrètes, — les demoiselles se mettaient à rire un peu. Le vieux laird de Duchran plaçait aussi par momens son bon mot, et la vieille lady sa remarque. Le baron lui-même ne pouvait pas toujours garder son sérieux, mais Rose n'avait avec lui que l'embarras des conjectures, car ses saillies étaient habituellement exprimées par une citation latine. Les valets peut-être se faisaient des signes trop expressifs, et les servantes riaient trop fort ; chacun enfin chuchotait, et affectait de faire entendre qu'il y avait un secret sous le tapis. Alice, la jolie fille de la caverne, qui depuis le *malheur* que son père avait éprouvé (comme elle le disait) servait Rose Bradwardine en qualité de fille de chambre, n'était pas la dernière à sourire et à clignoter. Rose et Waverley cependant supportaient toutes ces petites vexations comme tant d'autres couples en avaient supporté, et comme tant d'autres en supportent et en supporteront de semblables : mais probablement ils trouvaient quelque dédommagement, car ils ne parurent vraiment pas malheureux pendant les six jours que notre héros passa à Duchran.

Il fut définitivement arrêté qu'Édouard retournerait au château de Waverley pour faire tous ses préparatifs ; qu'il passerait par Londres pour solliciter sa grace, et qu'il reviendrait le plus tôt possible pour recevoir la main de sa fiancée.

Edouard voulut aussi rendre visite dans ce voyage au colonel Talbot ; mais il se proposait surtout de connaître le sort du chef infortuné de Glennaquoich, de le voir à Carlisle, de chercher à faire commuer sa peine s'il ne pouvait obtenir sa grace, et d'offrir à la malheureuse Flora un asile auprès de Rose, ou du moins de lui rendre tous les services qui dépendraient de lui. Il paraissait bien difficile d'arracher Fergus à son sort. Édouard avait déjà tenté d'intéresser en sa faveur son ami le colonel ; mais Talbot ne lui avait pas dissimulé, en lui répondant, que son crédit en ces sortes d'affaires était épuisé.

Le colonel était encore à Édimbourg, où il prolongeait son séjour pour terminer une mission que le duc de Cumberland lui avait confiée. Il y attendait lady Emilie, à qui les médecins avaient ordonné un voyage à petites journées, avec l'usage du petit-lait de chèvre, et que son neveu Stanley devait accompagner. Edouard alla donc à Edimbourg trouver le colonel, qui le félicita affectueusement de son bonheur, et se chargea avec plaisir de plusieurs commissions que notre héros fut obligé de lui laisser en partant. Mais au sujet de Fergus il fut inexorable; il démontra il est vrai à Edouard que ses sollicitations seraient inutiles; mais il avoua d'ailleurs qu'il ne pourrait pas consciencieusement user de son crédit en faveur de ce malheureux chef. — La justice, qui doit venger la nation de l'outrage qu'elle vient de recevoir, ne pouvait choisir, dit-il, une victime qui méritât mieux de servir d'exemple. Il ne peut alléguer d'avoir été séduit ou trompé ; il avait long-temps médité son entreprise ; et c'est avec pleine connaissance de cause qu'il a levé l'étendard de la révolte. Le sort de son père n'a pu l'intimider, ni la clémence du gouvernement qui lui avait restitué ses domaines et ses titres changer ses principes. Il est brave, généreux; mais ses bonnes qualités ne le rendent que plus dangereux, comme son esprit éclairé rend son crime moins excusable; —son enthousiasme pour une mauvaise cause l'appelle à en être le martyr. Enfin il a conduit au champ de bataille des centaines d'hommes qui sans lui n'auraient jamais troublé la paix du pays. — Je vous le répète, continua le colonel, Dieu sait que je le plains sincèrement comme individu, mais ce jeune chef avait bien examiné et compris le rôle désespéré qu'il a rempli. Il a joué à pair ou non la vie ou la mort, un cercueil ou une couronne de comte. La justice ne saurait permettre qu'il retirât ses enjeux parce que les dés ont tourné contre lui.

Telles étaient les conclusions que dans ce temps-là même

des hommes braves et humains tiraient contre un ennemi vaincu. Espérons que nous ne verrons plus les scènes, et que nous n'entendrons plus les argumens de cette nature, qu'on voyait et qu'on entendait si généralement dans la Grande-Bretagne il y a soixante ans.

CHAPITRE LXVIII.

« Demain ? Oh ! c'est aller trop vite. — Épargnez-le,
« épargnez-le ! »
SHAKSPEARE.

Waverley, suivi d'Alick Polwarth son ancien domestique qu'il avait repris à son service à Édimbourg, arriva à Carlisle, lorsque la cour d'*Oyer et Terminer*[1] était assemblée pour juger les prévenus de haute trahison. Il avait fait la plus grande diligence ; non, hélas ! dans l'espoir de sauver son ami, mais seulement afin de le voir encore une fois. Nous aurions dû dire qu'il avait déjà fourni des fonds de la manière la plus libérale pour procurer des défenseurs aux prisonniers. Un solliciteur[2] et le premier avocat de Carlisle suivaient donc le procès ; mais c'était comme lorsque les premiers médecins sont appelés au lit d'un moribond d'un rang élevé ; les docteurs sont là pour mettre à profit quelque chance imprévue qu'offrira peut-être la nature, — et dans un procès comme celui de Fergus, les avocats viennent épier une irrégularité accidentelle de la procédure. Édouard pénétra dans la salle d'audience qui était remplie d'une foule immense ; mais il arrivait d'Écosse, et à son empressement comme à son agitation, on sup-

---

(1) *Ouïr et terminer.*—Éd.
(2) Le *sollicitor* et l'*attorney* sont les avoués du barreau anglais ; le *sollicitor* suit les procès près les hautes cours d'équité ; l'*attorney* près les tribunaux civils. L'avocat (*counsellor*) dirige les procès et les plaide, etc., etc. — Éd.

posa que c'était un parent des prisonniers; chacun lui fit place. La cour terminait sa troisième séance. Le *verdict de culpabilité*[1] venait d'être prononcé. Ce fut dans ce moment solennel que Waverley jeta les yeux sur les deux personnes qui étaient à la barre. On ne pouvait se méprendre à la taille imposante et aux nobles traits de Fergus Mac Ivor, malgré le désordre de ses vêtemens et la pâleur livide de son visage causée par sa longue détention. A son côté était Evan Mac Combich. Édouard fut saisi d'un étourdissement pénible; mais il revint à lui lorsque le greffier criminel[2] proféra ces paroles solennelles : — Fergus Mac Ivor de Glennaquoich, autrement appelé Vich Ian Vohr, et Evan Mac Ivor de Tarrascleugh, autrement appelé Evan Dhu, Evan Mac Combich, ou Evan Dhu Mac Combich, vous et chacun de vous, vous êtes atteints et convaincus de haute trahison. Qu'avez-vous à dire en votre faveur contre le jugement que la cour va prononcer, afin que vous périssiez selon la loi?

Au moment où le juge-président mettait sur sa tête le fatal bonnet de jugement, Fergus se couvrit lui-même, le regarda d'un œil fixe et sévère en répondant avec fermeté :

— Je ne puis laisser croire à cette nombreuse assemblée que je n'ai rien à répondre; mais ce que j'aurais à vous dire vous ne pourriez l'entendre; car ma défense serait votre condamnation : usez donc de vos droits, au nom du ciel ! Depuis deux jours vous vous plaisez à répandre comme de l'eau le sang le plus noble et le plus pur; n'épargnez pas le mien; tout celui de mes ancêtres serait dans mes veines que je l'aurais versé volontiers pour cette sainte cause.

Il reprit tranquillement sa place et refusa de se lever de nouveau.

Mac Combich le regarda d'un air calme et se leva dans l'intention de parler; mais l'appareil de la cour et la difficulté de traduire ses pensées dans une langue qui n'était pas la sienne,

---

(1) *Verdic of guilty*. C'est la *déclaration* (vere dictum) du jury qui prononce l'accusé coupable. — Éd.

(2) *The clerk of arraigns*, greffier des assises. — Éd.

le privèrent de la parole. Les spectateurs firent entendre un murmure de compassion, persuadés que ce pauvre malheureux voulait faire valoir, pour excuser sa conduite, qu'il avait été forcé d'obéir à son chef. Le président fit faire silence, et encouragea Mac Combich à parler.

— Milord, dit Evan avec le ton le plus insinuant qu'il put prendre, tout ce que j'allais dire était que si Votre Excellence et l'honorable cour acquittaient Vich Ian Vohr, et le laissaient aller en France à condition de ne plus troubler le gouvernement du roi George, six des plus braves de son clan se feraient exécuter pour lui. Si vous me laissiez aller à Glennaquoich, je vous les amènerais moi-même pour leur couper la tête ou les pendre, et vous commenceriez par moi.

Malgré la solennité du lieu, cette proposition extraordinaire excita une espèce de rire dans l'assemblée. Le président réprima cette indécence, et Mac Combich, promenant ses regards autour de lui, dit d'un air de mépris :— Si messieurs les Saxons rient de ce qu'un pauvre malheureux ose croire que la vie de cinq à six personnes de son rang vaut bien celle de leur brave chef, ils ont raison de rire; mais s'ils rient parce qu'ils croient que je ne tiendrais pas ma parole, et que je ne reviendrais pas, je puis leur dire qu'ils ne connaissent ni le cœur d'un Highlander ni l'honneur d'un gentilhomme.

On ne fut pas tenté de recommencer à rire; le plus profond silence régna dans l'assemblée. Le président prononça la peine de mort contre les deux détenus, avec tous ses horribles accompagnemens, et l'heure de l'exécution fut fixée au lendemain.

— Pour vous, Fergus Mac Ivor, ajouta-t-il, vous devez renoncer à tout espoir d'obtenir grace; préparez-vous à souffrir demain pour la dernière fois ici-bas et à paraître devant un autre tribunal.

— C'est mon seul désir, répondit Fergus toujours avec la même fermeté. Une larme tomba des yeux de Mac Combich qui les avait tenus fixés sur le chef.

— Quant à vous, pauvre ignorant, reprit le juge, vous qui,

fidèle aux malheureux principes dans lesquels vous avez été élevé, venez de nous prouver que d'après vos idées d'obéissance comme membre d'un clan, vous vous croyiez en droit de résister aux ordres du gouvernement, et de ne reconnaître pour chef qu'un ambitieux qui ne s'est servi de vous que comme de l'instrument de ses crimes;... quant à vous, dis-je, votre situation me touche; je ne puis m'empêcher de vous plaindre. Présentez une pétition pour obtenir votre grace; je ferai en sorte de l'obtenir pour vous : sinon...

— Grace pour moi! répondit Evan : je n'en veux point. Puisque vous devez verser le sang de Vich Ian Vohr, je n'ai rien à vous demander, sinon d'ordonner qu'on m'ôte mes fers, qu'on me rende ma claymore, et qu'on me permette de m'approcher de vous pendant deux minutes.

— Que son sang retombe sur sa tête! dit le président. Qu'on emmène les prisonniers.

Waverley, accablé sous le poids de ses douloureuses réflexions, fut entraîné par la foule sans s'en apercevoir, et ne revint à lui que dans la rue. Sa première idée fut de voir Fergus et de lui parler : il s'approcha du château, mais il fut repoussé. — Le grand-shériff, lui dit un sous-officier, a donné l'ordre de ne laisser entrer personne, excepté le confesseur et la sœur du prisonnier.

— Et où est miss Mac Ivor? — Il apprit que miss Mac Ivor était dans la maison d'une ancienne famille catholique, non loin de Carlisle.

Repoussé de la porte du château, n'osant s'adresser avec un nom proscrit ni au grand-shériff, ni aux juges, il eut recours au solliciteur qui défendait son ami. Celui-ci lui dit qu'on craignait que l'opinion du public ne fût égarée si on laissait décrire les derniers momens des jacobites par les amis du Prétendant; d'où il avait été arrêté d'exclure de la prison tous ceux qui n'étaient pas de leurs proches : cependant (pour obliger l'héritier de Waverley-Honour) il promit de lui obtenir pour le lendemain une permission de voir le prisonnier avant qu'on brisât ses fers pour l'exécution.

— Est-ce un songe? dit Waverley; est-ce de Fergus que l'on me parle? de Fergus si chevaleresque et si brave! de Fergus, le chef d'une tribu dévouée! Est-ce bien lui que j'ai vu guider les chasseurs, et puis combattre à la tête des siens? Fergus si vaillant, si actif, si jeune, si noble, l'amour des dames, le sujet du chant des bardes!—Est-ce lui qui est chargé de fers comme un malfaiteur? est-ce lui qui doit être traîné sur la claie au gibet, pour y subir une mort lente et cruelle, et y être mutilé par les mains du plus abject des hommes? Ah! il venait bien de l'enfer le spectre qui prédit un tel sort au brave chef de Glennaquoich.

Il pria d'une voix tremblante le solliciteur de prévenir Fergus de la visite qu'il lui ferait s'il en obtenait la permission, et retourna tristement à son auberge. Il écrivit ensuite à Flora Mac Ivor un billet à peine intelligible, pour lui demander la permission de se présenter chez elle le soir même. Son messager revint bientôt avec une réponse ainsi conçue : — Quelque affreuse que soit la position de miss Flora Mac Ivor, elle ne peut refuser la demande du meilleur ami de son frère. Cette lettre était tracée d'une main que le malheur n'avait pu rendre tremblante.

— Édouard n'eut besoin que de dire son nom pour être admis dans la maison qu'habitait miss Mac Ivor. Il la trouva dans une antique salle, assise près d'une fenêtre grillée, occupée à coudre une espèce de vêtement de flanelle blanche. A peu de distance, une femme qui paraissait étrangère et appartenir à une communauté religieuse, lisait un livre de prières catholiques. Lorsque cette personne vit entrer Waverley, elle posa son livre sur la table et sortit. Flora se leva pour le recevoir, et lui tendit la main; mais ils gardèrent l'un et l'autre le plus profond silence pendant quelques minutes. Le teint de Flora avait perdu sa fraîcheur; elle paraissait exténuée; ses vêtemens noirs faisaient ressortir d'une manière frappante la pâleur de ses mains et de son visage plus blanc que le marbre. Cependant malgré tous ces signes de douleur, il n'y avait rien de négligé dans sa parure; ses cheveux étaient encore arrangés avec soin, quoique sans ornement.

— L'avez-vous vu? dit-elle d'une voix étouffée.

— Hélas non! on m'a refusé...

— Ils ne s'écartent en rien de leurs principes... Soumettons-nous... Espérez-vous obtenir la permission de le voir?

— Peut-être demain!...

— Ah! demain ou jamais... J'espère, ajouta-t-elle en levant les yeux au ciel, j'espère que nous nous reverrons dans une patrie plus heureuse; cependant je serais charmée que vous puissiez le voir pendant qu'il est encore sur cette terre de misère... Il vous a toujours aimé tendrement, — quoiqu'il soit inutile de parler du passé...

— Oui, c'est inutile! répéta Waverley.

— Et même de l'avenir, en tant qu'il est question des événemens de ce monde, continua Flora; — que de fois en effet ne me suis-je pas représenté cette horrible catastrophe! Que de fois ne me suis-je pas demandé si je pourrais la supporter! Ah! que j'étais loin de deviner toute l'amertume de ce moment!

— Chère Flora, si votre force d'ame...

— Ah! oui, vous l'avez dit, — répondit-elle avec l'accent du délire. — Oui, il y a, monsieur Waverley, — il y a dans mon cœur un démon qui se plaît à me dire sans cesse et tout bas, — mais ce serait folie de l'écouter, — que c'est cette force d'ame dont Flora était si fière qui a tué son frère.

— Grand Dieu! comment pouvez-vous exprimer une pensée si horrible?

— Oui, n'est-elle pas horrible? mais elle est là qui me poursuit comme un fantôme. Je sais que ce n'est qu'une vaine imagination; mais elle est là, — qui ne cesse d'effrayer mon esprit de ses fatales images, — et qui me dit que mon frère, aussi inconstant que passionné, aurait divisé l'énergie de son ame entre cent objets. C'est moi qui l'ai poussé à la concentrer et à tout risquer dans cette chance terrible! Oh! que ne lui ai-je dit une seule fois : — Mon frère, celui qui tire le glaive doit mourir par le glaive !... — Que ne lui ai-je dit une seule fois : — Restez paisible dans nos foyers, conservez votre vie et celle de vos vassaux pour des entreprises possibles ! Mais, hélas ! monsieur Waverley, je n'ai pas cessé d'exciter son ame ardente. Ah ! c'est à sa sœur qu'il peut attribuer la moitié de son malheur.

Édouard s'étudia à combattre par tous les argumens qui lui vinrent à l'esprit cette idée horrible. Il lui rappela qu'une même éducation avait donné à son frère les mêmes principes de devoir.

— Oh ! ne croyez pas que je les aie oubliés, reprit-elle avec vivacité ; je ne regrette pas son entreprise parce qu'elle était blâmable, — oh ! non ; là-dessus je suis forte ; — mais parce qu'il était impossible qu'elle se terminât autrement que ce que nous voyons.

— Cependant, dit Édouard, elle n'a pas toujours paru si hasardeuse et si désespérée. D'ailleurs Fergus, dans son téméraire courage, eût embrassé cette cause que vous l'eussiez approuvé ou non. Vos conseils n'ont servi qu'à donner de l'unité et de la consistance à ses démarches ; ils ont ennobli mais non précipité sa résolution.

Flora avait repris son aiguille et n'entendait plus Waverley.

— Ah ! dit-elle ensuite avec un sourire effrayant, vous rappelez-vous m'avoir vue occupée à préparer ses rubans de fiancé ; aujourd'hui je suis à coudre son habit de noces ! Nos amis de cette maison, ajouta-t-elle en cherchant à maîtriser son émotion, doivent accorder une place en terre sainte dans leur chapelle aux restes sanglans du dernier Vich Ian Vohr !.... Mais le cercueil n'en recueillera qu'une partie :.... non, sa tête !..... Je n'aurai pas même la triste satisfaction de coller mes lèvres sur les lèvres glacées de mon cher Fergus.

La malheureuse Flora, après quelques sanglots convulsifs, s'évanouit dans son fauteuil.

La religieuse qui s'était tenue dans l'antichambre entra

avec empressement, et pria Waverley de quitter l'appartement, mais non la maison.

Au bout d'une demi-heure il fut rappelé. Miss Mac Ivor était parvenue par un pénible effort à recouvrer le calme. Il crut que c'était le moment de parler de l'espoir qu'avait miss Bradwardine que Flora la regarderait comme une sœur adoptive et vivrait avec elle.

— Ma chère Rose m'a déjà écrit à ce sujet, répondit-elle; mais le chagrin est égoïste et exclusif; autrement je lui aurais répondu que même dans mon désespoir j'ai éprouvé un moment de plaisir en apprenant qu'elle pouvait espérer d'être heureuse, et que le bon baron Bradwardine avait échappé au naufrage général. Monsieur Waverley, donnez ceci à ma chère Rose; c'est le seul ornement de quelque prix qu'ait sa pauvre Flora, et ce fut le don d'une princesse. Elle lui remit l'écrin qui contenait la chaîne de diamans qui parait habituellement ses cheveux. — Ces diamans, dit-elle, me sont désormais inutiles; mes amis ont obtenu mon admission dans le couvent des bénédictines écossaises à Paris...... Demain..., si je survis au jour de demain...., demain je partirai avec cette respectable sœur... Adieu, monsieur Waverley. Puissiez-vous trouver dans votre union avec ma chère Rose tout le bonheur que vous méritez l'un et l'autre!... J'espère que vous penserez quelquefois aux amis que vous avez perdus..... Adieu de nouveau; ne cherchez plus à me revoir.

Elle tendit sa main à Waverley, qui l'inonda de larmes; et il sortit d'un pas mal assuré pour retourner à Carlisle. A l'auberge, on lui remit une lettre qui lui donnait avis qu'on lui accordait de voir Fergus le lendemain, aussitôt que les portes de la citadelle seraient ouvertes, et qu'il pourrait rester auprès de lui jusqu'au moment où le shériff donnerait le signal du fatal départ.

CHAPITRE LXIX.

« D'un adieu plus cruel le moment est venu,
« Et du crêpe fatal le tambour est tendu. »
CAMPBELL.

Après avoir passé une nuit sans sommeil, Waverley se rendit de très grand matin sur l'esplanade de la citadelle gothique de Carlisle, où il attendit long-temps avant que les portes fussent ouvertes et que le pont-levis fût baissé. Il montra sa permission au sergent du poste, et fut admis.

Fergus était prisonnier dans le sombre appartement d'une vieille tour située au centre du château, et entourée de fortifications extérieures qui paraissaient dater au moins du règne d'Henry VIII. Au bruit des barres de fer et des verrous qu'on ôta pour faire entrer Édouard, répondit un bruit de chaînes lorsque l'infortuné chef se traîna sous le poids de ses lourdes entraves sur le pavé de sa prison pour venir se jeter dans les bras de son ami. — Mon cher Édouard, lui dit-il d'une voix ferme et même joyeuse, vous êtes un tendre ami ! La nouvelle de votre bonheur prochain m'a fait le plus grand plaisir : comment se porte Rose et notre vieil ami l'original baron ? très bien, n'est-ce pas ? vos regards me le disent. — Et comment déciderez-vous la question de préséance entre les trois hermines passant et l'ours avec le tire-botte ?

— Mon cher Fergus, comment pouvez-vous parler de semblables choses dans un tel moment ?

— Ah ! convenez que nous sommes entrés tous deux dans Carlisle sous de plus heureux auspices, le 16 novembre dernier, lorsque nous arborâmes le drapeau blanc sur ses antiques tours; mais voulez-vous que je pleure comme un enfant parce que le sort m'a trahi? Je n'ignorais pas tout ce que je risquais, j'ai joué hardiment: je saurai m'acquitter bravement; mais puisque je n'ai que quelques momens à passer avec vous, parlons de ce qui m'intéresse le plus. — Le prince a-t-il eu le bonheur d'échapper aux limiers?

— Oui, il est en lieu de sûreté.

— Ah! Dieu en soit loué! racontez-moi sa fuite.

Waverley lui fit le récit de tout ce qu'il avait entendu dire de cette histoire extraordinaire, que Fergus écouta avec le plus vif intérêt. Il le questionna ensuite sur plusieurs autres amis, et demanda particulièrement des nouvelles des hommes de son clan.

—Ils avaient moins souffert que les autres, lui dit Édouard, parce qu'aussitôt qu'ils eurent perdu leur chef, ils se débandèrent selon l'usage général des Highlanders; et comme ils n'étaient plus sous les armes lorsque l'insurrection fut étouffée, on les traita avec moins de rigueur. Fergus apprit ces détails avec une vive satisfaction.

— Mon cher Waverley, dit-il, vous êtes riche et vous êtes généreux : si vous appreniez jamais que les pauvres Mac Ivor fussent tourmentés dans leurs montagnes par quelque agent du gouvernement, rappelez-vous que vous avez porté leur tartan, et que vous êtes un fils adoptif de leur race. Le baron qui habite près de nous et qui connaît nos usages vous dira de quelle manière vous pourrez leur rendre service. Promettez au dernier Vich Ian Vohr que vous serez leur protecteur.

Comme on le croira sans peine, Édouard en donna sa parole; et il la tint si bien que sa mémoire est encore en vénération à Glennaquoich, où il est connu sous le nom de l'ami des enfans d'Ivor.

— Que n'est-il en mon pouvoir, dit Fergus, de vous léguer mes droits à l'amour et à la fidélité de cette antique et brave race! ou que ne puis-je du moins décider mon pauvre Evan à ne pas refuser la vie qu'on lui offre! Que ne peut-il être pour vous ce qu'il a toujours été pour moi, le plus tendre..., le plus brave..., le plus dévoué!...

Ses larmes, que son propre sort n'avait pu arracher de ses yeux, coulèrent sur celui de son frère de lait.

— Hélas! reprit-il en les essuyant, ce n'est pas possible, vous ne pouvez être pour eux Vich Ian Vohr! Ces trois mots magiques sont le seul *Ouvre-toi, Sésame*[1], continua-t-il en souriant, qui puisse commander à leurs affections. Le pauvre Evan suivra son frère de lait à la mort comme il l'a suivi dans la vie.

— Je puis vous assurer, dit Mac Combich se levant de dessus le plancher où il s'était tenu couché de peur d'interrompre leur conversation; je puis vous assurer que je n'ai jamais eu d'autre désir que de mourir auprès de mon chef.

— Puisque nous sommes à parler des clans, dit Fergus, voudriez-vous me dire ce que vous pensez de la prédiction du Bodach-Glas? — Et prévenant la réponse d'Édouard, — Je l'ai revu cette nuit, à la lueur d'un rayon de la lune qui venait par cette haute et étroite fenêtre tomber au pied de mon lit. — Pourquoi le craindrais-je? ai-je pensé; — demain à cette heure je serai depuis long-temps un être immatériel comme lui. — Esprit perfide, lui ai-je dit, viens-tu faire ta dernière visite sur la terre et jouir de la chute du dernier descendant de ton ennemi? Que pensez-vous de tout cela, cher Waverley? J'ai fait la même question à mon confesseur, homme bon et éclairé : il m'a répondu que l'Eglise ne rejetait pas la possibilité de ces apparitions, mais que c'est notre imagination qui le plus souvent nous abuse. Qu'en pensez-vous?

— Je suis de son avis, répondit Édouard, qui voulait éviter d'engager une discussion sur cette matière.

Le respectable ecclésiastique entra pour administrer aux prisonniers les derniers secours de la religion selon les rites de l'Eglise de Rome. Édouard se retira. Il fut rappelé au bout

---

(1) Allusion au conte oriental d'Ali-Baba et de quarante voleurs dont la trappe s'ouvre dès qu'on prononce ces mots ; *Sésame, ouvre-toi.* — Ép.

d'une heure environ ; et bientôt un détachement entra, précédé d'un forgeron pour ôter les fers des prisonniers.

— Mon ami, dit Fergus en souriant, vous voyez quel hommage on rend à la force et au courage des Highlanders. Ils nous ont tenus enchaînés comme des bêtes féroces jusqu'à paralyser nos jambes par l'étreinte de ces fers ; et maintenant ils nous font garder par six hommes avec le fusil chargé, de peur que nous ne prenions la citadelle d'assaut.

Édouard sut par la suite que ces précautions avaient été prises depuis que les prisonniers avaient fait une tentative pour s'évader, tentative qui avait failli réussir.

Bientôt les tambours battirent aux champs.—Voici le dernier signal pour l'exercice que j'entendrai, dit Fergus ; et maintenant, mon cher, mon cher Édouard, avant de nous quitter, parlez-moi de Flora.... Ah! ce nom éveille les émotions les plus tendres de mon cœur.

— Je ne vous quitterai point *ici*, dit Waverley.

—Il le faut, mon ami ; vous ne pouvez m'accompagner plus loin. Ce n'est pas que je craigne pour moi ce qui va suivre, ajouta-t-il vivement, la nature a ses tortures aussi bien que l'art.... Combien nous estimerions heureux l'homme qui échapperait aux angoisses d'une maladie mortelle et douloureuse dans l'espace d'une demi-heure! et ceci ne durera, qu'ils fassent comme ils voudront, ceci ne durera pas longtemps ; mais le spectacle que peut soutenir un mourant est capable de tuer son ami.— Cette belle loi de haute trahison est un des bienfaits que doit la pauvre vieille Écosse à votre libre patrie, continua Fergus avec une fermeté et un sang-froid extraordinaires ; notre jurisprudence était plus douce. Mais un jour ou un autre,— quand il n'y aura plus de Highlanders sauvages pour en profiter,— je suppose que vos Anglais effaceront de leur code cette loi qui les assimile à une nation de cannibales : ils aboliront le spectacle que l'on donne au peuple en exposant les têtes des suppliciés.— Ah! ils n'auront pas l'esprit de mettre sur la mienne une couronne de comte en papier !— La satire ne serait pas mauvaise, Edouard. J'espère du moins qu'ils la placeront sur la porte du côté de l'Écosse, afin que même après ma mort mes yeux soient tournés vers les monts bleuâtres de ma terre natale, que j'aime si tendrement. Le baron aurait ajouté :

Dulces moriens reminiscitur Argos (1).

Un bruit de roues et de chevaux se fit entendre dans la cour du château.

— Je vous l'ai dit, Edouard, vous ne devez pas me suivre ; et le bruit que j'entends m'avertit que mon heure approche. Apprenez-moi comment vous avez trouvé ma pauvre sœur.

Waverley, interrompu par ses sanglots, lui parla de la douleur de Flora.

— Pauvre Flora ! s'écria le chef. La sentence de ta mort t'eût moins désolée que la mienne.— Édouard, vous allez connaître le bonheur d'aimer et d'être aimé : puissiez-vous en jouir long-temps auprès de l'aimable Rose ! Mais vous ne connaîtrez jamais ce sentiment si pur qui unit deux orphelins comme Flora et moi, restés en quelque sorte seuls sur la terre, se tenant lieu de tout depuis l'enfance. J'espère que ma pauvre Flora se consolera après la première douleur de notre séparation, en songeant que j'ai rempli mon devoir ; oui, son enthousiasme de loyalisme la soutiendra ; elle pensera à Fergus comme à ces héros de notre race dont elle aimait tant à s'entretenir.

— Ne la verrez-vous pas ? elle semblait y compter.

— Mon ami, une feinte nécessaire lui épargnera ces cruels adieux... Je n'aurais pu me séparer d'elle sans répandre des larmes ;... et il m'en coûterait de laisser croire à ces hommes qu'ils ont pu en arracher de mes yeux ; on a donc fait croire à Flora qu'elle me verrait dans quelques heures, et cette lettre que mon confesseur lui remettra doit lui apprendre que tout est fini.

Un officier entra pour annoncer que le grand-shériff et son cortége attendaient à la porte de la citadelle pour réclamer les corps de Fergus Mac Ivor et d'Evan Mac Combich.

(1) Il meurt en répétant le nom si doux d'Argos. — Éd.

— J'y vais, répondit Fergus ; et donnant le bras à Édouard il descendit les escaliers de la tour, suivi de son confesseur et de Mac Combich, avec les soldats qui fermaient la marche. La cour était occupée par un escadron de dragons et par un bataillon d'infanterie formant un carré. Au milieu de leurs rangs étaient la claie peinte en noir, attelée d'un cheval blanc. Le bourreau, homme hideux comme son emploi, et portant sa hache à la main, était assis à une extrémité de la voiture sinistre, et à l'autre restait un siége vide pour deux personnes. A travers le sombre arceau gothique qui s'ouvrait sur le pont-levis, on apercevait le grand-shériff et sa suite ; parce que l'usage ne lui permettait pas d'avancer plus loin sans empiéter sur les droits de l'autorité militaire.

— Voilà qui est bien disposé pour une scène de dénouement, dit Fergus avec un sourire dédaigneux.

— Voilà ces beaux dragons, s'écria vivement Mac Combich, qui galopaient si vite à Gladsmuir avant que nous en eussions tué seulement une douzaine : ils ont l'air assez vaillant aujourd'hui !

Le prêtre le pria de garder le silence.

La charrette s'approcha : Fergus, après avoir embrassé Waverley sur chaque joue, y monta d'un pas leste ; Evan s'assit à son côté. Le prêtre devait suivre dans une voiture qui appartenait au gentilhomme chez qui Flora habitait momentanément. Comme Fergus tendait la main à Waverley on fit serrer les rangs, et le cortége se mit en marche. On fit halte quelques momens à la porte de la citadelle, où le grand-shériff devait recevoir les condamnés des mains de l'autorité militaire. — *God save the king* GEORGE ! cria le grand-shériff. Fergus se leva quand cette cérémonie fut finie, et cria d'une voix forte : — *God save the king* JAMES ! Ce furent les dernières paroles qu'Édouard entendit prononcer à son ami.

Le cortége se remit en marche, la charrette dépassa la voûte du portail où elle s'était arrêtée quelques instans. La marche de la mort se fit entendre, et à ses sons lugubres se mêlèrent les tintemens sourds des cloches de la cathédrale.

Bientôt la musique militaire s'éloigna et parut avoir cessé ; la voix de l'airain retentit seule.

Le dernier des soldats avait franchi l'arceau sous lequel le détachement défilait naguère, — la cour était déserte ; il n'y restait que Waverley, immobile, frappé de stupeur, fixant les yeux sur le passage où il avait rencontré le dernier regard de son ami. Enfin une servante du gouverneur, touchée de compassion en voyant sa muette douleur, l'invita à venir s'asseoir chez son maître. Elle réitéra plusieurs fois son invitation sans obtenir de réponse. Édouard revenu de cet état de stupeur remercia par des gestes la bonne fille, enfonça son chapeau sur ses yeux, et traversa les rues solitaires de Carlisle jusqu'à son auberge, où il s'enferma dans un appartement. Au bout d'environ une heure qui lui parut un siècle, il entendit le bruit des fifres et des tambours qui exécutaient un air vif ; les voix confuses de la multitude qui remplissait les rues lui apprirent que la scène terrible était achevée. Je n'essaierai pas de peindre les sentimens qu'il éprouva.

Dans la soirée l'ecclésiastique lui rendit visite, et lui dit qu'il venait, d'après la recommandation de Fergus Mac Ivor, pour lui dire qu'il était mort comme il avait vécu, et s'était souvenu de leur amitié jusqu'au dernier moment. Il ajouta qu'il avait vu aussi Flora, et qu'elle paraissait beaucoup plus tranquille depuis que tout était terminé. Le prêtre se proposait de quitter Carlisle le lendemain avec elle et sœur Thérèse, pour se rendre au port le plus voisin et s'embarquer pour la France. Édouard remit à ce digne prêtre une bague de prix, ainsi qu'une somme assez forte, pour être employée en services catholiques en mémoire de son ami. Il pensait avec raison que Flora serait sensible à cette marque d'affection : — *Fungarque inani munere*[1], — se dit-il quand l'ecclésiastique fut sorti ; cependant pourquoi ne pas classer les actes du souvenir avec les autres honneurs que l'amitié, dans toutes les sectes, adresse à la mémoire des morts ?

Le lendemain avant la pointe du jour Édouard quitta Car-

(1) Je m'acquitterai d'un devoir inutile. — Tr.

lisle, se promettant bien de ne jamais rentrer dans ses murs. Il ne tourna qu'à demi la tête pour voir la porte gothique sous laquelle il passa, car la place est entourée d'un vieux rempart.

— Elles ne sont pas ici, dit Alick Polwarth qui devina le motif du regard incertain et timide que Waverley jeta derrière lui.

Alick avait été témoin de l'exécution et en avait rassasié ses yeux avec le plaisir que le peuple trouve toujours à ces horribles scènes. — Les têtes, dit-il, sont sur la porte d'Écosse, comme ils l'appellent : c'était dommage qu'Evan Dhu, le brave homme! fût un Highlander. — Le laird de Glennaquoich aussi avait un bon cœur quand il n'était pas dans ses accès de colère.

CHAPITRE LXX.

Dulce Domum.

L'IMPRESSION d'horreur que le séjour de Carlisle avait produite sur l'esprit d'Édouard fut remplacée peu à peu par une mélancolie moins pénible. Ce changement fut presque entièrement le résultat de l'obligation, triste et consolante tout à la fois, d'écrire à miss Bradwardine. Sans chercher à cacher les sentimens douloureux dont il était pénétré, il chercha du moins à ne pas trop effrayer l'imagination de Rose, et à son tour il se familiarisa lui-même avec le tableau tel qu'il l'avait tracé pour ménager la sensibilité d'une autre. Ses lettres devinrent par degrés moins tristes, et il osa y parler d'un avenir plus heureux; cependant il ne put, de quelque temps encore, chercher comme autrefois de douces sensations dans les scènes de la nature.

Mais en approchant du lieu de sa naissance, il commença,

pour la première fois depuis Édimbourg, à éprouver ce plaisir qu'un pays cultivé et animé par une nombreuse population cause presque toujours à ceux qui viennent de quitter ces lieux déserts où tout est solitude et grandeur sauvage. Combien ces sensations furent plus vives encore quand il revit l'antique domaine de ses pères, qu'il reconnut les vieux chênes du parc de Waverley, et songea avec quel plaisir il amènerait Rose dans ces sites favoris! Bientôt les tours du chateau s'élevèrent au-dessus des arbres qui l'entouraient. Édouard se jeta enfin dans les bras de ces respectables parens à qui il devait tant de reconnaissance et d'affection.

Le bonheur de cette entrevue ne fut troublé par aucun mot de reproche. Malgré toute la peine qu'avaient éprouvée sir Everard et mistress Rachel, le parti qu'Édouard avait pris d'entrer au service périlleux du jeune chevalier était trop d'accord avec leurs propres principes pour qu'ils pussent le blâmer. Le colonel Talbot avait préparé les voies en faisant l'éloge de son courage, et surtout en appuyant sur la générosité qu'il avait montrée à Preston. Sir Everard et sa sœur se représentaient leur neveu combattant corps à corps contre un officier renommé par sa bravoure, le faisant prisonnier, et lui sauvant la vie; dans leur enthousiasme, ils le plaçaient à côté des Wilibert, des Hildebrand, des Nigel, ces héros si vantés de leur race.

Les traits de Waverley s'étaient brunis, et avaient pris un air plus mâle, qui, joint à sa taille plus développée, et à l'espèce de dignité qu'il devait aux habitudes de la discipline militaire, confirmait la vérité des récits du colonel, et surprenait en les charmant tous les habitans de Waverley-Honour : ils accouraient tous pour le voir, l'écouter, et célébrer ses louanges. M. Pembroke, qui secrètement vantait son courage pour avoir embrassé la véritable cause de l'Eglise d'Angleterre, lui reprocha avec douceur le peu de soin qu'il avait pris de ses précieux manuscrits. — Cette négligence lui avait causé quelques désagrémens personnels. Lorsque sir Everard fut arrêté par un messager du roi, il avait jugé prudent de se cacher dans le trou du prêtre (asile ainsi nommé à cause de l'usage auquel il avait servi dans d'autres temps). Le sommelier n'osait y venir qu'une fois par jour, aussi avait-il été obligé plusieurs fois de manger son dîner froid ou moitié chaud, ce qui est pire; sans compter que quelquefois il se passait deux et trois jours sans que son lit fût refait.

Édouard se rappela involontairement le *Patmos* du baron de Bradwardine, si content de la cuisine de Jeannette et de la paille de sa retraite dans un rocher. Mais il s'abstint de faire la moindre observation sur un contraste qui n'aurait pu que mortifier son précepteur.

Tout était en mouvement à Waverley-Honour pour les préparatifs des noces d'Edouard, événement que le bon baronnet et mistress Rachel regardaient comme le renouvellement de leur jeunesse. Comme l'avait dit le colonel Talbot, le mariage leur paraissait en tous points sortable ; car il ne manquait à Rose que cette richesse dont ils avaient eux-mêmes bien assez. M. Clippurse reçut donc l'ordre de se rendre au château sous des auspices plus heureux que ceux dont nous avons parlé au commencement de cette histoire. Mais M. Clippurse ne vint pas seul; car se faisant vieux, il s'était associé un neveu ou jeune vautour (comme aurait pu l'appeler notre Juvénal anglais[1], à qui nous devons le conte de Swallow le procureur). L'oncle et le neveu opéraient sous le nom de MM. Clippurse et Hcokem. Ces respectables personnages, d'après leurs instructions, devaient dresser le contrat avec autant de libéralité que si Edouard épousait l'unique héritière d'un pair avec les domaines paternels attachés à son hermine.

Mais avant d'entrer dans un sujet dont les détails sont proverbiaux, je dois faire une comparaison au lecteur : qu'il se rappelle le voyage d'une pierre que fait rouler en bas d'une montagne l'écolier joueur, passe-temps dans lequel j'étais moi-même expert dans mes jeunes années : la pierre descend d'abord lentement, elle dévie pour éviter les moindres obstacles qui l'arrêtent; mais quand elle a atteint toute sa force

---

[1] L'auteur désigne par ce titre le poète Crabbe.

d'impulsion et s'approche du terme de sa carrière, elle se précipite comme la foudre, franchit un long espace à chaque bond, saute par-dessus les fossés et les haies comme un chasseur du Yorkshire, et court avec d'autant plus de rapidité qu'elle est plus près du moment où elle va être condamnée à un éternel repos. Telle est la marche d'une histoire comme celle-ci; les premiers événemens sont détaillés avec soin, afin que le lecteur se familiarise avec chaque personnage par ses actions plutôt que par l'intermédiaire ennuyeux d'un portrait direct; mais quand la conclusion arrive, nous nous arrêtons à peine un moment sur les circonstances les plus importantes que l'imagination doit avoir anticipées, et nous vous laissons, cher lecteur, supposer tout ce que nous ne pourrions vous décrire longuement sans abuser de votre patience.

Nous sommes donc si peu disposés à vouloir suivre dans tous les détails de leur métier MM. Clippurse et Hookem, ou ceux de leurs confrères qui furent chargés de réclamer la réhabilitation d'Édouard et de son futur beau-père, que nous ne pouvons qu'effleurer légèrement des matières plus intéressantes. Par exemple les épîtres qui furent échangées dans cette occasion entre sir Everard et le baron, quoique d'incomparables modèles d'éloquence dans leur genre, doivent être livrées à l'inexorable oubli. Je ne puis même vous dire tout au long comment la bonne tante Rachel, non sans rappeler par une allusion tendre et délicate le sacrifice que Rose avait fait des bijoux de sa mère pour obtenir le secours de Donald Bean Lean, garnit son écrin d'une parure de diamans dont une duchesse aurait pu être jalouse. C'est au lecteur à daigner deviner encore que Job Houghton et sa femme furent convenablement pourvus, quoiqu'on ne pût parvenir à leur persuader que leur fils était mort autrement qu'en combattant au côté du jeune squire: tellement qu'Alick qui, grand ami de la vérité, avait fait tous ses efforts pour leur expliquer ce qui s'était passé réellement, reçut enfin l'ordre de ne plus dire un mot sur ce sujet. Il se dédommagea, il est vrai, par ses récits de grandes batailles, d'exécutions sanglantes, de carnage et d'exploits audacieux qui faisaient l'admiration et l'étonnement des domestiques du château.

Mais quoique ces importantes matières n'occupent pas plus de place dans une histoire que le rapport d'un procès en chancellerie dans les papiers publics, cependant, malgré toute la diligence que put faire Waverley, les lenteurs de la justice, jointes à celles des voyages à cette époque, firent écouler plus de deux mois avant qu'il arrivât chez le laird de Duchran pour réclamer la main de sa fiancée.

L'époque de la célébration du mariage fut fixée au sixième jour suivant. Le baron de Bradwardine pour qui les noces, les baptêmes, les enterremens étaient des jours fériés de la plus haute importance, fut un peu contrarié lorsque après avoir compté tous les convives, il vit qu'il n'y aurait pas plus de trente personnes, en y comprenant les membres de la famille de Duchran et tous les gens du voisinage qu'on pouvait convenablement y appeler.

Lors de mon mariage, disait-il en soupirant, je fus accompagné par trois cents gentilshommes à cheval suivis de leurs domestiques, sans compter vingt ou quarante lairds des Highlands, qui n'allaient jamais qu'à pied.

Mais ce qui consola son orgueil fut la réflexion que son gendre et lui ayant pris naguère les armes contre le gouvernement, il pourrait être alarmé ou du moins offensé s'il voyait tous les parens, amis et alliés des deux familles, réunis et armés avec tout l'appareil de la guerre, comme c'était l'usage antique de l'Écosse en de semblables occasions. — D'ailleurs, ajouta-t-il avec un soupir, combien d'amis pour qui ce beau jour aurait eu tant de charmes sont maintenant dans un séjour plus heureux que ce bas monde, ou gémissent dans l'exil loin de leur patrie!

Le mariage eut lieu au jour fixé. Le respectable M. Rubrick, parent du seigneur de Duchran et chapelain du baron de Bradwardine, eut la satisfaction de donner la bénédiction nuptiale aux deux époux. Francis Stanley, qui était venu exprès, fut le garçon de noces. Le colonel Talbot et son épouse avaient eu le projet d'assister à la cérémonie ; mais la santé de lady Émilie ne lui permit pas de faire le voyage. En revanche ils écrivirent aux nouveau-mariés pour les prier ainsi que le baron de ne partir pour le château de Waverley qu'après leur avoir fait l'amitié de passer quelques jours dans une terre que le colonel venait d'acheter en Écosse, par un excellent marché, et où il se proposait de demeurer pendant quelque temps.

CHAPITRE LXXI.

> « Ce n'est pas là ma maison,
> « Ou ma maison s'est beaucoup embellie. »
> *Ancienne ballade.*

Les gens de la noce voyagèrent dans *le grand style*. Sir Everard avait donné à son neveu une voiture à six chevaux, et dont l'élégance toute moderne et la magnificence éblouirent la moitié de l'Écosse. Il y avait aussi la voiture de M. Rubrick : ces deux carrosses étaient remplis de dames, et escortés par des gentilshommes à cheval avec leurs domestiques, au nombre de vingt. Cependant sans avoir devant les yeux la peur de la famine, le bailli vint à la rencontre du cortége sur la route, pour demander qu'on daignât passer par sa maison du petit Veolan. Le baron ne revenait pas de sa surprise, et il répondit que son fils et lui iraient certainement à cheval jusqu'au petit Veolan rendre visite au bailli ; mais qu'ils ne pouvaient penser à conduire avec eux tout le *comitatus nuptialis*, c'est-à-dire le cortége nuptial. — Il était charmé, ajouta-t-il, puisque la baronnie avait été vendue par son indigne possesseur, que le nouveau *dominus* ou propriétaire eût rétabli dans sa place son vieil ami Duncan.

Le bailli salua en faisant le plongeon, avec toutes les simagrées qu'il faisait dans ces occasions, et insista sur son invitation. Le baron, quoique piqué peut-être de ses instances opiniâtres, comprit qu'il ne pourrait refuser sans trahir certaines sensations qu'il était très jaloux de dissimuler.

Il tomba dans une profonde rêverie en s'approchant de l'avenue; mais il tressaillit tout à coup en voyant les créneaux rétablis, les décombres enlevés, et (ce qui lui parut plus merveilleux encore) les deux ours en pierre, Dagons[1] mutilés, objets de son idolâtrie, en faction à leur poste accoutumé. — Je vois, dit-il à Édouard, que le nouveau possesseur a montré, depuis le peu de temps qu'il est le maître ici, plus de *gusto*, comme disent les Italiens, que n'en a acquis dans toute sa vie, *vitâ adhuc durante*, quoique je l'eusse élevé ici moi-même, ce chien de Malcolm. Mais à propos de chien, ne vois-je pas Ban et Buscar qui viennent dans l'avenue avec Davie Gellatley!

— Il me semble que nous ferions bien d'aller au-devant de lui. Je crois que le maître actuel du château est le colonel Talbot, qui sans doute s'attend à notre visite. Nous avions craint d'abord de vous dire qu'il avait acheté votre ancien domaine patrimonial; et même encore, si vous ne voulez pas lui faire visite, nous pouvons nous rendre directement chez le bailli.

Le baron eut besoin de toute sa force d'ame; cependant il soupira, et prit lentement sa prise de tabac. — Allons, dit-il, puisqu'on m'a amené si loin, je ne passerai pas devant la porte sans voir le nouveau seigneur de mes anciens tenanciers : je serai charmé de le saluer.

Il mit pied à terre en conséquence, et chacun l'imita. Il donnait le bras à sa fille, et en descendant sous l'avenue, il lui fit remarquer comme le *Diva pecunia*, le dieu Argent des Anglais, leur divinité tutélaire comme il pouvait l'appeler, avait en peu de temps fait disparaître toutes les traces de la dévastation.

(1) Allusion au Dagon, idole des Philistins.— Éd.

En effet, non-seulement on avait enlevé les arbres détruits en arrachant jusqu'à leurs racines, mais encore la terre avait été nivelée tout autour et semée de gazon, si bien qu'il n'y avait que des yeux familiarisés avec le lieu qui pussent dire qu'il avait été récemment ravagé. L'homme extérieur, chez Davie Gellatley, avait subi une réforme analogue : il s'arrêtait par intervalles dans l'allée pour admirer le nouveau costume qui décorait sa personne, et qui avait les mêmes couleurs que l'ancien, mais d'une étoffe assez fine pour parer Touchstone lui-même[1]. Il dansa avec ses mines habituelles, d'abord pour le baron, ensuite pour Rose, en passant ses mains sur ses habits, et s'écriant : — Brave, brave[2] Davie! mais pouvant à peine chanter un refrain de ses mille et une chansons dans la joie extravagante qui le mettait hors d'haleine.

Les chiens témoignèrent aussi par mille et mille gambades la joie de revoir leur maître.

— Sur mon honneur, Rose, dit le baron à sa fille, la reconnaissance de ce pauvre innocent et de ces animaux m'arrache des larmes de plaisir, tandis que ce misérable Malcolm... Mais je suis bien obligé au colonel Talbot d'avoir eu tant de soin de mes chiens et de ce pauvre Davie. Ma chère Rose, nous ne devons pas souffrir qu'ils soient plus long-temps une charge viagère pour sa propriété.

Il parlait encore lorsque lady Émilie, appuyée sur le bras de son époux, vint recevoir ses hôtes à la seconde porte, avec tous les témoignages d'une joie franche.

Après la cérémonie des présentations, qui fut beaucoup abrégée par l'aisance et l'excellente éducation de lady Talbot, elle s'excusa d'avoir usé d'artifice pour attirer le baron et sa fille dans un lieu qui devait leur retracer quelques pénibles souvenirs.— Mais, dit-elle, comme ce domaine est sur le point de changer de maître, nous désirions que monsieur le baron...

---

(1) Touchstone est un des *Clowns* les plus originaux de Shakspeare dans la pièce de *As you like it*, *Comme il vous plaira*. Ce Touchstone est un fou de cour.— Éd.

(2) Dans le sens de *bien vêtu*.—Tr.

— M. Bradwardine, madame, s'il vous plaît, reprit vivement le vieillard.

— Eh bien! nous avons désiré que M. Bradwardine et M. Waverley vissent ce que nous avons fait pour rétablir la demeure de vos ancêtres dans son premier état.

Le baron s'inclina respectueusement. Dans le fait, en entrant dans la cour, il retrouva tout comme il l'avait laissé lorsqu'il avait pris les armes quelques mois auparavant. Il fallait pourtant en excepter les écuries que les flammes avaient entièrement consumées, et qui étaient remplacées par un édifice plus commode et plus pittoresque. Le colombier était repeuplé ; la fontaine fournissait de l'eau avec son abondance ordinaire ; non-seulement on avait rétabli l'ours qui s'élevait au-dessus du bassin, mais encore tous les autres ours étaient replacés sur leurs piédestaux, et renouvelés ou réparés, comme s'ils n'en avaient jamais été renversés. D'après les soins accordés à ces accessoires, le lecteur s'imagine bien que l'intérieur de la maison avait été également restauré, ainsi que la terrasse et les jardins, où tout avait repris son aspect primitif. Le baron regardait avec une surprise muette : enfin il s'adressa au colonel Talbot en ces termes :

— Tout en reconnaissant l'obligation que je vous dois, monsieur, pour avoir restauré les emblèmes de ma famille, je ne puis qu'être étonné que vous n'ayez posé nulle part vos propres armoiries, c'est-à-dire un mâtin, je crois, appelé communément un talbot. Le poète le dit :

A talbot strong — a sturdy tyke (1).

Tel est, du moins, le cimier des armoiries des comtes de Shrewsbury, auxquels votre famille est sans doute alliée.

— Je crois, dit le colonel, que nos chiens sont de la même lignée. Pour moi, si les armoiries pouvaient se disputer sur la préséance, je serais assez porté à les laisser faire ; et comme dit le proverbe, — *Bon chien, bon ours!*

(1) Un fier talbot, — un chien de race. — TR.

Tout en faisant cette harangue pendant laquelle il avait épuisé longuement une seconde prise de tabac, le baron entrait dans la maison avec Rose, lady Émilie, le jeune Stanley et le bailli. Waverley, avec le reste de la compagnie, s'était arrêté sur la terrasse pour admirer une nouvelle serre ornée de plantes rares. Le baron revint à son sujet favori : — C'est sans doute une fantaisie, colonel, qui vous a fait préférer les armes d'un autre à celles de votre famille? J'ai connu plusieurs de vos compatriotes, hommes d'honneur et de noble naissance, qui en faisaient de même : cependant je dois vous rappeler que votre écusson est très ancien, aussi bien que celui de mon jeune ami Francis Stanley, qui porte un aigle et un enfant!...

— L'*oiseau* et le *poupon*, comme on l'appelle en Derbyshire, dit Stanley.

— Vous êtes un mauvais plaisant, monsieur, reprit le baron qui avait pris ce jeune homme en grande amitié, sans doute parce qu'il se plaisait à le contrarier ; — vous êtes un mauvais plaisant, et il faudra que je vous corrige un de ces jours (il lui montrait son poing fermé en parlant ainsi). Mais je voulais dire, colonel Talbot, que votre race est une noble *prosapia*, ou origine ; et puisque vous avez légalement et justement acquis pour vous et les vôtres ce domaine perdu pour moi et les miens, je souhaite qu'il reste votre propriété aussi long-temps qu'il a été celle des aïeux de son dernier propriétaire.

— C'est là, monsieur Bradwardine, un souhait généreux.

— Et cependant, colonel, je ne puis que vous témoigner encore combien je suis étonné que vous, qui aviez tant l'*amor patriæ*, l'amour de votre pays (comme j'ai pu m'en convaincre lorsque j'ai eu l'honneur de vous voir à Édimbourg), vous ayez pu vous décider à transplanter vos lares, ou dieux domestiques, *procul à patriæ finibus*, si loin de votre pays, et à vous expatrier en quelque sorte!

— Oh! vraiment, mon cher baron, je ne vois pas pourquoi,

afin de garder le secret de ces deux jeunes fous Stanley et Waverley, et de ma femme qui n'est guère plus sage, un vieux militaire en imposerait à un autre plus long-temps. Il faut donc que vous sachiez que je conserve tellement cet amour de mon pays, que la somme que j'ai avancée au vendeur de cette belle et vaste baronnie n'a servi qu'à me faire acquérir une petite propriété du comté de... qu'on appelle Brerewood-Lodge, n'ayant que deux cent cinquante acres de terre environ, mais dont le principal mérite est d'être située à quelques milles de Waverley-Honour...

— Et qui donc, au nom du ciel, a acheté la baronnie?

— Cette explication, dit le colonel, regarde la profession de monsieur le bailli.

Le bailli, pendant cette conversation, se tenait sur un pied, et puis sur l'autre, avec tous les signes de l'impatience, — semblable, comme il le dit lui-même depuis, à une poule qu'on placerait vivante sur l'ustensile destiné à faire des rôties, lorsqu'on le retire du feu —[1]. Il s'avança enfin avec un gros rire qu'il aurait pu comparer de même au gloussement de ladite poule dans le triomphe de sa ponte : — Me voici, me voici prêt à la donner à Votre Honneur, cette explication, dit-il en tirant de sa poche une liasse de papiers dont il enleva le cachet d'une main tremblante d'empressement.—Voilà un acte en bonne et légale forme, signé par Malcolm Bradwardine, d'où il *appert* qu'au moyen d'une somme qu'il a reçue comptant, en livres sterling, il a aliéné, cédé, vendu les terres de la baronnie Bradwardine, Tully-Veolan, avec la tour, le manoir, et.....

— Pour l'amour du ciel! venez au fait, je sais tout cela par cœur, lui dit le colonel.

— A Cosme Comyne Bradwardine, esq., poursuivit le bailli, à lui et à ses hoirs et ayant-cause, pour être possédés *a me vel de me*[2].

(1) En écossais un *girdle*.— Tr.
(2) Par lui ou par ceux qui le tiendraient de lui.— Ép.

— Je vous prie, un peu plus vite, monsieur le bailli.

— Colonel, sur ma conscience d'honnête homme, je vais aussi vite qu'on peut le faire convenablement. — Sous la réserve expresse...

— En vérité, mon cher Macwheeble, ce serait long comme un hiver de Russie; laissez-moi achever: — En un mot, monsieur Bradwardine, vous êtes de nouveau propriétaire de tous les biens de votre famille, propriétaire avec tous vos droits; ils ne sont grevés que de la somme que le vendeur a reçue, et qui, m'assure-t-on, est au-dessous de leur valeur.

— Chanson! chanson que tout cela, n'en déplaise à Vos Honneurs! s'écria le bailli en se frottant les mains; regardez le livre des rentes annuelles.

— Laquelle somme, ajouta le colonel, provenant des deniers de M. Waverley, surtout de la vente qu'il m'a faite de la propriété de son père, est assurée à votre fille et à sa famille par contrat de mariage.

— C'est une donation avec garantie, s'écria le bailli, faite à Rose Comyne Bradwardine, *aliàs* Waverley, sa vie durant, et aux enfans dudit mariage comme fieffataires, et j'ai dressé la petite minute d'un contrat avant mariage, *intuitu matrimonii*, de sorte qu'elle ne peut être sujette à réduction, comme une donation entre mari et femme, *inter virum et uxorem*.

Il serait bien difficile de décider si le digne baron fut plus satisfait de cette restitution de son domaine patrimonial que de l'attention délicate qu'on avait mise à le laisser maître d'en disposer librement à sa mort, en évitant jusqu'à l'apparence de le lier par une obligation pécuniaire. Après que les premières émotions de sa joie furent un peu calmées, sa pensée se porta sur cet indigne parent qui, disait-il, semblable à Esaü, avait vendu ses droits pour une soupe de lentilles.

— Mais qui a préparé cette soupe pour lui? s'écria le bailli; je voudrais bien le savoir; — qui, si ce n'est Duncan Macwheeble, le très humble serviteur de Votre Honneur? Son Honneur le jeune M. Waverley a tout remis entre mes mains depuis le commencement — Depuis la première citation, pourrais-je dire, je les ai circonvenus ; — j'ai joué avec eux au Bevenant autour des buissons[1] ; — je les ai cajolés ; et si je ne leur ai pas fait voir un bon tour, Inchgrabbit et James Howie n'ont qu'à le dire eux-mêmes : Howie un procureur ! Je n'ai pas voulu aller les trouver tout droit avec le jeune fiancé pour leur faire renchérir le marché. Non ! non ! je leur ai fait peur de nos méchans tenanciers et des Mac Ivor qui ne sont pas encore calmés, si bien qu'ils n'osaient plus passer le seuil de leur porte après le coucher du soleil, de peur que John Heather-Blutret ou quelque autre garnement semblable ne leur fît sentir le poids de son bras. Puis d'un autre côté, je leur ai rebattu les oreilles du colonel Talbot. — Voudraient-ils vendre trop cher à l'ami du duc ? ne savaient-ils pas qui était le maître ? n'en avaient-ils pas assez vu par le triste exemple de maint pauvre diable égaré ?

— Qui a été à Derby, par exemple, monsieur Macwheeble ? lui dit le colonel tout bas.

— O chut ! colonel, pour l'amour de Dieu ; laissez cela de côté ! Il y a bien des honnêtes gens qui sont allés à Derby, et ajouta Macwheeble en regardant le baron qui semblait rêver profondément, — ce n'est pas bien de parler de cordes dans...

Le baron sortit de sa rêverie comme en sursaut, prit Macwheeble par le bouton de son habit, et le conduisit dans l'embrasure d'une fenêtre d'où il ne parvint aux oreilles des autres personnes présentes que des fragmens de leur conversation. Il était certainement question de parchemins et de papier timbré, car quoique ce fût son patron qui l'entretînt, et son patron redevenu propriétaire, aucun autre sujet n'aurait pu absorber au même degré l'attention du bailli.

— Je comprends parfaitement Votre Honneur, cela peut se faire aussi facilement qu'un acte par absence.

— A elle et à lui après mon décès, et à leurs héritiers mâles ; mais de préférence à leur second fils, si Dieu leur en

---

(1) *Bogle about the bush*, espèce de jeu de cache-cache. — Éd.

accorde deux, qui portera le nom et les armes de Bradwardine-Bradwardine, sans autre nom et sans autres armoiries.

— Fort bien! Votre Honneur. Je ferai un petit *memorandum* ce matin : il n'en coûtera qu'une charte de résiliement *in favorem*, et je me la procurerai pour le prochain terme à la cour de l'échiquier [1].

Cette conversation particulière était terminée lorsque le baron fut appelé à faire les honneurs de Tully-Veolan à de nouveaux hôtes. C'étaient le major Melville de Cairnvreckan et le révérend M. Morton, suivis de deux ou trois autres connaissances du baron qui avaient appris sa réintégration dans le domaine de ses pères.

On entendit aussi les cris de joie des paysans dans la cour. M. Saunderson qui depuis plusieurs jours gardait le secret avec une louable discrétion, avait donné pleine carrière à sa langue en voyant arriver les voitures.

Mais pendant qu'Edouard recevait le major avec politesse, et donnait des marques du plus tendre attachement à M. Morton, son beau-père semblait un peu gêné, ne sachant trop comment il pourrait remplir les devoirs de l'hospitalité envers ses hôtes, et encourager la joie de ses tenanciers. Lady Emilie s'empressa de le tirer d'embarras en lui disant que quoiqu'elle fût loin de pouvoir représenter mistress Edouard Waverley en bien des choses, elle espérait toutefois que le baron approuverait les préparatifs qu'elle avait faits dans l'attente d'un si grand nombre d'hôtes; ils trouveraient du moins un repas qui ne serait pas tout-à-fait indigne de l'ancienne hospitalité de Tully-Veolan. Il est impossible de décrire le plaisir que cette assurance fit au baron. Avec un air de galanterie qui tenait à la fois d'un laird écossais et d'un officier français, il offrit le bras à l'aimable lady pour la conduire dans la salle à manger, où il devança le reste de la compagnie, en marchant comme s'il allait danser un menuet.

Graces aux instructions et au zèle de Saunderson, tout

---

(1) Tribunal où se jugent toutes les affaires de revenus, de finances, etc. — Ép.

était arrangé dans cette pièce ainsi que dans les autres, de manière à laisser croire qu'il n'y avait pas eu de changement. Lorsqu'on avait été forcé de remplacer quelques meubles, on avait eu soin de leur donner un air de ressemblance avec l'ancien mobilier; cependant le baron en aperçut un nouveau qui lui fit venir les larmes aux yeux : c'était un grand tableau représentant Fergus Mac Ivor et Waverley en costume de Highlanders. Le lieu de la scène était un défilé sauvage des montagnes, et sur l'arrière-plan on voyait descendre le clan des Mac Ivor. Ce tableau, fait d'après une esquisse qu'un jeune dessinateur avait tracée à Édimbourg, avait été exécuté en grand par un habile peintre de Londres. Raëburn [1] lui-même (dont les chefs écossais semblent vivans sur la toile) n'aurait pas mieux traité ce sujet. Le caractère ardent, fier et impétueux du malheureux chef de clan contrastait d'une manière frappante avec l'air mélancolique, enthousiaste et rêveur de son ami plus heureux. A côté du tableau étaient suspendues les armes qu'Édouard avait portées dans la malheureuse guerre civile. Ce tableau fut généralement admiré.

Il faut manger cependant, malgré de touchans souvenirs et l'admiration d'un chef-d'œuvre; et le baron, se plaçant au bas bout de la table, voulut que lady Émilie en fît les honneurs pour donner une leçon au jeune couple. Après avoir rêvé au moyen de résoudre la question de préséance entre l'église presbytérienne et l'église épiscopale d'Écosse, il pria M. Morton, comme étranger, de bénir la table, en faisant observer que M. Rubrick, qui était *de la maison*, dirait les graces pour remercier le ciel des faveurs distinguées qu'il en avait reçues.

Le dîner fut excellent: Saunderson servait en grand costume avec tous les domestiques subalternes qu'on avait réunis, excepté deux dont on n'avait plus entendu parler depuis l'affaire de Culloden. Les caves du baron avaient été garnies d'un vin qui fut proclamé excellent, et l'ours de la fontaine

---

[1] Peintre distingué d'Edimbourg. — Éd.

donna de l'excellent punch à l'eau-de-vie pendant toute la soirée, au bénéfice de la classe inférieure.

Lorsqu'on eut desservi, le baron, au moment de proposer un toast, jeta tristement les yeux sur le buffet encore chargé de la plus grande partie de sa vaisselle d'argent qu'on était parvenu à sauver du pillage, ou qui avait été rachetée aux soldats par les gentilshommes du voisinage, et rendue de bon cœur au propriétaire.

— De ce temps-ci, dit-il, ceux-là doivent s'estimer heureux qui ont conservé leur vie et leurs biens ; cependant, en prononçant le *toast*, je ne puis m'empêcher de regretter un meuble de famille, lady Émilie ; — un *poculum potatorium*, colonel Talbot.

Ici le baron se sent toucher l'épaule ; il se retourne, et voit dans les mains de son majordome *Alexander ab Alexandro* la fameuse coupe de Saint-Duthac, l'ours sacré de Bradwardine. Je doute que la restitution de son domaine lui eût causé autant de joie ! — Sur mon honneur, dit-il, on pourrait presque croire aux *brownies*[1] et aux fées en votre présence.

— Je suis charmé, dit le colonel Talbot, d'avoir eu le bonheur de vous rendre cet antique meuble de famille, et de vous donner par-là une preuve du tendre intérêt que je porte à tout ce qui tient à mon jeune ami Édouard. Pour que vous n'accusiez pas mon Émilie d'être une magicienne, ni moi un sorcier (ce qui serait un très mauvais renom en Écosse), il est bon que vous sachiez que votre ami Frank Stanley, qui a été saisi d'une fièvre du *Tartan* depuis qu'Édouard lui a fait ses histoires des usages antiques d'Écosse, nous a fait la description de cette coupe extraordinaire. Spontoon, mon domestique, qui comme tous les vieux soldats observe beaucoup et parle peu, me dit qu'il croyait avoir vu la coupe décrite par M. Stanley entre les mains de mistress Nosebag. Cette femme, qui

---

[1] Le *brownie* est un lutin domestique qui veille surtout au *mobilier* d'une maison d'Écosse ; mais il n'est mentionné ici qu'en passant. Nous aurons l'occasion de consacrer une plus longue note à cette espèce de dieu Lare. — Éd.

avait été jadis la moitié d'un brocanteur, avait trouvé l'occasion dans les derniers troubles d'Écosse de faire un peu de son ancien commerce : ce qui l'avait rendue la dépositaire des objets les plus précieux dont les soldats s'étaient emparés. Vous vous imaginez bien que la coupe fut aussitôt achetée, et je m'estimerai très heureux si je puis croire que ce meuble n'a pas diminué de prix à vos yeux parce que le colonel Talbot a contribué à vous le faire restituer.

Une larme du baron se mêla au vin qu'il versa dans la coupe pour proposer un toast de reconnaissance au colonel Talbot et à la constante prospérité des maisons réunies de Waverley-Honour et de Bradwardine.

Il me reste à dire que comme jamais souhait n'avait été plus sincère, jamais vœu, en ayant égard à l'instabilité des choses humaines, n'a été plus heureusement accompli.

CHAPITRE LXXII.

Post-scriptum qui aurait dû être la préface.

Aimable lecteur, voilà notre voyage terminé. Si dans ce volume la patience ne vous a jamais abandonné, je suis forcé de convenir que vous avez rempli vos engagemens avec l'exactitude la plus scrupuleuse. Cependant, à l'exemple du conducteur qui, non content d'avoir été payé généreusement, vient encore vous importuner pour vous demander humblement le *pour-boire*, j'oserai vous prier de mettre le comble à votre complaisance par un léger supplément. Au reste il dépend de vous de fermer le livre de l'un, comme vous pourriez fermer votre porte à l'autre.

Ce chapitre aurait dû servir de préface ; mais deux raisons m'ont déterminé à lui donner la place qu'il occupe. Premièrement, la plupart des liseurs de romans, comme ma propre conscience me le rappelle, sont très enclins au péché d'omission pour ce qui est des préfaces ; secondement, c'est une coutume assez générale dans cette classe de lecteurs de commencer un livre par le dernier chapitre. De sorte que, après tout, ces observations reléguées à la suite de mon histoire ont la chance d'être lues en leur lieu et place.

Il n'est pas de nation en Europe qui dans le cours d'un demi-siècle ou guère plus, ait éprouvé un changement aussi complet que le royaume d'Ecosse. On doit compter parmi les causes premières de ces innovations les effets de l'insurrection de 1745, l'abolition de la puissance patriarcale des chefs de clan, et de la juridiction féodale des barons et de la noblesse des Lowlands ; enfin l'entière extinction du parti jacobite qui, craignant de se confondre avec les Anglais ou d'adopter leurs usages, se fit long-temps un point d'honneur de conserver les mœurs et les antiques coutumes écossaises. L'accroissement progressif des richesses et l'extension du commerce ont depuis contribué à rendre les Ecossais de nos jours aussi différens de leurs ancêtres que les Anglais actuels diffèrent de ceux qui vivaient sous la reine Elisabeth.

Les effets de tous ces changemens pour ce qui regarde les opinions et l'économie politique ont été retracés avec talent et précision par lord Selkirk ; mais quoique cette révolution importante se soit faite d'une manière très rapide, elle n'a pu s'opérer que par degrés. Les passagers qui se sont embarqués sur un fleuve profond et tranquille ne peuvent s'apercevoir de la distance qu'ils ont parcourue qu'en portant leurs regards en arrière, vers le point du départ.

Ceux de nos contemporains qui se rappellent les vingt-cinq dernières années du dix-huitième siècle reconnaîtront la vérité de cette assertion, surtout s'ils ont été liés avec quelques membres de ces familles qu'on appelait dans mon enfance *les gens du vieux levain*, à cause de leur attachement fidèle et sans espoir à la maison de Stuart. Cette race a presque entièrement disparu aujourd'hui, et avec elle beaucoup d'absurdes préjugés sans doute, — mais en même temps plusieurs exemples vivans de l'hospitalité, de la vertu, de l'honneur antique des Écossais, et d'un attachement désintéressé aux principes de loyalisme qu'ils avaient reçus de leurs pères.

Le hasard a voulu, quoique je ne sois pas né parmi les Highlanders (et cet aveu doit me faire pardonner mes fautes contre la langue gaëlique), que j'aie passée mon enfance et la plus grande partie de ma jeunesse au milieu de personnes telles que celles dont je viens de parler. C'est pour conserver le souvenir de ces mœurs et de ces usages dont j'ai vu les dernières traces, que j'ai reproduit dans des scènes imaginaires et attribué à des personnages fictifs une partie des événemens que j'avais entendu raconter par ceux qui y figurèrent comme acteurs. En effet les événemens les plus romanesques de cette histoire sont précisément ceux qui sont fondés sur des faits réels. La réciprocité de services entre un Highlander et un officier supérieur de l'armée du roi est littéralement vraie; l'accident du coup de fusil arriva à une dame de noble naissance, morte depuis peu, et qui fit la réponse héroïque prêtée ici à Flora. Il n'est pas un des gentilshommes obligés de se cacher après la bataille de Culloden qui ne pût raconter des aventures plus étranges que celles de mes héros : la fuite de Charles-Édouard lui-même en serait l'exemple le plus remarquable.

Tout ce qui concerne la bataille de Preston et l'escarmouche de Clifton est emprunté au rapport d'un témoin oculaire, et rectifié sur l'*Histoire de la Rébellion* par le respectable auteur de *Douglas*[1]. Les gentilshommes écossais des Lowlands et les personnages subalternes ne sont pas donnés ici pour des portraits individuels, mais comme la personnification des mœurs générales de cette époque, dont j'ai vu quelques traces dans ma jeunesse ou que j'ai recueillies par la tradition.

(1) J. Home.— Éd.

Mon but a été de peindre ces caractères, non par une caricature exagérée du dialecte national, mais par leurs habitudes, leurs mœurs et leurs sentimens ; de manière à rivaliser de loin avec ces admirables portraits irlandais que nous devons à miss Edgeworth, et si différens de ces tendres amours qui depuis long-temps formaient le fonds invariable de tous nos romans et de nos pièces dramatiques.

Je n'ai pas cependant une grande confiance dans la manière dont j'ai rempli mon plan ; j'étais même si peu satisfait de mon ouvrage que je l'avais mis de côté sans l'avoir fini, et que je ne l'ai retrouvé que par hasard parmi d'autres papiers de rebut où il était resté égaré plusieurs années. Dans cet intervalle il a paru sur des sujets semblables deux ouvrages sortis de la plume de deux dames célèbres : je veux parler de *Glenburnie*, par miss Hamilton, et du dernier *Traité des Superstitions des Highlands*. Mais *Glenburnie* ne fait connaître que les mœurs pastorales d'Écosse, en les décrivant il est vrai avec une fidélité frappante ; et le livre de la spirituelle mistress Grant de Laggan sur nos traditions nationales ne ressemble en rien au récit imaginaire que j'ai essayé de composer.

Je voudrais donc me persuader que mon ouvrage ne sera pas sans intérêt pour le lecteur. Les vieillards y trouveront des scènes dont ils furent témoins dans leur jeunesse, et la génération qui s'élève pourra se faire quelque idée des mœurs de ses ancêtres.

Cependant je regrette que la tâche de retracer ce tableau des mœurs de notre pays n'ait pas occupé les loisirs du seul auteur écossais capable de s'en acquitter avec succès, de cet auteur si éminent dans notre littérature, et dont les esquisses du colonel Caustic et d'Umphraville révèlent déjà tant de traits de notre caractère national[1]. J'aurais eu plus de plaisir

---

(1) L'auteur fait ici allusion aux ouvrages de Henry Mackenzie, avant de lui dédier *Waverley*. Le colonel Caustic est un des personnages fictifs du *Flaneur* (*Lounger*), et Umphraville est un de ceux du *Miroir*, ouvrages périodiques du genre du *Spectateur*.— Éd.

à le lire que je n'en éprouverai dans l'orgueil d'un succès, en supposant que les pages précédentes me procurent cette gloire enviée.

M'étant déjà écarté de l'usage en plaçant ces réflexions à la fin de l'ouvrage qui les a inspirées, je risquerai de violer encore une fois les formes en terminant le tout par une dédicace :

CE VOLUME
ÉTANT RESPECTUEUSEMENT DÉDIÉ
A
NOTRE ADDISON ÉCOSSAIS,
HENRY MACKENZIE,
PAR
UN ADMIRATEUR INCONNU
DE
SON GÉNIE.

NOTA. En terminant la lecture de cette traduction nouvelle de WAVERLEY, nous ne pouvons nous empêcher de remarquer que ce roman, le premier de l'auteur par ordre de date, et cité fréquemment en Ecosse comme le plus original, sinon comme le meilleur dans son ensemble, était jusqu'à présent le moins connu de tous en France : si la faute en était aux traductions précédentes, nous osons espérer que celle-ci, *calquée* du moins avec plus d'exactitude sur l'original, on trouvera une expression plus franche du récit et du dialogue, les allusions locales religieusement respectées, et même quelquefois la couleur des descriptions imitée assez heureusement. N'étant pas étranger à ces améliorations, l'Éditeur[1] a sans doute tort de les signaler lui-même, trop heureux si ses nombreuses notes n'ont impatienté que cette classe de lecteurs en faveur de qui sir Walter Scott termine ce volume par sa préface. Cependant cette espèce de commentaire que nous avons tâché de rendre parfois anecdotique, a été réclamée comme indispensable pour *Waverley* et les autres romans écossais (*scotch novels*) non-seulement en Angleterre, mais en Écosse même où l'empreinte de l'antique physionomie nationale s'efface tous les jours davantage sous les costumes nouveaux et par l'effet des mœurs nouvelles : ce besoin de notes a été avoué par M. Lockhart, gendre de sir Walter, et probablement autorisé à faire cet aveu dans la *Revue périodique* dont il est rédacteur. Il nous restera donc le seul regret de n'avoir pas mieux rempli notre tâche. Nous avons désigné dès la première note les ouvrages qui peuvent suppléer à nos oublis ou à nos indications, quelquefois imparfaites, sur les coutumes et les allusions locales. La partie historique de Waverley dans la plupart des

---

[1] Il est juste de remarquer que pour *Waverley* comme pour les autres romans de cette collection, l'Éditeur et le Traducteur ne doivent point être confondus ensemble, et ne sont nullement solidaires de leurs notes respectives.

chapitres fera désirer également au lecteur de consulter les diverses publications qui peuvent compléter l'histoire de la guerre civile de 1745. La tradition de cette époque est si familière aux compatriotes de l'auteur, qu'après avoir décrit d'une manière si dramatique l'affaire de Preston ou Gladsmuir, il a pu négliger les événemens non moins importans qui suivirent cette première victoire. Malheureusement *Redgauntlet*, où l'auteur a peint les derniers soupirs du jacobitisme en Écosse, et qui semble d'abord une suite de *Waverley*, nous transporte bien au-delà de la bataille de Culloden. Cette espèce de lacune est surtout à regretter en France, où nous ne connaissons de l'expédition du Prétendant que l'élégant précis qu'en a tracé Voltaire d'après des documens inexacts. En Angleterre même il manque encore une histoire complète de Charles-Édouard, quoique depuis quelques années les matériaux de cette histoire soient devenus plus abondans. L'*Histoire de la Rébellion*, par Home, a une fausse couleur d'impartialité, car en histoire les omissions sont quelquefois aussi perfides que les mensonges, et l'on sait que Home avait soumis son livre aux ratures du duc de Cumberland. Les *Mémoires du chevalier de Johnstone* peuvent servir à rectifier plusieurs faits et contiennent des détails peu connus; mais comme tous les auteurs de Mémoires, le chevalier s'est plus occupé de lui-même que du prince qu'il sacrifie peut-être aussi légèrement à de petits griefs particuliers. L'ouvrage qui abonde le plus en révélations piquantes, si on les dégage de quelques détails inutiles, c'est l'important recueil intitulé: *Culloden's papers*, publié par les héritiers de Duncan-Forbes, lord président de la cour des sessions. Ce magistrat joua un rôle important dans les événemens de 1745, et le recueil de sa correspondance prouve qu'il tint entre les mains tous les fils de la conspiration jacobite. C'est en s'aidant de ces nombreux matériaux et des traditions recueillies sur les lieux, qu'on pouvait composer enfin une histoire impartiale du dernier des Stuarts. Nous savons que cette histoire existe en manuscrit, et nous profitons de cette occasion pour inviter l'auteur (M. Donald Mac L...) à publier un ouvrage dont on peut dire, comme sir Walter Scott de son *Waverley*, que les événemens les plus romanesques en sont peut-être les plus avérés.— Éd.

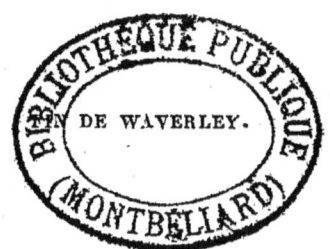

www.ingramcontent.com/pod-product-compliance
Lightning Source LLC
Chambersburg PA
CBHW051355230426
43669CB00011B/1649